企业会计岗位
实务操作案例全解

刘昕 ◎ 编著

人民邮电出版社
北京

图书在版编目（CIP）数据

企业会计岗位实务操作案例全解 / 刘昕编著. -- 北京：人民邮电出版社，2022.8
ISBN 978-7-115-59156-2

Ⅰ．①企… Ⅱ．①刘… Ⅲ．①企业会计－案例 Ⅳ．①F275.2

中国版本图书馆CIP数据核字(2022)第068929号

内 容 提 要

本书以会计实务工作中的具体流程、方法为桥梁，深入讲解了企业会计准则的规定与要求，是广大会计从业人员学习会计实务操作的工具书和指南。本书的特点是内容专业、全面翔实、通俗易懂、案例丰富、可操作性强，有较强的实用性，旨在为广大会计从业人员提供技术和方法指导。本书适合大中专院校的会计专业学生、会计从业人员、企业经营管理者、企业培训和咨询人员阅读和使用。

◆ 编　著　刘　昕
　　责任编辑　李士振
　　责任印制　周昇亮

◆ 人民邮电出版社出版发行　北京市丰台区成寿寺路11号
邮编　100164　　电子邮件　315@ptpress.com.cn
网址　https://www.ptpress.com.cn
天津千鹤文化传播有限公司印刷

◆ 开本：700×1000　1/16
印张：46.5　　　　　　2022年8月第1版
字数：858千字　　　　2022年8月天津第1次印刷

定价：258.00元

读者服务热线：(010)81055296　印装质量热线：(010)81055316
反盗版热线：(010)81055315
广告经营许可证：京东市监广登字20170147号

前言
PREFACE

本书写作目的

企业会计是通过核算和监督企业的资金、成本和费用、财务成果等，借以分析得失、改善经营管理，提高经济效益的一种管理活动。企业会计随着企业管理的发展不断完善和规范。目前我国大中型企业及相当部分小企业都设置了会计机构，分设不同的会计岗位。可以说，企业会计在企业管理体系中占有重要的地位。

企业会计是一门专业性、实践性很强的应用学科。一是涉及面广。企业会计可按照不同的行业性质分为农业会计、工业会计、商品流通企业会计、金融企业会计等，涉及的业务包括资金预算会计、往来款会计、存货管理会计、固定资产会计、投融资会计、税务会计、薪酬福利会计、成本会计、总账会计等。二是实践性强。由于企业业务纷繁复杂，数量多、变化多、细节多，会计实务操作有一定难度。特别是对于大中型企业而言，业务模式多，会计实务操作复杂性更高，实务操作的难度更高。由于会计法律、会计准则等的发展，会计实务也会不断产生新情况、新问题。三是专业性高。会计人员应当具有很高的专业素质和专业道德。随着市场环境的完善和企业竞争的加剧，会计不只是记账、做账、报税那么简单，更多体现的是成本会计、管理会计的职能，会计从业人员需要不断学习、锻炼不同岗位的会计核算操作技能、在综合技能上有所突破。

有一定会计理论水平和较高操作技能的会计人才受到社会欢迎。会计从业人员要主动适应时代需求，主动更新知识、丰富头脑，夯实会计基础理论，提高在新会计准则下企业会计业务的实际操作能力。本书以企业会计准则为基础，对主要会计实务操作进行了深度解读，实务操作的分类全面、细致，解析到位，并配有大量例题，方便读者理解，能够很好地满足读者需求。

本书内容

本书依照新发布的企业会计准则等，全面介绍了企业会计实务的各类操作，主要内容包括资金预算会计、往来款会计、存货管理会计、固定资产会计、投融资会计、税务会计、薪酬福利会计、成本会计、总账会计、主管会计等10个会计岗位的主要内容，涵盖财务工作的主要方面。本书通过图文、案例的形式，生动形象、通俗易懂地展现了企业会计工作的具体内容。这些案例来源真实，凝聚了作者多年的实践经验。从实务中来，到实务中去，是本书最大的价值。读者能够通过对案例的阅读，积累经验，从而实现实操能力的提升。

本书特色

本书主要有以下几个方面的特色。

第一，内容专业，全面翔实。本书依据新企业会计准则和税收法律法规编写，结合会计人员的实际工作经验，每个部分都从基础的理论讲起，逐步深入，在理论和实务良好结合的同时，确保全书的全面性。本书可以作为会计从业者的案头备查手册。

第二，通俗易懂，图文并茂。本书极力避免罗列法规条款，重点讲解会计实务中的操作，真正指导工作实践。会计部分在讲解会计凭证和会计账簿时，附相关账页和凭证，出纳部分对票据也附图说明，避免盲人摸象。本书通俗易懂的讲解，加上图示说明，给读者一个清晰直观的印象，便于无财务基础知识的人士学习。

第三，案例丰富，可操作性强。本书对于不同类型会计实务，采用图示及包含实际操作流程的案例的形式讲解；对于操作中容易遇到、容易忽视的问题，做到贴心解答与提示，帮助读者尽快入手。

第四，形式新颖，富有创新性。本书针对重要的实务操作，进行深度解析，并展示与精解对应的会计处理方法，既保证了读者对会计准则的了解，又保证了读者对相关实务操作的深度理解与合理扩展，同时还兼顾了准则在实务中的生动应用。

本书作用

本书体系完整、内容全面，并与新会计准则保持同步，通过阅读、查询本书，具有不同需求的读者会有不同的收获。

大中专院校的会计专业学生：构建清晰的会计框架，对会计理论和实务有所了解。

会计从业人员：提高会计知识、开阔财务视野，便于实务查询。

企业经营管理者：了解会计实务操作，对会计实务操作有基本的了解和认知。

企业培训及咨询人员：了解会计实务操作，查询新会计知识。

本书读者对象

本书通过不同岗位会计实务操作案例，向会计从业人员展现不同会计业务的处理方法，是企业会计从业人员实务工作中的实用指导工具书。本书适合大中专院校的会计专业学生、企业经营管理者，以及企业培训和咨询人员阅读和使用。

在本书的编写过程中，编者得到了多位企业财务人员的热情支持，在此一并表示感谢。由于水平有限，书中疏漏在所难免，恳请广大读者不吝指正。编者期待读者一起参与，大家共同努力，争取将会计岗位实务操作推向更高的境界。

编者

2022 年 7 月

目录 CONTENTS

第1章 资金预算会计实务操作

1.1 资金预算概述 /1
1.1.1 资金预算与资金预算管理 1
1.1.2 资金预算在企业财务管理中的地位 6
1.1.3 资金会计的岗位职责 9

1.2 货币资金会计核算 /9
1.2.1 库存现金 9
1.2.2 银行存款 14
1.2.3 其他货币资金 16
1.2.4 外币交易 19

1.3 最佳现金持有量 /28
1.3.1 成本分析模式 28
1.3.2 存货模式 30
1.3.3 现金周转模式 35
1.3.4 随机模式 36

1.4 资金预算具体内容 /38
1.4.1 资金收入 38
1.4.2 资金支出 41
1.4.3 资金多余或不足 45
1.4.4 资金筹集和运用 46

1.5 资金预算的编制方法与程序 /48
1.5.1 现金收支预算管理的基本原则 48
1.5.2 预算的编制方法 50
1.5.3 预算的编制程序 57
1.5.4 资金预算编制 58

第2章 往来款会计实务操作

2.1 往来款概述 /67
2.1.1 往来款项的概念及种类 67
2.1.2 往来款会计的岗位职责 69

2.2 应收及预付款项 /69
2.2.1 应收票据 69
2.2.2 应收账款 72
2.2.3 预付账款 73
2.2.4 应收股利和应收利息 74
2.2.5 其他应收款 75
2.2.6 应收款项减值 77

2.3 应付及预收款项 /79
2.3.1 应付票据 79
2.3.2 应付账款 81
2.3.3 预收账款 84
2.3.4 应付利息和应付股利 85
2.3.5 其他应付款 87

第3章 存货管理会计实务操作

3.1 存货基本概念 /89
3.1.1 存货的含义 89
3.1.2 存货管理 89
3.1.3 存货会计岗位的职责 90

3.2 取得存货的计量 /91
3.2.1 外购存货 91

3.2.2 加工取得存货 92
3.2.3 非货币性资产交换取得存货 94
3.2.4 债务重组取得存货 99
3.2.5 企业合并取得存货 103
3.2.6 其他方式取得存货 110
3.3 发出存货的计量 /112
3.3.1 发出存货成本的计算方法 112
3.3.2 一般销售商品业务的处理 117
3.3.3 特殊销售商品业务的处理 126
3.4 期末存货的计量 /138
3.4.1 存货期末计量原则 138
3.4.2 存货的可变现净值 138
3.4.3 存货清查 142
3.4.4 存货期末计量的具体方法 143
3.5 存货管理 /147
3.5.1 存货管理基本概念 147
3.5.2 存货决策 150
3.5.3 存货的控制系统 158

第4章 固定资产会计实务操作

4.1 固定资产概述 /159
4.1.1 固定资产的基本概念 159
4.1.2 固定资产的确认 161
4.1.3 固定资产管理 162
4.1.4 固定资产会计 163
4.2 固定资产的初始计量 /165
4.2.1 外购固定资产 165
4.2.2 自行建造固定资产 169
4.2.3 租入固定资产 176
4.2.4 售后租回交易取得的固定资产 180
4.2.5 非货币性资产交换取得固定资产 183
4.2.6 债务重组取得固定资产 188
4.2.7 与政府补助相关的固定资产 ... 189
4.3 固定资产折旧 /192

4.3.1 固定资产折旧概述 192
4.3.2 固定资产折旧的方法 194
4.4 固定资产后续计量 /199
4.4.1 固定资产后续支出 199
4.4.2 固定资产的处置 202
4.4.3 固定资产清查 204
4.4.4 固定资产减值 206

第5章 投融资会计实务操作

5.1 投融资概述 /207
5.1.1 融资概述 207
5.1.2 投资概述 210
5.1.3 投融资会计的岗位职责与特点 214
5.2 资本成本与融资方式的选择 /217
5.2.1 资本成本 217
5.2.2 融资方式的选择 224
5.3 企业融资及会计处理 /228
5.3.1 股权融资及会计处理 228
5.3.2 债务融资及会计处理 232
5.3.3 混合性融资及会计处理 239
5.4 长期股权投资及会计处理 /246
5.4.1 最优资本结构的确定 246
5.4.2 长期股权投资的初始计量 254
5.4.3 长期股权投资的后续计量 260
5.4.4 长期股权投资核算方法的转换 269
5.4.5 长期股权投资的减值与处置 ... 274
5.5 金融资产投资及会计处理 /276
5.5.1 金融资产的含义 276
5.5.2 金融资产的初始计量 276
5.5.3 金融资产的后续计量 277
5.5.4 金融工具减值的会计处理 280

第6章 税务会计实务操作

6.1 税务会计概述 /285

- 6.1.1 税务会计的概念 285
- 6.1.2 税务会计的对象 285
- 6.1.3 税务会计的目标 286
- 6.1.4 税务会计的特点 286

6.2 增值税会计 /287

- 6.2.1 增值税概述 287
- 6.2.2 增值税专用发票 289
- 6.2.3 增值税进项税额及其转出的会计处理 290
- 6.2.4 增值税销项税额的会计处理 312
- 6.2.5 增值税减免、缴纳及查补调账的会计处理 340

6.3 消费税会计 /348

- 6.3.1 消费税概述 348
- 6.3.2 消费税的计算 358
- 6.3.3 消费税的会计处理 365

6.4 所得税会计 /372

- 6.4.1 企业所得税概述 372
- 6.4.2 所得税会计基础 375
- 6.4.3 所得税的会计处理 378

6.5 土地增值税会计 /398

- 6.5.1 土地增值税概述 398
- 6.5.2 土地增值税的计算 400
- 6.5.3 土地增值税的会计处理 403

6.6 其他税会计 /410

- 6.6.1 城市维护建设税会计 410
- 6.6.2 印花税会计 411
- 6.6.3 耕地占用税会计 416
- 6.6.4 城镇土地使用税会计 420
- 6.6.5 房产税会计 423
- 6.6.6 车船税会计 425
- 6.6.7 契税会计 428
- 6.6.8 车辆购置税会计 430

第7章 薪酬福利会计实务操作

7.1 薪酬福利会计概述 /433

7.2 常见应付职工薪酬项目及其会计核算 /434

- 7.2.1 职工工资及其会计核算 434
- 7.2.2 其他常见应付职工薪酬项目及其会计核算 436
- 7.2.3 职工保险费及其会计核算 439

7.3 股份支付及其会计处理 /446

- 7.3.1 股份支付概述 446
- 7.3.2 股份支付工具的主要类型 447
- 7.3.3 股份支付的会计处理 448

7.4 其他职工薪酬项目及其会计处理 /459

- 7.4.1 非货币性福利 459
- 7.4.2 辞退福利 462

第8章 成本会计实务操作

8.1 成本概述 /467

- 8.1.1 成本的概念 467
- 8.1.2 成本会计核算内容 470
- 8.1.3 成本会计的基础 471

8.2 材料费用的计算与分配 /477

- 8.2.1 材料费用的核算 477
- 8.2.2 材料采购及领用 480
- 8.2.3 原材料费用的分配 488
- 8.2.4 包装物费用的分配 492
- 8.2.5 低值易耗品的分配 496

8.3 其他费用的计算与分配 /500

- 8.3.1 外购燃料及动力费用的核算 500
- 8.3.2 工资及福利费的核算 503
- 8.3.3 折旧费用的核算 507
- 8.3.4 税金、利息费用及其他费用 512
- 8.3.5 待摊费用和预提费用 514
- 8.3.6 辅助生产费用的归集和分配 518
- 8.3.7 制造费用的归集和分配 529

8.3.8 废品损失和停工损失的核算 536
8.3.9 期间费用的核算 541

8.4 完工产品和在产品 /545
8.4.1 在产品数量的核算 545
8.4.2 完工产品和在产品成本分配的方法 ... 548
8.4.3 完工产品成本的结转 555

8.5 核算成本的方法 /557
8.5.1 成本计算的方法综述 557
8.5.2 品种法实训 561
8.5.3 分批法实训 577
8.5.4 逐步结转分步法实训 583
8.5.5 平行结转分步法实训 590
8.5.6 分类法实训 594
8.5.7 定额法实训 597
8.5.8 变动成本法实训 610
8.5.9 标准成本法实训 621
8.5.10 作业成本法实训 633
8.5.11 联产品、副产品和等级品 637

8.6 成本计划、控制与报表编制分析 /641
8.6.1 成本计划与控制 641
8.6.2 成本报表概述 649
8.6.3 生产成本报表的编制和分析 655

第9章 总账会计实务操作

9.1 财务成果的核算 /666
9.1.1 收入 666
9.1.2 营业外收支 666
9.1.3 利润 667
9.1.4 利润分配 667

9.2 资产负债表 /668
9.2.1 资产负债表概述 668
9.2.2 资产负债表的结构 668
9.2.3 资产负债表的编制 668

9.3 利润表 /681
9.3.1 利润表的概念和作用 681

9.3.2 利润表的格式及内容 681
9.3.3 利润表的编制 683

9.4 现金流量表 /688
9.4.1 现金流量表的概念和作用 688
9.4.2 现金流量及其分类 689
9.4.3 现金流量表的结构和内容 689
9.4.4 现金流量表的编制 691

9.5 所有者权益变动表 /697
9.5.1 所有者权益变动表的内容及结构 ... 697
9.5.2 所有者权益变动表的编制 702

第10章 主管会计实务操作

10.1 会计主管概述 /705
10.1.1 会计主管的含义 705
10.1.2 会计机构负责人、总会计师与财务总监三者的关系 707
10.1.3 会计主管应具备的基本素质 707
10.1.4 会计主管应具备的基本工作能力 ... 708
10.1.5 会计主管任职条件的法律规定 ... 709

10.2 会计主管的职能与责任 /710
10.2.1 会计主管的职责 710
10.2.2 会计主管的岗位权限 711
10.2.3 会计监督和检查 712

10.3 信息化时代与会计主管的职能 /714
10.3.1 信息化时代会计主管面临的挑战 ... 714
10.3.2 信息化时代会计主管应树立的新观念 716
10.3.3 信息化时代会计主管的职能ぇ ... 717

10.4 会计机构的设置和会计人员配备 /719
10.4.1 会计机构的设置 719
10.4.2 会计工作岗位的设置及职责划分 721

10.5 财务人员的选拔与任用 /726
10.5.1 会计人员的基本要求 726
10.5.2 会计人员的工作交接 727
10.5.3 会计人员的法律责任 730

第 1 章
资金预算会计实务操作

1.1 资金预算概述

1.1.1 资金预算与资金预算管理

(一) 资金预算的含义

"凡事预则立,不预则废。"预算是企业在预测、决策的基础上,以数量和金额的形式反映企业未来一定时期内经营、投资、财务等活动的具体计划,是为实现企业目标而对各种资源和企业活动的详细安排。

表 1-1 具体列示了资金预算的定义、目的和特征。

表 1-1 资金预算的定义、目的及特征

项目	内容
资金预算的定义	对企业的资产、负债、所有者权益及其相互关系进行预算。如企业的资产负债表、利润表等均为资金预算依据
资金预算的目的	合理地处理现金收支业务;科学地调度资金;了解企业在计划期末的现金余额;保证企业资金的正常流转
资金预算的特征	预算必须与企业的战略或目标保持一致
	数量化、可执行性

（二）资金预算管理的基本内容

资金预算管理由资金预算编制、资金预算调整及执行跟踪管理、资金预算管理的监督考核等三部分组成，如图1-1所示。

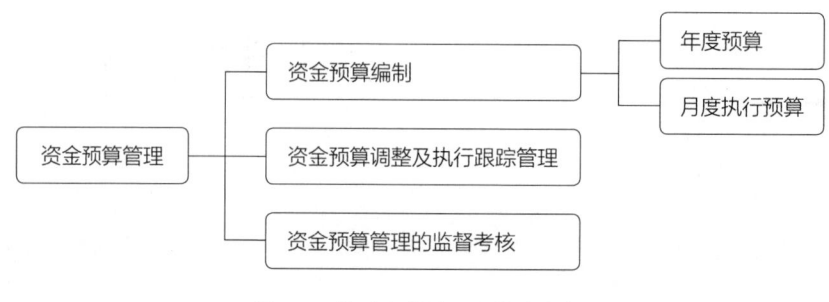

图1-1　资金预算管理的基本内容

1. 资金预算编制

资金预算分为年度预算及月度执行预算，按照"以收定支，与成本、费用匹配"的原则，遵守收付实现制并采用直接法编制，同时采用间接法编制以相互验证。一般地，以最优的资金成本制定资金使用方案，综合平衡和编制资金总预算。年度预算侧重于全年资金的平衡与预算，月度执行预算主要用于月度的资金调度与控制。

2. 资金预算调整及执行跟踪管理

在资金预算执行过程中，当遇到前提条件发生变化时，如业务量增加、业务划转以及出现新的业务时，需要对资金预算进行调整。由预算责任部门提出申请，资金管理部门提出调整意见，实行逐项申报、审批制度。预算必须是最新调整过的预算，以统一口径，做到及时跟踪经营情况的变化。资金流量执行的跟踪管理是在月度执行预算交给资金管理部门后对各部门用款进行监控的重要步骤。

3. 资金预算管理的监督考核

对资金预算管理的监督考核指根据各部门现金流量使用的特点，以预算为基准建立指标考核体系，由资金管理部门根据各部门执行预算的实际情况，按月、季、半年及年度进行分析与考核，对预算编制部门考核预算精度，对预算执行部门考核完成情况。

（三）资金预算管理的运行

为牢固树立资金预算管理意识，根据各部门年度资金预算，分别将现金流量预算细化到每季、每月、每旬、每周,使预算在不断的变化中与实际接近一致,提高预算的可信度和可操作性。图1-2所示是资金预算管理运行的简易流程。

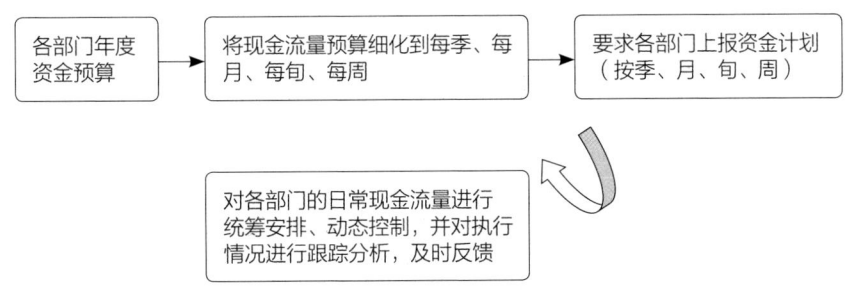

图1-2 资金预算管理运行的简易流程

目前的实际工作中,部分企业缺乏资金管理意识,不能对资金使用的事前、事中、事后进行控制,致使现金预算误差率较大。按照资金"年预算,月平衡,周调度,日安排"的要求,如何以全面预算管理为基础,采取行之有效的管理和控制措施,减少盲目性,加强资金的预算管理,提高企业经济效益是我们面临的重大课题。

(四)资金预算的作用

资金预算是企业协调的工具、控制的标准、考核的依据,是推行企业内部管理规范化和科学化的基础,也是促进企业各级经营管理人员自我约束、自我发展的有效途径。

图1-3归纳了资金预算的作用。

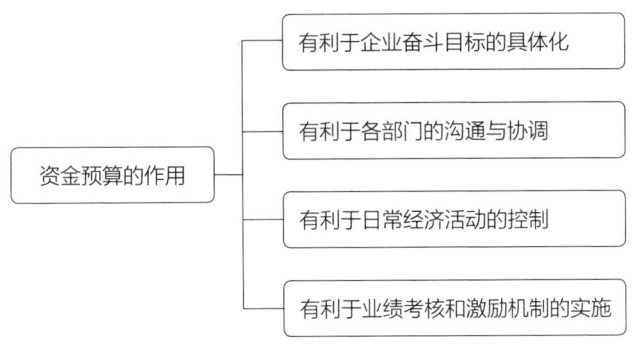

图1-3 资金预算的作用

1. 有利于企业奋斗目标的具体化

资金预算的编制,指企业各职能部门围绕着业务量、营业收入、成本与耗费、经营成果等应该达到的水平分别确定目标,并将制定目标所依据的主要设想和意图、达到目标所应采取的方法与措施、应付外部环境变化的对策均详细地列出来,同时通过反复的预算平衡,制定出完整的预算书面方案。实施预算可以使企业的总体目标得以分解、落实,使各部门可以按照各自承担的预算任务、现金流量指标,合理安排业务工作。

2. 有利于各部门的沟通与协调

由于资金预算以利润最大化来谋求市场营销计划、生产计划、物料供应计划、资金计划和人员组合等诸多计划的最佳结合,所以,企业通过资金预算的编制,可以使各部门的计划得到很好的协调,使企业整个计划体系相互衔接、完整而切合实际。

3. 有利于日常经济活动的控制

在预算执行中,各级单位和各职能部门都必须通过计量、计算、对比和分析,寻找预算与实际执行中发生的差异,分析原因,并采取必要的措施纠正差异,将日常的经济活动有效地控制在预算范围之内。

4. 有利于业绩考核和激励机制的实施

资金预算是企业计划的数量化和货币化的表现,资金预算有利于控制各经营环节现金流量。编制预算使现金流量控制有客观可循的依据,为业绩评价提供了标准,便于对各部门实施量化的业绩考核和奖惩制度,也方便了对员工的激励与控制。

(五)资金预算管理体系及特点

资金预算管理的内容主要有资金预算编制、资金预算监督执行、事中控制与资金预算的调整、针对资金预算执行情况的分析和考核等,资金预算编制已成为资金预算管理的起点。企业资金预算管理体系的内容和特点如表 1-2 所示。

表 1-2 企业资金预算管理体系的内容和特点

企业资金预算管理体系的内容	企业资金预算管理体系的特点
企业资金预算管理体系指企业在科学经营预测和决策的基础上,根据企业的战略目标,以取得经营利润为奋斗目标,以现金或者现金等价物作为中心,依据收付实现制的核算原则,依据经营活动、投资活动与筹资活动,分别从现金流入与现金流出等不同方面,为实现将来一定时期内的企业经营目标需要投入的资源与产出的效果、预期财务经营状况、成果、现金流量等开展计划及规划运行,从而确保企业的经营目标得以实现的管理体制	提出以现金流量作为基础,并将现金和现金等价物作为预算管理的中心环节,以提升现金在预算管理中的重要地位
	将利润定位为主要目标,以现金流量为基础,在企业的采购、生产、销售等各个环节中,都紧紧围绕现金流入和现金流出,严格控制现金的日常收支,进而解决企业因为忽视现金流量而出现的资金周转不灵、难以偿还到期债务等财务危机,从而为企业的可持续发展提供有力保障
	企业经营者运用这一体系,能够从长远和全局的角度来规划企业今后的经营行为,防止受短期行为和局部利益的驱使而造成的企业预算管理未能达到预期效果情况的出现

(六)资金预算管理的问题分析

对以往的资金预算管理工作进行分析不难发现,资金预算管理应重点解决以下问题:第一,核实资金需要量,降低资金占有率;第二,为资金筹措的数量和动态控制提供依据;第三,加强资金管理的责任制。本着对这三个问题的考虑,笔者认为应该将核定资金需要量和现金预算有机结合起来。为此,应正确认识核定资金需要量和现金预算的不同功能,并创造条件实现二者的结合。

1. 核定资金需要量和现金预算的比较与分析

(1)预算的基本作用不同。我国在长期的企业管理实践中实行的核定资金需要量(过去称为"核定流动资金定额")是通过测算企业流动资金占用总额来计算企业某一项流动资金定额的。企业为了强化自身的资金预算管理,必须积极主动地核定资金需要量。在资金的预算管理问题上,对传统核定资金需要量方法应该继续加以巩固、提高。

现金预算的作用表现在以下方面。首先,可以揭示现金过剩或现金短缺的时期,使财务管理部门能够将暂时过剩的现金转入投资或在现金短缺时期到来之前安排筹资。其次,可以预测未来时期企业对到期债务的直接偿付能力。再次,可以区分可延期支出和不可延期支出。最后,可以对其他财务计划提出建议。编制现金预算可以有效地预计未来的现金流量,从容地筹集资金,是现金收支动态管理的一种有效方法。

（2）预算的直接目的不同。核定资金需要量是指确定为完成计划期的生产经营任务所必需的资金需要量，它包括目前已经有的占用量和需要增加或减少的占用量的确定，其直接目的是揭示目前占用量与必要占用量之间的差异，为筹集资金提供依据；而现金预算是指确定计划期生产经营任务所带来的现金收入量和现金支出量，其目的在更大的程度上表现为平衡各期现金收支，量力而行。

（3）资金的时间概念不同。资金需要量的核定基本上是确定一个静态指标，是一个"余额"概念，它通过年初的核定工作，要求各单位在年度内各期基本上保持这一占用量；而现金预算是强化现金收支管理的一个十分强烈的动态管理概念，是一个"发生额"概念。

（4）预算编制期间不同。核定资金需要量一般以一个年度为周期；而现金预算则以一个年度为总的预算期，以一个月度为基本预算期，进行统筹安排、合理分解。

2. 核定资金需要量与现金预算的有机结合

要实现核定资金需要量与现金预算的有机结合，必须以每年年初的资金需要量核定为基本步骤，确定年度内企业和企业内部各单位合理的资金占用量及年度内的资金紧缺量，以此资金紧缺量作为年度内筹集资金的基本依据，然后，根据年度内各期的现金收支情况确定各期的现金预算。

将核定资金需要量和现金预算有机结合起来的资金预算管理方法有两个优点。一是各期现金预算的编制不仅考虑了各期的现金收支情况，而且考虑了资金占用标准，加强了对现金的收支管理和资金占用量的有效控制。二是各期现金预算和资金需要量的核定能够相互促进，相互协调，相互调整。即：各期现金收支必须符合资金占用标准，若不符合，应调整各期收账政策以及成本费用支出预算；资金占用量必须适应于各期现金预算，若不适应，应修订资金占用量标准。

1.1.2 资金预算在企业财务管理中的地位

资金预算在企业财务管理中有着非常重要的地位，图1-4列出了资金预算在财务管理中的作用。

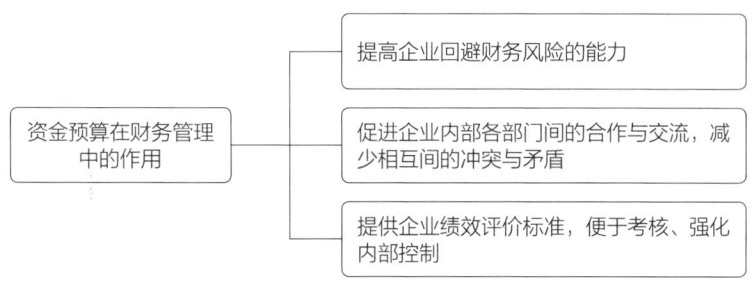

图1-4 资金预算在财务管理中的作用

（一）提高企业回避财务风险的能力

企业经常需要有足够的现金来支付职工工资、偿付应付账款与票据以及其他到期债务，不能及时偿付债务，称为"无偿债能力"。

凯恩斯的货币需求理论指出，企业持有现金的动机主要有以下三个。

第一，交易动机。这是营业性和资本性的目的所产生的一种日常业务需要。

第二，预防动机。这是为了应付意外事件而做的现金准备。

第三，投机动机。其真正含义是企业应持有足够的现金以抓住随时可能出现的盈利机会。

作为生产经营单位，企业应确定最合理的现金持有量。现金持有量太大，会降低企业收益水平；现金持有量太小，又可能影响交易的正常进行以及意外的现金需要，产生中断交易的风险。最合理的现金持有量能使企业的现金机会成本、管理成本和短缺成本三者的综合成本最低。其中，机会成本是指企业为了维持一定的现金存量而放弃的一些投资获利的机会；管理成本是指企业对置存的现金资产进行管理而需要支付的代价；短缺成本是指企业由于缺乏必要的现金资产，不能应付必要的业务开支，而使企业蒙受的各种损失。企业可根据三种成本与现金持有量的关系，利用"现金持有量成本分析图"（如图1-5所示）法找出三者综合成本最低点。企业在这个成本最低点时的现金持有量，即为企业最合理的现金持有量。资金预算通过对现金持有量的安排，可以使企业保持较高的盈利水平，同时保持一定的流动性，并根据企业对资金的运用水平决定负债的种类结构和期限结构，使企业在债务到期时不至于很被动。

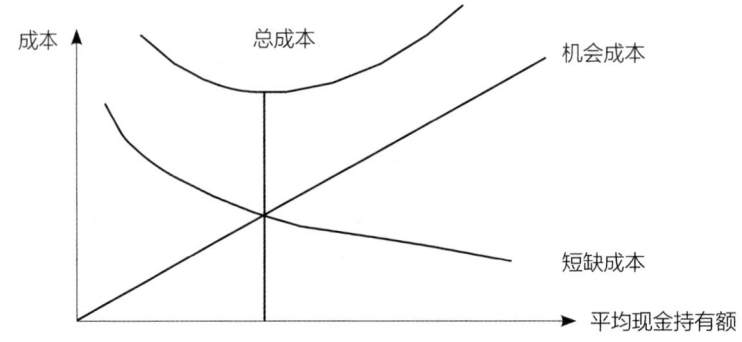

图1-5 现金持有量成本分析图

在市场经济条件下,企业面临各种各样的风险,而其中对企业影响最大的则属财务风险。财务风险主要的表现形式就是支付风险,这种风险是由企业未来现金流量的不确定性与债务到期日之间的矛盾引起的。

资金预算可以预测未来时期企业对到期债务的直接偿付能力,可以直接地揭示企业现金短缺的时期,使财务管理部门能够在现金短缺时期来临之前安排筹资,从而避免在债务到期时,因无法偿还而影响企业的信誉,为企业以后融资增加阻力。

(二)促进企业内部各部门间的合作与交流,减少相互间的冲突与矛盾

资金预算是以销售预算、生产预算、直接材料预算等各项经营预算为基础的,需要它们提供的数据,而销售预算是各项预算的基础。这就需要企业加强内部各部门之间的沟通交流,相互之间提出改进建议,明确各部门的责任,便于它们之间的协调,避免责任不清楚造成相互推诿的事件发生,调动企业各部门的积极性,为企业搞好资金预算奠定基础。

(三)提供企业绩效评价标准,便于考核、强化内部控制

在企业发展日趋成熟、企业组织规模增大、结构日趋复杂的大型企业管理中,由于现金流量与企业的生存、发展、壮大息息相关,所以企业越来越关注现金流量信息。实践证明企业对现金流量的管理与控制已成为财务管理的关键。

资金预算是企业最重要的一项控制,因为以可用的现金偿付到期的债务乃企业生存的首要条件。资金预算还表明可用的超额现金量,并能为盈余制定投资计划,为优化配置组织的现金资源提供帮助。

1.1.3 资金会计的岗位职责

（1）严格按照公司有关现金管理和银行结算制度的规定，根据授权人员审核签章的收付凭证进行复核和结算操作。

（2）保管和管理与收付费业务相关的单证、票据，保证财务单证的有效管理和使用。

（3）规范公司银行账户的使用、维护与银行的合作关系，保证资金结算的及时性和规范性。

（4）协助制定和完善公司资金管理制度及管理流程，并对公司内部各机构的相关工作进行监督管理，保证资金的安全使用。

（5）对资金进行集中管理和划转，向公司管理层提供资金预测报表，以提高资金使用效率。

（6）及时与各银行进行定期对账，确保各银行账户余额的准确性。

（7）会同相关部门进行公司其他资产的核查，保证账实相符。

（8）编制收入相关的定期经营报表。

1.2 货币资金会计核算

1.2.1 库存现金

库存现金是指通常存放于企业财会部门、由出纳人员经管的货币。

（一）我国现行的现金管理制度

现金管理制度的主要内容如图1-6所示。

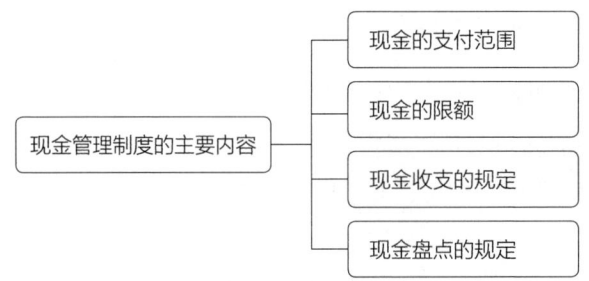

图 1-6　现金管理制度的主要内容

1. 现金的支付范围

根据国务院发布的《现金管理暂行条例》的规定，企业可用现金支付的款项的范围有：

（1）职工工资、津贴；

（2）个人劳务报酬；

（3）根据国家规定颁发给个人的科学技术、文化艺术、体育等各种奖金；

（4）各种劳保、福利费用以及国家规定的对个人的其他支出；

（5）向个人收购农副产品和其他物资的款项；

（6）出差人员必须随身携带的差旅费；

（7）结算起点以下的零星支出；

（8）中国人民银行确定需要支付现金的其他支出。

除上述情况可以用现金支付外，其他款项的支付应通过银行转账结算。

2. 现金的限额

现金的限额是指为了保证企业日常零星开支的需要，允许单位留存现金的最高数额。这一限额由开户银行根据单位的实际需要核定，一般按照单位 3～5 天日常零星开支的需要确定，边远地区和交通不便地区开户单位的库存现金限额，可按多于 5 天但不超过 15 天的日常零星开支的需要确定。核定后的现金限额，开户单位必须严格遵守，超过部分应于当日终了前存入银行。需要增加或减少现金限额的单位，应向开户银行提出申请，由开户银行核定。

3. 现金收支的规定

开户单位收入现金应于当日送存开户银行，当日送存确有困难的，由开户银行确定送存时间；开户单位支付现金，可以从本单位库存现金中支付或从开户银行提取，不得从本单位的现金收入中直接支付，即不得"坐支"现金。因特殊情况需要坐支现金的单位，应事先报经有关部门审查批准，并在核定的范围和限额内进行，同时，收支的现金必须入账。开户单位从开户银行提取现金时，应如实写明提取现金的用途，由本单位财会部门负责人签字盖章，并经开户银行审查批准后予以支付。因采购地点不确定、交通不便、抢险救灾及其他特殊情况必须使用现金的单位，应向开户银行提出书面申请，由本单位财会部门负责人签字盖章，并经开户银行审查批准后予以支付。此外，不准用不符合国家统一的会计制度的凭证顶替库存现金，即不得"白条顶库"；不准谎报用途套取现金；不准用银行账户代其他单位和个人存入或支取现金；不准将单位收入的现金以个人名义存入储蓄；不准保留账外公款，即不得"公款私存"，不得设置"小金库"等。

4. 现金盘点的规定

为了及时发现现金收付差错，如实反映现金库存余额，防止贪污挪用等行为的发生，企业建立健全库存现金的定期盘点和不定期盘点相结合的制度对库存现金的管理具有重要的意义。

清查的方法主要是实地盘点，查明库存现金的账款是否相符、有无违反现金管理制度或其他违法乱纪行为。清查包括出纳人员自查和清查小组监盘两种清查形式。出纳人员应当每日清点现金，发现现金短缺或多余，及时找出原因，加以处理。

由清查小组进行的监盘，应在清查小组人员在现场的情况下，由出纳人员清点现金，核对账款。清查中发现用借条、白条等不符合会计制度的凭证顶替现金时，应按规定纠正。清查后，根据清查结果填写现金盘点报告单，写明现金实存、账存及盈亏情况，并据以编制会计分录。

（二）现金的会计核算

1. 账户与科目的设置

企业应当设置现金总账和现金日记账，分别进行企业库存现金的总分类核算和明细分类核算。

为了总括地反映企业库存现金的收入、支出和结存情况，企业应当设置"库存现金"科目，借方登记现金的增加，贷方登记现金的减少，期末余额在借方，反映企业实际持有的库存现金的金额。企业内部各部门周转使用的备用金，可以单独设置"备用金"科目进行核算。

现金日记账由出纳人员根据收付款凭证，按照业务发生顺序逐笔登记。每日终了，应当在现金日记账上计算出当日的现金收入合计额、现金支出合计额和结余额，并将现金日记账的账面余额与实际库存现金余额相核对，保证账款相符；月度终了，现金日记账的余额应当与现金总账的余额核对，做到账账相符。

2. 库存现金业务的核算

（1）库存现金收支业务的核算。

①当库存现金增加时。

借：库存现金

　　贷：相关科目

②当库存现金减少时。

借：相关科目

　　贷：库存现金

（2）库存现金清查业务的核算。

如果账款不符，发现有待查明原因的现金短缺或溢余，应先通过"待处理财产损溢"科目核算。按管理权限报经批准后，分别按以下情况处理。

①如为现金短缺，属于应由责任人赔偿或保险公司赔偿的部分，计入其他应收款；属于无法查明的其他原因，计入管理费用。

②如为现金溢余，属于应支付给有关人员或单位的，计入其他应付款；属于无法查明原因的，计入营业外收入。

【例1-1】2×20年某公司在盘点现金时发现长款10元，经核查未能发现其实际原因，经财务主管同意，作为营业外收入处理。应编制以下会计分录，反映清查结果。

发现现金长款时。

借：库存现金　　　　　　　　　　　　　　　　　　　　　　10

　　贷：待处理财产损溢　　　　　　　　　　　　　　　　　　　　10

查明原因后，处理长款结果。

借：待处理财产损溢　　　　　　　　　　　　　　　　　　　10

　　贷：营业外收入　　　　　　　　　　　　　　　　　　　　　　10

3. 备用金的会计核算

备用金是指企业预付给职工和内部有关单位用作差旅费、零星采购和日常零星开支事后需要报销的款项。如果企业备用金业务很少，也可不设立"备用金"科目,通过"其他应收款——备用金"科目进行核算,账务处理方法与库存现金一致。

(1)备用金的形式。

备用金按备用形式,可分为定额备用金和非定额备用金两种。定额备用金是为了满足企业有关部门日常零星开支需要的备用金,一经核定不得随意增减。领用定额备用金的部门,应设置"备用金登记簿",逐笔序时登记备用金提取和支出情况,并按时将款项支出的单据送交财会部门报销,财会部门再给予补足定额。其特点是:一次领用、定期报销、简化核算、补足定额。

非定额备用金管理是指用款单位根据实际需要向财会部门借款,凭各种支付凭证向财会部门报销,冲减备用金,如需再用,重新办理借款手续。这种方法适用于预借差旅费等备用金的管理。

(2)备用金的账务处理。

①拨付备用金的核算。

单独设置"备用金"科目的企业,由企业财务部门单独拨给企业内部各单位周转使用的备用金,会计分录如下。

借:备用金
　　贷:库存现金或银行存款

②支出备用金的核算。

自备用金中支付零星支出,应根据有关的支出凭单,定期编制备用金报销清单,财务部门根据内部各单位提供的备用金报销清单,定期补足备用金,会计分录如下。

借:管理费用等
　　贷:备用金或银行存款

除了增加或减少拨入的备用金外,使用或报销有关备用金支出时不再通过"备用金"科目核算。

【例1-2】2×20年某公司职工张强出差采购物品,预支备用金600元,出差返回报销差旅费580元,并交回多余现金20元。

(1)领出备用金时,根据付款凭证,编制会计分录如下。

借:其他应收款——备用金(张强)　　　　　　　　　600
　　贷:库存现金　　　　　　　　　　　　　　　　　　600

(2)报销差旅费时,根据差旅费报销单,编制会计分录如下。

借：管理费用　　　　　　　　　　　　　　　　580

　　库存现金　　　　　　　　　　　　　　　　 20

　贷：其他应收款——备用金（张强）　　　　　　　　600

1.2.2　银行存款

银行存款是指企业存入银行或其他金融机构的各种款项。企业应当根据业务需要，按照规定在其所在地银行开设账户，运用所开设的账户，进行存款、取款以及各种收支转账业务的结算。

（一）银行存款账户的开立

我国银行存款包括人民币存款和外币存款两种。银行存款账户分为基本存款账户、一般存款账户、临时存款账户和专用账户。表1-3详细介绍了各类银行存款账户的分类及定义。

表1-3　银行存款账户的分类及定义

账户类别	定义
基本存款账户	是企业办理日常转账结算和现金收付的账户，工资、奖金等现金的支取只能通过本账户办理
一般存款账户	是企业因借款或其他结算需要在基本存款账户开户银行以外的银行营业机构开立的银行结算账户，企业可以通过本账户办理转账结算和现金交存，但不能办理现金的支取
临时存款账户	是企业因临时需要并在规定期限内使用而开立的账户，本账户可以办理转账和根据国家现金管理的规定办理现金收付
专用账户	是企业对其特定用途资金进行专项管理和使用而开立的账户

企业可以自主选择银行，银行也可以自愿选择存款人。但一个企业只能选择一家银行的一个营业机构开立一个基本存款账户，不得在多家银行机构同时开立基本存款账户；不得在同一家银行的几个分支机构同时开立一般存款账户。

（二）银行存款账户的设置

为了总括反映银行存款的收支和结存情况，企业应设置"银行存款"总账科目。该科目属于资产类科目，借方登记银行存款的增加数，贷方登记银行存款的减少数，借方余额表示企业银行存款的结余数额。有外币业务的企业，应在本科目下分别按人民币和各种外币设置银行存款日记账进行明细核算。

企业应当设置银行存款总账和银行存款日记账，分别进行银行存款的总分类核算和明细分类核算。企业可按开户银行和其他金融机构、存款种类等设置银行存款日记账的明细账户，根据收付款凭证，按照业务的发生顺序逐笔登记。每日终了，应结出余额。

银行存款的收付由出纳人员办理，由专人保管空白支票和签发支票。银行存款总账由会计登记掌管，银行存款日记账由出纳逐笔登记，并经常与银行提供的对账单进行核对，以便进行内部控制。"银行存款日记账"应定期与"银行对账单"核对，至少每月核对一次。企业银行存款账面余额与银行对账单余额之间如有差额，应编制"银行存款余额调节表"调节相符，如没有记账错误，调节后的双方余额应相等。银行存款余额调节表只用于核对账目，并不能作为调整银行存款账面余额的记账依据。

（三）银行存款收付的核算

企业与银行之间经常发生现金的存入、提取和办理转账结算等收支业务，为了反映和监督银行存款的收付动态，应办理银行存款收付的核算。

企业在不同的结算方式下，根据有关的原始凭证编制银行存款的收付款凭证，记入企业的"银行存款"科目。企业将款项存入银行或其他金融机构时，借记"银行存款"科目，贷记"库存现金"或有关科目；提取或支付在银行或其他金融机构中的存款时，借记"库存现金"或有关科目，贷记"银行存款"科目。

（四）银行存款的对账

银行存款的对账包括三个方面：一是银行存款日记账与银行存款收、付款凭证相互核对，做到账证相符；二是银行存款日记账与银行存款总账相互核对，做到账账相符；三是在账账相符的基础上，银行存款日记账与银行对账单相互核对，做到账单相符。

一般说来，即使截止日期一致，银行存款日记账余额与银行对账单余额也可能不相等，除记账错误外，未达账项的影响是主要原因。所谓未达账项，是指银行与企业之间，由于凭证传递上的时间差，一方已登记入账，而另一方尚未入账的收支项目。

银行存款的未达账项具体有四种情况：

（1）银行已入账但企业未入账的收入；

（2）银行已入账但企业未入账的支出；

（3）企业已入账但银行未入账的收入；

（4）企业已入账但银行未入账的支出。

对于未达账项，应编制"银行存款余额调节表"进行调节。若无记账差错,双方调节后的余额应该相等;双方调节后的余额如果仍不相符,说明记账有差错,需进一步查对,更正错误记录。调节公式如下。

银行存款日记账余额 + 银行已收企业未收款项 − 银行已付企业未付款项
= 银行对账单余额 + 企业已收银行未收款项 − 企业已付银行未付款项

调节后的银行存款余额,反映了企业可以动用的银行存款实有数额。需要注意的是,银行存款余额调节表用来核对企业和银行的记账有无错误,不能作为记账的依据。对于未达账项,无须进行账面调整,待结算凭证收到后再进行账务处理。

【例1-3】2×20年3月30日某企业的银行存款日记账账面余额是76 205元,银行对账单的余额是76 560元。经逐项检查,发现下列未达款项。

第一,企业已收银行未收款项2 795元。

第二,企业已付银行未付款项9 250元。

第三,银行已收企业未收款项3 500元。

第四,银行已付企业未付款项9 600元。

根据上述资料,编制银行存款余额调节表,如表1-4所示。

表1-4 银行存款余额调节表

单位:元

银行对账单余额	76 560	企业银行存款日记账账面余额	76 205
加:企业已收银行未收		加:银行已收企业未收	
	2 795		3 500
减:企业已付银行未付		减:银行已付企业未付	
	9 250		9 600
调整后存款余额	70 105	调整后存款余额	70 105

经过调节,双方余额均为70 105元。如果调节后余额仍不等,则记账有差错,应进一步检查:属于企业方面的记账差错应立即更正,属于银行方面的记账差错要通知银行及时更正。

1.2.3 其他货币资金

其他货币资金是指企业除库存现金、银行存款以外的各种货币资金,主要包括银行汇票存款、银行本票存款、信用卡存款、信用证保证金存款、存出投资款、外埠存款等。

（一）科目与账户的设立

企业通过设立"其他货币资金"科目对企业的银行汇票存款、银行本票存款、信用卡存款、信用证保证金存款、存出投资款、外埠存款等其他货币资金进行核算，该科目可按银行汇票或本票、信用证的收款单位、外埠存款的开户银行，分别按"银行汇票""银行本票""信用卡""信用证保证金""存出投资款""外埠存款"等进行明细核算。企业增加其他货币资金，借记"其他货币资金"科目，贷记"银行存款"科目；减少其他货币资金，借记有关科目，贷记"其他货币资金"科目。该科目期末借方余额，反映企业持有的其他货币资金。

（二）其他货币资金的会计核算

1. 银行汇票存款

银行汇票是指由出票银行签发的，由其在见票时按照实际结算金额无条件支付给收款人或者持票人的票据。银行汇票的出票银行为银行汇票的付款人。单位和个人各种款项的结算，均可使用银行汇票。银行汇票可以用于转账，填明"现金"字样的银行汇票也可以用于支取现金。

企业在填送"银行汇票申请书"并将款项交存银行，取得银行汇票后，根据银行签章退回的申请书存根联编制付款凭证，借记"其他货币资金——银行汇票"科目，贷记"银行存款"科目；企业使用银行汇票后，根据发票账单等有关凭证编制转账凭证，借记"材料采购""原材料""库存商品""应交税费——应交增值税（进项税额）"等科目，贷记"其他货币资金——银行汇票"科目；如有多余款或因银行汇票超过付款期限等而退回款项，企业应根据银行转来的银行汇票第四联（多余款收账通知），借记"银行存款"科目，贷记"其他货币资金——银行汇票"科目。

2. 银行本票存款

银行本票是指银行签发的，承诺自己在见票时无条件支付确定的金额给收款人或持票人的票据。单位和个人在同一票据交换区域需要支付的各种款项，均可使用银行本票。银行本票可以用于转账，注明"现金"字样的银行本票可以用于支取现金。

企业向银行提交"银行本票申请书"并将款项交给银行，取得银行签发的银行本票后，应根据银行签章退回的"银行本票申请书"存根联编制付款凭证，借记"其他货币资金——银行本票"科目，贷记"银行存款"科目；企业使用银行本票后，应根据发票账单等有关单据编制转账凭证，借记"材料采购""原材料""库存商品""应交税费——应交增值税（进项税额）"等科目，贷记"其他货币资金——银行本票"科目。若银行本票因超过付款期等要求退款时，应填写进账单一式两联，连同银行本票一并送交银行，根据银行盖章退回的进账单第一联编制收款凭证，借记"银行存款"科目，贷记"其他货币资金——银行本票"科目。

3. 信用卡存款

信用卡存款是指企业为取得信用卡而存入银行信用卡专户的款项。信用卡是银行卡的一种，信用卡按使用对象分为单位卡和个人卡，按信用等级分为金卡和普通卡，按是否向发卡银行交存备用金分为贷记卡和准贷记卡。

企业应按规定填制申请表，连同支票和有关资料一并送交发卡银行，根据银行盖章退回的进账单第一联，借记"其他货币资金——信用卡"科目，贷记"银行存款"科目；企业用信用卡购物或支付有关费用，借记有关科目，贷记"其他货币资金——信用卡"科目；在使用过程中，企业需要向其账户续存资金的，借记"其他货币资金——信用卡"科目，贷记"银行存款"科目。

4. 信用证保证金存款

信用证保证金存款是指采用信用证结算方式的企业为开具信用证而存入银行信用证保证金专户的款项。企业向银行申请开立信用证，应按规定向银行提交开证申请书、信用证申请人承诺书和购销合同。

企业向银行交纳保证金，根据银行退回的进账单第一联编制付款凭证，借记"其他货币资金——信用证保证金"科目，贷记"银行存款"科目；根据开证行交来的信用证通知书及有关单据标明的金额，借记"材料采购""原材料""库存商品""应交税费——应交增值税（进项税额）"等科目，贷记"其他货币资金——信用证保证金"科目；企业未用完的信用证保证金余额转回开户银行时，根据收款通知编制收款凭证，借记"银行存款"，贷记"其他货币资金——信用证保证金"科目。

5. 存出投资款

存出投资款是指企业已存入证券公司但尚未进行投资的资金。企业向证券公司划出资金时，应按实际划出的金额，借记"其他货币资金——存出投资款"科目，贷记"银行存款"科目；购买股票、债券等时，借记"交易性金融资产"等科目，贷记"其他货币资金——存出投资款"科目。

6. 外埠存款

外埠存款是指企业为了到外地进行临时或零星采购，而汇往采购地银行开立采购专户的款项。该账户的存款不计利息、只付不收、付完清产，除了采购人员可从中提取少量现金外，一律采用转账结算。

企业将款项委托当地银行汇往采购地开立专户时，根据汇出款项凭证编制付款凭证，借记"其他货币资金——外埠存款"科目，贷记"银行存款"科目；企业收到采购人员交来的供货单位发货票、账单等报销凭证时，据以编制转账凭证，借记"材料采购""原材料""库存商品""应交税费——应交增值税（进项税额）"等科目，贷记"其他货币资金——外埠存款"科目；用外埠存款采购结束将多余资金转回时，根据银行的收账通知编制收款凭证，借记"银行存款"科目，贷记"其他货币资金——外埠存款"科目。

1.2.4　外币交易

（一）外币、外汇与汇率

1. 外币与外汇的概念

狭义的外币是指本国货币以外的其他国家和地区的货币，包括各种纸币和铸币等。广义的外币是指所有以外国（或地区）货币表示的，能够用于国际结算的支付手段，除了纸币和铸币外，还包括企业所拥有的外国的有价证券、外币支付凭证、其他货币资金（如各种外币汇款、进出口贸易的外币性货款等）。

从会计学中货币计量的角度而言，记账本位币是一种计量单位，它是记账和编制财务报表所用的货币，外币则是记账本位币以外的货币计量单位。按照我国现行制度的规定，企业一般以人民币作为记账本位币。如果企业的业务收支以外国货币为主，也可以选用某一种外国货币作为记账本位币。记账本位币以外的货币均为外币。

外汇是指以外币表示的用于国际结算的支付手段。根据我国的外汇管理条例规定，外汇的具体内容包括：

(1)外国货币,含纸币和铸币;

(2)外币有价证券,包括政府公债、国库券、公司债券、股票、息票等;

(3)外币支付凭证,包括票据(支票、汇票、期票)、银行存款凭证、邮政储蓄凭证等;

(4)其他外汇资金。黄金可以用作国际支付和结算的手段,执行世界货币的职能,所以,在许多国家也将其列入外汇范畴。

外汇概念和外币概念是有区别的。外汇必须是:①以外币表示的资产;②在国外能得到偿付的债权;③可以兑换成其他支付手段的外币资产。不能自由兑换成其他国家(或地区)货币的外币不能称为外汇。但在会计上识别外币的标志是看其是否是记账本位币以外的货币。另外,外币对企业来说,一般都表示成外汇资金的来源,但外币除了表示外汇资金来源外,还可以作为一种计量单位,在企业并无实际发生外币收付业务时,也可能以外币计价和反映,这是外币业务会计处理的一个重要特点。

表1-5总结了外汇和外币的概念及区别。

表1-5 外汇和外币的概念及区别

项目	外币	外汇
概念	狭义概念:除本国货币之外的其他国家或地区的货币 广义概念:指所有以外国(或地区)货币表示的,能够用于国际结算的支付手段	指以外币表示的用于国际结算的支付手段。外汇的具体内容包括: 1.外国货币,含纸币和铸币 2.外币有价证券,包括政府公债、国库券、公司债券、股票、息票等 3.外币支付凭证,包括票据(支票、汇票、期票)、银行存款凭证、邮政储蓄凭证等 4.其他外汇资金
区别	1.外币的标志是看其是否是记账本位币以外的货币 2.外汇除了表示外币资金来源外,还可以作为一种计量单位,在企业并无实际发生外币收付业务时,也可能以外币计价和反映	1.外汇必须是:①以外币表示的资产;②在国(或地区)外能得到偿付的债权;③可以兑换成其他支付手段的外币资产 2.外汇对企业来说,一般都表示成外币资金的来源

2. 汇率

(1)汇率的概念和类别。

汇率,又称"汇价",指两种货币之间的比价,也就是一种货币兑换成另一种货币的比率。我国外汇汇率由中国人民银行公布市场汇价，即基准汇价（自1995年4月1日起，只公布人民币兑美元、日元、港元三种货币的基准汇价），各外汇指定银行以此为依据，在中国人民银行规定的浮动范围内自行挂牌对客户买卖外汇。

汇率从银行买卖外汇的角度可分为买入汇率、卖出汇率和中间汇率。买入汇率是指银行向客户买入外币时所采用的汇率，亦称"买入价"。卖出汇率是指银行向客户出售外币时所采用的汇率，亦称"卖出价"。中间汇率是指银行买入汇率与卖出汇率的简单算术平均数。

我国企业外币业务会计主要采用现行汇率制度。外币交易应当在初始确认时，采用交易发生日的即期汇率将外币金额折算为记账本位币金额；也可以采用按照系统合理的方法确定的，与交易发生日即期汇率近似的汇率折算。

表1-6总结了以上汇率概念和类别等的相关内容。

表1-6　汇率的概念、类别及我国企业外币业务会计主要采用的汇率制度

项目	内容
概念	汇率，又称"汇价"，指两种货币之间的比价，也就是一种货币兑换成另一种货币的比率
类别	买入汇率，指银行向客户买入外币时所采用的汇率
	卖出汇率，指银行向客户出售外币时所采用的汇率
	中间汇率，指银行买入汇率与卖出汇率的简单算术平均数
我国企业外币业务会计采用的汇率制度	主要采用现行汇率制度，即外币交易在初始确认时，采用交易发生日的即期汇率将外币金额折算为记账本位币金额；也可以采用按照系统合理的方法确定的，与交易发生日即期汇率近似的汇率折算

（2）汇率的标价方法。

①直接标价法。

直接标价法也称应付标价法，是指以一定单位（1或100、1 000单位）的外国货币为标准，计算应付出多少单位的本国货币。目前世界上大多数国家采用直接标价法，我国的人民币汇率采用直接标价法。

②间接标价法。

间接标价法也称应收标价法或数量标价法，是指以一定单位（1或100、1 000单位）的本国货币为标准，计算应收取多少单位的外国货币。目前在世界上只有英国和美国等少数国家使用间接标价法。

表1-7是对汇率标价方法的总结。

表 1-7　汇率的标价方法总结

汇率的标价方法	内容	举例
直接标价法	指以一定单位（1 或 100、1 000 单位）的外国货币为标准，计算应付出多少单位的本国货币	比如 7.10RMB/USD 或者 710RMB/100USD
间接标价法	指以一定单位（1 或 100、1 000 单位）的本国货币为标准，计算应收取多少单位的外国货币	比如 0.156 3USD/RMB 或者 15.63USD/100RMB

（二）外币交易的会计处理简介

1. 外币业务的记账方法

企业外币业务记账方法的选择，与企业记账本位币的确定有密切关系。外币业务记账方法有两种：一种是外币统账制，另一种是外币分账制。企业可根据实际情况选择。

（1）外币统账制。

外币统账制也称为记账本位币制，是以记账本位币作为统一记账金额的记账方法。在这种记账方法下，所有外币的收支，都应折算为记账本位币进行反映，外币金额只在账上作为补充资料进行反映。我国企业一般应以人民币作为记账本位币，所以，在外币统账制下，当企业发生外币业务时，一般按人民币统一设账，外币业务的金额均要换算为人民币金额后入账反映，同时要设立不同外币种类的二级辅助账户，反映外币资金和外币债权、债务的增减情况。

外币统账制适用于涉及外币种类较少，而且外币收支业务不多的企业。本节主要介绍企业选择外币统账制所进行的外币业务核算。

（2）外币分账制。

外币分账制又称原币记账制或分别记账制。在这种方法下，企业的记账本位币业务和外币业务均应分别设立账户反映。如果发生两种货币之间的兑换业务，应通过单独设置的"外币兑换"账户作为两种账户之间的桥梁来进行会计处理，分别与原币的对应账户构成借贷关系。各种外币的"外币兑换"账户期末余额按期末即期汇率折算成记账本位币金额，与记账本位币的"外币兑换"账户金额之间的差额，作为汇兑损益处理。

表 1-8 是对以上企业外币业务记账方法的类别及具体内容和适用范围的概括。

表1-8 企业外币业务记账方法的类别及具体内容

项目	企业外币业务记账方法	
	外币统账制	外币分账制
定义	以记账本位币作为统一记账金额的记账方法。在这种记账方法下,所有外币的收支,都应折算为记账本位币进行反映	在这种方法下,企业的记账本位币业务和外币业务均应分别设立账户反映
适用范围	适用于涉及外币种类较少,而且外币收支业务不多的企业	适用于涉及外币种类较多,而且外币收支较大的企业

2. 外币交易的内容

外币交易是指以外币计价或者结算的交易,包括:

(1)投入外币资本业务,即投资人以外币作为资本投入企业的业务;

(2)买入或者卖出以外币计价的商品或者劳务;

(3)借入或者借出外币资金;

(4)外币兑换业务,即一种货币兑换为另一种货币的业务;

(5)其他涉及外币的业务。

3. 外币交易核算的基本程序

图1-7简单呈现了外币交易核算的基本程序。

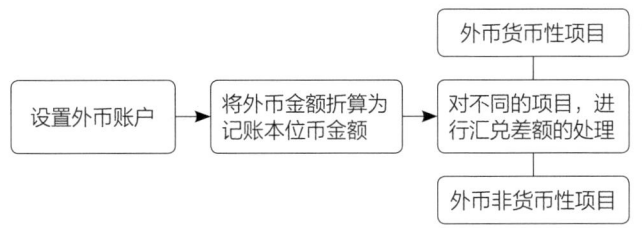

图1-7 外币交易核算的基本程序

首先,企业进行外币交易的核算,应设置外币账户。企业应设置的外币账户主要包括外币现金、外币银行存款等货币资金账户,以及应收账款、应收票据、预付账款、短期借款、长期借款等债权债务外币账户。在外币业务核算中涉及的如原材料、固定资产、实收资本等账户,属于非外币账户。企业应在涉及外币业务的账户中按外币种类分别设置明细账户,详细反映外币账款的收付结存情况。不允许开设现汇账户的企业,可以设置外币现金和外币银行存款以外的其他外币账户。

其次，企业对于发生的外币交易，应当将外币金额折算为记账本位币金额。外币交易应当在初始确认时，采用交易发生日的即期汇率将外币金额折算为记账本位币金额；也可以采用按照系统合理的方法确定的，与交易发生日即期汇率近似的汇率折算。

即期汇率通常是指当日中国人民银行公布的人民币外汇牌价的中间价。即期汇率的近似汇率是按照系统合理的方法确定的，与交易发生日即期汇率近似的汇率，通常是指当期平均汇率或加权平均汇率等。通常情况下，企业应当采用即期汇率进行折算。汇率波动不大的，也可以采用按照系统合理的方法确定的，与交易发生日即期汇率近似的汇率折算，但前后各期应当采用相同的方法确定当期的近似汇率。

最后，进行汇兑差额的会计处理。企业应在资产负债表日，按照下列规定对外币货币性项目和外币非货币性项目进行处理。

（1）外币货币性项目。

货币性项目，是指企业持有的货币资金和将以固定或可确定的金额收取的资产或者偿付的负债。货币性项目分为货币性资产和货币性负债。货币性资产包括库存现金、银行存款、应收账款、其他应收款、长期应收款等，货币性负债包括应付账款、其他应付款、长期应付款等。对于外币货币性项目，应当采用资产负债表日的即期汇率折算，因汇率波动而产生的汇兑差额作为财务费用，计入当期损益，同时调增或调减外币货币性项目的记账本位币金额；需要计提减值准备的，应当按资产负债表日的即期汇率折算后，再计提减值准备。

（2）外币非货币性项目。

非货币性项目，是货币性项目以外的项目，包括存货、长期股权投资、固定资产、无形资产、实收资本、资本公积等。

对于以历史成本计量的外币非货币性项目，除其外币价值发生变动外，已在交易发生日按当日即期汇率折算，资产负债表日不应改变其原记账本位币金额，不产生汇兑差额。

对于交易性金融资产等外币非货币性项目，其公允价值变动计入当期损益的，相应的汇率变动的影响也应当计入当期损益。

【例1-4】 国内某公司的记账本位币为人民币。2×20年6月2日以30 000港元购入A公司H股10 000股作为短期投资，假定当日汇率为1港元=1.2元人民币，款项已付。公司根据其管理该股票的业务模式和该股票的合同现金流量特征，将该股票分类为以公允价值计量且其变动计入当期损益的金融资产。2×20年6月30日，由于市价变动，当月购入的A公司H股变为35 000港元，当日1港元=1元人民币。

2×20年6月2日，该公司应对上述交易进行以下处理。

借：交易性金融资产　　　　　　　　　　36 000（30 000×1.2）
　　贷：银行存款　　　　　　　　　　　　36 000（30 000×1.2）

由于该项短期股票投资是从境外市场购入，以外币计价的，在资产负债表日，不仅应考虑其港元市价的变动，还应一并考虑汇率变动的影响。上述交易性金融资产以资产负债表日的人民币35 000（即35 000×1）元入账，与原账面价值36 000（即30 000×1.2）元的差额为1 000元人民币，计入公允价值变动损益。相应的会计分录如下。

借：公允价值变动损益　　　　　　　　　　1 000
　　贷：交易性金融资产　　　　　　　　　　1 000

1 000元人民币包含该公司所购H股公允价值变动以及人民币与港元之间汇率变动的双重影响。

4. 外币兑换业务

外币兑换业务，包括企业把外币卖给银行、向银行结汇、购汇以及用一种外币向银行兑换另一种外币等。

（1）接受外币资本投资的账务处理

外商投资企业接受外币投资时，采用收到外币款项时的市场汇率将外币折算为记账本位币入账。对于实收资本账户如何登记入账，应当分别按投资合同是否有约定汇率进行处理。①在投资合同中对外币资本投资有约定汇率的情况下，应当按照合同中约定的汇率进行折算，以折算金额作为实收资本的金额入账；外币资本按约定汇率折算的金额与按收到时的市场汇率折算的金额之间的差额，作为资本公积处理。②在投资合同中对外币资本投资没有约定汇率的情况下，按收到外币款项时的市场汇率进行折算。

【例1-5】2×20年某公司收到外方投资200 000美元，收到外币款项时的市场汇率为1美元=6.30元人民币。投资合同规定的汇率为1美元=6.00元人民币。

本例中，某公司对于收到的外币资本投资，一方面应按照收到时的市场汇率折算为人民币登记相应的资产账户，并按照美元的金额登记相应的外币账户，另一方面应按照投资合同中约定汇率折算的人民币作为股本入账；对于两者由于折算汇率不同所产生的折算差额，作为资本公积处理。会计分录如下。

借：银行存款——美元户　　　　　　　（200 000×6.30）1 260 000
　　贷：股本　　　　　　　　　　　　　（200 000×6.00）1 200 000
　　　　资本公积　　　　　　　　　　　　　　　　　　　　60 000

假设除投资合同中没有约定汇率外，其他条件相同。会计分录如下。

借：银行存款——美元户　　　　　　　（200 000×6.3）1 260 000
　　贷：股本　　　　　　　　　　　　　　　　　　　　　1 260 000

【例1-6】 2×20年某公司与外商签订的投资合同中规定外商分次投入外币资本，在投资合同中没有约定折算汇率。该公司第一次收到外商投入资本300 000美元，当时的市场汇率为1美元=6.30元人民币；第二次收到外商投入资本300 000美元，当时的市场汇率为1美元=6.35元人民币。会计分录如下。

第一次收到外币资本时。

借：银行存款——美元户　　　　　　　（300 000×6.30）1 890 000
　　贷：股本　　　　　　　　　　　　　　　　　　　　　1 890 000

第二次收到外币资本时。

借：银行存款——美元户　　　　　　　（300 000×6.35）1 905 000
　　贷：股本　　　　　　　　　　　　　　　　　　　　　1 905 000

（2）企业把外币卖给银行。

企业把持有的外币卖给银行，银行按买入价将人民币兑付给企业。企业按实得人民币金额借记"银行存款——人民币户"科目，按实际兑出的外币额与按企业选定的折算汇率折算的人民币金额贷记"银行存款——外币户"科目，因银行买入价与折算汇率不一致而产生的汇兑损益，记入"财务费用"科目。

【例1-7】 2×20年某企业将1 000美元卖给银行，当天美元买入价为1美元=6.30元人民币，实际收入民币6 300元。企业采用的记账折算汇率为1美元=6.35元人民币。应进行的会计处理如下。

借：银行存款——人民币户　　　　　　　　　　　　　　6 300
　　财务费用　　　　　　　　　　　　　　　　　　　　　50
　　贷：银行存款——美元户　　　　　　　（1 000×6.35）6 350

（3）向银行购汇。

企业向银行购入外汇时，银行按卖出价向企业收取人民币。企业实际支付的人民币金额与按企业选定的折算汇率折合的人民币之间的差额计入财务费用。

【例1-8】2×20年某企业从银行买入5 000美元，当天银行卖出价为1美元=6.20元人民币，企业实付人民币31 000元。企业折算汇率为1美元=6.30元人民币。应进行的会计处理如下。

借：银行存款——美元户　　　　　　　　　　（5 000×6.3）31 500
　　贷：财务费用　　　　　　　　　　　　　　　　　　　　500
　　　　银行存款——人民币户　　　　　　　　　　　　　31 000

（4）借入或借出外币资金业务。

企业借入外币资金时，按照借入外币时的市场汇率折算为记账本位币入账，同时按照借入外币的金额登记相关的外币账户。"短期借款"科目借贷方差额在期末作为汇兑损益处理。短期借款的利息均记入"财务费用"科目。

【例1-9】2×20年某企业以业务发生当日市场汇率作为记账汇率。4月10日企业从银行借入50 000美元，当日市场汇率为1美元=6.4元人民币。应进行的会计处理如下。

借：银行存款——美元户　　　　　　　　　320 000（50 000×6.4）
　　贷：短期借款——美元户　　　　　　　　320 000（50 000×6.4）

若企业于5月10日归还这笔借款，当日市场汇率为1美元=6.3元人民币。应进行的会计处理如下。

借：短期借款——美元户　　　　　　　　　315 000（50 000×6.3）
　　贷：银行存款——美元户　　　　　　　　315 000（50 000×6.3）
借：银行存款　　　　　　　　　　　　　　　　　　　　　5 000
　　贷：财务费用——汇兑损失　　　　　　　　　　　　　　5 000

（5）买入或者卖出以外币计价的商品或者劳务。

企业发生买入或者卖出以外币计价的商品或者劳务时，应按企业选定的折算汇率将外币金额折合为记账本位币入账。期末（月末或季末、年末），对所有外币账户余额按期末市场汇率进行调整，调整后的差额记入"财务费用"科目。

1.3 最佳现金持有量

1.3.1 成本分析模式

（一）成本分析模式的含义

成本分析模式是根据现金有关成本，分析预测总成本最低时现金持有量的一种方法。运用成本分析模式确定最佳现金持有量时，假设不存在现金和有价证券的转换，因此不考虑交易成本，只考虑因持有一定量的现金而产生的机会成本及短缺成本，也不予考虑管理费用和转换成本，这种模式下管理费用对于各种现金持有量的选取方案而言是固定的。这种模式下，最佳现金持有量，就是持有现金而产生的机会成本与短缺成本之和最小时的现金持有量。在成本分析模式下应分析机会成本、管理成本、短缺成本。

1. 机会成本

现金作为企业的一项资金占用，是有代价的，这种代价就是它的机会成本。现金持有额越大，机会成本越高。

2. 管理成本

企业拥有现金，会发生管理费用，如管理人员工资、安全措施费等。这些费用是现金的管理成本。管理成本是一种固定成本，与现金持有量之间无明显的比例关系。

3. 短缺成本

现金的短缺成本是因缺乏必要的现金、不能应付业务开支所需而使企业蒙受损失或为此付出的代价。现金的短缺成本随现金持有量的增加而下降，随现金持有量的减少而上升。

在成本分析模式中使机会成本、管理成本和短缺成本之和最小的现金持有量，就是最佳现金持有量。如果将以上三种成本线在一个图中展示，将三种成本相加就能得出持有现金总成本，找出最佳现金持有量，如图 1-8 所示。机会成本随着现金持有量的增加而增加，所以机会成本线向右上方倾斜。短缺成本随着现金持有量的增加而减少，所以短缺成本线向右下方倾斜。管理成本为固定值，因此管理成本线为平行于横轴的平行线。总成本为机会成本、短缺成本和管理成本之和,总成本线为一条抛物线,该抛物线的最低点即为持有现金的最低总成本。超过这一点,机会成本上升的代价会大于短缺成本下降的好处;这一点之前,短缺成本上升的代价会大于机会成本下降的好处。这一点在横轴上的量,即最佳现金持有量。

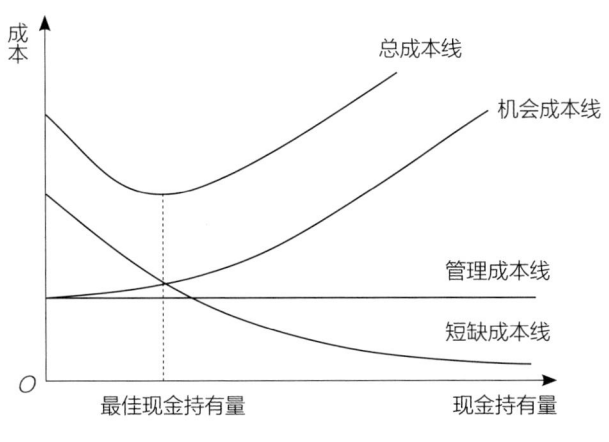

图1-8 最佳现金持有量

(二)成本分析模式的运用

1. 最佳现金持有量的确认方法

(1)数理法。在运用成本分析模式确认最佳现金持有量时,精确的方法是根据机会成本和短缺成本与现金持有量的关系,分别确认机会成本和短缺成本关于现金持有量的函数,将机会成本和短缺成本函数相加得到总成本关于现金持有量的函数,通过求导求极值的方式确认最佳现金持有量。

(2)图解法。图解法是比较直观的方法,根据机会成本和短缺成本与现金持有量的关系可以得到机会成本线、短缺成本线及总成本线,可以得知当机会成本线和短缺成本线相交时,总成本最小。

2. 确定最佳现金持有量的步骤

(1)根据不同现金持有量测算并确定有关成本数值。

(2)按照不同现金持有量及其有关成本资料编制最佳现金持有量测算表。

(3)在测算表中找出总成本最低时的现金持有量,即最佳现金持有量。在这种模式下,最佳现金持有量,就是持有现金而产生的机会成本与短缺成本之和最小时的现金持有量。

最佳现金持有量的具体计算,可以先分别计算出各种方案的机会成本、管理成本、短缺成本之和，再从中选出总成本之和最低的现金持有量，即为最佳现金持有量。

【例 1-10】甲公司有四种现金持有方案，它们各自的现金持有量、机会成本、管理成本、短缺成本如表 1-9 所示。

表 1-9 现金持有方案

单位：元

项目	方案 1	方案 2	方案 3	方案 4
现金持有量	25 000	50 000	75 000	100 000
机会成本	3 000	6 000	9 000	12 000
管理成本	20 000	20 000	20 000	20 000
短缺成本	12 000	6 750	2 500	0

注：机会成本率即该企业的资本收益率，为 12%。

这四种方案的现金持有总成本计算结果如表 1-10 所示。

表 1-10 现金持有总成本

单位：元

项目	方案 1	方案 2	方案 3	方案 4
机会成本	3 000	6 000	9 000	12 000
管理成本	20 000	20 000	20 000	20 000
短缺成本	12 000	6 750	2 500	0
总成本	35 000	32 750	31 500	32 000

由表 1-10 可知，方案 1 的总成本为 35 000 元，方案 2 的总成本为 32 750 元，方案 3 的总成本为 31 500 元，方案 4 的总成本为 32 000 元。从方案 1 到方案 4，总成本随着现金持有量的增加先减少后增加，方案 3 的总成本最低。通过以上分析可知，甲公司的现金持有量为 75 000 元时，各方面的总成本最低，所以持有 75 000 元现金在四个方案中是甲公司的最佳选择。

1.3.2 存货模式

（一）存货模式的含义

现金持有量的存货模式又称为鲍曼模型，是威廉·鲍曼提出的用以确定目标现金持有量的模型。在存货模式下持有现金的成本由机会成本和证券变现交易成本构成。

企业每次以有价证券转换现金是要付出代价的，如支付经纪费用，这被称为现金的交易成本。现金的交易成本与现金转换次数、每次的转换量有关。假定现金每次的交易成本是固定的，在企业一定时期现金使用量确定的前提下，每次转换现金的金额越小，企业平时持有的现金量便越少，转换的次数会越多，现金的交易成本就越多；反之，每次以有价证券转换现金的金额越大，企业平时持有的现金量便越多，转换的次数便越少，现金的交易成本就越低。由此可知，现金的交易成本与现金的平时持有量成反比，这与现金短缺成本的性质是一致的。

在现金成本构成的图示上，可以将现金的交易成本与现金的短缺成本合并为同一条曲线，并不再考虑大体上固定不变的管理成本，这样，现金的成本构成可重新表现为图1-9所示。

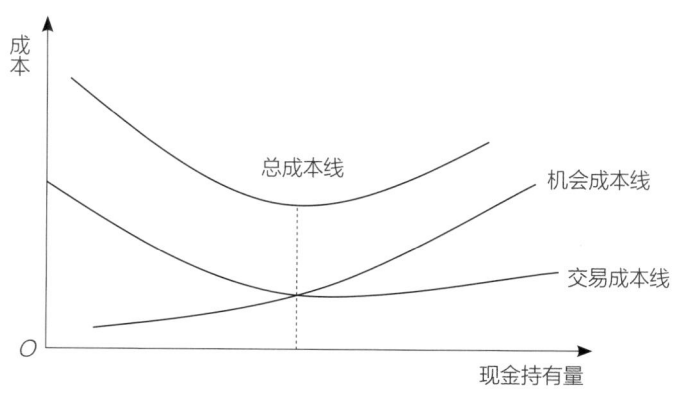

图1-9 现金成本模型

在图1-9中，现金的机会成本线和交易成本线是两条随现金持有量不同呈不同方向发展的曲线，两条曲线交叉点对应的现金持有量，即总成本最低的现金持有量，它可以运用现金持有量存货模式求出。以下通过举例，说明现金持有量存货模式的应用。

（二）存货模式的运用

运用存货模式确定最佳现金持有量时，是以下列假设为前提的。

（1）企业所需要的现金可通过证券变现取得，且证券变现的不确定性很小。

（2）企业预算期内现金需要总量可以预测。

（3）现金的支出过程比较稳定、波动较小，而且每当现金余额降至零时，均通过部分证券变现得以补足。

（4）证券的利率或报酬率以及每次固定性交易费用可以获悉。

如果这些条件基本得到满足，企业便可以利用存货模式来确定最佳现金持有量。

【例1-11】2×20年某企业的现金使用量是均衡的，每周的现金净流出量为200 000元。若该企业第0周开始持有现金600 000元，那么这些现金够企业支用3周，在第3周结束时现金持有量将降为0，其3周内的平均现金持有量则为300 000元（600 000÷2）。第4周开始时，企业需将600 000元的有价证券转换为现金以备支用；待第6周结束时，现金持有量再次降为0，这3周内的现金平均余额仍为300 000元。如此循环，企业一段时期内的现金持有状况可表现为图1-10所示。

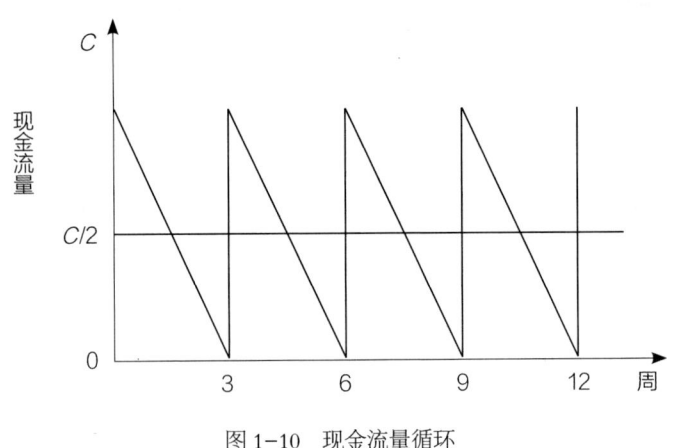

图1-10　现金流量循环

在图1-9中，每3周为一个现金使用的循环期，以C代表各循环期之初的现金持有量，以C/2代表各循环期内的平均现金持有量。

假设企业将C定得高些，比如定为1 200 000元。每周的现金净流出量仍为200 000元，这些现金将够支用6周，企业可以在6周后再出售有价证券补充现金，这能够减少现金的交易成本；但6周内的现金平均余额将增加为600 000（1 200 000÷2）元，这又会增加现金的机会成本。

假设企业将C定得低些，比如定为400 000元。每周的现金净流出量还是200 000元，那么这些现金只够支用2周，企业必须频繁地每2周就出售有价证券，这必然会增加现金的交易成本；不过2周循环期内的现金平均余额可降为200 000（400 000÷2）元，这降低了现金的机会成本。

于是,企业需要合理地确定 C,以使现金的使用总成本最低。解决这一问题先要明确以下三点。

第一,一定期间内的现金需求量,用 T 表示。

第二,每次出售有价证券以补充现金所需的交易成本,用 F 表示。一定时期内出售有价证券的总交易成本为:

交易成本 =(T/C)×F

第三,持有现金的机会成本,即有价证券的利率,用 K 表示。一定时期内持有现金的总机会成本为:

机会成本 =(C/2)×K

在例 1-11 中,企业一年的现金需求量为 200 000×52=10 400 000(元)。该企业有几种确定 C 的方案,每种方案对应的机会成本和交易成本分别如表 1-11、表 1-12 所示。

表 1-11 机会成本

单位:元

初始现金持有量 C	平均现金持有量 $C/2$	机会成本(K=0.1)($C/2$)×K
1 200 000	600 000	60 000
800 000	400 000	40 000
600 000	300 000	30 000
400 000	200 000	20 000
200 000	100 000	10 000

表 1-12 交易成本

单位:元

现金总需求 T	初始现金持有量 C	交易成本(F=1 000)(T/C)×F
10 400 000	1 200 000	8 667
10 400 000	800 000	13 000
10 400 000	600 000	17 333
10 400 000	400 000	26 000
10 400 000	200 000	52 000

计算出了各种方案的机会成本和交易成本后,将它们相加,就可以得到各种方案的总成本。

该企业各种初始现金持有量方案的总成本如表 1-13 表示。

表 1-13 总成本

单位：元

初始现金持有量	机会成本	交易成本	总成本
1 200 000	60 000	8 667	68 667
800 000	40 000	13 000	53 000
600 000	30 000	17 333	47 333
400 000	20 000	26 000	46 000
200 000	10 000	52 000	62 000

由表 1-13 可知，当企业的初始现金持有量为 400 000 元时，持有现金总成本最低。以上结论是通过对各种初始现金持有量方案进行逐次成本计算得出的。此外，也可以利用公式求出成本最低的现金持有量，这一现金持有量称为最佳现金持有量，以 C^* 表示。

从图 1-9 已经知道，最佳现金持有量 C^* 是机会成本线与交易成本线交叉点所对应的现金持有量，因此 C^* 应当满足机会成本等于交易成本，即：

$$(C^*/2) \times K = (T/C^*) \times F$$

整理后，可得出：

$$C^{*2} = (2T \times F)/K$$

等式两边分别取平方根，有：

$$C^* = \sqrt{2(T \times F)/K}$$

本例中，$T=10\,400\,000$，$F=1\,000$，$K=0.1$，利用上述公式即可计算出最佳现金持有量：

$$C^* = \sqrt{(2 \times 10\,400 \times 1\,000) \div 0.1} = 456\,070（元）$$

为了验证这一结果的正确性，可以计算出比 456 070 元略高和略低的几种现金持有量的成本，比较它们的高低，详见表 1-14。

表 1-14 总成本

单位：元

初始现金持有量	机会成本	交易成本	总成本
465 000	16 750	15 522	32 272
460 000	16 500	15 758	32 258
456 070	16 125	16 125	32 250
400 000	15 500	16 774	32 274
395 000	15 250	17 049	32 299

表1-14说明，不论初始现金持有量高于还是低于456 070元，总成本都会升高，所以456 070元是最佳的现金持有量。现金持有量的存货模式是一种简单、直观的确定最佳现金持有量的方法，但它也有缺点，主要是假定现金的流出量稳定不变，实际上这很少有。相比而言，那些适用于现金流不确定的控制最佳现金持有量的方法，就显得更具普遍适用性。

1.3.3 现金周转模式

（一）现金周转模式的含义

现金周转模式是以现金周转期来确定最佳现金持有量的模式。它考虑的是现金从投入生产经营到最终再转化为现金的一个全过程。现金周转模式对现金收支比较均衡的企业适用。

影响现金周转模式的因素主要有三个：

（1）存货周转期；

（2）应收账款周转期；

（3）应付账款周转期。

（二）现金周转模式的运用

用现金周转模式来计算最佳现金持有量，主要步骤如下。

（1）确定现金周转期。

$$现金周转期 = 存货周转期 + 应收账款周转期 - 应付账款周转期$$

（2）确定现金周转率。

$$现金周转率 = 360 / 现金周转期$$

（3）确定最佳现金持有量。

$$最佳现金持有量 = 年现金总需求量 / 现金周转率$$

其中，存货周转期是指将原材料转化成产成品并售出所需要的时间，应收账款周转期是指将应收账款转化为现金所需要的时间，应付账款周转期是指从收到尚未付款的材料开始到现金支出之间的时间。

【例1-12】 2×20年某公司预计全年需要用资金2 000万元，预计存货周转期为90天，应收、应付账款周转期均为60天，用现金周转模式计算最佳现金持有量。

（1）现金周转期 = 存货周转期 + 应收账款周转期 - 应付账款周转期

= 90+60-60=90（天）

（2）现金周转率 =360/ 现金周转期

$$=360÷90=4（天）$$

（3）最佳现金持有量 = 年现金总需求量 / 现金周转率

$$=2\,000÷4=500（万元）$$

1.3.4 随机模式

（一）随机模式的含义

随机模式是在现金需求量难以预知的情况下进行现金持有量控制的方法。对企业来讲，现金需求量往往波动大且难以预知，但企业可以根据历史经验和现实需要，测算出一个现金持有量的控制范围，即制定出现金持有量的上限和下限，将现金持有量控制在上下限之间。若现金持有量在控制的上下限之间，便不必进行现金与有价证券的转换，保持它们各自的现有存量即可。这种对现金持有量的控制范围如图 1-11 所示。

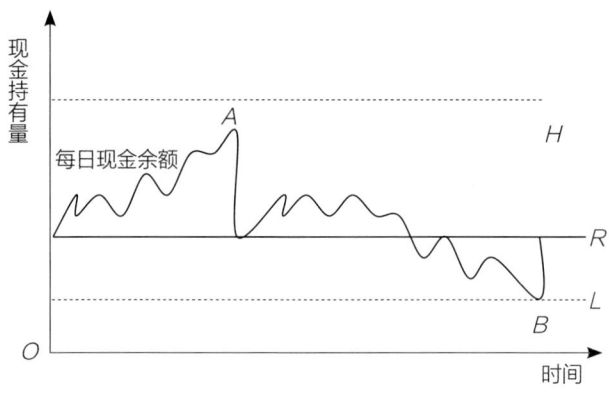

图 1-11 现金持有量控制范围

图 1-11 中，虚线 L 为现金持有量的下限，虚线 H 为现金持有量的上限，实线 R 为最优现金返回线。从图 1-11 可以看到，企业的现金存量（表现为每日现金余额）是随机波动的：当其达到 A 点时，即达到了现金控制的上限，企业应用现金购买有价证券，使现金持有量回落到最优现金返回线（R 线）的水平；当现金持有量降至 B 点时，即达到了现金控制的下限，企业应转让有价证券换回现金，使现金持有量回升至最优现金返回线的水平。现金存量在上下限之间的波动属控制范围内的变化，是合理的。

以上关系中的上限 H、最优现金返回线 R 可按下列公式计算。

$$R=\sqrt[3]{\frac{3b\delta^2}{4i}}+L$$

$$H=3R-2L$$

式中：b 为每次有价证券的固定转换成本；i 为有价证券的日利率；δ 为预期每日现金余额变化的标准差（可根据历史资料测算）。

（二）随机模式的运用

随机模式的运用可以用下边的例题说明。

【例 1-13】 假定某公司 2×20 年有价证券的年利率为 9%，每年固定转换成本为 50 元，公司认为任何时候其银行活期存款及现金余额均不能低于 1 000 元，又根据以往经验测算出现金余额波动的标准差为 800 元。最优现金返回线 R、现金控制上限 H 的计算为：

有价证券日利率 =9%÷360=0.025%

$$R=\sqrt[3]{\frac{3b\delta^2}{4i}}+L=\sqrt[3]{\frac{3\times50\times800^2}{4\times0.025\%}}+1\,000=5\,579（元）$$

$$H=3R-2L=3\times5\,579-2\times1\,000=14\,737（元）$$

这样，当公司的现金余额达到 14 737 元时，即应以 9 158（14 737−5 579）元的现金投资于有价证券，使现金持有量回落至 5 579 元；当公司的现金余额降至 1 000 元时，则应转让 4 579（5 579−1 000）元的有价证券，使现金持有量回升至 5 579 元。这可以表示为图 1-12。

图 1-12 现金持有量的控制

随机模式建立在企业的现金未来需求总量和收支不可预测的前提下，因此计算出来的最佳现金持有量比较保守。

（三）随机模式的优点

随机模式设置有最高、最低线，只要现金存量在上下限之间波动都是合理的，可不用调整，这一点比成本分析模式、存货模式都强。成本分析模式和存货模式计算出来的都是一个固定不变的绝对值，任何一个企业都不可能将一年的现金都保持在相同的数额上。最低持有量相当于保险储备量，这对发生突发事件时能有现金应对有重大意义。成本分析模式、存货模式都没有设置这部分现金持有量，如果发生突发事件，企业会束手无策。

1.4 资金预算具体内容

1.4.1 资金收入

资金收入包括期初资金余额和预算期资金收入，对于一般企业而言，资金收入的主要来源是销货收入。年初的"资金余额"是在编制预算时预计的，"销货资金收入"的数据来自销售预算，"可供使用资金"是期初资金余额与本期资金收入之和。

（一）资金收入的定义

资金收入有狭义和广义之分。狭义的资金收入指银行回笼货币资金。广义的资金收入则指社会各单位收入资金，如商品销售资金收入、储蓄资金收入和非商品服务费收入等，本书中所指的资金收入为广义的资金收入。

（二）资金收入管理

1. 业务收入和其他收入资金的管理

管理主营业务和其他业务的资金收入要做到以下事项：

（1）审核经济业务或事项的真实性和合法性；

（2）对取得的原始凭证的真实性和规范性进行审核；

（3）审核业务收入和其他收入资金取得过程的规范性；

（4）审核业务收入和其他收入资金会计核算的规范性。

2. 出纳人员资金收入处理流程规定

（1）清楚收入的金额和来源。出纳人员在收到一笔资金之前，应当清楚地知道要收到多少钱、收谁的钱、收什么性质的钱，再按不同的情况进行分析处理。其基本业务如下。

①确定收款金额。如为现金收入，应考虑库存限额的要求。

②明确付款人。出纳人员应当明确付款人的全称和有关情况，对于收到的背书支票或其他代为付款的情况，应由经办人加以注明。

③收到销售或劳务性质的收入。出纳人员应当根据有关的销售（或劳务）合同确定收款额是否按协议执行，并对预收账款、当期实现的收入和收回以前欠款分别进行处理，保证账实一致。

④收回代付、代垫及其他应付款。出纳人员应当根据账务记录确定其收款额是否相符，具体包括单位为职工代付的水电费、房租、保险金、个人所得税，职工的个人借款和差旅费借款，单位交纳的押金等。

（2）清点收入。出纳人员在清楚收入的金额和来源后，进行清点核对，清点时应沉着冷静，不要图快。其业务如下。

①现金清点。现金收入应与经办人当面点清，在清点过程中出纳人员发现短缺、假钞等特殊问题，应由经办人负责。

②银行核实。银行结算收入应由出纳人员与银行相核对，如为电话询问或电话银行查询的，只能作为参考，在取得银行有关的收款凭证后，方可正式确认收入，进行账务处理。

③清点核对无误后，按规定开具发票或内部使用的收据。收入金额较大的，应及时上报有关领导，便于资金的安排调度，手续完毕后，在有关收款依据上加盖"收讫"章。

如清点核对并开出单据后发现现金短缺或假钞，应由出纳人员负责。

（3）收入退回。特殊原因导致收入退回的，如支票印鉴不清、收款单位账号错误等，应由出纳人员及时联系有关经办人或对方单位，重新办理收款。

3. 收款票据填写

出纳人员收到业务收入和其他收入现金时，应当依据经济业务或事项的内容开具现金收款票据（业务收入有专职收款人员的除外）。现金收款票据包括发票和收据两种。

4. 从银行提取现金的管理

各单位需要用现金发放工资，或者其库存现金小于库存现金定额而需要用现金补足时，除了按规定可以用非业务性现金收入补充以及国家规定可以坐支的以外，均应按规定从银行提取现金。

各单位从银行提取现金应包括以下程序。

（1）按现金的开支范围签发现金支票。现金支票是由存款人签发，委托开户银行向收款人支付一定数额现金的票据。开户单位应按现金的开支范围签发现金支票，现金支票的金额起点为100元，其付款方式是见票即付。

（2）认真填写支票。签发现金支票时，应认真填写支票的有关内容，如签发日期、收款人全称（单位签发现金支票支取现金，以自己为收款人）、金额（大写和小写金额）、款项用途，并加盖财务章和名章等。一般来说，取款人收到银行出纳人员付给的现金时，应当面清点现金数量，清点无误后才能离开柜台。

提取现金的记账方式：各单位用现金支票提取现金，应根据现金支票存根编制银行存款付款凭证。取款当日，出纳人员根据付款凭证的记录，同时登记银行存款日记账的减少，登记现金日记账的增加。

（三）如何进行现金收入核算

1. 审核原始凭证

出纳人员在处理收款业务时，首先审核外来的原始凭证，如发票、各种收据，审核该项业务的合理性、合法性，以及该凭证所反映的商品数量、单价、金额是否正确，有无刮擦涂改迹象，有无相关负责人签章，对其票据的真实性进行审核。

2. 编制和审核记账凭证

填制现金出纳凭证的内容必须齐全，书写清晰，数据规范，会计科目准确，编号合理，签章手续完备。

（1）现金出纳凭证的内容必须齐全，凡是凭证格式上规定的各项内容必须逐项填写齐全，不得遗漏和省略，以便完整地反映经济活动全貌。

（2）填写现金出纳凭证的文字和数字必须清晰、工整、规范。

（3）记账凭证中所运用的会计科目必须适当。按照原始凭证所反映的现金出纳业务的性质，根据会计制度的规定，确定应收和应付会计科目，需要登记明细账的还应列明明细科目的名称并据以登账。一般来说，出纳人员只涉及收付款凭证，不涉及转账凭证。

（4）现金出纳凭证要求连续编号以便备查，如一式三联的发票收据都应连续编号，按编号顺序使用。

（5）现金出纳凭证的签章必须完备。从外单位或个人取得的原始凭证，必须盖有填制单位的公章或财务专用章；出纳人员办理收付款项以后，应在收付款的原始凭证上加盖"收讫""付讫"戳记；记账凭证中要有凭证填制人员、稽核人员、记账人员、会计人员的签章。

（6）记账凭证审核。记账凭证审核包括以下方面。

①记账凭证记录的经济业务与所附原始凭证的内容是否相符，记账凭证是否如实附有原始凭证，记账凭证的附件份数（张数）填列是否与实际份数（张数）一致。

②记账凭证中的应借、应贷账户的名称、金额及其对应关系是否正确无误。

③审核记账凭证中有关项目填写是否齐备，是否符合规范等。

④摘要栏的填写是否清楚，是否准确且简要说明了所附原始凭证反映的经济内容。

⑤对于记账凭证复核中发现的问题应及时处理，包括手续、内容的补办、补填或拒绝办理。对错误的凭证，应根据有关规定进行重新填制或更正错误。

（7）现金出纳凭证的保管。必须妥善保管现金出纳凭证，要将其按编号顺序装订成册，在封面上注明企业名称、记账凭证种类、起止号数、年度及月份、起止日期，并由有关人员签字盖章，其目的在于便于事后查找。

1.4.2 资金支出

资金支出包括预算的各项资金支出。其中"直接材料""直接人工""制造费用""销售与管理费用"的数据，分别来自各部门的有关预算；"所得税""购置设备""股利分配"等资金支出的数据分别来自另行编制的专门预算。

（一）资金支出的含义

资金支出是资金收入的对称，有狭义和广义之分。狭义即指银行向市场投放货币。广义则指社会各单位付出资金，如向职工发放工资、收购农副产品、提取储蓄存款和发放救济款等。

（二）现金支出的内容

1. 工资

工资可以以时薪、月薪、年薪等不同形式计算。按照国家有关规定，工资总额应包括计时或计件工资、奖金、津贴、补贴、加班加点工资。在我国，由用人单位承担或者支付给员工的下列费用不属于工资：①社会保险费；②劳动保护费；③福利费；④解除劳动关系时支付的一次性补偿费；⑤计划生育费用；⑥其他不属于工资的费用。

2. 差旅费

单位工作人员因公出差需借支差旅费，应先到财务部门领取并填写借款单，按照借款单所列内容填写完整，然后送所在部门领导和有关部门人员审查签字。出纳人员根据自己的职权范围，审核无误后支付现金。出差人员回来后，持各种原始凭证至出纳人员处依照规定进行报销。

3. 零星采购费用

单位内部有关人员根据生产经营需要进行零星物品采购的费用，可持原始凭证到出纳人员处，出纳人员认真审核这些开支是否符合有关规定，是否有有关人员或部门批准后予以报销。

4. 备用金的支出

单位内部人员或部门需要领用备用金时，一般由经办人填写借款单据。

借款单据由有关领导和人员签字后，出纳作为付款凭证，并登记现金日记账。

对于定额备用金，持有人报销时，出纳人员应根据审核无误的原始凭证的金额支付现金。对于一次性备用金，持有人报销时，出纳人员应根据审核无误的原始凭证的金额，计算其与所借备用金的差额：如果报销原始凭证的金额大于所借备用金，出纳人员应将差额用现金补付报销人；如果报销原始凭证的金额小于所借备用金，出纳人员应另开收据，将其差额收回。

5. 其他支出

其他支出一般包括以下内容。

（1）根据国务院发布的有关规定颁布的创造发明奖、支付的合理化建议和技术进步奖金。

（2）有关劳动保险和职工福利费，离、退休人员待遇，劳动保护各项支出。

（3）稿费、讲课费及其他专门工作报酬，如出差伙食补助、误餐补助、调动工作的差旅费和安家费。

（4）对购买本企业股票和债券的职工所支付的股息。劳动合同制职工解除劳动合同时由企业支付的医疗补助费、生活补助费。

（5）支付计划生育独生子女补贴。

（三）现金支出管理

（1）出纳与会计岗位必须分设，实行相互制约。

（2）出纳人员办理现金支出业务，必须取得或填制合法的原始凭证。原始凭证经单位法定代表人或有权限的人员签字批准，由领款人或经手人签名。

（3）支付现金的原始凭证，必须由稽核人员或会计主管人员进行复核后方可支付现金。

（4）出纳人员清点付出的现金，必须由其他会计人员进行复点后当面交给领款人；在付款后，出纳人员应在付款的原始凭证上加盖"现金付讫"戳记。

（5）支付现金后，出纳人员应当依据原始凭证所涉及的经济业务或事项的内容，及时填制付款凭证，并登记现金日记账。现金日记账每日都应当进行结账。

（6）严格执行现金清查盘点制度，保证现金安全、完整。出纳人员每天盘点现金实有数，与现金日记账的账面余额核对，保证账实相符。单位会计主管人员必须定期或不定期地安排对现金进行清查盘点，及时发现或防止差错以及挪用、贪污、盗窃等不法行为的发生。如果出现长、短款，必须及时查找原因。

（四）资金支出处理流程的规定

图1-13展示了资金支出处理的简易流程。

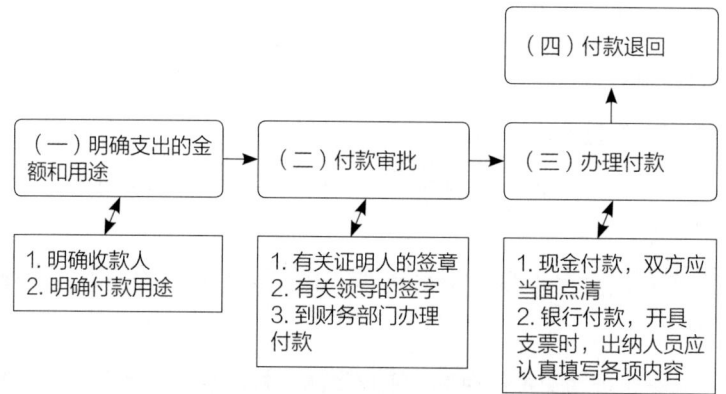

图1-13 资金支出处理的简易流程

1. 明确支出的金额和用途

出纳人员支付每一笔资金的时候，一定要知道准确的付款金额，合理安排资金。

（1）明确收款人。出纳人员必须严格按合同、发票或有关依据记载的收款人进行付款；对于代为收款的，应当出具原收款人证明材料并与原收款人核实后，方可办理付款手续。

（2）明确付款用途。对于不合法、不合理的付款应当坚决抵制，并向有关领导汇报，行使出纳人员的工作权力；用途不明的款项，出纳人员可以拒付。

2. 付款审批

由经办人填制付款单证，注明付款金额和用途，并对付款事项的真实性和准确性负责。

（1）有关证明人的签章。经办人的付款用途中，涉及实物的，应当有仓库保管员或实物负责人的签收证明；涉及差旅费、销售费用等的，应当有证明人或知情人加以证明。

（2）有关领导的签字。收款人持证明手续完备的付款单据，报有关领导审阅并签字。

（3）到财务部门办理付款。收款人持内容完备的付款单证，报经会计审核后，由出纳办理付款。

3. 办理付款

（1）现金付款，双方应当面点清。在清点过程中发现短缺、假钞等情况，由出纳人员负责。

（2）银行付款，开具支票时，出纳人员应认真填写各项内容。出纳人员开具支票应保证要素完整、印鉴清晰、书写正确，如为现金支票，应附领票人的姓名、身份证号码及单位证明。办理转账或汇款时，出纳人员应书写准确、清晰、完整，保证收款人能按时收到款项。

双方确认付款金额后，由收款人签字并加盖"付讫"章。如为转账或汇款的，银行单据直接作为已付款证明。

如确认签字后发现现金短缺或其他情况，应由收款经办人负责。

4. 付款退回

如特殊原因造成支票或汇款退回，出纳人员应当立即查明原因：如因我方责任引起的，应换开支票或重新汇款，不得借故拖延；如因对方责任引起的，应由对方重新补办手续方可办理。

1.4.3 资金多余或不足

"资金多余或不足"是资金收入合计与资金支出合计的差额。差额为正，说明收入大于支出，资金有多余，可用于偿还借款或用于短期投资；差额为负，说明支出大于收入，资金不足，需要向银行取得新的借款。

（一）盈余现金保障倍数

盈余现金保障倍数是指企业一定时期经营现金净流量同净利润的比值，反映了企业当期净利润中现金收益的保障程度，真实地反映了企业盈余的质量。

盈余现金保障倍数计算公式如下。

$$盈余现金保障倍数 = 经营现金净流量 / 净利润$$

盈余现金保障倍数的指标说明如下。

（1）盈余现金保障倍数是从现金流入和流出的动态角度，对企业收益的质量进行评价，是对企业实际收益能力评价的修正。

（2）盈余现金保障倍数在收付实现制基础上，充分反映出企业当期净收益中有多少是有现金保障的，挤掉了收益中的水分，体现出企业当期收益的质量状况，同时，减少了权责发生制会计对收益的操纵。

（3）一般而言，当企业当期净利润大于0时，该指标应当大于1。该指标越大，表明企业经营活动产生的现金流量对现金的贡献越大。

（二）现金短缺

1. 现金短缺的含义

现金短缺是指计划期现金期末金额与理想现金条款（又称最佳现金条款）相比后的条款。如果期末现金余额大于理想现金余额，说明现金有多余，应设法进行投资或归还债务；如果期末现金余额小于理想现金余额，则说明现金短缺，应进行筹资予以补足。

现金余额＝期末现金余额－理想现金余额＝（期初现金余额＋现金收入－现金支出）－理想现金余额＝期初现金余额＋净现金流量－理想现金余额

2. 现金短缺的决策成本分析

当现金出现短缺（即现金持有不足）时，通常应当考虑现金短缺成本和现金支付成本。

现金短缺成本是指企业不具备相应的现金支付能力，无法满足基本生产经营活动或业务交易的正常需要而给企业带来的经济损失。一旦发现现金短缺征兆，就应立即采取补充措施，适时满足现金供应，最大限度地降低现金短缺成本。

现金支付成本是指当开展某项生产经营活动或实施某一业务行动方案时需要立即引起现金实际支付的有关成本。现金支付成本是某项活动必须付出现金，但又要全面衡量该项活动在经济上是否真正有利时应当认真考虑的，尤其是当企业现有经营资金比较拮据时更应慎重考虑。

1.4.4 资金筹集和运用

预计的现金收入主要是销售收入，还有小部分的其他收入，所以预计现金收入的数额主要来自销售预算。预计的现金支出主要指营运资金支出和其他现金支出。

（一）资金筹集

资金筹集是指企业通过各种方式和法定程序，从不同的资金渠道，筹措所需资金的全过程。无论筹资的来源和方式如何，资金取得途径不外乎两种：一种是接受投资者投入资金，形成企业的资本金；另一种是向债权人借入资金，形成企业的负债。

表1-15总结了企业筹集资金的方式及内容。

表 1-15　企业筹集资金的方式及内容

筹资类型	方法	内容
吸收权益资金	吸收直接投资	投资者以货币、实物和无形资产等向企业投资
	发行股票	发行普通股、优先股融资
获取债务资金	借款	企业可向银行、非金融机构借款以满足购并的需要
	发行公司债券	公司可依照法定程序发行约定在一定期限还本付息的有价证券

1. 吸收权益资金

（1）吸收直接投资。直接投资就是投资者以货币、实物和无形资产等向企业投资。吸收直接资产在过去是企业主要的筹资方式，即使现在，也还是非股份制企业的主要筹资方式。

（2）发行股票。股票包括普通股和优先股。

2. 获取债务资金

（1）借款。企业可以向银行、非金融机构借款以满足购并的需要。

（2）发行公司债券。公司债券是指公司依照法定程序发行的，约定在一定期限还本付息的有价证券。

（二）资金运用

在企业进行资金预算时，如果企业有大量的多余资金，可以合理地选择投资方式，使多余资金为企业带来更大的效益。企业的投资方式可以选择直接投资和间接投资。

表 1-16 列出了直接投资和间接投资的具体内容。

表 1-16　直接投资和间接投资的具体内容

投资类型	内容	特点
直接投资	指投资者将货币资金直接投入投资项目，形成实物资产或者购买现有企业的投资	通过直接投资，投资者可以拥有全部或一定数量的企业资产及经营的所有权，直接进行或参与投资的经营管理
间接投资	指投资者以其资本购买公司债券、金融债券或公司股票等各种有价证券，以预期获取一定收益的投资，由于其投资形式主要是购买各种各样的有价证券，因此也被称为证券投资	间接投资的投资者除股票投资外，一般只享有定期获得一定收益的权利，而无权干预被投资对象对这部分投资的具体运用及其经营管理决策

1.5 资金预算的编制方法与程序

1.5.1 现金收支预算管理的基本原则

（一）收支两条线原则

所谓收支两条线是指收入一条线，支出一条线，两条线要分开。企业各部门、各单位凡是有现金收入的，必须回到企业财务部门，任何单位不得截留现金收入，这就是收入一条线；企业各部门、各单位凡是有现金支出的，必须按照预算规定的项目、金额、时间，由财务部门划拨支出，这就是支出一条线。

1. 收支两条线资金管理模式的构建

收支两条线资金管理模式的构建可从规范资金的流向、流量和流程三个方面入手。

（1）资金的流向方面。

要求各部门或各单位在内部银行设立两个账户（收入户和支出户），并规定所有收入的现金都必须进入收入户，收入户资金由内部银行或财务结算中心统一管理，而所有的货币性支出都必须从支出户里支付，支出户里的资金只能根据一定的程序由收入户划拨而来，严禁坐支现金。

（2）资金的流量方面。

①在收入环节要确保所有收入的资金都进入收入户，不允许有私设的账外小金库。另外，还要加快资金的结算速度，尽量压缩资金在结算环节的沉淀量。

②在调度环节通过动态的现金流量预算和资金收支计划实现对资金的精确调度。

③在支出环节根据"以收定支"和"最低限额资金占用"的原则从收入户按照支出预算安排将资金定期划拨到支出户，支出户平均资金占用额应压缩到最低限度。有效的资金流量管理将有助于确保收入资金及时、足额地回笼，各项费用支出受到合理的控制和内部资金的有效调剂。

（3）资金的流程方面。

资金流程是指与资金流动有关的程序和规定。它是收支两条线内部控制体系的重要组成部分，主要包括以下几个部分：

①关于账户管理、货币资金安全性等规定；

②收入资金管理与控制；

③支出资金管理与控制；

④资金内部结算与信贷管理及控制；

⑤收支两条线的组织保障。

2. 落实收支两条线资金管理模式过程中应注意的问题

（1）加强银行账户的管理。

在实行收支两条线资金管理模式过程中，应对现金收支部门或分支机构银行账户的开设、使用和清理实行严格的集中管理，下属单位可不在银行开户而在内部银行或财务结算中心开户。

（2）强调结算纪律。

严禁坐支现金。在收支两条线资金管理模式中，不仅收入的现金不得直接用于开支，银行收入户的资金也不能直接用于开支，所有支出的资金来源只能是支出户。

（3）以现金流转为核心来进行财务管理。

只有控制现金流量才能确保收入项目资金的及时回笼及各项费用支出的受控，才能加速资金的周转，提高资金的使用效益。在预算管理中，各项预算项目应以现金流为控制源头。

（4）加强有关的制度建设，建立、健全收支两条线资金管理流程。

建立、健全收支两条线资金管理流程并通过一定的激励机制和监督机制保证其落实到位。此外，在应用收支两条线资金管理模式时，还应以财务结算中心的运行机制为依托。

（二）硬预算原则

企业全部现金收支必须全部纳入预算范围，预算一旦通过，任何人不得随意修改。在预算执行过程中，坚持没有预算不开支，杜绝一切超预算开支的现象。

（三）细化原则

现金收支预算要精打细算，要对费用支出的项目进行细分，按规定的标准、定额逐项核算，项目的每一个细节都要计算出来。

（四）授权原则

各部门、各单位的现金支出预算由各部门负责人主持编制，审核后报财务部门,经公司批准确认的预算授权财务部门控制执行。各部门、各单位预算内的开支由部门负责人签字生效,无须再经厂长、经理签字。超预算的意外性支出和资本性支出还需要厂长、经理签字方能生效。对未列入预算的项目,财务部门有权拒绝开支。

1.5.2 预算的编制方法

企业可以根据不同的预算项目,分别采用固定预算、弹性预算、增量预算、零基预算、定期预算和滚动预算等方法编制各种预算。

(一)固定预算与弹性预算

1. 固定预算

固定预算,又称静态预算法,是指在编制预算时,只以预算期内正常的、可实现的某一固定业务量(如生产量、销售量)水平为唯一基础来编制预算的一种方法。固定预算的缺点如下。

(1)过于呆板。因为编制预算的业务量基础是事先假定的某个业务量,所以在这种方法下,不论预算期内业务量水平实际可能发生哪些变动,都只按事先确定的某一个业务量水平作为编制预算的基础。

(2)可比性差。当实际的业务量与编制预算所依据的业务量发生较大差异时,有关预算指标的实际数与预算数就会因业务量基础不同而失去可比性。

【例1-14】假定某企业年度生产计划及工时计划如表1-17所示。

表1-17 企业年度生产计划及工时计划

产品名称	预测销量(件)	期初库存(件)	预计期末库存(件)	计划产量(件)	单位产品工时定额(小时)	计划产量总工时(小时)
甲产品	1 160	200	40	1 000	60	60 000
乙产品	4 200	500	300	4 000	80	320 000

(1)材料费用预算。

材料费用预算一般以生产计划和单位产品消耗定额及材料计划单价为基础并考虑实现各项措施所降低的节约额加以计算,企业材料费用预算如表1-18所示。

表1-18 企业材料费用预算

项目		A材料	B材料	辅料	合计
单价（元）		1	8	3	
甲产品（计划1 000件）	消耗定额	2	3	6	
	费用定额（元）	3=1×2	24	18	1.2	43.2
	定额耗用量	4=2×计划产量	3 000	6 000		
	定额费用（元）	5=3×计划产量	24 000	18 000	1 200	43 200
乙产品（计划4 000件）	消耗定额	6	5	8	
	费用定额（元）	7=1×6	40	24	2	66
	定额耗用量	8=6×计划产量	20 000	32 000		
	定额费用（元）	9=7×计划产量	160 000	96 000	8 000	264 000
基本生产车间一般耗费（元）		10			2 000	2 000
修理车间耗费（元）		11			9 200	9 200
合计（元）		12=5+9+10+11	184 000	114 000	20 400	318 400

（2）工资预算。

企业工资预算因工资制度的不同而采取不同的方法。在计件工资制度下，生产工人的工资属于变动费用，可按生产预算需要的工时数和小时工资率直接编制；在月工资制度下，工资费用是固定费用，依靠职工在册人数、出勤率、平均日工资额等数据来编制。企业弹性预算如表1-19所示。

表1-19 企业弹性预算

项目		年度计划产量总工时（小时）	小时工资率（元/小时）	年度计划工资总额（元）	提取福利费（14%）（元）	合计（元）
基本生产车间	生产工人	380 000	2	760 000	106 400	866 400
	管理人员			10 000	1 400	11 400
修理车间人员				16 000	2 240	18 240
行政管理部门人员				30 000	4 200	34 200
合计				816 000	114 240	930 240

基本生产车间工资分配率 =866 400÷380 000=2.28（元/小时）

甲产品应分配额 =60 000×2.28=136 800（元）

乙产品应分配额 =320 000×2.28=729 600（元）

（3）制造费用预算的编制。

一般大中型企业都设置辅助生产车间，其发生的费用按一定的方法分配到受益单位的产品成本费用中去，所以在编制制造费用预算时，要先编制辅助生产车间费用预算，该预算多按成本项目编制，多个项目指标的确定可依据不同的情况处理。

①有消耗定额的，可根据计划业务量、单位产品消耗定额和计划单价计算。如材料消耗应按所提供的产品或劳务数量、单位产品或劳务所耗材料和材料计划单价计算。

②凡有规定费用开支标准的，按标准计算，如劳动保护费，可根据车间享受人数和规定的标准计算。

③凡没有消耗定额和开支标准的费用项目（如低值易耗品）或车间固定费用性质的项目（如办公费），可根据上期预计实际数和计划期节约费用的要求确定。

④凡是其他预算资料中有现成资料的（如工资），可直接采用。

辅助生产车间费用预算编制后，应把全部费用分配给各受益单位，分配方法是先计算辅助生产车间所提供的产品或劳务的计划单位成本，再根据各受益单位所需要的计划产品和劳务数量，计算各受益单位应分配的辅助生产费用，如表1-20所示。

表1-20 辅助生产车间费用预算

项目	数额
材料（元）	9 200
工资（元）	18 240
制造费用（水电费、折旧费、办公费）（元）	22 560
合计（元）	50 000
修理总工时（小时）	10 000
分配率（元/小时）	5

假设受益工时为8 000小时

基本生产车间应分配额 = 受益工时 × 分配率 =8 000×5=40 000（元）

行政管理部门应分配额 = 受益工时 × 分配率 =2 000×5=10 000（元）

基本生产车间制造费用预算包括两部分：一是辅助生产车间分配过来的制造费

用，二是基本生产车间本身发生的制造费用。这两部分合起来再按一定的标准（一般按计划工时或生产工人工资比例）分配给各类产品。各项费用分配如表 1-21 所示。

表 1-21　基本生产车间费用分配

单位：元

工资	办公费	折旧费	机物料消耗	修理费	水电费	劳动保护费	低值易耗品摊销	其他	合计
11 400	20 000	78 000	2 000	40 000	10 000	6 120	2 400	1 080	171 000

工资费用分配率 =171 000÷380 000=0.45（元 / 小时）

甲产品应分配费用 =60 000×0.45=27 000（元）

乙产品应分配费用 =320 000×0.45=144 000（元）

固定预算适用于编制相对稳定的预算，一般在计划和实际不会有较大出入的情况下，可采用固定预算。固定预算的计算比较直接也比较简单，由于企业生产经营状况受主观条件影响很大，不确定的因素很多，经常发生变动，使预算的作用受到了限制。

2. 弹性预算

弹性预算是在按照成本（费用）习性分类的基础上，根据量、本、利之间的依存关系，考虑到计划期间业务量可能发生的变动，编制出一套适应多种业务量的费用预算，以便分别反映在不同业务量的情况下所应支出的成本费用水平的一种方法。

弹性预算的优点表现在：一是预算范围宽，二是可比性强。弹性预算一般适用于与预算执行单位业务量有关的成本（费用）、利润等预算项目。

弹性预算的编制，可以采用公式法，也可以采用列表法。

（1）公式法。公式法是假设成本和业务量之间存在线性关系，成本总额、固定成本总额、业务量和单位变动成本之间的变动关系可以表示为：

$$Y=a+bx$$

其中，Y 是成本总额，a 表示不随业务量变动而变动的那部分固定成本，b 是单位变动成本，x 是业务量，某项目成本总额 Y 是该项目固定成本总额和变动成本总额之和。这种方法要求按上述成本与业务量之间的线性假定，将企业各项目成本总额分解为变动成本和固定成本两部分。

【例1-15】 某企业的制造费用项目单位变动费用和固定费用资料如表1-22所示。

表1-22 某企业制造费用项目单位变动费用和固定费用资料

费用明细项目	单位变动费用（元/工时）	费用明细项目	固定费用（元）
变动费用：		固定费用：	
间接人工	0.5	维护费用	12 000
间接材料	0.6	折旧费用	30 000
维护费用	0.4	管理费用	20 000
水电费用	0.3	保险费用	10 000
机物料	0.2	财产税	5 000
小计	2.0	小计	77 000

假设该企业预算期可能的预算工时变动范围为49 000～51 000工时，制造费用弹性预算如表1-23所示。

表1-23 制造费用弹性预算（公式法）

单位：元

项目	固定费用（元）	单位变动费用（元/工时）
固定部分：		
维护费用	12 000	—
折旧费用	30 000	—
管理费用	20 000	—
保险费用	10 000	—
财产税	5 000	—
小计	77 000	—
变动部分：		
间接人工	—	0.5
间接材料	—	0.6
维护费用	—	0.4
水电费用	—	0.3
机物料	—	0.2
小计	—	2.0
总计	77 000	2.0

公式法的优点是在一定范围内预算可以随业务量变动而变动，可比性和适应性强，编制预算的工作量相对较小；缺点是按公式进行成本分解比较麻烦，对每个费用子项目甚至细目逐一进行成本分解，工作量很大。

（2）列表法。列表法是指通过列表的方式，将与各种业务量对应的预算数列示出来的一种弹性预算编制方法。

【例1-16】假定有关资料同表1-22、表1-23。预算期企业可能的直接人工工时分别为49 000工时、49 500工时、50 000工时、50 500工时和51 000工时。用列表法编制制造费用弹性预算如表1-24所示。

表1-24 制造费用弹性预算（列表法）

单位：元

费用明细项目	单位变动费用	业务量				
		49 000	49 500	50 000	50 500	51 000
变动费用：						
间接人工	0.5	24 500	24 750	25 000	25 250	25 500
间接材料	0.6	29 400	29 700	30 000	30 300	30 600
维护费用	0.4	19 600	19 800	20 000	20 200	20 400
水电费用	0.3	14 700	14 850	15 000	15 150	15 300
机物料	0.2	9 800	9 900	10 000	10 100	10 200
小计	2.0	98 000	99 000	100 000	101 000	102 000
固定费用：						
维护费用		12 000	12 000	12 000	12 000	12 000
折旧费用		30 000	30 000	30 000	30 000	30 000
管理费用		20 000	20 000	20 000	20 000	20 000
保险费用		10 000	10 000	10 000	10 000	10 000
财产税		5 000	5 000	5 000	5 000	5 000
小计		77 000	77 000	77 000	77 000	77 000
制造费用合计		175 000	176 000	177 000	178 000	179 000

列表法的主要优点是可以直接从表中查得各种业务量下的成本费用预算，不用另行计算，因此直接、简便；缺点是编制工作量较大，而且由于预算数不能随业务量变动而任意变动，弹性仍然不足。

（二）增量预算与零基预算

1. 增量预算

增量预算是指以基期成本费用水平为基础，结合预算期业务量水平及有关降低成本的措施，通过调整有关费用项目而编制预算的方法。增量预算以过去的费用发生水平为基础，主张不需在预算内容上做较大的调整，它的编制遵循以下假定：

第一,企业现有业务活动是合理的,不需要进行调整;

第二,企业现有各项业务的开支水平是合理的,在预算期予以保持;

第三,以现有业务活动和各项活动的开支水平,确定预算期各项活动的预算数。

【例 1-17】 某企业本年的制造费用为 50 000 元,考虑到下年生产任务增大 10%,按增量预算编制计划年度的制造费用预算。

计划年度制造费用预算 =50 000×(1+10%)=55 000(元)

增量预算的缺陷是可能导致无效费用开支项目无法得到有效控制,因为不加以分析地保留或接受原有的成本费用项目,可能使原来不合理的费用继续开支而得不到控制,形成不必要开支合理化,造成预算上的浪费。

2. 零基预算

零基预算的全称为"以零为基础的编制计划和预算方法",它是在编制费用预算时,不考虑以往会计期间所发生的费用项目或费用数额,而是一切以零为出发点,从实际需要逐项审议预算期内各项费用的内容及开支标准是否合理,在综合平衡的基础上编制费用预算的方法。

零基预算的编制程序如下。

第一,企业内部各级部门的员工,根据企业的生产经营目标,详细讨论计划期内应该发生的费用项目,并对每一费用项目编写一套方案,提出费用开支的目的以及需要开支的费用数额。

第二,划分不可避免费用项目和可避免费用项目。在编制预算时,对不可避免费用项目必须保证资金供应;对可避免费用项目,则需要逐项进行成本与效益分析,尽量控制可避免费用项目纳入预算当中。

第三,划分不可延缓费用项目和可延缓费用项目。应优先安排不可延缓费用项目的支出,然后再根据需要,按照费用项目的轻重缓急确定可延缓费用项目的开支。

零基预算的优点表现在:①不受现有费用项目的限制;②不受现行预算的束缚;③能够调动各方面节约费用的积极性;④有利于促使各基层单位精打细算,合理使用资金。

(三)定期预算与滚动预算

1. 定期预算

定期预算是指在编制预算时,以不变的会计期间(如日历年度)作为预算期的一种编制预算的方法。这种方法的优点是能够使预算期间与会计期间相对应,便于将实际数与预算数进行对比,也有利于对预算执行情况进行分析和评价。但这种方法固定以1年为预算期,在执行一段时期之后,管理人员往往只考虑剩下几个月的业务量,缺乏长远打算,导致一些短期行为的出现。

2. 滚动预算

滚动预算又称连续预算,是指在编制预算时,将预算期与会计期间脱离开,随着预算的执行不断地补充预算,逐期向后滚动,使预算期始终保持为一个固定长度(一般为12个月)的一种预算方法。

滚动预算的基本做法是使预算期始终保持12个月,每过1个月或1个季度,立即在期末增列1个月或1个季度的预算,逐期往后滚动,因而在任何一个时期都使预算保持为12个月的时间长度。滚动预算又叫连续预算或永续预算。这种预算能使企业各级管理人员对未来始终保持整整12个月时间的考虑和规划,从而保证企业的经营管理工作能够稳定而有序地进行。

按月滚动的滚动预算方式如图1-14所示。

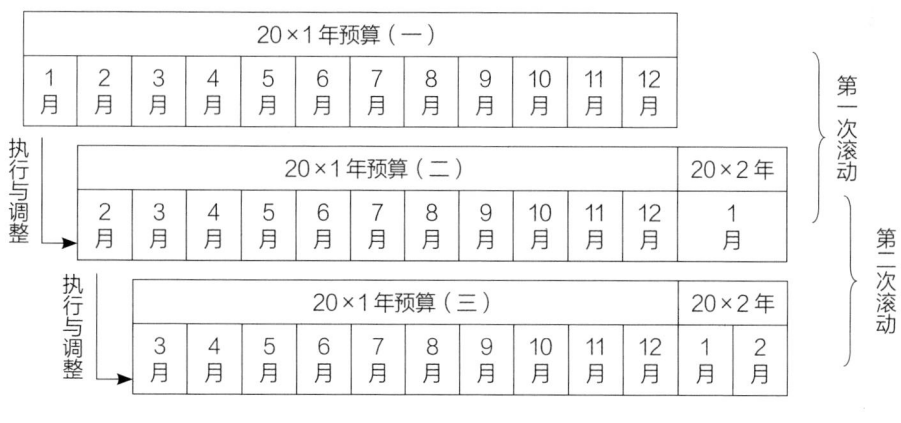

图1-14 滚动预算示意

1.5.3 预算的编制程序

企业编制预算,一般应按照"上下结合、分级编制、逐级汇总"的程序进行。

（一）下达目标

企业董事会或经理办公会根据企业发展战略和对预算期经济形势的初步预测，在决策的基础上，提出下一年度企业预算目标，包括销售或营业目标、成本费用目标、利润目标和现金流量目标，并确定预算编制的政策，由预算委员会下达各预算执行单位。

（二）编制上报

各预算执行单位按照企业预算委员会下达的预算目标和政策，结合自身特点以及预算的执行条件，提出详细的本单位预算方案，上报企业财务管理部门。

（三）审查平衡

企业财务管理部门对各预算执行单位上报的预算方案进行审查、汇总，提出综合平衡的建议。在审查、平衡过程中，预算委员会应当进行充分协调，对发现的问题提出初步调整意见，并反馈给有关预算执行单位予以修正。

（四）审议批准

企业财务管理部门在有关预算执行单位修正调整的基础上，编制出企业预算方案，报预算委员会讨论。对于不符合企业发展战略或者预算目标的事项，企业预算委员会应当责成有关预算执行单位进一步修订、调整。在讨论、调整的基础上，企业财务管理部门正式编制企业年度预算方案，提交董事会或经理办公会审议批准。

（五）下达执行

企业财务管理部门对董事会或经理办公室审议批准的年度总预算，一般在次年3月底以前，分解成一系列的指标体系，由预算委员会逐级下达各预算执行单位执行。

1.5.4 资金预算编制

资金预算是以业务预算和专门决策预算为依据编制的、专门反映预算期内预计现金收入与现金支出，以及为满足理想现金余额而进行现金投融资的预算。

资金预算由现金收入、现金支出、现金余缺、现金投放与筹措四部分构成。其中：

$$现金收入 - 现金支出 = 现金余缺$$

本小节结合某公司实例来说明资金预算的编制步骤。

【例 1-18】star 公司是一家家电生产企业,生产多种家电产品。该公司自 2×17 年起编制全面预算。全面预算包括业务预算、财务预算和资本预算等。财务预算包括资金预算、预计利润表和预计资产负债表三个部分。

下面介绍该公司编制的 2×20 年度资金预算。资金预算包括现金收入预算和现金支出预算两部分。

(一)现金收入预算编制

该公司现金收支活动涉及生产经营活动和投资、筹资的各个方面,因此,编制资金预算要以业务预算和资本预算为基础。

现金收入包括营业现金收入和其他现金收入。营业现金收入是现金收入的主要来源。因此,销售预算是编制资金预算的起点。

该公司的销售预算及应收账款预算如表 1-25、表 1-26 所示。

表 1-25 销售预算

季度	第一季度	第二季度	第三季度	第四季度	全年
预计销售量(件)	1 500	2 250	3 000	2 250	9 000
预计单价(元)	450	450	450	450	450
销售收入(元)	675 000	1 012 500	1 350 000	1 012 500	4 050 000

销售预算的主要内容是预计销售量、预计单价和销售收入。

预计销售量是根据市场预测或销售合同并结合企业生产能力确定的。

预计单价是通过价格决策确定的。

销售收入是预计销售量和预计单价的乘积,从销售预算中得出。

销售预算通常要分品种、分月份、分销售区域、分推销员来编制。为了简化,本案例只编制了分季度销售预算。本案例设计各季度的预计销售量分别为全年销售量的 1/6、1/4、1/3、1/4。

销售预算中通常还包括应收账款预算(预计现金收入),其目的是为编制资金预算提供必要的资料。第一季度的现金收入包括了两部分,即上年应收账款在本年第一季度收到的货款,以及本季度销售中可能收到货款的部分。应收账款预算如表 1-26 所示。

表1-26 应收账款预算（预计现金收入）

单位：元

项目	应收数	实收数				
		第一季度	第二季度	第三季度	第四季度	全年
期初数	216 000	216 000				216 000
第一季度	675 000	270 000	405 000			675 000
第二季度	1 012 500		405 000	607 500		1 012 500
第三季度	1 350 000			540 000	810 000	1 350 000
第四季度	1 012 500				405 000	405 000
现金收入		486 000	810 000	1 147 500	1 215 000	3 658 500
应收账款期末数	607 500					

在本案例中，设计每季度销售收入中，本季度收到现金40%，另外的60%现金要到下季度才能收到。应收账款期初数为216 000元，期末数为607 500元。

（二）现金支出预算编制

现金支出主要包括材料采购支出，支付人工工资，支付制造费用、管理费用、财务费用和营业费用等支出。这些项目的现金支出预算主要来源于业务预算，下面分别介绍。

1. 生产预算

生产预算是在销售预算的基础上编制的，其主要内容有预计销售量、期初存货量、预计期末存货、预计生产量。预计生产量可用下列公式计算。

$$预计生产量 = 预计销售量 + 预计期末存货量 - 期初存货量$$

该公司的生产预算结果如表1-27所示。

表1-27 生产预算

单位：件

季度	第一季度	第二季度	第三季度	第四季度	全年
预计生产量	1 575	2 325	2 925	2 190	9 015

2. 直接材料预算

直接材料预算是以生产预算为基础编制的，同时要考虑原材料存货水平。直接材料预算主要包括预计生产量、单位产品材料耗用量、预计材料消耗量、期初和期末存货量等。预计生产量来自生产预算。单位产品材料消耗量的数据来自标准成本资料或消耗定额资料。

预计期初存货量＝上期期末存货量

预计材料采购量＝（预计材料消耗量＋预计期末存货量）－预计期初存货量

预计材料消耗量＝预计生产量×材料单耗

预计采购金额＝预计材料采购量×单价（单价根据标准资料确定）

根据预计资产负债表期初数可知年初库存材料存货量为1260件，每一季度按下一季度的生产用量的20%安排期末存货量。设计下年度期末存货量为1 380件。

该公司的直接材料预算如表1-28所示。

表1-28 直接材料预算

季度	第一季度	第二季度	第三季度	第四季度	全年
预计生产量（件）	1 575	2 325	2 925	2 190	9 015
材料单耗（千克/件）	4	4	4	4	4
预计材料消耗量（千克）	6 300	9 300	11 700	8 760	36 060
加：预计期末存货量（件）	1 860	2 340	1 752	1 380	1 380
减：预计期初存货量（件）	1 260	1 860	2 340	1 752	1 260
预计材料采购量（件）	6 900	9 780	11 112	8 388	36 180
单价（元）	30	30	30	30	30
预计采购金额（元）	207 000	293 400	333 360	251 640	1 085 400

为了以后编制资金预算，通常要预计材料采购各季度的现金支出。每个季度的现金支出包括偿还上期应付账款和本期应支付的采购货款。

本案例设计材料采购的货款有50%在本季度内付清，另50%在下季度付清，这个百分比是根据经验数据确定的。期初应付账款可以从期初资产负债表中查得（即54 000元）。

根据直接材料预算编制的该公司应付账款预算如表1-29所示。

表1-29 应付账款预算（预计现金支出）

单位：元

项目	应付数	实付数				
		第一季度	第二季度	第三季度	第四季度	全年
期初数	54 000	54 000				54 000
第一季度	207 000	103 500	103 500			207 000
第二季度	293 400		146 700	146 700		293 400

续表

项目	应付数	实付数				
		第一季度	第二季度	第三季度	第四季度	全年
第三季度	333 360			166 680	166 680	333 360
第四季度	251 640				125 820	125 820
现金支出合计		157 500	250 200	313 380	292 500	1 013 580
应付账款期末数	125 820					

3. 直接人工预算

直接人工预算包括的内容：预计生产量、单位产品工时、人工总工时、每小时人工成本、人工总成本。其中，预计生产量数据来自生产预算，单位产品工时、每小时人工成本来自标准成本资料。

人工总工时 = 预计生产量 × 单位产品工时

人工总成本 = 人工总工时 × 每小时人工成本

由于人工工资都需要使用现金支付，所以不需要另外预计现金支出，可直接参加资金预算的汇总。本案例设计该公司直接人工小时工资率为12元/小时，单位产品工时定额为5小时，该公司的直接人工预算如表1-30所示。

表1-30 直接人工预算

季度	第一季度	第二季度	第三季度	第四季度	全年
预计生产量（件）	1 575	2 325	2 925	2 190	9 015
单位产品工时（小时）	5	5	5	5	5
人工总工时（小时）	7 875	11 625	14 625	10 950	45 075
每小时人工成本（元）	12	12	12	12	12
人工总成本（元）	94 500	139 500	175 500	131 400	540 900

4. 制造费用预算

制造费用通常分为变动制造费用和固定制造费用两部分。

变动制造费用预算以生产预算为基础来编制。如果有标准成本资料，用单位产品的标准成本乘以产量可得到变动制造费用数额；如果没有标准成本资料，需要逐项预计计划产量需要的各项制造费用。

固定制造费用，通常与本期产量无关，需要逐项进行预计。按每季度实际需要的支付额预计,然后计算出全年数。本案例设计该公司变动制造费用分配率为12元/小时,全年固定制造费用为540 000元,除了当期提取的固定资产折旧外,制造费用均用现金支出。该公司制造费用预算如表1-31所示。

表1-31 制造费用预算

项目	小时费用率(元/小时)	第一季度(7 875小时)(元)	第二季度(11 625小时)(元)	第三季度(14 625小时)(元)	第四季度(10 950小时)(元)	全年(元)
变动制造费用:						
间接人工	2	15 750	23 250	29 250	21 900	90 150
间接材料	2.4	18 900	27 900	35 100	26 280	108 180
修理费	1.6	12 600	18 600	23 400	17 520	72 120
水电费	2.8	22 050	32 550	40 950	30 660	126 210
其他	3.2	25 200	37 200	46 800	35 040	144 240
小计	12	94 500	139 500	175 500	131 400	540 900
固定制造费用:						
修理费		24 000	24 000	24 000	24 000	96 000
折旧		33 750	33 750	33 750	33 750	135 000
管理人员工资		21 000	21 000	21 000	21 000	84 000
保险费		30 000	30 000	30 000	30 000	120 000
其他		26 250	26 250	26 250	26 250	105 000
合计		135 000	135 000	135 000	135 000	540 000
总计		229 500	274 500	310 500	266 400	1 080 900
减:折旧		33 750	33 750	33 750	33 750	135 000
现金支出的制造费用		195 750	240 750	276 750	232 650	945 900

5.生产成本和销售成本预算

将直接材料预算、直接人工预算、制造费用预算进行汇总,可以编制生产成本预算;以生产成本预算为基础,加上期初产成品存货的成本,减去期末产成品存货的成本,即可以编制销售成本预算。根据上述资料,编制的该公司成本预算如表1-32所示。

表 1-32 生产成本和销售成本预算

单位：元

项目	第一季度	第二季度	第三季度	第四季度	全年
直接材料	189 000	279 000	351 000	262 800	1 081 800
直接人工	94 500	139 500	175 500	131 400	540 900
变动制造费用	94 500	139 500	175 500	131 400	540 900
生产成本合计	378 000	558 000	702 000	525 600	2 163 600
加：期初产成品存货成本	31 500	47 250	63 000	47 250	31 500
减：期末产成品存货成本	47 250	63 000	47 250	34 650	34 650
销售成本合计	362 250	542 250	717 750	538 200	2 160 450

表中"直接材料"一栏为表 1-28"预计材料消耗量"乘以"单价"求得，"期初产成品存货成本"是以表 1-32"期初产成品存货量"乘以单位产品成本求得。

6.销售及管理费用预算

销售费用预算是指为了实现销售预算所需支付的费用预算。它以销售预算为基础，分析销售收入、销售利润和销售费用的关系，力求实现销售费用的最有效使用。

管理费用是搞好一般管理业务所必要的费用，多属于固定成本，管理费用预算一般以过去的实际开支为基础，按预算期的可预计变化来调整。

该公司销售及管理费用预算如表 1-33 所示。

表 1-33 销售及管理费用预算

项目	第一季度	第二季度	第三季度	第四季度	全年
预计销售量（件）	1 500	2 250	3 000	2 250	9 000
单位变动销售费用（元）	30	30	30	30	30
变动销售费用小计（元）	45 000	67 500	90 000	67 500	270 000
固定销售费用及管理费用（元）	120 000	120 000	120 000	120 000	480 000
合计（元）	165 000	187 500	210 000	187 500	750 000
减：折旧（元）	25 500	25 500	25 500	25 500	102 000
现金支出（元）	139 500	162 000	184 500	162 000	648 000

注：固定费用中包括折旧费用 102 000 元。

7.预计其他现金支出

企业除了上述经营方面现金支出以外，还包括其他方面现金支出，如利息支出、分配股利支出、缴纳所得税支出和购买固定资产支出等。该公司的预计其他现金支出如表 1-34 所示。

表 1-34 预计其他现金支出

单位：元

项目	第一季度	第二季度	第三季度	第四季度	全年
应付股利	18 000	18 000	18 000	18 000	72 000
应交所得税	36 000	36 000	36 000	36 000	144 000
购买固定资产		144 000			144 000
合计	54 000	198 000	54 000	54 000	360 000

（三）该公司资金预算

资金预算包括现金收入、现金支出、现金多余或不足、资金的筹集和运用。该公司编制的 2×20 年资金预算如表 1-35 所示。

表 1-35 资金预算

单位：元

项目	第一季度	第二季度	第三季度	第四季度	全年
期初现金余额	108 000	135 000	132 075	96 260	108 000
加：销货现金收入（表 1-26）	486 000	810 000	1 147 500	1 215 000	3 658 500
可供使用的现金	594 000	945 000	1 279 575	1 311 260	3 766 500
减：各项支出					
直接材料（表 1-28）	207 000	293 400	333 360	251 640	1 085 400
直接人工（表 1-30）	94 500	139 500	175 500	131 400	540 900
制造费用（表 1-31）	195 750	240 750	276 750	232 650	945 900
销售及管理费用（表 1-33）	139 500	162 000	184 500	162 000	648 000
所得税（表 1-34）	36 000	36 000	36 000	36 000	144 000
购买设备（表 1-34）	—	144 000	—	—	144 000
股利（表 1-34）	18 000	18 000	18 000	18 000	72 000
支出合计	641 250	990 450	1 004 130	872 550	3 508 380
现金多余或不足	−47 250	−45 450	275 445	438 710	258 120
向银行借款	182 250	177 525	—	—	359 775
还银行借款	—	—	152 131	207 644	359 775
借款利息（年利率 12%）	—	—	27 054	6 229.32	33 283.32
期末现金余额	135 000	132 075	96 260	224 836.68	224 836.68

现金收入包括期初现金余额和销货现金收入，销货现金收入是其主要来源。年初的现金余额是在编制预算时预计的。销货现金收入的数据来自销售预算。

现金支出包括预算期的各项现金支出。直接材料、直接人工、制造费用、销售与管理费用的数据分别来自前边的有关预算。此外，现金支出还包括所得税、购置设备、股利分配等现金支出，有关数据分别来自另行编制的专门预算。

本案例中第一季度的借款额为182 250元，第二季度借款额为177 525元。第三季度、第四季度现金多余，可用于偿还借款。借款一般在每期期初借入，每期期末归还。本案例中设计年利率为12%，还款时支付累计利息，则应计利息为：

第三季度利息 = $182\,250 \times 12\% \times 9 \div 12 + 177\,525 \times 12\% \times 6 \div 12 = 27\,054$（元）

第四季度利息 = $(182\,250 - 152\,131) \times 12\% \times 3 \div 12 + 177\,525 \times 12\% \times 3 \div 12 = 6\,229.32$（元）

第 2 章
往来款会计实务操作

2.1 往来款概述

2.1.1 往来款项的概念及种类

（一）往来款项的概念

往来款项是指企业在生产经营过程中发生的各种应收、应付款项及预收、预付款项。往来款项具体内容如图 2-1 所示。

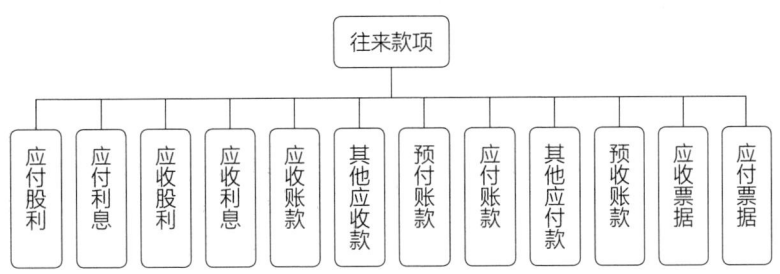

图 2-1 往来款项具体内容

（二）往来款项的种类

1. 应收账款

应收账款指企业因销售商品、材料或提供劳务等，应向购货单位收取的款项，以及代垫运杂费和承兑到期而未能收到款的商业承兑汇票。

2. 其他应收款

其他应收款是企业应收款项的另一重要组成部分。其他应收款核算企业除买入返售金融资产、应收票据、应收账款、预付账款、应收股利、应收利息、应收代位追偿款、应收分保账款、应收分保合同准备金、长期应收款等以外的其他各种应收及暂付款项。其他应收款通常包括暂付款，是指企业在商品交易业务以外发生的各种应收、暂付款项。

3. 预付账款

预付账款指买卖双方协议商定，由购货方预先支付一部分货款给供应方而发生的一项债权。预付账款一般包括预付的货款、预付的购货定金等。

4. 应付账款

应付账款是指企业因购买材料、商品或接受劳务供应等业务应支付给供应者的账款。应付账款是由于在购销活动中买卖双方取得物资与支付货款在时间上的不一致而产生的负债。

5. 其他应付款

其他应付款是指企业在商品交易业务以外发生的应付和暂收款项。

6. 预收账款

预收账款核算企业按照合同规定或交易双方之约定，而向购买单位或接受劳务的单位在未发出商品或提供劳务时预收的款项。

7. 应收票据

应收票据是指企业持有的、尚未到期兑现的商业票据。商业票据是一种载有一定付款日期、付款地点、付款金额和付款人的无条件支付的流通证券，也是一种可以由持票人自由转让给他人的债权凭证。

8. 应付票据

应付票据是指企业在商品购销活动和对工程价款进行结算因采用商业汇票结算方式而发生的，由出票人出票，委托付款人在指定日期无条件支付确定的金额给收款人或者票据的持票人的商业票据。应付票据包括商业承兑汇票和银行承兑汇票。应付票据按是否带息分为带息应付票据和不带息应付票据两种。

2.1.2 往来款会计的岗位职责

(1)根据采购合同、商品销售合同设置往来业务账户,认真核对并确认每笔采购付款、每笔销售客户回款。

(2)做好往来账款日常管理工作,编制往来账款的会计记账凭证并登记往来账套。

(3)及时对往来账款业务进行核对,每月5日前提供往来账款计划执行情况表,将对账资料按时归集存档。

(4)随时对往来账款进行监控,对金额较大、账龄较长的进行重点分析跟踪。

(5)负责随时与市场部、供应部保持沟通,对发现的往来账款问题及时解决或上报。

(6)负责空白收据的领用、保管,对销售回款开具收据。

(7)对市场部领出的收据每月及时跟踪、实施管控。

(8)负责对开出的发票进行审核,做好发票登记。

2.2 应收及预付款项

应收及预付款项是指企业在日常生产经营过程中发生的各项债权,包括应收款项和预付款项。其中,应收款项包括应收票据、应收账款、应收股利、应收利息和其他应收款等;预付款项是指企业按照合同规定预付的款项,如预付账款等。

2.2.1 应收票据

(一)应收票据概述

应收票据是指企业因销售商品、提供服务等而收到的商业汇票。商业汇票是一种由出票人签发的,委托付款人在指定日期无条件支付确定金额给收款人或者持票人的票据。

商业汇票的付款期限，最长不得超过6个月。定日付款的汇票付款期限自出票日起计算，并在汇票上记载具体到期日；出票后定期付款的汇票付款期限自出票日起按月计算，并在汇票上记载；见票后定期付款的汇票付款期限自承兑或拒绝承兑日起按月计算，并在汇票上记载。商业汇票的提示付款期限，自汇票到期日起10日。符合条件的商业汇票的持票人，可以持未到期的商业汇票连同贴现凭证向银行申请贴现。

根据承兑人不同，商业汇票分为商业承兑汇票和银行承兑汇票。商业承兑汇票是指由付款人签发并承兑，或由收款人签发交由付款人承兑的汇票。商业承兑汇票的付款人收到开户银行的付款通知，应在当日通知银行付款。付款人在接到通知日的次日起3日内（遇法定休假日顺延）未通知银行付款的，视同付款人承诺付款。银行将于付款人接到通知日的次日起第4日（遇法定休假日顺延），将票款划给持票人。付款人提前收到由其承兑的商业汇票，应通知银行于汇票到期日付款。银行在办理划款时，付款人存款账户不足支付的，银行应填制付款人未付票款通知书，连同商业承兑汇票邮寄持票人开户银行转交持票人。

银行承兑汇票是指由在承兑银行开立存款账户的存款人（即出票人）签发，由承兑银行承兑的票据。企业申请使用银行承兑汇票时，应向其承兑银行按票面金额的万分之五交纳手续费。银行承兑汇票的出票人应于汇票到期前将票款足额交存其开户银行，承兑银行应在汇票到期日或到期日后的见票当日支付票款。银行承兑汇票的出票人于汇票到期前未能足额交存票款时，承兑银行除凭票向持票人无条件付款外，对出票人尚未支付的汇票金额按每天万分之五计收利息。

（二）应收票据的账务处理

为了反映和监督应收票据取得、票款收回等情况，企业应当设置"应收票据"科目，借方登记取得的应收票据的面值，贷方登记到期收回票款或到期前向银行贴现的应收票据的票面金额，期末余额在借方，反映企业持有的商业汇票的票面金额。"应收票据"科目可按照开出、承兑商业汇票的单位进行明细核算，并设置"应收票据备查簿"，逐笔登记商业汇票的种类、号数、出票日、票面金额、交易合同号、付款人、承兑人、背书人的姓名或单位名称、到期日、背书转让日、贴现日、贴现率和贴现净额，以及收款日、收回金额、退票情况等资料。商业汇票到期结清票款或退票后，在备查簿中应予注销。

1. 取得应收票据和到期收回票款

应收票据取得的原因不同，其账务处理亦有所区别。因债务人抵偿前欠货款而取得的应收票据，借记"应收票据"科目，贷记"应收账款"科目；因企业销售商品、提供劳务等而收到开出、承兑的商业汇票，借记"应收票据"科目，贷记"主营业务收入""应交税费——应交增值税（销项税额）"等科目。商业汇票到期收回款项时，应按实际收到的金额，借记"银行存款"科目，贷记"应收票据"科目。

【例2-1】甲公司为增值税一般纳税人，2×20年9月1日向乙公司（为增值税一般纳税人）销售一批产品，价款为1 500 000元，尚未收到，已办妥托收手续，适用的增值税税率为13%。甲公司应编制会计分录如下。

借：应收账款　　　　　　　　　　　　　　　　　1 695 000
　　贷：主营业务收入　　　　　　　　　　　　　　　1 500 000
　　　　应交税费——应交增值税（销项税额）　　　　　195 000

2×20年9月15日，甲公司收到乙公司寄来的一张期限为3个月的银行承兑汇票，面值为1 695 000元，抵付产品的价款和增值税税款。甲公司应编制会计分录如下。

借：应收票据　　　　　　　　　　　　　　　　　1 695 000
　　贷：应收账款　　　　　　　　　　　　　　　　　1 695 000

2×20年12月15日，甲公司持有的上述票据到期，收回票面金额1 695 000元存入银行。甲公司应编制会计分录如下。

借：银行存款　　　　　　　　　　　　　　　　　1 695 000
　　贷：应收票据　　　　　　　　　　　　　　　　　1 695 000

2. 转让应收票据

实务中，企业可以将自己持有的商业汇票背书转让。背书是指在票据背面或者粘单上记载有关事项并签章的票据行为。商业汇票背书转让的，背书人应当承担票据责任。通常情况下，企业将持有的商业汇票背书转让以取得所需物资时，按应计入取得物资成本的金额，借记"在途物资""材料采购""原材料""库存商品"等科目，按照增值税专用发票上注明的可抵扣的增值税税额，借记"应交税费——应交增值税（进项税额）"科目，按商业汇票的票面金额，贷记"应收票据"科目，如有差额，借记或贷记"银行存款"等科目。

【例2-2】承【例2-1】，甲公司为增值税一般纳税人，假定于2×20年10

月 15 日将上述应收票据背书转让，以取得生产经营所需的 A 种材料，该材料价款为 1 500 000 元，适用的增值税税率为 13%。甲公司应编制会计分录如下。

借：原材料　　　　　　　　　　　　　　　　　　　　1 500 000
　　应交税费——应交增值税（进项税额）　　　　　　　 195 000
　贷：应收票据　　　　　　　　　　　　　　　　　　　 1 695 000

对于票据贴现，企业通常应按实际收到的金额，借记"银行存款"科目，按应收票据的票面金额，贷记"应收票据"科目，按其差额，借记或贷记"财务费用"科目。

2.2.2　应收账款

应收账款是指企业因销售商品、提供服务等经营活动，应向购货单位或接受服务单位收取的款项，主要包括企业销售商品或提供服务等应向有关债务人收取的价款及代购货单位垫付的包装费、运杂费等。

为了反映和监督应收账款的增减变动及其结存情况，企业应设置"应收账款"科目，不单独设置"预收账款"科目的企业，预收的账款也在"应收账款"科目核算。"应收账款"科目的借方登记应收账款的增加，贷方登记应收账款的收回及确认的坏账损失，期末余额一般在借方，反映企业尚未收回的应收账款，如果期末余额在贷方，一般为企业预收的账款。

【例 2-3】甲公司为增值税一般纳税人，采用托收承付结算方式向乙公司（为增值税一般纳税人）销售商品一批，取得的增值税专用发票上注明的价款为 300 000 元，增值税税额为 39 000 元，已办理托收手续。甲公司应编制会计分录如下。

借：应收账款　　　　　　　　　　　　　　　　　　　　339 000
　贷：主营业务收入　　　　　　　　　　　　　　　　　　300 000
　　　应交税费——应交增值税（销项税额）　　　　　　　 39 000

甲公司实际收到款项时，应编制会计分录如下。

借：银行存款　　　　　　　　　　　　　　　　　　　　339 000
　贷：应收账款　　　　　　　　　　　　　　　　　　　　339 000

企业应收账款改用应收票据结算，在收到承兑的商业汇票时，借记"应收票据"科目，贷记"应收账款"科目。

【例 2-4】承【例 2-3】，如果甲公司委托银行收取乙公司的款项改用应收票据结算，收到乙公司交来的商业承兑汇票一张，面值339 000元，用以偿还其前欠价款。甲公司应编制会计分录如下。

借：应收票据　　　　　　　　　　　　　　　　　　　339 000
　　贷：应收账款　　　　　　　　　　　　　　　　　　　339 000

2.2.3　预付账款

预付账款是指企业按照合同规定预付的款项，如预付的材料和商品采购款、在建工程价款等。

为了反映和监督预付账款的增减变动及其结存情况，企业应当设置"预付账款"科目。"预付账款"科目的借方登记预付的款项及补付的款项，贷方登记收到所购物资时根据有关发票账单记入"原材料"等科目的金额及收回多付款项的金额，期末余额在借方，反映企业实际预付的款项，如果期末余额在贷方，则反映企业应付或应补付的款项。预付款项情况不多的企业，可以不设置"预付账款"科目，而将预付的款项通过"应付账款"科目核算。

企业根据购货合同的规定向供应单位预付款项时，借记"预付账款"科目，贷记"银行存款"科目；企业收到所购物资，按应计入购入物资成本的金额，借记"材料采购""原材料""库存商品"等科目，按可抵扣的增值税进项税额，借记"应交税费——应交增值税（进项税额）"等科目，贷记"预付账款"科目；当预付价款小于采购货物所需支付的款项时，应将不足部分补付，借记"预付账款"科目，贷记"银行存款"等科目；当预付价款大于采购货物所需支付的款项时，对收回的多余款项，应借记"银行存款"等科目，贷记"预付账款"科目。

【例2-5】甲公司为增值税一般纳税人，向乙公司（为增值税一般纳税人）采购材料5 000千克，每千克单价10元，所需支付的价款总计50 000元。按照合同规定向乙公司预付价款的50%，验收货物后补付其余款项。甲公司应编制会计分录如下。

（1）预付50%的价款时。

借：预付账款——乙公司　　　　　　　　　　　　　　25 000
　　贷：银行存款　　　　　　　　　　　　　　　　　　　25 000

（2）收到乙公司发来的5 000千克材料，验收无误，增值税专用发票上注明的价款为50 000元，增值税税额为6 500元，以银行存款结清余款31 500元。甲公司应编制会计分录如下。

  借：原材料   50 000
    应交税费——应交增值税（进项税额） 6 500
   贷：预付账款——乙公司   56 500
  借：预付账款——乙公司   31 500
   贷：银行存款   31 500

2.2.4 应收股利和应收利息

（一）应收股利的账务处理

  应收股利是指企业应收取的现金股利或应收取其他单位分配的利润。为了反映和监督应收股利的增减变动及其结存情况，企业应设置"应收股利"科目。"应收股利"科目的借方登记应收现金股利或利润的增加，贷方登记收到的现金股利或利润，期末余额一般在借方，反映企业尚未收到的现金股利或利润。"应收股利"科目应当按照被投资单位设置明细科目进行核算。

  企业在持有以公允价值计量且其变动计入当期损益的金融资产（交易性金融资产）期间，被投资单位宣告发放现金股利，按应享有的份额，确认为当期投资收益，借记"应收股利"科目，贷记"投资收益"科目。企业在持有长期股权投资期间，被投资单位宣告发放现金股利或利润，按应享有的份额，借记"应收股利"科目，贷记科目应区分两种情况：对于采用成本法核算的长期股权投资，贷记"投资收益"科目；对于采用权益法核算的长期股权投资，贷记"长期股权投资——损益调整"科目。

  【例2-6】甲公司持有丙上市公司股票，且作为以公允价值计量且其变动计入当期损益的金融资产（交易性金融资产）进行管理和核算。2×19年5月10日，丙上市公司发放2×18年现金股利，甲公司按其持有该上市公司股份计算确定的应分得的现金股利为200 000元。假定不考虑相关税费。甲公司应编制会计分录如下。

  借：应收股利——丙上市公司   200 000
   贷：投资收益——丙上市公司   200 000

  【例2-7】承【例2-6】，2×19年5月30日，甲公司收到丙上市公司发放的现金股利200 000元，款项已存入银行。假定不考虑相关税费。甲公司应编制会计分录如下。

借：其他货币资金——存出投资款 200 000
  贷：应收股利——丙上市公司 200 000

需要说明的是，企业收到被投资单位分配的现金股利或利润，应贷记"应收股利"科目，但对于应借记的会计科目，应区别两种情况进行处理：对于企业通过证券公司购入上市公司股票所形成的股权投资取得的现金股利，应借记"其他货币资金——存出投资款"科目；对于企业持有的其他股权投资取得的现金股利或利润，应借记"银行存款"科目。

（二）应收利息的账务处理

应收利息是指企业根据合同或协议规定应向债务人收取的利息。为了反映和监督应收利息的增减变动及其结存情况，企业应设置"应收利息"科目。"应收利息"科目的借方登记应收利息的增加，贷方登记收到的利息，期末余额一般在借方，反映企业尚未收到的利息。"应收利息"科目应当按照借款人或被投资单位设置明细科目进行核算。

【例2-8】 甲公司持有庚公司债券投资，2×20年1月11日，甲公司收到庚公司通知，拟向其支付2×20年利息1 000 000元，款项尚未支付。假定不考虑相关税费。甲公司应编制会计分录如下。

借：应收利息——庚公司 1 000 000
  贷：投资收益——庚公司 1 000 000

2.2.5 其他应收款

其他应收款是指企业除应收票据、应收账款、预付账款、应收股利和应收利息以外的其他各种应收及暂付款项。其主要内容包括：应收的各种赔款、罚款，如因企业财产等遭受意外损失而应向有关保险公司收取的赔款等；应收的出租包装物租金；应向职工收取的各种垫付款项，如为职工垫付的水电费、应由职工负担的医药费、房租费等；存出保证金，如租入包装物支付的押金；其他各种应收、暂付款项。

为了反映和监督其他应收款的增减变动及其结存情况，企业应当设置"其他应收款"科目进行核算。"其他应收款"科目的借方登记其他应收款的增加，贷方登记其他应收款的收回，期末余额一般在借方，反映企业尚未收回的其他应收款项。"其他应收款"科目应当按照对方单位（或个人）设置明细科目进行核算。

企业发生各种其他应收款项时，应借记"其他应收款"科目，贷记"库存现金""银行存款""固定资产清理"等科目。收回其他各种应收款项时，借记"库存现金""银行存款""应付职工薪酬"等科目，贷记"其他应收款"科目。

【例2-9】 甲公司在采购过程中发生材料毁损，按保险合同规定，应由M保险公司赔偿损失30 000元，赔款尚未收到。假定甲公司对原材料采用计划成本进行日常核算，甲公司应编制会计分录如下。

借：其他应收款——M保险公司　　　　　　　　　　　　30 000
　　贷：材料采购　　　　　　　　　　　　　　　　　　　　30 000

当甲公司如数收到上述M保险公司的赔款时，甲公司应编制会计分录如下。

借：银行存款　　　　　　　　　　　　　　　　　　　　30 000
　　贷：其他应收款——M保险公司　　　　　　　　　　　　30 000

【例2-10】 甲公司以银行存款替职工王某垫付应由其个人负担的医疗费5 000元，拟从其工资中扣回。甲公司应编制会计分录如下。

（1）垫付款时。

借：其他应收款——王某　　　　　　　　　　　　　　　5 000
　　贷：银行存款　　　　　　　　　　　　　　　　　　　　5 000

（2）扣款时。

借：应付职工薪酬　　　　　　　　　　　　　　　　　　5 000
　　贷：其他应收款——王某　　　　　　　　　　　　　　　5 000

【例2-11】 甲公司向丁公司租入包装物一批，以银行存款向丁公司支付押金10 000元。甲公司应编制会计分录如下。

借：其他应收款——丁公司　　　　　　　　　　　　　　10 000
　　贷：银行存款　　　　　　　　　　　　　　　　　　　　10 000

甲公司按期如数向丁公司退回所租包装物，并收到丁公司退还的押金10 000元，已存入银行。甲公司应编制会计分录如下。

借：银行存款　　　　　　　　　　　　　　　　　　　　10 000
　　贷：其他应收款——丁公司　　　　　　　　　　　　　　10 000

2.2.6 应收款项减值

企业的各项应收款项，可能会因购货人拒付、破产、死亡等而无法收回。这类无法收回的应收款项就是坏账。企业因坏账而遭受的损失为坏账损失或减值损失。企业应当在资产负债表日对应收款项的账面价值进行评估，应收款项发生减值的，应当将减记的金额确认为减值损失，计提坏账准备。应收款项减值有两种核算方法，即直接转销法和备抵法。我国企业会计准则规定，应收款项减值的核算应采用备抵法，不得采用直接转销法。

（一）直接转销法

采用直接转销法时，日常核算中应收款项可能发生的坏账损失不予考虑，只有在实际发生坏账时，才作为坏账损失计入当期损益，同时直接冲销应收款项，即借记"信用减值损失"科目，贷记"应收账款"等科目。

【例 2-12】 某企业 2×15 年发生的一笔 20 000 元的应收账款，长期无法收回，于 2×19 年末确认为坏账。该企业在 2×19 年末应编制会计分录如下。

借：信用减值损失——坏账损失　　　　　　　　20 000
　　贷：应收账款　　　　　　　　　　　　　　　　　20 000

这种方法的优点是账务处理简单，其缺点是不符合权责发生制会计基础，也与资产定义相冲突。在这种方法下，只有坏账实际发生时，才将其确认为当期损失，导致资产和各期损益不实；另外，在资产负债表上，应收账款是按账面余额而不是按账面价值反映的，这在一定程度上歪曲了期末的财务状况。所以，我国企业会计准则不允许采用直接转销法。

（二）备抵法

备抵法是采用一定的方法按期估计坏账损失，计入当期损益，同时建立坏账准备，待坏账实际发生时，冲销已计提的坏账准备和相应的应收款项。采用这种方法，在财务报表上列示应收款项的净额，使财务报表使用者能了解企业应收款项预期可收回的金额或真实的财务情况。

企业应当设置"坏账准备"科目，核算应收款项的坏账准备计提、转销等事项。"坏账准备"科目的贷方登记当期计提的坏账准备、收回已转销的应收账款而恢复的坏账准备，借方登记实际发生的坏账损失金额和冲减的坏账准备金额，期末贷方余额，反映企业已计提但尚未转销的坏账准备。

坏账准备可按以下公式计算：

$$\text{当期应计提的坏账准备} = \text{当期按应收款项计算的坏账准备金额} - (\text{或} +) \text{"坏账准备"科目的贷方（或借方）余额}$$

1. 计提坏账准备

企业计提坏账准备时，按照应收款项应减记的金额，借记"信用减值损失——计提的坏账准备"科目，贷记"坏账准备"科目。冲减多计提的坏账准备时，借记"坏账准备"科目，贷记"信用减值损失——计提的坏账准备"科目。

【例2-13】2×20年12月31日，甲公司应收丙公司的账款余额为1 000 000元，甲公司根据企业会计准则确定应计提坏账准备的金额为100 000元。甲公司应编制会计分录如下。

借：信用减值损失——计提的坏账准备　　　　　　100 000
　　贷：坏账准备　　　　　　　　　　　　　　　　　　100 000

2. 转销坏账

企业确实无法收回的应收款项按管理权限报经批准后作为坏账转销时，应当冲减已计提的坏账准备。企业实际发生坏账损失时，借记"坏账准备"科目，贷记"应收账款""其他应收款"等科目。

【例2-14】承【例2-13】，2×21年6月，甲公司应收丙公司的销货款实际发生坏账损失30 000元。甲公司应编制会计分录如下。

借：坏账准备　　　　　　　　　　　　　　　　　　30 000
　　贷：应收账款　　　　　　　　　　　　　　　　　　　30 000

【例2-15】承【例2-13】和【例2-14】，假定甲公司2×21年12月31日应收丙公司的账款余额为1 200 000元，甲公司对该应收账款应计提120 000元坏账准备。即2×21年12月31日甲公司"坏账准备"科目应保持的贷方余额为120 000元。计提坏账准备前，"坏账准备"科目的实际余额为贷方70 000（100 000-30 000）元，因此，本年末应计提的坏账准备金额为50 000（120 000-70 000）元。甲公司应编制会计分录如下。

借：信用减值损失——计提的坏账准备　　　　　　50 000
　　贷：坏账准备　　　　　　　　　　　　　　　　　　50 000

3. 收回已确认坏账并转销应收款项

已确认并转销的应收款项以后又收回的，应当按照实际收到的金额增加坏账准备的账面余额。已确认并转销的应收款项以后又收回时，借记"应收账款""其他应收款"等科目，贷记"坏账准备"科目；同时，借记"银行存款"科目，贷记"应收账款""其他应收款"等科目。

【例 2-16】2×20 年 1 月 20 日，甲公司收回 2×20 年已进行坏账转销的应收账款 20 000 元，已存入银行。甲公司应编制会计分录如下。

  借：应收账款   20 000
    贷：坏账准备   20 000
  借：银行存款   20 000
    贷：应收账款   20 000

2.3 应付及预收款项

2.3.1 应付票据

（一）应付票据概述

应付票据是指企业购买材料、商品和接受劳务供应等而开出、承兑的商业汇票，包括商业承兑汇票和银行承兑汇票。

企业应设置"应付票据"科目核算应付票据的开出、偿付等情况。该科目贷方登记开出、承兑汇票的面值，借方登记支付票据的金额，期末余额在贷方，反映企业尚未到期的商业汇票的票面金额。

企业应当设置"应付票据备查簿"，详细登记商业汇票的种类、号数、出票日期、到期日、票面余额、交易合同号、收款人姓名或单位名称、付款日期和金额等资料。应付票据到期结清时，上述内容应当在备查簿内予以注销。

我国商业汇票的付款期限不超过 6 个月，因此，企业应将应付票据作为流动负债管理和核算。同时，由于应付票据的偿付时间较短，在会计实务中，一般均按照开出、承兑的应付票据的面值入账。

（二）应付票据的账务处理

企业因购买材料、商品和接受劳务供应等而开出、承兑的商业汇票，应当以其票面金额作为应付票据的入账金额，借记"材料采购""在途物资""原材料""库存商品""应付账款""应交税费——应交增值税（进项税额）"等科目，贷记"应付票据"科目。

企业因开出银行承兑汇票而支付的银行承兑汇票手续费，应当计入当期财务费用。支付手续费时，按照确认的手续费，借记"财务费用"科目，取得增值税专用发票的，按注明的增值税进项税额，借记"应交税费——应交增值税（进项税额）"科目，按照实际支付的金额，贷记"银行存款"科目。

企业开具的商业汇票到期支付票据款时，根据开户银行的付款通知，借记"应付票据"科目，贷记"银行存款"科目。

【例 2-17】 甲企业为增值税一般纳税人，原材料按计划成本核算。2×20 年 5 月 6 日购入原材料一批，增值税专用发票上注明的价款为 60 000 元，增值税税额为 7 800 元，原材料验收入库。该企业开出并经开户银行承兑的商业汇票一张，面值为 67 800 元，期限为 5 个月，交纳银行承兑手续费 33.92 元，其中增值税 1.92 元。10 月 6 日商业汇票到期，甲企业通知其开户银行以银行存款支付票款。甲企业应编制会计分录如下。

（1）开出并承兑商业汇票购入材料。

借：材料采购	60 000
应交税费——应交增值税（进项税额）	7 800
贷：应付票据	67 800

（2）支付商业汇票承兑手续费。

借：财务费用	32
应交税费——应交增值税（进项税额）	1.92
贷：银行存款	33.92

（3）支付商业汇票款。

借：应付票据	67 800
贷：银行存款	67 800

（三）转销应付票据

应付商业承兑汇票到期，如企业无力支付票款，由于商业汇票已经失效，企业应将应付票据按账面余额转作应付账款，借记"应付票据"科目，贷记"应付账款"科目。应付银行承兑汇票到期，如企业无力支付票款，则由承兑银行代为支付，并将款项作为付款企业的贷款处理，企业应将应付票据的账面余额转作短期借款，借记"应付票据"科目，贷记"短期借款"科目。

【例 2-18】 承【例 2-17】，假设上述银行承兑汇票到期时甲企业无力支付票款。甲企业应编制会计分录如下。

借：应付票据　　　　　　　　　　　　　　　　　67 800
　　贷：短期借款　　　　　　　　　　　　　　　67 800

2.3.2　应付账款

（一）应付账款概述

应付账款是指企业因购买材料、商品或接受劳务供应等经营活动而应付给供应单位的款项。实务中，为了使所购入材料、商品的金额、品种、数量和质量等与合同规定的条款相符，避免因验收时发现所购材料、商品的数量或质量存在问题而对入账的材料、商品或应付账款金额进行改动，在材料、商品和发票账单同时到达的情况下，一般在所购材料、商品验收入库后，根据发票账单登记入账，确认应付账款。在所购材料、商品已经验收入库，但是发票账单未能同时到达的情况下，企业应付材料、商品供应单位的债务已经成立，在会计期末，为了反映企业的负债情况，需要将所购材料、商品和相关的应付账款暂估入账，待下月初用红字将上月末暂估入账的应付账款予以冲销。

企业应设置"应付账款"科目核算应付账款的发生、偿还、转销等情况。该科目的贷方登记应付未付款项的增加，借方登记应付未付款项的减少，期末贷方余额反映企业尚未支付的应付账款余额。本科目可按债权人设置明细科目进行明细核算。

（二）发生与偿还应付账款

企业购入材料、商品或接受劳务等所产生的应付账款，应按应付金额入账。购入材料、商品等验收入库，但货款尚未支付，根据有关凭证（发票账单、随货同行发票上记载的实际价款或暂估价值），借记"材料采购""在途物资""原材料""库存商品"等科目，按照可抵扣的增值税进项税额，借记"应交税费——应交增值税（进项税额）"科目，按应付的款项，贷记"应付账款"

科目。企业接受供应单位提供劳务而发生的应付未付款项，根据供应单位的发票账单所列金额，借记"生产成本""管理费用"等科目，按照增值税专用发票上注明的可抵扣的增值税进项税额，借记"应交税费——应交增值税（进项税额）"科目，贷记"应付账款"科目。

企业偿还应付账款或开出商业汇票抵付应付账款时，借记"应付账款"科目，贷记"银行存款""应付票据"等科目。

【例2-19】 甲企业为增值税一般纳税人。2×20年6月1日，从A公司购入一批材料，增值税专用发票上注明的价款为100 000元，增值税税额为13 000元；同时，对方代垫运费1 000元、增值税税额90元，已收到对方开具的增值税专用发票。材料验收入库（该企业材料按实际成本进行日常核算），款项尚未支付。7月10日，甲企业以银行存款支付购入材料相关款项114 090元。甲企业应编制会计分录如下。

（1）确认应付账款。

借：原材料　　　　　　　　　　　　　　　　　101 000

　　应交税费——应交增值税（进项税额）　　　 13 090

　　贷：应付账款——A公司　　　　　　　　　　　　 114 090

（2）偿还应付账款。

借：应付账款——A公司　　　　　　　　　　　 114 090

　　贷：银行存款　　　　　　　　　　　　　　　　 114 090

应付账款附有现金折扣条款的，企业应按照扣除现金折扣前的应付款总额入账。因在折扣期限内付款而获得的现金折扣，应在偿付应付账款时冲减财务费用。

【例2-20】 2×20年7月2日，乙百货商场从B公司购入一批家电产品并验收入库。增值税专用发票上注明的该批家电的价款为1 000 000元，增值税税额为130 000元。按照购货协议的规定，乙百货商场如在10天内付清货款，将获得1%的现金折扣（假定计算现金折扣时需考虑增值税）。2×20年7月10日，乙百货商场按照扣除现金折扣后的金额，用银行存款付清了所欠B公司货款。乙百货商场采用实际成本核算库存商品，应编制会计分录如下。

（1）7月2日确认应付账款。

借：库存商品　　　　　　　　　　　　　　　1 000 000

　　应交税费——应交增值税（进项税额）　　　130 000

贷：应付账款——B公司　　　　　　　　　　　　　　　　1 130 000

（2）7月10日付清货款。

　　借：应付账款——B公司　　　　　　　　　　　　　　　　1 130 000

　　　贷：银行存款　　　　　　　　　　　　　　　　　　　　1 118 700

　　　　财务费用　　　　　　　　　　　　　　　　　　　　　　11 300

本例中，乙百货商场在7月10日（即购货后的第8天）付清所欠B公司的货款，按照购货协议可以获得现金折扣。乙百货商场获得的现金折扣=1 130 000×1%=11 300（元），实际支付的货款=1 130 000-1 130 000×1%=1 118 700（元）。

实务中，企业外购电力、燃气等动力一般通过"应付账款"科目核算，即在每月付款时先作为暂付款处理，按照增值税专用发票上注明的价款，借记"应付账款"科目，按照增值税专用发票上注明的可抵扣的增值税进项税额，借记"应交税费——应交增值税（进项税额）"科目，贷记"银行存款"等科目；月末按照外购动力的用途分配动力费时，借记"生产成本""制造费用""管理费用"等科目，贷记"应付账款"科目。

【例2-21】2×20年5月20日，丙企业收到银行转来某电力公司供电部门开具的增值税专用发票，发票上注明的电费为38 400元、增值税税额为4 992元，企业以银行存款付讫。月末，该企业经计算，本月应付电费38 400元，其中生产车间电费25 600元，企业行政管理部门电费12 800元。丙企业应编制会计分录如下。

（1）支付外购电费。

　　借：应付账款——某电力公司　　　　　　　　　　　　　　38 400

　　　　应交税费——应交增值税（进项税额）　　　　　　　　　4 992

　　　贷：银行存款　　　　　　　　　　　　　　　　　　　　43 392

（2）月末分配外购电费。

　　借：制造费用　　　　　　　　　　　　　　　　　　　　　25 600

　　　　管理费用　　　　　　　　　　　　　　　　　　　　　12 800

　　　贷：应付账款——某电力公司　　　　　　　　　　　　　38 400

（三）转销应付账款

应付账款一般在较短期限内支付，但有时由于债权单位撤销或其他原因而无法清偿应付账款。企业对于确实无法支付的应付账款应予以转销，按其账面余额计入营业外收入，借记"应付账款"科目，贷记"营业外收入"科目。

【例 2-22】 2×20 年 12 月 31 日，丁企业确认一笔应付某公司货款 56 500 元为无法支付的款项，对此予以转销。丁企业应编制会计分录如下。

借：应付账款　　　　　　　　　　　　　　　　　56 500
　　贷：营业外收入　　　　　　　　　　　　　　　56 500

2.3.3　预收账款

预收账款是指企业按照合同规定向购货单位预收的款项。

企业应设置"预收账款"科目，核算预收账款的取得、偿付等情况。该科目贷方登记发生的预收账款金额和购货单位补付账款的金额，借方登记企业向购货单位发货后冲销的预收账款金额和退回购货单位多付账款的金额；期末贷方余额，反映企业预收的款项，如为借方余额，反映企业尚未转销的款项。本科目一般应按照购货单位设置明细科目进行明细核算。

企业预收款项时，按实际收到的全部预收款，借记"库存现金""银行存款"科目，涉及增值税的，按照预收款计算的应交增值税，贷记"应交税费——应交增值税（销项税额）"科目，全部预收款扣除应交增值税的差额，贷记"预收账款"科目。企业分期确认有关收入时，按照实现的收入，借记"预收账款"科目，贷记"主营业务收入""其他业务收入"科目。

企业收到客户补付款项时，借记"库存现金""银行存款"科目，贷记"预收账款""应交税费——应交增值税（销项税额）"科目；退回客户多预付的款项时，借记"预收账款"科目，贷记"库存现金""银行存款"科目。涉及增值税的，还应进行相应的会计处理。

预收货款业务不多的企业，可以不单独设置"预收账款"科目，其所发生的预收货款，可通过"应收账款"科目核算。

【例 2-23】 甲公司为增值税一般纳税人，适用的增值税税率为 13%，2×20 年 7 月 1 日，甲公司与乙公司签订经营租赁（非主营业务）吊车合同，向乙公司出租吊车三台，期限为 6 个月，三台吊车租金（含税）共计 67 800 元。合同约定，合同签订日预付租金（含税）22 600 元，合同到期结清全部租金余款。合同签订日，甲公司收到租金并存入银行，开具的增值税专用发票注明租金 20 000 元、增值税 2 600 元。租赁期满日，甲公司收到租金余款及相应的增值税。甲公司应编制会计分录如下。

（1）收到乙公司预付租金。

借：银行存款 22 600
　　贷：预收账款——乙公司 20 000
　　　　应交税费——应交增值税（销项税额） 2 600

（2）每月末确认租金收入。

借：预收账款——乙公司 10 000
　　贷：其他业务收入 10 000

（3）租赁期满收到租金余款及增值税。

借：银行存款 45 200
　　贷：预收账款——乙公司 40 000
　　　　应交税费——应交增值税（销项税额） 5 200

【例 2-24】 承【例 2-23】，假设甲公司不设置"预收账款"科目，其预收款项通过"应收账款"科目核算。甲公司应编制会计分录如下。

（1）收到乙公司预付租金。

借：银行存款 22 600
　　贷：应收账款——乙公司 20 000
　　　　应交税费——应交增值税（销项税额） 2 600

（2）每月末确认租金收入。

借：应收账款——乙公司 10 000
　　贷：其他业务收入 10 000

（3）租赁期满收到租金余款及增值税。

借：银行存款 45 200
　　贷：应收账款——乙公司 40 000
　　　　应交税费——应交增值税（销项税额） 5 200

2.3.4　应付利息和应付股利

（一）应付利息

应付利息是指企业按照合同约定应支付的利息，包括预提短期借款利息，以及分期付息到期还本的长期借款、企业债券等应支付的利息。

企业应设置"应付利息"科目核算应付利息的发生、支付情况。该科目贷方登记按照合同约定计算的应付利息,借方登记实际支付的利息,期末贷方余额反映企业应付未付的利息。本科目一般应按照债权人设置明细科目进行明细核算。

企业采用合同约定的利率计算确定利息费用时,按应付合同利息金额,借记"财务费用"等科目,贷记"应付利息"科目;实际支付利息时,借记"应付利息"科目,贷记"银行存款"等科目。

【例2-25】 甲企业借入5年期到期还本、每年付息的长期借款3 000 000元,合同约定年利率为6%。甲企业应编制有关利息费用的会计分录如下。

(1)每年计算确认利息费用。

企业每年应支付的利息 =3 000 000×6%=180 000(元)

借:财务费用　　　　　　　　　　　　　　　　180 000
　　贷:应付利息　　　　　　　　　　　　　　　　180 000

(2)每年实际支付利息。

借:应付利息　　　　　　　　　　　　　　　　180 000
　　贷:银行存款　　　　　　　　　　　　　　　　180 000

(二)应付股利

应付股利是指企业根据股东大会或类似机构审议批准的利润分配方案确定分配给投资者的现金股利或利润。

企业应设置"应付股利"科目核算企业确定或宣告发放但尚未实际支付的现金股利或利润。该科目贷方登记应支付的现金股利或利润,借方登记实际支付的现金股利或利润,期末贷方余额反映企业应付未付的现金股利或利润。本科目应按照投资者设置明细科目进行明细核算。

企业根据股东大会或类似机构审议批准的利润分配方案,确认应付给投资者的现金股利或利润时,借记"利润分配——应付现金股利或利润"科目,贷记"应付股利"科目;向投资者实际支付现金股利或利润时,借记"应付股利"科目,贷记"银行存款"等科目。

【例2-26】 甲有限责任公司有A、B两个股东,其出资分别占注册资本的30%和70%。2×20年度该公司实现净利润6 000 000元,经过股东会批准,决定2×20年分配利润4 000 000元。利润已用银行存款支付。甲有限责任公司应编制会计分录如下。

A 股东应分配的利润 =4 000 000×30%=1 200 000（元）

B 股东应分配的利润 =4 000 000×70%=2 800 000（元）

（1）确认应付投资者利润。

借：利润分配——应付现金股利或利润　　　　　　　　4 000 000

　　贷：应付股利——A 股东　　　　　　　　　　　　　1 200 000

　　　　　　——B 股东　　　　　　　　　　　　　　2 800 000

（2）支付投资者利润。

借：应付股利——A 股东　　　　　　　　　　　　　　1 200 000

　　　　——B 股东　　　　　　　　　　　　　　　2 800 000

　　贷：银行存款　　　　　　　　　　　　　　　　　4 000 000

需要说明的是，企业董事会或类似机构通过的利润分配方案中拟分配的现金股利或利润，不需要进行账务处理，但应在附注中披露。企业分配的股票股利不通过"应付股利"科目核算。

2.3.5　其他应付款

其他应付款是指企业除应付票据、应付账款、预收账款、应付职工薪酬、应交税费、应付利息、应付股利等经营活动以外的其他各项应付、暂收的款项，如应付短期租赁固定资产租金、租入包装物租金、存入保证金等。

企业应设置"其他应付款"科目核算其他应付款的增减变动及其结存情况。该科目贷方登记发生的各种应付、暂收款项，借方登记偿还或转销的各种应付、暂收款项，该科目期末贷方余额，反映企业应付未付的其他应付款项。本科目按照其他应付款的项目和对方单位（或个人）设置明细科目进行明细核算。

企业发生其他各种应付、暂收款项时，借记"管理费用"等科目，贷记"其他应付款"科目；支付或退回其他各种应付、暂收款项时，借记"其他应付款"科目，贷记"银行存款"等科目。

【例 2-27】 甲公司从 2×20 年 7 月 1 日起，以短期租赁方式租入管理用办公设备一批，每月租金 8 000 元，按季支付。9 月 30 日，甲公司以银行存款支付应付租金 24 000 元，增值税进项税额为 3 120 元。甲公司应编制会计分录如下。

（1）7 月 31 日计提应付短期租入固定资产租金。

借：管理费用　　　　　　　　　　　　　　　　　　　　8 000

贷：其他应付款　　　　　　　　　　　　　　　　　　8 000

8月底计提应付短期租入固定资产租金的会计处理同上。

（2）9月30日支付租金和税金。

　　借：其他应付款　　　　　　　　　　　　　　　　　　16 000
　　　　管理费用　　　　　　　　　　　　　　　　　　　8 000
　　　　应交税费——应交增值税（进项税额）　　　　　　3 120
　　　　贷：银行存款　　　　　　　　　　　　　　　　　27 120

第 3 章
存货管理会计实务操作

3.1 存货基本概念

3.1.1 存货的含义

存货是指企业在日常活动中持有的以备出售的产成品或商品、处在生产过程中的在产品、在生产过程或提供劳务过程中耗用的材料及物料等。

3.1.2 存货管理

（一）存货管理概念及基本目标

存货管理指存货的信息管理和在此基础上的决策分析，对其进行有效控制，最终达到提高企业经济效益，增强企业综合实力和竞争力，以最低的成本提供维持生产经营活动所需的存货的目的。

存货管理的基本目标是在充分发挥存货功能的同时降低成本，增加收益，实现它们的最佳组合。

（二）加强存货管理的意义

（1）帮助企业仓库管理人员对库存商品进行详尽、全面的控制和管理。

（2）帮助库存会计进行库存商品的核算。

（3）提供的各种库存报表和库存分析可以为企业的决策提供依据。

（4）降低库存，减少资金占用，避免物品积压或短缺，保证企业经营活动顺利进行。

3.1.3 存货会计岗位的职责

存货是单位的重要财产物资，期末存货成本的高低对生产成本和利润有直接的影响。存货会计在会计核算中起着十分重要的作用，其职能包括核算、反映、监督和管理四个方面。

核算职能：主要是对存货取得时计价的确认、发出存货计价的确认，以及会计期末存货估值的计算等。

反映职能：主要是对各种存货进行总账和明细账登记，随时掌握各种存货的收发存状况，提供发出存货的成本并根据库存情况向有关部门提出采购计划。

监督职能：主要是对存货业务单据的审核和对存货业务全过程的审查，对其合法性、合理性及有效性进行监督。

管理职能：主要是对存货的采购计划、存货的购进、存货的发出、期末库存存货以及存货的盘点进行管理，以正确核算存货的成本，加强单位资产管理，避免存货不足或存货积压现象。

（一）存货会计岗位的具体职责

存货会计岗位的具体职责包括但不限于：

（1）建立具体存货核算办法，制定各种存货目录；

（2）认真审核存货业务的原始凭证，编制存货业务的记账凭证；

（3）合理设置存货账簿，及时正确登记存货的总账和明细账；

（4）定期对账，保证账账、账实相符；

（5）会同有关部门拟订材料物资管理与核算实施办法；

（6）审查采购计划，控制采购成本，防止盲目采购；

（7）检查各项存货计划执行情况，及时反映存货储存情况及问题；

（8）负责存货明细核算。对已验收入库尚未付款的材料，月终要估价入账；

（9）配合有关部门确定材料消耗定额，编制材料计划成本目录；

（10）按规定定期进行清查盘点，保证账实相符，编制存货盘点表，认真查明盘盈、盘亏问题，并及时处理清查账务；

（11）分析存货储备情况，防止呆滞积压。对于超过正常储备和长期呆滞积压的存货，要分析原因，提出处理意见和建议，督促有关部门处理。

（二）存货会计岗位的基本要求

存货会计岗位的基本要求如下：

（1）落实保管责任制度；

（2）建立严格的存货收发和计量制度；

（3）采用永续盘存制，加强会计对各项存货的控制；

（4）健全实地盘点制度；

（5）实施存货保险制度；

（6）建立存货质量管理制度；

（7）确定恰当的存货明细分类账分户方法；

（8）健全存货明细账设置。

（三）存货会计岗位的职责分离

企业应当建立存货业务的岗位责任制，明确内部相关部门和岗位的职责、权限，确保办理存货业务的不相容岗位相互分离、制约和监督。存货业务的不相容岗位至少包括：

（1）存货的请购与审批，审批与执行；

（2）存货的采购与验收、付款；

（3）存货的保管与相关会计记录；

（4）存货发出的申请与审批，申请与会计记录；

（5）存货处置的申请与审批，申请与会计记录。

3.2 取得存货的计量

3.2.1 外购存货

原材料、商品、低值易耗品等通过购买而取得的存货的初始成本由采购成本构成。外购存货的成本即存货的采购成本，指企业物资从采购到入库前所发生的全部支出，包括购买价款、相关税费以及其他可归属于存货采购成本的费用，如图3-1所示。

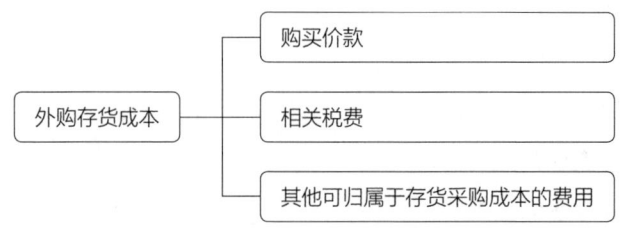

图3-1　外购存货成本的构成

（1）购买价款，是指企业购入材料或商品的发票账单上列明的价款，但不包括按规定可以抵扣的增值税进项税额。

（2）相关税费，是指企业购买存货所发生的消费税、资源税和不能从增值税销项税额中抵扣的进项税额等。

（3）其他可归属于存货采购成本的费用，即采购成本中除上述各项以外的可归属于存货采购成本的费用，如在存货采购过程中发生的仓储费、包装费、运输途中的合理损耗、入库前的挑选整理费用等。

但是，对于采购过程中发生的物资毁损、短缺等，除合理的损耗应作为存货的"其他可归属于存货采购成本的费用"计入采购成本外，应区别不同情况进行会计处理：①应从供货单位、外部运输机构等收回的物资短缺或其他赔款，冲减物资的采购成本；②因遭受意外灾害发生的损失和尚待查明原因的途中损耗，不得增加物资的采购成本，应暂作为待处理财产损溢进行核算，在查明原因后再进行处理。

在实务中，企业也可以将发生的运输费、装卸费、保险费以及其他可归属于存货采购成本的费用等进货费用先进行归集，期末按照所购商品的存销情况进行分摊。对于已销售商品的进货费用，计入主营业务成本；对于未售商品的进货费用，计入期末存货成本。商品流通企业采购商品的进货费用金额较小的，可以在发生时直接计入当期销售费用。

3.2.2　加工取得存货

企业通过进一步加工取得的存货，主要包括产成品、在产品、半成品、委托加工物资等。其成本由采购成本、加工成本构成，某些存货还包括使存货达到目前场所和状态所发生的其他成本，如可直接认定的产品设计费用等，如图 3-2 所示。通过进一步加工取得的存货的成本中采购成本是由所使用或消耗的原材料采购成本转移而来的，因此，计量加工取得的存货成本，重点是要确定存货的加工成本。

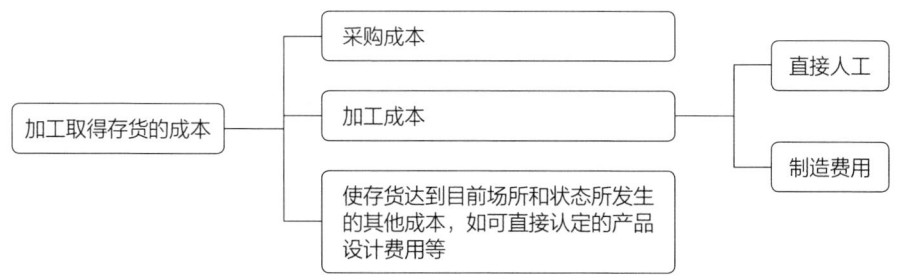

图 3-2　加工取得存货的成本所包含的内容

（一）委托外单位加工的存货

委托外单位加工的存货，以实际耗用的原材料或者半成品、加工费、运输费、装卸费等费用以及按规定应计入成本的税金，作为实际成本。其在会计处理上主要包括拨付加工物资、支付加工费用和税金、收回加工物资和剩余物资等几个环节。

【例 3-1】2×20 年华明企业委托宏业企业加工一批材料（属于应税消费品）。原材料成本为 20 000 元，支付的加工费为 7 000 元（不含增值税），消费税税率为 10%，材料加工完成并已验收入库，加工费用等已经用银行存款支付。双方适用的增值税税率为 13%。

华明企业按实际成本核算原材料，有关账务处理如下。

（1）发出委托加工材料。

借：委托加工物资——宏业企业　　　　　　　　　　20 000
　　贷：原材料　　　　　　　　　　　　　　　　　　　20 000

（2）支付加工费和税金。

消费税组成计税价格 =（20 000+7 000）÷（1-10%）=30 000（元）

受托方代收代缴的消费税税额 =30 000×10%=3 000（元）

应交增值税税额 =7 000×13%=910（元）

①华明企业收回加工后的材料用于连续生产应税消费品的。

借：委托加工物资——宏业企业　　　　　　　　　　7 000

　　　　应交税费——应交增值税（进项税额）　　　　　　　　910

　　　　　　——应交消费税　　　　　　　　　　　　　　　3 000

　　　　贷：银行存款　　　　　　　　　　　　　　　　　　10 910

②华明企业收回加工后的材料直接用于销售的。

　　借：委托加工物资——宏业企业　　　　　　（7 000+3 000）10 000

　　　　应交税费——应交增值税（进项税额）　　　　　　　　910

　　　　贷：银行存款　　　　　　　　　　　　　　　　　　10 910

（3）加工完成，收回委托加工材料。

①华明企业收回加工后的材料用于连续生产应税消费品的。

　　借：原材料　　　　　　　　　　　　　　　（20 000+7 000）27 000

　　　　贷：委托加工物资——宏业企业　　　　　　　　　　　27 000

②华明企业收回加工后的材料直接用于销售的。

　　借：库存商品　　　　　　　　　　　　　　（20 000+10 000）30 000

　　　　贷：委托加工物资——宏业企业　　　　　　　　　　　30 000

（二）自行生产的存货

自行生产的存货的初始成本包括投入的原材料或半成品、直接人工和按照一定方式分配的制造费用。

3.2.3　非货币性资产交换取得存货

非货币性资产交换是一种非经常性的特殊交易行为，是交易双方主要以存货、固定资产、无形资产和长期股权投资等非货币性资产进行的交换。

（一）非货币性资产交换的认定和计量原则

1. 非货币性资产交换的确认

非货币性资产是指货币性资产以外的资产，包括存货、固定资产、无形资产、长期股权投资、不准备持有至到期的债券投资等。非货币性资产有别于货币性资产的基本特征是其在将来为企业带来的经济利益，即货币金额是不固定的或不可确定的。资产负债表列示的项目中属于非货币性资产的项目通常包括存货（原材料、包装物、低值易耗品、库存商品、委托加工物资、委托代销商品等）、长期股权投资、投资性房地产、固定资产、在建工程、工程物资、无形资产等。

2. 非货币性资产交换的计量原则

在非货币性资产交换的情况下，不论是一项资产换入一项资产、一项资产换入多项资产、多项资产换入一项资产，还是多项资产换入多项资产，换入资产的成本都有两种计量基础。

（1）公允价值。

非货币性资产交换同时满足下列两个条件的，应当以公允价值和应支付的相关税费作为换入资产的成本，公允价值与换出资产账面价值的差额计入当期损益。

①该项交换具有商业实质。

②换入资产或换出资产的公允价值能够可靠地计量。

（2）账面价值。

不具有商业实质或交换涉及资产的公允价值均不能可靠计量的非货币性资产交换，应当按照换出资产的账面价值和应支付的相关税费，作为换入资产的成本，无论是否支付补价，均不确认损益；收到或支付的补价作为确定换入资产成本的调整因素，其中，收到补价方应当以换出资产的账面价值减去补价作为换入资产的成本，支付补价方应当以换出资产的账面价值加上补价作为换入资产的成本。

3. 商业实质的判断

非货币性资产交换具有商业实质，是换入资产能够采用公允价值计量的重要条件之一。

（1）判断条件。

企业发生的非货币性资产交换，符合下列条件之一的，视为具有商业实质。

①换入资产的未来现金流量在风险、时间和金额方面与换出资产显著不同。

②换入资产与换出资产的预计未来现金流量现值不同，且其差额与换入资产和换出资产的公允价值相比是重大的。

（2）关联方之间交换资产与商业实质的关系。

在确定非货币性资产交换是否具有商业实质时，企业应当关注交易各方之间是否存在关联方关系。关联方关系的存在可能导致发生的非货币性资产交换不具有商业实质。

(二)非货币性资产交换的会计处理

1. 以公允价值计量的会计处理

非货币性资产交换具有商业实质且公允价值能够可靠计量的,应当以换出资产的公允价值和应支付的相关税费作为换入资产的成本,除非有确凿证据表明换入资产的公允价值比换出资产的公允价值更加可靠。

换出资产为存货的,应当视同销售处理,根据《企业会计准则第14号——收入》按照公允价值确认销售收入,同时结转销售成本,按照公允价值确认的收入和按账面价值结转的成本之间的差额,也即换出资产公允价值和换出资产账面价值的差额,在利润表中作为营业利润的构成部分予以列示。

换入资产与换出资产涉及相关税费的,如换出存货视同销售计算的销项税额,换入资产作为存货应当确认的可抵扣增值税进项税额,以及换出固定资产、无形资产视同转让应缴纳的增值税等,按照相关税收规定计算确定。

(1)不涉及补价的情况。

【例3-2】2×20年9月,华明公司以生产经营过程中使用的一台设备交换宏业打印机公司生产的一批打印机,换入的打印机作为固定资产管理。华明、宏业公司均为增值税一般纳税人,适用的增值税税率为13%。设备的账面原价为150万元,在交换日的累计折旧为45万元,公允价值为90万元。打印机的账面价值为110万元,在交换日的市场价格为90万元,计税价格等于市场价格。宏业公司换入华明公司的设备是生产打印机过程中需要使用的设备。

假设华明公司此前没有为该项设备计提资产减值准备,整个交易过程中,除支付运杂费15 000元外,没有发生其他相关税费。假设宏业公司此前也没有为库存打印机计提存货跌价准备,其在整个交易过程中没有发生除增值税以外的其他税费。

宏业公司的账务处理如下。

根据增值税的有关规定,企业以库存商品换入其他资产,视同销售行为,应计算增值税销项税额,缴纳增值税。

换出打印机的增值税销项税额 =900 000×13%=117 000(元)

换入设备的增值税进项税额 =900 000×13%=117 000(元)

借:固定资产——设备　　　　　　　　　　　　　900 000
　　应交税费——应交增值税(进项税额)　　　　117 000
　贷:主营业务收入　　　　　　　　　　　　　　900 000

应交税费——应交增值税（销项税额）	117 000
借：主营业务成本	1 100 000
贷：库存商品——打印机	1 100 000

（2）涉及补价的情况。

在以公允价值确定换入资产成本的情况下，发生补价的，支付补价方和收到补价方应当分别情况处理。

①支付补价方：应当以换出资产的公允价值加上支付的补价（即换入资产的公允价值）和应支付的相关税费，作为换入资产的成本；换入资产成本与换出资产账面价值加支付的补价、应支付的相关税费之和的差额，应当计入当期损益。

②收到补价方：应当以换入资产的公允价值（或换出资产的公允价值减去补价）和应支付的相关税费，作为换入资产的成本；换入资产成本加收到的补价之和与换出资产账面价值加应支付的相关税费之和的差额，应当计入当期损益。

在涉及补价的情况下，对于支付补价方而言，作为补价的货币性资产构成换入资产所放弃对价的一部分；对于收到补价方而言，作为补价的货币性资产构成换入资产的一部分。

2. 以换出资产账面价值计量的会计处理

非货币性资产交换不具有商业实质，或者虽然具有商业实质但换入资产和换出资产的公允价值均不能可靠计量的，应当以换出资产账面价值为基础确定换入资产成本，无论是否支付补价，均不确认损益。

（三）涉及多项非货币性资产交换的会计处理

企业以一项非货币性资产同时换入另一企业的多项非货币性资产，或同时以多项非货币性资产换入另一企业的一项非货币性资产，或以多项非货币性资产同时换入另一企业的多项非货币性资产，也可能涉及补价。涉及多项资产的非货币性资产交换，企业无法将换出的某一资产与换入的某一特定资产相对应。与单项非货币性资产之间的交换一样，涉及多项资产的非货币性资产交换的计量，企业也应当首先判断是否符合以公允价值计量的两个条件，再分情况确定各项换入资产的成本。

涉及多项资产的非货币性资产交换一般可以分为以下几种情况。

（1）资产交换具有商业实质，且各项换出资产和各项换入资产的公允价值均能够可靠计量。在这种情况下，换入资产的总成本应当按照换出资产的公允价值总额为基础确定，除非有确凿证据证明换入资产的公允价值总额更可靠。应当按照各项换入资产的公允价值占换入资产公允价值总额的比例，对换入资产总成本进行分配，确定各项换入资产的成本。

（2）资产交换具有商业实质，且换入资产的公允价值能够可靠计量、换出资产的公允价值不能可靠计量。在这种情况下，换入资产的总成本应当按照换入资产的公允价值总额为基础确定，应当按照各项换入资产的公允价值占换入资产公允价值总额的比例，对换入资产总成本进行分配，确定各项换入资产的成本。

（3）资产交换具有商业实质、换出资产的公允价值能够可靠计量，但换入资产的公允价值不能可靠计量。在这种情况下，换入资产的总成本应当按照换出资产的公允价值总额为基础确定，应当按照各项换入资产的原账面价值占换入资产原账面价值总额的比例，对按照换出资产公允价值总额确定的换入资产总成本进行分配，确定各项换入资产的成本。

（4）资产交换不具有商业实质，或换入资产和换出资产的公允价值均不能可靠计量。在这种情况下，换入资产的总成本应当按照换出资产的账面价值总额为基础确定，应当按照各项换入资产的原账面价值占换入资产的账面价值总额的比例，对按照换出资产账面价值总额为基础确定的换入资产总成本进行分配，确定各项换入资产的成本。

实际上，上述第（1）、（2）、（3）种情况，换入资产总成本都是按照公允价值计量的，但各单项换入资产的成本，视各单项换入资产的公允价值能否可靠计量而分别情况处理；第（4）种情况属于不符合公允价值计量的条件，换入资产总成本按照换出资产账面价值总额确定，各单项换入资产的成本，按照各单项换入资产的原账面价值占换入资产账面价值总额的比例确定。

下面以采用公允价值计量的情况为例。

【例3-3】2×20年甲公司与乙公司经协商，甲公司以其持有的一项专利权与乙公司拥有的一台机器设备交换。交换后两公司对于换入资产仍供经营使用。在交换日，甲公司的专利权的账面原价为900万元，已累计摊销150万元，未计提减值准备，在交换日的公允价值为800万元；乙公司拥有的机器设备的账面原价为1 000万元，已提折旧300万元，未计提减值准备，在交换日的公允价值为755万元，乙公司另支付了45万元给甲公司。假定两公司均为增值税一般纳税人，销售固定资和无形资产适用的增值税税率分别为13%和6%，上述交易过程中涉及的增值税进项税额按照税法规定可抵扣且已得到认证；不考虑其他相关税费。

甲公司的账务处理如下。

借：固定资产	7 550 000
应交税费——应交增值税（进项税额）	981 500
银行存款	450 000
累计摊销	1 500 000
贷：无形资产	9 000 000
应交税费——应交增值税（销项税额）	480 000
资产处置损益	1 001 500

乙公司的账务处理如下。

借：固定资产清理	7 000 000
累计折旧	3 000 000
贷：固定资产	10 000 000
借：无形资产	8 000 000
应交税费——应交增值税（进项税额）	480 000
贷：固定资产清理	7 000 000
银行存款	450 000
应交税费——应交增值税（销项税额）	981 500
资产处置损益	48 500

3.2.4 债务重组取得存货

（一）债务重组的定义

债务重组，又称债务重整，是指不改变交易对手方的情况下，债权人按照其与债务人达成的协议或法院的裁决同意债务人修改债务条件的事项。也就是说，只要修改了原定债务偿还条件的，即债务重组时确定的债务偿还条件不同于原协议的，均作为债务重组。

（二）债务重组的方式

债务重组方式主要有4种，如表3-1所示。

表 3-1　债务重组方式及具体内容

债务重组的方式	具体内容	注解
以资产清偿债务	债务人转让其资产给债权人以清偿债务的债务重组方式	债务人通常用于偿债的资产主要有现金、存货、固定资产、无形资产等
债务转为资本	债务人将债务转为资本，同时债权人将债权转为股权的债务重组方式	债务人根据转换协议，将应付可转换公司债券转为资本的，则属于正常情况下的债转资本，不能作为债务重组处理。债务转为资本的结果是，债务人因此而增加股本（或实收资本），债权人因此而增加股权
修改其他债务条件	修改不包括上述第一、第二种方式在内的债务条件进行债务重组的方式	具体有减少债务本金、降低利率、免去应付未付的利息等
以上三种方式的组合	采用以上三种方式组合共同清偿债务的债务重组方式	（1）债务的一部分以资产清偿，另一部分则转为资本 （2）债务的一部分以资产清偿，另一部分则修改其他债务条件 （3）债务的一部分转为资本，另一部分则修改其他债务条件 （4）债务的一部分以资产清偿，一部分转为资本，另一部分则修改其他债务条件

（三）债务重组的会计处理

在债务重组中，企业以资产清偿债务的，通常包括以现金清偿债务和以非现金资产清偿债务等方式。在本小节中主要介绍以非现金资产清偿债务中用存货清偿债务这一方式。

对于债务人企业来说，债务人企业应当将重组债务的账面价值与转让的非现金资产公允价值之间的差额，计入当期损益。转让的非现金资产公允价值与其账面价值之间的差额，计入当期损益；对于债权人企业来说，债权人企业应当对受让的非现金资产按其公允价值入账，重组债权的账面余额与受让的非现金资产的公允价值之间的差额计入当期损益。债权人已对债权计提减值准备的，应当先将该差额冲减减值准备，减值准备不足以冲减的部分，计入当期损益。

以非现金资产抵偿债务时，如果涉及增值税，应以增值税专用发票上记载的增值税税额作为进项税额或者销项税额入账。债务人应将债务账面价值扣除商品、材料等物资的公允价值和增值税后的差额计入当期损益；债权人应将债权账面价值扣除商品、材料等物资的公允价值和增值税后的差额计入当期损益。

债权人收到非现金资产时发生的有关运杂费等，应当计入相关资产的价值。

债务人以库存材料、商品或产品抵偿债务，应视同销售进行核算。企业可将该项业务分为两部分。一是将库存材料、商品或产品出售给债权人，取得货款。出售库存材料、商品或产品业务与企业正常的销售业务处理相同，其发生的损益计入当期损益。二是以取得的货币清偿债务。当然在这项业务中实际上并没有发生相应的货币流入与流出。

【例3-4】2005年12月1日，甲公司从乙公司购入原材料一批，价款10万元，增值税1.7万元，代垫运杂费0.3万元。双方商定于2006年2月5日结清货款。乙公司于当年年末已计提坏账准备1万元。2006年2月5日，甲公司因财务困难，与乙公司达成重组协议：甲公司以设备一台，原价15万元，已经计提折旧3万元，公允价值10万元。偿还全部债务。乙公司将受让的设备作为固定资产管理。

甲公司债务账面价值=12（万元）

甲公司转让设备的公允价值=10（万元）

甲公司获得的债务重组收益=12-10=2（万元）

甲公司获得的资产转让收益=转让设备的公允价值—转让设备的账面价值=10-（15-3）=-2（万元）

甲公司分录：

（1）注销固定资产：

借：固定资产清理　　　　　　　　　　　　　　　12
　　累计折旧　　　　　　　　　　　　　　　　　　3
　　贷：固定资产　　　　　　　　　　　　　　　　15

（2）清偿：

借：应付账款——乙公司　　　　　　　　　　　　12
　　贷：固定资产清理　　　　　　　　　　　　　　10
　　　　营业外收入——债务重组收益　　　　　　　 2

（3）结转固定资产清理账户：

借：营业外支出——处置固定资产净损失　　　　　 2
　　贷：固定资产清理　　　　　　　　　　　　　　 2

乙公司发生的净损失=债权账面价值-受让资产公允价值=（12-1）-10=1（万元）

乙公司分录：

借：固定资产 10

　　坏账准备 1

　　营业外支出——债务重组损失 1

　　贷：应收账款——甲公司 12

3月1日，A公司欠B公司货款30万元到期。A公司因财务困难，无法如数偿还欠款，经与B公司协商，达成重组协议：A公司将甲产品一批，成本20万元，公允价值25万元，偿还所欠B公司全部债务。同时，A公司按公允价值开出增值税专用发票一张，增值税税率为13%，增值税税额为3.25万元。B公司已计提坏账准备2万元。

A公司分录：

（1）债务重组：

借：应付账款——B公司 30

　　贷：主营业务收入 25

　　　　应交税金——应交增值税（销项税额） 3.25

　　　　营业外收入——债务重组收益 1.75

（2）结转成本：

借：主营业务成本 20

　　贷：库存商品 20

B公司分录：

借：库存商品 25

　　应交税金——应交增值税（销项税额） 3.25

　　坏账准备 1.75

　　贷：应收账款——A公司 30

上例，假设甲商品成本与公允价值相等。其他条件不变。会计处理如下：

（1）债务重组：

借：应付账款——B公司 30

　　贷：主营业务收入 20

　　　　应交税金——应交增值税（销项税额） 2.60

　　　　营业外收入——债务重组收益 7.40

（2）结转成本：

借：主营业务成本　　　　　　　　　　　　　　　　20
　　贷：库存商品　　　　　　　　　　　　　　　　　　　　20

B公司分录：

借：库存商品　　　　　　　　　　　　　　　　　　　20
　　应交税金——应交增值税（销项税额）　　　　　 2.60
　　坏账准备　　　　　　　　　　　　　　　　　　 2.80
　　营业外支出——债务重组损失　　　　　　　　　 4.60
　　贷：应收账款——A公司　　　　　　　　　　　　　　30

3.2.5　企业合并取得存货

（一）企业合并概述

1. 企业合并的界定

企业合并是将两个或两个以上单独的企业合并形成一个报告主体的交易或事项。

假定在企业合并前A、B两个企业为各自独立的法律主体，且均构成业务，企业合并准则中所界定的企业合并，包括但不限于以下情形。

（1）企业A通过增发自身的普通股自企业B原股东处取得企业B的全部股权，该交易发生后，企业B仍持续经营。

（2）企业A支付对价取得企业B的全部净资产，该交易发生后，撤销企业B的法人资格。

（3）企业A以自身持有的资产作为出资投入企业B，取得对企业B的控制权，该交易发生后，企业B仍维持其独立法人资格继续经营。

2. 企业合并的方式

企业合并从合并方式划分，包括控股合并、吸收合并和新设合并，主要内容如表3-2所示。

表 3-2 企业合并的方式

合并方式	定义	注释
控股合并	合并方（或购买方，下同）通过企业合并交易或事项取得对被合并方（或被购买方，下同）的控制权，合并方在企业合并后能够通过所取得的股权等主导被合并方的生产经营决策并自被合并方的生产经营活动中获益，被合并方在企业合并后仍维持其独立法人资格继续经营	A+B=A+B
吸收合并	合并方在企业合并中取得被合并方的全部净资产，并将有关资产、负债并入合并方自身的账簿和报表进行核算；企业合并后，注销被合并方的法人资格，由合并方持有合并中取得的被合并方的资产、负债，在新的基础上继续经营	A+B=A
新设合并	参与合并的各方在企业合并后法人资格均被注销，重新注册成立一家新的企业，由新注册成立的企业持有参与合并各企业的资产、负债在新的基础上经营	A+B=C

（二）同一控制下企业合并的处理

同一控制下的企业合并，是从合并方出发，确定合并方在合并日对企业合并事项应进行的会计处理。合并方，是指取得对其他参与合并企业控制权的一方；合并日，是指合并方实际取得对被合并方控制权的日期。

1. 同一控制下企业合并的处理原则

同一控制下的企业合并，在合并中不涉及自集团外少数股东手中购买股权的情况下，合并方应遵循以下原则进行相关的处理。

（1）同一控制下的企业合并，从最终控制方的角度来看，其在企业合并发生前后能够控制的净资产价值量并没有发生变化，因此合并中不产生新的资产，但被合并方在企业合并前账面上原已确认的商誉应作为合并中取得的资产确认。合并方在合并中确认取得的被合并方的资产、负债仅限于被合并方账面上原已确认的资产和负债，合并中不产生新的资产和负债。

（2）合并方在合并中取得的被合并方各项资产、负债应维持其在被合并方的原账面价值不变。应予注意的是，被合并方在企业合并前采用的会计政策与合并方不一致的，应基于重要性原则，统一会计政策，即合并方应当按照本企业会计政策对被合并方资产、负债的账面价值进行调整，并以调整后的账面价值作为有关资产、负债的入账价值。

（3）合并方在合并中取得的净资产的入账价值相对于为进行企业合并支付的对价账面价值之间的差额，不作为资产的处置损益，不影响合并当期利润表，有关差额应调整所有者权益相关项目。应调整资本公积（资本溢价或股本溢价），资本公积（资本溢价或股本溢价）的余额不足冲减的，应冲减留存收益。

（4）对于同一控制下的控股合并，合并方在编制合并财务报表时，应视同合并后形成的报告主体自最终控制方开始实施控制时一直是一体化存续下来的，参与合并各方在合并以前期间实现的留存收益应体现为合并财务报表中的留存收益。合并财务报表中，应以合并方的资本公积（或经调整后的资本公积中的资本溢价部分）为限，在所有者权益内部进行调整，将被合并方在合并日以前实现的留存收益中按照持股比例计算归属于合并方的部分自资本公积转入留存收益。

2. 会计处理

同一控制下的企业合并，视合并方式不同，应当分别按照规定进行会计处理。本书中介绍涉及存货的企业合并的处理方式，主要是吸收合并。

同一控制下的吸收合并中，合并方主要涉及合并日取得被合并方资产、负债入账价值的确定，以及合并中取得有关净资产的入账价值与支付的合并对价账面价值之间差额的处理。

（1）合并中取得资产、负债入账价值的确定。

合并方对同一控制下吸收合并中取得的资产、负债应当按照相关资产、负债在被合并方的原账面价值入账。其中，对于合并方与被合并方在企业合并前采用的会计政策不同的，在将被合并方的相关资产和负债并入合并方的账簿和报表进行核算之前，应基于重要性原则，统一被合并方的会计政策，即应当按照合并方的会计政策对被合并方的有关资产、负债的账面价值进行调整后，以调整后的账面价值确认。

（2）合并差额的处理。

合并方在确认了合并中取得的被合并方的资产和负债的入账价值后，以发行权益性证券方式进行的该类合并，所确认的净资产入账价值与发行股份面值总额的差额，应计入资本公积（资本溢价或股本溢价），资本公积（资本溢价或股本溢价）的余额不足冲减的，相应冲减盈余公积和未分配利润；以支付现金、非现金资产方式进行的该类合并，所确认的净资产入账价值与支付的现金、非现金资产账面价值的差额，相应调整资本公积（资本溢价或股本溢价），资本公积（资本溢价或股本溢价）的余额不足冲减的，应冲减盈余公积和未分配利润。

【例3-5】 2×20年6月30日，利达公司向世华公司的股东定向增发1 000万股普通股（每股面值为 1 元，市价为 10.85 元）对世华公司进行吸收合并，并于当日取得世华公司净资产。当日，利达公司、世华公司资产、负债情况如表 3-3 所示。

表 3-3　资产负债表（简表）

2×20 年 6 月 30 日　　　　　　　　　　　　　　　　　　单位：万元

项目	利达公司		世华公司	
	账面价值		账面价值	公允价值
资产：				
货币资金	4 312.50		450	450
存货	6 200		255	450
应收账款	3 000		2 000	2 000
长期股权投资	5 000		2 150	3 800
固定资产：				
固定资产原价	10 000		4 000	5 500
减：累计折旧	3 000		1 000	0
固定资产净值	7 000		3 000	5 500
无形资产	4 500		500	1 500
商誉	0		0	0
资产总计	30 012.50		8 355	13 700
负债和所有者权益：				
短期借款	2 500		2 250	2 250
应付账款	3 750		300	300
其他流动负债	375		300	300
负债合计	6 625		2 850	2 850
实收资本（股本）	7 500		2 500	
资本公积	5 000		1 500	
盈余公积	5 000		500	
未分配利润	5 887.50		1 005	
所有者权益合计	23 387.50		5 505	10 850
负债和所有者权益总计	30 012.50		8 355	13 700

本例中假定利达公司和世华公司为同一集团内两家全资子公司，合并前其共同的母公司为华明公司。该项合并中参与合并的企业在合并前及合并后均为华明公司最终控制，为同一控制下的企业合并。自 2×20 年 6 月 30 日开始，利达公司能够对世华公司净资产实施控制，该日即为合并日。

因合并后世华公司失去其法人资格,利达公司应确认合并中取得的世华公司的各项资产和负债,假定利达公司与世华公司在合并前采用的会计政策相同。利达公司对该项合并应进行的账务处理如下。

借:货币资金 4 500 000
 存货 2 550 000
 应收账款 20 000 000
 长期股权投资 21 500 000
 固定资产 30 000 000
 无形资产 5 000 000
 贷:短期借款 22 500 000
  应付账款 3 000 000
  其他应付款 3 000 000
  股本 10 000 000
  资本公积 45 050 000

(三)非同一控制下企业合并的处理

非同一控制下的企业合并,主要涉及购买方及购买日的确定、企业合并成本的确定、合并中取得各项可辨认资产及负债的确认和计量,以及合并差额的处理等。

1. 非同一控制下企业合并的处理原则

非同一控制下的企业合并,是参与合并的一方购买另一方或多方的交易,基本处理原则是购买法。

(1)确定购买方。

采用购买法核算企业合并的首要前提是确定购买方。购买方是指在企业合并中取得对另一方或多方控制权的一方。合并中一方取得了另一方半数以上有表决权股份的,除非有明确的证据表明该股份不能形成控制,一般认为取得控股权的一方为购买方。

(2)确定购买日。

购买日是购买方获得对被购买方控制权的日期,即企业合并交易进行过程中,发生控制权转移的日期。

(3)确定企业合并成本。

企业合并成本包括购买方为进行企业合并支付的现金或非现金资产、发行或承担的债务、发行的权益性证券等在购买日的公允价值。

2. 会计处理

（1）非同一控制下的控股合并。

非同一控制下的企业合并中，购买方取得对被购买方控制权的，在购买日应当按照确定的企业合并成本（不包括应自被投资单位收取的现金股利或利润），作为形成的对被购买方长期股权投资的初始投资成本，借记"长期股权投资"科目，按享有被投资单位已宣告但尚未发放的现金股利或利润，借记"应收股利"科目，按支付合并对价的账面价值，贷记有关资产或借记有关负债科目，按其差额，贷记"营业外收入"或借记"营业外支出"等科目，按发生的直接相关费用，借记"管理费用"科目，贷记"银行存款"等科目。

购买方为取得对被购买方的控制权，以支付非货币性资产为对价的，有关非货币性资产在购买日的公允价值与其账面价值的差额，应作为资产的处置损益，计入合并当期的利润表。其中，以库存商品等作为合并对价的，应按库存商品的公允价值，贷记"主营业务收入"科目，并同时结转相关的成本。

【例3-6】沿用【例3-5】的有关资料，2×20年利达公司在该项合并中发行1 000万股普通股（每股面值1元，市场价格为8.75元），取得了世华公司70%的股权。编制购买方于购买日的合并资产负债表。

（1）确认长期股权投资。

借：长期股权投资	87 500 000
贷：股本	10 000 000
资本公积——股本溢价	77 500 000

（2）计算确定商誉。

假定世华公司除已确认资产外，不存在其他需要确认的资产及负债，则利达公司计算合并中应确认的合并商誉：

合并商誉 = 企业合并成本 − 合并中取得被购买方可辨认净资产公允价值份额
= 8 750 − 10 850×70% = 1 155（万元）

（3）编制抵销分录。

借：存货	1 950 000
长期股权投资	16 500 000

固定资产　　　　　　　　　　　　　　　　25 000 000

　　无形资产　　　　　　　　　　　　　　　　10 000 000

　　　贷：资本公积　　　　　　　　　　　　　　　　　　53 450 000

借：实收资本　　　　　　　　　　　　　　　　25 000 000

　　资本公积　　　　　　　　　　　　　　　　68 450 000

　　盈余公积　　　　　　　　　　　　　　　　 5 000 000

　　未分配利润　　　　　　　　　　　　　　　10 050 000

　　商誉　　　　　　　　　　　　　　　　　　11 550 000

　　　贷：长期股权投资　　　　　　　　　　　　　　　　87 500 000

　　　　　少数股东权益　　　　　　　　　　　　　　　　32 550 000

（4）编制合并资产负债表如表 3-4 所示。

表 3-4　合并资产负债表（简表）

2×20 年 6 月 30 日　　　　　　　　　　　　　　　　　　　　　单位：万元

项目	利达公司	世华公司	抵销分录		合并金额
			借方	贷方	
资产：					
货币资金	4 312.50	450			4 762.50
存货	6 200	255	195		6 650
应收账款	3 000	2 000			5 000
长期股权投资	13 750	2 150	1 650	8 750	8 800
固定资产：					
固定资产原价	10 000	4 000	2 500		16 500
减：累计折旧	3 000	1 000			4 000
固定资产净值	7 000	3 000			10 000
无形资产	4 500	500	1 000		6 000
商誉	0	0	1 155		1 155
资产总计	38 762.5	8 355	6 500	8 750	44 867.50
负债和所有者权益：					
短期借款	2 500	2 250			4 750
应付账款	3 750	300			4 050
其他负债	375	300			675
负债合计	6 625	2 850			9 475

续表

项目	利达公司	世华公司	抵销分录		合并金额
			借方	贷方	
实收资本（股本）	8 500	2 500	2 500		8 500
资本公积	12 750	1 500	6 845	5 345	12 750
盈余公积	5 000	500	500		5 000
未分配利润	5 887.50	1 005	1 005		5 887.50
少数股东权益				3 255	3 255
所有者权益合计	32 137.50	5 505	10 850	8 600	35 392.50
负债和所有者权益总计	38 762.50	8 355	10 850	8 600	44 867.50

（2）非同一控制下的吸收合并。

非同一控制下的吸收合并，购买方在购买日应当将合并中取得的符合确认条件的各项资产、负债，按其公允价值确认为本企业的资产和负债；作为合并对价的有关非货币性资产在购买日的公允价值与其账面价值的差额，应作为资产的处置损益计入合并当期的利润表；确定的企业合并成本与所取得的被购买方可辨认净资产公允价值的差额，视情况分别确认为商誉或是作为企业合并当期的损益计入利润表。其具体处理原则与非同一控制下的控股合并类似，不同点在于在非同一控制下的吸收合并中，合并中取得的可辨认资产和负债作为个别报表中的项目列示，合并中产生的商誉作为购买方账簿及个别财务报表中的资产列示。

3.2.6 其他方式取得存货

企业取得存货的其他方式主要包括接受投资者投资、盘盈存货、提供劳务取得存货等，其成本的确定如表 3-5 所示。

表 3-5 其他方式取得存货成本的确定

取得存货的方式	成本的确定
接受投资者投资	按照投资合同或协议约定的价值确定，但合同或协议约定价值不公允的除外。在投资合同或协议约定价值不公允的情况下，按照该项存货的公允价值作为其入账价值
盘盈存货	按其重置成本作为入账价值，并通过"待处理财产损溢"科目进行会计处理，按管理权限报经批准后，冲减当期管理费用
提供劳务取得存货	按提供劳务人员的直接人工和其他直接费用以及可归属于该存货的间接费用确定

（一）接受投资者投资

投资者投入存货的成本，应当按照投资合同或协议约定的价值确定，但合同或协议约定价值不公允的除外。在投资合同或协议约定价值不公允的情况下，按照该项存货的公允价值作为其入账价值。如果合同或者协议中确认的投入存货的价值和存货的市场价值不同，那么存货的入账价值还是按照市场价值（公允价值）入账，也就是说无论合同中确定存货的价值是不是公允价值，存货都是按照公允价值入账。

【例3-7】2×20年1月1日，甲、乙、丙三方共同投资设立了华明有限责任公司（以下简称"华明公司"）。甲以其生产的产品作为投资（华明公司作为原材料管理和核算），该批产品的公允价值为5 000 000元。华明公司取得的增值税专用发票上注明的不含税价款为5 000 000元，增值税税额为650 000元。假定华明公司的股本总额为10 000 000元，甲在华明公司享有的份额为35%。华明公司为一般纳税人，适用的增值税税率为13%；华明公司采用实际成本法核算存货。

本例中，由于华明公司为一般纳税人，投资合同约定的该项原材料的价值为5 000 000元，因此，华明公司接受的这批原材料的入账价值为5 000 000元，增值税650 000元单独作为可抵扣的进项税额进行核算。

甲在华明公司享有的股本金额 =10 000 000×35%=3 500 000（元）

甲在华明公司投资的股本溢价 =5 000 000+650 000−3 500 000=2 150 000（元）

华明公司的账务处理如下。

借：原材料　　　　　　　　　　　　　　　　　　　　5 000 000
　　应交税费——应交增值税（进项税额）　　　　　　 650 000
　　贷：股本——甲　　　　　　　　　　　　　　　　 3 500 000
　　　　资本公积——股本溢价　　　　　　　　　　　 2 150 000

（二）盘盈存货

盘盈的存货应按其重置成本作为入账价值，并通过"待处理财产损溢"科目进行会计处理，按管理权限报经批准后，冲减当期管理费用。

（三）提供劳务取得存货

提供劳务取得的存货，其成本按提供劳务人员的直接人工和其他直接费用以及可归属于该存货的间接费用确定。

在确定存货成本过程中，应当注意，下列费用不应当计入存货成本，而应当在其发生时计入当期损益。①非正常消耗的直接材料、直接人工及制造费用，应计入当期损益，不得计入存货成本。②仓储费用，指企业在采购入库后发生的储存费用，应计入当期损益。但是，在生产过程中为达到下一个生产阶段所必需的仓储费用则应计入存货成本。③不能归属于使存货达到目前场所和状态的其他支出，不符合存货的定义和确认条件，应在发生时计入当期损益，不得计入存货成本。④企业采购用于广告营销活动的特定商品，向客户预付货款未取得商品时，应作为预付账款进行会计处理，待取得相关商品时计入当期损益（销售费用）。企业取得广告营销性质的服务比照该原则进行处理。

3.3 发出存货的计量

3.3.1 发出存货成本的计算方法

企业应当根据各类存货的实物流转方式、企业管理的要求、存货的性质等实际情况，合理地选择发出存货成本的计算方法，以合理确定当期发出存货的实际成本。

（一）存货成本的计算方法

对于性质和用途相似的存货，应当采用相同的成本计算方法确定发出存货的成本。企业在确定发出存货的成本时，可以采用先进先出法、移动加权平均法、月末一次加权平均法和个别计价法等方法，具体如表3-6所示。企业不得采用后进先出法确定发出存货的成本。

表3-6　存货成本确认的方法及优缺点

方法	优缺点
先进先出法	随时结出发出存货成本和结存存货成本，而且期末存货成本接近于市价。但是，如果存货收发业务较多且存货单价不稳定时，计算工作量较大。另外，在物价持续上升时，采用先进先出法会使发出存货成本偏低，利润偏高

续表

方法	优缺点
移动加权平均法	可以随时计算存货的平均单位成本，计算出的发出和结存存货的成本比较客观。但是，在存货单价不同的情况下，每收入一次（批）存货就要重新计算一次平均单价，计算工作量较大。因此，存货收发频繁的企业不宜采用此法
月末一次加权平均法	计算手续简便，有利于简化成本计算工作。但是，由于必须到月末才能计算出本月的平均单价，平时在存货明细账上无法反映发出和结存存货的实际成本，因此不利于存货成本的日常管理与控制
个别计价法	个别计价法的成本计算准确，符合实际情况，但在存货收发频繁情况下，其发出成本分辨的工作量较大。因此，这种方法适用于一般不能替代使用的存货、为特定项目专门购入或制造的存货以及提供的劳务，如珠宝、名画等贵重物品

1. 先进先出法

现举例说明采用先进先出法对发出存货进行计价。

【例3-8】假设某企业 2×20年7月甲材料的入库、发出和结存资料如表3-7所示。

表3-7　材料明细账（资料）

材料类别：黑色金属　　最高储备量：15 000　　数量单位：千克　　金额单位：元
材料编号：10521　　　最低储备量：3 000　　　存放地点：第2号库
名称及规格：甲材料

2×20年		摘要	收入		发出数量	结存数量
月	日		数量	单价		
7	1	期初余额	4 000	2.00		4 000
7	5	购入	6 000	2.10		10 000
7	10	领用			8 000	2 000
7	18	购入	4 000	2.15		6 000
7	23	领用			4 000	2 000
7	28	购入	2 000	2.20		4 000

运用先进先出法计算发出材料成本，结果如表3-8所示。

表3-8 材料明细账（先进先出法）

材料类别：黑色金属　　最高储备量：15 000　　数量单位：千克　　金额单位：元
材料编号：10521　　　最低储备量：3 000　　　存放地点：第2号库
名称及规格：甲材料

2×20年		凭证编号	摘要	收入			发出			结存		
月	日			数量	单价	金额	数量	单价	金额	数量	单价	金额
7	1	略	期初余额							4 000	2.00	8 000
7	5	略	购入	6 000	2.10	12 600				4 000 6 000	2.00 2.10	8 000 12 600
7	10	略	领用				4 000 4 000	2.00 2.10	8 000 8 400	2 000	2.10	4 200
7	18	略	购入	4 000	2.15	8 600				2 000 4 000	2.10 2.15	4 200 8 600
7	23	略	领用				2 000 2 000	2.10 2.15	4 200 4 300	2 000	2.15	4 300
7	28	略	购入	2 000	2.20	4 400				2 000 2 000	2.15 2.20	4 300 4 400
7	31	略	本期发生额及期末余额	12 000		25 600	12 000		24 900	2 000 2 000	2.15 2.20	4 300 4 400

先进先出法可以随时结转存货发出成本，但较繁琐。如果存货收发业务较多，且存货单价不稳定时，其工作量较大。在物价持续上升时，期末存货成本接近于市价，而发出成本偏低，会高估企业当期利润和库存存货价值；反之，会低估企业存货价值和当期利润。

2. 移动加权平均法

移动加权平均法，是指以每次进货的成本加上原有库存存货的成本，除以每次进货数量与原有库存存货的数量之和，据以计算加权平均单位成本，作为在下次进货前计算各次发出存货成本的依据的一种方法。计算公式如下。

$$存货单位成本 = \frac{原有库存存货的实际成本 + 本次进货的实际成本}{原有库存存货数量 + 本次进货数量}$$

本次发出存货的成本 = 本次发出存货数量 × 本次发货前的存货单位成本

本月月末库存存货成本＝月末库存存货数量 × 本月末存货单位成本

现举例说明采用移动加权平均法对发出存货进行计价。

【例 3-9】沿用表 3-7 的资料，运用移动加权平均法计算发出材料成本，结果如表 3-9 所示。

表 3-9　材料明细账（移动加权平均法）

材料类别：黑色金属　　　最高储备量：15 000　　　数量单位：千克　　金额单位：元
材料编号：10521　　　　最低储备量：3 000　　　　存放地点：第 2 号库
名称及规格：甲材料

2×20年		摘要	收入			发出			结存		
月	日		数量	单价	金额	数量	单价	金额	数量	单价	金额
7	1	期初余额							4 000	2	8 000
7	5	购入	6 000	2.10	12 600				10 000	2.06	20 600
7	10	领用				8 000	2.06	16 480	2 000	2.06	4 120
7	18	购入	4 000	2.15	8 600				6 000	2.12	12 720
7	23	领用				4 000	2.12	8 480	2 000	2.12	4 240
7	28	购入	2 000	2.20	4 400				4 000	2.16	8 640
7	31	本期发生额及期末余额	12 000		25 600	12 000		24 960	4 000	2.16	8 640

（8 000+12 600）÷（4 000+6 000）=2.06（元 / 千克）

（4 120+8 600）÷（2 000+4 000）=2.12（元 / 千克）

（4 240+4 400）÷（2 000+2 000）=2.16（元 / 千克）

采用移动加权平均法可以随时计算存货的平均单位成本，计算出的发出和结存存货的成本比较客观。但是，在存货单价不同的情况下，每收入一次（批）存货就要重新计算一次平均单价，计算工作量较大。因此，存货收发频繁的企业不宜采用此法。

3. 月末一次加权平均法

月末一次加权平均法，是指以当月全部进货数量加上月初存货数量作为权数，去除当月全部进货成本加上月初存货成本，计算出存货的加权平均单位成本，以此为基础计算当月发出存货的成本和期末存货的成本的一种方法。

$$存货单位成本 = \frac{月初库存存货的实际成本 + \sum(本月某批进货的实际单位成本 \times 本月某批进货的数量)}{月初库存存货数量 + 本月各批进货数量之和}$$

本月发出存货的成本 = 本月发出存货的数量 × 存货单位成本

本月月末库存存货成本 = 月末库存存货的数量 × 存货单位成本

现举例说明采用月末一次加权平均法对发出存货进行计价。

【例3-10】沿用表3-7的资料，运用月末一次加权平均法计算发出材料成本，结果如表3-10所示。

表3-10 材料明细账（月末一次加权平均法）

材料类别：黑色金属　　最高储备量：15 000　　数量单位：千克　　金额单位：元
材料编号：10521　　　最低储备量：3 000　　　存放地点：第2号库
名称及规格：甲材料

2×20年		凭证编号	摘要	收入			发出			结存		
月	日			数量	单价	金额	数量	单价	金额	数量	单价	金额
7	1	略	期初余额							4 000	2	8 000
7	5	略	购入	6 000	2.10	12 600				10 000		
7	10	略	领用				8 000			2 000		
7	18	略	购入	4 000	2.15	8 600				6 000		
7	23	略	领用				4 000			2 000		
7	28	略	购入	2 000	2.20	4 400				4 000		
7	31	略	本期发生额及期末余额	12 000		25 600	12 000	2.10	25 200	4 000	2.10	8 400

甲材料的平均单价 =（8 000+25 600）÷（4 000+12 000）=2.10（元/千克）

发出材料的金额 =12 000×2.10=25 200（元）

期末结存材料金额 =4 000×2.10=8 400（元）

这种方法适用于前后进价相差幅度不大且月末定期计算和结转销售成本的商品。加权平均法只在月末一次计算加权平均单价，比较简单，而且在市场价格上涨或下跌时所计算出来的单位成本平均化，对存货成本的分摊较为折中。

但这种方法不利于核算的及时性；在物价变动幅度较大的情况下，按加权平均单价计算的期末存货价值与现行成本有较大的差异。所以这种方法适合物价变动幅度不大的情况。这种方法平时无法从账上提供发出和结存存货的单价及金额，不利于加强对存货的管理。为解决这一问题，可以采用移动加权平均法或按上月月末计算的平均单位成本计算。

4. 个别计价法

个别计价法，亦称个别认定法、具体辨认法、分批实际法，其特征是注重所发出存货具体项目的实物流转与成本流转之间的联系，逐一辨认各批发出存货和期末存货所属的购进批别或生产批别，分别按其购入或生产时所确定的单位成本计算各批发出存货和期末存货的成本。

个别计价法适用于容易识别、存货品种数量不多、单位成本较高的存货计价，如房产、船舶、飞机、重型设备、珠宝、名画等贵重物品。

（二）存货成本的结转

企业销售存货，应当将已售存货的成本结转为当期损益，计入营业成本。这就是说，企业在确认存货销售收入的当期，应当将已经销售存货的成本结转为当期营业成本。

3.3.2　一般销售商品业务的处理

（一）销售商品收入的确认和计量

1. 识别合同

当企业与客户之间的合同同时满足下列条件时，企业应当在客户取得相关商品的控制权时确认收入。

（1）合同各方已经批准了该合同并承诺将履行各自的义务。

（2）该合同明确了合同各方与所转让商品或提供劳务相关的权利和义务。

（3）该合同有明确的与所转让商品有关的支付条款。

（4）该合同具有商业实质，即履行该合同将改变企业未来现金流量的风险、时间分布或者金额。（非货币性资产交换）

（5）企业向客户转让商品而有权取得的对价很可能收回。（未来经营收益）

一般来说，在合同开始日满足前款条件的合同，企业在后续期间无须对其进行重新评估，除非有迹象表明相关事实和情况发生重大的变化。合同开始日通常是指合同生效日。

暂时不符合上述规定的合同，企业只有不再负有向客户转让商品的剩余义务，且已向客户收取的对价无须退回时，才能将已收取的对价确认为收入，否则，应当将已收取的对价作为负债进行会计处理。

实际工作中有些交易刚开始就停止了，比如，本来要给客户盖栋房子，对方已经付款，结果由于对方的原因合同终止，这个交易就不符合收入确认原则，而且对方不再索要企业已经收取的款项，这种情况下，企业只能作为一种收入来核算。

2. 识别合同中的单向履约义务

企业确认收入的一条原则是要识别合同中的履约义务。履约义务，指合同中企业向客户转让可明确区分商品的承诺。履约义务既包括合同中明确的承诺，也包括由于企业已公开宣布的政策、特定声明或者以往的习惯做法等导致合同订立时客户合理预期、企业将履行的承诺（比如保修）。

单项履约义务包括两类：一类是一项可明确区分的商品或服务；另一类是一系列实质相同且转让模式相同、可明确区分的商品或服务（比如酒店服务、有线电视服务）。

企业向客户承诺的商品同时满足下列条件的，应当作为可明确区分商品：

客户能够从该商品本身或从该商品与其他易于获得资源一起使用中受益；

企业向客户转让该商品的承诺与合同中其他承诺可单独区分。

3. 确定交易价格

交易价格是指企业向客户转让商品和服务而预期有权收取的对价金额。企业代第三方以及企业预期将退还给客户的款项，应当作为负债进行会计处理，不计入交易价格。

企业应当根据合同条款，并结合以往的习惯做法确定交易价格。在确定交易价格时，企业应当考虑可变对价、合同中存在的重大融资成分、非现金对价、应付客户对价等因素的影响。

在销售过程中，收取的增值税要交给国家，这实际上是替国家收取的一笔款项，在确认收入的时候要作为应交税费来处理。

（1）如果合同中存在可变对价，这种情况下，企业应当按照期望值或者最可能发生的金额确定可变对价的最佳估计数，但包含可变对价的交易价格，应当不超过在相关不确定因素消除时累计已经确认收入极可能不会发生重大转回的金额。

企业在评估累计确认收入是否极可能不会发生重大转回时，应当同时考虑收入转回的可能性及其比重。

【例3-11】甲公司为其客户建造1栋厂房，合同约定的价款是100万元，但是在合同中同时约定如果甲公司不能在合同签订之日起120天之内竣工，则需支付10万元的罚款，该罚款从合同价款中扣除。上述金额均不含增值税。

根据以往的历史经验估计：工程按时完工的概率为90%，工程延期的概率为10%。

这就是一个可变对价，企业有可能收到100万元，也有可能收到90万元。

在确认收入的时候，按照以上原则，考虑按照最有可能的金额确认收入，即100万元。

【例3-12】2×18年3月，康美装饰公司向客户提供装修服务，合同价款是300万元，并向客户提供质量保障：完工3个月后，如果室内环境不达标，就按照合同价的10%向客户支付赔偿；完工6个月后，如果室内环境不达标，就按照合同价款的20%向客户支付赔偿。

本例中的对价属于可变对价，根据概率确认交易价格=（300×50%+270×30%+240×20%）=279（万元）。

（2）合同中存在重大融资成分的，企业应当按照假定客户在取得商品控制权时以现金支付的应付金额确定交易价格。该交易价格与合同对价之间的差额应当在合同期间采用实际利率法摊销。

（3）合同开始，企业预计客户取得的商品控制权与客户支付价款间隔不超过一年的，可以不考虑合同存在的重大融资成分。

【例3-13】2×20年1月甲公司与乙公司签订了一项施工总承包合同，合同约定的工期是30个月，工程造价是8亿元（不含税价）。甲、乙双方每季度进行一次工程结算，并于完工时进行竣工结算，每次工程结算额（除质保金及相应的增值税外）由乙公司于工程结算后5个工作日内支付；除质保金外的工程尾款于竣工结算后10个工作日内支付；合同金额的3%作为质保金，用以保证项目在竣工后2年内正常运行，在质保期满后5个工作日内支付。

双方约定2年后退还质保金,主要是为了保证工程质量,而不是为了提供融资服务,因此,质保金没有重大融资成分。

【例3-14】 2×20年1月1日甲公司与乙公司签订合同,向其销售一批产品,合同约定该批产品将于2年之后交货,合同中包含两种可供选择的付款方式:乙公司可以在2年后交付产品时支付449.44万元,或者在合同签订时支付400万元。乙公司选择在合同签订时支付货款。

在这个案例中,签订合同时,乙公司对商品没有控制权,甲公司不能确认收入,但是甲公司已经收到了有关的货款,所以这种合同涉及重大融资成分。

假设按照上述两种付款方式计算的内含报酬率是6%,上述价格中不包含增值税,且不考虑相关税费,甲公司的会计处理如下。

(1)2×20年1月1日收到货款。

借:银行存款　　　　　　　　　　　　　　　　　4 000 000
　　未确认融资费用　　　　　　　　　　　　　　　 494 400
　　贷:合同负债　　　　　　　　　　　　　　　　4 494 400

(2)2×20年12月31日确认融资成分的影响。

借:财务费用　　　　　　　　　　　(4 000 000×6%)240 000
　　贷:未确认融资费用　　　　　　　　　　　　　 240 000

(3)2×21年12月31日交付产品。

借:财务费用　　　　　　　　　　　(4 240 000×6%)254 400
　　贷:未确认融资费用　　　　　　　　　　　　　 254 400

同时结转合同负债。

借:合同负债　　　　　　　　　　　　　　　　　4 494 400
　　贷:主营业务收入　　　　　　　　　　　　　　4 494 400

(4)客户支付非现金对价,企业应当按照非现金对价的公允价值确定交易价格。非现金对价的公允价值不能合理估计的,企业应当参照其承诺向客户转让商品的单独售价间接地确定交易价格。

单独售价,是指企业向客户单独销售商品的价格。比如企业给客户盖了房子,客户不付工程款,用房子抵款就属于非现金对价。这种情况下,要根据客户房子的公允价值确定交易价格。

4. 将交易价格分摊至各单项履约义务及确认收入

确定了交易价格之后,接下来应该把交易价格分摊到各个单项履约义务中,根据每一个单项履约义务的价格确认收入。

合同开始时企业应当对合同进行评估,识别该合同所包含的单项履约义务,并确定各单项履约义务是某一时段内履行,还是某一时点履行,然后在履行各项单项履约义务时分别确认收入。

对于在某一时点履行的履约义务,企业应当在客户取得相关商品控制权时确认收入。对于在某一时段内履行的履约义务,企业应当在该段时间内,按照履约进度确认收入,但是,履约进度不能合理确定的除外。

企业应当考虑产品的性质,采用产出法或者投入法确定恰当的履约进度。

产出法是根据已转移给客户的商品对于客户的价值确定履约进度。比如,施工企业完成的建筑面积、完成的里程等都可以作为产出法计算的依据。

投入法是根据企业为履行履约义务的投入确定履约进度。比如,按照成本比例计算完工进度,其实就是投入法。

对于类似情况下的类似履约义务,企业应当采用相同的方法确定履约进度。

【例3-15】甲公司和客户签订合同,为该客户拥有的一条铁路更换100根铁轨,合同价格为10万元(不含税价)。截至2×20年12月31日,甲公司共更换了60根铁轨,剩余部分预计在2×21年3月31日之前完成。

这个合同仅包含一项履约义务,该义务满足在某一时段内履行的条件。甲公司按照已完成的工作量确定履约进度。

2×20年年底,履约进度=60÷100×100%=60%,确认的收入=10×60%=6(万元)。

在下列情形下,企业在采用成本法确定履约进度时,可能需要对已发生的成本进行适当的调整。

(1)已经发生的成本并未反映企业履行履约义务的进度。

(2)已经发生的成本与企业履约业务的进度不成比例。

【例3-16】2×18年10月,甲公司与客户签订合同,为客户装修1栋办公楼,包括安装一部电梯,合同总价款是100万元。

甲公司预计总成本是80万元,其中电梯的采购成本是30万元。

2×20年12月甲公司将电梯运达施工现场并经过客户的验收,客户已经取得了对电梯的控制权,但是,根据装修进度,预计到2×21年2月才会安装该电梯。截至2×20年12月,甲公司累计发生的成本是40万元,其中包括支付电梯采购成本30万元,以及采购电梯发生的运费、人工费5万元。

这种情况下,计算完工进度时如果按40万元作为已经发生的成本就不太合理,所以2×20年12月合同履约进度=(40-30)÷(80-30)=20%。

应确认的收入和成本金额分别如下。

收入=(100-30)×20%+30=44(万元)

成本=(80-30)×20%+30+40(万元)

(3)当履约进度不能够合理确定时,企业已经发生的成本预计能够得到补偿的,应当按照已经发生的成本金额确认收入,直到履约进度能够合理确定为止。

(二)销售商品收入的会计处理

1. 通常情况下销售商品收入的会计处理

确认销售商品收入时,企业应按已收或应收的合同或协议价款,加上应收取的增值税税额,借记"银行存款""应收账款""应收票据"等科目,按确定的收入金额,贷记"主营业务收入""其他业务收入"等科目,按应收取的增值税税额,贷记"应交税费——应交增值税(销项税额)"科目;在资产负债表日,按应缴纳的消费税、资源税、城市维护建设税、教育费附加等税费金额,借记"税金及附加"科目,贷记"应交税费——应交消费税(或应交资源税、应交城市维护建设税等)"科目。

如果售出商品不符合收入确认条件,则不应确认收入,已经发出的商品,应当通过"发出商品"科目进行核算。

2. 托收承付方式销售商品收入的会计处理

托收承付,是指企业根据合同发货后,委托银行向异地付款单位收取款项,由购货方向银行承诺付款的销售方式。在这种销售方式下,企业通常应在发出商品且办妥托收手续时确认收入。如果商品已经发出且办妥托收手续,但由于各种因素与发出商品所有权有关的风险和报酬没有转移的,企业不应确认收入。

【例3-17】华明公司在2×20年3月12日向宏业公司销售一批商品,开出的增值税专用发票上注明的销售价款为200 000元,增值税税额为26 000元,款项尚未收到;该批商品成本为120 000元。华明公司在销售时已知宏业公司资金周转发生困难,但为了减少存货积压,同时也为了维持与宏业公司长期建立的商业关系,华明公司仍将商品发往宏业公司且办妥托收手续。假定华明公司销售该批商品的增值税纳税义务已经发生。

根据本例的资料,由于宏业公司资金周转存在困难,所以华明公司在货款回收方面存在较大的不确定性,与该批商品所有权有关的风险和报酬没有转移给宏业公司。根据销售商品收入的确认条件,华明公司在发出商品且办妥托收手续时不能确认收入,已经发出的商品成本应通过"发出商品"科目反映。华明公司的账务处理如下。

(1) 2×20年3月12日发出商品时。

借:发出商品　　　　　　　　　　　　　　　　　　　　120 000
　　贷:库存商品　　　　　　　　　　　　　　　　　　　　120 000

同时,将增值税专用发票上注明的增值税税额转入应收账款。

借:应收账款　　　　　　　　　　　　　　　　　　　　26 000
　　贷:应交税费——应交增值税(销项税额)　　　　　　26 000

(注:如果销售该商品的增值税纳税义务尚未发生,则不编制这笔分录,待纳税义务发生时再编制应交增值税的分录。)

(2) 2×20年6月10日,华明公司得知宏业公司经营情况逐渐好转,宏业公司承诺近期付款时。

借:应收账款　　　　　　　　　　　　　　　　　　　　200 000
　　贷:主营业务收入　　　　　　　　　　　　　　　　　200 000
借:主营业务成本　　　　　　　　　　　　　　　　　　120 000
　　贷:发出商品　　　　　　　　　　　　　　　　　　　120 000

(3) 2×20年6月20日收到款项时。

借:银行存款　　　　　　　　　　　　　　　　　　　　226 000
　　贷:应收账款　　　　　　　　　　　　　　　　　　　226 000

3. 销售商品涉及现金折扣、商业折扣、销售折让的会计处理

企业销售商品有时会遇到现金折扣、商业折扣、销售折让等问题,应当分别不同情况进行处理。

(1) 现金折扣,是指债权人为鼓励债务人在规定的期限内付款而向债务人提供的债务扣除。企业销售商品涉及现金折扣的,应当按照扣除现金折扣前的金额确定销售商品收入金额。现金折扣在实际发生时以预估的现金折扣冲减销售收入。

(2)商业折扣,是指企业为促进商品销售而在商品标价上给予的价格扣除。企业销售商品涉及商业折扣的,应当按照扣除商业折扣后的金额确定销售商品收入金额。

(3)销售折让,是指企业因售出商品的质量不合格等而在售价上给予的减让。对于销售折让,企业应分别不同情况进行处理:①已确认收入的售出商品发生销售折让的,通常应当在发生时冲减当期销售商品收入;②已确认收入的销售折让属于资产负债表日后事项的,应当按照有关资产负债表日后事项的相关规定进行处理。

【例3-18】华明公司在2×20年7月1日向宏业公司销售一批商品,开出的增值税专用发票上注明的销售价款为20 000元,增值税税额为2 600元。为及早收回货款,华明公司和宏业公司约定的现金折扣条件为:2/10,1/20,*n*/30。假定计算现金折扣时不考虑增值税税额。华明公司的账务处理如下。

(1)7月1日销售实现时,按销售总价确认收入。

借:应收账款　　　　　　　　　　　　　　　　　　　　　22 600
　　贷:主营业务收入　　　　　　　　　　　　　　　　　　20 000
　　　　应交税费——应交增值税(销项税额)　　　　　　　2 600

(2)如果宏业公司在7月9日付清货款,则按销售总价20 000元的享受现金折扣400(20 000×2%)元,实际付款22 200(22 600-400)元。

借:银行存款　　　　　　　　　　　　　　　　　　　　　22 200
　　预计负债　　　　　　　　　　　　　　　　　　　　　　400
　　贷:应收账款　　　　　　　　　　　　　　　　　　　22 600

(3)如果宏业公司在7月18日付清货款,则按销售总价20 000元的1%享受现金折扣200(20 000×1%)元,实际付款22 400(22 600-200)元。

借:银行存款　　　　　　　　　　　　　　　　　　　　　22 400
　　预计负债　　　　　　　　　　　　　　　　　　　　　　200
　　贷:应收账款　　　　　　　　　　　　　　　　　　　22 600

(4)如果宏业公司在7月底才付清货款,则按全额付款。

借:银行存款　　　　　　　　　　　　　　　　　　　　　22 600

贷：应收账款　　　　　　　　　　　　　　　　　　　　　　　　22 600

【例 3-19】2×20 年华明公司向宏业公司销售一批商品，开出的增值税专用发票上注明的销售价款为 800 000 元，增值税税额为 104 000 元。宏业公司在验收过程中发现商品质量不合格，要求在价格上给予 5% 的折让。假定华明公司已确认销售收入，款项尚未收到，已取得税务机关开具的红字增值税专用发票。华明公司的账务处理如下。

（1）销售实现时。

借：应收账款　　　　　　　　　　　　　　　　　　　　　　　904 000
　　贷：主营业务收入　　　　　　　　　　　　　　　　　　　　800 000
　　　　应交税费——应交增值税（销项税额）　　　　　　　　　104 000

（2）发生销售折让时。

借：主营业务收入　　　　　　　　　　　　　　　　　　　　　 40 000
　　应交税费——应交增值税（销项税额）　　　　　　　　　　　 5 200
　　贷：应收账款　　　　　　　　　　　　　　　　　　　　　　 45 200

（3）实际收到款项时。

借：银行存款　　　　　　　　　　　　　　　　　　　　　　　858 800
　　贷：应收账款　　　　　　　　　　　　　　　　　　　　　　858 800

4. 销售退回的会计处理

销售退回，是指企业售出的商品由于质量、品种不符合要求等而发生的退货。对于销售退回，企业应分别不同情况进行会计处理。

（1）对于未确认收入的售出商品发生销售退回的，企业应按已记入"发出商品"科目的商品成本金额，借记"库存商品"科目，贷记"发出商品"科目。

（2）对于已确认收入的售出商品发生退回的，企业应在发生时冲减当期销售商品收入，同时冲减当期销售商品成本。如该项销售退回已发生现金折扣的，应同时冲减销售收入；如该项销售退回允许扣减增值税税额，应同时调整"应交税费——应交增值税（销项税额）"科目的相应金额。

（3）已确认收入的售出商品发生的销售退回属于资产负债表日后事项的，应当按照有关资产负债表日后事项的相关规定进行会计处理。

【例 3-20】华明公司在 2×20 年 12 月 18 日向宏业公司销售一批商品，开出的增值税专用发票上注明的销售价款为 50 000 元，增值税税额为 6 500 元。该批商品成本为 26 000 元。为及早收回货款，华明公司和宏业公司约定的现金折扣条件为：2/10，1/20，n/30。宏业公司在 2×20 年 12 月 27 日支付货款。2×21 年 4 月 5 日，该批商品因质量问题被宏业公司退回，华明公司当日支付有关款项。假定计算现金折扣时不考虑增值税，假定销售退回不属于资产负债表日后事项。华明公司的账务处理如下。

（1）2×20 年 12 月 18 日销售实现，按销售总价确认收入时。

借：应收账款	56 500
贷：主营业务收入	50 000
应交税费——应交增值税（销项税额）	6 500
借：主营业务成本	26 000
贷：库存商品	26 000

（2）2×20 年 12 月 27 日收到货款时，按销售总价 50 000 元的 2% 计算现金折扣为 1 000（50 000×2%）元，实际收款 55 500（56 500-1 000）元。

借：银行存款	55 500
预计负债	1 000
贷：应收账款	56 500

（3）2×21 年 4 月 5 日发生销售退回时。

借：主营业务收入	50 000
应交税费——应交增值税（销项税额）	6 500
贷：银行存款	55 500
预计负债	1 000
借：库存商品	26 000
贷：主营业务成本	26 000

3.3.3　特殊销售商品业务的处理

企业会计实务中，可能遇到一些特殊的销售商品业务。在将销售商品收入和计量原则运用于特殊销售商品收入的会计处理时，应结合这些特殊销售商品交易的形式，并注重交易的实质。

（一）代销商品

代销商品分别以下情况处理。

（1）视同买断方式。视同买断方式代销商品，是指委托方和受托方签订合同或协议，委托方按合同或协议收取代销的货款，实际售价由受托方自定，实际售价与合同或协议价之间的差额归受托方所有。

【例3-21】 2×20年华明公司委托宏业公司销售商品100件，协议价为200元/件，成本为120元/件。代销协议约定，宏业公司在取得代销商品后，无论是否能够卖出、是否获利，均与华明公司无关。这批商品已经发出，货款尚未收到，华明公司开出的增值税专用发票上注明的增值税税额为2 600元。

根据本例的资料，华明公司采用视同买断方式委托宏业公司代销商品。因此，华明公司在发出商品时的账务处理如下。

借：应收账款　　　　　　　　　　　　　　　　　22 600
　　贷：主营业务收入　　　　　　　　　　　　　20 000
　　　　应交税费——应交增值税（销项税额）　　 2 600
借：主营业务成本　　　　　　　　　　　　　　　12 000
　　贷：库存商品　　　　　　　　　　　　　　　12 000

（2）收取手续费方式。在这种方式下，委托方在发出商品时通常不应确认销售商品收入，而应在收到受托方开出的代销清单时确认销售商品收入；受托方应在商品销售后，按合同或协议约定的方法计算确定的手续费确认收入。

【例3-22】 2×20年华明公司委托丙公司销售商品200件，商品已经发出，每件成本为60元。合同约定丙公司应按每件100元对外销售，华明公司按不含增值税的售价的10%向丙公司支付手续费。丙公司对外实际销售100件，开出的增值税专用发票上注明的销售价款为10 000元，增值税税额为1 300元，款项已经收到。华明公司收到丙公司开具的代销清单时，向丙公司开具一张相同金额的增值税专用发票。假定华明公司发出商品时纳税义务尚未发生，不考虑其他因素。

华明公司的账务处理如下。

（1）发出商品时。

借：发出商品　　　　　　　　　　　　　　　　　12 000
　　贷：库存商品　　　　　　　　　　　　　　　12 000

（2）收到代销清单时。

借：应收账款　　　　　　　　　　　　　　　　　11 300
　　贷：主营业务收入　　　　　　　　　　　　　10 000

应交税费——应交增值税（销项税额）	1 300
借：主营业务成本	6 000
贷：发出商品	6 000
借：销售费用	1 000
贷：应收账款	1 000

（3）收到丙公司支付的货款时。

借：银行存款	10 300
贷：应收账款	10 300

丙公司的账务处理如下。

（1）收到商品时。

借：受托代销商品	20 000
贷：受托代销商品款	20 000

（2）对外销售时。

借：银行存款	11 300
贷：应付账款	10 000
应交税费——应交增值税（销项税额）	1 300

（3）收到增值税专用发票时。

借：应交税费——应交增值税（进项税额）	1 300
贷：应付账款	1 300
借：受托代销商品款	10 000
贷：受托代销商品	10 000

（4）支付货款并计算代销手续费时。

借：应付账款	11 300
贷：银行存款	10 300
其他业务收入	1 000

（二）预收款销售商品

企业在向客户转让商品之前，客户已经支付了合同对价或企业已经取得了无条件收取合同对价权利的，企业应当在客户实际支付款项与到期应支付款项孰早时点，按照该已收或应收的金额，借记"银行存款""应收账款""应收票据"等科目，贷记本科目；企业向客户转让相关商品时，借记本科目，贷记"主营业务收入""其他业务收入"等科目。涉及增值税的，还应进行相应的处理。

【例3-23】2×20年华明公司与宏业公司签订协议，采用预收款方式向宏业公司销售一批商品。该批商品实际成本为700 000元。协议约定，该批商品销售价格为1 000 000元，增值税税额为130 000元；宏业公司应在协议签订时预付60%的货款（按不含增值税销售价格计算），剩余货款于两个月后支付。华明公司的账务处理如下。

（1）收到60%货款时。

借：银行存款　　　　　　　　　　　　　　　　　　　　600 000
　　贷：合同负债　　　　　　　　　　　　　　　　　　　600 000

（2）收到剩余货款及增值税税额并确认收入时。

借：合同负债　　　　　　　　　　　　　　　　　　　　600 000
　　银行存款　　　　　　　　　　　　　　　　　　　　　530 000
　　贷：主营业务收入　　　　　　　　　　　　　　　　1 000 000
　　　　应交税费——应交增值税（销项税额）　　　　　　130 000
借：主营业务成本　　　　　　　　　　　　　　　　　　700 000
　　贷：库存商品　　　　　　　　　　　　　　　　　　　700 000

（三）具有融资性质的分期收款销售商品

延期收取的货款具有融资性质，其实质是企业向购货方提供的免息信贷，在符合收入确认条件时，企业应当按照应收的合同或协议价款的公允价值确定收入金额。应收的合同或协议价款的公允价值，通常应当按照其未来现金流量现值或商品现销价格计算确定。

应收的合同或协议价款与其公允价值之间的差额，应当在合同或协议期间内，按照应收款项的摊余成本和实际利率计算确定的金额进行摊销，作为财务费用的抵减处理。

【例3-24】2×20年1月1日，华明公司采用分期收款方式向宏业公司销售一套大型设备，合同约定的销售价格为2 000万元，分5次于每年12月31日等额收取。该大型设备成本为1 560万元。在现销方式下，该大型设备的销售价格为1 600万元。假定华明公司发出商品时，其有关的增值税纳税义务尚未发生，在合同约定的收款日期，发生有关的增值税纳税义务。

根据本例的资料，华明公司应当确认的销售商品收入金额为1 600万元。

根据下列公式：

未来五年收款额的现值＝现销方式下应收款项金额

可以得出：

$400 \times (P/A, r, 5) = 1\,600$

可在多次测试的基础上，用插值法计算折现率。

当 $r=7\%$ 时，$400 \times 4.100\,2 = 1\,640.08 > 1\,600$

当 $r=8\%$ 时，$400 \times 3.992\,7 = 1\,597.08 < 1\,600$

因此，$7\% < r < 8\%$。用插值法计算如下：

现值	利率
1 640.08	7%
1 600	r
1 597.08	8%

$$\frac{1\,640.08 - 1\,600}{1\,640.08 - 1\,597.08} = \frac{7\% - r}{7\% - 8\%}$$

$r = 7.93\%$

每期计入财务费用的金额如表 3-11 所示。

表 3-11 财务费用和已收本金计算

单位：万元

年份 (t)	未收本金 $A_t = A_{t-1} - D_{t-1}$	财务费用 $B = A \times 7.93\%$	收现总额 C	已收本金 $D = C - B$
2×20 年 1 月 1 日	1 600			
2×20 年 12 月 31 日	1 600	126.88	400	273.12
2×21 年 12 月 31 日	1 326.88	105.22	400	294.78
2×22 年 12 月 31 日	1 032.10	81.85	400	318.15
2×23 年 12 月 31 日	713.95	56.62	400	343.38
2×24 年 12 月 31 日	370.57	29.43*	400	370.57
总额		400	2 000	1 600

*尾数调整。

根据表 3-11 的计算结果，华明公司各期的会计分录如下。

（1）2×20 年 1 月 1 日销售实现时。

借：长期应收款　　　　　　　　　　　　　　　　20 000 000
　　贷：主营业务收入　　　　　　　　　　　　　　16 000 000
　　　　未实现融资收益　　　　　　　　　　　　　 4 000 000

借：主营业务成本 15 600 000
　　贷：库存商品 15 600 000

（2）2×20年12月31日收取货款和增值税税额时。

借：银行存款 4 520 000
　　贷：长期应收款 4 000 000
　　　　应交税费——应交增值税（销项税额） 520 000

借：未实现融资收益 1 268 800
　　贷：财务费用 1 268 800

（3）2×21年12月31日收取货款和增值税税额时。

借：银行存款 4 520 000
　　贷：长期应收款 4 000 000
　　　　应交税费——应交增值税（销项税额） 520 000

借：未实现融资收益 1 052 200
　　贷：财务费用 1 052 200

（4）2×22年12月31日收取货款和增值税税额时。

借：银行存款 4 520 000
　　贷：长期应收款 4 000 000
　　　　应交税费——应交增值税（销项税额） 520 000

借：未实现融资收益 818 500
　　贷：财务费用 818 500

（5）2×23年12月31日收取货款和增值税税额时。

借：银行存款 4 520 000
　　贷：长期应收款 4 000 000
　　　　应交税费——应交增值税（销项税额） 520 000

借：未实现融资收益 566 200
　　贷：财务费用 566 200

（6）2×24年12月31日收取货款和增值税税额时。

借：银行存款 4 520 000
　　贷：长期应收款 4 000 000
　　　　应交税费——应交增值税（销项税额） 520 000

借：未实现融资收益 294 300

贷：财务费用	294 300

（四）附有销售退回条件的商品销售

附有销售退回条件的商品销售，指购买方依照有关协议有权退货的销售方式。在这种销售方式下，企业根据以往经验能够合理估计退货可能性且确认与退货相关负债的，通常应在发出商品时确认收入；企业不能合理估计退货可能性的，通常应在售出商品退货期满时确认收入。

【例3-25】 华明公司是一家健身器材销售公司。2×20年1月1日，华明公司向宏业公司销售5 000件健身器材，单位销售价格为500元，单位成本为400元，开出的增值税专用发票上注明的销售价款为2 500 000元，增值税税额为325 000元。协议约定，宏业公司应于2月1日之前支付货款，在6月30日之前有权退还健身器材。健身器材已经发出，款项尚未收到。假定华明公司根据过去的经验，估计该批健身器材退货率约为20%，健身器材发出时纳税义务已经发生，实际发生销售退回时取得税务机关开具的红字增值税专用发票。华明公司的账务处理如下。

（1）1月1日发出健身器材时。

借：应收账款	2 825 000
贷：主营业务收入	2 500 000
应交税费——应交增值税（销项税额）	325 000
借：主营业务成本	2 000 000
贷：库存商品	2 000 000

（2）1月31日确认估计的销售退回时。

借：主营业务收入	500 000
贷：主营业务成本	400 000
预计负债	100 000

（3）2月1日前收到货款时。

借：银行存款	2 825 000
贷：应收账款	2 825 000

（4）6月30日发生销售退回，实际退货量为1 000件，款项已经支付。

借：库存商品	400 000
应交税费——应交增值税（销项税额）	65 000
预计负债	100 000

贷：银行存款 565 000

实际退货量为 800 件时。

借：库存商品 320 000
　　应交税费——应交增值税（销项税额） 52 000
　　主营业务成本 80 000
　　预计负债 100 000
　　贷：银行存款 452 000
　　　　主营业务收入 100 000

实际退货量为 1 200 件时。

借：库存商品 480 000
　　应交税费——应交增值税（销项税额） 78 000
　　主营业务收入 100 000
　　预计负债 100 000
　　贷：主营业务成本 80 000
　　　　银行存款 678 000

（5）6月30日之前如果没有发生退货。

借：主营业务成本 400 000
　　预计负债 100 000
　　贷：主营业务收入 500 000

即（2）的相反分录。

【例3-26】沿用【例3-25】的资料。假定华明公司无法根据过去的经验估计该批健身器材的退货率，健身器材发出时纳税义务已经发生。华明公司的账务处理如下。

（1）1月1日发出健身器材时。

借：应收账款 325 000
　　贷：应交税费——应交增值税（销项税额） 325 000

借：发出商品 2 000 000
　　贷：库存商品 2 000 000

（2）2月1日前收到货款时。

借：银行存款 2 825 000

  贷：预收账款   2 500 000
    应收账款   325 000

（3）6月30日退货期满，如果没有发生退货。

借：预收账款   2 500 000
  贷：主营业务收入   2 500 000
借：主营业务成本   2 000 000
  贷：发出商品   2 000 000

6月30日退货期满，如果发生2 000件退货。

借：预收账款   2 500 000
  应交税费——应交增值税（销项税额）   130 000
  贷：主营业务收入   1 500 000
    银行存款   1 130 000
借：主营业务成本   1 200 000
  库存商品   800 000
  贷：发出商品   2 000 000

（五）售后回购

  售后回购中，在大多数情况下，回购价格固定或等于原售价加合理回报。售后回购交易属于融资交易，收到的款项应确认为负债。回购价格大于原售价的差额，企业应在回购期间按期计提利息，计入财务费用。

  【例3-27】2×20年5月1日，华明公司向宏业公司销售一批商品，开出的增值税专用发票上注明的销售价款为100万元，增值税税额为13万元。该批商品成本为80万元；商品并未发出，款项已经收到。协议约定，华明公司应于9月30日将所售商品购回，回购价为110万元（不含增值税税额）。华明公司的账务处理如下。

（1）5月1日销售商品开出增值税专用发票时。

借：银行存款   1 130 000
  贷：合同负债   1 000 000
    应交税费——应交增值税（销项税额）   130 000

（2）回购价大于原售价的差额，应在回购期间按期计提利息费用，计入当期财务费用。由于回购期间为5个月，货币时间价值影响不大，采用直线法计提利息费用，每月计提利息费用为2(10÷5)万元。

借：财务费用　　　　　　　　　　　　　　　　　　　20 000
　　贷：合同负债　　　　　　　　　　　　　　　　　　20 000

（3）9月30日回购商品时，收到的增值税专用发票上注明的商品价格为110万元，增值税税额为14.3万元，款项已经支付。

借：财务费用　　　　　　　　　　　　　　　　　　　20 000
　　贷：合同负债　　　　　　　　　　　　　　　　　　20 000
借：合同负债　　　　　　　　　　　　　　　　　　1 100 000
　　应交税费——应交增值税（进项税额）　　　　　　143 000
　　贷：银行存款　　　　　　　　　　　　　　　　1 243 000

（六）售后租回

1. 售后租回交易中的资产转让属于销售

（1）卖方兼承租人应当按原资产账面价值中与租回获得的使用权有关的部分，计量售后租回所形成的使用权资产，并仅就转让至买方兼出租人的权利确认相关利得或损失。

（2）买方兼出租人根据适用的其他准则对资产购买进行会计处理，并根据新租赁准则对资产出租进行会计处理。

（3）如果销售对价的公允价值与资产的公允价值不同，或者出租人未按市场价格收取租金，企业应当进行以下调整。

①销售对价低于市场价格的款项作为预付租金进行会计处理；

②销售对价高于市场价格的款项作为买方兼出租人向卖方兼承租人提供的额外融资进行会计处理。

同时：

承租人按照公允价值调整相关销售利得或损失，出租人按市场价格调整租金收入。在进行上述调整时，企业应当按以下二者中较易确定者进行：

（1）销售对价的公允价值与资产的公允价值的差异；

（2）合同付款额的现值与按市场租金计算的付款额的现值的差异。

2. 售后租回交易中的资产转让不属于销售

（1）卖方兼承租人：不终止确认所转让的资产，而应当将收到的现金作为金融负债（如长期应付款），并按照《企业会计准则第22号——金融工具确认和计量》（2017）进行会计处理。

（2）买方兼出租人：不确认被转让资产，而应当将支付的现金作为金融资产（如长期应收款），并按照《企业会计准则第22号——金融工具确认和计量》（2017）进行会计处理。

（七）以旧换新销售

以旧换新销售，是指销售方在销售商品的同时回收与所售商品相同的旧商品。在这种销售方式下，销售的商品应当按照销售商品收入确认条件确认收入，回收的商品作为购进商品处理。

（八）同时销售商品和提供劳务交易

如果销售商品部分和提供劳务部分能够区分且能够单独计量，企业应当分别核算销售商品部分和提供劳务部分，将销售商品的部分作为销售商品处理，将提供劳务的部分作为提供劳务处理；如果销售商品部分和提供劳务部分不能够区分，或虽能区分但不能够单独计量的，企业应当将销售商品部分和提供劳务部分全部作为销售商品部分进行会计处理。

【例3-28】2×20年华明公司与宏业公司签订合同，向宏业公司销售一部电梯并负责安装。华明公司开出的增值税专用发票上注明的价款合计为1 000 000元，其中电梯销售价格为980 000元，安装费为20 000元，增值税税额为130 000元。电梯的成本为560 000元；电梯安装过程中发生安装费12 000元，均为安装人员薪酬。假定电梯已经安装完成并经验收合格，款项尚未收到；安装工作是销售合同的重要组成部分。华明公司的账务处理如下。

（1）电梯发出时。

借：发出商品　　　　　　　　　　　　　　　　　560 000
　　贷：库存商品　　　　　　　　　　　　　　　　560 000

（2）发生安装费用12 000元时。

借：劳务成本　　　　　　　　　　　　　　　　　12 000
　　贷：应付职工薪酬　　　　　　　　　　　　　　12 000

（3）电梯销售实现确认收入980 000元并结转电梯成本560 000元时。

借：应收账款　　　　　　　　　　　　　　　　 1 110 000
　　贷：主营业务收入　　　　　　　　　　　　　　980 000
　　　　应交税费——应交增值税（销项税额）　　　130 000

借：主营业务成本　　　　　　　　　　　　　　　560 000

贷：发出商品	560 000

（4）确认安装费收入 20 000 元并结转安装成本 12 000 元时。

借：应收账款	20 000
贷：主营业务收入	20 000
借：主营业务成本	12 000
贷：劳务成本	12 000

【例 3-29】 沿用【例 3-28】的资料，同时假定电梯销售价格和安装费用无法区分。华明公司的账务处理如下。

（1）电梯发出时。

借：发出商品	560 000
贷：库存商品	560 000

（2）发生安装费用 12 000 元时。

借：劳务成本	12 000
贷：应付职工薪酬	12 000

（3）销售实现确认收入 1 000 000 元并结转成本 572 000 元时。

借：应收账款	1 130 000
贷：主营业务收入	1 000 000
应交税费——应交增值税（销项税额）	130 000
借：主营业务成本	572 000
贷：发出商品	560 000
劳务成本	12 000

（九）授予客户奖励积分

企业对授予客户奖励积分应当分别以下情况进行处理。

（1）在销售产品或提供劳务的同时，应当将销售取得的货款或应收货款在本次商品销售或劳务提供产生的收入与奖励积分的公允价值之间进行分配，将取得的货款或应收货款扣除奖励积分公允价值的部分确认为收入、奖励积分的公允价值确认为递延收益。奖励积分的公允价值为单独销售可取得的金额。如果奖励积分的公允价值不能够直接观察到，授予企业可以参考被兑换奖励物品的公允价值或利用其他估值技术估计奖励积分的公允价值。

（2）获得奖励积分的客户满足条件时有权利取得授予企业的商品或服务，

在客户兑换奖励积分时,授予企业应将原计入递延收益的与所兑换积分相关的部分确认为收入,确认为收入的金额应当以被兑换用于换取奖励的积分数额占预期将兑换用于换取奖励的积分总数的比例为基础计算确定。

3.4 期末存货的计量

3.4.1 存货期末计量原则

资产负债表日,存货应当按照成本与可变现净值孰低计量。

当存货成本低于可变现净值时,存货按成本计量;当存货成本高于可变现净值时,存货按可变现净值计量,同时按照成本高于可变现净值的差额计提存货跌价准备,计入当期损益。

3.4.2 存货的可变现净值

(一)可变现净值的基本特征

(1)确定存货可变现净值的前提是企业在进行日常活动。

如果企业不是在进行正常的生产经营活动,比如企业处于清算过程,那么不能按照存货准则的规定确定存货的可变现净值。

(2)可变现净值为存货的预计未来净现金流量,而不是简单地等于存货的售价或合同价。

(3)不同存货可变现净值的构成不同。

①产成品、商品和用于出售的材料等直接用于出售的商品存货,在正常生产经营过程中,应当以该存货的估计售价减去估计的销售费用和相关税费后的金额,确定其可变现净值。

②需要经过加工的材料存货,在正常生产经营过程中,应当以所生产的产成品的估计售价减去至完工时估计将要发生的成本、估计的销售费用和相关税费

后的金额,确定其可变现净值。

(二)确定存货的可变现净值时应考虑的因素

(1)确定存货的可变现净值应当以取得确凿证据为基础。

①存货成本的确凿证据。应当以取得外来原始凭证、生产成本账簿记录等作为确凿证据。

②存货可变现净值的确凿证据,如产成品或商品的市场销售价格、与产成品或商品相同或类似商品的市场销售价格、销货方提供的有关资料和生产成本资料等。

(2)确定存货的可变现净值应当考虑持有存货的目的。

企业持有的存货按目的不同,通常可以分为:

①持有以备出售的存货,如商品、产成品,其中又分为有合同约定的存货和没有合同约定的存货;

②将在生产过程或提供劳务过程中耗用的存货,如材料等。

(3)确定存货的可变现净值应当考虑资产负债表日后事项等的影响。

(三)可变现净值的确定

对于企业持有的各类存货,在确定其可变现净值时,关键的问题是确定估计售价。企业应当区别表3-12所示情况确定存货的可变现净值。

表3-12 各类存货可变现净值的确定

存货种类	存货可变现净值的确定
为执行销售合同或者劳务合同而持有的存货	以产成品或商品的合同价格作为其可变现净值的计算基础
如果企业持有存货的数量多于销售合同订购数量,超出部分的存货	以产成品或商品的一般销售价格(即市场销售价格)作为其可变现净值的计算基础
如果企业持有存货的数量少于销售合同订购数量	实际持有与该销售合同相关的存货应以销售合同所规定的价格作为可变现净值的计算基础
没有销售合同约定的存货(不包括用于出售的材料)	以产成品或商品一般销售价格(即市场销售价格)作为其可变现净值的计算基础
用于出售的材料等	通常以市场价格作为其可变现净值的计算基础

(1)为执行销售合同或者劳务合同而持有的存货,通常应当以产成品或商品的合同价格作为其可变现净值的计算基础。

【例3-30】2×20年8月1日,华明公司与宏业公司签订了一份不可撤销的销售合同，双方约定，2×21年1月25日，华明公司应按每台62万元的价格（假定本章中所称销售价格和成本均不含增值税）向宏业公司提供W1型机器100台。

2×20年12月31日，华明公司W1型机器的成本为5 600万元，数量为100台，单位成本为56万元/台。

2×20年12月31日，W1型机器的市场销售价格为60万元/台。假定不考虑相关税费和销售费用。

根据华明公司与宏业公司签订的销售合同规定，该批W1型机器的销售价格已由销售合同约定，并且其库存数量等于销售合同约定的数量，因此，在这种情况下，计算W1型机器的可变现净值应以销售合同约定的价格6 200（62×100）万元作为计算基础。

（2）如果企业持有存货的数量多于销售合同订购数量，超出部分的存货应当以产成品或商品的一般销售价格（即市场销售价格）作为其可变现净值的计算基础。

【例3-31】2×20年11月1日，华明公司与丙公司签订了一份不可撤销的销售合同，双方约定，2×21年3月31日，华明公司应按每台15万元的价格向丙公司提供W2型机器120台。

2×20年12月31日，华明公司W2型机器的成本为1 960万元，数量为140台，单位成本为14万元/台。

华明公司销售部门提供的资料表明，向丙公司销售的W2型机器的平均运杂费等销售费用为0.12万元/台，向其他客户销售W2型机器的平均运杂费等销售费用为0.1万元/台。

2×20年12月31日，W2型机器的市场销售价格为16万元/台。

在本例中，能够证明W2型机器的可变现净值的确凿证据是华明公司与丙公司签订的有关W2型机器的销售合同、市场销售价格资料、账簿记录和公司销售部门提供的有关销售费用的资料等。

根据该销售合同规定，库存的W2型机器中的120台的销售价格已由销售合同约定，其余20台并没有由销售合同约定。因此，在这种情况下，对于销售合同约定的数量（120台）的W2型机器的可变现净值应以销售合同约定的价格15万元/台作为计算基础，而对于超出部分（20台）的W2型机器的可变现净值应以市场销售价格16万元/台作为计算基础。

W2 型机器的可变现净值

= (15×120-0.12×120) + (16×20-0.1×20)

= (1 800-14.4) + (320-2)

=1 785.6+318

=2 103.6（万元）

（3）如果企业持有存货的数量少于销售合同订购数量，实际持有与该销售合同相关的存货应以销售合同所规定的价格作为可变现净值的计算基础。如果该合同为亏损合同，还应同时按照《企业会计准则第 13 号——或有事项》的规定处理。

（4）没有销售合同约定的存货（不包括用于出售的材料），应当以产成品或商品一般销售价格（即市场销售价格）作为其可变现净值的计算基础。

【例 3-32】 2×20 年 12 月 31 日，华明公司 W3 型机器的账面成本为 600 万元，数量为 10 台，单位成本为 60 万元 / 台。

2×20 年 12 月 31 日，W3 型机器的市场销售价格为 64 万元 / 台，预计发生的相关税费和销售费用合计为 3 万元 / 台。华明公司没有签订有关 W3 型机器的销售合同。

由于华明公司没有就 W3 型机器签订销售合同，因此在这种情况下，计算 W3 型机器的可变现净值应以一般销售价格总额 610[（64-3）×10] 万元作为计算基础。

（5）用于出售的材料等，通常以市场价格作为其可变现净值的计算基础。这里的市场价格是指材料等的市场销售价格。如果用于出售的材料存在销售合同约定，应按合同价格作为其可变现净值的计算基础。

【例 3-33】 2×20 年 11 月 1 日，华明公司根据市场需求的变化，决定停止生产 W4 型机器。为减少不必要的损失，决定将库存原材料中专门用于生产 W4 型机器的外购原材料——A 材料全部出售，2×20 年 12 月 31 日其账面成本为 500 万元，数量为 10 吨。据市场调查，A 材料的市场销售价格为 30 万元 / 吨，同时可能发生销售费用及相关税费共计为 5 万元。

在本例中，由于企业已决定不再生产 W4 型机器，因此该批 A 材料的可变现净值不能再以 W4 型机器的销售价格作为其计算基础，而应按其本身的市场销售价格作为计算基础。即：

该批 A 材料的可变现净值 =30×10-5=295（万元）

3.4.3 存货清查

（一）存货清查概述

存货清查通常采用实地盘点的方法，即通过盘点确定各种存货的实际库存数，并与账面结存数相核对。对于账实不符的存货，核实盘盈、盘亏和毁损的数量，应在期末前查明造成盘盈、盘亏或毁损的原因，并据以编制"存货盘点报告表"，根据企业的管理权限，经股东大会或董事会，或经理（厂长）会议或类似机构批准后，在期末结账前处理完毕。

（二）存货清查的核算

为了核算企业在财产清查中查明的各项财产物资的盘盈、盘亏和毁损，企业应设置"待处理财产损溢"账户。

（1）存货盘盈的核算。

会计分录如下。

①盘盈时。

借：原材料、库存商品等
　　贷：待处理财产损溢——待处理流动资产损溢

②批准处理时。

借：待处理财产损溢——待处理流动资产损溢
　　贷：管理费用

【例3-34】 2×20年某企业在进行存货清查时，发现某产品盘盈100千克，单位成本为10元，合计1 000元。编制会计分录如下。

借：库存商品　　　　　　　　　　　　　　　　　　　　1 000
　　贷：待处理财产损溢　　　　　　　　　　　　　　　　　　1 000

经查，该项盘盈属于收发计量错误造成，经批准作为冲减费用处理。编制会计分录如下。

借：待处理财产损溢　　　　　　　　　　　　　　　　　　1 000
　　贷：管理费用　　　　　　　　　　　　　　　　　　　　　1 000

（2）存货盘亏和毁损的核算。

会计分录如下。

①盘亏或发现毁损时。

借：待处理财产损溢——待处理流动资产损溢

贷：原材料、库存商品等

②批准转销时。

借：其他应收款、管理费用、营业外支出等

贷：待处理财产损溢——待处理流动资产损溢

【例3-35】2×20年某企业在进行存货清查时，发现材料短缺5 000千克，其单位成本为3.6元，合计18 000元。编制会计分录如下。

借：待处理财产损溢——待处理流动资产损溢　　　　　　18 000
　　贷：原材料　　　　　　　　　　　　　　　　　　　　　　18 000

经查，该项短缺由多种因素造成，经批准，分别进行转销。

（1）材料短缺中，属于过失责任人造成部分，价值2 000元，应由其予以赔偿。编制会计分录如下。

借：其他应收款——过失责任人　　　　　　　　　　　　　2 000
　　贷：待处理财产损溢——待处理流动资产损溢　　　　　　2 000

（2）材料短缺中，属于定额内合理损耗部分，价值500元，应计入费用。编制会计分录如下。

借：管理费用　　　　　　　　　　　　　　　　　　　　　　500
　　贷：待处理财产损溢——待处理流动资产损溢　　　　　　500

（3）材料短缺中，属于非常损失部分，价值15 500元，其中，收回残料200元，保险公司应给予赔款15 000元，剩余300元经批准转为营业外损失。编制会计分录如下。

借：原材料　　　　　　　　　　　　　　　　　　　　　　200
　　其他应收款——保险公司　　　　　　　　　　　　　　15 000
　　营业外支出——非常损失　　　　　　　　　　　　　　300
　　贷：待处理财产损溢——待处理流动资产损溢　　　　　15 500

3.4.4　存货期末计量的具体方法

（一）材料存货的期末计量

材料存货的期末价值应当以所生产的产成品的可变现净值与成本的比较为基础加以确定。

（1）对于为生产而持有的材料等，如果用其生产的产成品的可变现净值预计高于成本，则该材料仍然应当按照成本计量。这里的材料指原材料、在产品、委托加工材料等。可变现净值高于成本中的成本指产成品的生产成本。

【例3-36】 2×20年12月31日，华明公司库存原材料——B材料的账面成本为3 000万元，市场销售价格总额为2 800万元，假定不发生其他销售费用。用B材料生产的产成品——W5型机器的可变现净值高于成本。

根据上述资料可知，2×20年12月31日，B材料的账面成本高于其市场价格，但是用其生产的产成品——W5型机器的可变现净值高于成本，也就是用该原材料生产的最终产品此时并没有发生价值减损，因此，B材料即使其账面成本已高于市场价格，也不应计提存货跌价准备，仍应按3 000万元列示在2×20年12月31日的资产负债表的存货项目之中。

（2）如果材料价格的下降表明产成品的可变现净值低于成本，则该材料应当按可变现净值计量，按其差额计提存货跌价准备。

【例3-37】 2×20年12月31日，华明公司库存原材料——C材料的账面成本为600万元，单位成本为6万元/件，数量为100件，可用于生产100台W6型机器。C材料的市场销售价格为5万元/件。

C材料市场销售价格下跌，导致用C材料生产的W6型机器的市场销售价格也下跌，由此造成W6型机器的市场销售价格由15万元/台降为13.5万元/台，但生产成本仍为14万元/台。将每件C材料加工成W6型机器尚需投入8万元/台，估计发生运杂费等销售费用0.5万元/台。

根据上述资料，可按照以下步骤确定C材料的可变现净值。

首先，计算用该原材料所生产的产成品的可变现净值。

W6型机器的可变现净值=W6型机器估计售价－估计销售费用－估计相关税费=13.5×100－0.5×100=1 300（万元）

其次，将用该原材料所生产的产成品的可变现净值与其成本进行比较。

W6型机器的可变现净值1 300万元小于其成本1 400万元，即C材料价格的下降表明W6型机器的可变现净值低于成本，因此，C材料应当按可变现净值计量。

最后，计算该原材料的可变现净值。

C材料的可变现净值=W6型机器的售价总额－将C材料加工成W6型机器尚需投入的成本－估计销售费用－估计相关税费=13.5×100－0.5×100－8×100=500（万元）

C材料的可变现净值500万元小于其成本600万元，因此，C材料的期末价值应为其可变现净值 500 万元，即 C 材料应按 500 万元列示在 2×20 年 12 月 31 日资产负债表的存货项目之中。

（二）计提存货跌价准备的方法

计提存货跌价准备的方法主要有三种，总结如图 3-3 所示。

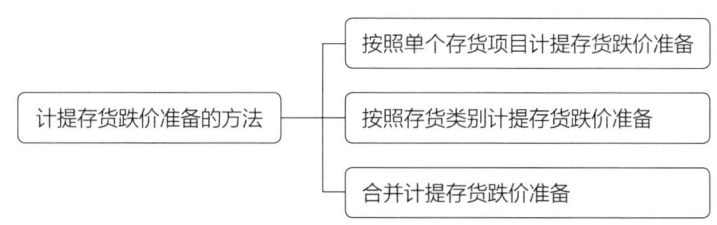

图 3-3　计提存货跌价准备的方法

（1）企业通常应当按照单个存货项目计提存货跌价准备。

在这种方式下，企业应当将每个存货项目的成本与其可变现净值逐一进行比较，按较低者计量存货，并且按成本高于可变现净值的差额，计提存货跌价准备。

（2）对于数量繁多、单价较低的存货，可以按照存货类别计提存货跌价准备，按存货类别的成本的总额与可变现净值的总额进行比较，每个存货类别均取较低者确定存货期末价值。

【例3-38】丁公司的有关资料及存货期末计量如表 3-13 所示，假设丁公司在此之前没有对存货计提跌价准备。假定不考虑相关税费和销售费用。

表 3-13　按存货类别计提存货跌价准备

2×20 年 12 月 31 日　　　　　　　　　　　　　　　金额单位：元

商品	数量（台）	成本		可变现净值		按存货类别确定的账面价值	由此计提的存货跌价准备
		单价	总额	单价	总额		
第一组							
A 商品	400	10	4 000	9	3 600		
B 商品	500	7	3 500	8	4 000		
合计			7 500		7 600	7 500	0
第二组							
C 商品	200	50	10 000	48	9 600		
D 商品	100	45	4 500	44	4 400		
合计			14 500		14 000	14 000	500

续表

商品	数量（台）	成本		可变现净值		按存货类别确定的账面价值	由此计提的存货跌价准备
		单价	总额	单价	总额		
第三组							
E商品	700	100	70 000	80	56 000	56 000	
合计			70 000		56 000	56 000	14 000
总计			92 000		77 600	77 500	14 500

（3）与在同一地区生产和销售的产品系列相关、具有相同或类似最终用途或目的，且难以与其他项目分开计量的存货，可以合并计提存货跌价准备。

（4）存货存在下列情形之一的，通常表明存货的可变现净值低于成本。

①该存货的市场价格持续下跌，并且在可预见的未来无回升的希望。

②企业使用该项原材料生产的产品的成本大于产品的销售价格。

③企业因产品更新换代，原有库存原材料已不适应新产品的需要，而该原材料的市场价格又低于其账面成本。

④企业所提供的商品或劳务过时或消费者偏好改变而使市场的需求发生变化，导致市场价格逐渐下跌。

⑤其他足以证明该项存货实质上已经发生减值的情形。

（5）存货存在下列情形之一的，通常表明存货的可变现净值为零。

①已霉烂变质的存货。

②已过期且无转让价值的存货。

③生产中已不再需要，并且已无使用价值和转让价值的存货。

④其他足以证明已无使用价值和转让价值的存货。

（三）存货跌价准备转回的处理

（1）资产负债表日，企业应当确定存货的可变现净值。企业存货的可变现净值，应当以资产负债表日的状况为基础确定。

（2）企业的存货在符合条件的情况下，可以转回计提的存货跌价准备。

（3）当符合存货跌价准备转回的条件时，应在原已计提的存货跌价准备的金额内转回。

【例3-39】2×20年12月31日，华明公司W7型机器的账面成本为500万元，但由于W7型机器的市场价格下跌，预计可变现净值为400万元，由此计提存货跌价准备100万元。

假定：(1) 2×21 年 6 月 30 日，W7 型机器的账面成本仍为 500 万元，但由于 W7 型机器市场价格有所上升，W7 型机器的预计可变现净值变为 475 万元；

(2) 2×21 年 12 月 31 日，W7 型机器的账面成本仍为 500 万元，由于 W7 型机器的市场价格进一步上升，预计 W7 型机器的可变现净值为 555 万元。

(1) 2×21 年 6 月 30 日，由于 W7 型机器市场价格上升，W7 型机器的可变现净值有所恢复，应计提的存货跌价准备为 25（500-475）万元，则当期应冲减已计提的存货跌价准备 75（100-25）万元，且小于已计提的存货跌价准备（100 万元），因此，应转回的存货跌价准备为 75 万元。

会计分录如下。

借：存货跌价准备　　　　　　　　　　　　　　　　　　750 000
　　贷：资产减值损失——存货减值损失　　　　　　　　　　750 000

(2) 2×21 年 12 月 31 日，W7 型机器的可变现净值又有所恢复，应冲减存货跌价准备为 55（500-555）万元，但是对 W7 型机器已计提的存货跌价准备的余额为 25 万元，因此，当期应转回的存货跌价准备为 25 万元而不是 55 万元（即以将对 W7 型机器已计提的"存货跌价准备"余额冲减至零为限）。

会计分录如下。

借：存货跌价准备　　　　　　　　　　　　　　　　　　250 000
　　贷：资产减值损失——存货减值损失　　　　　　　　　　250 000

（四）存货跌价准备的结转

企业计提了存货跌价准备，如果其中有部分存货已经销售，则企业在结转销售成本时，应同时结转对其已计提的存货跌价准备。

3.5 存货管理

3.5.1 存货管理基本概念

（一）存货管理的目标

存货管理的目标如图 3-4 所示。

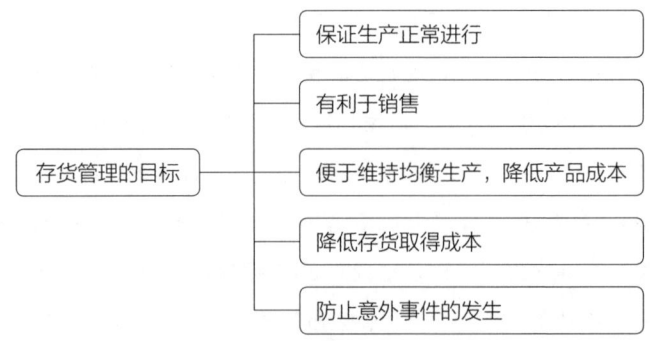

图 3-4 存货管理的目标

（二）存货周转率

存货周转率是销售收入与存货的比值，其计算公式如下。

$$存货周转次数 = 销售收入 \div 存货$$

$$存货周转天数 = 365 \div (销售收入 \div 存货)$$

$$存货与收入比 = 存货 \div 销售收入$$

在计算和使用存货周转率时，应注意以下问题。

（1）计算存货周转率时，使用"销售收入"还是"销售成本"作为周转额，要看分析的目的。

（2）存货周转天数不是越少越好。存货过多会浪费资金，存货过少不能满足流转需要，在特定的生产经营条件下存在一个最佳的存货水平，所以存货不是越少越好。

（3）应注意应付款项、存货和应收款项（或销售）之间的关系。一般说来，销售增加会拉动应收款项、存货、应付款项增加，不会引起存货周转率的明显变化。

（4）应关注构成存货的产成品、自制半成品、原材料、在产品和低值易耗品之间的比例关系。

（三）存货的持有成本

与持有存货有关的成本，包括以下三种。

1. 取得成本

取得成本指为取得某种存货而支出的成本，通常用 TC_a 来表示。其又分为订货成本和购置成本。

（1）订货成本。

订货成本指取得订单的成本，如办公费、差旅费、邮资、电报电话费、运输费等支出。订货成本中有一部分与订货次数无关，如常设采购机构的基本开支等，称为固定订货成本，用 F_1 表示；另一部分与订货次数有关，如差旅费、邮资等，称为变动订货成本。每次订货的变动成本用 K 表示，订货次数等于存货年需要量 D 与每次进货量 Q 之商。订货成本的计算公式如下。

$$订货成本 = F_1 + \frac{D}{Q}K$$

（2）购置成本。

购置成本指为购买存货本身所支出的成本，即存货本身的价值，经常用年需要量与单价的乘积来确定。年需要量用 D 表示，单价用 U 表示，于是购置成本为 DU。

订货成本加上购置成本，就等于存货的取得成本。其公式如下。

取得成本 = 订货成本 + 购置成本 = 固定订货成本 + 变动订货成本 + 购置成本

$$TC_a = F_1 + \frac{D}{Q}K + DU$$

2. 储存成本

储存成本指为保持存货而发生的成本，包括存货占用资金所应计的利息、仓库费用、保险费用、存货破损和变质损失等，通常用 TC_c 来表示。

储存成本也分为固定储存成本和变动储存成本。固定储存成本与存货数量无关，如仓库折旧、仓库职工的固定工资等，常用 F_2 表示。变动储存成本与存货的数量有关，如存货资金的应计利息、存货的破损和变质损失、存货的保险费用等，单位变动储存成本用 K_c 来表示。用公式表达的储存成本如下。

储存成本 = 固定储存成本 + 变动储存成本

$$TC_c = F_2 + K_c + \frac{Q}{2}$$

3. 缺货成本

缺货成本指存货供应中断而造成的损失，包括材料供应中断造成的停工损失、产成品库存缺货造成的拖欠发货损失和丧失销售机会的损失及造成的商誉损失等。如果生产企业以紧急采购代用材料解决库存材料中断之急，那么缺货成本表现为紧急额外购入成本。缺货成本用 TC_s 表示。

如果以 TC 来表示储备存货总成本，它的计算公式如下。

$$TC=TC_a+TC_c+TC_s+=F_1+\frac{D}{Q}K+DU+F_2+K_c\frac{Q}{2}+TC_s$$

企业存货的最优化，就是使企业存货总成本即上式中的 TC 值最小。

3.5.2 存货决策

存货的决策涉及四项内容：决定进货项目、选择供应单位、决定进货时间和决定进货批量。存货决策的常用模型是经济订货量基本模型。

（一）假设条件

经济订货量基本模型需要设立的假设条件如下。

（1）企业能够及时补充存货，即需要订货时便可立即取得存货。

（2）能集中到货，而不是陆续入库。

（3）不允许缺货，既无缺货成本，TC_s 为零，这是因为良好的存货管理本来就不应该出现缺货成本。

（4）需求量稳定，并且能预测，即 D 为已知常量。

（5）存货单价不变，即 U 为已知常量。

（6）企业现金充足，不会因现金短缺而影响进货。

（7）所需存货市场供应充足，不会因买不到需要的存货而影响其他。

（二）基本模型

设立了上述假设后，存货总成本的公式可以简化为以下公式。

$$TC=F_1+\frac{D}{Q}K+DU+F_2+K_c\frac{Q}{2}$$

当 F_1、K、D、U、F_2、K_c 为常数量时，TC 的大小取决于 Q。为了求出 TC 的极小值，对其进行求导演算，可得出下列公式。

$$Q^*=\sqrt{\frac{2KD}{K_c}}$$

这一公式称为经济订货量基本模型，求出的每次订货批量，可使 TC 达到最小值。

这个基本模型还可以演变为其他形式。

每年最佳订货次数公式：$N^*=\dfrac{D}{Q^*}=\dfrac{D}{\sqrt{\dfrac{2KD}{K_c}}}=\sqrt{\dfrac{DK_c}{2K}}$

与批量有关的存货总成本公式：$TC_{(Q^*)} = \dfrac{KD}{\sqrt{\dfrac{2KD}{K_c}}} + \dfrac{\sqrt{\dfrac{2KD}{K_c}}}{2} \cdot K_c = \sqrt{2KDK_c}$

最佳订货周期公式：$t^* = \dfrac{1}{N^*} = \dfrac{1}{\sqrt{\dfrac{DK_c}{2K}}}$

经济订货量占用资金：$I^* = \dfrac{Q^*}{2} \cdot U = \dfrac{\sqrt{\dfrac{2KD}{K_c}}}{2} \cdot U = \sqrt{\dfrac{KD}{2K_c}} \cdot U$

【例3-40】2×20年某企业每年耗用某种材料3 600千克，单价为10元，单位存储成本为2元，一次订货成本25元。则相关计算如下。

$Q^* = \sqrt{\dfrac{2KD}{K_c}} = \sqrt{\dfrac{2 \times 25 \times 3\,600}{2}} = 300$（千克），$N^* = \dfrac{D}{Q^*} = \dfrac{3\,600}{300} = 12$（次）

$TC_{(Q^*)} = \sqrt{2KDK_c} = \sqrt{2 \times 25 \times 3\,600 \times 2} = 600$（元）

$t^* = \dfrac{1}{N^*} = \dfrac{1}{12}$，即最佳订货周期为1个月；$I^* = \dfrac{Q^*}{2} \cdot U = \dfrac{300}{2} \times 10 = 1\,500$（元）

经济订货量也可以用图解法求得：先计算出一系列不同批量的各有关成本，然后在坐标图上描出由各有关成本构成的订货成本线、储存成本线和总成本线，总成本线的最低点（或者是订货成本线和储存成本线的交点）相应的批量，即经济订货量。

不同批量下的有关成本指标如表3-14所示。

表3-14　不同批量下的有关成本指标

订货批量（千克）	100	200	300	400	500	600
平均存量（千克）	50	100	150	200	250	300
储存成本（元）	100	200	300	400	500	600
订货次数（次）	36	18	12	9	7.2	6
订货成本（元）	900	450	300	225	180	150
总成本（元）	1 000	650	600	625	680	750

不同批量的有关成本变动情况如图3-5所示。从以上成本指标的计算和图形中

可以很清楚地看出，当订货批量为300千克时总成本最低，小于或大于这一批量都是不合算的。

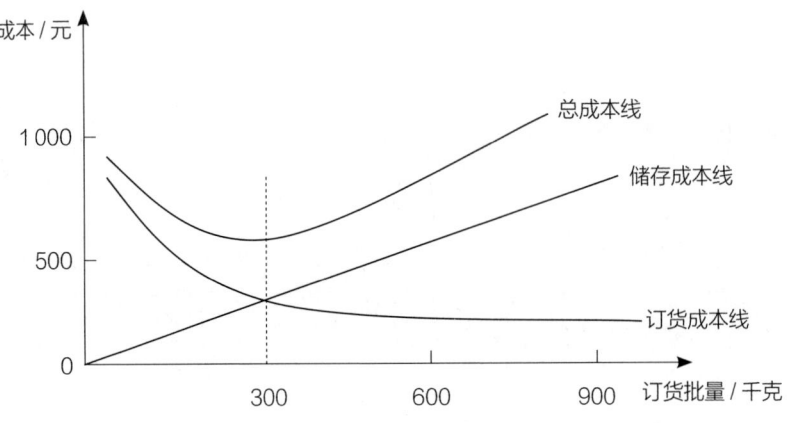

图 3-5　不同批量的有关成本变动情况

（三）基本模型的扩展

经济订货量的基本模型是在前述各假设条件下建立的，但现实生活中能够满足这些假设条件的情况十分罕见。为使模型更接近于实际情况，具有较高的可用性，需逐一放宽假设，同时改进模型。

（1）订货提前期。

一般情况下，企业的存货不能做到随用随补充，因此不能等存货用光再去订货，而需要在没有用完时提前订货。在提前订货的情况下，企业再次发出订货单时，尚有存货的库存量，称为再订货点，用 R 来表示，它的数量等于交货时间（L）和每日平均需用量（d）的乘积：

$$R=Ld$$

【例3-41】沿用【例3-40】资料，企业订货日至到货期的时间为10天，每日存货需要量为10千克，那么相关计算如下。

$R=Ld$

$=10×10$

$=100$（千克）

存货数量的变化如图3-6所示。

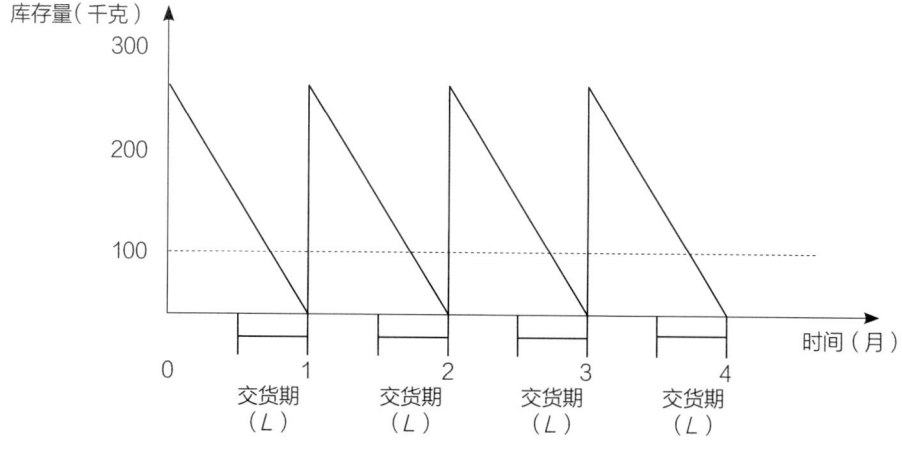

图3-6 订货提前期

（2）存货陆续供应和使用。

产成品入库和在产品转移，几乎总是陆续供应和陆续耗用的。在这种情况下，需要对图3-5基本模型做一些修改。

【例3-42】2×20年某零件年需用量（D）为3 600件，每日送货量（P）为30件，每日耗用量（d）为10件，单价（U）为10元，一次订货成本（生产准备成本）（K）为25元，单位变动储存成本（K_c）为2元。存货量的变动如图3-7所示。

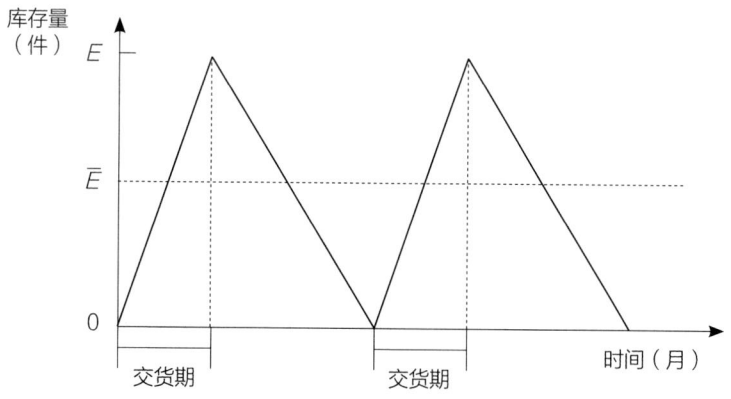

图3-7 陆续供货时存货数量的变动

设每批订货批量为Q。由于每日送货量为P，故该批货全部送达所需日数为Q/P，称之为送货期。

因零件每日耗用量为d，故送货期内的全部耗用量为$\dfrac{Q}{P} \cdot d$。

由于零件边送边用，所以每批送完时，最高库存量为 $Q-\frac{Q}{P}\cdot d$，平均存量则为 $\frac{1}{2}(Q-\frac{Q}{P}\cdot d)$。

图3-7中的 E 表示最高库存量，$\bar{E}$ 表示平均库存量。这样，与批量有关的总成本为：

$$TC_{(Q)}=\frac{D}{Q}\cdot K+\frac{1}{2}(Q-\frac{Q}{P}\cdot d)\cdot K_c \frac{D}{Q}\cdot K+\frac{Q}{2}(1-\frac{d}{P})\cdot K_c$$

在变动订货成本与变动储存成本相等时，$TC_{(Q)}$ 有最小值，故存货陆续供应和使用的经济订货量公式如下。

$$\frac{D}{Q}\cdot K=\frac{Q}{2}(1-\frac{d}{P})\cdot K_c,\ Q^*=\sqrt{\frac{2KD}{K_c}\cdot\frac{P}{P-d}}$$

将这一公式代入上述 $TC_{(Q)}$ 公式，可得出存货陆续供应和使用的经济订货量总成本公式。

$$TC_{(Q^*)}=\sqrt{2KDK_c\cdot(1-\frac{d}{P})}$$

将上述数据代入，则：

$$Q^*=\sqrt{\frac{2\times25\times3600}{2}\times\frac{30}{30-10}}=367（件）$$

$$TC_{(Q^*)}=\sqrt{2\times25\times3600\times2\times(1-\frac{10}{30})}=490（元）$$

在自制零件和外购零件之间做出选择时，需要全面衡量它们各自的总成本，才能得出正确的结论。这时，就可借用陆续供应或瞬时补充的模型。

【例3-43】 2×20年某生产企业使用A零件，可以外购，也可以自制。如果外购，单价为4元，一次订货成本为10元；如果自制，单位成本为3元，每次生产准备成本为600元，每日产量为50件。零件的全年需求量为3600件，变动储存成本为零件价值的20%，每日平均需求量为10件。

下面分别计算零件外购和自制的总成本，以选择较优的方案。

（1）外购零件。

$$Q^*=\sqrt{\frac{2KD}{K_c}}=\sqrt{\frac{2\times10\times3600}{4\times0.2}}=300（件）$$

$$TC_{(Q^*)}=\sqrt{2KDK_c}=\sqrt{2\times10\times3600\times4\times0.2}=240（元）$$

$TC = DU + TC_{(Q^*)} = 3\,600 \times 4 + 240 = 14\,640$(元)

（2）自制零件。

$$Q^* = \sqrt{\frac{2KD}{K_c} \cdot \frac{P}{P-d}} = \sqrt{\frac{2 \times 600 \times 3\,600}{3 \times 0.2} \times \frac{50}{50-10}}$$

$= 3\,000$（件）

$$TC_{(Q^*)} = \sqrt{2KDK_c \cdot \left(1 - \frac{d}{P}\right)}$$

$$= \sqrt{2 \times 600 \times 3\,600 \times 3 \times 0.2 \times \left(1 - \frac{10}{50}\right)} = 1\,440 \text{（元）}$$

$TC = DU + TC_{(Q^*)} = 3\,600 \times 3 + 1\,440 = 12\,240$（元）

由于自制的总成本（12 240元）低于外购的总成本（14 640元），故以自制为宜。

（3）保险储备。

为防止存货中断造成的损失，需要多储备一些存货以备应急之需，该储备称为保险储备（安全库存）。这些存货在正常情况下不动用，只有当存货过量使用或送货延迟时才动用。保险储备如图3-8所示。

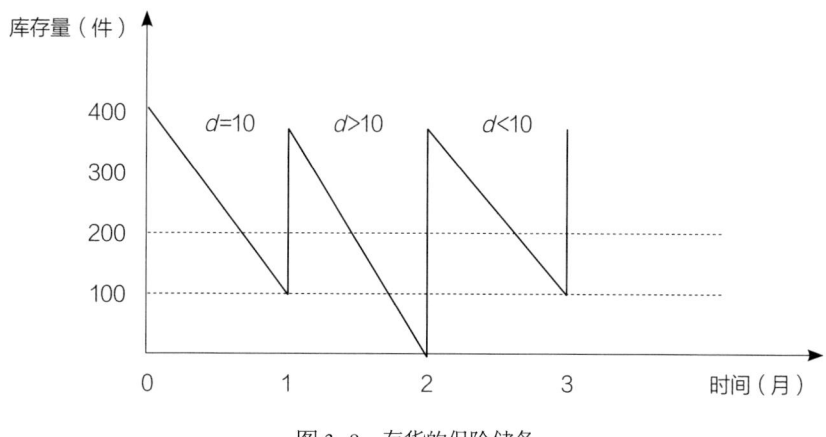

图3-8 存货的保险储备

图3-8中，年需用量（D）为3 600件，已计算出经济订货量为300件，每年订货12次。又知全年平均日需求量（d）为10件，平均每次交货时间（L）为10天。为防止需求变化引起缺货损失，设保险储备量（B）为100件，再订货点R由此应相应提高。

$R=$ 交货时间 × 平均日需求量 + 保险储备

$=Ld+B=10×10+100=200$（件）

在第一个订货周期内，$d=10$，不需要动用保险储备；在第二个订货周期内，$d>10$，需求量大于供货量，需要动用保险储备；在第三个订货周期内，$d<10$，不仅不需动用保险储备，正常储备亦未用完，下次存货即已送到。

建立保险储备，固然可以使企业避免缺货或供应中断造成的损失，但存货平均储备量加大会使储备成本升高。研究保险储备的目的，就是要找出合理的保险储备量，使缺货或供应中断损失和储备成本之和最小。方法上可先计算出各不同保险储备量的总成本，然后再对总成本进行比较，选定其中最低的。

如果设与此有关的总成本为 TC（S、B），缺货成本为 C_S，保险储备成本为 C_B，则：

TC（S、B）$=C_S+C_B$

设单位缺货成本为 K_U，一次订货缺货量为 S，年订货次数为 N，保险储备量为 B，单位储存变动成本为 K_C，则：

$C_S=K_U·S·N$

$C_B=B·K_C$

TC（S、B）$=K_u·S·N+B·K_C$

现实中，缺货量 S 具有概率性，其概率可根据历史经验估计得出；保险储备量 B 可选择而定。

【例3-44】$2×20$ 年假定某存货的年需要量 $D=3\,600$ 件，单位储存变动成本 $Kc=2$ 元，单位缺货成本 $Ku=4$ 元，交货时间 $L=10$ 天；已经计算出经济订货量 $Q=300$ 件，每年订货次数 $N=12$ 次。交货期内的存货需要量及其概率分布如表3-15所示。

表3-15 交货期内的存货需要量及其概率分布

需要量（$10×d$）	70	80	90	100	110	120	130
概率	0.01	0.04	0.20	0.50	0.20	0.04	0.01

计算不同保险储备的总成本。

（1）不设置保险储备。

令 $B=0$，且以100件为再订货点。此种情况下，当需求量为100件或其以下时，不会发生缺货，其概率为0.75（0.01+0.04+0.20+0.50）；当需求量为110件时，缺货10（110-100）件，其概率为0.20；当需求量为120件时，缺货20（120-100）

件，其概率为 0.04；当需求量为 130 件时，缺货 30（130-100）件，其概率为 0.01。因此，$B=0$ 时缺货的期望值 S_0、总成本 $TC(S、B)$ 的计算如下。

S_0=（110-100）×0.2+（120-100）×0.04+（130-100）×0.01

   =3.1（件）

$TC(S、B) = K_u \cdot S \cdot N + B \cdot K_C$

              =4×3.1×12+0×2

              =148.8（元）

（2）保险储备为 10 件。

$B=10$ 件，以 110 件为再订货点。此种情况下，当需求量为 110 件或其以下时，不会发生缺货，其概率为 0.95（0.01+0.04+0.20+0.50+0.20）；当需求量为 120 件时，缺货 10（120-110）件，其概率为 0.04；当需求量为 130 件时，缺货 20（130-110）件，其概率为 0.01。因此，$B=10$ 件时缺货的期望值 S_{10}、总成本 $TC(S、B)$ 的计算如下。

S_{10}=（120-110）×0.04+（130-110）×0.01

    =0.6（件）

$TC(S、B) = K_u \cdot S \cdot N + B \cdot K_C$

              =4×0.6×12+10×2

              =48.8（元）

（3）保险储备为 20 件。

同样运用以上方法，可计算 $B=20$ 件时的 S_{20}、$TC(S、B)$。

S_{20}=（130-120）×0.01=0.1（件）

$TC(S、B)$ =4×0.1×12+20×2=44.8（元）

（4）保险储备为 30 件。

$B=30$ 件，以 130 件为再订货点。此种情况下可满足最大需求，不会发生缺货，因此：

$S_{30}=0$

$TC(S、B)$ =4×0×12+30×2=60（元）

比较上述不同保险储备下的总成本，以其低者为最佳。

当 $B=20$ 件时，总成本为 44.8 元，是各总成本中最低的。故应确定保险储备为 20 件，或者说应确定以 120 件为再订货点。

以上举例解决了需求量变化引起的缺货问题，至于延迟交货引起的缺货，也可以通过建立保险储备的方法来解决。确定保险储备时，可将延迟的天数折算为增加的需求量,其余计算过程与前述方法相同。如【例 3-44】,若企业延迟到货 3 天的概率为 0.01,则可认为缺货 30(3×10)件或者交货期内需求量为 130(10×10+30)件的概率为 0.01。这样就把交货延迟问题转换成了需求过量问题。

3.5.3 存货的控制系统

目前存货控制系统主要分为三类,如表 3-16 所示。

表 3-16　存货控制系统的分类及内容

存货控制系统	内容
ABC 控制系统	把企业种类繁多的存货,依据其重要程度、价值大小或者资金占用等标准分为 A、B、C 三大类
零库存法	最大限度地降低企业的在制品、成品的库存数量,向着零库存的极限挑战,从而最大限度地节约资本,提高流动资产周转率
适时存货管理	只在必要的时间内生产必要的产品

(一) ABC 控制系统

ABC 控制系统即 ABC 控制法,就是把企业种类繁多的存货,依据其重要程度、价值大小或者资金占用等标准分为三大类:A 类为高价值库存,品种数量约占整个库存的 10% 至 15%,但价值约占全部库存的 50% 至 70%;B 类为中等价值库存,品种数量约占全部库存的 20% 至 25%,价值约占全部库存的 15% 至 20%;C 类为低价值库存,品种数量多,约占整个库存的 60% 至 70%,价值约占全部库存的 10% 至 35%。

(二) 零库存法

所谓零库存管理,就是最大限度地降低企业的在制品、成品的库存数量,向着零库存的极限挑战,从而最大限度地节约资本,提高流动资产周转率。

(三) 适时存货管理

适时存货管理即只在必要的时间内生产必要的产品。

第 4 章
固定资产会计实务操作

4.1 固定资产概述

4.1.1 固定资产的基本概念

（一）固定资产的含义

固定资产是指同时具有下列特征的有形资产：

（1）为生产商品、提供劳务、出租或经营管理而持有；

（2）使用寿命超过一个会计年度。

（二）固定资产的特征

首先，企业持有固定资产的目的是生产商品、提供劳务、出租或经营管理，而不是直接出售。

其次，固定资产的使用寿命超过一个会计年度。

最后，固定资产必须是有形资产。

（三）固定资产的分类

1. 按经济用途分类

固定资产按经济用途分类，可分为生产经营用固定资产和非生产经营用固定资产。

生产经营用固定资产，是指直接服务于企业生产、经营过程的各种固定资产，如生产经营用的房屋、建筑物、机器、设备、器具、工具等。

非生产经营用固定资产，是指不直接服务于生产、经营过程的各种固定资产，如职工宿舍等使用的房屋、设备和其他固定资产等。

2. 综合分类

固定资产按经济用途和使用情况等综合分类，可划分为七大类：

（1）生产经营用固定资产；

（2）非生产经营用固定资产；

（3）租出固定资产（指在经营租赁方式下出租给外单位使用的固定资产）；

（4）不需用固定资产；

（5）未使用固定资产；

（6）土地（指过去已经估价单独入账的土地。因征地而支付的补偿费，应计入与土地有关的房屋、建筑物的价值内，不单独作为土地价值入账。企业取得的土地使用权，应作为无形资产管理，不作为固定资产管理）；

（7）融资租入固定资产（指企业以融资租赁方式租入的固定资产，在租赁期内，应视同自有固定资产进行管理）。

（四）固定资产核算的科目设置

为了核算固定资产，企业一般需要设置"固定资产""累计折旧""在建工程""工程物资""固定资产清理"等科目，核算固定资产取得、计提折旧、处置等情况。

"固定资产"科目核算企业固定资产的原价，借方登记企业增加的固定资产原价，贷方登记企业减少的固定资产原价，期末借方余额，反映企业期末固定资产的账面原价。企业应当设置"固定资产登记簿"和"固定资产卡片"，按固定资产类别、使用部门和每项固定资产进行明细核算。

"累计折旧"科目属于"固定资产"的调整科目，核算企业固定资产的累计折旧，贷方登记企业计提的固定资产折旧，借方登记处置固定资产转出的累计折旧，期末贷方余额，反映企业固定资产的累计折旧额。

"在建工程"科目核算企业基建、更新改造等在建工程发生的支出，借方登记企业各项在建工程的实际支出，贷方登记完工工程转出的成本，期末借方余额反映企业尚未达到预定可使用状态的在建工程的成本。

"工程物资"科目核算企业为在建工程而准备的各种物资的实际成本。该科目借方登记企业购入工程物资的成本,贷方登记领用工程物资的成本,期末借方余额,反映企业为在建工程准备的各种物资的成本。

"固定资产清理"科目核算企业因出售、报废、毁损、对外投资、非货币性资产交换、债务重组等转出的固定资产价值以及在清理过程中发生的费用等,借方登记转出的固定资产价值、清理过程中应支付的相关税费及其他费用,贷方登记固定资产清理完成的处理,期末借方余额,反映企业尚未清理完毕固定资产清理净损失。该科目应按被清理的固定资产项目设置明细账,进行明细核算。

此外,企业固定资产、在建工程、工程物资发生减值的,还应当设置"固定资产减值准备""在建工程减值准备""工程物资减值准备"等科目进行核算。

4.1.2 固定资产的确认

(一)固定资产的确认条件

1. 与该固定资产有关的经济利益很可能流入企业

企业在确认固定资产时,需要判断与该项固定资产有关的经济利益是否很可能流入企业。实务中,主要是通过判断与该固定资产所有权相关的风险和报酬是否转移到了企业来确定。

2. 该固定资产的成本能够可靠地计量

企业在确定固定资产成本时,有时需要根据所获得的最新资料,对固定资产的成本进行合理的估计。如果企业能够合理地估计出固定资产的成本,则视同固定资产的成本能够可靠地计量。

(二)固定资产确认条件的具体应用

1. 固定资产的各组成部分是否单独确认为固定资产

构成固定资产的各组成部分,如果各自具有不同的使用寿命或者以不同的方式为企业提供经济利益,从而适用不同的折旧率或者折旧方法,此时,各组成部分实际上以独立的方式为企业提供经济利益,因此,企业应将其各组成部分单独确认为单项固定资产。

2. 环保与安全设备的确认

企业购置的环保设备和安全设备等资产，它们的使用虽然不能直接为企业带来经济利益，但是有助于企业从相关资产中获得经济利益，或者将减少企业未来经济利益的流出，因此，对于这些设备，企业应将其确认为固定资产。

3. 一些特殊行业专用器材的确认

工业企业持有的工具、模具、管理用具、玻璃用具、玻璃器皿等资产，施工企业持有的模板、挡板、架料等周转材料，以及地质勘探企业持有的管材等资产，企业应当根据实际情况进行核算和管理。

4.1.3 固定资产管理

（一）对固定资产进行管理的意义

提高固定资产管理水平可以加强财务预算管理，加强财务决策能力；提高财务管理水平，也为财务数据的真实性、准确性和科学性提供了保障。

（二）固定资产管理流程

1. 固定资产的购置

（1）采购部提交关于固定资产购置的申请，主要涉及购置资产的作用、规格、价格等相关内容，经财务部负责人审批同意后，提交总经理审批。总经理审批同意后，将审批单发给采购部。

（2）采购部收到审批单后，购买固定资产，并将固定资产采购合同、发票等提交财务部；设备验收以后，将验收报告提交财务部。

（3）财务部判定固定资产的类别，填制固定资产卡片，并录入固定资产登记簿。

2. 固定资产的使用

（1）财务部年末对固定资产进行盘点，并进行资产评估。

（2）固定资产使用部门将日常设备修理费用等相关固定资产支出上报财务部。

（3）财务人员根据固定资产支出情况填制会计凭证，年末填写固定资产卡片。

3. 固定资产的报废

（1）固定资产使用部门填写固定资产报废申请表提交财务部。

（2）财务部核算该固定资产的账面价值，整理固定资产相关资料，计算固定资产盘点结果，提交财务部负责人审批。

（3）财务部负责人进一步核算，批准后报总经理审批。

（4）总经理审批完毕，固定资产使用部门报废固定资产，同时财务部制作相关凭证，并登记固定资产登记簿。

（5）若是固定资产报废申请表在审批过程中遭到退回，则固定资产使用部门重新填制固定资产报废申请表，重复上述环节。

4.1.4　固定资产会计

（一）固定资产会计岗位的设置

固定资产会计岗位既可以单独设置，也可以与材料等存货岗位合并设置。

（二）固定资产会计的职责

（1）按制度规定，结合企业固定资产的配置情况，会同有关职能部门，建立健全固定资产、在建工程、无形资产、递延资产及其他资产的管理与核算办法；并依照企业经营管理的要求，制定固定资产目录。

（2）依照制度规定，设置固定资产登记簿，组织填写固定资产卡片，按固定资产类别、使用部门和每项固定资产进行明细核算。应为融资租入的固定资产单设明细科目核算；为临时租入的固定资产专设备查簿，登记租入、使用和交还等情况。

（3）根据国家统一规定，按取得固定资产的不同来源，正确计算和确定固定资产的原始价值，及时计价入账；对已入账的固定资产，除发生有明确规定的情况外，不得任意变动。

（4）会同有关职能部门完善固定资产管理的基础工作，建立严格的固定资产明细核算凭证传递手续，加强固定资产增减的日常核算与监督。

（5）按国家的有关规定选择固定资产折旧方法，及时提取折旧；掌握固定资产折旧范围，做到不错、不漏。

（6）负责对在建工程的预决算管理。对自营工程，要严格审查工程预算，施工中要正确处理试运转所发生的支出和收入，工程完工交付使用要按规定编制竣工决算，并参与办理竣工验收和交接手续；对出包工程，要参与审查工程承包合同，按规定审批预付工程款，工程完工交付使用时要认真审查工程决算，办理工程款清算。

（7）负责核算各种无形资产的计价，正确处理无形资产的转让和投资，并按规定确定各种无形资产的摊销期。

（8）负责对递延资产、其他资产的价值管理；掌握各种递延资产的分摊期，正确处理递延资产和待摊费用的划分；确保储备物资的专门用途，维护其安全与完整。

（9）对被清理的固定资产，要分别按有偿转让、报废、毁损等不同情况进行账务处理。

（10）会同有关部门定期组织固定资产清查盘点工作，汇总清查盘点结果，发现问题，查明原因，及时妥善处理；按规定的报批程序，办理固定资产盘盈、盘亏的审批手续，经批准后办理转销的账务处理。

（11）经常了解主要固定资产的使用情况，运用有关核算资料分析固定资产的利用效果，改善固定资产的管理工作，并向企业提供有价值的会计信息或建议。

（三）不相容职务的分离控制

固定资产业务需要分离的不相容职务主要如下。

（1）固定资产使用与资产采购、单位内部建筑或建设部门人员的职务分离。

（2）固定资产请购与建造审批人员的职务分离。

（3）固定资产预算的复核审批与资产预算编制人员的职务相分离。

（4）固定资产验收与采购或承建、款项支付人员的职务分离。

（5）固定资产使用或保管与资产记录人员的职务分离。

（6）固定资产盘查应保证由独立于使用、保管及进行业务记账的人员来进行。

（7）固定资产报废审批与资产报废通知单编制人员的职务分离。

（四）固定资产会计核算的重要性

固定资产会计由于其处理对象的特殊性，在一个企业的会计工作岗位中，处于举足轻重的地位。一般而言，其重要性体现在以下几个方面。

（1）固定资产是生产资料，是物质生产的基础。

（2）固定资产单位价值高，所占资金比重大。

（3）固定资产的折旧计提对成本费用的影响较大。

（4）固定资产管理工作的难度较大，问题较多。

4.2 固定资产的初始计量

4.2.1 外购固定资产

（一）购入不需要安装的固定资产

企业购入不需要安装的固定资产，取得成本为企业实际支付的购买价款、包装费、运杂费、保险费、专业人员服务费和相关税费（不含可抵扣的增值税进项税额）等，其账务处理为：按应计入固定资产成本的金额，借记"固定资产"科目，贷记"银行存款""其他应付款""应付票据"等科目。

【例4-1】2×20年5月20日，三木制造公司购入一台不需要安装就可投入使用的设备，取得的相应增值税专用发票上注明的设备价款为1 000 000元，增值税税额为130 000元，发生运费5 000元（不含税），以银行存款转账的方式向对方进行了支付。假定不考虑其他相关税费。三木制造公司应进行的账务处理如下。

借：固定资产——××设备　　　　　　　　　　　　　　1 005 000
　　应交税费——应交增值税（进项税额）（130 000+5 000×9%）130 450
　　贷：银行存款　　　　　　　　　　　　　　　　　　　1 135 450

三木制造公司购置设备的成本=1 000 000+5 000=1 005 000（元）

如无特殊说明，本节例题中的公司均为增值税一般纳税人，其发生在购建固定资产上的增值税进项税额均符合规定可以抵扣。

（二）购入需要安装的固定资产

企业购入需要安装的固定资产，取得成本是在购入不需要安装的固定资产的成本基础上，加上安装调试成本等，其账务处理为：按应计入固定资产成本的金额，先记入"在建工程"科目，安装完毕交付使用时再转入"固定资产"科目。

【例 4-2】2×20 年 5 月 10 日，三木制造公司购入一台需要安装的注塑成型设备，取得的增值税专用发票上注明的设备价款为 500 000 元，增值税进项税额为 65 000 元，支付的运输费为 2 500 元（不含税），款项已通过银行支付；安装设备时，领用本公司原材料一批，价值 30 000 元，购进该批原材料时支付的增值税进项税额为 3 900 元；支付安装工人的工资为 5 000 元。假定不考虑其他相关税费。三木制造公司的账务处理如下。

（1）支付设备价款、增值税、运输费合计为 567 500 元。

借：在建工程——××设备　　　　　　　　　　　　502 500
　　应交税费——应交增值税（进项税额）（65 000+2 500×9%）65 225
　贷：银行存款　　　　　　　　　　　　　　　　　567 725

（2）领用本公司原材料、支付安装工人工资等费用合计为 35 000 元。

借：在建工程——××设备　　　　　　　　　　　　35 000
　贷：原材料　　　　　　　　　　　　　　　　　　30 000
　　　应付职工薪酬　　　　　　　　　　　　　　　 5 000

（3）设备安装完毕达到预定可使用状态。

借：固定资产——××设备　　　　　　　　　　　　537 500
　贷：在建工程——××设备　　　　　　　　　　　 537 500

固定资产的成本 =502 500+35 000=537 500（元）

（三）一笔款项购入多项没有单独标价的固定资产

企业以一笔款项购入多项没有单独标价的固定资产，应当按照各项固定资产的公允价值比例对总成本进行分配，分别确定各项固定资产的成本。如果以一笔款项购入的多项资产中除固定资产之外还包括其他资产，也应按类似的方法予以处理。

【例 4-3】2×20 年 4 月 21 日，三木制造公司一次性购入三台不同型号且具有不同生产能力的设备 A、B 和 C。三木制造公司为该批设备共支付货款 5 000 000 元，增值税进项税额 650 000 元，保险费 17 000 元（不含税），装卸费 3 000 元（不含税），全部以银行转账支付。假定 A、B 和 C 设备分别满足固定资产确认条件，公允价值分别为 1 560 000 元、2 340 000 元和 1 300 000 元。假定不考虑其他相关税费，三木制造公司的账务处理如下。

（1）确定应计入固定资产成本的金额，包括购买价款、保险费、装卸费等。

5 000 000+17 000+3 000=5 020 000（元）

（2）确定A、B和C设备的价值分配比例。

A设备应分配的固定资产价值比例为：

1 560 000÷（1 560 000+2 340 000+1 300 000）×100%=30%

B设备应分配的固定资产价值比例为：

2 340 000÷（1 560 000+2 340 000+1 300 000）×100%=45%

C设备应分配的固定资产价值比例为：

1 300 000÷（1 560 000+2 340 000+1 300 000）×100%=25%

（3）确定A、B和C设备各自的成本。

A设备的成本=5 020 000×30%=1 506 000（元）

B设备的成本=5 020 000×45%=2 259 000（元）

C设备的成本=5 020 000×25%=1 255 000（元）

（4）会计分录如下。

借：固定资产——A	1 506 000
——B	2 259 000
——C	1 255 000
应交税费——应交增值税（进项税额）	650 000
贷：银行存款	5 670 000

（四）分期付款方式购买的资产

在这种情况下，购货合同实质上具有融资性质，购入固定资产的成本不能以各期付款额之和确定，而应以各期付款额的现值之和确定。固定资产购买价款的现值，应当按照各期支付的价款选择恰当的折现率进行折现后的金额加以确定。折现率是反映当前市场货币时间价值和延期付款债务特定风险的利率。该折现率实质上是供货企业的必要报酬率。各期实际支付的价款之和与其现值之间的差额，在达到预定可使用状态之前符合《企业会计准则第17号——借款费用》中规定的资本化条件的，应当通过在建工程计入固定资产成本，其余部分应当在信用期间内确认为财务费用，计入当期损益。其账务处理为：购入固定资产时，按购买价款的现值，借记"固定资产"或"在建工程"等科目，按应支付的金额，贷记"长期应付款"科目，按其差额，借记"未确认融资费用"科目。

【例 4-4】 2×20 年 1 月 1 日，华明公司与宏业公司签订一项购货合同，从宏业公司购入一台需要安装的大型机器设备，收到的增值税专用发票上注明的设备价款为 9 238 938 元，增值税税额为 1 201 062 元。合同约定，华明公司于 2×20—2×24 年 5 年内，每年的 12 月 31 日支付 2 088 000 元。2×20 年 1 月 1 日，华明公司收到该设备并投入安装，发生保险费、装卸费等 7 000 元；2×20 年 12 月 31 日，该设备安装完毕达到预定可使用的状态，共发生安装费 50 000 元，款项均以银行存款支付。假定华明公司综合各方面因素后决定采用 10% 作为折现率，不考虑其他因素。华明公司的账务处理如下。

（1）2×20 年 1 月 1 日，确定购入固定资产的成本。

购入固定资产成本 = 2 088 000×3.790 8+7 000 = 7 922 190.4（元）

借：在建工程　　　　　　　　　　　　　　　7 922 190.4
　　未确认融资费用　　　　　　　　　　　　2 517 809.6
　　贷：长期应付款　　　　　　　　　　　　　　　10 440 000

（2）2×20 年度发生安装费用 50 000 元。

借：在建工程　　　　　　　　　　　　　　　50 000
　　贷：银行存款　　　　　　　　　　　　　　　　50 000

（3）确定未确认融资费用在信用期间的分摊额，如表 4-1 所示。

表 4-1　未确认融资费用分摊额

日期	分期付款额 （1）	确认的 融资费用 （2）=期初（4） ×10%	应付本金减少额 （3）=（1）-（2）	应付本金余额 （4）=期初（4）- （3）
2×20 年 1 月 1 日				7 922 190.4
2×20 年 12 月 31 日	2 088 000	792 219.0	1 295 781	6 626 409.4
2×21 年 12 月 31 日	2 088 000	662 640.9	1 425 359.1	5 201 050.3
2×22 年 12 月 31 日	2 088 000	520 105	1 567 895	3 633 155.3
2×23 年 12 月 31 日	2 088 000	363 315.5	1 724 684.5	1 908 470.8
2×24 年 12 月 31 日	2 088 000	179 529.2*	1 908 470.8	0.00
合计	10 440 000	2 517 809.60	7 922 190.4	

＊尾数调整。

（4）2×20 年 12 月 31 日，分摊未确认融资费用、结转工程成本、支付款项。

借：在建工程 792 219
　　贷：未确认融资费用 792 219
借：固定资产 8 764 409.4
　　贷：在建工程 8 764 409.4
借：长期应付款 2 088 000
　　贷：银行存款 2 088 000

（5）2×21年12月31日，分摊未确认融资费用、支付款项。

借：财务费用 662 640.9
　　贷：未确认融资费用 662 640.9
借：长期应付款 2 088 000
　　贷：银行存款 2 088 000

2×22—2×24年分摊未确认融资费用、支付款项的账务处理比照2×21年的相关账务处理。

（五）接受固定资产投资

接受固定资产投资的企业，在办理了固定资产移交手续之后，应按投资合同或协议约定的价值加上应支付的相关税费作为固定资产的入账价值，但合同或协议约定价值不公允的除外。其账务处理为：按投资合同或协议约定的价值，借记"固定资产"科目，贷记"实收资本"（或"股本"）等科目。

【例4-5】 2×20年华明企业接受三木公司设备一套作为投资，投资合同约定的价值为300 000元。华明企业应编制会计分录如下。

借：固定资产——生产经营用固定资产 300 000
　　贷：实收资本——三木公司 300 000

4.2.2 自行建造固定资产

（一）自营方式建造固定资产

企业为建造固定资产准备的各种物资，应当按照实际支付的买价、运输费、保险费等相关税费作为实际成本，并按照各种专项物资的种类进行明细核算。工程完工后，剩余的工程物资转为本企业存货的，按其实际成本或计划成本进行结转。建设期间发生的工程物资盘亏、报废及毁损，减去残料价值以及保险公司、过失人等赔款后的净损失，计入所建工程项目的成本；盘盈的工程物资或处置净收益，冲减所建工程项目的成本。工程完工后发生的工程物资盘盈、盘亏、报废、毁损，计入当期损益。

企业自营工程主要通过"工程物资"和"在建工程"科目进行核算。

"工程物资"借方登记增加的工程物资的实际成本，贷方登记减少（包括工程领用、转作生产用料、对外出售、盘亏、毁损等）的工程物资的实际成本，期末余额在借方，反映企业为工程购入但尚未领用的专用材料的实际成本、购入需要安装设备的实际成本，以及为生产准备但尚未交付的工具及器具的实际成本等。该科目应当按专用材料、专用设备、预付大型设备款、为生产准备的工具及器具设置明细科目。

"在建工程"科目核算企业为基建工程、安装工程、技术改造工程、大修理工程所发生的实际支出，以及改扩建工程等转入的固定资产净值。该科目借方登记工程的各项支出，贷方登记工程完工转作固定资产的成本，期末余额在借方，反映企业尚未完工的基建工程发生的各项实际支出。该科目应按建筑工程、安装工程、在安装设备、技术改造工程、大修理工程、其他支出设置明细科目。

1. 工程物资的核算

（1）企业购入为工程准备的物资，应按实际成本和增值税专用发票上注明的增值税税额，分别借记"工程物资——专用材料/专用设备"科目和"应交税费——应交增值税（进项税额）"科目，贷记"银行存款""应付账款""应付票据"等科目。

（2）企业为购置大型设备而预付款时，借记"工程物资——预付大型设备款"科目，贷记"银行存款"科目；收到设备并补付设备价款时，按设备的实际成本，借记"工程物资——专用设备"科目，按预付的价款，贷记"工程物资——预付大型设备款"科目，按补付的价款，贷记"银行存款"等科目。

（3）工程领用工程物资，借记"在建工程"科目，贷记"工程物资——专用材料"等科目；工程完工后对领出的剩余工程物资应当办理退库手续，并编制相反的会计分录。

（4）工程完工，将为生产准备的工具及器具交付生产使用时，应按实际成本，借记"低值易耗品"科目，贷记"工程物资——为生产准备的工具及器具"科目。

（5）工程完工后剩余的工程物资，如转作本企业存货的，按原材料的实际成本或计划成本，借记"原材料"科目，按转入存货的剩余工程物资的账面余额，贷记"工程物资"科目；如工程完工后剩余的工程物资对外出售的，应确认收入并结转相应的成本。

2. 在建工程的核算

（1）领用工程用材料物资时，应按实际成本，借记"在建工程——建筑工程/安装工程等（××工程）"科目，贷记"工程物资"科目。

（2）基建工程领用本企业外购生产经营用原材料的，应按原材料的实际成本加上不能抵扣的增值税进项税额，借记"在建工程——建筑工程/安装工程等（××工程）"科目，按原材料的实际成本或计划成本，贷记"原材料"科目，采用计划成本进行材料日常核算的企业，还应当分摊材料成本差异。

（3）基建工程领用本企业的商品或产品以及委托加工收回的材料物资时，按商品或产品的实际成本（或进价）或计划成本（或售价）加上应交的相关税费，借记"在建工程——建筑工程/安装工程（××工程）"科目，按应交的相关税费，贷记"应交税费——应交增值税（销项税额）"等科目，按库存商品的实际成本（或进价）或计划成本（或售价），贷记"库存商品"科目。库存商品采用计划成本或售价核算的企业，还应当分摊成本差异或商品进销差价。

（4）基建工程应负担的职工工资，借记"在建工程——建筑工程/安装工程（××工程）"科目，贷记"应付职工薪酬"科目。

（5）企业的辅助生产部门为工程提供的水、电、设备安装、修理、运输等劳务，应按月根据实际成本，借记"在建工程——建筑工程/安装工程等（××工程）"科目，贷记"生产成本——辅助生产成本"等科目。

（6）基建工程发生的工程管理费、征地费、可行性研究费、临时设施费、公证费、监理费等，借记"在建工程——其他支出"科目，贷记"银行存款"等科目；基建工程应负担的税金，借记"在建工程——其他支出"科目，贷记"银行存款"等科目。

（7）由于自然灾害等造成的单项工程或单位工程报废或毁损，减去残料价值和过失人或保险公司等赔款后的净损失，报经批准后计入继续施工的工程成本，借记"在建工程——其他支出"科目，贷记"在建工程——建筑工程/安装工程等（××工程）"科目；如为非正常原因造成的报废或毁损，或在建工程项目全部报废或毁损，应将其净损失直接计入当期营业外支出。

（8）工程物资在建设期间发生的盘亏、报废及毁损，其处置损失，报经批准后，借记"在建工程"科目，贷记"工程物资"科目；盘盈的工程物资或处置收益，编制相反的会计分录。

（9）基建工程达到预定可使用状态前进行负荷联合试车发生的费用，借记"在建工程——其他支出"科目，贷记"银行存款""库存商品"等科目；获得的试车收入或按预计售价将能对外销售的产品转为库存商品的，编制相反会计分录。

（10）基建工程完工后应当进行清理，已领出的剩余材料应当办理退库手续，借记"工程物资"科目，贷记"在建工程"科目。

【例4-6】2×20年A企业自行建造仓库一座，购入为工程准备的各种物资20 000元，支付的增值税税额为2 600元，实际领用工程物资（不含增值税）18 000元，剩余物资转作企业存货；另外还领用了企业生产用的原材料一批，实际成本为3 000元；支付工程人员工资5 000元，企业辅助生产车间为工程提供有关劳务支出1 000元，工程完工交付使用。有关会计处理如下。

（1）购入为工程准备的物资。

借：工程物资	20 000
应交税费——应交增值税（进项税额）	2 600
贷：银行存款	22 600

（2）工程领用物资。

借：在建工程——仓库	18 000
贷：工程物资	18 000

（3）工程领用原材料。

借：在建工程——仓库	3 000
贷：原材料	3 000

（4）支付工程人员工资。

借：在建工程——仓库	5 000
贷：应付职工薪酬	5 000

（5）辅助生产车间为工程提供的劳务支出。

借：在建工程——仓库	1 000
贷：生产成本——辅助生产成本	1 000

（6）工程完工交付使用。

借：固定资产　　　　　　　　　　　　　　　　　　　　27 000
　　　贷：在建工程——仓库　　　　　　　　　　　　　　　　27 000

（7）剩余工程物资转作企业存货。

借：原材料　　　　　　　　　　　　　　　　　　　　　2 000
　　　贷：工程物资　　　　　　　　　　　　　　　　　　　　2 000

（二）出包方式建造固定资产

在出包方式下，"在建工程"科目主要是企业与建造承包商办理工程价款结算的科目，企业支付给建造承包商的工程价款，作为工程成本通过"在建工程"科目核算。企业应按合理估计的工程进度和合同规定结算的进度款，借记"在建工程——建筑工程（××工程）""在建工程——安装工程（××工程）"科目，贷记"银行存款""预付账款"等科目。工程完成时，按合同规定补付的工程款，借记"在建工程"科目，贷记"银行存款"等科目。企业将需安装设备运抵现场安装时，借记"在建工程——在安装设备（××设备）"科目，贷记"工程物资——××设备"科目；企业为建造固定资产发生的待摊支出，借记"在建工程——待摊支出"科目，贷记"银行存款""应付职工薪酬""长期借款"等科目。

在建工程达到预定可使用状态时，首先计算待分配待摊支出，待摊支出的分配率可按下列公式计算。

$$待摊支出分配率 = \frac{累计发生的待摊支出}{建筑工程支出 + 安装工程支出 + 在安装设备支出} \times 100\%$$

$$××工程应分配的待摊支出 = \left(\begin{array}{c}××工程的建\\筑工程支出\end{array} + \begin{array}{c}××工程的安\\装工程支出\end{array} + \begin{array}{c}××工程的在\\安装设备支出\end{array}\right) \times \begin{array}{c}待摊支出\\分配率\end{array}$$

其次，计算确定已完工的固定资产成本。

$$房屋、建筑物等固定资产成本 = 建筑工程支出 + 应分摊的待摊支出$$

$$需要安装设备的成本 = 设备成本 + 为设备安装发生的基础、支座等建筑工程支出 + 安装工程支出 + 应分摊的待摊支出$$

最后，进行相应的账务处理。借记"固定资产"科目，贷记"在建工程——建筑工程""在建工程——安装工程""在建工程——待摊支出"等科目。

【例4-7】 华明公司经批准新建一个火电厂，包括建造发电车间、建造冷却塔、安装发电设备等3个单项工程。2×20年2月1日，华明公司与宏业公司签订合同，将火电厂新建工程出包给宏业公司。双方约定，建造发电车间的价款为5 000 000元，建造冷却塔的价款为2 800 000元，安装发电设备的安装费用为450 000元。其他有关资料如下。

（1）2×20年2月1日，华明公司向宏业公司预付建造发电车间的工程款3 000 000元。

（2）2×20年5月8日，购入发电设备，发电设备不含税价款为3 800 000元。

（3）2×20年7月2日，华明公司向宏业公司预付建造冷却塔的工程款1 400 000元。

（4）2×20年7月22日，华明公司将发电设备运抵现场，交付宏业公司安装。

（5）工程项目发生管理费、可行性研究费、公证费、监理费共计116 000元，款项已经支付。

（6）工程建造期间，台风造成冷却塔工程部分毁损，经核算，损失为450 000元，保险公司已承诺支付300 000元。

（7）2×20年12月20日，所有工程完工，华明公司收宏业公司的有关工程结算单据后，补付剩余工程款。

华明公司的账务处理如下。

（1）2×20年2月1日，预付建造发电车间工程款。

借：预付账款——建筑工程（发电车间） 3 000 000
　　贷：银行存款 3 000 000

（2）2×20年5月8日，购入发电设备。

借：工程物资——发电设备 3 800 000
　　应交税费——应交增值税（进项税额）（3 800 000×13%）494 000
　　贷：银行存款 4 294 000

（3）2×20年7月2日，预付建造冷却塔工程款。

借：预付账款——建筑工程（冷却塔） 1 400 000
　　贷：银行存款 1 400 000

（4）2×20年7月22日，将发电设备交宏业公司安装。

借：在建工程——在安装设备（发电设备） 3 800 000
　　贷：工程物资——发电设备 3 800 000

（5）支付工程发生的管理费、可行性研究费、公证费、监理费。

借：在建工程——待摊支出 116 000

贷：银行存款 116 000

（6）台风造成冷却塔工程部分毁损。

借：营业外支出 150 000
　　其他应收款 300 000
　　贷：在建工程——建筑工程（冷却塔） 450 000

（7）2×20年12月20日，结算工程款并补付剩余工程款。

借：在建工程——建筑工程（发电车间） 5 000 000
　　　　　　　——建筑工程（冷却塔） 2 800 000
　　　　　　　——安装工程（发电车间） 450 000
　　贷：银行存款 3 850 000
　　　　预付账款——建筑工程（发电车间） 3 000 000
　　　　　　　　——建筑工程（冷却塔） 1 400 000

（8）分摊待摊支出。

待摊支出分配率=116 000÷（5 000 000+2 800 000-450 000+3 800 000+450 000）×100%=1%

发电车间应分配的待摊支出=5 000 000×1%=50 000（元）

冷却塔应分配的待摊支出=（2 800 000-450 000）×1%=23 500（元）

发电设备（安装工程）应分配的待摊支出=450 000×1%=4 500（元）

发电设备（在安装设备）应分配的待摊支出=3 800 000×1%=38 000（元）

借：在建工程——建筑工程（发电车间） 50 000
　　　　　　　——建筑工程（冷却塔） 23 500
　　　　　　　——安装工程（发电设备） 4 500
　　　　　　　——在安装设备（发电设备） 38 000
　　贷：在建工程——待摊支出 116 000

（9）结转固定资产。

借：固定资产——发电车间 5 050 000
　　　　　　　——冷却塔 2 373 500
　　　　　　　——发电设备 4 292 500
　　贷：在建工程——建筑工程（发电车间） 5 050 000
　　　　　　　　——建筑工程（冷却塔） 2 373 500
　　　　　　　　——安装工程（发电设备） 454 500

——在安装设备(发电设备)   3 838 000

4.2.3 租入固定资产

(一)租赁的定义

在合同开始日,企业应当评估合同是否为租赁或者包含租赁。

租赁,是指在一定期间内,出租人将资产的使用权让与承租人以获取对价的合同。如果合同一方让渡了在一定期间内控制一项或多项已识别资产使用的权利以换取对价,则该合同为租赁或者包含租赁。一项合同要被分类为租赁,必须要满足以下三要素。

(1)存在一定期间,也包括一定数量。

(2)存在已识别资产:①合同明确或隐性指定;②物理上可区分;③供应方没有实质性替代权。

(3)资产供应方向客户转移对已识别资产使用权的控制:①客户有权获得因使用资产所产生的几乎全部经济利益;②客户有权主导资产的使用。

(二)会计处理

1. 初始计量

借:使用权资产(尚未支付的租赁付款额的现值等)

    租赁负债——未确认融资费用(差额)

    贷:租赁负债——租赁付款额(尚未支付的租赁付款额)

        预付账款(租赁期开始日之前支付的租赁付款额,扣除已享受的租赁激励)

        银行存款(初始直接费用)

        预计负债(预计将发生的为拆卸及移除租赁资产、复原租赁资产所在场地或将租赁资产恢复至租赁条款约定状态等成本的现值)

2. 后续计量

(1)确认租赁负债的利息时。

借:财务费用——利息费用/在建工程等

    贷:租赁负债——未确认融资费用(增加租赁负债的账面金额)

(2)支付租赁付款额时。

借:租赁负债——租赁付款额(减少租赁负债的账面金额)

贷：银行存款等

（3）重估或租赁变更等导致租赁付款额发生变动时，重新计量租赁负债的账面价值。

【例4-8】 2×20年12月25日，华明公司与宏业公司签订了一份租赁合同。合同主要条款如下。

（1）租赁标的物：程控生产线。

（2）租赁期开始日：租赁物运抵华明公司生产车间之日（即2×21年1月1日）。

（3）租赁期：从租赁期开始日算起36个月（即2×21年1月1日—2×23年12月31日）。

（4）租金支付方式：自租赁期开始日起每年年末支付租金1 000 000元。

（5）该生产线在2×21年1月1日宏业公司的公允价值为2 600 000元。

（6）租赁合同规定的利率为8%（年利率）。

（7）该生产线为全新设备，估计使用年限为5年。

华明公司采用实际利率法确认本期应分摊的未确认融资费用，采用年限平均法计提固定资产折旧。华明公司在租赁谈判和签订租赁合同过程中发生可归属于租赁项目的手续费、差旅费10 000元。

华明公司的账务处理如下。

1. 租赁开始日的账务处理

第一步，计算最低租赁付款额。

最低租赁付款额=各期租金之和+承租人担保的资产余值

=1 000 000×3+0=3 000 000（元）

第二步，确定租赁资产的入账价值。

计算现值的过程如下。

每期租金1 000 000元的年金现值=1 000 000×（P/A，8%，3），查表得知：

（P/A，8%，3）=2.577 1。

每期租金的现值之和=1 000 000×2.577 1=2 577 100（元），小于租赁资产公允价值2 600 000元。

根据孰低原则，租赁资产的入账价值应为其折现值2 577 100元。

第三步，计算未确认融资费用。

未确认融资费用=最低租赁付款额-最低租赁付款额现值=3 000 000-

2 577 100=422 900（元）

第四步，将初始直接费用计入资产价值。

租赁资产的入账价值 =2 577 100+10 000=2 587 100（元）

账务处理如下。

2×21 年 1 月 1 日，租入程控生产线。

借：使用权资产	2 587 100
租赁负债——未确认融资费用	422 900
贷：租赁负债——租赁付款额	3 000 000
银行存款	10 000

2.分摊未确认融资费用的会计处理

第一步，确定融资费用分摊率。

租赁资产的入账价值为其最低租赁付款额的折现值，因此该折现率就是其融资费用分摊率，即 8%。

第二步，在租赁期内采用实际利率法分摊未确认融资费用（如表 4-2 所示）。

表 4-2　未确认融资费用分摊（实际利率法）

单位：元

日期	租金	确认的融资费用	应付本金减少额	应付本金余额
①	②	③ = 期初⑤×8%	④=②-③	期末⑤= 期初⑤-④
2×21-1-1				2 577 100
2×21-12-31	1 000 000	206 168	793 832	1 783 268
2×22-12-31	1 000 000	142 661.44	857 338.56	925 929.44
2×23-12-31	1 000 000	74 070.56*	925 929.44	0
合计	3 000 000	422 900	2 577 100	

*尾数调整：74 070.56=1 000 000−925 929.44；925 929.44=925 929.44−0。

第三步，账务处理。

2×21 年 12 月 31 日，支付第 1 期租金。

| 借：租赁负债——租赁付款额 | 1 000 000 |
| 贷：银行存款 | 1 000 000 |

2×21 年 1—12 月，每月分摊未确认融资费用时，每月财务费用为 206 168÷12=17 180.67（元）。

| 借：财务费用 | 17 180.67 |
| 贷：租赁负债——租赁付款额 | 17 180.67 |

2×22年12月31日,支付第2期租金。

  借:租赁负债——租赁付款额   1 000 000

    贷:银行存款   1 000 000

2×22年1—12月,每月分摊未确认融资费用时,每月财务费用为142 661.44÷12=11 888.45(元)。

  借:财务费用   11 888.45

    贷:租赁负债——租赁付款额   11 888.45

2×23年12月31日,支付第3期租金。

  借:租赁负债——租赁付款额   1 000 000

    贷:银行存款   1 000 000

2×23年1—12月,每月分摊未确认融资费用时,每月财务费用为74 070.56÷12=6 172.55(元)。

  借:财务费用   6 172.55

    贷:租赁负债——租赁付款额   6 172.55

3. 计提租赁资产折旧的会计处理

第一步,使用权资产折旧的计算(如表4-3所示)。

表4-3 使用权资产折旧计算(年限平均法)

金额单位:元

日期	使用权资产原价	估计余值	折旧率*	当年折旧费	累计折旧	使用权资产净值
2×21-1-1	2 587 100	0				2 587 100
2×21-12-31			31.42%	812 866.82	812 866.82	1 774 233.18
2×22-12-31			34.29%	887 116.59	1 699 983.41	887 116.59
2×23-12-31			34.29%	887 116.59	2 587 100	0
合计	2 587 100	0	100%	2 587 100		

第二步,账务处理。

2×21年2月28日,计提本月折旧=812 866.82÷11=73 896.98(元)

  借:制造费用——折旧费   73 896.98

    贷:累计折旧   73 896.98

2×21年3月—2×23年12月的会计分录,同上。

4. 租赁期届满时的会计处理

2×23年12月31日,将该生产线退还B公司。

借：累计折旧　　　　　　　　　　　　　　　　　　2 587 100
　　贷：使用权资产　　　　　　　　　　　　　　　　　　2 587 100

4.2.4　售后租回交易取得的固定资产

（一）售后租回交易的定义

售后租回交易是一种特殊形式的租赁业务，是指卖主（即承租人）将一项自制或外购的资产出售后，又将该项资产从买主（即出租人）租回，习惯上称之为"回租"。

（二）售后租回交易的会计处理

1. 售后租回交易

在售后租回交易中，对卖方而言，其对标的资产由原来的"自有自用"或"自控自用"转化为"租用"，对标的资产而言，其控制方或使用方一直是未曾改变的卖方，对出租方而言，其从未获取对标的资产的使用权。

新租赁指南明确指出："如果承租人在资产转移给出租人之前已经取得对标的资产的控制，则该交易属于售后租回交易"。

由于售后租回交易上是将购销业务和租赁业务融合在同一业务之中，卖方同时成为了承租人，买方同时成为了出租人。由于《企业会计准则第14号——收入（2017）》（以下简称新收入准则）对销售合同规定了严格的识别条件，加之售后租回交易中"售在前、租在后"，新租赁准则要求企业首先要评估资产转让行为是否属于销售。鉴于售后租回交易中，卖方一直掌控着标的资产的使用权，该交易中的资产转让行为就存在不属于销售行为的可能性，新租赁指南分别对售后租回交易中的资产转让行为是否属于销售分别做出了具体账务处理规范。换言之，售后租回交易中并非一定存在基于会计准则体系视角下的销售行为，当所发生资产转让行为不属于销售行为时，双方的交易行为实质上就是以标的资产为抵押的融资行为。由于在资产转让前及转让后卖方一直掌控着标的资产的使用权，无论资产转让行为是否属于销售行为，承租人租回标的资产的行为均可能被认定为租赁行为。

承上所述，新租赁准则及其应用指南将资产转让前卖方已经取得对标的资产的控制权作为售后租回交易确认的前置条件，此举可以确保购销标的和租赁标的的一致性，可以压缩卖方借助关联方通过高价卖出低价租回的手段来实施利润操纵的空间。此外,确保购销标的和租赁标的的一致性,就确保租赁行为建立在卖方业务持续运行的基础之上。

新租赁准则要求以销售资产时的公允价值来确认相关销售的利得或损失。具体而言,销售对价低于销售时点标的资产公允价值的部分,相当于承租人向出租人预付了租金,此情形下销售对价和预付租金之和才构成了转移给买方权利相对应的销售收入;销售对价高于销售时点标的资产公允价值的部分,相当于买方兼出租人向卖方兼承租人提供了额外融资,此情形下只能按标的资产的公允价值确认转移给买方权利相对应的销售收入。

2. 售后租回交易的会计处理

(1)出售资产时,按固定资产账面净值,借记"固定资产清理"科目,按固定资产已提折旧,借记"累计折旧"科目,按固定资产的账面原价,贷记"固定资产"科目;如果出售资产已计提减值准备,还应结转已计提的减值准备。

(2)收到出售资产的价款时,借记"银行存款"科目,贷记"固定资产清理"科目,借记或贷记"递延收益——未实现售后租回损益(融资租赁或经营租赁)"科目或"营业外收入""营业外支出"科目。

(3)租回资产时,按租赁资产的公允价值与最低租赁付款额的现值中较低者,借记"固定资产"科目(假设不需安装),按最低租赁付款额,贷记"租赁负债——未确认融资费用"科目,按其差额,借记"未确认融资费用"科目。

(4)各期根据该项租赁资产的折旧进度或租金支付比例分摊未实现售后租回损益时,借记或贷记"递延收益——未实现售后租回损益"科目,贷记或借记"制造费用""销售费用""管理费用"等科目。

【例4-9】承【例4-8】资料,假定2×21年1月1日,华明公司将一条程控生产线按2 600 000元的价格销售给宏业公司。该生产线2×21年1月1日的账面原值为2 400 000元,全新设备未计提折旧。同时又签订了一份租赁合同将该生产线租回,该合同主要条款与【例4-8】的合同条款内容相同,假定不考虑相关税费。

卖主(即华明公司)的会计处理。

第一步,判断租赁类型。

根据【例4-8】,租赁开始日最低租赁付款额的现值及融资费用分摊率的计算过程与结果同【例4-8】。

第二步,计算未实现售后租回损益。

未实现售后租回损益 = 售价 - 资产的账面价值

= 售价 - (资产的账面原价 - 累计折旧)

= 2 600 000 - (2 400 000 - 0) = 200 000(元)

第三步,在租赁期内采用实际利率法分摊未确认融资费用(同【例4-8】,如表4-2所示)。

第四步,在折旧期内按折旧进度(在本例中即年限平均法)分摊未实现售后租回损益(如表4-4所示)。

表4-4　未实现售后租回损益分摊

金额单位:元

日期	售价	使用权资产账面价值	摊销期	分摊率*	摊销额	未实现售后租回损益
2×21-1-1	2 600 000	2 400 000	35个月			200 000
2×21-12-31				31.42%	62 840	137 160
2×22-12-31				34.29%	68 580	68 580
2×23-12-31				34.29%	68 580	0
合计	2 600 000	2 400 000		100%	200 000	

*参见表4-3中的折旧率。

本例中,由于租赁资产的折旧期为35个月,因此,未实现售后租回损益的分摊期也为35个月。

第五步,账务处理。

2×21年1月1日,结转出售固定资产的成本。

  借:固定资产清理　　　　　　　　　　　　　　　　2 400 000

    贷:固定资产　　　　　　　　　　　　　　　　　　2 400 000

2×21年1月1日,向宏业公司出售程控生产线。

  借:银行存款　　　　　　　　　　　　　　　　　　2 600 000

    贷:固定资产清理　　　　　　　　　　　　　　　　2 400 000

      递延收益——未实现售后租回损益　　　　　　　　200 000

2×21年2月28日,确认本月应分摊的未实现售后租回损益。

  借:递延收益——未实现售后租回损益(融资租赁)5 712.73(62 840÷11)

    贷:制造费用——折旧费　　　　　　　　　　　　　5 712.73

其他有关会计处理（略）。

4.2.5 非货币性资产交换取得固定资产

（一）计量原则

1. 以公允价值为基础计量

非货币性资产交换同时满足下列两个条件的，应当以公允价值和应支付的相关税费作为换入资产的成本，公允价值与换出资产账面价值的差额计入当期损益：

（1）该项交换具有商业实质；

（2）换入资产或换出资产的公允价值能够可靠地计量。资产存在活跃市场，是资产公允价值能够可靠计量的明显证据，但不是唯一要求。

2. 以账面价值为基础计量

不具有商业实质或交换涉及资产的公允价值均不能可靠计量的非货币性资产交换，应当按照换出资产的账面价值和应支付的相关税费，作为换入资产的成本，无论是否支付补价，均不确认损益；收到或支付的补价作为确定换入资产成本的调整因素，其中，收到补价方应当以换出资产的账面价值减去补价作为换入资产的成本，支付补价方应当以换出资产的账面价值加上补价作为换入资产的成本。

（二）商业实质的判断

非货币性资产交换具有商业实质，是换入资产能够采用公允价值计量的重要条件之一。在确定资产交换是否具有商业实质时，企业应当重点考虑发生了该项资产交换预期使企业未来现金流量发生变动的程度，通过比较换出资产和换入资产预计产生的未来现金流量或其现值，确定非货币性资产交换是否具有商业实质。只有当换出资产和换入资产预计未来现金流量或其现值两者之间的差额较大时，才能表明交易的发生使企业经济状况发生了明显改变时，非货币性资产交换因而具有商业实质。

（三）以公允价值计量换入固定资产的会计处理

在以公允价值计量的情况下，不论是否涉及补价，只要换出资产的公允价值与其账面价值不相同，就一定会涉及损益的确认，因为非货币性资产交换损益通常是换出资产公允价值与换出资产账面价值的差额，通过非货币性资产交换予以实现。

非货币性资产交换的会计处理，视换出资产的类别不同而有所区别。

（1）换出资产为存货的，应当视同销售处理，根据《企业会计准则第14号——收入》按照公允价值确认销售收入，同时结转销售成本，相当于按照公允价值确认的收入和按账面价值结转的成本之间的差额，也即换出资产公允价值和换出资产账面价值的差额，在利润表中作为营业利润的构成部分予以列示。

（2）换出资产为固定资产、无形资产的，换出资产公允价值和换出资产账面价值的差额，计入"资产处置损益"科目。

（3）换出资产为长期股权投资的，换出资产公允价值和换出资产账面价值的差额，计入投资收益。

换入资产与换出资产涉及相关税费的，如换出存货视同销售计算的销项税额，换入资产作为存货应当确认的可抵扣增值税进项税额，以及换出固定资产、无形资产视同转让应缴纳的增值税等，按照相关税收规定计算确定。

1. 不涉及补价的情况

【例4-10】2×20年2月，华明公司以本公司生产过程中使用的一台设备交换宏业公司生产的一批空调，换入的空调作为固定资产管理。华明、宏业公司均为增值税一般纳税人，适用的增值税税率为13%。设备的账面原价为150万元，已计提折旧45万元，公允价值为90万元。空调的账面价值为110万元，在交换日的市场价格为90万元，计税价格等于市场价格。宏业公司换入华明公司的设备是生产空调过程中需要使用的设备。

假设华明公司此前没有为该项设备计提资产减值准备，整个交易过程中，除支付运杂费15 000元外，没有发生其他相关税费。假设宏业公司此前也没有为库存空调计提存货跌价准备，其在整个交易过程中没有发生除增值税以外的其他税费。

华明公司的账务处理如下。

华明公司换入资产的增值税进项税额 =900 000×13%=117 000（元）

换出设备的增值税销项税额 =900 000×13%=117 000（元）

借：固定资产清理	1 050 000
累计折旧	450 000
贷：固定资产——设备	1 500 000
借：固定资产清理	15 000

贷：银行存款		15 000
借：固定资产——空调	900 000	
应交税费——应交增值税（进项税额）	117 000	
资产处置损益	165 000	
贷：固定资产清理		1 065 000
应交税费——应交增值税（销项税额）		117 000

宏业公司的账务处理如下。

根据增值税的有关规定，企业以库存商品换入其他资产，视同销售行为应计算增值税销项税额，缴纳增值税。

换出空调的增值税销项税额 =900 000×13%=117 000（元）

换入设备的增值税进项税额 =900 000×13%=117 000（元）

借：固定资产——设备	900 000	
应交税费——应交增值税（进项税额）	117 000	
贷：主营业务收入		900 000
应交税费——应交增值税（销项税额）		117 000
借：主营业务成本	1 100 000	
贷：库存商品——空调		1 100 000

2. 涉及补价的情况

在以公允价值确定换入资产成本的情况下，发生补价的，支付补价方和收到补价方应当分别情况处理。

（1）支付补价方：应当以换出资产的公允价值加上支付的补价（即换入资产的公允价值）和应支付的相关税费，作为换入资产的成本；换入资产成本与换出资产账面价值加支付的补价、应支付的相关税费之和的差额，应当计入当期损益。

（2）收到补价方：应当以换入资产的公允价值（或换出资产的公允价值减去补价）和应支付的相关税费，作为换入资产的成本；换入资产成本加收到的补价之和与换出资产账面价值加应支付的相关税费之和的差额，应当计入当期损益。

在涉及少量补价的情况下，以补价占整个资产交换金额的比例低于25%（注意不含25%）作为参考。如果高于25%（含25%），则视为以货币性资产取得非货币性资产，适用收入准则或其他一些准则。

（四）以换出资产账面价值计量换入固定资产的会计处理

非货币性资产交换不具有商业实质，或者虽然具有商业实质但换入资产和换出资产的公允价值均不能可靠计量的，应当以换出资产账面价值为基础确定换入资产成本，无论是否支付补价，均不确认损益。

【例4-11】2×20年华明公司拥有一台生产设备，该设备账面原价为450万元，已计提折旧330万元，宏业公司拥有一项长期股权投资，账面价值为90万元，两项资产均未计提减值准备。华明公司决定以其专有设备交换宏业公司的长期股权投资，该专有设备是生产某种产品必需的设备。专有设备公允价值不能可靠计量；宏业公司拥有的长期股权投资在活跃市场中没有报价，其公允价值也不能可靠计量。经双方商定，宏业公司支付了20万元补价。假定交易不考虑相关税费。

该项资产交换涉及收付货币性资产，即补价20万元。对宏业公司而言，支付的补价20万元÷110万元（换出资产账面价值90万元+支付的补价20万元）×100%=18.18%＜25%。因此，该交换属于非货币性资产交换。由于两项资产的公允价值不能可靠计量，因此，宏业公司换入资产的成本均应当按照换出资产的账面价值确定。

宏业公司的账务处理如下。

借：固定资产——专有设备　　　　　　　　　　1 100 000
　　贷：长期股权投资　　　　　　　　　　　　　　900 000
　　　　银行存款　　　　　　　　　　　　　　　　200 000

（五）涉及多项资产的非货币性资产交换的会计处理

涉及多项资产的非货币性资产交换一般可以分为以下几种情况。

（1）资产交换具有商业实质，且各项换出资产和各项换入资产的公允价值均能够可靠计量。在这种情况下，换入资产的总成本应当按照换出资产的公允价值总额为基础确定，除非有确凿证据证明换入资产的公允价值总额更可靠。应当按照各项换入资产的公允价值占换入资产公允价值总额的比例，对换入资产总成本进行分配，确定各项换入资产的成本。

（2）资产交换具有商业实质，且换入资产的公允价值能够可靠计量、换出资产的公允价值不能可靠计量。在这种情况下，换入资产的总成本应当按照换入资产的公允价值总额为基础确定，应当按照各项换入资产的公允价值占换入资公允价值总额的比例，对换入资产总成本进行分配，确定各项换入资产的成本。

（3）资产交换具有商业实质、换出资产的公允价值能够可靠计量，但换入资产的公允价值不能可靠计量。在这种情况下，换入资产的总成本应当按照换出资产的公允价值总额为基础确定，应当按照各项换入资产的原账面价值占换入资产原账面价值总额的比例，对按照换出资产公允价值总额确定的换入资产总成本进行分配，确定各项换入资产的成本。

（4）资产交换不具有商业实质，或换入资产和换出资产的公允价值均不能可靠计量。在这种情况下，换入资产的总成本应当按照换出资产的账面价值总额为基础确定，应当按照各项换入资产的原账面价值占换入资产的账面价值总额的比例，对按照换出资产账面价值总额为基础确定的换入资产总成本进行分配，确定各项换入资产的成本。

【例 4-12】2×20 年甲公司与乙公司经协商，甲公司以其持有的一项专利权与乙公司拥有的一台机器设备交换。交换后两公司对于换入资产仍供经营使用。在交换日，甲公司专利权的账面原价为 900 万元，已累计摊销 150 万元，未计提减值准备，在交换日的公允价值为 800 万元；乙公司拥有的机器设备的账面原价为 1 000 万元，已提折旧 300 万元，未计提减值准备，在交换日的公允价值为 755 万元，乙公司另支付了 45 万元给甲公司。假定两公司均为增值税一般纳税人，销售固定资产和无形资产适用的增值税税率分别为 13% 和 6%，上述交易过程中涉及的增值税进项税额按照税法规定可抵扣且已得到认证；不考虑其他相关税费。

该项资产交换涉及收付货币性资产，即补价 45 万元。

对甲公司而言，收到的补价 45 万元 ÷ 换出资产的公允价值 800 万元（换入机器设备公允价值 755 万元 + 收到的补价 45 万元）×100%=5.6% < 25%，属于非货币性资产交换。

对乙公司而言，支付的补价 45 万元 ÷ 换入资产的公允价值 800 万元 ×100%= 5.6% < 25%，属于非货币性资产交换。

本例属于以无形资产交换机器设备。专利权这项无形资产和机器设备这项固定资产的未来现金流量在时间、风险、金额方面有显著不同，因而可判断两项资产的交换具有商业实质。同时，专利权和机器设备的公允价值均能够可靠地计量，因此，甲、乙公司均应当以公允价值为基础确定换入资产的成本，并确认产生的损益。

甲公司的账务处理如下。

借：固定资产 7 550 000
　　应交税费——应交增值税（进项税额） 981 500
　　银行存款 450 000
　　累计摊销 1 500 000
　贷：无形资产 9 000 000
　　　应交税费——应交增值税（销项税额） 480 000
　　　资产处置损益 1 001 500

乙公司的账务处理如下。

借：固定资产清理 7 000 000
　累计折旧 3 000 000
　贷：固定资产 10 000 000
借：无形资产 8 000 000
　　应交税费——应交增值税（进项税额） 480 000
　贷：固定资产清理 7 000 000
　　　银行存款 450 000
　　　应交税费——应交增值税（销项税额） 981 500
　　　资产处置损益 48 500

4.2.6　债务重组取得固定资产

（一）债务重组的定义

债务重组，是指在债务人发生财务困难的情况下，债权人按照其与债务人达成的协议或法院的裁定作出让步的事项。

（二）以资产清偿债务

以资产清偿债务，是指债务人转让其资产给债权人以清偿债务的债务重组方式。债务人通常用于偿债的资产主要有现金、存货、固定资产、无形资产等。

在债务重组中，企业以资产清偿债务的，通常包括以现金清偿债务和以非现金资产清偿债务等方式。在这里，只介绍以非现金资产清偿债务。

以非现金清偿债务，按照《企业会计准则第12号——债务重组》第五条和第十条规定，对于债务人企业来说，债务人企业应当将重组债务的账面价值与转让的非现金资产公允价值之间的差额，计入当期损益。转让的非现金资产公允价值与其账面价值之间的差额,计入当期损益;对于债权人企业来说,债权人企业应当对受让的非现金资产按其公允价值入账,重组债权的账面余额与受让的非现金资产的公允价值之间的差额计入当期损益。债权人已对债权计提减值准备的,应当先将该差额冲减减值准备,减值准备不足以冲减的部分,计入当期损益。

债权人收到非现金资产时发生的有关运杂费等,应当计入相关资产的价值。

【例 4-13】华明公司于 2×20 年 4 月 8 日销售给宏业公司一批材料,价值 400 000 元(包括应收取的增值税税额),按购销合同约定,宏业公司应于 2×21 年 4 月 8 日前支付货款,但至 2×21 年 6 月 10 日宏业公司尚未支付货款。宏业公司财务发生困难,短期内不能支付货款。2×21 年 8 月 11 日,双方协商,华明公司同意宏业公司以一台设备偿还债务。该项设备的账面原价为 350 000 元,已提旧 50 000 元,设备的公允价值为 360 000 元(假定企业转让该项设备不需要缴纳增值税)。

华明公司对该项应收账款已提取坏账准备 20 000 元。抵债设备已于 2×21 年 10 月 1 日运抵华明公司。假定不考虑该项债务重组相关的税费。

华明公司的账务处理如下。

①计算债务重组损失。

应收账款账面余额	400 000
减:受让资产的公允价值	360 000
差额	40 000
减:已计提坏账准备	20 000
债务重组损失	20 000

②应编制会计分录如下。

借:固定资产	360 000
坏账准备	20 000
投资收益	20 000
贷:应收账款	400 000

4.2.7　与政府补助相关的固定资产

(一)政府补助的定义

政府补助是指企业从政府无偿取得货币性资产或非货币性资产,但不包括政府作为企业所有者投入的资本。政府如以企业所有者身份向企业投入资本,将拥有企业相应的所有权，分享企业利润，在这种情况下，政府与企业之间的关系是投资者与被投资者的关系，属于互惠交易。这与其他单位或个人对企业的投资在性质上是一致的。

（二）政府补助的特征

政府补助准则规范的政府补助主要有以下特征。

一是来源于政府的经济资源。只要政府是实际拨付方，即使不是直接提供方，也算作来源于政府的经济资源，应确认为政府补助。

二是无偿性。新准则的规定进一步明确了政府补助的界限，可以再一定程度上减少政府补助的会计确认难题，界限的明晰有助于增强财务报告信息的可比性、可靠性与可理解性。

（三）政府补助的分类

1. 与资产相关的政府补助

与资产相关的政府补助，是指企业取得的、用于购建或以其他方式形成长期资产的政府补助。这类补助通常以银行转账的方式拨付，如政府拨付的用于企业购买无形资产的财政拨款、政府对企业用于建造固定资产的相关贷款给予的财政贴息等，这类政府补助应当在实际收到款项时按照到账的实际金额确认和计量。

2. 与收益相关的政府补助

与收益相关的政府补助，是指除与资产相关的政府补助之外的政府补助。这类补助一般以银行转账的方式拨付，应当在实际收到款项时按照到账的实际金额确认和计量。只有存在确凿证据表明该项补助是按照固定的定额标准拨付的，才可以在这项补助成为应收款时予以确认并按照应收的金额计量。

（四）政府补助的会计处理

在这里，只介绍与资产相关的政府补助。与资产相关的政府补助通常为货币性资产。

（1）企业应当在实际收到款项时，按照到账的实际金额，借记"银行存款"等科目，贷记"递延收益"科目。

（2）将政府补助用于购建长期资产时，相关长期资产的购建与企业正常的资产购建或研发处理一致，通过"在建工程""研发支出"等科目归集，完成后转为固定资产或无形资产。

（3）自相关长期资产可供使用时起，在相关资产计提折旧或摊销时，按照长期资产的预计使用期限，将递延收益平均分摊转入当期损益，借记"递延收益"科目，贷记"营业外收入"或"其他收益"科目。

（4）相关资产在使用寿命结束时或结束前被处置（出售、转让、报废等），尚未分摊的递延收益余额应当一次性转入资产处置当期的收益，不再予以递延。

【例 4-14】2×20 年 1 月，华明企业需购置一台环保设备，预计价款为 500 万元，因资金不足，按相关规定向有关部门提出补助 210 万元的申请。2×20 年 3 月 15 日，政府批准了华明企业的申请并拨付华明企业 210 万元财政拨款（同日到账）。2×20 年 4 月 19 日，华明企业购入不需安装环保设备，实际成本为 480 万元，使用寿命 10 年，采用直线法计提折旧（假设无残值）。2×28 年 4 月，华明企业出售了这台设备，取得价款 120 万元（假定不考虑其他因素）。

华明企业的账务处理如下。

（1）2×20 年 3 月 15 日实际收到财政拨款，确认政府补助。

借：银行存款　　　　　　　　　　　　　　　　　　　2 100 000
　　贷：递延收益　　　　　　　　　　　　　　　　　　2 100 000

（2）2×20 年 4 月 19 日购入设备。

借：固定资产　　　　　　　　　　　　　　　　　　　4 800 000
　　贷：银行存款　　　　　　　　　　　　　　　　　　4 800 000

（3）自 2×20 年 5 月起每个资产负债表日（月末）计提折旧，同时分摊递延收益。

①计提折旧。

借：管理费用　　　　　　　　　　　　　　　　　　　40 000
　　贷：累计折旧　　　　　　　　　　　　　　　　　　40 000

②分摊递延收益（月末）。

借：递延收益　　　　　　　　　　　　　　　　　　　17 500
　　贷：其他收益　　　　　　　　　　　　　　　　　　17 500

（4）2×28 年 4 月出售设备，同时转销递延收益余额。

①出售设备。

借：固定资产清理　　　　　　　　　　　　　　　　　960 000
　　累计折旧　　　　　　　　　　　　　　　　　　　3 840 000

贷：固定资产　　　　　　　　　　　　　　　　　4 800 000
　借：银行存款　　　　　　　　　　　　　　　　　　1 200 000
　　　贷：固定资产清理　　　　　　　　　　　　　　　　960 000
　　　　　资产处置损益　　　　　　　　　　　　　　　　240 000
②转销递延收益余额。
　借：递延收益　　　　　　　　　　　　　　　　　　　420 000
　　　贷：其他收益　　　　　　　　　　　　　　　　　　420 000

4.3　固定资产折旧

4.3.1　固定资产折旧概述

（一）固定资产折旧的相关概念

固定资产折旧，是指在固定资产使用寿命内，按照确定的方法对应计折旧额进行系统分摊。造成折旧的原因有两种：一种叫有形损耗，另一种叫无形损耗。

应计折旧额，是指应当计提折旧的固定资产的原价扣除其预计净残值后的金额。已计提减值准备的固定资产，还应当扣除已计提的固定资产减值准备累计金额。

预计净残值，是指假定固定资产预计使用寿命已满并处于使用寿命终了时的预期状态，企业目前从该项资产处置中获得的扣除预计处置费用后的金额。

企业应当根据固定资产的性质和使用情况，合理确定固定资产的使用寿命和预计净残值。固定资产的使用寿命、预计净残值一经确定，不得随意变更。

（二）固定资产折旧应考虑的因素

计算每期折旧费用，主要应该考虑以下四个要素。

（1）计提折旧基数。计提固定资产折旧的基数是固定资产的原始价值或固定资产的账面净值。一般以固定资产的原值作为计提折旧的依据，选用双倍余额递减法的企业，以固定资产的账面净值作为计提折旧的依据。

（2）固定使用寿命。折旧年限长短直接关系到折旧率的高低，它是影响企业计提折旧额的关键因素。企业在确定固定资产的使用寿命时，主要应当考虑下列因素：

①预计生产能力或实物产量；

②预计有形损耗或无形损耗；

③法律或者类似规定对资产使用的限制。

（3）折旧方法。企业折旧方法不同，在一个会计期间所计提的折旧额相差很大。

（4）固定资产净残值。固定资产净残值由预计固定资产清理报废时可以收回的残值扣除预计清理费用得出。

（三）固定资产计提折旧的范围

除以下情况外，企业应对所有固定资产计提折旧：

（1）已提足折旧仍继续使用的固定资产；

（2）按照规定单独估价作为固定资产入账的土地。

其中，提足折旧，是指已经提足该项固定资产的应计折旧额。已达到预定可使用状态但尚未办理竣工决算的固定资产，应当按照估计价值确定其成本，并计提折旧；待办理竣工决算后，再按照实际成本调整原来的暂估价值，但不需要调整原已计提的折旧额。

新租赁准则规定承租人采用统一处理方式确认使用权资产和租赁资产不区分融资租赁和经营租赁。

处于更新改造过程停止使用的固定资产，应将其账面价值转入在建工程，不再计提折旧。更新改造项目达到预定可使用状态转为固定资产后，再按照重新确定的折旧方法和该项固定资产尚可使用寿命计提折旧。因进行大修理而停用的固定资产，应当照提折旧，计提的折旧额应计入相关资产成本或当期损益。

（四）固定资产计提折旧的开始和终止

固定资产应当按月计提折旧，当月增加的固定资产，当月不计提折旧，从下月起计提折旧；当月减少的固定资产，当月仍然计提折旧，从下月起不再计提折旧。

固定资产提足折旧后，不论能否继续使用，均不再计提折旧；提前报废的固定资产，也不再补提折旧。提足折旧，是指已经提足该项固定资产的应计折旧额。

（五）固定资产使用寿命、预计净残值和折旧方法的复核

由于固定资产的使用寿命长于一年，属于企业的非流动资产，企业至少应当于每年年度终了，对固定资产的使用寿命、预计净残值和折旧方法进行复核。

固定资产使用寿命、预计净残值和折旧方法的改变应作为会计估计变更，按照《企业会计准则第28号——会计政策、会计估计变更和差错更正》处理。

4.3.2 固定资产折旧的方法

（一）年限平均法

年限平均法又称直线法，是指将固定资产的可折旧价值平均分摊到固定资产预计使用寿命内的一种方法。采用这种方法计算的每期折旧额均相等。这种方法适用于在各个会计期间使用程度比较均衡的固定资产。其计算公式如下。

公式1：年折旧额=（固定资产原值－预计净残值）÷预计使用年限

公式2：月折旧额=年折旧额÷12

【例4-15】2×20年三木制造公司一台生产用设备原值为30 000元，预计清理费为1 200元，而预计残值为3 000元。使用年限为4年。那么用年限平均法怎么算折旧额呢？

年折旧额=[30 000－（3 000－1 200）]÷4

=（30 000－1 800）÷4=7 050（元）

月折旧额=7 050÷12=587.5（元）

此项折旧应记入"制造费用"，因为设备是生产用的，所以每期的分录如下。

借：制造费用　　　　　　　　　　　　　　　　　　587.5

　　贷：累计折旧　　　　　　　　　　　　　　　　587.5

当固定资产各期负荷程度相同时，各期应分摊相同的折旧费，这时采用年限平均法计算折旧是合理的。但是，如果固定资产各期负荷程度不同，采用年限平均法计算折旧时，则不能反映固定资产的实际使用情况，计提的折旧额与固定资产的损耗程度也不相符。

（二）工作量法

工作量法又称作业量法，是根据固定资产在使用期间完成的总的工作量平均计算折旧的一种方法。工作量法和年限平均法都是平均计算折旧的方法，都属直线法。其计算公式如下。

公式1：单位工作量折旧额 =（固定资产原值 − 预计净残值）÷ 预计总工作量 =[固定资产原值 ×（1− 预计净残值率）]÷ 预计总工作量

公式2：月折旧额 = 单位工作量折旧额 × 当月实际完成工作量

在会计实务中，工作量法广泛应用于以下三种方式：第一种，按照工作小时计算折旧；第二种，按行驶里程计算折旧；第三种，按台班计算折旧。

【例4-16】 2×20年大华电器厂购置一台专用机床，价值200 000元，预计总工作小时数为300 000小时，预计净残值为20 000元，购置的当年便工作了2 400小时，则有：

每小时折旧额 =（200 000−20 000）÷ 300 000=0.6（元/小时）

当年的折旧额 =2 400×0.6=1 440（元）

工作量法实际上也是直线法，它把产量与成本相联系，也就是把收入与费用相配。于是年末计提折旧时的会计分录如下。

借：制造费用　　　　　　　　　　　　　　　　　　　　1 440
　　贷：累计折旧　　　　　　　　　　　　　　　　　　　1 440

【例4-17】 2×20年A公司有经理用的小汽车一辆，原值为150 000元，预计净残值率为5%，预计总行驶里程为600 000千米，当月行驶里程为3 000千米，该项固定资产的月折旧额计算如下。

单位里程折旧额 =（150 000−150 000×5%）÷ 600 000=0.237 5（元/千米）

本月折旧额 =3 000×0.237 5=712.5（元）

因为这辆车是企业管理者作为管理用的，所以会计分录如下。

借：管理费用　　　　　　　　　　　　　　　　　　　　712.5
　　贷：累计折旧　　　　　　　　　　　　　　　　　　　712.5

（三）双倍余额递减法

双倍余额递减法是加速折旧法的一种，是按直线法折旧率的两倍，乘以固定资产在每个会计期间的期初账面净值计算折旧的方法。在计算折旧率时通常不考虑固定资产残值。其计算公式如下。

公式 1：年折旧率（双倍直线折旧率）=（2÷预计使用年限）×100%

公式 2：年折旧额 = 期初固定资产账面净值 × 双倍直线折旧率

由于采用双倍余额递减法在确定折旧率时不考虑固定资产净残值因素，因此，在采用这种方法时，应注意以下两点。

第一，由于每年的折旧额是递减的，所以可能出现某年按双倍余额递减法所提折旧额小于按直线法计提的折旧额。当这一情况在某一折旧年度出现时，应换为按直线法计提折旧。

通常在下列条件成立时，换为直线法计提折旧。

该年按双倍余额递减法计算的折旧额＜（当年固定资产期初账面净值－预计净残值）÷剩余使用年限

第二，各年计提折旧后，固定资产账面净值不能小于预计净残值。避免这一现象的方法是，在可能出现此现象的那一年转换为直线法，即将当年年初的固定资产账面净值减去预计净残值，其差额在剩余的使用年限中平均摊销。但在实际工作中，企业一般采用简化的办法，在固定资产预计使用年限到期前两年转换成直线法。

【例 4-18】 2×20 年 A 公司购入一部自动化生产线，安装完毕后，固定资产原值为 200 000 元，预计使用年限为 5 年，预计净残值收入 8 000 元。该生产线按双倍余额递减法计算各年的折旧额如下。

双倍直线折旧率 =2÷5×100%=40%

第一年应提折旧 =200 000×40%=80 000（元）

第二年应提折旧 =（200 000-80 000）×40%=48 000（元）

第三年应提折旧 =（200 000-80 000-48 000）×40%=72 000×40%=28 800（元）

第四年应提折旧 =（200 000-80 000-48 000-28 800-8 000）÷2=17 600（元）

第五年应提折旧 =（200 000-80 000-48 000-28 800-8 000）÷2=17 600（元）

可以看出折旧率 40% 是固定不变的，而每一期的期初账面余额是上一期的期末账面余额，每一期的折旧额都是递减的，但累计折旧总额在增加。等到使用期的最后两年时，把当时固定资产的账面价值减去预估的残值，进行均分便是最后两年每一年的折旧额。

（四）年数总和法

年数总和法是以固定资产的原值减去预计净残值后的净额为基数，以一个逐年递减的分数为折旧率,计算各年固定资产折旧额的一种折旧方法。

年数总和法的各年折旧率,以固定资产尚可使用年限作为分子,以固定资产使用年限的逐年数字之和作为分母。假定固定资产使用年限为 n 年,分母即为 $1+2+3+\cdots+n=n(n+1)\div 2$。计算公式如下。

公式 1:年折旧率 = 尚可使用年限 ÷ 预计使用年限的逐年数字总和

公式 2:年折旧额 =(固定资产原值 - 预计净残值)× 年折旧率

公式 3:月折旧额 =(固定资产原值 - 预计净残值)× 月折旧率

公式 4:月折旧率 = 年折旧率 ÷12

【例 4-19】2×20 年美云公司一台小型机床原值为 50 000 元,预计使用年限为 5 年,预计净残值为 2 000 元。分别用三种方法计提折旧,如表 4-5 所示。

表 4-5 三种折旧计提方法的比较

单位:元

年份	比较项目	直线法	双倍余额递减法	年数总和法
第 1 年	当年折旧基数	48 000	50 000	48 000
	年折旧率	1÷5=20%	2÷5=40%	5÷(1+2+3+4+5)
	年折旧额	9 600	20 000	16 000
第 2 年	当年折旧基数	48 000	30 000	48 000
	年折旧率	1÷5=20%	2÷5=40%	4÷(1+2+3+4+5)
	年折旧额	9 600	12 000	12 800
第 3 年	当年折旧基数	48 000	18 000	48 000
	年折旧率	1÷5=20%	2÷5=40%	3÷(1+2+3+4+5)
	年折旧额	9 600	7 200	9 600
第 4 年	当年折旧基数	48 000	8 800	48 000
	年折旧率	1÷5=20%	0.5	2÷(1+2+3+4+5)
	年折旧额	9 600	4 400	6 400
第 5 年	当年折旧基数	48 000	8 800	48 000
	年折旧率	1÷5=20%	0.5	1÷(1+2+3+4+5)
	年折旧额	9 600	4 400	3 200

注:采用双倍余额递减法计算折旧,初期不考虑净残值,在最后 2 年才涉及净残值,且平摊剩余的数额。

(1)直线法下,折旧额每年都相等;双倍余额递减法下,折旧率不变,余额递减,折旧额递减;年数总和法下,用递减的折旧率乘以固定的基数,也得出递减的折旧额。

(2)双倍余额递减法下,在使用的最后2年,用原值减去累计折旧再减去净残值后的余额,进行平摊。

(3)5年后,每种方法下的账面都是剩余净残值2 000元。

双倍余额递减法和年数总和法都属于加速折旧法,其特点是在固定资产使用的早期多提折旧,后期少提折旧,从而相对加快折旧的速度,目的是使固定资产成本在估计使用寿命内加快得到补偿。

(五)固定资产折旧的会计处理

固定资产应当按月计提折旧,计提的折旧应通过"累计折旧"科目核算,并根据用途计入相关资产的成本或者当期损益。

(1)基本生产车间所使用的固定资产,其计提的折旧应计入制造费用。

(2)管理部门所使用的固定资产,其计提的折旧应计入管理费用。

(3)销售部门所使用的固定资产,其计提的折旧应计入销售费用。

(4)自行建造固定资产过程中使用的固定资产,其计提的折旧应计入在建工程成本。

(5)经营租出的固定资产,其计提的折旧额应计入其他业务成本。

(6)未使用的固定资产,其计提的折旧应计入管理费用。

【例4-20】华明公司2×21年5月固定资产计提折旧情况如下。

第一生产车间厂房计提折旧5.5万元,机器设备计提折旧8万元。

管理部门房屋及建筑物计提折旧11万元,运输工具计提折旧3.6万元。

销售部门房屋及建筑物计提折旧5.5万元,运输工具计提折旧6.22万元。

此外,本月第一生产车间新购置一台设备,原价为122万元,预计使用寿命10年,预计净残值1万元,按年限平均法计提折旧。

本例中,新购置的设备本月不提折旧,应从2×21年6月开始计提折旧。华明公司2×21年6月计提折旧的账务处理如下。

借:制造费用——第一生产车间　　　　　　　　　　135 000
　　管理费用　　　　　　　　　　　　　　　　　　146 000
　　销售费用　　　　　　　　　　　　　　　　　　117 200
　　贷:累计折旧　　　　　　　　　　　　　　　　　　398 200

4.4 固定资产后续计量

4.4.1 固定资产后续支出

（一）固定资产后续支出的概念

固定资产的后续支出，是指固定资产使用过程中发生的更新改造支出、修理费用等。企业的固定资产投入使用后，为了适应新技术发展的需要，或者为维护或提高固定资产的使用效能，往往需要对现有固定资产进行维护、改建、扩建或者改良。

（二）固定资产后续支出的处理原则

后续支出的处理原则为：符合固定资产确认条件的，应当计入固定资产成本，同时将被替换部分的账面价值扣除；不符合固定资产确认条件的，应当计入当期损益。

（三）资本化的后续支出

固定资产发生可资本化的后续支出时，企业一般应将该固定资产的原价、已计提的累计折旧和减值准备转销，将固定资产的账面价值转入在建工程，并在此基础上重新确定固定资产原价。因固定资产已转入在建工程，故停止计提折旧。在固定资产发生的后续支出完工并达到预定可使用状态时，再从在建工程转为固定资产，并按重新确定的固定资产原价、使用寿命、预计净残值和折旧方法计提折旧。固定资产发生的可资本化的后续支出，通过"在建工程"科目核算。

【例4-21】三木制造公司是一家从事金属产品制造的企业，2×20年新建一条不锈钢器材生产线，有关的会计资料如下。

（1）2×20年12月，该公司自行建成了一条不锈钢器材生产线并投入使用，建造成本为568 000元，采用年限平均法计提折旧，预计净残值率为固定资产原价的3%，预计使用年限为6年。

（2）2×23年1月1日，由于生产的产品适销对路，现有生产线的生产能力已难以满足公司生产发展的需要，但新建生产线成本过高、周期过长，于是公司决定对现有生产线进行改扩建，以提高其生产能力。

（3）2×23年1月1日—3月31日，经过3个月的改扩建，完成了对该不锈钢器材生产线的改扩建工程，共发生支出268 900元，全部以银行存款支付。

（4）该生产线改扩建工程达到预定可使用状态后，大大提高了生产能力，预计尚可使用年限为 7 年 9 个月。假定改扩建后的生产线的预计净残值率为改扩建后固定资产账面价值的 3%，折旧方法仍为年限平均法。

（5）为简化计算，不考虑其他相关税费，公司按年度计提固定资产折旧。

三木制造公司的账务处理如下。

（1）2×21 年 1 月 1 日—2×22 年 12 月 31 日两年间，即固定资产后续支出发生前，该条生产线的应计折旧额为 550 960[568 000×（1-3%）]元，年折旧额为 91 826.67（550 960÷6）元，各年计提固定资产折旧的账务处理如下。

借：制造费用　　　　　　　　　　　　　　　　　　91 826.67
　　贷：累计折旧　　　　　　　　　　　　　　　　　91 826.67

（2）2×23 年 1 月 1 日，该生产线的账面价值为 384 346.66[568 000-（91 826.67×2）]元，该生产线转入改扩建时的账务处理如下。

借：在建工程　　　　　　　　　　　　　　　　　　384 346.66
　　累计折旧　　　　　　　　　　　　　　　　　　183 653.34
　　贷：固定资产——生产线　　　　　　　　　　　568 000

（3）2×23 年 1 月 1 日—3 月 31 日，发生固定资产后续支出的账务处理如下。

借：在建工程　　　　　　　　　　　　　　　　　　268 900
　　贷：银行存款　　　　　　　　　　　　　　　　268 900

（4）2×23 年 3 月 31 日，生产线改扩建工程达到预定可使用状态，将后续支出全部资本化后的生产线账面价值为 653 246.66（384 346.66+268 900）元，其账务处理如下。

借：固定资产——生产线　　　　　　　　　　　　　653 246.66
　　贷：在建工程　　　　　　　　　　　　　　　　653 246.66

（5）2×23 年 3 月 31 日，生产线改扩建工程达到预定可使用状态后，其每年应计提的折旧额为 81 761.19 元，每年计提固定资产折旧的账务处理如下。

每年应计提的折旧额 =[653 246.66×（1-3%）÷（7×12+9）]×12=81 761.19（元）

借：制造费用　　　　　　　　　　　　　　　　　　81 761.19
　　贷：累计折旧　　　　　　　　　　　　　　　　81 761.19

【例 4-22】2×20 年 12 月，华明公司采用出包方式建造的营业厅达到预定可使用状态投入使用，并结转固定资产成本 1 800 000 元。该营业厅内有一部电梯，成本为 200 000 元，未单独确认为固定资产。2×21 年 1 月，为吸引顾客，华明公司决定更换一部观光电梯。支付的新电梯购买价款为 320 000 元（含增值税税额，适用的增值税税率为 13%），另发生安装费用 31 000 元，以银行存款支付；旧电梯的回收价格为 100 000 元，款项尚未收到。假定营业厅的年折旧率为 3%，已使用 8 年，净残值率为 3%。

华明公司的账务处理如下。

（1）2×21 年 1 月，购入一部观光电梯。

借：工程物资　　　　　　　　　　　　　　　　　　　　　　320 000
　　贷：银行存款　　　　　　　　　　　　　　　　　　　　　320 000

（2）2×21 年 1 月，将营业厅的账面价值转入在建工程。

营业厅的累计折旧金额 = 1 800 000×（1-3%）×3%×8=419 040（元）

借：在建工程　　　　　　　　　　　　　　　　　　　　　1 380 960
　　累计折旧　　　　　　　　　　　　　　　　　　　　　　419 040
　　贷：固定资产　　　　　　　　　　　　　　　　　　　1 800 000

（3）2×21 年 1 月，转销旧电梯的账面价值。

旧电梯的账面价值 =200 000-200 000÷1 800 000×419 040=153 440（元）

借：其他应收款　　　　　　　　　　　　　　　　　　　　　100 000
　　资产处置损益　　　　　　　　　　　　　　　　　　　　　53 440
　　贷：在建工程　　　　　　　　　　　　　　　　　　　　153 440

（4）2×21 年 1 月，安装新电梯。

借：在建工程　　　　　　　　　　　　　　　　　　　　　　351 000
　　贷：工程物资　　　　　　　　　　　　　　　　　　　　320 000
　　　　银行存款　　　　　　　　　　　　　　　　　　　　 31 000

（5）电梯安装完毕达到预定可使用状态投入使用。

借：固定资产　　　　　　　　　　　　　　　　　　　　　1 578 520
　　贷：在建工程　　　　　　　　　　　　　　　　　　　1 578 520

（四）费用化的后续支出

一般情况下，固定资产投入使用之后，固定资产磨损、各组成部分耐用程度不同，可能会导致固定资产的局部损坏，为了维持固定资产的正常运转和使用，充分发挥其使用效能，企业会对固定资产进行必要的维护。固定资产的日常维护支出只是确保固定资产的正常工作状况，通常不满足固定资产的确认条件，应在发生时计入管理费用或销售费用，不得采用预提或待摊方式处理。

【例4-23】2×21年1月23日，华明公司对某办公楼进行修理，修理过程中领用原材料一批，价值为120 000元，为购买该批原材料支付的增值税进项税额为15 600元，应支付的维修人员薪酬为43 320元。

华明公司的账务处理如下。

借：管理费用　　　　　　　　　　　　　　　　163 320
　　贷：原材料　　　　　　　　　　　　　　　　120 000
　　　　应付职工薪酬　　　　　　　　　　　　　 43 320

4.4.2　固定资产的处置

（一）固定资产终止确认的条件

固定资产处置，包括固定资产的出售、转让、报废和毁损、对外投资、非货币性资产交换、债务重组等。

固定资产满足下列条件之一的，应当予以终止确认。

1. 固定资产处于处置状态

处于处置状态的固定资产不再用于生产商品、提供劳务、出租或经营管理，因此不再符合固定资产的定义，应予终止确认。

2. 固定资产预期通过使用或处置不能产生经济利益

固定资产的确认条件之一是"与该固定资产有关的经济利益很可能流入企业"，如果一项固定资产预期通过使用或处置不能产生经济利益，那么，它就不再符合固定资产的定义和确认条件，应予终止确认。

（二）固定资产出售、报废或毁损的会计处理

企业因出售、转让、报废或毁损、对外投资、非货币性资产交换、债务重组等处置固定资产，其会计处理一般经过以下几个步骤。

第一，固定资产转入清理。固定资产转入清理时，按固定资产账面价值，借记"固定资产清理"科目，按已计提的累计折旧，借记"累计折旧"科目，按已计提的减值准备，借记"固定资产减值准备"科目，按固定资产账面余额，贷记"固定资产"科目。

第二，发生的清理费用的处理。按固定资产清理过程中发生的有关费用以及应支付的相关税费，借记"固定资产清理"科目，贷记"银行存款""应交税费"等科目。

第三，出售收入和残料等的处理。企业收回出售固定资产的价款、残料价值和变价收入等，应冲减清理支出。按实际收到的出售价款以及残料变价收入等，借记"银行存款""原材料"等科目，贷记"固定资产清理""应交税费——应交增值税"等科目。

第四，保险赔偿的处理。企业计算或收到的应由保险公司或过失人赔偿的损失，应冲减清理支出，借记"其他应收款""银行存款"等科目，贷记"固定资产清理"科目。

第五，清理净损益的处理。固定资产清理后的净收益，区别情况处理：属于筹建期间的，冲减长期待摊费用，借记"固定资产清理"科目，贷记"长期待摊费用"科目；属于生产经营期间的，计入损益，借记"固定资产清理"科目，贷记"营业外收入——处置固定资产净收益"科目。固定资产清理后的净损失，区别情况处理：属于筹建期间的，计入长期待摊费用，借记"长期待摊费用"科目，贷记"固定资产清理"科目；属于生产经营期间自然灾害等非正常原因造成的损失，借记"营业外支出——非常损失"科目，贷记"固定资产清理"科目；属于生产经营期间正常的处理损失，借记"资产处置损益"科目，贷记"固定资产清理"科目。

【例 4-24】2×20 年三木制造公司出售一幢闲置厂房。该厂房账面原始价值为 200 000 元，已提折旧 110 000 元，取得出售价款 110 000 元。该厂房已计提减值准备 10 000 元，不考虑相关税费，有关会计处理如下。

（1）注销出售固定资产价值。

借：固定资产清理　　　　　　　　　　　　　　　　　80 000
　　累计折旧　　　　　　　　　　　　　　　　　　　110 000
　　固定资产减值准备　　　　　　　　　　　　　　　 10 000
　　　贷：固定资产　　　　　　　　　　　　　　　　200 000

（2）取得清理收入。

借：银行存款　　　　　　　　　　　　　　　　　　　110 000
　　　贷：固定资产清理　　　　　　　　　　　　　　110 000

（3）结转清理净收益。

借：固定资产清理　　　　　　　　　　　　　　　　　 30 000

贷：资产处置损益　　　　　　　　　　　　　　　　　　30 000

（三）持有待售的固定资产

同时满足下列条件的非流动资产（包括固定资产）应当划分为持有待售的非流动资产：一是企业已经就处置该非流动资产作出决议，二是企业已经与受让方签订了不可撤销的转让协议，三是该项转让将在一年内完成。持有待售的非流动资产包括单项资产和处置组，处置组是指作为整体出售或其他方式一并处置的一组资产。处置组通常是一组资产组、一个资产组或某个资产组中的一部分。如果处置组是一个资产组，并且按照《企业会计准则第8号——资产减值》的规定将企业合并中取得的商誉分摊至该资产组，或者该资产组是这种资产组中的一项经营，则该处置组应当包括企业合并中取得的商誉。

企业对于持有待售的固定资产，应当调整该项固定资产的预计净残值，使该项固定资产的预计净残值能够反映其公允价值减去处置费用后的金额，但不得超过符合持有待售条件时该项固定资产的原账面价值，原账面价值高于预计净残值的差额，应作为资产减值损失计入当期损益。企业应当在报表附注中披露持有待售的固定资产名称、账面价值、公允价值、预计处置费用和预计处置时间等。持有待售的固定资产不计提折旧，按照账面价值与公允价值减去处置费用后的净额孰低进行计量。

单项资产或处置组被划归为持有待售，但后来不再满足持有待售的固定资产的确认条件，企业应当停止将其划归为持有待售，并按照下列两项金额中较低者计量：

（1）该资产或处置组被划归为持有待售之前的账面价值，按照其假定在没有被划归为持有待售的情况下原应确认的折旧、摊销或减值进行调整后的金额；

（2）决定不再出售之日的可收回金额。

符合持有待售条件的无形资产等其他非流动资产，比照上述原则处理。这里所指的其他非流动资产不包括递延所得税资产、《企业会计准则第22号——金融工具确认和计量》规范的金融资产、以公允价值计量的投资性房地产和生物资产、保险合同中产生的合同权利等。

4.4.3 固定资产清查

为了保证固定资产核算的真实性，企业应定期或者至少于每年年末对固定资产进行清查盘点,以保证固定资产核算的真实性,充分挖掘企业现有固定资产的潜力。在固定资产清查过程中,如果发现盘盈、盘亏的固定资产,应填制固定资产盘盈盘亏报告表。清查固定资产的损益,应及时查明原因,并按照规定程序报批处理。

企业盘盈、盘亏的固定资产,在审批之前,应调整固定资产的账面价值,作为企业的待处理财产损溢,在报经有关部门审批之后,作为营业外收支处理。为此,固定资产盘盈应通过"以前年度损益调整"科目进行核算,盘亏应通过"待处理财产损溢"科目所属"待处理固定资产损溢"二级科目进行核算。期末,对于尚未审批的盘盈、盘亏的固定资产,应进行处理。如果审批数与处理数不一致,再进行调整。

(一)固定资产盘盈

企业盘盈的固定资产,在批准处理之前,应根据重置价值借记"固定资产"科目,贷记"待处理财产损溢"科目;待有关部门审批之后,应借记"待处理财产损溢"科目,贷记"营业外收入"科目。

【例4-25】2×20年某钢厂年末对资产进行清查时,发现未入账的设备一台,现若重新购入同样一台新设备要花120 000元,预计使用年限10年。此设备估计已使用2年,预计净残值率为5%。每年应计折旧额为(120 000−120 000×5%)÷10=11 400(元),累计折旧额为22 800元,编制会计分录如下。

借:固定资产　　　　　　　　　　　　　　　　　　120 000
　　贷:累计折旧　　　　　　　　　　　　　　　　　　22 800
　　　　以前年度损益调整　　　　　　　　　　　　　　97 200

(二)固定资产盘亏

固定资产盘亏造成的损失,应当计入当期损益。企业在财产清查中盘亏的固定资产,按盘亏固定资产的账面价值,借记"待处理财产损溢——待处理固定资产损溢"科目,按已计提的累计折旧,借记"累计折旧"科目,按已计提的减值准备,借记"固定资产减值准备"科目,按固定资产原价,贷记"固定资产"科目。按管理权限报经批准后处理时,按可收回的保险赔偿或过失人赔偿,借记"其他应收款"科目,按应计入营业外支出的金额,借记"营业外支出——盘亏损失"科目,贷记"待处理财产损溢——待处理固定资产损溢"科目。

【例4-26】大华家具公司于2×19年9月22日进行了一次资产清查,清查之后发现盘亏一台原值为 50 000 元的设备，经查账发现此台设备已提折旧为 24 000 元。请对以上的经济业务编制会计分录。

  借：待处理财产损溢——待处理固定资产损溢 26 000
    累计折旧 24 000
   贷：固定资产 50 000

上报上级主管部门批准后转入"营业外支出"科目。

  借：营业外支出——盘亏损失 26 000
   贷：待处理财产损溢 26 000

4.4.4 固定资产减值

  固定资产在资产负债表日存在可能发生减值的迹象时，其可收回金额低于账面价值的，企业应当将该固定资产的账面价值减记至可收回金额，减记的金额确认为减值损失，计入当期损益，同时计提相应的资产减值准备，借记"资产减值损失——计提的固定资产减值准备"科目，贷记"固定资产减值准备"科目。固定资产减值损失一经确认，在以后会计期间不得转回。

  【例 4-27】 2×19 年 12 月 31 日，丁公司的某生产线存在可能发生减值的迹象。经计算，该生产线的可收回金额合计为 1 230 000 元，账面价值为 1 400 000 元，以前年度未对该生产线计提过减值准备。

  由于该生产线的可收回金额为 1 230 000 元，账面价值为 1 400 000 元，可收回金额低于账面价值，应按两者之间的差额 170 000（1 400 000-1 230 000）元计提固定资产减值准备。丁公司会计处理如下。

  借：资产减值损失——计提的固定资产减值准备 170 000
   贷：固定资产减值准备 170 000

第 5 章
投融资会计实务操作

5.1 投融资概述

5.1.1 融资概述

（一）融资的重要意义

融资活动是企业一项重要的财务活动，融资管理是企业财务管理的一项基本内容。企业融资活动是资金运转的起点，是经营运转的前提。融资的主要作用如图 5-1 所示。

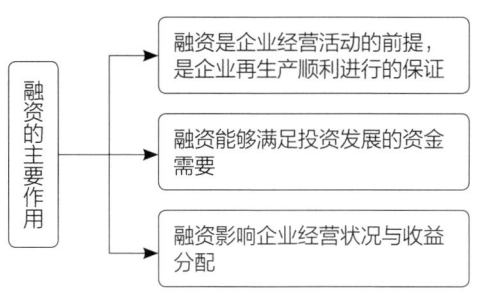

图 5-1 融资的主要作用

1. 融资是企业经营活动的前提，是企业再生产顺利进行的保证

企业融资，能够为正常生产经营活动的顺利开展提供财务保障。资金筹集是指企业通过各种方式和法定程序，从不同的资金渠道，筹措所需资金的全过程。无论其筹资的来源和方式如何，其取得途径不外乎两种：一种是接受投资者投入的资金，即企业的资本金；另一种是向债权人借入的资金，即企业的负债。资金筹集是指公司从各种不同的来源，用各种不同的方式筹集其生产经营过程中所需要的资金。这些资金由于来源与方式的不同，其筹集的条件、筹集的成本和筹集的风险也不同。

2. 融资能够满足投资发展的资金需要

企业在成长时期，往往因扩大生产经营规模或对外投资而需要大量的资金。企业可以通过两种形式扩张生产经营规模：一种属于外延式的扩大再生产，包括新建厂房、增购设备等；另一种属于内涵式的扩大再生产，包括改进设备以提高其生产能力，培训员工以提高其生产效率。无论在何种情况下，企业都会发生扩张性的融资需求。此外，企业由于战略发展和资本经营的需要，还会积极开展对外投资，如以联营投资、股权投资和债权投资等形式进行实体投资或金融投资。经营性扩张和对外投资，往往也会产生大额的资金需求。

3. 融资影响企业经营状况与收益分配

收益分配涉及企业的投资者、经营者及职工等多方的利益，间接影响企业的经营，因此企业必须统筹兼顾，并尽可能地保持收益分配的稳定。同时，由于自身发展及优化资本结构的需要，除必须依法计提公积金和分配利润，企业仍可以出于长远发展的考虑，利用内部收益满足投资发展的需要。这就需要企业正确处理积累与消费的关系，使收益分配真正成为促进企业发展的有效手段。

（二）融资的分类

1. 按照资金的权益特性：股权融资、债务融资及混合性融资

（1）股权融资。

股权融资是指通过增资的方式引进新的股东，取得依法能够长期拥有和自主调配资本的融资方式。股权资本在企业持续经营期间内，投资者不得抽回，因而也称为企业的自有资本、主权资本或股东权益资本。

股权融资项目，包括实收资本（股本）、资本公积、盈余公积和未分配利润等。其中，实收资本（股本）和资本（股本）溢价部分形成的资本是投资者的原始投入部分，盈余公积、未分配利润和部分资本公积是原始投入资本在企业持续经营中形成的经营积累。通常，盈余公积、未分配利润共称为留存收益。股权融资所获得的资金，企业无须还本付息，但新股东将与老股东同样分享企业的盈利与增长。股权融资的特点决定了其用途的广泛性，既可以充实企业的营运资金，也可以用于企业的投资活动。

（2）债务融资。

债务融资，是企业通过借款、发行债券、融资租赁以及赊销商品或服务等方式取得的资金，形成企业在规定期限内需要清偿的债务。

（3）混合性融资。

混合性融资包括优先股融资、可转换债券融资和认股权证融资。

2. 按照是否以金融机构为媒介：直接融资和间接融资

（1）直接融资。

直接融资是指企业不借助银行等金融机构，直接与资本所有者协商而融通资本的一种融资活动。直接融资主要有吸收直接投资、发行股票、发行债券和商业信用等融资方式。

（2）间接融资。

间接融资是指企业借助银行等金融机构融通资本的融资活动。在间接融资方式下，银行等金融机构作为中介，预先通过资金拥有者向其让渡资金的使用权集合资金，然后再将这些资金提供给企业。间接融资的基本方式是向银行借款，此外还有融资租赁等融资方式。间接融资形成的主要是债务性资金，以用于满足企业对资金周转的需要。

3. 按资金的来源和取得方式：内部融资和外部融资

（1）内部融资。

内部融资是指企业利用留存利润所形成的融资方式。内部融资金额的大小主要取决于企业可分配利润的多少及利润分配政策（股利政策）。内部融资对企业的资本形成具有原始性、自主性、低成本和抗风险的特点，是企业生存与发展不可或缺的重要组成部分。

（2）外部融资。

外部融资是指企业向外部筹措资金而形成的融资方式。在企业的创业初期，内部融资的可能性十分有限；企业处于成长期时，内部融资往往难以满足需要。这就需要企业广泛地开展外部融资，外部融资主要来自专业银行信贷资金、非金融机构资金、其他企业资金、民间资金和外资等。外部融资的优点是速度快、弹性大、资金量大,缺点是保密性差、成本和风险较高。

因此,企业融资时应首先利用内部融资,然后再考虑外部融资。

4. 按照所筹集资金使用期限的长短:长期融资和短期融资

(1)长期融资。

长期融资是指筹集和管理可供企业长期(一般为一年以上)使用的资本。长期融资的资本主要用于企业生产经营能力的扩张与对外投资。长期融资通常采取吸收直接投资、发行股票、发行长期债券、取得长期借款、融资租赁等方式,筹集资金用于新产品、新项目的开发与推广,生产规模的扩大,设备的更新与改造等,因此这类资本具有回收期较长、成本较高的特点,对企业的生产经营有较大影响。从资金权益性质来看,长期资金可以来源于股权融资,也可以来源于债务融资。

(2)短期融资。

短期融资是指期限在一年以内的融资,短期融资一般是负债融资。短期资金主要用于企业的流动资产和日常资金周转,一般在短期内需要偿还。短期融资经常利用短期借款、短期融资券、商业信用等方式进行。

5. 按照融资的结果是否在资产负债表上反映:表内融资和表外融资

(1)表内融资。

表内融资是指可能直接引起资产负债表中负债与股东权益发生变动的融资,如长期借款、发行长期债券等。

(2)表外融资。

表外融资是指不会引起资产负债表中负债与股东权益发生变动的融资,如经营租赁等。

5.1.2 投资概述

(一)投资的重要意义

企业融资是为了投资,对各种资金进行最有效组合从而使企业获取最大的投资收益,是企业投资管理所追求的财务目标。因而,在市场经济条件下,企业能否把筹集到的资金投放到收益高、回收快、风险小的项目上去,对企业的生存和发展是十分重要的。投资的重要意义如图5-2所示。

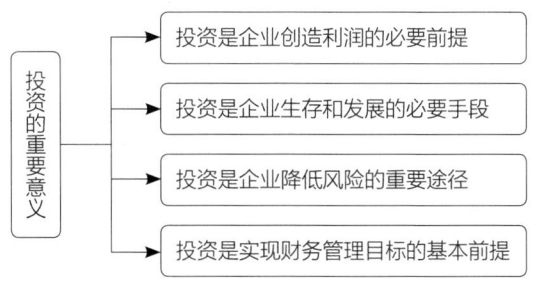

图 5-2 投资的重要意义

1. 投资是企业创造利润的必要前提

利润是企业从事生产经营活动取得的财务成果。企业要获得利润，必须将筹集的资金投入使用：将资金直接用于企业的生产经营中，或将资金以股权、债权的方式投给其他企业以获取报酬。可见，要获取利润就必须进行投资。

2. 投资是企业生存和发展的必要手段

投资对企业而言，不仅是维持简单再生产的基础，也是扩大再生产的必要条件。

3. 投资是企业降低风险的重要途径

在市场经济条件下，企业的生产经营活动不可避免地存在风险，其基本原因在于商品销售数量的不确定性，而影响销售数量的因素较多，如商品的质量、市场对商品的需求、企业的销售策略和服务水平、企业的成本费用等。企业如把资金投向生产经营的关键环节或薄弱环节，可以使企业各种生产经营能力配套、平衡，形成更大的综合生产能力；企业如把资金投向多个行业，实行多元化经营，则能增加企业销售和获利的稳定性。这些都可以降低企业经营风险。

4. 投资是实现财务管理目标的基本前提

企业财务管理的目标是不断地创造企业价值，为此，就要采取各种措施增加利润，降低风险。企业创造的现金流量越多、越稳，企业价值就越大，而企业创造价值的能力，主要通过投资活动来实现。

（二）投资的分类

投资是一项很复杂的经济活动，为了加强管理和提高投资收益，有必要对投资进行科学的分类。根据管理的需要，企业投资可按不同的标准分为不同的种类。

1. 按投资回收期限的长短：短期投资与长期投资

（1）短期投资。

短期投资又称为流动资产投资，是指在一年内可收回的投资，主要包括现金、应收款项、存货以及准备在短期内变现的有价证券。短期投资是指企业为保证日常生产经营活动正常进行而进行的投资，具有时间短、变现能力强、流动性大等特点。

（2）长期投资。

长期投资是指一年以上才能收回的投资，主要包括机器、设备、厂房等固定资产的投资，也包括准备长期持有的有价证券投资以及对无形资产的投资。

2. 按投资的方向：对内投资与对外投资

（1）对内投资。

对内投资又称为内部投资，是指企业为了保证生产经营活动的正常进行和规模的扩大，把资金投在企业内部，购置企业生产经营所需各种资产的投资活动。对内投资又可分为维持性投资和扩张性投资两大类。

（2）对外投资。

对外投资又分为两种。

（1）对外直接投资，即直接投资于其他企业，是指企业以现金、实物或无形资产等出资形式直接投放于其他经济实体，并参与其经营活动的投资行为，属于直接投资。若接受投资的企业的效益好，出资者就可多分得一些利润；反之，若接受投资的企业效益差，出资者就要少分利润，甚至蒙受亏损。

（2）对外证券投资，是指企业以购买股票、债券等有价证券方式向其他企业投资，以期获取收益或其他长远权利的投资行为，属于间接投资。对外证券投资又可分为股票投资和债券投资两种形式。

3. 按投资与企业生产经营的关系：直接投资与间接投资

（1）直接投资。

直接投资是指把资金直接投放于生产经营性资产，以便获得收益的投资。例如，购置设备、兴建工厂、开办商店等。进行直接投资决策，要事先创造一个或几个备选方案，通过对这些方案的分析和评价，从中选择最优的行动方案。在非金融性企业中，直接投资比重很大。

（2）间接投资。

间接投资是把资金投放于证券等金融资产，以获取投资收益和资本利息的投资。例如，购买政府公债、企业债券。随着我国金融市场的完善和多渠道融资的形成，企业间接投资的应用将越来越广泛。

4. 按投资的风险程度不同：确定型投资与风险型投资

（1）确定型投资。

确定型投资是指未来情况可以较为准确地预测的投资。由于风险小，未来收益较为确定，企业在进行此类投资决策时，可以不考虑风险问题。

（2）风险型投资。

风险型投资是指未来情况不确定，难以准确预测的投资。由于风险大，未来收益不确定，企业在进行此类投资决策时，应充分考虑投资的风险问题，采用科学的分析方法，以做出正确的投资决策。企业的大多数战略性投资均属于风险型投资。

5. 按投资方案间是否相关：独立投资与互斥投资

（1）独立投资。

独立投资是指在彼此相互独立的若干个投资方案或项目间进行选择的投资。在这种情况下，项目间不能相互取代，并且某一投资项目的收益和成本不会因其他项目的采纳与否而受到影响。

（2）互斥投资。

互斥投资又称为互不相容投资，是各投资项目间有取必有舍，相互排斥，不能同时并存的投资。这类投资决策必须将所有投资方案逐个进行分析评价，并加以比较，才能做出科学的判断和选择。对互斥投资项目而言，即使每个投资项目本身从经济上评价都可行，也不能同时入选，而只能取较优者。

6. 按对未来的影响程度：战略性投资与战术性投资

（1）战略性投资。

战略性投资是指对企业全局及未来有重大影响的投资。例如，对新产品投资、转产投资、建立分公司等。战略性投资具有规模大、周期长、基于企业发展的长期目标、分阶段等特征，它是影响着企业的前途和命运的投资。

（2）战术性投资。

战术性投资是指不影响企业全局和前途的投资。例如，更新设备、改善工作环境、提高生产效率等的投资。

7. 按投资的性质：生产性投资与金融性资产投资

（1）生产性投资。

生产性投资包括以下几种：与企业开业有关的创造性投资，如建造厂房、购置机器设备、采购原材料等；与维持企业现有经营有关的重置性投资，如更新已老化或损坏的设备的投资；与降低企业成本有关的重置性投资，如购置高效率的设备替代低效率的设备；与现有产品和市场有关的追加性投资；与新产品和新市场有关的扩充性投资。

（2）金融性资产投资。

金融性资产投资又称为证券投资，它包括政府债券、企业债券、金融债券、股票等投资。

5.1.3　投融资会计的岗位职责与特点

（一）投融资会计人员应遵守职业道德规范

《会计基础工作规范》专门对会计人员的职业道德问题进行了六方面的规定，如图5-3所示。

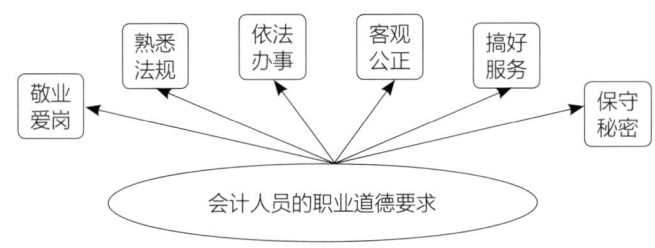

图5-3　会计人员的职业道德要求

（1）敬业爱岗。会计人员应当热爱本职工作，努力钻研业务，使自己的知识和技能适应所从事工作的要求。

（2）熟悉法规。会计人员应当熟悉财经法律、法规和国家统一会计制度，并结合会计工作进行广泛宣传。

（3）依法办事。会计人员应当按照会计法律、法规、规章规定的程序和要求进行会计工作，保证所提供的会计信息合法、真实、准确、及时、完整。

（4）客观公正。会计人员办理会计事务应当实事求是、客观公正。

（5）搞好服务。会计人员应当熟悉本单位的生产经营和业务管理情况，运用掌握的会计信息和会计方法，为改善单位内部管理、提高经济效益服务。

（6）保守秘密。会计人员应当保守本单位的商业秘密，除法律规定和单位领导人同意外，不能私自向外界提供或者泄露单位的会计信息。

（二）投融资会计岗位职责

根据《中华人民共和国会计法》《企业会计制度》《会计基础工作规范》及其他相关规定，可以将会计工作的主要职责概括如下。

（1）按照国家会计制度的规定记账、算账、报账，做到手续完备、数字准确、账目清楚、按期报账。

（2）按照经济核算原则定期检查，分析公司财务、成本和利润的执行情况，挖掘增收节支潜力，考核资金使用效果，当好公司参谋。

（3）妥善保管会计凭证、会计账簿、会计报表和其他会计资料。

（4）编制和执行预算、财务收支计划、信贷计划，拟订资金筹措和使用方案，开辟财源，有效地使用资金。

具体说来，投融资会计岗位的职责包括但不限于以下内容。

（1）负责企业所有融资项目的成本预算，组织协调实施融资预算，设计融资方案。

（2）负责分析市场和项目融资风险，对企业短期及较长期的资金需求进行预测，及时出具分析报告，提出相应的应对措施，制定并实施相应的融资解决方案。

（3）积极开拓金融市场，与国内外目标融资机构沟通，建立多元化的企业融资渠道，与各金融机构建立和保持良好的合作关系。

（4）通过对企业资产和负债进行全面分析，针对不同银行的特点设计融资项目和方式。

（5）执行融资决策，实现企业融资的流动性，为资金平衡奠定基础。

（6）进行资金分析和调配，监督各项资金的运行，优化资金结构，提高资金使用效率。

（7）负责分析市场和项目融资风险，对企业短期及长期的资金需求进行预测，按时编写融资分析报告并提出相应的应对措施。

（8）进行市场调研，配合融资主管编制相关的融资预算方案和融资解决方案。

（9）根据融资工作进程及融资主管的工作安排，与融资机构商谈，确立最佳融资方案及融资条件，最终达成初步的融资协议。

（10）配合资金主管合理进行资金分析和调配，优化资金结构并合理使用确保资金安全。

（11）组织做好行业研究及投资市场调研等前期工作，收集有关投资市场信息资料。

（12）负责对调研资料进行汇总、分析，编制投资市场调查报告，提出投资方向建议。

（13）进行投资可行性研究，编制投资可行性报告，为管理层的投资决策提供依据。

（14）根据财务分析及领导指示，编制投资工作计划和工作方案，经领导审批后执行。

（15）根据投资工作计划及方案，寻找、设计投资项目，组织做好对投资项目的调查和可行性分析研究等前期准备工作。

（16）负责投资项目效果评估，拟订项目效果评估报告，提交企业决策层参考。

（17）建立投资项目档案管理系统，保管好与投资有关的各种资料。

（18）根据企业投资方向和投资主管的工作安排完成市场调查，搜集有关市场信息资料并进行分析研究，编制市场调查报告，供领导参考。

（19）根据投资主管安排，负责相关投资项目的调查和可行性分析研究，为投资项目准备推荐性文件，并拟订项目实施计划和行动方案，供企业领导参考。

（20）参与投资项目谈判，建立并保持与合作伙伴、主管部门和潜在客户的良好关系。

（21）监控和分析投资项目的运营过程，并及时提出业务拓展和管理改进建议。

（22）协助投资主管进行投资项目后期的结果评估，拟订项目结果评估报告。

（23）对投资项目的资料、决议、方案、报告等资料进行整理、归档并保管。

(三)投融资业务和投融资会计工作的特点

1. 投融资业务的特点

融资业务主要由借款交易和股东权益交易组成,投资业务主要由权益性投资交易和债权性投资交易组成。投融资业务主要涉及资金的筹措和使用,其业务主要有以下特点。

(1)投融资业务在一个会计年度内业务量通常很小,尤其是举借长期债务、吸收所有者权益投资和长期投资等业务发生的次数很少;但是日常的金融产品交易(若存在)等业务可能发生得较为频繁。

(2)每一笔业务的金额通常都较大,遗漏或不恰当地进行会计处理,将会导致重大错误,从而对会计报表的公允反映产生较大的影响。

(3)投融资业务的发生受到国家大量的法律、法规和相关契约规定的限制。

2. 投融资会计工作的特点

总体说来,投融资会计不仅应做好基础的会计记录、复核和报告等工作,还应具有丰富的投融资管理知识和经验。在了解企业投融资业务流程和工作目标的基础上,做好投资与融资的匹配工作,并掌握投融资方案评估的技术和方法,严格执行投融资的风险监控。

5.2 资本成本与融资方式的选择

5.2.1 资本成本

资本成本是衡量资本结构优化程度的标准,也是对投资获得经济效益的最低要求。在投资决策中,资本成本有重要作用,通常被作为计算净现值指标的折现率、计算内部收益率指标的基准收益率。

(一)资本成本的含义

资本成本是企业为筹集和使用资金所付出的代价,同时也表现为投资者让渡资金使用权所要求的回报,其具体又包括资金筹措过程中所花费的各项费用(发行费、评估费等)和资金的占用费(股利、利息等)。

(二)资本成本的作用

在融资决策中,资本成本是选择资本来源、比较融资方案、确定融资规模的重要依据。

1. 资本成本是比较融资方式、选择融资方案的依据

各种资本的资本成本率,是比较、评价各种融资方式的依据。在评价各种融资方式时,一般会考虑的因素包括对企业控制权的影响、对投资者吸引力的大小、融资的难易和风险、资本成本的高低等,而资本成本是其中的重要因素。在其他条件相同时,企业融资应选择资本成本最低的方式。

2. 平均资本成本是衡量资本结构是否合理的依据

企业财务管理目标是企业价值最大化,企业价值是企业资产带来的未来经济利益的现值。计算现值时采用的贴现率通常会选择企业的平均资本成本率,当平均资本成本率最小时,企业价值最大,此时的资本结构是企业理想的最佳资本结构。

3. 资本成本是评价投资项目可行性的主要标准

资本成本是企业对投入资本所要求的报酬,即最低必要报酬。任何投资项目,如果它预期的投资报酬率超过该项目使用资金的资本成本率,则该项目在经济上就是可行的。因此,资本成本率是企业用以确定项目要求达到的投资报酬率的最低标准。

4. 资本成本是评价企业整体业绩的重要依据

一定时期企业资本成本率的高低,不仅反映企业融资管理的水平,还可作为评价企业整体经营业绩的标准。企业的生产经营活动,实际上就是所筹集资本经过投放后形成的资产营运,企业的总资产报酬率只有高于其平均资本成本率,才能带来剩余收益。

（三）影响资本成本的因素

1. 总体经济环境

总体经济环境和状态决定企业所处的国民经济发展状况和水平，以及预期的通货膨胀。总体经济环境变化的影响，反映在无风险报酬率上：如果国民经济保持健康、稳定、持续增长，整个社会经济的资金供给和需求相对均衡且通货膨胀水平低，资金所有者投资的风险小，预期报酬率低，融资的资本成本相应就比较低；相反，如果国民经济不景气或者经济过热，通货膨胀持续居高不下，投资者投资风险大，预期报酬率高，融资的资本成本就高。

2. 资本市场条件

资本市场效率表现为资本市场上资本商品的市场流动性。资本商品的流动性高，表现为容易变现且变现时价格波动较小。如果资本市场缺乏效率，证券的市场流动性低，投资者投资风险大，要求的预期报酬率高，那么通过资本市场筹集的资本的成本就比较高。

3. 企业内部的经营和融资状况

企业内部经营风险是企业投资决策的结果，表现为资产报酬率的不确定性；企业融资状况导致的财务风险是企业融资决策的结果，表现为股东权益资本报酬率的不确定性。经营风险和财务风险共同构成企业总体风险，如果企业经营风险高，财务风险大，则企业总体风险水平高，投资者要求的预期报酬率高，企业融资的资本成本相应就高。

4. 企业对融资规模和时限的需求

在一定时期内，国民经济体系中资金供给总量是一定的，资本是一种稀缺资源。因此企业一次性需要筹集的资金规模越大、占用资金时限越长，资本成本就越高。当然，融资规模、时限与资本成本的正向相关性并非线性关系，一般说来，融资规模在一定限度内，并不引起资本成本的明显变化，当融资规模突破一定限度时，才引起资本成本的明显变化。

（四）不同融资方式的资本成本的计算

资本成本有多种计量形式，主要包括个别资本成本、平均资本成本和边际资本成本。不同计量形式所得出的资本成本有不同的用途。

1. 个别资本成本的计算

个别资本成本是指单一融资方式的资本成本,包括长期借款资本成本、公司债券资本成本、普通股资本成本和留存收益资本成本等,其中前两类是债务资本成本,后两类是权益资本成本。个别资本成本率可用于比较和评价各种融资方式。下面,详细介绍各类单一融资方式的资本成本。

(1)长期借款资本成本的计算。

长期借款的成本是指借款利息和融资费。由于借款利息计入税前成本费用,所以可以起到抵税的作用。

①不考虑货币时间价值时的长期借款资本成本计算模型。

不考虑货币时间价值的长期借款资本成本计算公式如下。

$K_L=[$ 年利率 $\times(1-$ 所得税税率 $)/(1-$ 融资费用率 $)]\times 100\%$

即 $K_L=[i\times(1-T)/(1-f)]\times 100\%$

其中:K_L 为长期借款资本成本率;i 为长期借款年利率;f 为融资费用率;T 为所得税税率。

②考虑货币时间价值时的长期借款资本成本计算模型。

对于长期借款,考虑货币时间价值,还可以用折现模式计算资本成本率。

$L(1-f)=I_1/(1+K)+I_2/(1+K)^2+\cdots+I_n/(1+K)^n+P/(1+K)^n$

其中:L 为借款本金;K 为所得税前的长期借款资本成本率;P 为第 n 年年末应偿还的本金。

【例5-1】2×20年某企业取得5年期长期借款100万元,年利率为10%,每年付息一次,到期一次还本,借款费用率为0.2%,企业所得税税率为20%,该项借款的资本成本率计算如下。

$K_L=10\%\times(1-20\%)\div(1-0.2\%)=8.16\%$

考虑货币时间价值,该项长期借款的资本成本率计算如下。

$L(1-f)=I_1/(1+K)+I_2/(1+K)^2+\cdots+I_5/(1+K)^5+P/(1+K)^5$,

即 $100\times(1-0.2\%)=100\times10\%\times(1-20\%)\times(P/A,K_L,5)+(P/F,K_L,5)$

按插值法计算,得 $K_L=8.05\%$。

(2)公司债券资本成本的计算。

公司债券的资本成本主要是指债券利息和融资费。由于债券利息计入税前成本费用,所以可以起到抵税的作用。

K_b=年利率×(1−所得税税率)/[(1−手续费率)×债券融资总额]

即 $K_b=[i\times(1-T)]/[L\times(1-f)]\times 100\%$

式中：L 为公司债券融资总额；i 为公司债券年利率。

【例 5-2】 2×20 年某企业以 110 万元的价格，溢价发行面值为 10 万元、期限为 5 年、票面利率为 7% 的公司债券一批。每年付息一次，到期一次还本，发行费用率为 3%，所得税税率为 20%。该批债券的资本成本率计算如下。

$$K_b=\frac{100\,000\times 7\%\times(1-20\%)}{1\,100\,000\times(1-3\%)}=5.25\%$$

考虑货币时间价值，该项公司债券的资本成本率计算如下。

$1\,100\,000\times(1-3\%)=100\,000\times 7\%\times(1-20\%)\times(P/A,K_b,5)+1\,000\times(P/F,K_b,5)$

按插值法计算，得 K_b=4.09%。

（3）普通股资本成本的计算。

普通股资本成本主要是向股东支付的各期股利。由于普通股的股利是不固定的，即未来现金流出是不确定的，因此很难准确估计出普通股的资本成本。常用的普通股资本成本估计的方法有：股利折现模型法、股利增长模型法、资本资产定价模型法和债券收益率加风险报酬率模型法。

①股利折现模型法。

股利折现模型法是按照资本成本的基本概念来计算普通股资本成本的，即将企业发行股票所收到资金净额现值与预计未来资金流出现值相等的贴现率作为普通股资本成本率。

即 $P_0=D_1/(1+K_s)+D_2/(1+K_s)^2+\cdots+D_n/(1+K_s)^n$

其中：P_0 为股票当前价格；D_n 为股票第 n 年的股利；K_s 为股票的资本成本率。

【例 5-3】 2×20 年某公司当前普通股市价为 15 元，公司约定未来每年均发放 1.5 元的股票股利，则：

$15=1.5\div(1+K_s)+1.5\div(1+K_s)^2+\cdots+1.5\div(1+K_s)^n$

故 K_s=1.5÷15×100%=10%。

②股利增长模型法。

假设资本市场有效，股票市场价格等于价值。若股票本期支付的股利为

D_0，未来各期股利按固定比例 g 增长。股票当前的市场价格为 P_0，则普通股资本成本率计算如下。

$$K_s=[D_0×（1+g）]/[P_0×（1-f）]+g$$

【例5-4】 2×20年某公司普通股市价为20元，融资费用率为2%，本年发放现金股利每股0.4元，预期股利年增长率为8%。则：

$$K_s=[0.4×（1+8\%）]÷[20×（1-2\%）]+8\%=10.20\%$$

③资本资产定价模型法。

假定资本市场有效，股票市场价格等于价值。假定无风险报酬率为 R_f，市场平均报酬率为 R_m，某股票贝塔系数为 β，则普通股资本成本率计算如下。

$$K_s=R_f+\beta（R_m-R_f）$$

【例5-5】 2×20年某公司普通股贝塔系数为1.5，此时一年期国债利率为7%，市场平均报酬率为13%，则该普通股资本成本率计算如下。

$$K_s=R_f+\beta（R_m-R_f）=7\%+1.5×（13\%-7\%）=16\%$$

④债券收益率加风险报酬率模型法。

普通股必须提供给股东比同一公司的债券持有人更高的期望收益率，因为股东承担了更多的风险。因此可以在长期债券收益率的基础上加上股票的风险溢价来计算普通股资本成本率。用公式表示如下。

$$普通股资本成本率 = 长期债券收益率 + 风险溢价$$

其中，风险溢价可以根据历史数据进行估计。在美国，股票相对于债券的风险溢价大约为4%~6%。由于长期债券收益率能较准确地计算出来，在此基础上加上普通股风险溢价作为普通股资本成本率的估计值还是有一定科学性的，而且计算比较简单。

（4）留存收益资本成本的计算。

留存收益是企业税后净利润形成的，是一种所有者权益，其实质是所有者向企业的追加投资。从表面上看，如果企业使用留存收益似乎没有什么成本，其实不然，留存收益资本成本是一种机会成本。因此企业使用这部分资金的最低成本应该与普通股资本成本相同，唯一的差别就是留存收益没有融资费用。

2. 平均资本成本的计算

平均资本成本是指多元化融资方式下的综合资本成本，反映了企业资本成本整体水平的高低。由于受多种因素的制约，企业不可能只使用某种单一的融资方式，往往需要通过多种方式筹集所需资金。在衡量和评价企业融资总体的经济性时，需要计算企业的平均资本成本，进而确立企业理想的资本结构。

平均资本成本是以各种资本占全部资本的比重为权数，对个别资本成本进行加权平均确定的总资本成本，其计算公式如下。

$$K_w = \sum_{j=1}^{n} K_j W_j$$

其中：K_w 为平均资本成本率；K_j 为第 j 种个别资本成本率；W_j 为第 j 种资本在全部资本中的比重。计算个别资本占全部资本的比重时，可分别选用账面价值、市场价值、目标价值权数来计算。

（1）账面价值权数。

这种方法以各种个别资本的会计报表账面价值为基础来计算资本权数，确定各种资本占总资本的比重。采用这种方法，可以直接从资产负债表中得到数据，而且计算结果比较稳定。但是当债券和股票的市价与账面价值差距较大时，会导致按账面价值计算出来的资本成本，不能反映目前从资本市场上筹集资本的现时机会成本，不适合评价现时的资本结构。

（2）市场价值权数。

这种方法以债券、股票的现行市场价格确定权数，从而计算加权平均资金成本。市场价值权数能反映企业目前的实际综合资本成本，有利于融资决策。但由于证券的市场价格处于经常变动之中，所以不易确定市场价值权数。此外，市场价值权数和账面价值权数反映的是企业过去和目前的资本结构，据此确定的综合资本成本不一定适合于面向未来的融资决策。

（3）目标价值权数。

这种方法以债券、股票等的未来预计的目标市场价格确定权数，从而计算加权平均资本成本。目标价值权数能体现期望的资本结构，适用于企业筹集新资金。但是债券、股票等的未来的目标市场价格难以合理地估计。因此通常选择现行市场价值作为权数，采用期望的资本结构计算加权平均资本成本。

【例 5-6】盛合公司 2×20 年期末的长期资本账面总额为 1 000 万元，其中：银行长期贷款 400 万元，占 40%；长期债券 250 万元，占 25%；普通股 350 万元，占 35%。长期贷款、长期债券和普通股的个别资本成本率分别为 5%、6%、9%。普通股市场价值为 1 800 万元，债务市场价值等于账面价值。该公司的平均资本成本率计算如下。

（1）按账面价值计算。

K_w=5%×40%+6%×25%+9%×35%=6.65%

（2）按市场价值计算。

K_w=5%×[400÷（400+250+1 800）]+6%×[250÷（400+250+1 800）]+9%×[1 800÷（400+250+1 800）]=8.04%

3. 边际资本成本的计算

企业的个别资本成本和平均资本成本，是企业过去筹集的单项资本的成本和目前使用全部资本的成本。然而，企业在追加融资时，不能仅仅考虑目前所使用资本的成本，还要考虑新筹集资金的成本，即边际资本成本。边际资本成本是企业追加融资的成本，是企业进行追加融资的决策依据，边际资本成本的权数采用目标价值权数。

【例5-7】盛合公司2×20年度设定的目标资本结构为：银行借款20%，公司债券25%，普通股55%。现拟追加融资300万元，按此资本结构来融资。个别资本成本率预计分别为：银行借款7%，公司债券11%，普通股15%。追加融资300万元的边际资本成本如表5-1所示。

表5-1 边际资本成本计算

资本种类	目标资本结构	追加融资额	个别资本成本	边际资本成本
银行借款	20%	60万元	7%	1.4%
公司债券	25%	75万元	11%	2.75%
普通股	55%	165万元	15%	8.25%
合计	100%	300万元	—	12.4%

5.2.2 融资方式的选择

资本结构优化，要求企业权衡负债的低资本成本和高财务风险的关系，确定合理的资本结构。选择资本结构的方法很多，这里详细介绍比较资本成本法、每股收益分析法和公司价值分析法。

（一）比较资本成本法

比较资本成本法，是通过计算和比较各种可能的融资组合方案的平均资本成本，选择平均资本成本率最低的方案。能够降低平均资本成本的资本结构，就是合理的资本结构。这种方法侧重于从资本投入的角度对融资方案和资本结构进行优化分析。

【例 5-8】 2×20 年盛合公司需筹集 80 万元长期资本,可以用贷款、发行债券、发行普通股三种方式筹集,其个别资本成本率已分别测定,有关资料如表 5-2 所示。

表 5-2　盛合公司资本成本与资本结构数据

融资方式	资本结构			个别资本成本率
	A 方案	B 方案	C 方案	
贷款	40%	30%	30%	6%
发行债券	15%	10%	20%	8%
发行普通股	45%	60%	50%	9%
合计	100%	100%	100%	

首先,分别计算三个方案的综合资本成本率 K。

A 方案:$K=40\%×6\%+15\%×8\%+45\%×9\%=7.65\%$

B 方案:$K=30\%×6\%+10\%×8\%+60\%×9\%=8\%$

C 方案:$K=30\%×6\%+20\%×8\%+50\%×9\%=7.9\%$

其次,根据企业融资评价的其他标准,考虑企业的其他因素,对各个方案进行修正之后,选择其中成本最低的方案。本例中,假设其他因素对方案选择的影响甚小,则 A 方案的综合资本成本最低。这样,该公司的资本结构为贷款 32(80×40%)万元,发行债券 12(80×15%)万元,发行普通股 36(80×45%)万元。

(二)每股收益分析法

每股收益分析法的计算步骤如下。

(1)计算各融资方案下的每股收益无差别点。

所谓每股收益无差别点,是指不同融资方式下每股收益都相等时的息税前利润(EBIT)和业务量水平。

(2)根据当前销售水平,判断应选择何种融资方式,进而确定企业的资本结构安排。

①当 EBIT 大于每股收益无差别点的 EBIT 时,负债融资较好。

②当 EBIT 小于每股收益无差别点的 EBIT 时,股票融资较好。

③当 EBIT 等于每股收益无差别点的 EBIT 时,两种融资一样。

在每股收益无差别点,不同融资方案的每股收益是相等的,用公式表示如下。

$$(\overline{EBIT}-I_1)(1-T)/N_1=(\overline{EBIT}-I_2)(1-T)/N_2$$
$$\overline{EBIT}=(I_1 N_2-I_2 N_1)/(N_2-N_1)$$

其中：$\overline{EBIT}$ 为息税前利润平衡点，即每股收益无差别点；I_1、I_2 为两种融资方式下的债务利息；N_1、N_2 为两种融资方式下普通股股数；T 为所得税税率。每股收益无差别点既可以用销售量表示，也可以用销售额表示。

【例5-9】 盛合公司2×20年资本结构为：总资本1 000万元，其中债务资本300万元（年利息30万元）；普通股资本600万元（600万股，面值1元，市价7元）。企业由于有一个较好的新投资项目，需要追加融资300万元，有两种融资方案可选。

甲方案：从银行取得长期借款300万元，年利率为15%。

乙方案：增发普通股100万股，每股发行价4元。

根据财务人员测算，追加融资后销售额有望达到1 200万元，变动成本率为70%，固定成本为100万元，所得税税率为20%，不考虑融资费用因素。将上述数据代入公式。

$(\overline{EBIT}-30-45)(1-20\%)\div 600=(\overline{EBIT}-30)(1-20\%)\div(600+100)$

得 $\overline{EBIT}=345$（万元）

这里，$\overline{EBIT}$ 为345万元是两个融资方案的每股收益无差别点。在此点上，两个方案的每股收益相等，均为0.36元。企业预期追加融资后销售额为1 200万元，预期获利260[1 200×(1-70%)-100]万元，低于无差别点345万元，应当采用财务风险较小的乙方案，即增发普通股方案。在1 200万元销售额水平上，甲方案的每股收益为0.247元，乙方案的每股收益为0.263元。

当企业需要的资本额较大时，可能会采用多种融资方式组合融资。这时，需要详细比较分析各种组合融资方式下的资本成本及其对每股收益的影响，选择每股收益最高的融资方式。

（三）公司价值分析法

公司价值分析法，是在考虑市场风险的基础上，以公司市场价值为标准，进行资本结构优化。

设：V 表示公司价值，B 表示债务资本价值，S 表示权益资本价值。公司价值应该等于资本的市场价值。

$$V=S+B$$

为简化分析，假设公司各期的 EBIT 保持不变，债务资本的市场价值等于其面值，权益资本的市场价值可通过下式计算。

$$S=(\overline{EBIT}-I)(1-T)/K_S$$

其中：$K_s=R_s=R_f+\beta(R_m-R_f)$

此时：$K_w=K_b(1-T)B/V+K_sS/V$

【例 5-10】永安公司 2×20 年息税前利润为 400 万元，资本总额账面价值为 1 000 万元。假设无风险报酬率为 6%，证券市场平均报酬率为 10%，所得税税率为 30%。经测算，不同债务水平下的权益资本成本率和债务资本成本率如表 5-3 所示。

表 5-3 不同债务水平下的权益资本成本率和债务资本成本率

债务市场价值（B，万元）	税前债务利息率（K_b）	股票贝塔系数	权益资本成本率（R_s）
0		1.50	12.0%
200	8.0%	1.55	12.2%
400	8.5%	1.65	12.6%
600	9.0%	1.80	13.2%
800	10.0%	2.00	14.0%
1 000	12.0%	2.30	15.2%
1 200	15.0%	2.70	16.8%

根据表 5-3 资料，可计算出不同资本结构下的企业总价值和平均资本成本率，如表 5-4 所示。

表 5-4 公司价值和平均资本成本率

金额单位：万元

债务市场价值	股票市场价值	公司总价值	债务税后资本成本率	普通股资本成本率	平均资本成本率
0	2 000	2 000	—	12.0%	12.0%
200	1 889	2 089	5.60%	12.2%	11.57%
400	1 743	2 143	5.95%	12.6%	11.36%
600	1 573	2 173	6.30%	13.2%	6.77%
800	1 371	2 171	7.00%	14.0%	10.75%
1 000	1 105	2 105	8.40%	15.2%	17.75%
1 200	786	1 986	10.50%	16.8%	31.99%

可以看出，在没有债务资本的情况下，公司的总价值等于股票的账面价值。当公司增加一部分债务时，财务杠杆开始发挥作用，股票市场价值大于其账面价值，

公司总价值上升，平均资本成本率下降。在债务达到600万元时，公司总价值最高，平均资本成本率最低。债务超过600万元后，随着利率的不断上升，财务杠杆作用逐步减弱甚至呈现负作用，公司总价值下降，平均资本成本率上升。因此，债务为600万元时的资本结构是该公司的最优资本结构。

5.3 企业融资及会计处理

5.3.1 股权融资及会计处理

（一）企业合并形成的股权融资及会计处理

企业合并形成的股权融资主要分为同一控制下的企业合并形成的股权融资和非同一控制下的企业合并形成的股权融资。其详细的会计处理见本书"5.4 长期股权投资及会计处理"。

（二）发行股票形成的股权融资及会计处理

【例5-11】2×20年某股份公司经批准向社会公开发行普通股票1 600万股，每股票面金额为1元，溢价发行。若发行后，实收股款为6 000万元，则该公司应编制会计分录如下。

借：银行存款　　　　　　　　　　　　　　　　　60 000 000
　　贷：股本——普通股　　　　　　　　　　　　16 000 000
　　　　资本公积——股本溢价　　　　　　　　　44 000 000

（三）投资者投入形成的股权融资及会计处理

1. 以现金投入

收到投资者投入现金，应在实际收到或存入企业开户银行时，借记"银行存款"科目，贷记"实收资本"科目；若投入的金额超过按约定比例计算的其在注册资本中所占的份额部分，其超过部分作为资本溢价，应贷记"资本公积——资本溢价"科目。

【例 5-12】 2×20 年某有限责任公司收到 F 公司的货币资金出资 200 万元，款项已存入银行。该公司应编制的会计分录如下。

借：银行存款　　　　　　　　　　　　　　　　　　2 000 000
　　贷：实收资本——F 公司　　　　　　　　　　　　　　2 000 000

2. 以非现金资产投入

以非现金资产投入的，应在办理实物产权转移手续时，进行账务处理。

（1）当收到投资者以原材料等存货出资时，如果按计划成本核算，则应按存货的计划成本，借记"原材料"等科目，按专用发票上注明的增值税税额，借记"应交税费——应交增值税（进项税额）"科目，应按投资合同或协议约定的价值，贷记"实收资本"和"资本公积"科目，按计划成本与投资合同或协议约定的价值之间的差额，借记或贷记"材料成本差异"等科目。如按实际成本法核算，则按实际成本借记"原材料"等科目，按专用发票上注明的增值税税额，借记"应交税费——应交增值税（进项税额）"科目，按投资各方确认的价值，贷记"实收资本"和"资本公积"科目。

（2）当收到投资者以固定资产出资时，应按投资合同或协议约定的价值，借记"固定资产"和"应交税费——应交增值税（销项税额）"科目，贷记"实收资本"和"资本公积"等科目。

（3）当收到投资者以无形资产出资时，应按投资合同或协议约定的价值，借记"无形资产"和"应交税费——应交增值税（销项税额）"科目，贷记"实收资本"和"资本公积"等科目。

在上述以非现金资产出资的情况下，如果投资合同或协议约定的价值不公允，则应按公允价值确定非现金资产的入账价值。

【例 5-13】 2×20 年某新设有限责任公司（假设为一般纳税人，原材料按计划成本核算）收到 Z 公司按合同、章程出资的协议确认的价值为 200 万元的非现金资产，包括一台设备、一项专利权和一批原材料，其中，双方确认的投入设备的价值为 135 万元，双方确认的投入专利权价值为 25 万元，双方确认的投入原材料价值为 40 万元，该批原材料的增值税进项税额为 5.2 万元。设备已交付使用，原材料也已验收入库，该批原材料的计划成本为 43 万元。该公司应编制会计分录如下。

借：固定资产　　　　　　　　　　　　　　　　　　1 350 000
　　无形资产　　　　　　　　　　　　　　　　　　　　250 000

原材料	430 000
应交税费——应交增值税（进项税额）	52 000
贷：实收资本——Z 公司	2 000 000
材料成本差异	30 000
资本公积	52 000

（四）非货币性资产交换形成的股权融资及会计处理

非货币性资产交换，是指交易双方主要以存货、固定资产、无形资产和长期股权投资等非货币性资产进行的交换。

符合商业实质的非货币性资产交换，交换双方应以公允价值进行计量，换出资产为长期股权投资的，换出资产公允价值和换出资产账面价值的差额，计入投资收益；不具有商业实质或交换涉及资产的公允价值均不能可靠计量的非货币性资产交换，交换双方应以账面价值进行计量。

【例 5-14】 2×20 年 10 月，为了提高产品质量，原山公司以其持有的对乙公司的长期股权投资交换信阳公司拥有的一项液晶电视屏专利技术。在交换日，原山公司持有的长期股权投资账面余额为 800 万元，已计提长期股权投资减值准备余额为 100 万元，在交换日的公允价值为 600 万元；信阳公司专利技术的账面原价为 800 万元，累计已摊销金额为 160 万元，已计提减值准备为 20 万元，在交换日的公允价值为 600 万元。信阳公司原已持有对乙公司的长期股权投资，从原山公司换入对乙公司的长期股权投资后，使乙公司成为信阳公司的联营企业。不考虑交易中的相关税收。

原山公司的账务处理如下。

借：无形资产——专利权	6 000 000
长期股权投资减值准备	1 000 000
投资收益	1 000 000
贷：长期股权投资	8 000 000

信阳公司的账务处理如下。

借：长期股权投资	6 000 000
累计摊销	1 600 000
无形资产减值准备	200 000
投资收益	200 000
贷：无形资产——专利权	8 000 000

（五）债务重组形成的股权融资及会计处理

债务重组，是指不改变交易对手方的情况下，债权人按照其与债务人达成的协议或法院的裁决同意债务人修改债务条件的事项。也就是说，只要修改了原定债务偿还条件的，即债务重组时确定的债务偿还条件不同于原协议的，均作为债务重组。

以债务转为资本方式进行债务重组的，取得长期股权投资方应按以下原则处理。

一般应遵循的程序是核销已经损失或无法收回的资产及损益账户上的借方余额，对资产进行重估价，以确定其对于企业的当前价值。确定企业在不继续融资的情况下是否能够继续交易，或者如果需要进行继续融资，确定所需的金额、形式以及可提供融资的人士。企业按照需要注销债务的规模以及所需融资的金额，确定合理的方式，在为公司提供资金的各方间分散注销的影响。

【例5-15】 2×20年9月1日，丽景公司应收远大公司账款的账面余额为65 000元，由于远大公司发生财务困难，无法偿付应付账款。经双方协商同意，采取将远大公司所欠债务转为远大公司股本的方式进行债务重组。假定远大公司普通股的面值为1元，远大公司以20 000股抵偿该项债务，股票每股市价为2.5元。丽景公司对该项应收账款计提了坏账准备5 000元。股票登记手续已办理完毕，丽景公司对其作为长期股权投资处理。

（1）远大公司的账务处理。

①计算应计入资本公积的金额。

股票的公允价值	50 000
减：股票的面值总额	20 000
应计入资本公积	30 000

②计算应确认的债务重组利得。

债务账面价值	65 000
减：股票的公允价值	50 000
债务重组利得	15 000

③应编制会计分录如下。

借：应付账款		65 000
贷：股本		20 000
资本公积——股本溢价		30 000

其他收益——债务重组收益　　　　　　　　　　　　15 000

（2）丽景公司的账务处理。

①计算债务重组损失。

应收账款账面余额	65 000
减：所转股权的公允价值	50 000
差额	15 000
减：已计提坏账准备	5 000
债务重组损失	10 000

②应编制会计分录如下。

借：长期股权投资　　　　　　　　　　　　　　　　50 000
　　投资收益　　　　　　　　　　　　　　　　　　10 000
　　坏账准备　　　　　　　　　　　　　　　　　　5 000
　　贷：应收账款　　　　　　　　　　　　　　　　　65 000

5.3.2　债务融资及会计处理

（一）短期负债融资及会计处理

短期负债又称流动负债，包括向金融机构借入的短期资金、发行短期债券筹集的资金以及在生产经营活动中形成的各种应付、应交款项。

1. 应付账款的核算

（1）应付账款的确认与计量。

应付账款指因购买材料、商品或接受劳务供应等而发生的债务。这是买卖双方在购销活动中由于取得物资与支付货款在时间上不一致而产生的负债。应付账款入账时间的确定，应以所购买物资的所有权转移或接受劳务已发生为标志。

（2）应付账款的核算。

为了总括反映和监督企业因购买材料、商品和接受劳务供应等产生的债务及其偿还情况，企业应设置"应付账款"科目。该科目贷方登记企业购买材料、商品和接受劳务应付而未付的款项，借方登记偿还的应付账款以及用商业汇票抵付的应付账款，期末贷方余额反映尚未偿还或抵付的应付账款。该科目应按债权人设置明细账。

企业购入材料、商品等时，若货款尚未支付，根据有关凭证（发票账单、随货同行发票上记载的实际价款或暂估价值），借记"材料采购""在途物资"等科目，按可抵扣的增值税税额，借记"应交税费——应交增值税（进项税额）"等科目，按应付的价款，贷记"应付账款"科目。

企业接受供应单位提供劳务而发生的应付未付款项，根据供应单位的发票账单，借记"生产成本""管理费用"等科目，贷记"应付账款"科目。

企业开出商业汇票抵付应付账款，借记"应付账款"科目，贷记"应付票据"科目。

企业偿付应付账款时，借记"应付账款"科目，贷记"银行存款"科目。

企业将应付账款划转出去或者确实无法支付的应付账款，应按其账面余额，借记"应付账款"科目，贷记"营业外收入——其他"科目。

【例5-16】 2×20年丰汇公司向A公司购入材料一批，价款4 000元，增值税税率13%，付款条件为2/10，n/30。材料已验收入库，货款暂欠。

（1）借：原材料　　　　　　　　　　　　　　　　　　　　4 000
　　　　应交税费——应交增值税（进项税额）　　　　　　　520
　　　　　贷：应付账款——A公司　　　　　　　　　　　　　　4 520

（2）若10天内付款。

借：应付账款——A公司　　　　　　　　　　　　　　　　4 520
　　贷：银行存款　　　　　　　　　　　　　　　　　　　　4 429.60
　　　　财务费用　　　　　　　　　　　　　　　　　　　　　90.40

2. 应收票据的核算

（1）应收票据的定义。

应付票据是由出票人出票，委托付款人在指定日期无条件支付确定的金额给收款人或者持票人的票据。应付票据也是委托付款人允诺在一定时期内支付一定款项的书面证明。

（2）应收票据的核算。

为了反映企业购买材料、商品和接受劳务等而开出商业汇票的情况，企业应设置"应付票据"科目。该科目贷方登记开出的商业汇票面值和应计利息，借方登记支付票据的款项，期末贷方余额反映企业开出的尚未到期的应付票据本息。

企业应当设置"应付票据备查簿"，详细登记每一应付票据的种类、号数、签发日期、到期日、票面金额、票面利率、合同交易号、收款人姓名或单位名称，以及付款日期和金额等资料。应付票据到期结清时，应当在备查簿内逐笔注销。

【例5-17】 盈众公司（一般纳税人）2×20年2月1日购入一批价格为300 000元的商品（尚未验收入库），收到增值税专用发票一张，注明增值税税额39 000元；同时出具了一张期限为3个月的商业汇票。根据上述资料，盈众公司应编制会计分录如下。

（1）2×20年2月1日购入商品时。

借：在途物资　　　　　　　　　　　　　　　　　　　300 000
　　应交税费——应交增值税（进项税额）　　　　　　 39 000
　　贷：应付票据　　　　　　　　　　　　　　　　　339 000

（2）2×20年5月1日到期付款时。

借：应付票据　　　　　　　　　　　　　　　　　　　339 000
　　贷：银行存款　　　　　　　　　　　　　　　　　339 000

（3）如2×20年5月1日到期无力付款。

该商业汇票如为商业承兑汇票。

借：应付票据　　　　　　　　　　　　　　　　　　　339 000
　　贷：应付账款　　　　　　　　　　　　　　　　　339 000

该商业汇票如为银行承兑汇票。

借：应付票据　　　　　　　　　　　　　　　　　　　339 000
　　贷：短期借款　　　　　　　　　　　　　　　　　339 000

（二）长期负债融资及会计处理

按照《企业会计准则第30号——财务报表列报》的要求，负债分为流动负债和非流动负债（也称长期负债）。其中，流动负债是指满足下列条件之一的负债：①预计在一个正常营业周期内清偿；②主要为交易目的而持有；③自资产负债表日起一年内到期应予以清偿；④企业无权自主地将清偿推迟至资产负债表日后一年以上。流动负债以外的负债为长期负债。长期负债通常包括长期借款、长期应付款、应付债券等。根据《企业会计准则第22号——金融工具确认和计量》的规定，长期负债应当按照公允价值进行初始计量，采用摊余成本进行后续计量。实际利率与合同利率差别较小的，也可按合同利率计算利息费用。

1. 长期借款

长期借款，是指企业从银行或其他金融机构借入的期限在一年以上（不含一年）的借款。长期借款的有关账务处理如下。

企业借入各种长期借款，按实际收到的款项，借记"银行存款"科目，贷记"长期借款——本金"科目，按其差额，借记"长期借款——利息调整"科目。

在资产负债表日，企业应按长期借款的摊余成本和实际利率计算确定长期借款的利息费用，借记"在建工程""财务费用""制造费用"等科目，按借款本金和合同利率计算确定应付未付利息，贷记"应付利息"科目（对于一次还本付息的长期借款，贷记"长期借款——应计利息"科目），按其差额，贷记"长期借款——利息调整"科目。

企业归还长期借款，按归还的长期借款本金，借记"长期借款——本金"科目，按转销的利息调整金额，贷记"长期借款——利息调整"科目，按实际归还的款项，贷记"银行存款"科目，按其差额，借记"在建工程""财务费用""制造费用"等科目。

【例5-18】五大洋公司为建造密封生产线，于2×20年1月1日从工商银行借入期限为2年的长期专门借款150 000元，款项已存入银行。借款年利率按市场利率确定为9%，每年付息一次，期满后一次还清本金。2×20年年初，该企业以银行存款支付工程价款共计90 000元。2×21年年初，又以银行存款支付工程费用60 000元。该生产线于2×21年8月31日完工，达到预定可使用状态。假定不考虑闲置专门借款资金存款的利息收入或者投资收益。

五大洋公司的有关账务处理如下。

（1）2×20年1月1日，取得借款时。

借：银行存款	150 000
贷：长期借款——工商银行（本金）	150 000

（2）2×20年年初，支付工程款时。

借：在建工程——密封生产线	90 000
贷：银行存款	90 000

（3）2×20年12月31日，计算2×20年应计入工程成本的利息费用时。

借款利息 =150 000×9%=13 500（元）

借：在建工程——密封生产线　　　　　　　　　　　　　　13 500
　　贷：应付利息——工商银行　　　　　　　　　　　　　　13 500

（4）2×20年12月31日，支付借款利息时。

借：应付利息——工商银行　　　　　　　　　　　　　　13 500
　　贷：银行存款　　　　　　　　　　　　　　　　　　　13 500

（5）2×21年年初，支付工程款时。

借：在建工程——密封生产线　　　　　　　　　　　　　　60 000
　　贷：银行存款　　　　　　　　　　　　　　　　　　　60 000

（6）2×21年8月31日，生产线达到预定可使用状态时。

该期应计入工程成本的利息=（150 000×9%÷12）×8=9 000（元）

借：在建工程——密封生产线　　　　　　　　　　　　　　9 000
　　贷：应付利息——工商银行　　　　　　　　　　　　　　9 000

同时：

借：固定资产——密封生产线　　　　　　　　　　　　　　172 500
　　贷：在建工程——密封生产线　　　　　　　　　　　　　172 500

（7）2×21年12月31日，计算2×21年9—12月的利息费用时。

应计入财务费用的利息=（150 000×9%÷12）×4=4 500（元）

借：财务费用　　　　　　　　　　　　　　　　　　　　　4 500
　　贷：应付利息——工商银行　　　　　　　　　　　　　　4 500

（8）2×21年12月31日，支付利息时。

借：应付利息——工商银行　　　　　　　　　　　　　　13 500
　　贷：银行存款　　　　　　　　　　　　　　　　　　　13 500

（9）2×22年1月1日，到期还本时。

借：长期借款——工商银行（本金）　　　　　　　　　　　150 000
　　贷：银行存款　　　　　　　　　　　　　　　　　　　150 000

2. 应付债券

企业根据国家有关规定，在符合条件的前提下，经批准可以发行公司债券、可转换公司债券、认股权和债券分离交易的可转换公司债券。此处以一般公司债券为例说明应付债券的会计处理，5.3.3小节会详细介绍可转换公司债券的会计处理。

（1）公司债券的发行。

企业发行的一年期以上的债券，构成了企业的长期负债。公司债券的发行方式有三种，即面值发行、溢价发行、折价发行。假设其他条件不变，债券的票面利率高于市场利率时，可按超过债券票面价值的价格发行，称为溢价发行，溢价是企业以后各期多付利息而事先得到的补偿；如果债券的票面利率低于市场利率，可按低于债券票面价值的价格发行，称为折价发行，折价是企业以后各期少付利息而预先给投资者的补偿；如果债券的票面利率与市场利率相同，可按票面价值的价格发行，称为面值发行。溢价或折价实质上是发行债券企业在债券存续期内对利息费用的一种调整。

无论是以何种方式发行，企业均应将债券面值记入"应付债券——面值"科目，实际收到的款项与面值的差额，记入"应付债券——利息调整"科目。企业发行债券时，按实际收到的款项，借记"银行存款"等科目，按债券票面价值，贷记"应付债券——面值"科目，按实际收到的款项与票面价值之间的差额，贷记或借记"应付债券——利息调整"科目。

（2）利息调整的摊销。

利息调整应在债券存续期间内采用实际利率法进行摊销。

企业发行的债券通常分为到期一次还本付息或分期付息、一次还本两种。资产负债表日，对于分期付息、一次还本的债券，企业应按应付债券的摊余成本和实际利率计算确定债券利息费用，借记"在建工程""制造费用""财务费用"等科目，按票面利率计算确定的应付未付利息，贷记"应付利息"科目，按其差额，借记或贷记"应付债券——利息调整"科目。

对于一次还本付息的债券，企业应于资产负债表日按摊余成本和实际利率计算确定债券利息费用，借记"在建工程""制造费用""财务费用"等科目，按票面利率计算确定应付未付利息，贷记"应付债券——应计利息"科目，按其差额，借记或贷记"应付债券——利息调整"科目。

（3）债券的偿还。

采用一次还本付息方式的，企业应于债券到期支付债券本息时，借记"应付债券——面值""应付债券——应计利息"科目，贷记"银行存款"科目。采用分期付息、一次还本方式的，在每期支付利息时，借记"应付利息"科目，贷记"银行存款"科目；债券到期偿还本金并支付最后一期利息时，借记"应付债券——面值""在建工程""财务费用""制造费用"等科目，贷记"银行存款"科目,按其差额,借记或贷记"应付债券——利息调整"科目。

【例 5-19】 2×20 年 1 月 1 日,永昌公司经批准发行 5 年期分期付息、一次还本的公司债券 6 000 000 元,债券利息在每年 12 月 31 日支付,票面利率为年利率 6%。假定债券发行时的市场利率为 5%。

永昌公司该批债券实际发行价格为:

6 000 000×(P/F, 5%, 5)+6 000 000×6%×(P/A, 5%, 5)=6 000 000×0.783 5+6 000 000×6%×4.329 5=6 259 620(元)

永昌公司根据上述资料,采用实际利率法和摊余成本计算确定的利息费用如表 5-5 所示。

表 5-5 永昌公司 2×20 年 1 月 1 日发行公司债券的利息费用

单位:元

日期	现金流出 (a)	实际利息费用 (b)=期初(d)×5%	已偿还的本金 (c)=(a)-(b)	摊余成本余额 (d)=期初(d)-(c)
2×20 年 1 月 1 日				6 259 620
2×20 年 12 月 31 日	360 000	312 981	47 019	6 212 601
2×21 年 12 月 31 日	360 000	310 630.05	49 369.95	6 163 231.05
2×22 年 12 月 31 日	360 000	308 161.55	51 838.45	6 111 392.60
2×23 年 12 月 31 日	360 000	305 569.63	54 430.37	6 056 962.23
2×24 年 12 月 31 日	360 000	303 037.77*	56 962.23	6 000 000
小计	1 800 000	1 540 380	259 620	6 000 000
2×24 年 12 月 31 日	6 000 000	—	6 000 000	0
合计	7 800 000	1 540 380	6 259 620	—

*尾数调整:6 000 000+360 000-6 056 962.23=303 037.77(元)

根据表 5-5 的资料,永昌公司的账务处理如下。

(1) 2×20 年 1 月 1 日,发行债券时。

借:银行存款 6 259 620

贷：应付债券——面值　　　　　　　　　　　　　　　6 000 000
　　　　　——利息调整　　　　　　　　　　　　　　259 620

（2）2×20年12月31日，计算利息费用时。

借：财务费用（或在建工程）　　　　　　　　　　　　312 981
　　应付债券——利息调整　　　　　　　　　　　　　 47 019
　　贷：应付利息　　　　　　　　　　　　　　　　　360 000

（3）2×20年12月31日，支付利息时。

借：应付利息　　　　　　　　　　　　　　　　　　　 36 000
　　贷：银行存款　　　　　　　　　　　　　　　　　 36 000

未来在2×21年、2×22年、2×23年确认利息费用的会计分录与2×20年相同，金额与表5-5中的对应金额一致。

（4）2×24年12月31日，归还债券本金及最后一期利息费用时。

借：财务费用（或在建工程）　　　　　　　　　　　303 037.77
　　应付债券——面值　　　　　　　　　　　　　　6 000 000
　　　　　——利息调整　　　　　　　　　　　　　 56 962.23
　　贷：银行存款　　　　　　　　　　　　　　　　6 360 000

5.3.3　混合性融资及会计处理

（一）可转换公司债券融资及会计处理

1. 初始确认

我国发行可转换公司债券采取记名式无纸化发行方式。企业发行的可转换公司债券，既含有负债成分又含有权益成分，根据《企业会计准则第37号——金融工具列报》的规定，应当在初始确认时将负债和权益成分进行分拆，分别进行处理。

企业在进行分拆时，应当先确定负债成分的公允价值并以此作为其初始确认金额，确认为应付债券；再按照该可转换公司债券整体的发行价格扣除负债成分初始确认金额后的金额确定权益成分的初始确认金额，确认为资本公积。负债成分的公允价值是合同规定的未来现金流量按一定利率折现的现值。其中，利率根据市场上具有可比信用等级并在相同条件下提供几乎相同现金流量，但不具有转换权的工具的适用利率确定。发行该可转换公司债券发生的交易费用，应当在负债成分和权益成分之间按照其初始确认金额的相对比例进行分摊。

2. 账务处理

企业发行的可转换公司债券在"应付债券"科目下设置"可转换公司债券"明细科目核算。企业应按实际收到的款项,借记"银行存款"等科目,按可转换公司债券包含的负债成分面值,贷记"应付债券——可转换公司债券(面值)"科目,按权益成分的公允价值,贷记"资本公积——其他资本公积"科目,按其差额,借记或贷记"应付债券——可转换公司债券(利息调整)"科目。

对于可转换公司债券的负债成分,在转换为股份前,其会计处理与一般公司债券相同,即按照实际利率和摊余成本确认利息费用,按照面值和票面利率确认应付债券或应付利息,差额作为利息调整。

可转换公司债券持有人行使转换权利,将其持有的债券转换为股票的,按可转换公司债券的余额,借记"应付债券——可转换公司债券(面值)"科目,借记或贷记"应付债券——可转换公司债券(利息调整)"科目,按其权益成分的金额,借记"资本公积——其他资本公积"科目,按股票面值和转换的股数计算的股票面值总额,贷记"股本"科目,按其差额,贷记"资本公积——股本溢价"科目。如存在用现金支付不可转换股票的部分,还应贷记"库存现金""银行存款"等科目。

【例5-20】云翼上市公司经批准于2×20年1月1日按每份面值100元发行了100 000份5年期一次还本付息的可转换公司债券,共计10 000 000元,款项已收存银行,债券票面年利率为6%。债券发行1年后可转换为云翼上市公司普通股股票,转股时每份债券可转10股,股票面值为每股1元。假定2×21年1月1日债券持有人将持有的可转换公司债券全部转换为云翼上市公司普通股股票。云翼上市公司发行可转换公司债券时二级市场上与之类似的没有转换权的债券市场年利率为9%。该可转换公司债券发生的利息费用不符合资本化条件。

云翼上市公司有关该可转换公司债券的账务处理如下。

(1)2×20年1月1日,发行可转换公司债券时。

首先,确定可转换公司债券负债成分的公允价值。

$10\,000\,000 \times (P/S, 9\%, 5) + 10\,000\,000 \times 6\% \times (P/A, 9\%, 5) = 10\,000\,000 \times 0.649\,9 + 10\,000\,000 \times 6\% \times 3.889\,7 = 8\,832\,820$(元)

可转换公司债券权益成分的公允价值 =10 000 000−8 832 820=1 167 180（元）

借：银行存款　　　　　　　　　　　　　　　　　　　　　10 000 000
　　应付债券——可转换公司债券（利息调整）　　　　　　1 167 180
　　贷：应付债券——可转换公司债券（面值）　　　　　　10 000 000
　　　　资本公积——其他资本公积（可转换公司债券）　　1 167 180

（2）2×20 年 12 月 31 日，确认利息费用时。

应计入财务费用的利息 =8 832 820×9%=794 953.8（元）

当期应付未付的利息费用 =10 000 000×6%=600 000（元）

借：财务费用　　　　　　　　　　　　　　　　　　　　　794 953.8
　　贷：应付债券——可转换公司债券（应计利息）　　　　600 000
　　　　——可转换公司债券（利息调整）　　　　　　　　194 953.8

（3）2×21 年 1 月 1 日，债券持有人行使转换权时。

债券持有人在当期付息前转换股票，应按债券面值和应计利息之和除以 10，计算转换的股份数。

转换的股份数 =（10 000 000+600 000）÷10=1 060 000（股）

借：应付债券——可转换公司债券（面值）　　　　　　　　10 000 000
　　——可转换公司债券（应计利息）　　　　　　　　　　600 000
　　资本公积——其他资本公积（可转换公司债券）　1 167 180
　　贷：股本　　　　　　　　　　　　　　　　　　　　　1 060 000
　　　　应付债券——可转换公司债券（利息调整）　　　　972 226.2
　　　　资本公积——股本溢价　　　　　　　　　　　　　9 734 953.8

（二）股份支付及会计处理

1. 股份支付的定义和分类

股份支付是指企业为获取职工和其他方提供服务而授予权益工具或者承担以权益工具为基础确定的负债的交易。股份支付分为以权益结算的股份支付和以现金结算的股份支付。

按照股份支付的方式和工具类型，主要可划分为两大类、四小类。

（1）以权益结算的股份支付。

以权益结算的股份支付，是指企业为获取服务而以股份或其他权益工具作为对价进行结算的交易。以权益结算的股份支付常用的工具有两类：限制性股票和股票期权。

限制性股票是指职工或其他方按照股份支付协议规定的条款和条件，从企业获得一定数量的本企业股票。企业授予职工一定数量的股票，在一个确定的等待期内或在满足特定业绩指标之前，职工出售股票要受到持续服务期限条款或业绩条件的限制。股票期权是指企业授予职工或其他方在未来一定期限内以预先确定的价格和条件购买本企业一定数量股票的权利。

（2）以现金结算的股份支付。

以现金结算的股份支付，是指企业为获取服务而承担的以股份或其他权益工具为基础计算的交付现金或其他资产的义务的交易。以现金结算的股份支付常用的工具有两类：模拟股票和现金股票增值权。

模拟股票和现金股票增值权，是用现金支付模拟的股权激励机制，即与股票挂钩，但用现金支付。除不需实际行权和持有股票之外，现金股票增值权的运作原理与股票期权是一样的，都是一种增值权形式的与股票价值挂钩的薪酬工具。除不需实际授予股票和持有股票之外，模拟股票的运作原理与限制性股票是一样的。

2. 股份支付的确认和计量

（1）以权益结算的股份支付的确认和计量原则。

①换取职工服务的股份支付的确认和计量原则。

对于换取职工服务的股份支付，企业应当以股份支付所授予的权益工具的公允价值计量。企业应在等待期内的每个资产负债表日，以对可行权权益工具数量的最佳估计为基础，按照权益工具在授予日的公允价值，将当期取得的服务计入相关资产成本或当期费用，同时计入资本公积中的其他资本公积。

对于授予后立即可行权的换取职工提供服务的以权益结算的股份支付（例如授予限制性股票的股份支付），应在授予日按照权益工具的公允价值，将取得的服务计入相关资产成本或当期费用，同时计入资本公积中的股本溢价。

②换取其他方服务的股份支付的确认和计量原则。

对于换取其他方服务的股份支付，企业应当以股份支付所换取的服务的公允价值计量。企业应当按照其他方服务在取得日的公允价值，将取得的服务计入相关资产成本或费用。

如果其他方服务的公允价值不能可靠计量，但权益工具的公允价值能够可靠计量，企业应当按照权益工具在服务取得日的公允价值，将取得的服务计入相关资产成本或费用。

③权益工具的公允价值无法可靠确定时的处理。

在极少数情况下，授予权益工具的公允价值无法可靠确定，企业应在获取服务的时点、后续的每个资产负债表日和结算日，以内在价值计量该权益工具，内在价值的变动应计入当期损益。同时，企业应以最终可行权或实际行权的权益工具数量为基础，确认取得服务的金额。内在价值是指交易双方有权认购或取得的股份的公允价值，与其按照股份支付协议应当支付的价格间的差额。

企业对上述以内在价值计量的已授予权益工具进行结算，应当遵循以下要求。

①结算发生在等待期内的，企业应当将结算作为加速可行权处理，即立即确认本应于剩余等待期内确认的服务金额。

②结算时支付的款项应当作为回购该工具处理，即减少所有者权益，结算支付的款项高于该权益工具在回购日内在价值的部分，计入当期损益。

（2）以现金结算的股份支付的确认和计量原则。

企业应当在等待期内的每个资产负债表日，以对可行权情况的最佳估计为基础，按照企业承担负债的公允价值，将当期取得的服务计入相关资产成本或当期费用，同时计入负债，并在结算前的每个资产负债表日和结算日对负债的公允价值重新计算，将其变动计入当期损益。

对于授予后立即可行权的以现金结算的股份支付（例如授予虚拟股票或业绩股票的股份支付），企业应当在授予日按照企业承担负债的公允价值计入相关资产成本或费用，同时计入负债，并在结算前的每个资产负债表日和结算日对负债的公允价值重新计量，将其变动计入当期损益。

【例 5-21】天宇公司为一上市公司。2×20 年 1 月 1 日，公司向其 200 名管理人员每人授予 100 股股票期权，这些职员从 2×20 年 1 月 1 日起在该公司连续服务 3 年，即可以 5 元每股购买 100 股天宇公司股票，从而获益。公司估计该期权在授予日的公允价值为 16 元。

第一年有 20 名职员离开天宇公司，天宇公司估计 3 年中离开的职员的比例将达到 20%；第二年又有 10 名职员离开公司，公司将估计的职员离开比例修正为 15%；第三年又有 15 名职员离开。

（1）费用和资本公积计算过程如表5-6所示。

表5-6　天宇公司股份支付费用计算

年份	计算	当期费用（元）	累计费用（元）
2×20年	200×100×（1-20%）×21×1/3	112 000	112 000
2×21年	200×100×（1-15%）×21×2/3-112 000	126 000	238 000
2×22年	155×100×21-238 000	87 500	325 500

（2）账务处理如下。

① 2×20年1月1日。

授予日不做账务处理。

② 2×20年12月31日。

借：管理费用　　　　　　　　　　　　　　　　　112 000
　　贷：资本公积——其他资本公积　　　　　　　　　　112 000

③ 2×21年12月31日。

借：管理费用　　　　　　　　　　　　　　　　　126 000
　　贷：资本公积——其他资本公积　　　　　　　　　　126 000

④ 2×22年12月31日。

借：管理费用　　　　　　　　　　　　　　　　　87 500
　　贷：资本公积——其他资本公积　　　　　　　　　　87 500

⑤假设全部155名职员都在2×22年12月31日行权，天宇公司股票面值为1元。

借：银行存款　　　　　　　　　　　　　　　　　77 500
　　资本公积——其他资本公积　　　　　　　　　　325 500
　　贷：股本　　　　　　　　　　　　　　　　　　　15 500
　　　　资本公积——资本溢价　　　　　　　　　　　387 500

【例5-22】2×17年11月，玉祥公司董事会批准了一项股份支付协议。协议规定，2×18年1月1日，公司为其200名中层以上管理人员每人授予100份现金股票增值权，这些管理人员必须在该公司连续服务3年，即可自2×20年12月31日起根据股价的增长幅度行权获得现金。该现金股票增值权应在2×22年12月31日之前行使完毕。玉祥公司估计，该现金股票增值权在负债结算之前每一个资产负债表日以及结算日的公允价值和可行权后的每份股票增值权现金支出额如表5-7所示。

表 5-7　玉祥公司股份支付期间相关资料

单位：元

年份	公允价值	支付现金
2×18 年	14	
2×19 年	15	
2×20 年	18	16
2×21 年	21	20
2×22 年		25

第一年有 20 名管理人员离开公司，公司估计 3 年中还将有 15 名管理人员离开；第二年又有 10 名管理人员离开公司，公司估计还将有 10 名管理人员离开；第三年又有 15 名管理人员离开。假定：第三年末有 70 人行使了现金股票增值权，第四年末有 50 人行使了现金股票增值权，第五年末剩余 35 人全部行使了现金股票增值权。

（1）费用和应付职工薪酬计算过程如表 5-8 所示。

表 5-8　玉祥公司股份支付的费用计算

单位：元

年份	负债计算（1）	支付现金（2）	当期费用（3）
2×18 年	（200-35）×100×14×1/3=77 000		77 000
2×19 年	（200-40）×100×15×2/3=160 000		83 000
2×20 年	（200-45-70）×100×18=153 000	70×100×16=112 000	105 000
2×21 年	（200-45-70-50）×100×21=73 500	50×100×20=100 000	20 500
2×22 年	73 500-73 500=0	35×100×25=87 500	14 000
总额		299 500	299 500

其中：本期（3）＝本期（1）－上期（1）＋本期（2）。

（2）会计处理如下。

① 2×18 年 1 月 1 日。

授予日不做账务处理。

② 2×18 年 12 月 31 日。

借：管理费用　　　　　　　　　　　　　　　　　　　　77 000

　　贷：应付职工薪酬——股份支付　　　　　　　　　　　　　77 000

③ 2×19 年 12 月 31 日。

借：管理费用 83 000
　　贷：应付职工薪酬——股份支付 83 000

④ 2×20 年 12 月 31 日。

借：管理费用 105 000
　　贷：应付职工薪酬——股份支付 105 000

借：应付职工薪酬——股份支付 112 000
　　贷：银行存款 112 000

⑤ 2×21 年 12 月 31 日。

借：公允价值变动损益 20 500
　　贷：应付职工薪酬——股份支付 20 500

借：应付职工薪酬——股份支付 100 000
　　贷：银行存款 100 000

⑥ 2×22 年 12 月 31 日。

借：公允价值变动损益 14 000
　　贷：应付职工薪酬——股份支付 14 000

借：应付职工薪酬——股份支付 87 500
　　贷：银行存款 87 500

5.4　长期股权投资及会计处理

5.4.1　最优资本结构的确定

（一）杠杆效应

杠杆效应既可以产生杠杆利益，也可能带来杠杆风险。杠杆效应包括经营杠杆效应、财务杠杆效应和总杠杆效应三种形式。

1. 经营杠杆效应

（1）经营杠杆。

经营杠杆指在企业生产经营中存在固定成本而使利润变动率大于产销量变动率的现象。经营杠杆反映了资产报酬的波动性，用以评价企业的经营风险。息税前利润（EBIT）与销售量的关系如下。

$$EBIT = S - V - F = (P - V_c)Q - F = M - F$$

式中：EBIT 为息税前利润；S 为销售额；V 为变动性经营成本；F 为固定性经营成本；Q 为产销业务量；P 为销售单价；V_c 为单位变动成本；M 为边际贡献。

（2）经营杠杆系数。

只要企业存在固定性经营成本，就存在经营杠杆效应。经营杠杆系数（DOL），是息税前利润变动率与产销业务量变动率的比，计算公式如下。

$$DOL = \frac{息税前利润变动率}{产销量变动率} = \frac{\Delta EBIT}{EBIT} \Big/ \frac{\Delta Q}{Q}$$

其中：DOL 为经营杠杆系数；$\Delta EBIT$ 为息税前利润变动额；ΔQ 为产销业务量变动值。

经营杠杆系数的计算也可以简化为以下公式。

$$DOL = \frac{基期边际贡献}{基期息税前利润} = \frac{M}{M-F} = \frac{EBIT + F}{EBIT}$$

【**例 5-23**】2×20 年盛合公司产销某种家具，固定成本为 50 万元，变动成本率为 80%。年产销额为 500 万元时，变动成本为 400 万元，固定成本为 50 万元，息税前利润为 50 万元；年产销额为 700 万元时，变动成本为 560 万元，固定成本仍为 50 万元，息税前利润为 90 万元。可以看出，该公司产销业务量增长了 40%，息税前利润增长了 80%，产生了 2 倍的经营杠杆效应。

$$DOL = \frac{\Delta EBIT}{EBIT} \Big/ \frac{\Delta Q}{Q} = \frac{40}{50} \div \frac{200}{500} = 2$$

（3）经营杠杆与经营风险。

经营杠杆放大了市场和生产等因素变化对利润波动的影响。经营杠杆系数越高，表明利润波动程度越大，经营风险也就越大。根据经营杠杆系数的计算公式，有以下公式。

$$DOL=\frac{EBIT+F}{EBIT}=1+\frac{F}{EBIT}$$

上式表明，在企业息税前利润为正的前提下，若企业存在固定性经营成本，则经营杠杆系数总是大于1，企业息税前利润的波动大于产销业务量的波动。企业一般可以通过增加销售金额、降低产品单位变动成本、降低固定成本比重等措施使经营杠杆系数下降，降低经营风险。

【例5-24】 2×20年盛合公司生产一产品，固定成本为100万元，变动成本率为70%，当销售额分别为2 000万元、1 000万元、500万元时，经营杠杆系数分别如下。

$DOL_{2\,000}$=（2 000-2 000×70%）÷（2 000-2 000×70%-100）=1.2

$DOL_{1\,000}$=（1 000-1 000×70%）÷（1 000-1 000×70%-100）=1.5

DOL_{500}=（500-500×70%）÷（500-500×70%-100）=3

上述计算结果表明：在其他因素不变的情况下，销售额越小，经营杠杆系数越大，经营风险也就越大。

2.财务杠杆效应

（1）财务杠杆。

财务杠杆指固定性资本成本的存在而使得企业的普通股收益（或每股收益）变动率大于息税前利润变动率的现象。财务杠杆反映了股权资本报酬的波动性，用以评价企业的财务风险。普通股每股收益与息税前利润的关系如下。

$$TE=(EBIT-I)(1-T)$$
$$EPS=(EBIT-I)(1-T)/N$$

式中：TE为全部普通股净收益；EPS为每股收益；I为债务资本利息；T为所得税税率；N为普通股股数。

（2）财务杠杆系数。

只要企业融资方式中存在固定性资本成本，就存在财务杠杆效应。财务杠杆系数（DFL）是每股收益变动率与息税前利润变动率的倍数，计算公式如下。

$$DFL=\frac{每股收益变动率}{息税前利润变动率}=\frac{\Delta EPS/EPS}{\Delta EBIT/EBIT}$$

财务杠杆系数的计算也可以简化为以下公式。

$$\mathrm{DFL} = \frac{息税前利润总额}{息税前利润总额 - 利息} = \frac{\mathrm{EBIT}}{\mathrm{EBIT}-I}$$

【例5-25】有A、B、C三个公司，资本总额均为1 000万元，所得税税率均为20%，每股面值均为1元。A公司资本全部由普通股组成；B公司债务资本400万元（利率10%），普通股600万元；C公司债务资本500万元（利率12%），普通股500万元。三个公司2×10年EBIT均为200万元，2×11年EBIT均为300万元，EBIT增长了50%。有关财务指标如表5-9所示。

表5-9 普通股收益及财务杠杆的计算

金额单位：万元

利润项目		A公司	B公司	C公司
普通股股数		1 000万股	600万股	500万股
税前利润总额	2×10年	200	160	140
	2×11年	300	260	240
	增长率	50%	62.50%	71.43%
净利润	2×10年	160	128	112
	2×11年	240	208	192
	增长率	50%	62.50%	71.43%
普通股收益	2×10年	160	128	112
	2×11年	240	208	192
	增长率	50%	62.50%	71.43%
每股收益	2×10年	0.16元	0.21元	0.22元
	2×11年	0.24元	0.35元	0.38元
	增长率	50%	66.67%	72.73%
财务杠杆系数		1.00	1.25	1.43

可见，固定性资本成本所占比重越高，财务杠杆系数就越大。

（3）财务杠杆与财务风险。

财务风险是指企业融资产生的资本成本负担而导致的普通股收益波动的风险。影响财务杠杆的因素包括企业资本结构中债务资本比重、普通股收益水平、所得税税率水平。财务杠杆放大了资产报酬变化对普通股收益的影响，财务杠杆系数越高，表明普通股收益的波动程度越大，财务风险也就越大。只要有固定性资本成本存在，财务杠杆系数总是大于1。

【例5-26】A、B、C三个公司2×20年的财务杠杆系数分别为：A公司1.000，B公司1.185，C公司1.270。这意味着，如果EBIT下降，A公司的EPS与之同步下降，而B公司和C公司的EPS会以更大的幅度下降，如表5-10所示。

表5-10　各公司2×20年财务杠杆系数

公司	DFL	EPS下降	EBIT下降
A	1.000	100%	100%
B	1.185	100%	84.39%
C	1.270	100%	78.74%

上述结果意味着，C公司的财务风险远高于A、B公司，而B公司的财务风险又高于A公司。

3. 总杠杆效应

（1）总杠杆。

总杠杆指固定性经营成本和固定性资本成本的存在，导致普通股每股收益变动率大于产销业务量变动率的现象。

（2）总杠杆系数。

只要企业同时存在固定性经营成本和固定性资本成本，就存在总杠杆效应。总杠杆系数（DTL）是经营杠杆系数和财务杠杆系数的乘积，是普通股每股收益变动率相当于产销业务量变动率的倍数，计算公式如下。

$$DTL = \frac{普通股每股收益变动率}{产销业务量变动率}$$

总杠杆系数的计算可以简化为以下公式。

$$DTL = DOL \times DFL = \frac{基期边际贡献}{基期利润总额} = \frac{M}{M-F-I}$$

【例5-27】盛合公司有关资料如表5-11所示，可以分别计算其2×20年、2×21年的经营杠杆系数、财务杠杆系数和总杠杆系数。

表5-11　杠杆效应计算

单位：万元

项目	2×20年	2×21年	变动率
销售收入（售价10元）	1 000	1 200	20%
边际贡献（单位4元）	400	480	20%

续表

项目	2×20 年	2×21 年	变动率
固定成本	200	200	—
息税前利润（EBIT）	200	280	40%
利息	50	50	—
利润总额	150	230	53.33%
净利润（税率20%）	120	184	53.33%
每股收益（400万股）	0.30	0.46	53.33%
经营杠杆（DOL）	2.00	1.71	14.5%
财务杠杆（DFL）	1.33	1.22	8.27%
总杠杆（DTL）	2.66	2.09	21.43%

（3）总杠杆与企业风险。

企业风险包括企业的经营风险和财务风险。总杠杆系数反映了经营杠杆和财务杠杆之间的关系，用以评价企业的整体风险水平。在总杠杆系数一定的情况下，经营杠杆系数与财务杠杆系数此消彼长。

（二）资本结构理论

资本结构理论包括净收益理论、净营业收益理论、MM 理论、代理理论和等级融资理论等，如图 5-4 所示。

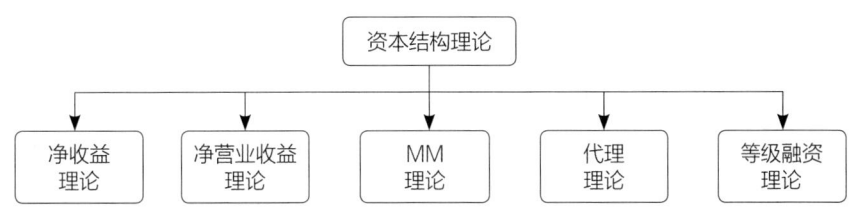

图 5-4　资本结构理论

1. 净收益理论

净收益理论认为，利用债务可以降低企业的综合资本成本。由于债务成本一般较低，所以，负债程度越高，综合资本成本越低，企业价值越大。当负债比率达到 100% 时，企业价值将达到最大。

2. 净营业收益理论

净营业收益理论认为，资本结构与企业的价值无关，决定企业价值高低的关键要素是企业的净营业收益。尽管企业增加了成本较低的债务资本，但同时也加大了企业的风险,导致权益资本成本提高,企业的综合资本成本仍保持不变。不论企业的财务杠杆程度如何,其整体的资本成本不变,企业的价值也就不受资本结构的影响,因而不存在最佳资本结构。

3. MM 理论

MM 理论认为,在没有企业和个人所得税的情况下,任何企业的价值,不论其有无负债,都等于经营利润除以适用于其风险等级的收益率。风险相同的企业,其价值不受有无负债及负债程度的影响;但在考虑所得税的情况下,由于存在税额庇护利益,企业价值会随负债程度的提高而增加,股东也可获得更多好处。于是,负债越多,企业价值也会越大。

4. 代理理论

代理理论认为,企业资本结构会影响经理人员的工作水平和其他行为选择,从而影响企业未来现金收入和企业市场价值。该理论认为,负债融资有很强的激励作用,并将债务视为一种担保机制。这种机制能够促使经理人员多努力工作,少个人享受,并且做出更好的投资决策,从而降低由于两权分离而产生的代理成本;但是,负债融资可能导致另一种代理成本,即企业接受债权人监督而产生的成本。均衡的企业所有权结构是由股权代理成本和债权代理成本之间的平衡关系来决定的。

5. 等级融资理论

等级融资理论有以下结论。①外部融资的成本不仅包括管理和证券承销成本,还包括不对称信息所产生的"投资不足效应"而引起的成本。②负债融资优于股权融资。由于企业所得税的节税利益,负债融资可以增加企业的价值,即负债越多,企业价值增加越多,这是负债的第一种效应;但是,财务危机成本期望值的现值和代理成本的现值会导致企业价值下降,即负债越多,企业价值减少额越大,这是负债的第二种效应。由于上述两种效应相抵销,企业应适度负债。③由于非对称信息的存在,企业需要保留一定的负债容量以便有利可图的投资机会来临时可发行债券,避免以太高的成本发行新股。

(三)影响资本结构的因素

在企业的长期资本中,主要由所有者权益资本和负债资本组成,这两部分资本的性质不同:所有者权益资本是由企业长期使用的,在使用过程中并不规定固定的回报率;而负债资本的使用是有一定期限的,在使用过程中需要支付固定的利息费用。在决定采用哪种资本结构时,需要考虑的因素如图5-5所示。

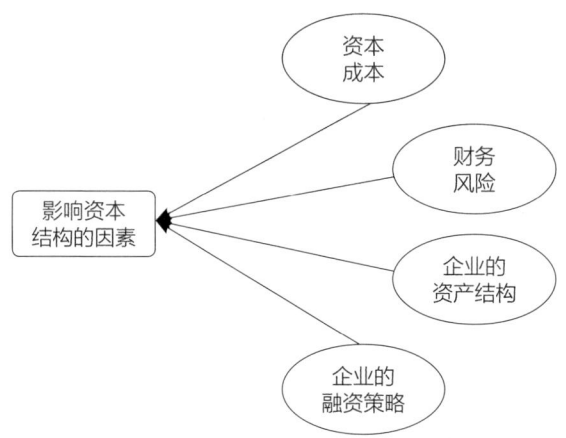

图 5-5 影响资本结构的因素

(1)资本成本。一般来讲,负债资本的资本成本较低,所有者权益资本的资本成本较高,两者的差异造成企业喜欢利用负债方式筹集资本。增加负债,有利于降低企业的综合资本成本,但会造成企业的全部资本来源中负债所占比重很大。

(2)财务风险。企业增加负债资本,就相应地增加固定支付利息的压力。利息是引起企业财务风险的主要因素,过多的负债,会加大企业的财务风险。而多采用所有者权益方式筹集资本,可以减少支付利息的压力,降低企业的财务风险。

(3)企业的资产结构。企业所属行业不同,其资产结构会有很大差别。重工业企业长期资产所占比重一般比轻工业企业要大,轻工业企业长期资产的比重一般较低。长期资产需要长期占用资金,需要企业能在较长时间内具有这部分资金的使用权,所有者权益资本可以满足其要求,应多采用所有者权益方式筹集资金。

(4)企业的融资策略。融资策略有积极型、保守型和中庸型融资策略。积极型融资策略是尽量将短期资本用于长期资产投资,负债资本所占比重会高一些;保守型融资策略是将长期资本投资于流动资产,所有者权益资本所占比重会高一些;中庸型融资策略介于二者之间。

5.4.2 长期股权投资的初始计量

(一)企业合并以外其他方式取得的长期股权投资

对联营企业、合营企业投资,取得时初始投资成本的确定应遵循以下规定。

(1)以支付现金取得的长期股权投资,应当按照实际支付的购买价款作为长期股权投资的初始投资成本,包括与取得长期股权投资直接相关的费用、税金及其他必要支出,但所支付价款中包含的被投资单位已宣告但尚未发放的现金股利或利润应作为应收项目核算,不构成取得长期股权投资的成本。

(2)以发行权益性证券方式取得的长期股权投资,其成本为所发行权益性证券的公允价值,但不包括被投资单位已宣告但尚未发放的现金股利或利润。

为发行权益性证券支付给有关证券承销机构等的手续费、佣金等与权益性证券发行直接相关的费用,不构成取得长期股权投资的成本。按照《企业会计准则第37号——金融工具列报》的规定,该部分费用应自权益性证券的溢价发行收入中扣除,权益性证券的溢价收入不足冲减的,应冲减盈余公积和未分配利润。

【例5-28】2×20年4月,盛合公司通过增发2 000万股(每股面值1元)本企业普通股为对价取得对乙公司20%的股权。按照增发前一定时期的平均股价计算,该2 000万股普通股的公允价值为4 500万元。为增发该部分普通股,盛合公司支付了500万元的佣金和手续费。取得乙公司该部分股权后,盛合公司能够对乙公司施加重大影响。

本例中盛合公司应当以所发行股份的公允价值作为取得长期股权投资的成本。

借:长期股权投资——乙公司(成本) 45 000 000
  贷:股本 20 000 000
    资本公积——股本溢价 25 000 000
借:资本公积——股本溢价 5 000 000
  贷:银行存款 5 000 000

(3)投资者投入的长期股权投资,应当按照投资合同或协议约定的价值作为初始投资成本,但合同或协议约定价值不公允的除外。

投资者投入的长期股权投资,是指投资者以其持有的对第三方的投资作为出资投入企业,接受投资的企业在确定所取得的长期股权投资的成本时,原则上应按照投资各方在投资合同或协议中约定的价值作为其初始投资成本。但是,如果投资各方在投资合同或协议中约定的价值明显高于或低于该项投资公允价值，应以公允价值作为长期股权投资的初始投资成本，由该项出资构成实收资本（或股本）的部分与确认的长期股权投资初始投资成本之间的差额，相应调整资本公积（资本溢价）。

在确定投资者投入的长期股权投资的公允价值时，有关权益性投资存在活跃市场的，应当参照活跃市场中的市价确定其公允价值；不存在活跃市场，无法按照市场信息确定其公允价值的情况下，应当将按照一定的估值技术等合理的方法确定的价值作为其公允价值。

【例5-29】 2×20年盛合公司以其持有的对丙公司的长期股权投资作为出资，在奇艺股份公司增资扩股的过程中投入奇艺公司，取得奇艺公司1 000万股普通股（每股面值为1元）。该项对丙公司的投资本身不存在活跃的市场，无法取得其公允价值信息，但根据奇艺公司股票在增资扩股后的价格判断，该项作为出资的长期股权投资的公允价值约为4 000万元。奇艺公司取得丙公司股权后，对丙公司不具有共同控制或重大影响，且在活跃市场上没有报价、公允价值不能可靠计量的长期股权投资。

奇艺公司应进行的账务处理如下。

借：长期股权投资——丙公司（成本） 40 000 000
　　贷：股本 10 000 000
　　　　资本公积——股本溢价 30 000 000

【例5-30】 2×20年盛合公司设立时，其主要出资方之一A公司以其持有的对B公司的长期股权投资作为出资投入盛合公司。投资方在投资合同中约定，作为出资的该项长期股权投资作价4 000万元。该作价是按照B公司股票的市价，经考虑相关调整因素后确定的。盛合公司注册资本为16 000万元。A公司出资占盛合公司注册资本的20%。取得该项投资后，盛合公司根据其持股比例，能够派人参与B公司的财务和生产经营决策。

本例中，盛合公司对于投资者投入的该项长期股权投资，应进行的会计处理如下。

借：长期股权投资 40 000 000
　　贷：实收资本 32 000 000
　　　　资本公积——资本溢价 8 000 000

（4）以债务重组、非货币性资产交换等方式取得的长期股权投资，其初始投资成本应按照《企业会计准则第12号——债务重组》和《企业会计准则第7

号——非货币性资产交换》的原则确定。

【例5-31】2×20年2月10日,盛合公司销售一批材料给甲公司,应收账款10万元,合同约定6个月后结清款项。6个月后,由于甲公司发生财务困难,无法支付货款,与盛合公司协商进行债务重组。经双方协议,盛合公司同意甲公司以其股权抵偿该账款。盛合公司对该项应收账款计提了坏账准备5 000元。假设转账后甲公司注册资本为500万元,净资产的公允价值为760万元,抵债股权占甲公司注册资本的1%。相关手续已办理完毕。假定不考虑其他相关税费。盛合公司的会计处理如下。

(1)计算。

重组债权应收账款的账面余额与所转让股权的公允价值之间的差=100 000-7 600 000×1%=2 4000(元)。差额24 000元,扣除坏账准备5 000元,计19 000元,作为债务重组损失,计入资产处置收益。

(2)会计分录。

借:长期股权投资——甲公司	76 000
资产处置收益	19 000
坏账准备	5 000
贷:应收账款	100 000

(5)投资成本中包含的已宣告但尚未发放的现金股利或利润的处理

企业无论以何种方式取得长期股权投资,取得投资时,对于被投资单位已经宣告但尚未发放的现金股利或利润应作为应收项目单独核算,不构成长期股权投资成本。

【例5-32】沿用【例5-30】中有关资料,假定在盛合公司取得该项投资时,甲公司已经宣告发放现金股利或利润,盛合公司按其持股比例计算确定可分得30万元,则盛合公司在确定该长期股权投资成本时,不应包括被投资单位已经宣告发放的现金股利。

借:长期股权投资——甲公司(成本)	4 800 000
应收股利	300 000
贷:银行存款	5 100 000

（二）企业合并形成的长期股权投资

1. 同一控制下企业合并形成的长期股权投资

合并方以支付现金、转让非现金资产或承担债务方式作为合并对价的，应当在合并日按照取得被合并方所有者权益账面价值的份额作为长期股权投资的初始投资成本。长期股权投资的初始投资成本与支付的现金、转让的非现金资产及所承担债务账面价值之间的差额，应当调整资本公积（资本溢价或股本溢价）；资本公积（资本溢价或股本溢价）的余额不足冲减的，调整留存收益。合并方以发行权益性证券作为合并对价的，应按发行股份的面值总额作为股本，长期股权投资的初始投资成本与所发行股份面值总额之间的差额，应当调整资本公积（资本溢价或股本溢价）；资本公积（资本溢价或股本溢价）不足冲减的，调整留存收益。

具体进行会计处理时，合并方在合并日按取得被合并方所有者权益账面价值的份额，借记"长期股权投资"科目，按应享有被合并方已宣告但尚未发放的现金股利或利润，借记"应收股利"科目，按支付的合并对价的账面价值，贷记有关资产或负债科目，按其差额，贷记"资本公积——资本溢价或股本溢价"科目；如为借方差额，应借记"资本公积——资本溢价或股本溢价"科目，资本公积（资本溢价或股本溢价）不足冲减的，借记"盈余公积""利润分配——未分配利润"科目。上述业务如以发行权益性证券方式进行，应按发行权益性证券的面值总额，贷记"股本"科目。

【例5-33】2×20年6月30日，盛合公司向其母公司P发行1 000万股普通股（每股面值为1元，市价为4.2元），取得母公司P拥有对S公司100%的股权，并于当日起能够对S公司实施控制。合并后S公司仍维持其独立法人地位继续经营。2×20年6月30日S公司净资产的账面价值为4 000万元。假定盛合公司和S公司在企业合并前采用的会计政策相同。合并日，盛合公司与S公司所有者权益的构成如表5-12所示。

表5-12 2×20年6月30日相关数据

单位：元

项目	盛合公司	S公司
实收资本	30 000 000	10 000 000
资本公积	20 000 000	6 000 000

续表

项目	盛合公司	S公司
盈余公积	20 000 000	20 000 000
未分配利润	23 550 000	4 000 000
合计	93 550 000	40 000 000

S公司在合并后维持其法人资格继续经营，合并日盛合公司在其账簿及个别财务报表中应确认对S公司的长期股权投资，其成本为合并日享有S公司账面所有者权益的份额，账务处理如下。

借：长期股权投资——S公司　　　　　　　　　　　　40 000 000
　　贷：股本　　　　　　　　　　　　　　　　　　　10 000 000
　　　　资本公积——股本溢价　　　　　　　　　　　30 000 000

2. 非同一控制下企业合并形成的长期股权投资

非同一控制下的控股合并中，购买方应当按照确定的企业合并成本作为长期股权投资的初始投资成本。企业合并成本包括购买方付出的资产、发生或承担的负债、发行的权益性证券的公允价值以及为进行企业合并发生的各项直接相关费用之和。

非同一控制下的企业合并，是将合并行为看作一方购买另一方的交易，原则上，购买方为了取得对被购买方的控制权而放弃的资产、发生或承担的负债、发行的权益性证券等均应按其在购买日的公允价值计量，所有为进行企业合并而支付对价的公允价值之和以及发生的各项相关费用作为合并中形成长期股权投资的成本。其中，以支付非货币性资产为对价的，所支付非货币性资产在购买日的公允价值与其账面价值的差额应作为资产处置损益，计入企业合并当期的利润表。

【例5-34】盛合公司于2×20年3月31日取得了X公司70%的股权，取得该部分股权后能够控制X公司的生产经营决策。合并中，盛合公司支付的有关资产在购买日的账面价值与公允价值如表5-13所示。合并中，盛合公司为核实X公司的资产价值，聘请专业资产评估机构对X公司的资产进行评估，支付评估费用200万元。本例中假定合并前盛合公司与X公司及其股东不存在任何关联方关系。

表 5-13 2×20 年 3 月 31 日相关数据

单位：元

项目	账面价值	公允价值
土地使用权	20 000 000	32 000 000
专利技术	8 000 000	10 000 000
银行存款	8 000 000	8 000 000
合计	36 000 000	50 000 000

注：其中土地使用权成本为 3 000 万元，累计摊销 1 000 万元；专利技术成本为 1 000 万元，累计摊销 200 万元。

盛合公司应进行的账务处理如下。

借：长期股权投资	52 000 000
累计摊销	12 000 000
贷：无形资产	40 000 000
银行存款	10 000 000
营业外收入	14 000 000

【例 5-35】 盛合公司于 2×20 年 3 月以 8 000 万元取得 W 公司 30% 的股权，因能够对 W 公司施加重大影响，对所取得的长期股权投资采用权益法核算。盛合公司 2×20 年确认对 W 公司的投资收益 500 万元。2×21 年 4 月，盛合公司又斥资 9 000 万元取得 W 公司另外 30% 的股权。本例中假定盛合公司在取得对 W 公司的长期股权投资以后，W 公司并未宣告发放现金股利或利润。盛合公司按净利润的 10% 提取盈余公积。盛合公司对该项长期股权投资未计提任何减值准备。

本例中盛合公司是通过分步购买最终达到对 W 公司实施控制，形成企业合并的。在购买日，盛合公司应进行以下会计处理（假定不考虑所得税影响）。

借：盈余公积	500 000
利润分配——未分配利润	4 500 000
贷：长期股权投资	5 000 000
借：长期股权投资	90 000 000
贷：银行存款	90 000 000

购买日对 W 公司长期股权投资的账面余额 =（8 300 − 500 × 60%）+ 9 000 = 17 000（万元）

5.4.3 长期股权投资的后续计量

（一）长期股权投资的成本法核算

1. 成本法的适用范围

成本法，是指投资按成本计价的方法。按照《企业会计准则第2号——长期股权投资》核算的权益性投资中，应当采用成本法核算的是企业持有的对子公司投资。

准则中要求企业对子公司的长期股权投资在日常核算及母公司个别财务报表中采用成本法核算。

2. 成本法核算的会计处理

（1）初始投资或追加投资的会计处理。

采用成本法核算的长期股权投资，初始投资或追加投资时，按照初始投资或追加投资时的成本增加长期股权投资的账面价值，同一控制下的控股合并形成的长期股权投资初始投资成本为合并日取得被合并方账面所有者权益的份额。

（2）投资收益的确定及会计处理。

被投资单位宣告分派的现金股利或利润中，投资企业享有的部分，应确认为当期投资收益。投资企业在确认自被投资单位应分得的现金股利或利润后，应当考虑长期股权投资是否发生减值。在判断该类长期股权投资是否存在减值迹象时，应当关注长期股权投资的账面价值是否大于享有被投资单位净资产（包括相关商誉）账面价值的份额等情况。出现类似情况时，企业应当按照《企业会计准则第8号——资产减值》的规定对长期股权投资进行减值测试，可收回金额低于长期股权投资账面价值的，应当计提减值准备。

【例5-36】盛合公司于2×20年4月10日取得Y公司40%的股权，成本为1 100万元。2×21年2月6日，Y公司宣告分派利润，甲公司按照持股比例可取得20万元。假定盛合公司在取得Y公司股权后，对Y公司的财务和经营决策不具有控制、共同控制或重大影响，且该投资不存在活跃的交易市场、公允价值无法可靠取得。Y公司于2×21年2月12日实际分派利润。

盛合公司应进行的账务处理如下。

借：长期股权投资——Y公司   11 000 000
  贷：银行存款   11 000 000

借：应收股利　　　　　　　　　　　　　　　　　　　　　200 000
　　贷：投资收益　　　　　　　　　　　　　　　　　　　　200 000
借：银行存款　　　　　　　　　　　　　　　　　　　　　200 000
　　贷：应收股利　　　　　　　　　　　　　　　　　　　　200 000

（二）长期股权投资的权益法核算

1. 权益法的适用范围

权益法，是指投资以初始投资成本计量后，在投资持有期间根据投资企业享有被投资单位所有者权益的份额的变动对投资的账面价值进行调整的方法。《企业会计准则第2号——长期股权投资》规定，应当采用权益法核算的长期股权投资包括两类：一是对具有共同控制的合营企业投资，二是对具有重大影响的联营企业投资。

2. 权益法的核算程序

按照权益法核算的长期股权投资，一般的核算程序如下。

（1）初始投资或追加投资时，按照初始投资成本或追加投资的投资成本，增加长期股权投资的账面价值。

（2）比较初始投资成本与投资时应享有被投资单位可辨认净资产公允价值的份额，对于初始投资成本小于应享有被投资单位可辨认净资产公允价值份额的，应对长期股权投资的账面价值进行调整，计入取得投资当期的损益。

（3）持有投资期间，随着被投资单位所有者权益的变动相应调整增加或减少长期股权投资的账面价值，并分别情况处理：对属于因被投资单位实现净损益产生的所有者权益的变动，投资企业按照持股比例计算应享有的份额，增加或减少长期股权投资的账面价值，同时确认为当期投资损益；对被投资单位除净损益以外其他因素引起的所有者权益变动，在持股比例不变的情况下，按照持股比例计算应享有或应分担的份额，增加或减少长期股权投资的账面价值，同时确认为资本公积（其他资本公积）。

（4）被投资单位宣告分派利润或现金股利时，投资企业按持股比例计算应分得的部分，一般应冲减长期股权投资的账面价值。

3. 权益法核算的会计处理

（1）初始投资成本的调整。

投资企业取得对联营企业或合营企业的投资以后，对于取得投资时点上投资成本与应享有被投资单位可辨认净资产公允价值份额之间的差额,应区别以下情况处理。

①投资成本大于取得投资时应享有被投资单位可辨认净资产公允价值份额的,该部分差额体现为投资企业在购入该项投资过程中通过作价体现出的与所取得股权份额相对应的商誉。该部分差额不要求调整长期股权投资的成本。

②投资成本小于取得投资时应享有被投资单位可辨认净资产公允价值份额的,两者之间的差额体现为交易双方在作价过程中转让方对投资企业给予的让步或是出于其他方面的考虑给予投资企业的无偿经济利益流入,应计入取得投资当期的损益。

【例5-37】盛合公司于2×20年1月1日取得R公司30%的股权,实际支付价款3 500万元。取得投资时被投资单位账面所有者权益的构成如表5-14所示。

表5-14　R公司于2×20年1月1日的所有者权益结构

单位:元

项目	账面价值	公允价值
实收资本	30 000 000	30 000 000
资本公积	24 000 000	24 000 000
盈余公积	5 000 000	5 000 000
未分配利润	16 000 000	16 000 000
所有者权益总额	75 000 000	75 000 000

假定在R公司的董事会中,所有股东均以其持股比例行使表决权。盛合公司在取得对R公司的股权后,派人参与了R公司的财务和生产经营决策。因能够对R公司的生产经营决策施加重大影响,盛合公司对该项投资采用权益法核算。取得投资时,盛合公司应进行的账务处理如下。

借:长期股权投资——R公司(成本)　　　　　35 000 000
　　贷:银行存款　　　　　　　　　　　　　　　　35 000 000

长期股权投资的成本3 500万元大于取得投资时应享有R公司可辨认净资产公允价值的份额2 250(7 500×30%)万元,不对其初始投资成本进行调整。

假定本例中取得投资时R公司可辨认净资产公允价值为12 000万元,盛合公司按持股比例30%计算确定应享有3 600万元,则初始投资成本与应享有R公司可辨认净资产公允价值份额之间的差额100万元应计入取得投资当期的损益。

借:长期股权投资——R公司(成本)　　　　　36 000 000

贷：银行存款	35 000 000
营业外收入	1 000 000

（2）投资损益的确定。

①在确认应享有或应分担被投资单位的净利润或净亏损时，如果取得投资时被投资单位各项资产、负债的公允价值与其账面价值不同，投资企业在计算确定投资收益时，不能完全以被投资单位自身核算的净利润与持股比例为依据，而是需要在被投资单位实现净利润的基础上进行适当调整。

在确认应享有被投资单位的净利润或净亏损时，主要应考虑以下因素对被投资单位净利润的影响。

一是以取得投资时被投资单位固定资产、无形资产的公允价值为基础计提的折旧额或摊销额对被投资单位净利润的影响。如取得投资时被投资单位固定资产公允价值高于账面价值，对于投资企业来讲，相关固定资产的折旧额应以取得投资时该固定资产的公允价值为基础确定，并根据被投资单位已计提的折旧额与对于投资企业来讲应计提的折旧额之间的差额，对被投资单位的净利润进行调整。

二是被投资单位有关长期资产以投资企业取得投资时的公允价值为基础计算确定的减值准备金额对被投资单位净利润的影响。

三是被投资单位采用的会计政策和会计期间与投资企业不一致时，应按投资企业的会计政策和会计期间对被投资单位的财务报表进行调整，以调整后的净利润为基础计算确认投资损益。

投资企业无法合理确定取得投资时被投资单位各项可辨认资产公允价值的，或者投资时被投资单位可辨认资产的公允价值与账面价值相比，两者之间的差额不具重要性的，或是无法取得对被投资单位净利润进行调整所需资料的，可以按照被投资单位的账面净利润与持股比例计算的结果直接确认为投资损益。

【例5-38】沿用【例5-37】，假定盛合公司长期股权投资的成本大于取得投资时R公司可辨认净资产公允价值份额的情况下，2×20年R公司实现净利润500万元。盛合公司、R公司均以公历年度作为会计年度，采用相同的会计政策。由于投资时R公司各项资产、负债的账面价值与其公允价值相同，不需要对R公司的净利润进行调整，盛合公司应确认的投资收益为150（500×30%）万元，一方面增加长期股权投资的账面价值，另一方面作为利润表中的投资收益确认。盛合公司的会计处理如下。

借：长期股权投资——R公司（损益调整）　　　　　1 500 000
　　贷：投资收益——R公司　　　　　　　　　　　　　　1 500 000

【例5-39】盛合公司于2×20年1月2日购入Y公司30%的股份，购买价款为2 000万元，并自取得股份之日起派人参与Y公司的生产经营决策。取得投资日，Y公司可辨认净资产公允价值为6 000万元，除表5-15所示项目外，其他资产、负债的公允价值与账面价值相同。

表5-15　Y公司相关资料

项目	账面原价（元）	已提折旧（元）	公允价值（元）	原预计使用年限（年）	剩余使用年限（年）
存货	5 000 000		7 000 000		
固定资产	10 000 000	2 000 000	12 000 000	20	16
无形资产	6 000 000	1 200 000	8 000 000	10	8
小计	21 000 000	3 200 000	27 000 000		

假定Y公司2×20年实现净利润600万元，其中在盛合公司取得投资时的账面存货500万元中有80%对外出售。盛合公司与Y公司的会计年度和采用的会计政策相同。

盛合公司在确定其应享有Y公司2×20年的投资收益时，应在Y公司实现净利润的基础上，根据取得投资时有关资产的账面价值与其公允价值差额的影响进行调整（假定不考虑所得税影响）。

调整后的净利润=600-（700-500）×80%-（1 200÷16-1 000÷20）-（800÷8-600÷10）=375（万元）

盛合公司应享有份额=375×30%=112.5（万元）

借：长期股权投资——Y公司（损益调整）　　　　　1 125 000
　　贷：投资收益　　　　　　　　　　　　　　　　　　　1 125 000

②在确认投资收益时，除考虑有关资产、负债的公允价值与账面价值差异的调整外，对于投资企业与其联营企业和合营企业之间发生的未实现内部交易损益也应予以抵销。即投资企业与联营企业及合营企业之间发生的未实现内部交易损益按照持股比例计算归属于投资企业的部分应当予以抵销，在此基础上确认投资损益。投资企业与被投资单位发生的内部交易损失，按照《企业会计准则第8号——资产减值》等规定属于资产减值损失的，应当全额确认。投资企业对于纳

入其合并范围的子公司与其联营企业及合营企业之间发生的内部交易损益,也应当按照上述原则进行抵销,在此基础上确认投资损益。

应当注意的是,该未实现内部交易损益的抵销既包括顺流交易也包括逆流交易。当该未实现内部交易损益体现在投资企业或其联营企业、合营企业持有的资产账面价值中时,相关的损益在计算确认投资损益时应予抵销。

a. 逆流交易。

逆流交易是指联营企业或合营企业向投资企业出售资产的交易。因逆流交易产生的未实现内部交易损益,在未对外部独立第三方出售之前,体现在投资企业持有资产的账面价值中。投资企业对外编制合并财务报表的,应在合并财务报表中对长期股权投资及包含未实现内部交易损益的资产账面价值进行调整,抵销有关资产账面价值中包含的未实现内部交易损益,并相应调整对联营企业或合营企业的长期股权投资。

【例5-40】盛合公司于2×20年1月1日取得F公司20%有表决权股份,能够对F公司施加重大影响。盛合公司取得该项投资时,F公司各项可辨认资产、负债的公允价值与其账面价值相同。2×20年8月,F公司将其成本为90万元的某商品以150万元的价格出售给盛合公司,盛合公司将取得的商品作为存货。至2×20年12月31日,盛合公司仍未对外出售该存货。F公司2×20年实现净利润480万元。假定不考虑所得税因素。

盛合公司在按照权益法确认应享有F公司2×20年净损益时,应进行以下账务处理。

借:长期股权投资——F公司(损益调整)　　　　840 000
　　贷:投资收益　　　　　　　　　　　　　　　　　　840 000

进行上述处理后,盛合公司如需要编制合并财务报表,在合并财务报表中,因该未实现内部交易损益体现在甲公司持有存货的账面价值当中,应在合并财务报表中进行以下调整。

借:长期股权投资——F公司(损益调整)　　　　120 000
　　贷:存货　　　　　　　　　　　　　　　　　　　　120 000

假定2×21年,盛合公司将该商品以180万元对外部独立第三方出售,因该部分内部交易损益已经实现,盛合公司在确认应享有F公司2×21年净损益时,应考虑将到原来未确认的该部分内部交易损益计入投资损益,即应在考虑其他因素计算确定的投资损益的基础上调整增加12万元。假定F公司2×21年实现的净利润为3 000万元。盛合公司的账务处理如下。

借：长期股权投资——F公司（损益调整）　　　720 000
　　贷：投资收益　　　　　　　　　　　　　　　　　720 000

b. 顺流交易。

顺流交易是指投资企业向其联营企业或合营企业出售资产的交易。对于投资企业向联营企业或合营企业出售资产的顺流交易，在该交易存在未实现内部交易损益的情况下（即有关资产未对外部独立第三方出售），投资企业在采用权益法计算确认应享有联营企业或合营企业的投资损益时，应抵销该未实现内部交易损益的影响，同时调整对联营企业或合营企业长期股权投资的账面价值。

【例5-41】盛合公司持有D公司20%有表决权股份，能够对D公司施加重大影响。2×20年，盛合公司将其账面价值为90万元的商品以150万元的价格出售给D公司。至2×20年12月31日，D公司未将该批商品对外部独立第三方出售。盛合公司取得该项投资时，D公司各项可辨认资产、负债的公允价值与其账面价值相同，两者在以前期间未发生过内部交易。D公司2×20年实现净利润300万元。假定不考虑所得税因素。

盛合公司在该项交易中实现净利润60万元，其中的12万元是针对本公司持有的对联营企业的权益份额，在采用权益法计算确认投资损益时应予抵销，即盛合公司应当进行以下账务处理。

借：长期股权投资——D公司（损益调整）　　　480 000
　　贷：投资收益　　　　　　　　　　　　　　　　　480 000

盛合公司如需编制合并财务报表，在合并财务报表中对该未实现内部交易损益应进行以下调整。

借：主营业务收入　　　　　　　　（1 500 000×20%）300 000
　　贷：营业成本　　　　　　　　　　（900 000×20%）180 000
　　　　投资收益　　　　　　　　　　　　　　　　　120 000

应当说明的是，投资企业与其联营企业及合营企业之间发生的无论是顺流交易还是逆流交易，产生的未实现内部交易损失，属于所转让资产发生减值损失的，有关的未实现内部交易损失不应予以抵销。

c. 合营方向合营企业投出非货币性资产产生损益的处理。

合营方向合营企业投出或出售非货币性资产的相关损益，应当按照以下原则处理。

符合下列情况之一的，合营方不应确认该类交易的损益：与投出非货币性资产所有权有关的重大风险和报酬没有转移给合营企业；投出非货币性资产的损益无法可靠计量；投出非货币性资产交易不具有商业实质。

合营方转移了与投出非货币性资产所有权有关的重大风险和报酬并且投出资产留给合营企业使用的，应在该项交易中确认归属于合营企业其他合营方的利得和损失。交易表明投出或出售的非货币性资产发生减值损失的，合营方应当全额确认该部分损失。

在投出非货币性资产的过程中，合营方除了取得合营企业的长期股权投资外还取得了其他货币性或非货币性资产的，应当确认该项交易中与所取得其他货币性、非货币性资产相关的损益。

（3）取得现金股利或利润的处理。

按照权益法核算的长期股权投资，投资企业自被投资单位取得的现金股利或利润，应区别以下情况进行处理。

① 自被投资单位分得的现金股利或利润未超过已确认投资损益的，应抵减长期股权投资的账面价值。在被投资单位宣告分派现金股利或利润时，借记"应收股利"科目，贷记"长期股权投资——损益调整"科目。

② 自被投资单位取得的现金股利或利润超过已确认投资收益部分，但未超过投资以后被投资单位实现的账面净利润中本企业享有的份额，应作为投资收益处理。被投资单位宣告分派现金股利或利润时，按照应分得的现金股利或利润金额，借记"应收股利"科目，按照应分得的现金股利或利润未超过账面已确认投资收益的金额，贷记"长期股权投资——损益调整"科目，上述借贷方差额贷记"投资收益"科目。

③ 自被投资单位取得的现金股利或利润超过已确认投资收益，同时也超过了投资以后被投资单位实现的账面净利润中本企业按持股比例计算应享有的部分，该部分金额应作为投资成本的收回。

（4）超额亏损的确认。

权益法下，投资企业确认应分担被投资单位发生的损失，原则上应以长期股权投资及其他实质上构成长期权益的项目减记至零为限，投资企业负有承担额外损失义务的除外。这里所讲"其他实质上构成长期权益的项目"主要是指长期性的应收项目等，应收被投资单位的长期债权从目前来看没有明确的清偿计划并且在可预见的未来期间也不可能进行清偿的，从实质上来看，即构成长期权益。

采用权益法核算的情况下，投资企业在确认应分担被投资单位发生的亏损时，应按照以下顺序处理。

首先，减记长期股权投资的账面价值。

其次，在长期股权投资的账面价值减记至零的情况下，考虑是否有其他构成长期权益的项目，如果有，则以其他实质上构成对被投资单位长期权益的账面价值为限，继续减记。

最后，在有关其他实质上构成对被投资单位长期权益的价值也减记至零的情况下，如果按照投资合同或协议约定，投资企业需要承担额外义务的，则需按预计将承担责任的金额确认相关的损失。

除按上述顺序已确认的损失以外仍有额外损失的，应在账外进行备查登记，不再予以确认。

在确认了有关投资损失以后，被投资单位于以后期间实现盈利的，应按以上相反顺序恢复其他实质上构成对被投资单位净投资的长期权益及长期股权投资的账面价值。

【例5-42】 盛合公司持有G公司40%的股权，2×20年12月31日的账面价值为200万元，包括投资成本以及因G公司实现净利润而确认的投资收益。G公司2×20年由于一项主要经营业务市场条件发生骤变，当年度发生亏损300万元。假定盛合公司在取得投资时，G公司各项可辨认资产、负债的公允价值与其账面价值相同，二者采用的会计政策和会计期间也相同。盛合公司2×20年应确认的投资损失为120万元。确认上述投资损失后，长期股权投资的账面价值变为80万元。

如果G公司2×20年的亏损额为600万元，则盛合公司按其持股比例确认应分担的损失为240（600×40%）万元，但期初长期股权投资的账面价值仅为200万元，如果没有其他实质上构成对被投资单位净投资的长期权益项目，则盛合公司应确认的投资损失仅为200万元，超额损失在账外进行备查登记。如果在确认了200万元的投资损失后，盛合公司账上仍有应收G公司的长期应收款80万元（实质上构成对G公司净投资），则在长期应收款的账面价值大于40万元的情况下，应进一步确认投资损失40万元，盛合公司应进行的账务处理如下。

借：投资收益	2 400 000	
贷：长期股权投资——G 公司（成本、损益调整）		2 000 000
长期应收款——G 公司（超额亏损）		400 000

（5）被投资单位除净损益外所有者权益的其他变动。

采用权益法核算时，投资企业对于被投资单位除净损益以外所有者权益的其他变动，在持股比例不变的情况下，应按照持股比例与被投资单位除净损益以外所有者权益的其他变动中归属于本企业的部分，相应调整长期股权投资的账面价值，同时增加或减少资本公积。

【例 5-43】 2×20 年盛合企业持有 T 企业 30% 的股份，能够对 T 企业施加重大影响。当期 T 企业因持有的金融资产公允价值变动计入其他综合收益的金额为 800 万元，除该事项外，T 企业当期实现的净损益为 1 500 万元。假定盛合企业与 T 企业适用的会计政策、会计期间相同，投资时 T 企业有关资产、负债的公允价值与其账面价值亦相同。盛合企业在确认应享有被投资单位所有者权益的变动时的会计分录如下。

借：长期股权投资——损益调整	4 500 000	
——其他权益变动	2 400 000	
贷：投资收益		4 500 000
资本公积——其他资本公积		2 400 000

（6）股票股利的处理。

被投资单位分派的股票股利，投资企业不进行账务处理，但应于除权日注明所增加的股数，以反映股份的变化情况。

5.4.4　长期股权投资核算方法的转换

（一）成本法转权益法

因处置投资导致对被投资单位的影响能力下降，由控制转为具有重大影响，或是与其他投资方一起实施共同控制的情况下，在投资企业的个别财务报表中，首先应按处置或收回投资的比例结转应终止确认的长期股权投资成本。在此基础上，将剩余的长期股权投资转为采用权益法核算，即应当比较剩余的长期股权投资成本与按照剩余持股比例计算原投资时应享有被投资单位可辨认净资产公允价值的份额；属于投资作价中体现的商誉部分，不调整长期股权投资的账面价值；属于投资成本小于应享有被投资单位可辨认净资产公允价值份额的，在调整长期股权投资成本的同时，应调整留存收益。对于原取得投资后至转变为权益法核算之间被投资单位实现的净损益中应享有的份额，一方面应调整长期股权投资的账面价值，另一方面对于原取得投资时至处置投资当期期初被投资单位实现的净损益（扣除已发放及已宣告发放的现金股利及利润）中应享有的份额，调整留存收益，对于处置投资当期期初至处置投资之日被投资单位实现的净损益中享有的份额，调整当期损益；其他原因导致被投资单位所有者权益变动中应享有的份额，在调整长期股权投资账面价值的同时，应当计入"其他综合收益"或"资本公积——其他资本公积"。

在合并财务报表中，对于剩余股权，应当按照其在丧失控制权日的公允价值进行重新计量。处置股权取得的对价与剩余股权公允价值之和，减去按原持股比例计算应享有原有子公司自购买日开始持续计算的净资产的份额之间的差额，计入丧失控制权当期的投资收益。与原有子公司股权投资相关的其他综合收益，应当在丧失控制权时转为当期投资收益。企业应当在附注中披露处置后的剩余股权在丧失控制权日的公允价值、按照公允价值重新计量产生的相关利得或损失的金额。

【例 5-44】 盛合公司原持有 C 公司 60% 的股权，其账面余额为 600 万元，未计提减值准备。2×20 年 12 月 6 日，盛合公司将其持有的对 C 公司长期股权投资中的 1/3 出售给某企业，出售取得价款 360 万元，当日 C 公司可辨认净资产公允价值总额为 1 600 万元。盛合公司原取得 C 公司 60% 股权时，C 公司可辨认净资产公允价值总额为 900 万元（假定公允价值与账面价值相同）。自盛合公司取得对 C 公司长期股权投资后至部分处置投资前，C 公司实现净利润 500 万元。假定 C 公司一直未进行利润分配。除所实现净损益外，C 公司未发生其他计入资本公积的交易或事项。本例中盛合公司按净利润的 10% 提取盈余公积。

在出售 20% 的股权后，盛合公司对 C 公司的持股比例为 40%，在 C 公司董事会中派有代表，但不能对 C 公司生产经营决策实施控制，对 C 公司长期股权投资应由成本法改为按照权益法核算。

（1）确认长期股权投资处置损益。

借：银行存款　　　　　　　　　　　　　　　　　　3 600 000
　　贷：长期股权投资　　　　　　　　　　　　　　　　2 000 000

投资收益	1 600 000

(2) 调整长期股权投资账面价值。

剩余长期股权投资的账面价值为 400 万元，与原投资时应享有被投资单位可辨认净资产公允价值份额之间的差额 40（400-900×40%）万元为商誉，该部分商誉的价值不需要对长期股权投资的成本进行调整。

处置投资以后按照持股比例计算享有被投资单位自购买日至处置投资日期间实现的净损益为 200（500×40%）万元，应调整增加长期股权投资的账面价值，同时调整留存收益。企业应进行以下账务处理。

借：长期股权投资	2 000 000
贷：盈余公积	200 000
利润分配——未分配利润	1 800 000

（二）公允价值计量或权益法转成本法

因追加投资导致原持有的分类为以公允价值计量且其变动计入当期损益的金融资产，或非交易性权益工具投资分类为以公允价值计量且其变动计入其他综合收益的金融资产，以及对联营企业或合营企业的投资转变为对子公司投资的，长期股权投资账面价值的调整应当按照本章关于对子公司投资初始计量的相关规定处理。

对于原作为金融资产，转换为采用成本法核算的对子公司投资的，如有关金融资产分类为以公允价值计量且其变动计入当期损益的金融资产，应当按照转换时的公允价值确认为长期股权投资，公允价值与其原账面价值之间的差额计入当期损益；如非交易性权益工具投资分类为以公允价值计量且其变动计入其他综合收益的金融资产，在按照转换时的公允价值确认长期股权投资，该公允价值与账面价值之间的差额计入当期损益外，原确认计入其他综合收益的前期公允价值变动亦应结转计入当期损益。

（三）公允价值计量转权益法

投资企业对原持有的被投资单位的股权不具有控制、共同控制或重大影响，按照《企业会计准则第 22 号——金融工具确认和计量》进行会计处理的，因追加投资等导致持股比例增加，使其能够对被投资单位实施共同控制或重大影响而转按权益法核算的，应在转换日，按照原股权的公允价值加上为取得新增投资而应支付对价的公允价值，作为改按权益法核算的初始投资成本；原股权投资于转换日的公允价值与账面价值之间的差额，以及原计入其他综合收益的累计公允价值变动转入改按权益法核算的当期损益。在此基础上,比较初始投资成本与获得被投资单位共同控制或重大影响时应享有被投资单位可辨认净资产公允价值份额之间的差额:前者大于后者的,不调整长期股权投资的账面价值;前者小于后者的,调整长期股权投资的账面价值,并计入当期营业外收入。

【例5-45】甲公司于2×20年2月取得乙公司10%股权,对乙公司不具有控制、共同控制和重大影响,甲公司将其分类为以公允价值计量且其变动计入其他综合收益的金融资产,投资成本为900万元,取得时乙公司可辨认净资产公允价值总额为8 400万元(假定公允价值与账面价值相同)。

2×20年3月1日,甲公司又以1 800万元取得乙公司12%的股权,当日乙公司可辨认净资产公允价值总额为12 000万元。取得该部分股权后,按照乙公司章程规定,甲公司能够派人参与乙公司的财务和生产经营决策,对该项长期股权投资转为采用权益法核算。假定甲公司在取得对乙公司10%的股权后,双方未发生任何内部交易。乙公司通过生产经营活动实现的净利润为900万元,未派发现金股利或利润,除所实现净利润外,未发生其他所有者权益变动事项。2×20年3月1日甲公司对乙公司投资原10%股权的公允价值为1 300万元,原计入其他综合收益的累计公允价值变动收益为120万元。

本例中,2×20年3月1日,甲公司对乙公司投资原10%股权的公允价值为1 300万元,账面价值为1 020万元,差额计入损益;同时,因追加投资改按权益法核算,原计入其他综合收益的累计公允价值变动收益120万元转入损益。

甲公司对乙公司股权增持后,持股比例改为22%,初始投资成本为3 100(1 300+1 800)万元,应享有乙公司可辨认净资产公允价值份额为2 640(12 000×22%)万元,前者大于后者460万元,不调整长期股权投资的账面价值。

甲公司对上述交易的会计处理如下。

借:长期股权投资——投资成本 31 000 000
　　贷:银行存款 18 000 000
　　　　投资收益 2 800 000
　　　　其他权益工具投资 10 200 000
借:其他综合收益 1 200 000
　　贷:投资收益 1 200 000

（四）权益法转公允价值计量

投资企业原持有的被投资单位的股权对其具有共同控制或重大影响，因部分处置等导致持股比例下降，不能再对被投资单位实施共同控制或重大影响的，应于失去共同控制或重大影响时，改按《企业会计准则第 22 号——金融工具确认和计量》的规定对剩余股权进行会计处理。即，对剩余股权在改按公允价值计量时，公允价值与其原账面价值之间的差额计入当期损益。同时，原采用权益法核算的相关其他综合收益应当在终止采用权益法核算时，采用与被投资单位直接处置相关资产或负债相同的基础进行会计处理；因被投资单位除净损益、其他综合收益和利润分配以外的其他所有者权益变动而确认的所有者权益，应当在终止采用权益法时全部转入当期损益。

【例 5-46】甲公司持有乙公司 30% 的有表决权股份，能够对乙公司施加重大影响，对该股权投资采用权益法核算。2×20 年 10 月，甲公司将该项投资中的 50% 对外出售，取得价款 1 800 万元。相关股权划转手续于当日完成。甲公司持有乙公司剩余 15% 股权，无法再对乙公司施加重大影响，转为以公允价值计量且其变动计入其他综合收益的金融资产核算。股权出售日，剩余股权的公允价值为 1 800 万元。出售该股权时，长期股权投资的账面价值为 3 200 万元，其中投资成本 2 600 万元，损益调整为 300 万元，因被投资单位的非交易性权益工具投资以公允价值计量且其变动计入其他综合收益的金融资产的累计公允价值变动享有部分为 200 万元，除净损益、其他综合收益和利润分配外的其他所有者权益变动为 100 万元。不考虑相关税费等其他因素影响。甲公司的会计处理如下。

（1）确认有关股权投资的处置损益。

借：银行存款　　　　　　　　　　　　　　　　　　　　　18 000 000
　　贷：长期股权投资　　　　　　　　　　　　　　　　　　16 000 000
　　　　投资收益　　　　　　　　　　　　　　　　　　　　 2 000 000

（2）由于终止采用权益法核算，将原确认的相关其他综合收益全部转入当期损益。

借：其他综合收益　　　　　　　　　　　　　　　　　　　 2 000 000
　　贷：投资收益　　　　　　　　　　　　　　　　　　　　 2 000 000

（3）由于终止采用权益法核算，将原计入资本公积的其他所有者权益变动全部转入当期损益。

借：资本公积——其他资本公积　　　　　　　　　　　　1 000 000
　　贷：投资收益　　　　　　　　　　　　　　　　　　　　1 000 000

（4）剩余股权投资转为以公允价值计量且其变动计入其他综合收益的金融资产，当日公允价值为1 800万元，账面价值为1 600万元，两者差异计入当期投资收益。

借：其他权益工具投资　　　　　　　　　　　　　　　　18 000 000
　　贷：长期股权投资　　　　　　　　　　　　　　　　　16 000 000
　　　　投资收益　　　　　　　　　　　　　　　　　　　 2 000 000

（五）成本法转公允价值计量

投资企业原持有被投资单位的股份使得其能够对被投资单位实施控制，其后因部分处置等导致持股比例下降，不能再对被投资单位实施控制，同时对被投资单位亦不具有共同控制能力或重大影响的，应将剩余股权改按《企业会计准则第22号——金融工具确认和计量》的要求进行会计处理，并于丧失控制权日将剩余股权按公允价值重新计量，公允价值与其账面价值的差额计入当期损益。

【例5-47】甲公司持有乙公司60%股权并能控制乙公司，投资成本为1 200万元，按成本法核算。2×20年5月12日，甲公司出售所持乙公司股权的90%给非关联方，所得价款为1 800万元，剩余6%股权于丧失控制权日的公允价值为200万元，甲公司将其分类为以公允价值计量且其变动计入当期损益的金融资产。假定不考虑其他因素，甲公司于丧失控制权日的会计处理如下。

（1）出售股权。

借：银行存款　　　　　　　　　　　　　　　　　　　　18 000 000
　　贷：长期股权投资　　　　　　　　　　　　　　　　　10 800 000
　　　　投资收益　　　　　　　　　　　　　　　　　　　 7 200 000

（2）剩余股权的处理。

借：交易性金融资产　　　　　　　　　　　　　　　　　 2 000 000
　　贷：长期股权投资　　　　　　　　　　　　　　　　　 1 200 000
　　　　投资收益　　　　　　　　　　　　　　　　　　　　 800 000

5.4.5　长期股权投资的减值与处置

（一）长期股权投资的减值

长期股权投资在按照规定进行核算确定其账面价值的基础上，如果存在减值迹象，应当按照相关准则的规定计提减值准备。其中对子公司、联营企业及合营企业的投资，应当按照《企业会计准则第 8 号——资产减值》的规定确定其可收回金额及应予计提的减值准备。

（二）长期股权投资的处置

企业处置长期股权投资时，应相应结转与所售股权相对应的长期股权投资的账面价值，出售所得价款与处置长期股权投资账面价值之间的差额，应确认为处置损益。

采用权益法核算的长期股权投资，原计入其他综合收益和资本公积的金额，在处置时亦应进行结转，将与所出售股权相对应的部分在处置时自其他综合收益和资本公积转入当期损益。

【例 5-48】 盛合公司原持有 J 公司 40% 的股权，2×11 年 11 月 30 日，盛合公司出售所持有 J 公司股权中的 25%，出售时盛合公司账面上对 J 公司长期股权投资的构成为：投资成本为 3 600 万元，损益调整为 960 万元，其他权益变动为 600 万元。出售取得价款 1 410 万元。

（1）盛合公司确认处置损益的账务处理如下。

借：银行存款　　　　　　　　　　　　　　　　　14 100 000
　　贷：长期股权投资——成本　　　　　　　　　　 9 000 000
　　　　　　　　　　——损益调整　　　　　　　　 2 400 000
　　　　　　　　　　——其他权益变动　　　　　　 1 500 000
　　　　投资收益　　　　　　　　　　　　　　　　 1 200 000

（2）除应将实际取得价款与出售长期股权投资的账面价值进行结转，确认为处置当期损益外，还应将原计入资本公积的部分按比例转入当期损益。

借：资本公积——其他资本公积　　　　　　　　　　 1 500 000
　　贷：投资收益　　　　　　　　　　　　　　　　 1 500 000

5.5 金融资产投资及会计处理

5.5.1 金融资产的含义

金融资产,是指企业持有的现金、其他方的权益工具以及符合下列条件之一的资产。

(1)从其他方收取现金或其他金融资产的合同权利。例如,企业的银行存款、应收账款、应收票据和贷款等均属于金融资产。再如,预付账款不是金融资产,因其产生的未来经济利益是商品或服务,不是收取现金或其他金融资产的权利。

(2)在潜在有利条件下,与其他方交换金融资产或金融负债的合同权利。例如,企业持有的看涨期权或看跌期权等。

(3)将来须用或可用企业自身权益工具进行结算的非衍生工具合同,且企业根据该合同将收到可变数量的自身权益工具。

(4)将来须用或可用企业自身权益工具进行结算的衍生工具合同,但以固定数量的自身权益工具交换固定金额的现金或其他金融资产的衍生工具合同除外。其中,企业自身权益工具不包括应当按照《企业会计准则第37号——金融工具列报》分类为权益工具的可回售工具或发行方仅在清算时才有义务向另一方按比例交付其净资产的金融工具,也不包括本身就要求在未来收取或交付企业自身权益工具的合同。

5.5.2 金融资产的初始计量

企业初始确认金融资产或金融负债,应当按照公允价值计量。对于以公允价值计量且其变动计入当期损益的金融资产和金融负债,相关交易费用应当直接计入当期损益;对于其他类别的金融资产或金融负债,相关交易费用应当计入初始确认金额。但是,企业初始确认的应收账款未包含《企业会计准则第14号——收入》所定义的重大融资成分或根据《企业会计准则第14号——收入》规定不考虑不超过一年的合同中的融资成分的,应当按照该准则定义的交易价格进行初始计量。

交易费用,是指可直接归属于购买、发行或处置金融工具的增量费用。增量费用是指企业没有发生购买、发行或处置相关金融工具的情形就不会发生的费用，包括支付给代理机构、咨询公司、券商、证券交易所、政府有关部门等的手续费、佣金、相关税费以及其他必要支出，不包括债券溢价、折价、融资费用、内部管理成本和持有成本等与交易不直接相关的费用。

企业应当根据《企业会计准则第 39 号——公允价值计量》的规定，确定金融资产和金融负债在初始确认时的公允价值。公允价值通常为相关金融资产或金融负债的交易价格。金融资产或金融负债公允价值与交易价格存在差异的，企业应当区别下列情况进行处理。

（1）在初始确认时，金融资产或金融负债的公允价值依据相同资产或负债在活跃市场上的报价或者以仅使用可观察市场数据的估值技术确定的，企业应当将该公允价值与交易价格之间的差额确认为一项利得或损失。

（2）在初始确认时，金融资产或金融负债的公允价值以其他方式确定的，企业应当将该公允价值与交易价格之间的差额递延。初始确认后，企业应当根据某一因素在相应会计期间的变动程度将该递延差额确认为相应会计期间的利得或损失。该因素应当仅限于市场参与者对该金融工具定价时将予考虑的因素，包括时间等。企业取得金融资产所支付的价款中包含的已宣告但尚未发放的债券利息或现金股利，应当单独确认为应收项目进行处理。

5.5.3 金融资产的后续计量

（一）金融资产后续计量原则

金融资产的后续计量与金融资产的分类密切相关。企业应当对不同类别的金融资产，分别以摊余成本、以公允价值计量且其变动计入其他综合收益或以公允价值计量且其变动计入当期损益进行后续计量。

企业在对金融资产进行后续计量时，需要注意的是：如果一项金融工具以前被确认为一项金融资产并以公允价值计量，而现在它的公允价值低于零，企业应将其确认为一项负债。

（二）以摊余成本进行后续计量的金融资产的会计处理

1. 实际利率

实际利率法，是指计算金融资产或金融负债的摊余成本以及将利息收入或利息费用分摊计入各会计期间的方法。

实际利率,是指将金融资产或金融负债在预计存续期的估计未来现金流量,折现为该金融资产账面余额或该金融负债摊余成本所使用的利率。在确定实际利率时,应当在考虑金融资产或金融负债所有合同条款(如提前还款、展期、看涨期权或其他类似期权等)的基础上估计预期现金流量,但不应当考虑预期信用损失。

2 摊余成本

金融资产或金融负债的摊余成本,应当以该金融资产或金融负债的初始确认金额经下列调整后的结果确定。

(1)扣除已偿还的本金。

(2)加上或减去采用实际利率法将该初始确认金额与到期日金额之间的差额进行摊销形成的累计摊销额。

(3)扣除累计计提的损失准备(仅适用于金融资产)。

3. 利息收入

企业应当按照实际利率法确认利息收入。利息总收入应当根据金融资产账面余额乘以实际利率计算确定,但下列情况除外。

(1)对于购入或源生的已发生信用减值的金融资产,企业应当自初始确认起,按照该金融资产的摊余成本和经信用调整的实际利率计算确定其利息收入。

(2)对于购入或源生的未发生信用减值,但在后续期间成为已发生信用减值的金融资产,企业应当在后续期间,按照该金融资产的摊余成本和实际利率计算确定其利息收入。企业按照上述规定对金融资产的摊余成本运用实际利率法计算利息收入的,若该金融工具在后续期间因其信用风险有所改善而不再存在信用减值,并且这一改善在客观上可与应用上述规定之后发生的某一事件相联系(如债务人的信用评级被上调),企业应当转按实际利率乘以该金融资产账面余额来计算确定利息收入。

4. 已发生信用减值的余融资产

当对金融资产预期未来现金流量具有不利影响的一项或多项事件发生时,该金融资产成为已发生信用减值的金融资产。金融资产已发生信用减值的证据包括下列可观察信息:

(1)发行方或债务人发生重大财务困难;

(2)债务人违反合同,如偿付利息或本金违约或逾期等;

（3）债权人出于与债务人财务困难有关的经济或合同考虑，给予债务人在任何其他情况下都不会做出的让步；

（4）债务人很可能破产或进行其他财务重组；

（5）发行方或债务人财务困难导致该金融资产的活跃市场消失；

（6）以大幅折扣购买或源生一项金融资产，该折扣反映了发生信用损失的事实。

金融资产发生信用减值，有可能是多个事件的共同作用所致，未必是可单独识别的事件所致。

（三）以公允价值进行后续计量的金融资产的会计处理

（1）对于按照公允价值进行后续计量的金融资产，其公允价值变动形成的利得或损失，除与套期会计有关外，应当按照下列规定处理。

①以公允价值计量且其变动计入当期损益的金融资产的利得或损失，应当计入当期损益。

②分类为以公允价值计量且其变动计入其他综合收益的金融资产所产生的所有利得或损失，除减值损失或利得和汇兑损益之外，均应当计入其他综合收益，直至该金融资产终止确认或被重分类。但是，采用实际利率法计算的该金融资产的利息应当计入当期损益。该金融资产计入各期损益的金额应当与视同其一直按摊余成本计量而计入各期损益的金额相等。

该金融资产终止确认时，之前计入其他综合收益的累计利得或损失应当从其他综合收益中转出，计入当期损益。

③指定为以公允价值计量且其变动计入其他综合收益的非交易性权益工具投资，除了获得的股利（明确代表投资成本部分收回的股利除外）计入当期损益外，其他相关的利得和损失（包括汇兑损益）均应当计入其他综合收益，且后续不得转入当期损益。当其终止确认时，之前计入其他综合收益的累计利得或损失应当从其他综合收益中转出，计入留存收益。

（2）企业只有在同时符合下列条件时，才能确认股利收入并计入当期损益：企业收取股利的权利已经确立，与股利相关的经济利益很可能流入企业，股利的金额能够可靠计量。

（3）以摊余成本计量且不属于任何套期关系的一部分的金融资产所产生的利得或损失应当在终止确认、重分类、按照实际利率法摊销或确认减值时，计入当期损益。

5.5.4 金融工具减值的会计处理

（一）金融工具减值概述

企业应当以预期信用损失为基础，对下列项目进行减值会计处理并确认损失准备。

（1）分类为以摊余成本计量的金融资产和以公允价值计量且其变动计入其他综合收益的金融资产。

（2）租赁应收款。

（3）合同资产。合同资产是指按《企业会计准则第14号——收入》定义的合同资产。

（4）部分贷款承诺和财务担保合同。

损失准备，是指针对按照以摊余成本计量的金融资产、租赁应收款和合同资产的预期信用损失计提的准备，按照以公允价值计量且其变动计入当期损益的金融资产的累计减值金额以及针对贷款承诺和财务担保合同的预期信用损失计提的准备。

预期信用损失，是指以发生违约的风险为权重的金融工具信用损失的加权平均值。信用损失，是指企业按照原实际利率折现的、根据合同应收的所有合同现金流量与预期收取的所有现金流量之间的差额，即全部现金短缺的现值。其中，对于企业购买或源生的已发生信用减值的金融资产，应按照该金融资产经信用调整的实际利率折现。由于预期信用损失考虑付款的金额和时间分布，因此即使企业预计可以全额收款但收款时间晚于合同规定的到期期限，也会产生信用损失。

在估计现金流量时，企业应当考虑金融工具在整个预计存续期的所有合同条款（如提前还款、展期、看涨期权或其他类似期权等），企业所考虑的现金流量应当包括出售所持担保品获得的现金流量，以及属于合同条款组成部分的其他信用增级所产生的现金流量。

企业通常能够可靠估计金融工具的预计存续期。在极少数情况下，金融工具预计存续期无法可靠估计的，企业在计算确定预期信用损失时，应当基于该金融工具的剩余合同期间。

（二）一般减值模型

一般情况下，企业应当在每个资产负债表日评估相关金融工具的信用风险自初始确认后是否已显著增加,并按照下列情形分别计量其损失准备、确认预期信用损失及其变动。

(1)如果该金融工具的信用风险自初始确认后已显著增加,企业应当按照相当于该金融工具整个存续期内预期信用损失的金额计量其损失准备。无论企业评估信用损失的基础是单项金融工具还是金融工具组合,由此形成的损失准备的增加或转回金额,应当作为减值损失或利得计入当期损益。

(2)如果该金融工具的信用风险自初始确认后并未显著增加,企业应当按照相当于该金融工具未来12个月内预期信用损失的金额计量其损失准备,无论企业评估信用损失的基础是单项金融工具还是金融组合,由此形成的损失准备的增加或转回金额,应当作为减值损失或利得计入当期损益。

未来12个月内预期信用损失,是指因资产负债表日后12个月内(若金融工具的预计存续期少于12个月,则为预计存续期)可能发生的金融工具违约事件而导致的预期信用损失,是整个存续期预期信用损失的一部分。

企业在进行相关评估时,应当考虑所有合理且有依据的信息,包括前瞻性信息。为确保自金融工具初始确认后信用风险显著增加即确认整个存续期预期信用损失,企业在一些情况下应当以组合为基础考虑评估信用风险是否显著增加。整个存续期预期信用损失,是指因金融工具整个预计存续期内所有可能发生的违约事件而导致的预期信用损失。

企业与交易对手方修改或重新议定合同,未导致金融资产终止确认,但导致合同现金流量发生变化的,企业在评估相关金融工具的信用风险是否已经显著增加时,应当将基于变更后的合同条款在资产负债表日发生违约的风险与基于原合同条款在初始确认时发生违约的风险进行比较。

(三)对风险显著增加的判断

企业在评估金融工具的信用风险自初始确认后是否已显著增加时,应当考虑金融工具预计存续期内发生违约风险的变化,而不是预期信用损失金额的变化。企业应当通过比较金融工具在资产负债表日发生违约的风险与在初始确认日发生违约的风险,以确定金融工具预计存续期内发生违约风险的变化情况。在为确定是否发生违约风险而对违约进行界定时,企业所采用的界定标准,应当与其内部针对相关金融工具的信用风险管理目标保持一致,并考虑财务限制条款等其他定性指标。

企业通常应当在金融工具逾期前确认该工具整个存续期预期信用损失。企业在确定信用风险自初始确认后是否显著增加时,企业无须付出不必要的额外成本或努力即可获得合理且有依据的前瞻性信息的,不得仅依赖逾期信息来确定信用风险自初始确认后是否显著增加;企业必须付出不必要的额外成本或努力才可获得合理且有依据的逾期信息以外的单独或汇总的前瞻性信息的,可以采用逾期信息来确定信用风险自初始确认后是否显著增加。

无论企业采用何种方式评估信用风险是否显著增加,通常情况下,如果逾期超过30日,则表明金融工具的信用风险已经显著增加。除非企业在无须付出不必要的额外成本或努力的情况下即可获得合理且有依据的信息,证明即使逾期超过30日,信用风险自初始确认后仍未显著增加。如果企业在合同付款逾期超过30日前已确定信用风险显著增加,则应当按照整个存续期的预期信用损失确认损失准备。如果交易对手方未按合同规定时间支付约定的款项,则表明该金融资产发生逾期。

企业在评估金融工具的信用风险自初始确认后是否已显著增加时,应当考虑违约风险的相对变化,而非违约风险变动的绝对值。在同一后续资产负债表日,对于违约风险变动的绝对值相同的两项金融资产,初始确认时违约风险较低的金融工具比初始确认时违约风险较高的金融工具的信用风险变化更为显著。

企业确定金融工具在资产负债表日只具有较低的信用风险的,可以假设该金融工具的信用风险自初始确认后并未显著增加。如果金融工具的违约风险较低,借款人在短期内履行其合同现金流量义务的能力很强,并且即便较长时期内经济形势和经营环境存在不利变化但未必一定降低借款人履行其合同现金流量义务的能力,该金融工具被视为具有较低的信用风险。

(四)预期信用损失的计量

企业计量金融工具预期信用损失的方法应当反映下列各项要素。

(1)通过评价一系列可能的结果而确定的无偏概率加权平均金额。

(2)货币时间价值。

(3)在资产负债表日无须付出不必要的额外成本或努力即可获得的有关过去事项、当前状况以及未来经济状况预测的合理且有依据的信息。

企业应当按照下列方法确定有关金融工具的信用损失。

(1)对于金融资产,信用损失应为企业应收取的合同现金流量与预期收取的现金流量之间差额的现值。

(2)对于租赁应收款项,信用损失应为企业应收取的合同现金流量与预期收取的现金流量之间差额的现值。其中，用于确定预期信用损失的现金流量，应与按照《企业会计准则第 21 号——租赁》用于计量租赁应收款项的现金流量保持一致。

（3）对于未提用的贷款承诺，信用损失应为在贷款承诺持有人提用相应贷款的情况下，企业应收取的合同现金流量与预期收取的现金流量之间差额的现值。企业对贷款承诺预期信用损失的估计，应当与其对该贷款承诺提用情况的预期保持一致。

（4）对于财务担保合同，信用损失应为企业就该合同持有人发生的信用损失向其做出赔付的预计付款额，减去企业预期向该合同持有人、债务人或任何其他方收取的金额之间差额的现值。

（5）对于资产负债表日已发生信用减值但并非购买或源生已发生信用减值的金融资产，信用损失应为该金融资产账面余额与按原实际利率折现的估计未来现金流量的现值之间的差额。

企业应当以概率加权平均为基础对预期信用损失进行计量。企业对预期信用损失的计量应当反映发生信用损失的各种可能性，但不必识别所有可能的情形。在计量预期信用损失时，企业需考虑的最长期限为企业面临信用风险的最长合同期限（包括考虑续约选择权），而不是更长期间，即使该期间与业务实践相一致。

如果金融工具同时包含贷款和未提用的承诺，且企业根据合同规定要求还款或取消未提用承诺的能力并未将企业面临信用损失的期间限定在合同通知期内的，企业对于此类金融工具（仅限于此类金融工具）确认预期信用损失的期间，应当为其面临信用风险且无法用信用风险管理措施予以缓释的期间，即使该期间超过了最长合同期限。

（五）金融工具减值的简化处理

对于下列各项目，企业应当始终按照相当于整个存续期内预期信用损失的金额计量其损失准备。

（1）由《企业会计准则第 14 号——收入》规范的交易形成的应收款项或合同资产，且符合下列条件之一。

①该项目未包含《企业会计准则第 14 号——收入》所定义的重大融资成分，或企业根据《企业会计准则第 14 号——收入》规定不考虑不超过一年的合同中的融资成分。

②该项目包含《企业会计准则第 14 号——收入》所定义的重大融资成分，同时企业做出会计政策选择，按照相当于整个存续期内预期信用损失的金额计量损失准备。企业应当将该会计政策选择适用于所有此类应收款项和合同资产，但可对应收款项类和合同资产类分别做出会计政策选择。

（2）由《企业会计准则第 21 号——租赁》规范的交易形成的租赁应收款，同时企业做出会计政策选择，按照相当于整个存续期内预期信用损失的金额计量损失准备。企业应当将该会计政策选择适用于所有租赁应收款，但可对应收融资租赁款和应收经营租赁款分别做出会计政策选择。

企业可对应收款项、合同资产和租赁应收款分别选择减值会计政策。

（六）金融工具减值的账务处理

（1）对于购买或源生的已发生信用减值的金融资产，企业应当在资产负债表日仅将自初始确认后整个存续期内预期信用损失的累计变动确认为损失准备。在每个资产负债表日，企业应当将整个存续期内预期信用损失的变动金额作为减值损失或利得计入当期损益。即使该资产负债表日确定的整个存续期内预期信用损失小于初始确认时估计现金流量所反映的预期信用损失的金额，企业也应当将预期信用损失的有利变动确认为减值利得。

（2）企业在前一会计期间已经按照相当于金融工具整个存续期内预期信用损失的金额计量了损失准备，但在当期资产负债表日，该金融工具已不再属于自初始确认后信用风险显著增加的情形的，企业应当在当期资产负债表日按照相当于未来 12 个月内预期信用损失的金额计量该金融工具的损失准备，由此形成的损失准备的转回金额应当作为减值利得计入当期损益。

（3）对于分类为以公允价值计量且其变动计入其他综合收益的金融资产，企业应当在其他综合收益中确认其损失准备，并将减值损失或利得计入当期损益，且不应减少该金融资产在资产负债表中列示的账面价值。

第 6 章
税务会计实务操作

6.1 税务会计概述

6.1.1 税务会计的概念

　　税务会计是社会经济发展到一定阶段（文化、教育的普及和提高，生产规模的扩大，生产力的进步，社会成熟到能把征税、纳税看作社会自我施加的约束等）而产生的。它是从财务会计中分离出来的，对维护国家和纳税人的权利都是极其重要的。税务会计是近代新兴的一门边缘学科，是融税收法规和会计核算为一体的一种特种专业会计，是税务中的会计、会计中的税务。它是以国家现行税收法令为准绳，以货币计量为基本形式，运用会计学的理论和核算方法，连续、系统、全面地对税款的形成、计算和缴纳，即税务活动引起的资金运动进行核算和监督的一门专业会计。

6.1.2 税务会计的对象

　　税务会计的对象是税务会计的客体，是纳税人因纳税而引起的税款的形成、计算、缴纳、补退、罚款等经济活动以货币表现的资金运动。企业在生产、经营过程中以货币表现的税务活动，主要包括内容如图 6-1 所示。

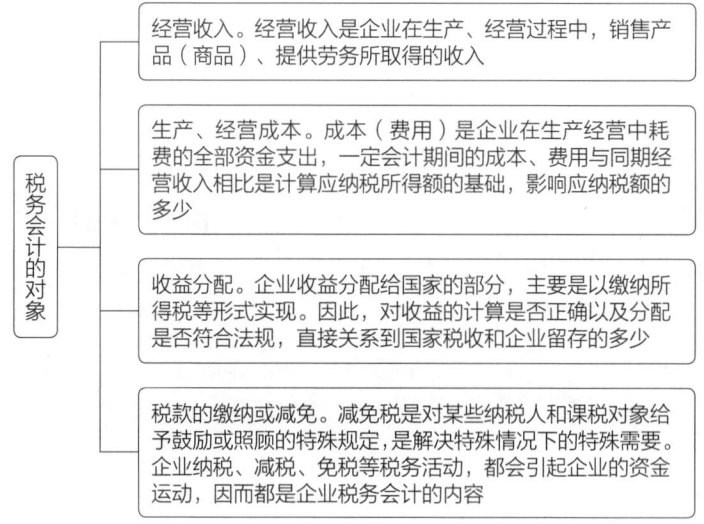

图 6-1　税务会计的对象

从总体上讲，所有会计要素都与纳税有关，但并不是各会计要素的每一经济事项都与纳税有关。税务会计与财务会计虽然在总体上是一致的，但在具体内容上，税务会计要小于财务会计。

6.1.3　税务会计的目标

税务会计的目标是向税务机关、投资人等税务会计信息使用者提供有助于税务决策的会计信息，税务会计的目标如图 6-2 所示。

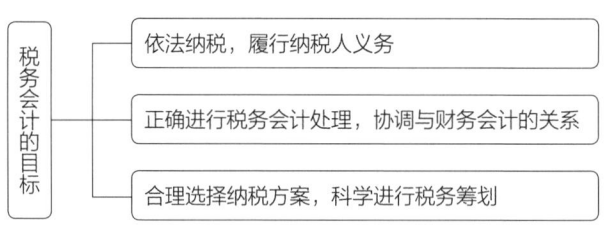

图 6-2　税务会计的目标

6.1.4　税务会计的特点

税务会计与财务会计相比，既有共同性，也有特殊性。税务会计有别于财务会计的主要特点如图 6-3 所示。

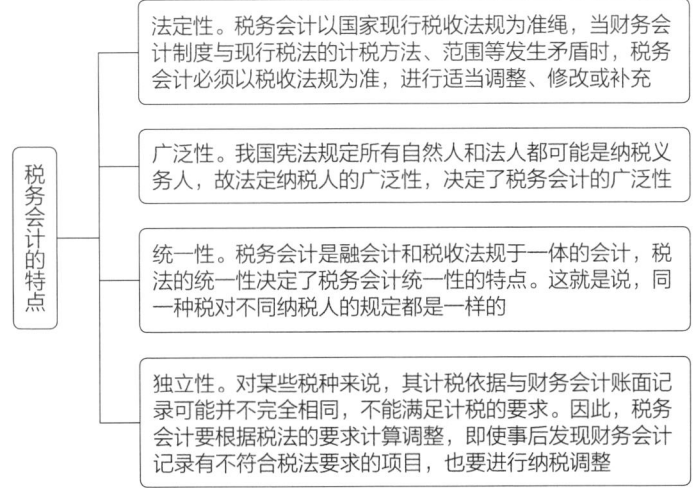

图 6-3 税务会计的特点

6.2 增值税会计

6.2.1 增值税概述

（一）增值税的概念

增值税是以商品在流转过程中产生的增值额为计税依据而征收的一种商品税。所谓增值额，有理论增值额和法定增值额之分，具体种类如图 6-4 所示。

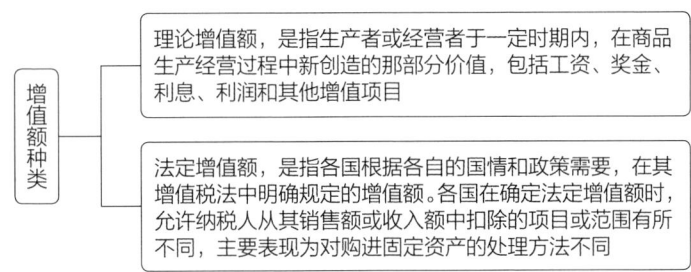

图 6-4 增值额种类

增值税之所以受到各国青睐，源于其自身设计具有的一系列特点，如图6-5所示。

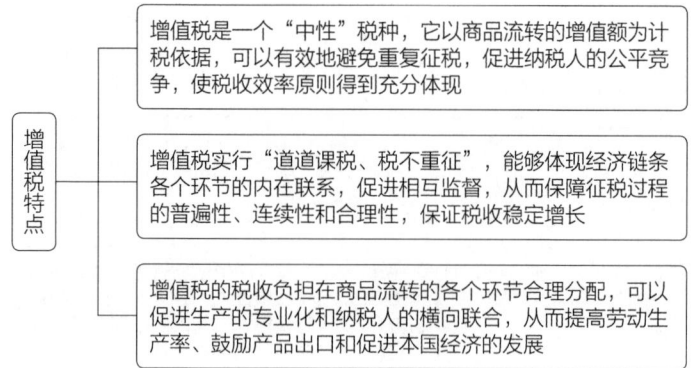

图6-5 增值税特点

（二）增值税的分类

增值税按纳税范围分类，具体内容如图6-6所示。

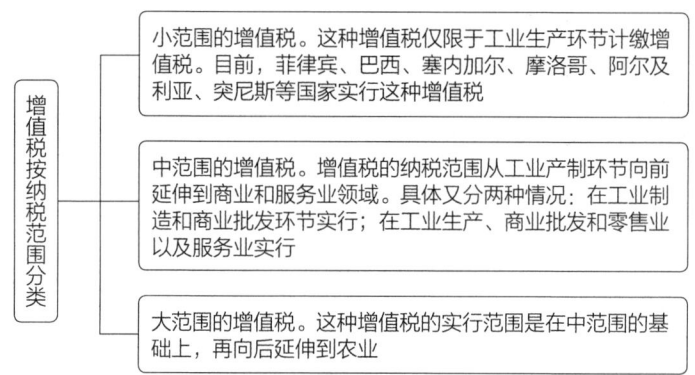

图6-6 增值税按纳税范围分类

增值税按纳税基数分类，具体内容如图6-7所示。

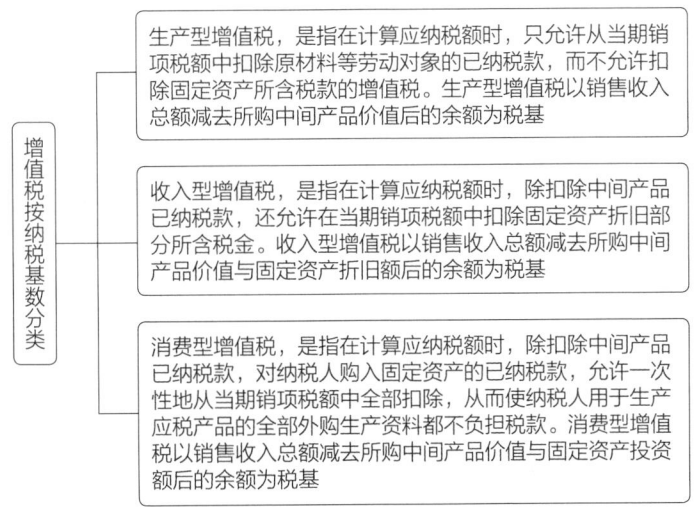

图 6-7 增值税按纳税基数分类

我国原来开征的是生产型增值税,2009 年 1 月 1 日后全面改征消费型增值税,实现了"增值税转型"。尽管增值税转型短期内会造成税收的减收效应,但是,由于外购生产经营用固定资产的成本可以凭增值税专用发票一次性全部扣除,更有利于进行税收征管,也有利于鼓励投资,加速设备更新。消费型增值税被认为最能体现增值税的优越性。

6.2.2 增值税专用发票

增值税专用发票不仅是纳税人从事经济活动的重要凭证,而且也是记载销货方的销项税额和购货方的进项税额的凭证。在增值税专用发票上注明的税额既是销货方的销项税额,又是购货方的进项税额,是购货方进行税款抵扣的依据和凭证。

纳税人销售货物或者应税劳务,应当向索取增值税专用发票的购货方开具增值税专用发票,并在增值税专用发票上分别注明销售额和销项税额。属于下列情形之一的,不得开具增值税专用发票:

(1)向消费者个人销售货物或者应税劳务的;

(2)销售货物或者应税劳务适用免税规定的;

(3)小规模纳税人销售货物或者应税劳务的(除允许自行开具增值发票的试点行业的小规模纳税人)。

小规模纳税人以外的纳税人（即一般纳税人）因销售货物退回或者折让而退还给购货方的增值税税额，应从发生销售货物退回或者折让当期的销项税额中扣减；因进货退出或者折让而收回的增值税税额，应从发生进货退出或者折让当期的进项税额中扣减。

一般纳税人销售货物或者应税劳务，开具增值税专用发票后，发生销售货物退回或者折让、开票有误等情形，应按国家税务总局的规定开具红字增值税专用发票；未按规定开具红字增值税专用发票的，增值税税额不得从销项税额中扣减。

6.2.3 增值税进项税额及其转出的会计处理

（一）一般纳税人会计账户的设置

我国增值税严格实行"价外计税"的办法，即以不含增值税税金的价格为计税依据；同时根据增值税专用发票注明税额实行税款抵扣制度，按购进扣税法的原则计算应纳税额。因此，货物和应税劳务的价款、税款应分别核算。

增值税一般纳税人应当在"应交税费"科目下设置"应交增值税""未交增值税""预交增值税""待抵扣进项税额""待认证进项税额""待转销项税额""增值税留抵税额""简易计税""转让金融商品应交增值税""代扣代交增值税"等明细科目。

（1）增值税一般纳税人应在"应交增值税"明细账内设置"进项税额""销项税额抵减""已交税金""转出未交增值税""减免税款""出口抵减内销产品应纳税额""销项税额""出口退税""进项税额转出""转出多交增值税"等专栏。其中：

①"进项税额"专栏，记录一般纳税人购进货物、加工修理修配劳务、服务、无形资产或不动产而支付或负担的、准予从当期销项税额中抵扣的增值税税额；

②"销项税额抵减"专栏，记录一般纳税人按照现行增值税制度规定因扣减销售额而减少的销项税额；

③"已交税金"专栏，记录一般纳税人当月已缴纳的应交增值税税额；

④"转出未交增值税"和"转出多交增值税"专栏，分别记录一般纳税人月度终了转出当月应交未交或多交的增值税税额；

⑤"减免税款"专栏，记录一般纳税人按现行增值税制度规定准予减免的增值税税额；

⑥"出口抵减内销产品应纳税额"专栏，记录实行"免、抵、退"办法的一般纳税人按规定计算的出口货物的进项税额抵减内销产品的应纳税额；

⑦"销项税额"专栏，记录一般纳税人销售货物、加工修理修配劳务、服务、无形资产或不动产应收取的增值税税额；

⑧"出口退税"专栏，记录一般纳税人出口货物、加工修理修配劳务、服务、无形资产按规定退回的增值税税额；

⑨"进项税额转出"专栏，记录一般纳税人购进货物、加工修理修配劳务、服务、无形资产或不动产等发生非正常损失以及其他原因而不应从销项税额中抵扣、按规定转出的进项税额。

（2）"未交增值税"明细科目，核算一般纳税人月度终了从"应交增值税"或"预交增值税"明细科目转入当月应交未交、多交或预缴的增值税税额，以及当月缴纳以前期间未交的增值税税额。

（3）"预交增值税"明细科目，核算一般纳税人转让不动产、提供不动产经营租赁服务、提供建筑服务、采用预收款方式销售自行开发的房地产项目等，以及其他按现行增值税制度规定应预缴的增值税税额。

（4）"待抵扣进项税额"明细科目，核算一般纳税人已取得增值税扣税凭证并经税务机关认证，按照现行增值税制度规定准予以后期间从销项税额中抵扣的进项税额。实行纳税辅导期管理的一般纳税人取得的尚未交叉稽核比对的增值税扣税凭证上注明或计算的进项税额。

（5）"待认证进项税额"明细科目，核算一般纳税人由于未经税务机关认证而不得从当期销项税额中抵扣的进项税额。包括：一般纳税人已取得增值税扣税凭证、按照现行增值税制度规定准予从销项税额中抵扣，但尚未经税务机关认证的进项税额；一般纳税人已申请稽核但尚未取得稽核相符结果的海关缴款书进项税额。

（6）"待转销项税额"明细科目，核算一般纳税人销售货物、加工修理修配劳务、服务、无形资产或不动产，已确认相关收入（或利得）但尚未发生增值税纳税义务而需于以后期间确认为销项税额的增值税税额。

（7）"增值税留抵税额"明细科目，核算兼有销售服务、无形资产或者不动产的原增值税一般纳税人，截止到纳入营改增试点之日前的增值税期末留抵税额按照现行增值税制度规定不得从销售服务、无形资产或不动产的销项税额中抵扣的增值税留抵税额。

（8）"简易计税"明细科目，核算一般纳税人采用简易计税方法发生的增值税计提、扣减、预缴、缴纳等业务。

（9）"转让金融商品应交增值税"明细科目，核算增值税纳税人转让金融商品发生的增值税税额。

（10）"代扣代交增值税"明细科目，核算纳税人购进在境内未设经营机构的境外单位或个人在境内的应税行为代扣代缴的增值税。

（二）小规模纳税人会计账户的设置

小规模纳税人只需在"应交税费"科目下设置"应交增值税"明细科目，不需要设置上述专栏及除"转让金融商品应交增值税""代扣代交增值税"外的明细科目。

（三）会计账表的设置

1. 一般纳税人增值税账簿的设置

企业应根据增值税核算的会计科目设置账簿。"应交税费——应交增值税"账簿的设置有两种方法。

（1）在"应交增值税"二级账户下，按明细项目设置专栏，在一张账页上总括反映所有明细项目的发生和结转情况，可以达到一目了然的效果。但因账页较长，登账时必须注意不要串栏、串行，以免发生记账错误。

（2）将"进项税额""销项税额"等明细项目在"应交税费"账户下分别设置明细账进行核算。

月终时，应将有关明细账的金额结转至"应交税费——应交增值税"账户的借方或贷方，然后再将期末多交或未交增值税税额结转至"应交税费——未交增值税"。

外商投资企业，若以人民币为记账本位币，其"应交税费——应交增值税"的账户设置，可与内资企业相同，并在上述两种方法中选用一种。

外商投资企业，若以某种外币作为记账本位币，就不便按上述第一种办法，即按明细项目设置专栏，可参照上述第二种方法在借方、贷方、余额三栏的基础上，**增设专栏**。

期末，应结出各明细账的余额，并按期末余额转账。

（1）将"出口退税""进项税额转出"明细账余额转入"进项税额"明细账的贷方。

（2）将"已交税金""出口抵减内销产品应纳税额"明细账的余额转入"销项税额"明细账的借方。

（3）进行上述转账后，将"进项税额"明细账余额与"销项税额"明细账余额进行比较。如果销项税额大于进项税额，则将"进项税额"明细账的余额转入"销项税额"明细账的借方；转账后的"销项税额"明细账的余额，表示企业尚未缴纳的增值税。如果进项税额大于销项税额，则应将"销项税额"明细账的余额转入"进项税额"明细账的贷方；转账后的"进项税额"明细账的余额，表示企业多交或待扣的增值税。"进项税额"或"销项税额"明细账的余额（对同一纳税人来说，两者必居其一）应与"应交税费——应交增值税"二级明细账的余额相同。最后，再将期末未交或多交（但不包括待抵扣）的增值税，结转至"应交税费——未交增值税"二级明细账。因此，这种做法不需要在"应交增值税"一级明细账下设"转出多交增值税""转出未交增值税"明细账户。

"应交税费——未交增值税"账户可设借方、贷方、余额三栏式账页，企业也可以将"应交增值税明细账"与"未交增值税明细账"合并设置，这样可以在一本账上反映增值税核算的全貌。

2. 小规模纳税人增值税账簿的设置

小规模纳税人应根据"应交税费——应交增值税"账户，设三栏式明细账页。

3. 报表设置

为了反映企业增值税的应交、已交、多交、减免、未交、欠交、未抵扣等具体情况，企业除了正常编报财务报告、纳税申报表外，还应专门编制"应交增值税明细表"，作为资产负债表的附表上报主管税务机关。

（四）工业企业进项税额的会计处理

1. 外购材料进项税额的会计处理

（1）收料与付款同时进行。

企业外购材料已经验收入库并支付货款或开具并承兑商业汇票，同时也收到销货方开出的增值税专用发票的发票联和抵扣联。这时，应按材料的实际成本，借记"原材料"科目；按当月已认证的可抵扣增值税税额，借记"应交税费——应交增值税（进项税额）"科目，按当月未认证的可抵扣增值税税额，借记"应交税费——待认证进项税额"科目；按材料的实际成本和增值税税额之和，贷记"银行存款""库存现金""其他货币资金""应付票据"科目。

【例6-1】2×20年天华工厂购入甲材料4 000千克，6元／千克，代垫运杂费2 800元（其中运输发票上列明的运费为2 000元），增值税进项税额为3 120（4 000×6×13%）元，已开出银行承兑汇票，材料验收入库。运费允许抵扣的税额为180（2 000×9%）元。会计分录如下。

借：原材料——甲材料　　　　　　　　　　　　　　26 620
　　应交税费——应交增值税（进项税额）　　　　　3 300
　贷：应付票据——银行承兑汇票　　　　　　　　　29 920

【例6-2】2×20年天华工厂向本市某工厂购进乙材料3 000千克，5元／千克，增值税进项税额为1 950（3 000×5×13%）元，材料入库，发票收到并开出转账支票支付。会计分录如下。

借：原材料——乙材料　　　　　　　　　　　　　　15 000
　　应交税费——应交增值税（进项税额）　　　　　1 950
　贷：银行存款　　　　　　　　　　　　　　　　　16 950

（2）发票结算凭证已到，货款已经支付，但材料尚未收到。发生时应依据有关发票，借记"在途物资""应交税费"科目，贷记"银行存款""其他货币资金""应付票据"等科目；按当月已认证的可抵扣增值税税额，借记"应交税费——应交增值税（进项税额）"科目，按当月未认证的可抵扣增值税税额，借记"应交税费——待认证进项税额"科目；在途物资入库后，借记"原材料"科目，贷记"在途物资"科目。

【例6-3】2×20年6月6日天华工厂收到银行转来的购买光明工厂丙材料的托收承付结算凭证及发票，数量为5 000千克，11元／千克，增值税进项税额为7 150元，支付运杂费6 500元，其中运费发票金额为500元，应抵扣的运费进项税额为45元。采用验单付款。验收付款后编制会计分录如下。

借：在途物资——光明工厂　　　　　　　　　　　　61 455
　　应交税费——应交增值税（进项税额）　　　　　7 195
　贷：银行存款　　　　　　　　　　　　　　　　　68 650

按现行税法规定，工业企业购进货物并取得防伪税控增值税专用发票后，如果在未到主管税务机关进行认证之前入账，其购进货物的进项税额还不能确认是否符合抵扣条件，若进行上述会计处理，容易与符合抵扣条件的进项税额混淆。为避免因错账而给企业带来税收损失，企业可增设"待抵扣税金"账户过渡。

【例6-4】 沿用【例6-3】，在未到主管税务机关进行认证之前入账时，先编制以下会计分录。

借：在途物资——光明工厂　　　　　　　　　　　61 445
　　待抵扣税金——待抵扣增值税　　　　　　　　7 195
　　贷：银行存款　　　　　　　　　　　　　　　　　68 650

材料验收入库时。

借：原材料——丙材料　　　　　　　　　　　　　61 445
　　贷：在途物资——光明工厂　　　　　　　　　　　61 445

企业在90天之内到主管税务机关进行认证并获得认证后。

借：应交税费——应交增值税（进项税额）　　　　7 195
　　贷：待抵扣税金——待抵扣增值税　　　　　　　　7 195

如果企业在90天之内到主管税务机关进行认证，但未获得认证通过，或者超过90天未到税务机关进行认证。

借：原材料——丙材料　　　　　　　　　　　　　7 195
　　贷：待抵扣税金——待抵扣增值税　　　　　　　　7 195

（3）预付材料款。

因采购业务尚未成立，企业还未取得材料的所有权，企业在按合同规定预付款项时，借记"预付账款"科目，贷记"银行存款""其他货币资金"等科目；当企业收到所购材料并验收入库后，依增值税专用发票所列金额，借记"原材料"科目，按当月已认证的可抵扣增值税税额，借记"应交税费——应交增值税（进项税额）"科目，按当月未认证的可抵扣增值税税额，借记"应交税费——待认证进项税额"科目；贷记"预付账款"科目，同时补付或收回剩余或退回的货款。

【例6-5】 2×20年新华工厂开出转账支票预付本市某单位购买甲材料货款30 000元。会计分录如下。

借：预付账款　　　　　　　　　　　　　　　　　30 000

贷：银行存款　　　　　　　　　　　　　　　　　　　　30 000

　　预付货款购买的甲材料 7 600 千克，已收到并验收入库，发票所列价款为 35 000 元，增值税进项税额为 4 550（35 000×13%）元，开出转账支票补付余款 9 550 元。会计分录如下。

　　借：预付账款　　　　　　　　　　　　　　　　　　　　9 550
　　　　贷：银行存款　　　　　　　　　　　　　　　　　　9 550
　　借：原材料——甲材料　　　　　　　　　　　　　　　　35 000
　　　　应交税费——应交增值税（进项税额）　　　　　　　4 550
　　　　贷：预付账款　　　　　　　　　　　　　　　　　　39 550

（4）进口原材料。

　　进口原材料，也应依法缴纳增值税，应根据海关开具的完税凭证记账。其计税依据是海关审定的关税完税价格，加上关税、消费税（如果属于应纳消费税的货物）。

2. 外购材料退货、折让进项税额的会计处理

（1）全部退货。

　　企业发生全部退货：在未付款并未进行账务处理的情况下，只需将发票联和抵扣联退还给销货方；如果已付款或者货款未付但已进行账务处理，而发票联和抵扣联无法退还，购货方必须取得当地主管税务机关开具的进货退出及索取折让证明单（后称"证明单"）送交销货方，作为销货方开具红字增值税专用发票的合法依据。销货方在未收到证明单以前，不得开具红字增值税专用发票。销货方收到证明单以后，根据退回货物的数量、价款、税款或折让金额，向购货方开具红字增值税专用发票。红字增值税专用发票的存根联、记账联作为冲销当期销项税额的凭证，其发票联、抵扣联作为购货方扣减当期进项税额的凭证。发生退货的，如原增值税专用发票已做认证，应根据税务机关开具的红字增值税专用发票做相反的会计分录；如原增值税专用发票未做认证，应将发票退回并做相反的会计分录。

【例 6-6】 2×20 年 8 月 26 日天华厂收到光明厂转来的托收承付结算凭证（验单付款）及发票，所列甲材料价款 5 000 元，增值税税额 650 元，委托银行付款。会计分录如下。

　　借：在途物资——甲材料　　　　　　　　　　　　　　5 000

　　　　应交税费——应交增值税（进项税额）　　　　　　　　650
　　　　贷：银行存款　　　　　　　　　　　　　　　　　　　　　5 650

9月10日材料运到，验收后因质量不符而全部退货并取得当地主管税务机关开具的证明单送交销货方，代垫退货运杂费800元。9月20日收到光明厂开具的红字增值税专用发票的发票联、抵扣联。会计分录如下。

9月10日将证明单转交销货方时。

　　借：应收账款——光明厂　　　　　　　　　　　　　　　　5 800
　　　　贷：在途物资——甲材料　　　　　　　　　　　　　　　　5 000
　　　　　　银行存款　　　　　　　　　　　　　　　　　　　　　800

9月20日收到销货方开来的红字增值税专用发票及款项时。

　　借：银行存款　　　　　　　　　　　　　　　　　　　　　6 450
　　　　贷：应交税费——应交增值税（进项税额）　　　　　　　　650
　　　　　　应收账款——光明厂　　　　　　　　　　　　　　　5 800

该笔业务在付款时也可借记"待扣税金"（不通过"应交税费"）650元，待收到销货方开来红字增值税专用发票时，用红字借记"待扣税金"650元。

（2）部分退货。

购进的材料如果发生部分退货，在货款已付、发票无法退还的情况下，应向当地税务机关索取证明单转交销货方，并根据销货方转来的红字增值税专用发票的发票联和抵扣联，借记"应收账款"或"银行存款"科目，贷记"应交税费——应交增值税（进项税额）"（记账时，用红字记入借方）、"在途物资"科目。如果部分退货而货款未付且未进行账务处理，只要把增值税专用发票退还销货方，由销货方按实重新开具增值税专用发票，其账务处理同前。发生退货的，如原增值税专用发票已做认证，应根据税务机关开具的红字增值税专用发票做相反的会计分录；如原增值税专用发票未做认证，应将发票退回并做相反的会计分录。

（3）进货折让。

购进的材料，如果由于质量不符，经与销货方协商，给予一部分折让，应进行相应账务处理。在采用验货付款的情况下，由于既未付款也未进行账务处理，购货方应退回增值税专用发票，由销货方按折让后的价款和税额重新开具增值税专用发票。在采用验单付款的情况下，款已付而发票无法退回，购货方应向当地主管税务机关索取证明单，转交销货方，并根据销货方转来的红字增值税专用发票的发票联和抵扣联进行相应的账务处理。

【例6-7】某公司2×20年采用托收承付结算方式（验单付款）购进材料2 000千克，5元/千克，增值税进项税额为1 300元，材料验收入库时发现质量不符，经与销货方协商后同意折让10%。会计分录如下。

材料验收入库，按扣除折让后的金额入账，并将证明单转交销货方时。

借：原材料　　　　　　　　　　　　　　　　　　　9 000
　　应收账款　　　　　　　　　　　　　　　　　　1 000
　　贷：在途物资　　　　　　　　　　　　　　　　　　10 000

收到销货方转来的折让金额红字增值税专用发票及款项时。

借：银行存款　　　　　　　　　　　　　　　　　　1 130
　　贷：应交税费——应交增值税（进项税额）　　　　　130
　　　　应收账款　　　　　　　　　　　　　　　　　1 000

3. 外购材料短缺与损耗进项税额的会计处理

由于材料短缺或毁损的原因不同，其损失的承担者不同，所以，短缺或毁损材料损失中所含的进项税额的会计处理也不同。

材料短缺损失若应由验收入库的材料承担，如运输途中的合理损耗，其进项税额应予以抵扣。

凡属由供应单位造成的短缺，若对方决定近期内予以补货，则短缺材料的进项税额暂不得抵扣，需待补来材料验收入库后，方可再予以抵扣；若对方决定退赔货款，应视不同情况比照销货退回进行处理。如购买方未付货款且未进行账务处理，应退回原增值税专用发票，注明作废后，重开增值税专用发票。如已付款或已进行账务处理，必须取得当地主管税务机关开具的进货退出或索取折让证明单交供应方，企业则应在取得对方开具的红字增值税专用发票后，以红字冲减原已登记的进项税额。

凡属运输单位造成的短缺或毁损，应向运输单位索赔，索赔款中的进项税额应由"应交税费——应交增值税（进项税额转出）"科目的贷方转入"其他应收款"科目的借方。

凡属购入途中发生的非常损失，其进项税额不得抵扣，而应由"应交税费——应交增值税（进项税额转出）"科目的贷方，转入"待处理财产损溢"科目的借方，与损失的材料成本一并处理。经批准转销时，将扣除残料价值和过失人、保险公司赔款后的净损失，计入营业外支出。

【例6-8】2×20年天华厂向外地大明厂购进丁材料，采取验单付款，收到大明厂转来的托收承付结算凭证及增值税专用发票，上列数量400千克，60元/千克，增值税进项税额为3120元。会计分录如下。

借：在途物资	24 000
应交税费——应交增值税（进项税额）	3 120
贷：银行存款	27 120

购进材料验收入库时，发生短缺10千克，原因待查。会计分录如下。

借：待处理财产损溢	600
原材料	23 400
贷：在途物资	24 000

4. 购建固定资产进项税额的会计处理

我国目前采用的是消费型增值税，因此，企业购进设备或购进用于固定资产建设项目的材料，如果取得增值税专用发票，且已注明税额，可以从销项税额中抵扣。

【例6-9】2×20年天华厂购进设备1台，价款110 000元，增值税专用发票注明增值税税额14 300元；又购进用于在建工程的材料28 000元，增值税专用发票注明增值税税额3 640元。款已付，货已入库。会计分录如下。

借：固定资产	110 000
应交税费——应交增值税（进项税额）	14 300
贷：银行存款	124 300
借：在建工程	28 000
应交税费——应交增值税（进项税额）	3 640
贷：银行存款	31 640

5. 投资转入货物进项税额的会计处理

企业接受投资转入的货物，按照增值税专用发票上注明的增值税税额，借记"应交税费——应交增值税（进项税额）"科目，按照投资确认的价值（已扣除增值税），借记"原材料""库存商品""包装物"等科目，按照投资确认的货物价值与增值税税额的合计数，贷记"实收资本"科目。如果对方以固定资产

（如机器、设备等）进行投资，进项税额通过"应交税费——应交增值税（进项税额）"核算，不直接计入固定资产的价值。按投资确认的价值，借记"固定资产"科目，贷记"实收资本"科目。

【例6-10】 2×20年某联营工业企业接受参加联营的某企业用原材料作价投资，开来一份增值税专用发票，直接将货物送到仓库验收入库。增值税专用发票上注明：货价265 487元，税额34 513元，价税合计300 000元。会计分录如下。

  借：原材料   265 487

    应交税费——应交增值税（进项税额） 34 513

   贷：实收资本   300 000

6. 接受捐赠货物进项税额的会计处理

企业接受捐赠转入的货物，按照增值税专用发票上注明的增值税税额，借记"应交税费——应交增值税（进项税额）"科目，按照捐赠确认的价值，借记"原材料"等科目，按照货物的价值和增值税税额，贷记"营业外收入"科目。

【例6-11】 2×20年天华厂接受长虹厂捐赠的丙材料，增值税专用发票上列明：价款40 000元，税额5 200元，材料已验收入库。会计分录如下。

  借：原材料   40 000

    应交税费——应交增值税（进项税额） 5 200

   贷：营业外收入   45 200

7. 委托加工材料、接受应税劳务进项税额的会计处理

委托加工材料、提供应税劳务的单位，如为一般纳税人，应使用增值税专用发票，分别注明加工、修理修配的成本和税额，接受劳务的单位即可据以编制会计分录。按所发材料的实际成本与支付的加工费、运杂费之和，借记"原材料"等科目；按应税劳务加工费的增值税税额，借记"应交税费——应交增值税（进项税额）"科目；按所发材料的实际成本、支付的加工费、运杂费之和，贷记"委托加工物资"科目。

【例6-12】 天华厂委托东方厂加工产品包装用木箱，发出材料16 000元，支付加工费3 600元和增值税税额468元。支付往返运杂费380元，其中运费300元，应计运费进项税额27（300×9%）元。会计分录如下。

发出材料时。

借:委托加工物资　　　　　　　　　　　　　　　　　　　16 000
　　贷:原材料　　　　　　　　　　　　　　　　　　　　　　　16 000

支付加工费和增值税税额时。

借:委托加工物资　　　　　　　　　　　　　　　　　　　3 600
　　应交税费——应交增值税(进项税额)　　　　　　　　　468
　　贷:银行存款　　　　　　　　　　　　　　　　　　　　　4 068

用银行存款支付往返运杂费时。

借:委托加工物资　　　　　　　　　　　　　　　　　　　353
　　应交税费——应交增值税(进项税额)　　　　　　　　　27
　　贷:银行存款　　　　　　　　　　　　　　　　　　　　　380

结转加工材料成本时。

借:周转材料——木箱　　　　　　　　　　　　　　　　　19 953
　　贷:委托加工物资　　　　　　　　　　　　　　　　　　　19 953

企业接受应税劳务,按照增值税专用发票注明的增值税税额,借记"应交税费——应交增值税(进项税额)"科目;按增值税专用发票记载的加工、修理、修配费用,借记"其他业务成本""制造费用""委托加工物资""管理费用"等科目;按应付或实际支付金额,贷记"应付账款""银行存款"等科目。

8. 购入废旧物资及免税产品进项税额的会计处理

按新规定,废旧物资回收经营企业销售废旧物资必须使用防伪税控一机多票系统开具增值税专用发票(以下简称废旧物资专用发票),并在增值税专用发票左上角打印"废旧物资"字样,凭废旧物资专用发票抵扣税款。新政策规定,增值税一般纳税人购进再生资源,应当凭取得的增值税条例及其细则规定的扣税凭证抵扣进项税额,原印有"废旧物资"字样的专用发票停止使用,不再作为增值税扣税凭证抵扣进项税额。

【例6-13】2×20年8月某生产企业从经营废旧物资回收单位购入废旧物资,普通发票写明金额为8 500元;当月企业直接收购废旧物资1 200元;当月从另一生产企业购入生产免税产品所需原料,专用发票注明价款20 000元,增值税税额2 600元。会计分录如下。

从废旧物资回收单位购入废旧物资时。

借:原材料　　　　　　　　　　　　　　　　　　　　　　　8 500

贷：银行存款　　　　　　　　　　　　　　　　　　　　　　8 500

直接收购废旧物资时。

借：原材料　　　　　　　　　　　　　　　　　　　　　　1 200
　　贷：库存现金　　　　　　　　　　　　　　　　　　　　1 200

购入生产免税产品的原料时。

借：原材料　　　　　　　　　　　　　　　　　　　　　　22 600
　　贷：应付账款等　　　　　　　　　　　　　　　　　　　22 600

9. 小规模纳税人的会计处理

由于小规模纳税人不实行税款抵扣制，因此，不论收到普通发票，还是增值税专用发票，其所付税款均不必单独反映，可直接计入采购成本。按应付或实际支付的价款和进项税额，借记"材料采购""原材料""管理费用"等科目，贷记"应付账款""银行存款""库存现金"等科目。

（五）商业企业进项税额的会计处理

1. 商品批发企业进项税额的会计处理

商品批发企业增值税进项税额的会计处理，主要涉及"材料采购""库存商品""应交税费——应交增值税（进项税额）"等科目。按现行税法规定，商业企业（一般纳税人）购进商品，进项税额实行付款抵扣制，即只有付款或开出并承兑商业汇票后，才允许抵扣进项税额。为了正确确认每期应抵扣的进项税额，也可增设"待扣税金——增值税"科目。

（1）购进工业品进项税额的会计处理。

①同城商品采购。

商品批发企业向本地生产企业或商业企业购进商品，分提货制和送货制两种购货方式，一般采用支票、商业汇票、现金结算方式。结算货款时，按购买价格，借记"材料采购"科目，按增值税专用发票上注明的增值税税额，借记"应交税费——应交增值税（进项税额）"科目，按购买价格与增值税之和，贷记"应付账款""应付票据""银行存款"等科目；商品验收入库时，借记"库存商品"科目，贷记"材料采购"科目。

【例6-14】2×20年某批发企业从本市服装厂购进女衬衣1 000件，88元/件，增值税专用发票注明：价款88 000元，税额11 440（88 000×13%）元，以转账支票付款。会计分录如下。

付款时。

借：材料采购——某服装厂　　　　　　　　　　　　　　88 000
　　应交税费——应交增值税（进项税额）　　　　　　　11 440
　　贷：银行存款　　　　　　　　　　　　　　　　　　99 440

商品验收入库时。

借：库存商品——衬衣　　　　　　　　　　　　　　　　88 000
　　贷：材料采购——某服装厂　　　　　　　　　　　　88 000

②异地商品采购。

商品批发企业向外地供货单位购进商品，一般采用发货制方式，货款通常采用异地托收承付等结算方式。由于商品发运与货款结算完成时间不一致，往往形成"货到单未到"或"单到货未到"的情况。所以，会计核算一般分为两步：接收商品和结算货款。

在单到货未到的情况下，购货单位收到银行转来的供货单位的托收承付结算凭证和发货单及增值税专用发票，经审核无误后，在规定承付时间内办理货款结算，应借记"材料采购"和"应交税费——应交增值税（进项税额）"科目，贷记"银行存款"科目；商品验收入库，财会部门根据仓库转来的收货单，应借记"库存商品"科目，贷记"材料采购"科目。

【例 6-15】2×20年某商业企业向外地某自行车厂购入自行车400辆,400元/辆,增值税专用发票上注明：价款160 000元，税额20 800（400×400×13%）元，采用托收承付结算方式结算，单货俱到。会计分录如下。

承付货款时。

借：材料采购——××自行车厂　　　　　　　　　　　160 000
　　应交税费——应交增值税（进项税额）　　　　　　　20 800
　　贷：银行存款　　　　　　　　　　　　　　　　　　180 800

验收入库时。

借：库存商品——自行车　　　　　　　　　　　　　　　160 000
　　贷：材料采购——××自行车厂　　　　　　　　　　160 000

在货到单未到的情况下，平时先不记账。若到月终结算时，凭证仍未到达，按暂估的进货原价入账，借记"库存商品"科目，贷记"应付账款"科目；下月初再编制相同的会计分录用红字冲回。

商业企业购进货物，必须在购进货物付款后才能申报抵扣进项税额，尚未付款或尚未开出商业承兑汇票的，其进项税额不得作为当期进项税额予以抵扣。

若进货时已收到发票，企业因资金周转困难暂时不能付款，在核算时，既要如实反映应付账款的金额，又不能将未付款的进项税额列入当期进项税额予以抵扣。可增设"待扣税金——增值税"或"待抵扣进项税额"账户，也可以利用"待摊费用"账户核算暂不能抵扣的进项税额。商品零售企业发生上述情况的，也可以比照这种方法进行会计处理。

（2）收购农产品进项税额的会计处理。

购进方没有取得增值税专用发票、海关进口增值税专用缴款书，但可以自行计算进项税额抵扣的情况——购进农产品，除取得增值税专用发票或者海关进口增值税专用发票上注明的农产品买价和规定的扣除率计算进项税额抵扣。扣除率自2019年4月1日起调整为9%。但若今后用于深加工适用基本税率的目的货物的，扣除率有不同的规定。针对纳税人购进农产品用于生产或委托加工13%税率货物的，在9%扣除率的基础上加计1%扣除，实际扣除率为10%。

企业收购农产品，按实际支付的价款，借记"材料采购"科目，贷记"银行存款"或"库存现金"科目；按9%的扣除率计算的抵扣税额，借记"应交税费——应交增值税（进项税额）"科目；按收购价款和应交烟叶税之和减去抵扣税额，借记"库存商品"科目，贷记"材料采购"科目。

【例6-16】2×20年某经营烟叶收购的商业企业，由采购员到某地收购烟叶，收购价格为50 000元。会计分录如下。

支付收购价款时。

借：材料采购　　　　　　　　　　　　　　　　50 000
　　贷：库存现金　　　　　　　　　　　　　　　　50 000

缴纳烟叶税时。

应纳烟叶税=50 000×（1+10%）×20%=11 000（元）

借：材料采购　　　　　　　　　　　　　　　　11 000
　　贷：应交税费——应交烟叶税　　　　　　　　11 000

验收入库时。

应扣除的增值税=（50 000+11 000）×10%=6 100（元）

烟叶不含增值税成本=50 000+11 000-6 100=54 900（元）

借：库存商品——烟叶	54 900
应交税费——应交增值税（进项税额）	6 100
贷：材料采购	61 000

2. 商品零售企业进项税额的会计处理

商品零售企业在商品验收入库时，以商品的售价（含税）金额，借记"库存商品"科目，以商品的进价（不含税）金额，贷记"材料采购"科目，以商品含税零售价大于不含税进价的差额，贷记"商品进销差价"科目。"商品进销差价"科目，是商品零售企业用来核算商品售价（含税）与进价（不含税）之间的差额（毛利+销项税额）的专门科目。借方反映取得商品进价大于零售价的差额、月终分摊的商品进销差价和库存商品售价调整时调低售价的差额，贷方反映取得商品零售价大于进价的差额和库存商品售价调整时调高售价的差额，贷方余额反映库存商品进价小于售价的差额，借方余额则反映库存商品进价大于售价的差额，余额一般在贷方。

（1）购进商品进项税额的会计处理。

商品零售企业购进商品进项税额的确认及会计处理，只是库存商品实行售价金额核算，其会计处理有所不同，其他均与商品批发企业基本相同。

【例6-17】 2×20年某零售商业企业向本市无线电厂购入电脑机150台，1 000元/台，增值税专用发票上注明：价款150 000元，税额19 500（150 000×13%）元。会计分录如下。

企业付款时。

借：材料采购	150 000
应交税费——应交增值税（进项税额）	19 500
贷：银行存款	169 500

商品验收入库（设每台电脑机含税售价为1 560元）时。

借：库存商品	234 000
贷：材料采购	150 000
商品进销差价	84 000

当然，上述会计处理方法也有其局限性，即商品进销差价并不是真正的进价与销价的差价。这样，就不便于分析商品的差价率（毛利率）。为此，也可以采用以下会计处理方法。

① 库存商品、商品进销差价均不含税。

【例6-18】 沿用【例6-17】,第一笔会计分录不变,第二笔会计分录如下。

每台电脑机不含税售价 =1 560÷（1+13%）=1 381（元）

借：库存商品	207 150	
贷：材料采购		150 000
商品进销差价		57 150

② 在"商品进销差价"科目下,设"毛利""销项税额"两个二级科目。

【例6-19】 沿用【例6-17】,第一笔会计分录不变,第二笔会计分录如下。

借：库存商品	234 000	
贷：材料采购		150 000
商品进销差价——毛利		57 080
——销项税额		26 920

③ 在"库存商品"科目下,增设"销项税额"明细科目。

【例6-20】 沿用【例6-17】,第一笔会计分录不变,第二笔会计分录如下。

借：库存商品	234 000	
贷：材料采购		150 000
商品进销差价		57 080
库存商品——销项税额		26 920

上述各种会计处理方法各有利弊,企业在不违反现行有关法规的前提下,可以选择其中之一或创造更好的处理方法。

（2）购进商品溢余、短缺进项税额的会计处理。

商业企业购进商品,验收入库时,如发现实收数量与应收数量不符,应查明原因,针对不同原因进行相应的会计处理。其会计处理方法可参照本小节关于进项税额转出的会计处理。

（3）进货退出进项税额的会计处理。

进货退出是指商品已验收入库并支付货款,事后发现商品质量、规格等问题,经与供货方协商同意,将商品退回供货方。发生进货退出业务,应由业务部门填红字进货单并向当地主管税务机关取得证明单,然后将红字进货单和证明单各一联送交销货方,作为销货方开具红字增值税专用发票的合法依据。

【例6-21】2×20年某商业企业在拆包整理商品时，发现上月购入的乙商品有2箱不符规格，经与供货方协商，同意退回商品，进价为1 000元/箱。会计分录如下。

财会部门收到红字进货单时（金额用红字）。

采用进价核算的企业。

借：库存商品——乙商品	2 000
贷：应收账款	2 000

采用售价核算的企业（含税零售价为1 500元/箱）。

借：库存商品——乙商品	3 000
贷：应收账款	2 000
商品进销差价	1 000

收到供货单位开来的红字增值税专用发票和退货款时（金额用红字）。

借：应交税费——应交增值税（进项税额）	260
应收账款	2 000
贷：银行存款	2 260

上述会计分录，如果都用蓝字填制也可以，即借记"银行存款"科目，贷记"应交税费——应交增值税（进项税额）""应收账款"科目。但在登账时，应用红字填写"应交税费——应交增值税（进项税额）""应收账款"借方发生额。

（4）购入商品退补价进项税额的会计处理。

购入商品退补价是指商品流通企业在商品购进核算完成后，由于供货方计价有误，以致多付或少付货款。供货方退还多付货款，称为退价；购货方补付少付货款，称为补价。

退价与补价的核算，应在原账务处理的基础上加以调整，不涉及商品实物数量的变动。发生购入商品退补价业务，由供货方填制销货更正单和红字或蓝字增值税专用发票转交购货方；购货方有关部门审核后，填制进货更正单，连同红字或蓝字增值税专用发票交财会部门据以办理价款结算，调整库存商品的价格。

退价时，应根据红字增值税专用发票的抵扣联调减进项税额，根据红字增值税专用发票的发票联调减库存商品或主营业务成本。如退价商品尚未出售，或虽已出售但尚未结转销售成本，则调减库存商品成本；如退货商品已全部或部分售出，并已结转销售成本，则应调减主营业务成本。补价时，也应根据补价商品的存销情况，比照退价进行相应的账务处理，即根据蓝字增值税专用发票的抵扣联调增进项税额,根据蓝字增值税专用发票的发票联调增库存商品成本或主营业务成本。

【例6-22】2×20年7月初某商品流通企业从某皮鞋厂购入皮鞋400双,进价60元/双,价款24 000元,税额3 120元,以银行存款支付。现收到银行转来的供货方信汇凭证收款通知单、退价销货更正单以及红字增值税专用发票,上列每双鞋退价5元,计价款2 000元,税额260元。会计分录如下。

当该批鞋尚未销售或虽销售但尚未结转成本时。

采用进价核算的企业。

借:银行存款　　　　　　　　　　　　　　　　　　　　　2 260
　　贷:应交税费——应交增值税(进项税额)　　　　　　　　260
　　　　库存商品——皮鞋　　　　　　　　　　　　　　　　2 000

采用售价核算的企业(不调整库存商品,退回商品款全部计入商品进销差价)。

借:银行存款　　　　　　　　　　　　　　　　　　　　　2 260
　　贷:应交税费——应交增值税(进项税额)　　　　　　　　260
　　　　商品进销差价　　　　　　　　　　　　　　　　　　2 000

当该批鞋已全部销售并已结转成本时。

借:银行存款　　　　　　　　　　　　　　　　　　　　　2 260
　　贷:应交税费——应交增值税(进项税额)　　　　　　　　260
　　　　主营业务成本　　　　　　　　　　　　　　　　　　2 000

(5)购入商品拒付货款、拒收商品进项税额的会计处理。

商业企业采用托收承付结算方式和发货制从异地购入商品,当收到供货方的托收单,发现金额有错,或商品到达、验收入库时发现与合同要求不符,均可向供货方提出拒付货款或拒收商品。

若已支付货款,并已计入"商品采购"账户的进货。当商品经检验核对,发现问题拒收时,可将该批商品的货款从商品采购"账户转入"应收账款"账户中,对于支付的该批进货的进项税额也要转入"应收账款"中。同时对拒收商品数额在"代管商品物资"辅助账簿中进行登记。对于已支付货款的拒收商品,企业应与供应方迅速取得联系,及早退回。如经联系企业同意原价购进。则将商品价值按正常程序通过"商品采购"账户转入"库存商品"账户,将进项税额记入"应交税金"账户。同时冲减"应收账款"账户;如对方同意退货,收到对方归还的货款时,借记"银行存款"科目。贷记"应收账款"科目。作上述账务处理时,均应冲减"代管商品物资"辅助账簿。

(六)进项税额转出的会计处理

企业购进的货物(包括商品、原材料、包装物、免税农业特产品等)发生非正常损失及改变用途等原因,其进项税额不能从销项税额中扣除。由于这些货物的增值税税额在其购进时已作为进项税额从当期的销项税额中扣除,因此,应将其从进项税额中转出,或将其视同销项税额,从本期的进项税额中抵减,借记有关成本、费用、损失等科目,贷记"应交税费——应交增值税(进项税额转出)"科目。另外,按我国现行出口退税政策规定,进项税额与出口退税额的差额,也应进行进项税额转出的会计处理。

1. 购进货物改变用途转出进项税额的会计处理

为生产、销售购进的货物,企业支付的增值税已计入进项税额,若该货物购进后被用于免税项目、非应税项目、集体福利、个人消费(不开具发票,只填开出库单),应将其负担的增值税从进项税额中转出,随同货物成本记入有关账户。这类业务与在购入时就已明确自用不同,若购入时就确认用于免税项目、非应税项目、集体福利、个人消费,应将其发票上注明的增值税税额,计入购进货物及接受劳务的成本,不计入进项税额。这类业务与视同销售也不相同。视同销售是指经过自己加工或委托加工的货物用于上述目的,或者未经加工货物对外投资和赠送(开具发票),因而其增值税应计入销项税额。

【例6-23】2×20年8月某企业购进生产经营用钢材112吨,3 500元/吨,增值税专用发票上注明:价款392 000元,税额50 960(392 000×13%)元,已通过银行支付,货已验收入库。9月,本企业基建需要从仓库中领用上月购入钢材28吨。会计分录如下。

借:在建工程　　　　　　　　　　　　　　　　　　　　　98 000
　　贷:原材料——钢材　　　　　　　　　　　　　　　　　　98 000

2. 用于免税项目的进项税额转出的会计处理

企业购进的货物,如果既用于应税项目,又用于免税项目,而进项税额又不能单独核算时,月末应按免税项目销售额与应税免税项目销售额合计之比计算免税项目不予抵扣的进项税额,然后进行进项税额转出的会计处理。如果企业生产的产品全部是免税项目,其购进货物的进项税额应计入采购成本,因而就不存在进项税额转出的问题。

【例6-24】 2×20年某塑料制品厂生产农用薄膜和塑料餐具产品,前者属免税产品,后者正常计税。7月,该厂购入聚氯乙烯原料一批,增值税专用发票列明:价款265 000元,税额34 450(265 000×13%)元,已付款并验收入库;购进包装物、低值易耗品,增值税专用发票列明:价款24 000元,税额3 120(24 000×13%)元,已付款并验收入库;当月支付电费5 820元,进项税额756.6(5 820×13%)元。7月全厂销售产品销售额806 000元,其中农用薄膜销售额526 000元。会计分录如下。

先计算当月全部进项税额。

34 450+3 120+756.6=38 326.6(元)

再计算当月不得抵扣的进项税额。

38 326.6×526 000÷806 000=25 012.15(元)

最后计算当月准予抵扣的进项税额。

38 326.6-25 012.15=13 314.45(元)

企业兼营免税项目,发生上述各类进项税额时,已全部借记"应交税费——应交增值税(进项税额)"科目,即已进行了税款抵扣;月末,按上述计算,将不准抵扣的进项税额算出后,应进行进项税额转出的会计处理。

借:主营业务成本——农用薄膜　　　　　　　　　25 012.15
　　贷:应交税费——应交增值税(进项税额转出)　　25 012.15

3. 非正常损失货物进项税额转出的会计处理

购进货物发生非正常损失后,不可能再出售,其税负也就不能再往下转嫁。因此,税法规定对发生损失的企业(作为应税货物的最终消费者)应征收该货物的增值税。由于进货时支付的增值税税额已计入进项税额并抵扣了企业销项税额,发生损失后要将其转出,不能抵扣应纳税额,由企业负担该项税负,即转作待处理财产损失的增值税,应与遭受损失的存货成本一起处理。

由于非正常损失的购进货物和非正常损失的在产品、库存商品所耗用的购进货物或者应税劳务的进项税额,一般都已在以前的纳税期进行了抵扣,发生损失后,一般很难核实所损失的货物是在过去何时购进的,其原始进价和进项税额也无法准确核定。因此,应按货物的实际成本计算不得抵扣的进项税额。由于损失的在产品、库存商品中耗用外购货物或应税劳务的实际成本,还需要参照企业近期的成本资料加以计算。

企业应根据税法的规定，正确界定非正常损失与正常损失。正常损失额确认后，可计入管理费用或销售费用，不进行进项税额转出处理。

（1）意外损失进项税额转出的会计处理。

【例6-25】2×20年某企业发生火灾，烧毁库存外购彩电10台，账面售价成本为40 000元，进销差价率为20%。不得抵扣的进项税额为4 160[40 000×（1-20%）×13%]元。会计分录如下。

借：待处理财产损溢	44 160
贷：库存商品	40 000
应交税费——应交增值税（进项税额转出）	4 160
借：商品进销差价	8 000
贷：待处理财产损溢	8 000

（2）购进货物短缺进项税额转出的会计处理。

【例6-26】2×20年某采用进价核算的商业企业从外地永明公司购进A商品4 000千克，增值税专用发票上列明：价款80 000元，税额10 400元。接到银行转来的托收承付结算凭证及有关凭证，经审核无误，如数以银行存款支付，商品尚未运到。会计分录如下。

借：材料采购	80 000
应交税费——应交增值税（进项税额）	10 400
贷：银行存款	90 400

商品验收入库时，实收3 000千克，短缺1 000千克，原因待查。会计分录如下。

借：库存商品	60 000
待处理财产损溢	22 600
贷：材料采购——永明公司	80 000
应交税费——应交增值税（进项税额转出）	2 600

对于短缺1 000千克，经查属于对方单位少发，现收到对方单位补发来的商品。会计分录如下。

借：库存商品	20 000
应交税费——应交增值税（进项税额转出）	2 600
贷：待处理财产损溢	22 600

6.2.4 增值税销项税额的会计处理

（一）工业企业销项税额的会计处理

工业企业增值税销项税额的会计处理所涉及的会计账户主要有"主营业务收入""分期收款发出商品""应交税费——应交增值税（销项税额）""银行存款""应收账款""应收票据"等。

1. 产品销售的销项税额的会计处理

（1）采用支票、汇兑、银行本票、银行汇票结算方式（工具）销售产品的销项税额的会计处理。

采用支票、汇兑、银行本票、银行汇票等结算方式销售产品，按税法的规定，属于直接收款方式销售货物，不论货物是否发出，均为收到货款或取得索取销货款的凭据，或将提货单交给购货方的当天，确认销售成立并发生纳税义务。企业应根据销售结算凭证和银行存款进账单，借记"银行存款""应收账款""应收票据"科目；按增值税专用发票上所列税额或按普通发票上所列货款乘以征收率所折算的增值税税额，贷记"应交税费——应交增值税（销项税额）"或"应交税费——简易计税"科目。按照国家统一的会计制度确认收入或利得的时点早于按照增值税制度确认增值税纳税义务发生时点的，应将相关销项税额记入"应交税费——待转销项税额"科目，待实际发生纳税义务时再转入"应交税费——应交增值税（销项税额）"或"应交税费——简易计税"科目。按照增值税制度确认增值税纳税义务发生时点早于按照国家统一的会计制度确认收入或利得的时点的，应按应纳增值税税额，借记"应收账款"科目，贷记"应交税费——应交增值税（销项税额）"或"应交税费——简易计税"科目，按照国家统一的会计制度确认收入或利得时，应按扣除增值税销项税额后的金额确认收入；按实际销货额，贷记"主营业务收入"科目。

【例6-27】2×20年天华厂采用汇兑结算方式向光明厂销售甲产品360件，600元/件，计价款216 000元、税额28 080（360×600×13%）元，开出转账支票代垫杂费1 000元，货款尚未收到。会计分录如下。

  借：应收账款——光明工厂   245 080
    贷：主营业务收入   216 000
      应交税费——应交增值税（销项税额） 28 080
      银行存款   1 000

（2）采用商业汇票结算方式销售产品的销项税额的会计处理。

采用商业汇票结算方式销售产品，当收到购货方交来的商业汇票时，销售收入实现并发生纳税义务。按照国家统一的会计制度确认收入或利得的时点早于按照增值税制度确认增值税纳税义务发生时点的，应将相关销项税额记入"应交税费——待转销项税额"科目，待实际发生纳税义务时再转入"应交税费——应交增值税（销项税额）"或"应交税费——简易计税"科目。按照增值税制度确认增值税纳税义务发生时点早于按照国家统一的会计制度确认收入或利得的时点的，应按应纳增值税税额，借记"应收账款"科目，贷记"应交税费——应交增值税（销项税额）"或"应交税费——简易计税"科目；按照国家统一的会计制度确认收入或利得时，应按扣除增值税销项税额后的金额确认收入。

【例6-28】2×20年天华厂向永兴厂销售甲产品100件，600元/件，价款60 000元，税额7 800（100×600×13%）元，已收到购货单位交来承兑期为4个月的银行承兑汇票。会计分录如下。

借：应收票据——银行承兑汇票　　　　　　　　　　67 800
　　贷：应交税费——应交增值税（销项税额）　　　　　7 800
　　　　主营业务收入　　　　　　　　　　　　　　　60 000

（3）采用委托收款、托收承付结算方式销售产品的销项税额的会计处理。

采用委托收款或托收承付结算方式销售产品，尽管结算程序不同，但按增值税法的规定，均应于发出商品并向银行办妥托收手续的当天，确认销售实现并发生纳税义务。企业应根据委托收款或托收承付结算凭证和发票，借记"应收账款"科目。按照国家统一的会计制度确认收入或利得的时点早于按照增值税制度确认增值税纳税义务发生时点的，应将相关销项税额记入"应交税费——待转销项税额"科目，待实际发生纳税义务时再转入"应交税费——应交增值税（销项税额）"或"应交税费——简易计税"科目。按照增值税制度确认增值税纳税义务发生时点早于按照国家统一的会计制度确认收入或利得的时点的，应按应纳增值税税额，借记"应收账款"科目，贷记"应交税费——应交增值税（销项税额）"或"应交税费——简易计税"科目；按照国家统一的会计制度确认收入或利得时，应按扣除增值税销项税额后的金额确认收入，贷记"主营业务收入"科目。对不完全符合收入确认条件的销售业务，只要开出并转交增值税专用发票，也应确认纳税义务的发生。

【例6-29】 2×20年天华厂向外地胜利厂发出乙产品200件,460元/件,价款92 000元,税额11 960(200×460×13%)元,代垫杂费2 000元。根据发货票和铁路运单等,已向银行办妥委托收款手续。会计分录如下。

借：应收账款——胜利厂	105 960
贷：应交税费——应交增值税(销项税额)	11 960
主营业务收入	92 000
银行存款	2 000

若已知胜利厂近期财务状况不好,难以在规定的结算期内承付货款,但天华厂为减少库存,同时也为保持双方的长期业务关系,仍然同意以该种结算方式将产品卖给胜利厂。已知该批发出产品成本为400元/件。

由于该项销售业务不具备收入确认的条件,应按其成本转账。会计分录如下。

借：发出商品——胜利厂	80 000
贷：库存商品——乙产品	80 000
借：应收账款——胜利厂	13 960
贷：应交税费——应交增值税(销项税额)	11 960
银行存款	2 000

若在十五日,获知对方财务状况好转,并承诺近期付款,可确认收入。会计分录如下。

借：应收账款——胜利厂	92 000
贷：主营业务收入	92 000

(4)采用赊销和分期收款方式销售产品的销项税额的会计处理。

采用赊销和分期收款方式销售产品,按增值税法的规定,销售实现并发生纳税义务和开具增值税专用发票的时间为合同约定收款日期的当天。发出商品时,借记"分期收款发出商品"科目,贷记"库存商品"科目,按合同约定收款日期开具增值税专用发票,并按增值税专用发票上的金额,借记"银行存款"或"应收账款"科目。按照国家统一的会计制度确认收入或利得的时点早于按照增值税制度确认增值税纳税义务发生时点的,应将相关销项税额计入"应交税费——待转销项税额"科目,待实际发生纳税义务时再转入"应交税费——应交增值税(销项税额)"或"应交税费——简易计税"科目。按照增值税制度确认增值税纳税义务发生时点早于按照国家统一的会计制度确认收入或利得的时点的,应按应纳增值税税额,借记"应收账款"科目,贷记"应交税费——应交值税（销项税额）"或"应交税费——简易计税"科目；按照国家统一的会计制度确认收入或利得时，应按扣除增值税销项税额后的金额确认收入，贷记"主营业务收入"科目。

【例6-30】 2×20年天华厂向阳州厂销售丙产品200件，540元/件，产品成本为80 000元，增值税税率为13%。按合同规定，货款分3个月支付，本月为第1期产品销售实现月，增值税专用发票上列明：价款36 000元，税额4 680（36 000×13%）元，已收到款项。会计分录如下。

借：分期收款发出商品　　　　　　　　　　　　　　　80 000
　贷：库存商品　　　　　　　　　　　　　　　　　　　　　80 000
借：银行存款　　　　　　　　　　　　　　　　　　　40 680
　贷：应交税费——应交增值税（销项税额）　　　　　　　　4 680
　　主营业务收入　　　　　　　　　　　　　　　　　　　36 000
借：主营业务成本　　　　　　　　　　　　　　　　　26 667
　贷：分期收款发出商品　　　　　　　　　　　　　　　　　26 667

（5）混合销售行为的会计处理。

按照增值税法的规定，从事货物生产、批发或零售的企业，在一项销售行为中，发生既涉及货物又涉及服务，应开具增值税专用发票，缴纳增值税。

【例6-31】 2×20年某钢窗厂销售钢制防盗门，售价为300元（含税），另收取运输及安装费50元（含税）。会计分录如下。

防盗门价 =300÷（1+13%）=265.49（元）

防盗门增值税销项税额 =265.49×13%=34.51（元）

不含税运输及安装费 =50÷（1+13%）=44.25（元）

服务增值税销项税额 =44.25×13%=5.75（元）

混合销售行为增值税销项税额 =34.51+5.75=40.26（元）

借：库存现金（或银行存款）　　　　　　　　　　　　350.00
　贷：主营业务收入　　　　　　　　　　　　　　　　　　　265.49
　　其他业务收入　　　　　　　　　　　　　　　　　　　　44.25
　　应交税费——应交增值税（销项税额）　　　　　　　　　40.26

（6）生产周期超过一年的长期合同产品销项税额的会计处理。

对生产周期超过一年的长期合同产品，由于财务会计是采用完工百分比

(完工进度)法确认其业务收入的,如果在确认收入时,税务会计按增值税法规计算增值税销项税额,并进行相应的会计处理,势必增加企业的税负。为此,对长期合同产品收入应交增值税的会计处理,可借鉴所得税会计处理办法,将"递延所得税"科目的范围加以扩展,企业在按完工进度确认长期工程合同的营业收入时,借记"应收账款"科目,贷记"主营业务收入""递延所得税——增值税"科目。待工程全部完工、产品发出时,再借记"递延所得税——增值税"科目,贷记"应交税费——应交增值税(销项税额)"科目。

2. 销售退回、折让、折扣、回扣的销项税额的会计处理

企业在产品销售过程中,如果发生因品种、规格、质量等不符合要求而退货或要求折让,不论是当月销售的退回与折让,还是以前月份销售的退回与折让,均应冲减当月的主营业务收入,在收到购货单位退回的增值税专用发票或寄来的证明单后,分别不同情况进行账务处理。

(1)销售退回的销项税额的会计处理。

①销货全部退回并收到购货方退回的增值税专用发票的发票联和抵扣联,因采用托收承付结算方式,对方尚未付款。其具体做法:一是如果属于当月销售,尚未登账,应在退回的发票联、抵扣联及本企业保存的存根联和记账联上均注明"作废"字样,并作废原做的记账凭证;二是如果属于以前月份的销售,应在退回的发票联、抵扣联上注明"作废"字样,并根据冲销当期的产品销售收入和销项税额的凭证,借记"主营业务收入""应交税费——应交增值税(销项税额)"(实际登账时,应以红字记入贷方)。"销售费用""应交税费——应交增值税(销项税额)"科目,贷记"应收账款"或"银行存款"(如属预收货款)、"应付账款"科目。

【例6-32】2×20年5月26日天华厂销售给天方公司的丁产品发生全部退货,已收到对方转来的增值税专用发票的发票联和抵扣联,上列价款80 000元、税额10 400元,并转来原代垫运费500元(应计进项税额45元)和退货运费600元(应计进项税额54元)的单据。开具红字增值税专用发票(第二联、第三联与退回联订在一起保存)。会计分录如下。

以下会计分录金额用红字。

借:应收账款——天方公司　　　　　　　　　　　　　　90 400
　　应交税费——应交增值税(进项税额)　　　　　　　45

销售费用	455
贷：主营业务收入	80 000
应交税费——应交增值税（销项税额）	10 400
其他应付款	500

以下会计分录金额用蓝字。

借：销售费用	546
应交税费——应交增值税（进项税额）	54
贷：其他应付款——天方公司	600

②销货全部退回并收到购货方转来的证明单。其具体做法：根据证明单上所列退货数量、价款和增值税税额，开具红字增值税专用发票，并将其作为冲销当月主营业务收入和当月销项税额的凭证，借记"主营业务收入""应交税费——应交增值税（销项税额）""销售费用——运输费""应交税费——应交增值税（进项税额）"科目，贷记"应收账款"（购货方未付款）、"应付账款"（购货方已付款）、"银行存款"（购货方已付款，现支付退货款）科目。实际记账时，应以红字记入"主营业务收入""应交税费——应交增值税（销项税额）"科目的借方。

③销货部分退回并收到购货方退回的增值税专用发票的发票联和抵扣联，一般情况是对方尚未付款。

如果销售方尚未登账，应将退回的发票联、抵扣联、存根联和记账联以及所填的记账凭证予以作废，然后再按购货方实收数量、价款和增值税税额重新开具增值税专用发票，并进行相应的账务处理。

如果属以前月份销售，销售方已填制记账凭证并登账，应将退回的发票联和抵扣联注明"作废"字样，然后根据购货方实收数量、价款和增值税税额重新开具增值税专用发票，将作废的发票联、抵扣联与新开的增值税专用发票的记账联，作为冲销当月主营业务收入和当月销项税额的凭据。按原发票和新发票所列价款的差额和增值税税额的差额，借记"主营业务收入""应交税费——应交增值税（销项税额）"科目，贷记"银行存款""应付账款""应收账款"科目。

【例6-33】2×20年5月天华厂销售给长城公司的甲产品50 000元，退货10 000元，已收到原开具的增值税专用发票的发票联和抵扣联以及退货运杂费480元的单据，其中运费发票金额400元（不含税）。天华厂应在退回的发票联和抵扣联上注明"作废"字样，按购货方实付金额和税额开具增值税专用发票。应冲销的主营业务收入为10 000元，应冲销的销项税额为1 300（10 000×13%）元，应增加销售费用444元，应计进项税额36元。会计分录如下（金额用红字）。

借：应收账款——长城公司　　　　　　　　　　　　10 820
　　应交税费——应交增值税（进项税额）　　　　　　36
　　销售费用　　　　　　　　　　　　　　　　　　444
　　贷：主营业务收入——甲产品　　　　　　　　　10 000
　　　　应交税费——应交增值税（销项税额）　　　1 300

④销货部分退回并收到购货方转来的证明单。这种情况下，销货方一般已进行账务处理并收到款项，应根据证明单上所列退货数量、价款和增值税税额，开具红字增值税专用发票，作为冲销当月主营业务收入和当月销项税额的依据，其账务处理基本同第②种情况。

（2）销售折让的销项税额的会计处理。

销售产品因质量等因素，购销双方协商后不需退货，按折让一定比例后的价款和增值税税额收取款项。

①如果购货方尚未进行账务处理，也未付款，销货方应在收到购货方转来的原开增值税专用发票的发票联和抵扣联上注明"作废"字样。

如属当月销售，销货方尚未进行账务处理，则不需要进行冲销当月产品销售收入和销项税额的账务处理，只需根据双方协商扣除折让后的价款和增值税税额重新开具增值税专用发票，并进行账务处理。

如属以前月份销售，销货方已进行账务处理，则应根据折让后的价款和增值税税额重新开具增值税专用发票，按原开增值税专用发票的发票联和抵扣联与新开的增值税专用发票的记账联的差额，冲销当月主营业务收入和当月销项税额，借记"主营业务收入""应交税费——应交增值税（销项税额）"科目，贷记"应收账款"科目。

【例6-34】2×20年7月20日天华厂采用托收承付结算方式（验货付款）销售给光明厂乙产品40 000元，增值税税额5 200元，由于质量因素，双方协商折让30%。8月18日天华厂收到光明厂转来增值税专用发票的发票联和抵扣联。会计分录如下。

7月20日办妥托收手续时：

借：应收账款——光明厂 45 200
　　贷：主营业务收入——乙产品 40 000
　　　　应交税费——应交增值税（销项税额） 5 200

8月18日转来增值税专用发票时，按扣除折让后的价款28 000[40 000×（1-30%）]元和增值税税额3 640[5 200×（1-30%）]元，重新开具增值税专用发票，冲销主营业务收入12 000（40 000-28 000）元和增值税税额1 560（5 200-3 640）元。会计分录如下（金额用红字）。

借：应收账款 13 560
　　贷：主营业务收入——乙产品 12 000
　　　　应交税费——应交增值税（销项税额） 1 560

②如果购货方已进行账务处理，发票联和抵扣联已无法退还。这时，销货方一般也已进行了账务处理，销货方应根据购货方转来的证明单，按折让金额（价款和税额）开具红字增值税专用发票，作为冲销当期主营业务收入和销项税额的凭据。

【例6-35】天华厂上月销售给耀华厂丙产品40件，由于质量不符合要求，双方协商折让20%。耀华厂转来的证明单上列明：折让价款20 000元，折让税额2 600元。天华厂根据证明单开出红字增值税专用发票，并通过银行汇出款项。会计分录如下。

借：主营业务收入——丙产品 20 000
　　应交税费——应交增值税（销项税额） 2 600
　　贷：银行存款 22 600

实际登账时，应用红字填写"主营业务收入""应交税费——应交增值税（销项税额）"贷方发生额。

（3）销售折扣的销项税额的会计处理。

在财务会计中，销售折扣分为商业折扣和现金折扣两种形式。商业折扣也就是税法所称折扣销售，它是在实现销售时确认的。销货方应在开出同一张增值税专用发票上分别写明销售额和折扣额，可按折扣后的余额作为计算销项税额的依据。这种情况下销项税额的会计处理与前述产品正常销售相同。但若销货方将折扣额另开增值税专用发票，不论财务会计如何处理，计算销项税额都要按未扣除折扣的销售额乘以税率，以此贷记"应交税费——应交增值税（销项税额）"科目。如果是现金折扣，应在购货方实际付现时才能确认折扣额。现金折扣是企业的一种理财行为，因此，按税法的规定，这种折扣不得从销售额中抵减，应冲减收入。现金折扣的会计处理方法有全价（总价）法和净价法两种，现举例说明采用现金折扣时，购销双方各自的会计处理方法。

【例6-36】2×20年某企业销售一批产品给B企业，价款为200 000元，税额为26 000（200 000×13%）元，规定现金折扣条件为"2/10，1/20，n/30"。双方编制会计分录如下。

（1）销货方。

发出产品并办理完托收手续时。

①全价法。

借：应收账款	226 000
贷：主营业务收入	200 000
应交税费——应交增值税（销项税额）	26 000

②净价法。

借：应收账款	222 000
贷：主营业务收入	196 000
应交税费——应交增值税（销项税额）	26 000

如果上述货款在十日内付款。

①全价法。

借：银行存款	222 000
预计负债	4 000
贷：应收账款	226 000

②净价法。

借：银行存款	222 000
贷：应收账款	222 000

如果上述货款超过二十日付款。

①全价法。

借：银行存款	226 000
贷：应收账款	226 000

②净价法。

借：银行存款	226 000
贷：应收账款	222 000

预计负债 4 000

（2）购货方。

购货方收到货物及结算凭证时。

①全价法。

借：原材料 200 000
　　应交税费——应交增值税（进项税额） 26 000
　　贷：应付账款 226 000

②净价法。

借：原材料 196 000
　　应交税费——应交增值税（进项税额） 26 000
　　贷：应付账款 222 000

上述货款在十日内付款时。

①全价法。

借：应付账款 226 000
　　贷：银行存款 222 000
　　　　财务费用 4 000

②净价法。

借：应付账款 222 000
　　贷：银行存款 222 000

上述货款超过二十日付款时。

①全价法。

借：应付账款 226 000
　　贷：银行存款 226 000

②净价法。

借：应付账款 226 000
　　财务费用 4 000
　　贷：银行存款 222 000

（4）销售回扣的销项税额的会计处理。

销售回扣是一种不合法、不正常的销售行为。因此，不论其在财务会计上如何处理，都不能冲减销售额，都不能影响销项税额。如果企业按销售金额开出增值税专用发票，然后又按回扣额开出普通发票（红字）冲减主营业务收入、冲减销项税额，发现后应补缴税款，并支付滞纳金等。

3. 以物易物的销项税额的会计处理

以物易物是一种较为特殊的购销活动。它是指业务双方进行交易时，不以货币结算，而以同等价款的货物相互结算，从而实现货物购销的一种交易方式。按增值税法的规定，以物易物，双方都要进行购销处理，以各自发出的货物核定销售额并计算销项税额，以各自收到的货物核定购货额，并依据对方开具的增值税专用发票抵扣进项税额。

【例6-37】2×20年红发厂以A产品100件（成本8 000元，售价10 000元），交换祥发厂甲材料500千克，价款10 000元，双方都为对方开具增值税专用发票。红发厂会计分录如下。

收到材料时。

借：原材料——甲材料 10 000
    应交税费——应交增值税（进项税额） 1 300
  贷：主营业务收入 10 000
      应交税费——应交增值税（销项税额） 1 300

结转销售成本时。

借：主营业务成本 8 000
  贷：库存商品——A产品 8 000

在进行会计处理时，只有得到对方开具的增值税专用发票，才能据以计入进项税额，而不能仅据材料入库单自行估算进项税额；再则，对发出的产品必须按售价计入主营业务收入，而不能直接冲减库存商品，漏记收入。

4. 视同销售的销项税额的会计处理

对于视同销售行为，在会计处理上需要解决以下问题。

（1）视同销售行为是否按主营业务收入核算，在理论和实务上有两种观点、两种做法：一种是按正常的销售程序核算，即按售价计入主营业务收入并计提销项税额，再按成本结转主营业务成本；另一种是不通过"主营业务收入"账户核算，直接按成本结转，同时按售价计提销项税额。前者是在财务会计与税务会计不分开时，财务会计服从税法的做法；后者是在两种会计分离时，符合各自目标的做法。对于后者，本书按以下原则划分：这种视同销售行为是否会使企业获得收益；这种行为体现的是企业内部关系还是企业与外部的关系。如果视同销售行为能使企业获得收益或体现企业与外部的关系，相关收入就作为主营业务收入处理；除此之外，均按成本结转。

（2）视同销售行为计算出的应交增值税税额，是作为销项税额还是作为进项税额转出处理：考虑到视同销售行为在发生时也必须开具增值税专用发票，而增值税专用发票上记载的税额为销项税额，这与一般的进项税额转出的意义不同，为了便于征收管理，会计上将其作为销项税额处理。

（3）关于视同销售行为的价格（税基或计税依据），应根据国家的有关规定确定：有的按照确认的价值确定，有的按照主管税务部门认可的价格确定，有的按照销售额确定。

（4）有关视同销售行为的账务处理，主要区分会计销售和不形成会计销售的应税销售来进行。对于会计销售业务，要以商事凭证为依据，确认主营业务收入，将其记入"主营业务收入""其他业务收入"等收入类科目，并将收取的增值税税额记入"应交税费——应交增值税（销项税额）"科目。对于不形成会计销售的应税销售，不记入收入类科目，不作为主营业务收入处理，而按成本转账，并根据税法的规定，按货物的成本或双方确认的价值、同类产品的销售价格、组成计税价格等乘以适用税率计算，并登记销项税额。

根据我国增值税法的现行规定，视同销售行为有八种类型，以下分别介绍七种常见视同销售行为的会计处理方法。

（1）将货物交给他人代销与销售代销货物的销项税额的会计处理。

将货物交给他人代销与销售代销货物，委托方与受托方都进行销售处理，这样规定是为了保持增值税的征收链条不中断，使各环节的税负更趋合理。对销售的确认，应该先由受托方开始，即当受托方销售代销货物时，要给购买方开出增值税专用发票，自己据以进行销售处理；然后受托方再按与委托方签订的协议，定期填制货物代销清单，与委托方结算货款及手续费；委托方根据代销清单，给受托方开出增值税专用发票，并据以进行销售处理。这里只介绍工业企业委托代销的会计处理方法，后文会以商业企业为例，说明受托方、委托方各自的会计处理方法。

委托其他单位代销产品，按增值税法的规定，应于收到受托方送交的代销清单的当天，销售成立、发生纳税义务并开具增值税专用发票。收到代销清单时，借记"应收账款"或"银行存款"科目，贷记"应交税费——应交增值税（销项税额）""主营业务收入"科目。委托方支付的代销手续费，应在接到受托方转来的发票后，借记"销售费用"和"应交税费——应交增值税（进项税额）"科目，贷记"银行存款""应收账款"科目。

【例6-38】2×20年天华厂委托光大商行代销甲产品200件，不含税代销价550元/件，增值税税率13%，单位成本400元。月末收到光大商行转来的代销清单，上列已售甲产品120件的价款66 000元，收取增值税8 580元，开出增值税专用发票。代销手续费按不含税代销价的5%支付，已通过银行收到扣除代销手续费的全部款项。天华厂会计分录如下。

发出代销商品时。

借：发出商品——委托代销商品　　　　　　　　　　80 000
　　贷：库存商品　　　　　　　　　　　　　　　　80 000

收到光大商行转来的代销清单并结转代销手续费时。

借：银行存款　　　　　　　　　　　　　　　　　　74 580
　　贷：主营业务收入　　　　　　　　　　　　　　66 000
　　　　应交税费——应交增值税（销项税额）　　　8 580
借：销售费用　　　　　　　　　　　　（66 000×5%）3 300
　　贷：银行存款　　　　　　　　　　　　　　　　3 300

结转代销商品成本时。

借：主营业务成本　　　　　　　　　　　　　　　　48 000
　　贷：发出商品——委托代销商品　　　　　　　　48 000

（2）设有两个以上机构并实行统一核算的纳税人，将货物从一个机构移送至其他机构（不在同一县、市）用于销售的会计处理。

货物移送要开具增值税专用发票，调出方记销项税额，调入方记进项税额。

【例6-39】2×20年某工业联合总公司核心厂将生产的产品拨给各分厂作为原料，4月发生以下经济业务。

（1）核心厂将生产的产品拨给甲分厂销售，开出增值税专用发票，货物销售额100 000元，增值税税额13 000元，通过应收、应付科目核算。

（2）核心厂将生产的产品分销给丙分厂销售，开出增值税专用发票，货物销售额160 000元，增值税税额20 800元，货款已通过"其他应付款"账户划转。

核心厂会计分录如下。

借：应收账款　　　　　　　　　　　　　　　　　　113 000

贷：主营业务收入		100 000
应交税费——应交增值税（销项税额）		13 000
借：其他应付款	180 800	
贷：主营业务收入		160 000
应交税费——应交增值税（销项税额）		20 800

（3）将自产或委托加工的货物用于非应税项目的销项税额的会计处理。

企业将自产或委托加工的货物用于非应税项目，按财务会计制度的规定，并非销售业务，但自产或委托加工的货物本身消耗的原材料、支付的加工费中，已有一部分进项税额从销项税额中扣除。另外，如果这些非应税项目直接耗用外购的包含有增值税的货物，则计入这些非应税项目的材料成本中包含有增值税。为了使各非应税项目成本便于比较，非应税项目领用自产或委托加工货物，应按税法规定视同销售货物计算应交增值税。应税销售成立、发生纳税义务并开具普通发票的时间为货物移送的当天。

若购进货物时明确用于非应税项目，不属于增值税纳税范围，不视同销售。

【例6-40】 2×20年天华厂新建一车间，发出水泥若干吨，价值40 000元，委托加工预制板，并支付加工费4 400元和增值税税额572元，预制板收回后直接用于该新建工程。会计分录如下。

发出水泥时。

借：委托加工物资	40 000	
贷：原材料——水泥		40 000

支付加工费时。

借：委托加工物资	4 400	
应交税费——应交增值税（进项税额）	572	
贷：银行存款		4972

预制板收回结转委托加工成本时。

借：原材料——预制板	44 400	
贷：委托加工物资		44 400

领用预制板时。

该产品没有同类产品的销售价格，只能按组成计税价格计算。组成计税价格48 840[44 400×（1+10%）]元，应纳增值税税额6 349.20（48 840×13%）元，计入在建工程 50 749.20（44 400+6 349.20）元。

借：在建工程　　　　　　　　　　　　　　　　　　50 749.2
　　贷：应交税费——应交增值税（销项税额）　　　　6 349.2
　　　　原材料——预制板　　　　　　　　　　　　　44 400

（4）企业将自产、委托加工或购买的货物作为投资的销项税额的会计处理。

存货投资并非销售业务，而是一种资产转变成另一种资产的经济业务，不改变所有者权益。但这种转变使存货未经"销售"而进入消费，因而自产和委托加工的货物所耗用的原材料和支付加工费中记入"进项税额"的增值税就流失了，购买货物已记入"进项税额"的增值税也流失了，企业就占了国家的便宜。因此，按税法的规定，应税货物作为投资提供给其他单位或个体经营者，应视同销售货物计算缴纳增值税。应税销售成立、发生纳税义务并开具增值税专用发票的时间为移送货物的当天。按所投资货物的售价或组成计税价格乘以适用税率计算的应纳增值税与投资货物的账面价值之和，借记"长期股权投资"科目；按货物成本，贷记"库存商品""原材料"等科目；按货物成本或账面原价与重估价值的差额，借记或贷记"资本公积"科目；按应纳增值税税额，贷记"应交税费——应交增值税（销项税额）"科目。

【例6-41】2×20年6月某工业企业将购入的一批原材料对外投资，其账面成本为200 000元，未计提跌价准备。会计分录（未考虑增值税外的其他税费）如下。

借：长期股权投资　　　　　　　　　　　　　　　　226 000
　　贷：原材料　　　　　　　　　　　　　　　　　　200 000
　　　　应交税费——应交增值税（销项税额）　　　　26 000

若上述对外投资的不是外购原材料，而是企业生产的A产品，投出的A产品成本为180 000元，市场售价为200 000元。会计分录如下。

对外投资时。

借：长期股权投资　　　　　　　　　　　　　　　　226 000
　　贷：主营业务收入——A产品　　　　　　　　　　200 000
　　　　应交税费——应交增值税（销项税额）　　　　26 000

结转投出A产品成本时。

借：主营业务成本　　　　　　　　　　　　　　　　180 000
　　贷：库存商品——A产品　　　　　　　　　　　　180 000

（5）企业将自产的、委托加工或购买的货物分配给股东或投资者的销项税额的会计处理。

这一视同销售行为，应通过销售来处理，即应按售价或组成计税价格、市场价格计价并计入有关收入类账户。确认销售成立、发生纳税义务并开具增值税专用发票（股东或投资者为法人且为一般纳税人）或普通发票（投资者或股东为自然人或小规模纳税人）的时间，为分配货物的当天。按分配货物的售价或组成计税价格、市场价格和按其适用税率计算的应纳增值税两项之和，借记"应付股利"科目；按应税货物的售价、组成计税价格、市场价格，贷记"主营业务收入""其他业务收入"科目；按应纳增值税税额，贷记"应交税费——应交增值税（销项税额）"科目。

【例6-42】2×20年天华厂将自产的甲产品和委托加工的丁产品作为应付利润分配给投资者。甲产品售价为60 000元，委托加工丁产品没有同类产品售价，委托加工成本为40 000元。假定丁产品的平均利润率为10%。会计分录如下。

甲产品应计销项税额=60 000×13%=7 800（元）

丁产品组成计税价格=40 000×（1+10%）=44 000（元）

丁产品应计销项税额=44 000×13%=5 720（元）

借：应付股利　　　　　　　　　　　　　　　　117 520
　　贷：主营业务收入　　　　　　　　　　　　　　60 000
　　　　其他业务收入　　　　　　　　　　　　　　44 000
　　　　应交税费——应交增值税（销项税额）　　　13 520

（6）企业将自产、委托加工的货物用于集体福利、个人消费的销项税额的会计处理。

企业将自产、委托加工的货物用于集体福利、个人消费，按财务会计制度分析，并非销售活动，不确认收入。应税货物用于集体福利、个人消费，应视同销售货物计算缴纳增值税。其应税销售成立、发生纳税义务并开具普通发票的时间为移送货物的当天。按所用货物的成本与货物售价或组成计税价格乘以适用税率计算的应纳增值税之和，借记"在建工程""固定资产""应付职工薪酬"等科目；按所用货物成本，贷记"库存商品""原材料"等科目；按应纳增值税税额，贷记"应交税费——应交增值税（销项税额）"科目。若购进货物直接用于集体福利、个人消费，购进时的进项税额不允许抵扣，因购入消费品进入最终消费领域，故不作为视同销售处理。

【例6-43】2×20年某企业职工俱乐部领用本企业生产的空调器5台，生产成本为8 000元/台，售价为10 000元/台；发给职工抽油烟机400台作为职工福利，生产成本为200元/台，售价为250元/台。会计分录如下。

应纳增值税税额=5×10 000×13%+400×250×13%=6 500+13 000=19 500（元）

应计入固定资产的价值=5×8 000+6 500=46 500（元）

应计入应付职工薪酬的金额=400×200+13 000=93 000（元）

借：固定资产	46 500
应付职工薪酬——职工福利费	93 000
贷：应交税费——应交增值税（销项税额）	19 500
库存商品——空调器	40 000
——抽油烟机	80 000

年终调账时，按售价与成本的差额计入应纳税所得额，计算缴纳所得税。

（7）企业将自产、委托加工或购买的货物无偿赠送他人的销项税额的会计处理。

按财务会计制度的规定，这类业务并非销售活动，因为企业并未获得经济利益；但按税法的规定，要视同销售货物计算缴纳增值税。其应税销售成立、发生纳税义务并开具增值税专用发票或普通发票的时间为移送货物的当天。按所赠货物的成本与所赠货物售价或组成计税价格乘以税率计算的应纳增值税之和，借记"营业外支出"科目；按所赠货物成本，贷记"库存商品""原材料"等科目；按应纳增值税税额，贷记"应交税费——应交增值税（销项税额）"科目。

【例6-44】2×20年天华厂将自产的乙产品无偿赠送他人，生产成本为9 000元，售价为11 000元。将购进的A材料400千克无偿赠送他人，该材料计划成本为30元/千克，材料成本差异率为-2%。会计分录如下。

乙产品应计销项税额=11 000×13%=1 340（元）

A材料实际成本=400×30×（1-2%）=11 760（元）

A材料应计销项税额=11 760×13%=1 528.8（元）

借：营业外支出	23 628.80
贷：库存商品	9 000
原材料	11 760

应交税费——应交增值税（销项税额） 2 868.8

5. 销售包装物及没收包装物押金的销项税额的会计处理

（1）销售包装物的销项税额的会计处理。

①随同产品销售并单独计价的包装物。

企业销售产品并同时销售单独计价的包装物时，按税法的规定，应计算缴纳增值税，借记"银行存款""应收账款"科目，贷记"主营业务收入""其他业务收入""应交税费——应交增值税（销项税额）"科目。

【**例6-45**】2×20年天华厂销售给本市天众厂带包装物的丁产品600件，包装物单独计价，开出增值税专用发票列明：产品销售价款96 000元，包装物销售价款10 000元，增值税税额13 780元，款未收到。会计分录如下。

借：应收账款——天众厂　　　　　　　　　　　　　119 780
　　贷：主营业务收入——丁产品　　　　　　　　　　96 000
　　　　其他业务收入——包装物销售　　　　　　　　10 000
　　　　应交税费——应交增值税（销项税额）　　　　13 780

②销售产品，包装物出租。

包装物租金属于价外费用，应缴纳增值税。

【**例6-46**】2×20年天华厂采用银行汇票结算方式，销售给东平机械厂甲产品400件，400元/件，增值税税额为20 800（400×400×13%）元，出租包装物400个，承租期为两个月，共计租金4 680元，一次收取包装物押金23 400元，总计结算金额208 880（400×400+20 800+4 680+23 400）元。会计分录如下。

按税法规定，收取的包装物租金应计算的销售额，不包括向购买方收取的销项税额。

包装物租金销售额=4 680÷（1+13%）=4 142（元）

包装物租金应计销项税额=4 142×13%=538（元）

借：银行存款　　　　　　　　　　　　　　　　　　208 880
　　贷：主营业务收入　　　　　　　　　　　　　　160 000
　　　　其他业务收入　　　　　　　　　　　　　　　4 142
　　　　应交税费——应交增值税（销项税额）　　　21 338
　　　　其他应付款——存入保证金　　　　　　　　23 400

（2）没收包装物押金的销项税额的会计处理。

按现行财务会计制度的规定，包装物押金分类如图6-8所示。

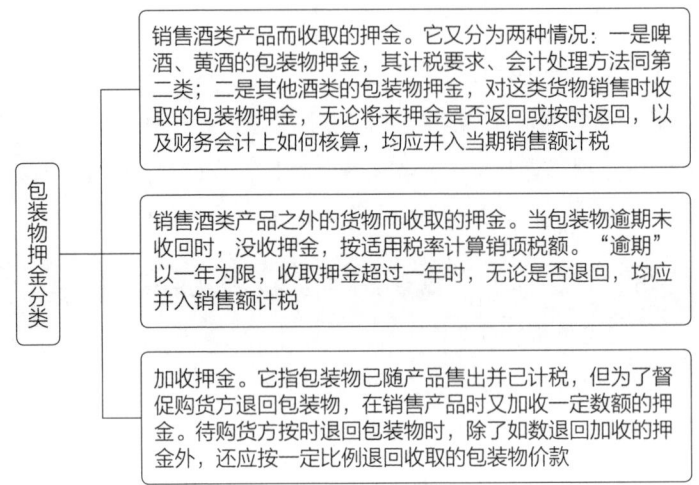

图6-8　包装物押金分类

对包装物押金的处理应注意三点：①收取包装物押金是含税的，没收时应将包装物押金还原为不含税价格，再并入其他业务收入征税；②没收包装物押金适用的税率是包装货物的适用税率，因为没收包装物押金的行为是延期提高了该包装货物的售价；③对没收包装物押金计提消费税，应记入"其他业务成本"科目，而不能记入"税金及附加"科目，这符合会计核算的收入与支出配比原则。

【例6-47】2×20年某企业销售A产品100件，成本为350元/件，售价为500元/件，每件收取包装物押金93.60元，包装物成本为70元/件。该产品是征收消费税产品，税率为10%。会计分录如下。

销售产品时。

借：银行存款　　　　　　　　　　　　　　　　　　　　　　　65 860
　　贷：主营业务收入——A产品　　　　　　　　　　　　　　　50 000
　　　　应交税费——应交增值税（销项税额）　　　　　　　　　6 500
　　　　其他应付款——存入保证金　　　　　　　　　　　　　　9 360

结转销售成本时。

借：主营业务成本——A产品　　　　　　　　　　　　　　　　35 000
　　贷：库存商品——A产品　　　　　　　　　　　　　　　　　35 000

计提消费税时。

借：税金及附加	5 000
贷：应交税费——应交消费税	5 000

逾期未退还包装物没收押金时。

借：其他应付款——存入保证金	9 360
贷：其他业务收入	8 283
应交税费——应交增值税（销项税额）	1 077

结转包装物成本时。

借：其他业务成本	7 000
贷：包装物——出租、出借包装物	7 000

计提消费税时。

借：其他业务成本	828.3
贷：应交税费——应交消费税	828.3

6. 出售自己使用过的固定资产的销项税额的会计处理

由于出售固定资产并不是企业的经营目的，出售收入及其收益不应列作经营收入及经营利润。按现行会计制度的规定，出售固定资产，使用"固定资产清理"账户，发生净损益分情况计入资产处置损益或营业外收支。

【例 6-48】2×20 年某企业出售固定资产目录所列并已使用过的机床 1 台，原值 30 000 元，已提折旧 2 000 元，支付清理费用 500 元，售价 34 980 元。会计分录如下。

注销固定资产时。

借：固定资产清理	28 000
累计折旧	2 000
贷：固定资产	30 000

支付清理费用时。

借：固定资产清理	500
贷：银行存款	500

收到价款时。

借：银行存款	34 980
贷：固定资产清理	30 956

应交税费——应交增值税（销项税额）	4 024

结转固定资产清理后的净收益时。

借：固定资产清理	2 456
贷：资产处置损益	2 456

7. 抵账货物视同销售的销项税额的会计处理

企业销售抵账货物行为不属于销售自己使用过的其他属于货物的固定资产。

【例6-49】 2×20年某厂生产汽车制动泵，无汽车经营权，但欠账方愿用1辆汽车抵顶欠款，该厂同意并收到该辆汽车。对方原欠款113 000元，该辆汽车作价110 000元，余欠3 000元，对方以银行存款支付。该厂将收到的汽车销售出去，开具普通发票，销售额为110 000元。会计分录如下。

当初售给对方汽车制动泵时。

借：应收账款——××汽车厂	113 000
贷：主营业务收入	100 000
应交税费——应交增值税（销项税额）	13 000

收到抵账汽车时。

借：库存商品	110 000
贷：应收账款——××汽车厂	110 000

收到对方划转余欠货款时。

借：银行存款	3 000
贷：应收账款——××汽车厂	3 000

将该辆汽车售出（采用商业汇票结算）时。

借：应收票据	110 000
贷：主营业务收入	97 345
应交税费——应交增值税（销项税额）	12 655

8. 小规模纳税人销售货物的销项税额的会计处理

按我国现行增值税法的规定，小规模纳税人实行简易征收法，按不含税销售额与征收率相乘，计算其应交增值税，不实行税款抵扣办法。

【例6-50】 某工业企业属小规模纳税人，2×20年4月实现产品销售收入10 300元，货款尚未收到。受外单位委托代为加工产品一批，收取加工费15 450元，以银行存款结算。会计分录如下。

销售货款未收到时。

应纳增值税税额=10 300÷（1+3%）×3%=300（元）

借：应收账款	10 300
贷：主营业务收入	10 000
应交税费——应交增值税	300

代外单位加工结算时。

借：银行存款	15 450
贷：主营业务收入	15 000
应交税费——应交增值税	450

月末缴纳增值税时。

借：应交税费——应交增值税	750
贷：银行存款	750

（二）商业企业销项税额的会计处理

1. 直接收款方式销售和平销行为的销项税额的会计处理

（1）直接收款方式销售商品的销项税额的会计处理。

直接收款方式销售商品，一般采用"提货制"或"送货制"，货款结算大多采用现金或支票结算方式。批发企业根据增值税专用发票的记账联和银行结算凭证，借记"银行存款"科目，贷记"主营业务收入""应交税费——应交增值税（销项税额）"科目；零售企业应在每日营业终了时，由销售部门填制销货日报表，连同销货款一并送交财会部门，倒算出销售额，借记"银行存款"科目，贷记"主营业务收入""应交税费——应交增值税（销项税额）"科目。

【例6-51】某商品零售企业2×20年9月8日各营业柜组交来销货款现金8 475元，货款已由财会部门集中送存银行。会计分录如下。

按税法的规定，向消费者个人销售商品，实行价税合并收取价款，所以应将含税销售额换算为不含税销售额。

不含税销售额=含税销售额÷（1+税率）=8 475÷（1+13%）=7 500（元）

销项税额=不含税销售额×适用税率=7 500×13%=975（元）

上述两个公式也可合并如下。

销项税额=不含税销售额×税率=含税销售额÷（1+税率）×税率

= 含税销售额 × 税率 ÷（1+ 税率）

如企业适用 13% 的税率时：

销项税额 = 含税销售额 ×11.5%

如企业适用 9% 的税率时：

销项税额 = 含税销售额 ×8.26%

对于该项业务，财会部门根据各柜组的内部缴款单，填制销货日报表、进账单等凭证，并编制会计分录如下。

借：银行存款   8 475

    贷：主营业务收入   7 500

        应交税费——应交增值税（销项税额）   975

上述做法，需要每天或每次计算销项税额，工作量大，也会出现误差。为此，对采用售价金额核算、实物负责制的企业，按实收销货款（含税），借记"银行存款"科目，贷记"主营业务收入"科目；同时按售价金额结转成本，借记"主营业务成本"科目，贷记"库存商品"科目。这里的商品销售收入暂按含税价格全部计入。月末，按含税商品销售收入乘以 11.5% 或 8.26% 计算出全店的销项税额，借记"主营业务收入"科目，贷记"应交税费——应交增值税（销项税额）"科目，使商品销售收入由含税变为不含税。按月末差价表结转实际成本，借记"商品进销差价"（差价 + 销项税额）科目，贷记"主营业务成本"（含税）科目，调整"主营业务成本"科目为实际的商品销售成本。

从增值税的链条来说，企业生产（销售）的商品有对应的进项税额和销项税额，但生产（销售）的赠品只有进项税额而没有销项税额，表面上不合理，其实赠品的销项税额隐含在售品的销项税额当中，只是没有剥离出来而已。因此，对于赠品的进项税额应允许其申报抵扣，赠送赠品时也不应该单独再次计算其销项税额。

【例 6-52】2×20 年某超市开展"买一赠一"的促销活动，当日卖出 10 大瓶花生油，每瓶售价（含税）90 元，每瓶进价 55 元；按超市承诺，顾客购买 1 大瓶花生油，赠送 1 小瓶花生油；因此，当日赠送 10 小瓶花生油，每小瓶进价 15 元，每小瓶售价 30 元。会计分录如下。

销售花生油的销项税额 =90×10÷（1+9%）×9%=74.31（元）

应结转售出和赠送花生油的成本 =（55+15）×10=700（元）

借：银行存款　　　　　　　　　　　　　　　　　　　　　　　900
　　贷：主营业务收入　　　　　　　　　　　　　　　　　　825.69
　　　　应交税费——应交增值税（销项税额）　　　　　　　74.31

结转销售成本时。

借：主营业务成本　　　　　　　　　　　　　　　　　　　　　700
　　贷：库存商品　　　　　　　　　　　　　　　　　　　　　700

（2）平销行为的销项税额的会计处理。

生产企业以商业企业经销价或高于商业企业经销价将货物销售给商业企业，商业企业再以进货成本或低于进货成本进行销售，生产企业则以返回利润等方式弥补商业企业的进销差价损失。这种行为属于平销行为。生产企业弥补商业企业进销差价损失的方式有：通过返回资金方式，如返回利润或向商业企业投资等；赠送实物或以实物方式投资。这种平销方式近年呈增长之势，而且将不限于生产企业和商业企业，也可能进一步发展为生产企业之间、商业企业之间。

对商业企业向供货方收取的与商品销售量、销售额挂钩（如以一定比例、金额、数量计算）的各种返还收入，均应按照平销返利行为的有关规定冲减当期增值税进项税额。商业企业向供货方收取的各种收入，一律不得开具增值税专用发票。其计算公式如下。

当期应冲减进项税额＝当期取得的返还资金÷（1＋所购货物适用增值税税率）×所购货物适用增值税税率

【例6-53】某商业企业据2×20年9月取得的增值税专用发票等入账的进项税额为35 100元，当月从生产企业（供货方）取得返还资金为14 300元，增值税税率为13%。会计分录如下。

当期应冲减进项税额=14 300÷（1+13%）×13%=1 645（元）

如果以返还资金方式。

借：银行存款　　　　　　　　　　　　　　　　　　　　　14 300
　　贷：应交税费——应交增值税（进项税额）　　　　　　1 645
　　　　本年利润　　　　　　　　　　　　　　　　　　　12 655

如果以实物方式。

借：库存商品等　　　　　　　　　　　　　　　　　　　　14 300
　　贷：应交税费——应交增值税（进项税额）　　　　　　1 645
　　　　资本公积或实收资本　　　　　　　　　　　　　　12 655

2. 视同销售与以物易物的销项税额的会计处理

这里介绍委托代销、受托代销和以物易物的销项税额的会计处理，其余视同销售业务的销项税额的会计处理，与工业企业基本相同。

（1）委托代销商品的销项税额的会计处理。

委托代销是用来扩大企业商品销售范围和销售量的一种经营措施，是委托其他单位代为销售商品的一种销售方式。按税法的规定，将货物交付他人代销，应视同销售货物，其销售成立、发生纳税义务并开具增值税专用发票的时间为收到受托人送交的代销清单的当天。代销清单应列明已销商品的数量、单价、销售收入，委托企业据此给受托企业开具增值税专用发票，并进行账务处理。账务处理方法视委托代销方式不同而有所区别。

①支付手续费方式的委托代销。

委托单位应按商品售价（不含税）反映销售收入，所支付的手续费以"销售费用——手续费"列支。如果受托单位为一般纳税人，则应给其开具增值税专用发票，列明代销商品价款和增值税税款；如果受托单位为小规模纳税人，应按税款和价款合计开具普通发票。借记"应收账款"或"银行存款"科目，贷记"主营业务收入""应交税费——应交增值税（销项税额）"科目。收到受托单位开来的手续费普通发票后，借记"销售费用——手续费"科目，贷记"应收账款"或"银行存款"科目。

【例6-54】 2×20年某商品批发企业委托天方商店（一般纳税人）代销B商品400件，合同规定含税代销价为226元/件，手续费按不含税代销额的5%支付，该商品进价为150元/件。

拨付委托代销商品时（按进价）。

借：发出商品——委托代销商品　　　　　　　　60 000
　　贷：库存商品　　　　　　　　　　　　　　　　　　60 000

收到天方商店报来的代销清单而款未收到时（代销清单列明销售数量150件，金额33 900元，倒算销售额并开具增值税专用发票，列明价款30 000元、增值税税额3 900元）。

借：应收账款——天方商店　　　　　　　　　　33 900
　　贷：主营业务收入　　　　　　　　　　　　　　　　30 000
　　　　应交税费——应交增值税（销项税额）　　　　　3 900

收到天方商店汇来的款项和手续费时,普通发票列明:扣除手续费 1 500(30 000×5%)元,实收金额 32 400 元。

借:银行存款	32 400
销售费用	1 500
贷:应收账款——天方商店	33 900

结转委托代销商品成本时。

借:主营业务成本	22 500
贷:发出商品——委托代销商品	22 500

②受托单位作为自购自销的委托代销。

委托单位不采用支付手续费方式的委托代销商品,一般通过商品售价调整,作为对代销单位的报酬。这种方式实质上是一种赊销,至于受托单位按什么价格销售,与委托单位无关。委托单位在收到受托单位的代销清单后,按商品代销价反映销售收入,其账务处理基本同前,只是不支付手续费而已。

【例 6-55】2×20 年某商品零售企业委托大天商店代销 A 商品 300 件,双方协商含税代销价 113 元/件,原账面价 128.90 元/件,代销价低于原账面价的差额,冲销商品进销差价。该商品零售企业会计分录如下。

拨付委托代销商品时。

借:发出商品——委托代销商品	33 900
商品进销差价	4 770
贷:库存商品	38 670

收到代销款解入银行时(大天商店定期报来代销清单,代销商品全部销售金额 33 900 元,倒算销售额并开具增值税专用发票给大天商店,销售额为 30 000 元,增值税税额为 3 900 元)。

借:银行存款	33 900
贷:主营业务收入	30 000
应交税费——应交增值税(销项税额)	3 900

收到代销清单时,也可以按代销货款(包括销项税额),借记"银行存款"科目,贷记"主营业务收入"科目。月份终了时,再根据全月的商品销售收入总额,乘以 11.5% 或 8.26% 计算销项税额并登记入账,将含税销售收入调整成为不含税销售收入,借记"主营业务收入"科目,贷记"应交税费——应交增值税(销项税额)"科目。

结转委托代销商品成本时。

借：主营业务成本　　　　　　　　　　　　　　　　33 900
　　贷：发出商品——委托代销商品　　　　　　　　　　　33 900

如果不采取支付手续费方式而是采取"库存定额、交款补货"的方式，则可将代销单位的销售额包括在本企业商品的销售额之内，收到代销单位交来的货款的同时补货，以代销单位交来货款作为收入的实现。

（2）受托代销商品的销项税额的会计处理。

受托代销主要形式如图6-9所示。

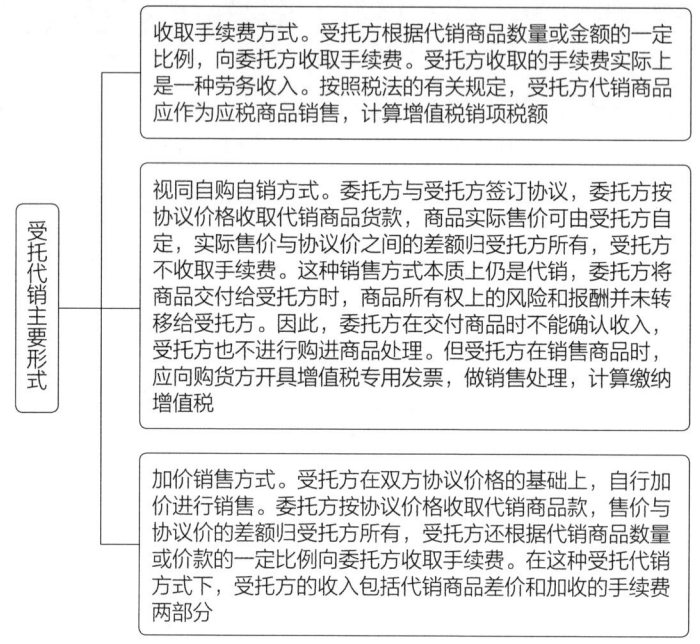

图6-9　受托代销主要形式

受托单位在登记代销商品入库时，应填制代销商品入库单并登记代销商品明细账；代销商品销售后，有关部门应定期填制代销商品清单，并将其提供给委托单位。由于受托代销商品的所有权不属于本企业，因此，应当在表外科目核算并登记受托代销商品登记簿。若企业受托代销商品业务规模较大，与本企业自有商品在实物形态上难以划分，企业也可以设置"受托代销商品"和"受托代销商品款"账户进行核算，并分别不同的代销方式进行账务处理。

①收取手续费方式的受托代销。

受托方一般不核算销售收入，只将代销手续费收入及其应缴纳的增值税，通过"代购代销收入"账户核算；但税法规定代销商品应作为应税销售，计算销项税额，如购货方为一般纳税人，就要为其开具增值税专用发票。

【例 6-56】 2×20 年某商品零售企业接受代销 B 商品 600 件，委托方规定代销价为 60 元/件（含税），代销手续费为不含税代销额的 5%，增值税税率为 13%。受托方会计分录如下。

收到代销商品时（按含税代销价）。

借：受托代销商品——B 商品	36 000
贷：受托代销商品款	36 000

代销商品全部售出时（本月 20 日代销商品全部售出，向委托方报送代销清单，并向委托方索要增值税专用发票。同时，计算代销商品的销项税额并调整应付账款和注销受托代销商品款和受托代销商品）。

代销商品销项税额 =600×60÷（1+13%）×13%=4 142（元）

借：银行存款	36 000
贷：应交税费——应交增值税（销项税额）	4 142
应付账款	31 858
借：受托代销商品款	36 000
贷：受托代销商品——B 商品	36 000

收到委托单位的增值税专用发票时。

借：应交税费——应交增值税（进项税额）	4 142
贷：应付账款	4 142

开具代销手续费收入普通发票时。

代销手续费收入 =31 858×5%=1 593（元）

借：应付账款	1 593
贷：代购代销收入	1 593

划转扣除代销手续费后的受托代销商品款时。

借：应付账款	34 407
贷：银行存款	34 407

零售企业商品品种繁多，业务繁忙，企业不可能把每一笔销货款都按自营和代销商品分开登记，更不可能在每天营业终了时，对代销商品进行盘点，以存计销。因此，零售企业对代销商品和自营商品在销售时全部记入"主营业务收

入"账户，待代销商品全部销售或月终时，则由各部、组填报代销商品分户盘存计销表，冲销主营业务收入，增加应付账款。

严格意义上的代销，委托方和受托方应当签订协议书，明确规定代销货物价款、手续费率等条件，不得加价出售。此外，还有一种自营的委托代理，即只规定交接价和手续费率，而不管受托方按什么价格对外出售。这种代理的账务处理与接受代销商品作为自购自销的账务处理基本相同，不同之处就是还要收取手续费。

②作为自购自销的受托代销。

这种方式实属赊购商品销售，不收取手续费，委托方和受托方规定一个交接价（含税），受托方则按高于接收价的价格对外销售（批发或零售）。受托代销商品的收益不表现为代销手续费收入，而是表现为售价（批发价或零售价）与接收价之间的差额毛利。

（3）以物易物的销项税额的会计处理。

以物易物是指业务双方进行交易时，不以货币结算或主要不以货币结算，而以货物相互结算，从而实现货物购销的一种交易方式。在财务会计中，此类业务属非货币性交易。它分换入、换出均为货物和一方是货物、另一方是固定资产或无形资产两种类型。按增值税法规定，换入、换出均为货物的以物易物，双方都要进行购销处理，以各自发出的货物核定销售额并计算销项税额，以各自收到的货物核定购货额，并依据对方开具的合格增值税专用发票抵扣进项税额，即同时反映进项税额、销项税额。若一方是货物，另一方是固定资产或无形资产，后者相应的不可抵扣的增值税税额，计入其资产价值内，不单独反映。若同时换入多项资产，应按换入各项资产的公允价值占换入全部资产的公允价值总额的比例分别确认换入各项资产的入账价值。在非货币性交易中，又分双方不涉及补付价款和涉及补付价款两种情况。

6.2.5 增值税减免、缴纳及查补调账的会计处理

（一）减免增值税的会计处理

为核算纳税人出口货物应收取的出口退税款，设置"应收出口退税款"科目，该科目借方反映销售出口货物按规定向税务机关申报应退回的增值税、消费税等，贷方反映实际收到的出口货物应退回的增值税、消费税等，期末借方余

额，反映尚未收到的应退税额。

1. 先征后返、先征后退增值税的会计处理

（1）按指定用途返还的会计处理。

①用于新建项目。

实际收到返还的增值税税款，直接转作国家资本金。会计分录如下。

借：银行存款
　　贷：实收资本——国家投入资本

②用于改建扩建、技术改造。

收到返还的增值税税款，视同国家专项拨款。会计分录如下。

借：银行存款
　　贷：专项应付款——××专项拨款

实际用于工程支出时，会计分录如下。

借：在建工程——××工程
　　贷：银行存款等

工程完工，报经主管财政机关批准，对按规定予以核销的部分（不构成固定资产价值），会计分录如下。

借：专项应付款——××专项拨款
　　贷：在建工程

对构成固定资产价值的部分，会计分录如下。

借：固定资产
　　贷：在建工程

借：专项应付款——××专项拨款
　　贷：资本公积

③用于归还长期借款。

经批准归还长期借款，即"贷改投"时，可转为国家资本金。会计分录如下。

借：银行存款
　　贷：实收资本——国家投入资本

借：长期借款
　　贷：银行存款

（2）用于弥补企业亏损和未指定专门用途的会计处理。

当纳税人实际收到返还的增值税时，会计分录如下。

借：银行存款

　　贷：补贴收入

也可以通过"应收补贴款"反映应收和实收过程。反映应收退税款时，会计分录如下。

借：应收补贴款——增值税税款

　　贷：补贴收入

实际收到退税款时。

借：银行存款

　　贷：应收补贴款——增值税税款

2. 即征即退增值税的会计处理

国家根据需要，可以规定对进口的某些商品应计征的增值税采取即征即退的办法，退税额冲减采购成本，退税的直接受益者必须是以购进商品从事再加工的生产企业。

【例6-57】2×20年某外贸企业进口棉花一批，进口棉花所征增值税实行即征即退办法。该批棉花价值折合人民币500 000元，应交增值税65 000元。会计分录如下。

外贸企业入账时。

借：材料采购	500 000
应交税费——应交增值税（进项税额）	65 000
贷：应付账款或银行存款等	565 000

收到进口商品退税款时。

借：银行存款	65 000
贷：应付账款——待转销进口退税	65 000

外贸企业将进口商品销售给生产企业时（假设销售价款为600 000元，增值税税额为78 000元）。

借：应收账款等	613 000
应付账款——待转销进口退税	65 000
贷：主营业务收入	600 000
应交税费——应交增值税（销项税额）	78 000

生产企业购进上述商品实际支付价款时（外贸企业要出具退税款证明）。

借：材料采购　　　　　　　　　　　　　　　　　　535 000
　　应交税费——应交增值税（进项税额）　　　　　78 000
　　贷：应付账款等　　　　　　　　　　　　　　　　613 000

3. 直接减免增值税的会计处理

（1）小规模纳税人直接减免增值税的会计处理。

月份终了时，将应免税的销售收入折算为不含税销售额，按3%征收率计算免征增值税税额。会计分录如下。

借：主营业务收入
　　贷：应交税费——应交增值税

借：应交税费——应交增值税
　　贷：补贴收入

（2）一般纳税人直接减免增值税的会计处理。

①企业部分产品（商品）免税。

月份终了，按免税主营业务收入和适用税率计算出销项税额，然后减去按税法规定方法计算的应分摊的进项税额，其差额即为当月销售免税货物应免征的税额。

结转免税产品（商品）应分摊的进项税额，会计分录如下。

借：主营业务成本（应分摊的进项税额）
　　贷：应交税费——应交增值税（进项税额转出）

结转免税产品（商品）销项税额，会计分录如下。

借：主营业务收入
　　贷：应交税费——应交增值税（销项税额）

结转免缴增值税税额，会计分录如下。

借：应交税费——应交增值税（减免税款）
　　贷：补贴收入

②企业全部产品（商品）免税。

如果按税法的规定，企业的全部产品（商品）都免税，工业企业应在月终将免税主营业务收入参照上年度实现的增值率计算出增值额（产销较均衡的企业也可以按月用购进扣税法计算），并将其折算为不含税增值额，然后依适用税率,计算应免缴增值税税额;零售商业企业(批发企业可比照工业企业)应在月终将销售直接免税商品已实现的进销差价折算为不含税增值额,然后按适用税率计算应免缴增值税税额。

根据上述计算结果,编制会计分录如下。

计算免缴税额时。

借:主营业务收入

　　贷:应交税费——应交增值税(销项税额)

结转免缴税额时。

借:应交税费——应交增值税(减免税款)

　　贷:补贴收入

对生产经营粮油、饲料、氮肥等免税产品的企业,虽然其主产品免税,但也可能发生增值税应税行为,如粮食企业。按国家规定价格销售免税粮食时,可免缴增值税;但若加价销售,就不能免税。饲料企业如果将购入的原粮又卖出或在生产饲料的同时还生产供居民食用的制品,则要缴纳增值税,会计上应分别设账和分别核算。

(二)缴纳增值税的会计处理

1. 按月缴纳增值税的会计处理

平时,企业在"应交税费——应交增值税"多栏式明细账中核算增值税业务;月末,结出借、贷方合计和差额(余额,下同)。

若"应交税费——应交增值税"为借方差额,表示本月尚未抵扣的进项税额,应继续留在该账户借方,不再转出;若为贷方差额,表示本月应交增值税税额,通过"应交税费——应交增值税(转出未交增值税)"账户,转入"应交税费——未交增值税"账户的贷方。会计分录如下。

借:应交税费——应交增值税(转出未交增值税)

　　贷:应交税费——未交增值税

由于以一个月为纳税期限的企业不存在当月预缴当月税款的情况,月末也不会有多交情况,所以若月末"应交税费——未交增值税"有借方余额,只能是当月尚未抵扣完的进项税额(以后月份继续抵扣)。

2. 按日缴纳增值税的会计处理

若主管税务机关核定纳税人按日(1日、3日、5日、10日、15日)缴纳增值税,则平时按核定纳税期纳税时,属预缴性质;月末,在核实上月应交增值税后,应于下月10日前清缴。

平时,企业在"应交税费——应交增值税"明细账中核算增值税业务。月末,结出该账户借方、贷方合计和差额。

(1)若"应交税费——应交增值税"账户为贷方差额,表示本月应交未交的增值税税额,应转至"应交税费——未交增值税"账户的贷方,会计分录如下。

借:应交税费——应交增值税(转出未交增值税)
　　贷:应交税费——未交增值税

(2)若"应交税费——应交增值税"账户为借方差额,由于月中有预缴税款的情况,故该借方差额不仅可能是尚未抵扣的进项税额,而且还可能包含多交的部分。多交税款是多少,尚未抵扣额又是多少,一般有以下三种情况。

①当"应交税费——应交增值税"账户借方差额大于"已交税金"合计数时,表明当月已交的税款全部为多交。同时,两者差额为本月尚未抵扣的进项税额。

【例6-58】某企业2×20年4月"应交税费——应交增值税"账户资料:借方差额1 500元中包括多交的1 200元税款和留待抵扣的300(2 550-2 850)元进项税额,多交税额应从"转出多交增值税"账户转至"应交税费——未交增值税"账户的借方,尚未抵扣税额留在"应交税费——应交增值税"账户的借方。会计分录如下。

借:应交税费——未交增值税　　　　　　　　　　　　　1 200
　　贷:应交税费——应交增值税(转出多交增值税)　　　　1 200

结转后的"应交税费——应交增值税"账户为借方余额300元。

②当"应交税费——应交增值税"账户借方差额等于"已交税金"的合计数时,表明已交税金全部为多交。同时,本月无待抵扣进项税额。

③当"应交税费——应交增值税"账户借方差额小于"已交税金"的合计数时,表明已交税金中部分为应交税额、部分为多交税额,借方差额即是多交税额。

3. 实际缴纳增值税的会计处理

(1)当月预缴、缴纳当月应交增值税时,会计分录如下。

借：应交税费——应交增值税（已交税金）
　　贷：银行存款

（2）月初结清上月应交增值税或缴纳以前月份（年度）欠缴增值税时，会计分录如下。

借：应交税费——未交增值税
　　贷：银行存款

4. 以进项留抵税额抵减欠缴增值税的会计处理

若企业既存在欠缴增值税，同时又有增值税的留抵税额，在当期销项税额小于同期进项税额而产生期末留抵税额时，应以期末留抵税额抵减增值税欠税额。在企业用进项留抵税额抵减欠缴增值税时，如果增值税欠税额大于期末留抵税额，按期末留抵税额用红字借记"应交税费——应交增值税（进项税额）"科目，贷记"应交税费——未交增值税"科目；如果增值税欠税额小于期末留抵税额，按增值税欠税额用红字借记"应交税费——应交增值税（进项税额）"科目，贷记"应交税费——未交增值税"科目。

5. 增值税期末留抵税额的会计处理

纳入营改增试点当月月初，原增值税一般纳税人应按不得从销售服务、无形资产或不动产的销项税额中抵扣的增值税留抵税额，借记"应交税费——增值税留抵税额"科目，贷记"应交税费——应交增值税（进项税额转出）"科目。待以后期间允许抵扣时，按允许抵扣的金额，借记"应交税费——应交增值税（进项税额）"科目，贷记"应交税费——增值税留抵税额"科目。

6. 增值税税控系统专用设备和技术维护费用抵减增值税税额的会计处理

按现行增值税制度规定，企业初次购买增值税税控系统专用设备支付的费用以及缴纳的技术维护费允许在增值税应纳税额中全额抵减的，按规定抵减的增值税应纳税额，借记"应交税费——应交增值税（减免税款）"科目（小规模纳税人应借记"应交税费——应交增值税"科目），贷记"管理费用"等科目。

7. 关于小微企业免征增值税的会计处理规定

小微企业在取得销售收入时，应当按照税法的规定计算应交增值税，并确认为应交税费，在达到增值税制度规定的免征增值税条件时，将有关应交增值税转入当期损益。

(三)增值税查补税款的会计处理

1. 查补偷税应纳税额的确定

增值税一般纳税人不报、少报销项税额或多报进项税额,均影响增值税的缴纳。纳税人偷税数额应当按销项税额的不报、少报部分或进项税额的多报部分确定。如果销项税额、进项税额均有偷税问题,其偷税数额应当为两项偷税数额之和。

一般纳税人若采取账外经营,即购销活动均不入账,而造成不缴、少缴增值税的,其偷税数额应按账外经营部分的销项税额抵扣账外经营部分中已销货物进项税额后的余额确定。此时偷税数额为应纳税额。

应纳税额 = 账外经营部分销项税额 − 账外经营部分已销货物进项税额

账外经营部分已销货物进项税额 = 账外经营部分购货的进项税额 − 账外经营部分存货的进项税额

2. 查补税款金额的确定

一般纳税人发生偷税行为,确定偷税数额补征入库时,其补税数额应根据纳税人不同情况分别处理。即:根据检查核实的一般纳税人与其全部销项税额与进项税额(包括当期留抵税额),重新计算当期全部应纳税额。若应纳税额为正数,应当作为补税处理;若应纳税额为负数,应按《增值税日常稽查办法》的规定执行。

3. 查补税款的会计处理

经税务机关检查增值税后,企业应进行相应的会计调整。为此,应设立"应交税费——增值税检查调整"科目。凡检查后应调减账面进项税额或调增销项税额和进项税转出额的,借记有关科目,贷记本科目;凡检查后应调增账面进项税额或调减销项税额和进项税额转出额的,借记本科目,贷记有关科目;全部调账事项入账后,应结出本科目的余额,并对该余额进行处理。

(1)若本科目余额在借方,全部视同留抵进项税额,按借方余额数,借记"应交税费——应交增值税(进项税额)"科目,贷记本科目。

(2)若本科目余额在贷方,且"应交税费——应交增值税"科目无余额,按贷方余额数,借记本科目,贷记"应交税费——未交增值税"科目。

(3)若本科目余额在贷方,"应交税费——应交增值税"科目有借方余额且等于或大于这个贷方余额,按贷方余额数,借记本科目,贷记"应交税费——

应交增值税"科目。

（4）若本科目余额在贷方，"应交税费——应交增值税"科目有借方余额但小于这个贷方余额，应将这两个科目的余额冲出，其差额贷记"应交税费——未交增值税"科目。

6.3 消费税会计

6.3.1 消费税概述

（一）消费税的纳税人和纳税范围

1. 消费税的纳税人

消费税是对中华人民共和国境内从事生产、委托加工、零售和进口应当缴纳消费税的消费品的单位和个人，就其销售额或销售数量在特定环节征收的一种税。消费税的纳税人，是在中国境内生产、委托加工和进口应税消费品的单位和个人，以及国务院确定的销售应税消费品的其他单位和个人。"单位"是指企业、行政单位、事业单位、军事单位、社会团体及其他单位，"个人"是指个体工商户及其他个人。

2. 消费税的纳税范围

我国实行的是选择性的特种消费税，1993年12月13日开征消费税时确定的税目共11个，后续财政部、国家税务总局对消费税税目进行了大幅调整，现有税目15个，很多税目还包括若干子目。消费税的纳税范围（以下简称"应税消费品"）如图6-10所示。

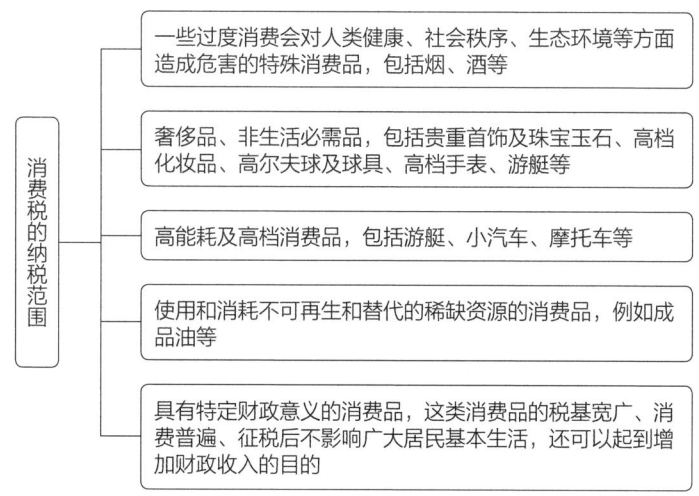

图 6-10 消费税的纳税范围

（二）消费税的税目

消费税共设置15个税目、若干个子目，征税主旨明确，课税对象清晰。

1. 烟

本税目的征收范围包括凡是以烟叶为原料加工生产的产品，无论其使用何种辅料。

（1）卷烟。

卷烟的征收范围包括工业和商业批发两个子目，分别在生产环节和批发环节征收。

①甲类卷烟，是指每标准条调拨价格在70元（不含增值税）以上（含70元）的卷烟。

②乙类卷烟，是指每标准条调拨价格在70元（不含增值税）以下的卷烟。

（2）雪茄烟。

雪茄烟的征收范围包括各种规格、型号的雪茄烟。

（3）烟丝。

烟丝的征收范围包括以烟叶为原料加工生产的不经卷制的散装烟。

2. 酒

（1）白酒。

白酒的征收范围包括粮食白酒、薯类白酒等。

①粮食白酒。对企业生产的白酒应按照其所用原料确定适用税率。凡是既有外购粮食，或者有自产或外购粮食白酒，又有自产或外购薯类和其他原料酒的企业其生产的白酒凡所用原料无法分清的，一律按粮食白酒征收消费税。

对企业以白酒和酒精为酒基，加入果汁、香料、色素、药材、补品、糖、调料等配制或泡制的酒，不再按"其他酒"子目中的"复制酒"征税，一律按照酒基所用原料确定白酒的适用税率。凡酒基所用原料无法确定的，一律按粮食白酒的税率征收消费税。

②薯类白酒。用甜菜酿制的白酒，比照薯类白酒征税。

对以粮食原酒作为酒基与薯类酒精或薯类酒进行勾兑生产的白酒应按粮食白酒的税率征收消费税。白酒生产企业向商业销售单位收取的"品牌使用费"是随着应税白酒的销售而向购货方收取的，属于应税白酒销售价款的组成部分，因此，不论企业采取何种方式或以何种名义收取价款，均应并入白酒的销售额中缴纳消费税。

（2）黄酒。

黄酒的征收范围包括各种原料酿制的黄酒和酒度超过12度（含12度）的土甜酒。

（3）啤酒。

啤酒的征收范围包括各种包装和散装的啤酒。无醇啤酒比照啤酒征税。

对饮食业、商业、娱乐业举办的啤酒屋（啤酒坊）利用啤酒生产设备生产的啤酒，应当征收消费税。

啤酒源是以大麦或其他粮食为原料，加入啤酒花，经糖化、发酵酿制而成的含二氧化碳的酒。在产品特性、使用原料和生产工艺流程上，啤酒源与啤酒一致，只缺少过滤过程。因此，对啤酒源应按啤酒征收消费税。

菠萝啤酒是以大麦或其他粮食为原料，加入啤酒花，经糖化、发酵，并在过滤时加入菠萝精（汁）、糖酿制的含有二氧化碳的酒。其在产品特性、使用原料和生产工艺流程上与啤酒相同，只是在过滤时加上适量的菠萝精（汁）和糖，因此，对菠萝啤酒应按啤酒征收消费税。

果啤是口味介于啤酒和饮料之间的低度酒精饮料，主要成分为啤酒和果汁。尽管其口味和成分有别于普通啤酒，但从产品名称及其含啤酒的本质来看，果啤属于啤酒，应征收消费税。

对啤酒生产企业销售的啤酒，不得以向其关联企业的啤酒销售公司销售的价格作为确定消费税税额的标准，而应当以其关联企业的啤酒销售公司对外的销售价格（含包装物及包装物押金）作为确定消费税税额的标准，并依此确定该啤酒消费税单位税额。

啤酒消费税单位税额按照出厂价格（含包装物及包装物押金）划分档次，上述包装物押金不包括供重复使用的塑料周转箱的押金。

啤酒生产集团将有糖化能力而无包装能力的企业生产的啤酒液销售（调拨）给异地企业进行灌装，应由啤酒液生产企业按规定申报缴纳消费税。购入方企业应依据取得的销售方销售啤酒液所开具的增值税专用发票上记载的销售数量、销售额、销售单价确认销售方啤酒液适用的消费税单位税额，单独建立外购啤酒液购入使用台账，计算外购啤酒液已纳消费税税额；购入方使用啤酒液连续灌装生产并对外销售的啤酒，应依据其销售价格确定适用单位税额计算缴纳消费税，但其外购啤酒液已纳的消费税税额，可以从其当期应纳消费税税额中抵减。

（4）其他酒。

其他酒的征收范围包括糠麸白酒、其他原料白酒、土甜酒、复制酒、果木酒、汽酒、药酒等。对以黄酒为酒基生产的配制或泡制酒，按其他酒税目征收消费税。

葡萄酒，是指以葡萄为原料，经破碎（压榨）、发酵而成的酒精度在1度（含）以上的葡萄原酒和成品酒（不含以葡萄为原料的蒸馏酒），属于其他酒税目。

另外，调味料酒是指以白酒、黄酒或食用酒精为主要原料，添加食盐、植物香辛料等配制加工而成的产品名称标注（在食品标签上标注）为调味料酒的液体调味品。根据国家新出台的调味品分类国家标准，调味料酒属于调味品，不属于配制酒和泡制酒，不征收消费税。

3. 成品油

（1）汽油。

汽油设置了含铅汽油和无铅汽油两个子目。

含铅汽油是指含铅量每升超过 0.013 克的汽油。

汽油征收范围包括辛烷值不小于 66 的各种汽油和以汽油组分为主，辛烷值大于 50 的经调和可用作汽油发动机燃料的非标油。

(2)柴油。

柴油征收范围包括倾点在-50号至30号的各种柴油和以柴油为主、经调和精制可用作柴油发动机的非标油。

(3)航空煤油。

航空煤油征收范围包括各种航空煤油,但航空煤油暂缓征收消费税。

(4)石脑油。

石脑油征收范围包括除汽油、柴油、煤油、溶剂油以外的各种轻质油。

重整生成油、拔头油、戊烷原料油、轻裂解料(减压柴油VGO和常压柴油AGO)、重裂解料、加氢裂化尾油、芳烃抽余油均属轻质油,属于石脑油征收范围。

生产企业将自产石脑油用于本企业连续生产汽油等应税消费品的,不缴纳消费税;用于连续生产乙烯等非应税消费品或其他方面的,于移送使用时缴纳消费税。

(5)溶剂油。

溶剂油征收范围包括各种溶剂油。

(6)润滑油。

润滑油征收范围包括以石油为原料加工的矿物性润滑油、矿物性润滑油基础油。植物性润滑油、动物性润滑油和化工原料合成润滑油不属于润滑油的征收范围。

以植物性、动物性和矿物性基础油(或矿物性润滑油)混合掺配而成的"混合性"润滑油,不论矿物性基础油(或矿物性润滑油)所占比例的高低,均属润滑油的征税范围。

单位和个人外购润滑油大包装经简单加工改成小包装或者外购润滑油不经加工只贴商标的行为,视同应税消费品的生产行为。单位和个人发生的以上行为应当申报缴纳消费税。准予扣除外购润滑油已纳的消费税税款。

(7)燃料油。

燃料油征收范围包括用于电厂发电、船舶锅炉燃料、加热炉燃料、冶金和其他工业炉燃料的各类燃料油。

蜡油、船用重油、常压重油、减压重油、180CTS燃料油、7号燃料油、糠醛油、工业燃料、4~6号燃料油等油品的主要用途是作为燃料燃烧,属于燃料油征收范围。

4. 小汽车

本税目的征收范围包括含驾驶员座位在内最多不超过9个座位（含）的，在设计和技术特性上用于载运乘客和货物的各类乘用车和含驾驶员座位在内的座位数在10至23座（含23座）的，在设计和技术特性上用于载运乘客和货物的各类中轻型商用客车。

用排气量小于1.5升（含）的乘用车底盘（车架）改装、改制的车辆属于乘用车征收范围。用排气量大于1.5升的乘用车底盘（车架）或用中轻型商用客车底盘（车架）改装、改制的车辆属于中轻型商用客车征收范围。

含驾驶员人数（额定载客）为区间值的（如8～10人，17～26人）小汽车，按其区间值下限人数确定征收范围。

电动汽车不属于本税目征收范围。

车身长度大于7米（含），并且座位在10至23座（含）以下的商用客车，不属于中轻型商用客车的征收范围，不征收消费税。

沙滩车、雪地车、卡丁车、高尔夫车，不属于消费税征收范围，不征收消费税。

企业购进货车或厢式货车改装生产的商务车、卫星通信车等专用汽车不属于消费税征收范围，不征收消费税。

有关用车辆底盘（车架）改装、改制的车辆征收消费税的规定是为了解决用不同种类车辆的底盘（车架）改装、改制的车辆应按照何种子目（乘用车或中轻型商用客车）征收消费税的问题，并非限定只对这类改装车辆征收消费税。对于购进乘用车和中轻型商用客车整车改装生产的汽车，应按规定征收消费税。

超豪华小汽车也属于消费税征收范围。

5. 其他应税消费品

（1）鞭炮、烟火。

本税目征收范围包括各种鞭炮、焰火。具体包括喷花类、旋转类、旋转升空类、火箭类、吐珠类、线香类、小礼花类、烟雾类、造型玩具类、爆竹类、摩擦炮类、组合烟花类、礼花弹类等。

体育上用的发令纸，鞭炮药引线，不按本税目征收。

（2）贵重首饰及珠宝玉石。

本税目的征收范围包括各种金银珠宝首饰和经采掘、打磨、加工的各种珠宝玉石。

①金银珠宝首饰，包括凡以金、银、白金、宝石、珍珠、钻石、翡翠、珊瑚、玛瑙等高贵稀有物质以及其他金属、人造宝石等制作的各种纯金银首饰及镶嵌首饰（含人造金银、合成金银首饰）等。

②珠宝玉石，包括钻石、珍珠、松石、青金石、欧泊石、橄榄石、长石、玉、石英、玉髓、石榴石、锆石、尖晶石、黄玉、碧玺、金绿玉、绿柱石、刚玉、琥珀、珊瑚、煤玉、龟甲、合成刚玉、合成宝石、双合石以及剥离仿制品等。

宝石坯是经采掘、打磨、初级加工的珠宝玉石半成品，对宝石坯应按规定征收消费税。

对出国人员免税商店销售的金银首饰应当征收消费税。

（3）高档化妆品。

本税目征收范围包括各类美容、修饰类化妆品、高档护肤类化妆品和成套化妆品。

美容、修饰类化妆品是指香水、香水精、香粉、口红、指甲油、胭脂、眉笔、唇笔、蓝眼油、眼睫毛以及成套化妆品。

舞台、戏剧、影视演员化妆用的上妆油、卸妆油、油彩，不属于本税目的征收范围。

（4）摩托车。

本税目按排量分为两个子目：气缸容量在250毫升（含）以下的摩托车和气缸容量在250毫升以上的摩托车。

（5）高尔夫球及球具。

本税目征收范围包括高尔夫球、高尔夫球杆、高尔夫球包（袋）、高尔夫球杆的杆头、杆身和握把。

（6）高档手表。

本税目征收范围包括销售价格（不含增值税）每只在10 000元（含）以上的各类手表。

（7）游艇。

游艇是指长度大于8米小于90米，船体由玻璃钢、钢、铝合金、塑料等多种材料制作，可以在水上移动的水上浮载体。按照动力划分，游艇分为无动力艇、帆艇和机动艇。

本税目征收范围包括艇身长度大于8米（含）小于90米（含），内置发动机，主要用于水上运动和休闲娱乐等非牟利活动的各类机动艇。

（8）木制一次性筷子。

含未经打磨、倒角的木制一次性筷子。

（9）实木地板。

以木材为原料，包括各类规格的实木地板、实木复合地板及用于装饰墙饰、天棚的侧端面为榫、槽的实木装饰板。未经涂饰的素板也属于本税目征税范围。

（10）电池。

包括：原电池、蓄电池、燃料电池、太阳能电池和其他电池。

（11）涂料。

自2015年2月1日对涂料征收消费税，对VOC含量低于420克/升（含）的涂料免征消费税。

（三）税率

消费税的税率包括比例税率和定额税率两类。由于不同税目或子目适用不同的税率，消费税的税率档次较为复杂。多数适用比例税率，成品油和啤酒、黄酒等适用定额税率，卷烟和白酒等同时适用比例税率和定额税率，即复合税率。

纳税人兼营不同税率的应税消费品，是指纳税人生产销售适用两种税率以上的应税消费品，应当分别核算不同税率应税消费品的销售额、销售数量。未分别核算销售额、销售数量的，或者将不同税率的应税消费品组成成套消费品销售的，从高适用税率。

有关消费税税率的部分规定如下。

1. 烟

（1）卷烟。

①甲类卷烟：56%加0.003元/支；②乙类卷烟：36%加0.003元/支；③商业批发卷烟：11%加0.005元/支。甲类卷烟每条调拨价格在70元（含）以上，乙类卷烟每条调拨价格在70元以下。

（2）雪茄烟：36%。

（3）烟丝：30%。

2. 酒

（1）白酒：20%加0.5元/500克（或者500毫升）。

（2）黄酒：240元/吨。

（3）啤酒，包括：①甲类啤酒，250元/吨；②乙类啤酒，220元/吨。甲类啤酒每吨出厂价（含包装物及押金）在3 000元（含3 000元，不含增值税）以上，乙类啤酒每吨出厂价（含包装物及押金）在3 000元（不含增值税）以下。

（4）其他酒：10%。

3. 高档化妆品：15%

4. 贵重首饰及珠宝玉石

（1）金银首饰、铂金首饰和钻石及钻石饰品：5%。

（2）其他贵重首饰和珠宝玉石：10%。

5. 鞭炮、焰火：15%

6. 成品油

（1）汽油，包括：①含铅汽油，1.52元/升；②无铅汽油，1.52元/升。

（2）柴油，0.8元/升。

（3）航空煤油，0.8元/升。

（4）石脑油，1.0元/升。

（5）溶剂油，1.0元/升。

（6）润滑油，1.0元/升。

（7）燃料油，0.8元/升。

7. 摩托车

（1）气缸容量（排气量，下同）在250毫升（含250毫升）以下的，3%。

（2）气缸容量在250毫升以上的，10%。

8. 小汽车

（1）乘用车。

①气缸容量（排气量，下同）在1.0升（含1.0升）以下的：1%。

②气缸容量在1.0升以上至1.5升（含1.5升）的：3%。

③气缸容量在1.5升以上至2.0升（含2.0升）的：5%。

④气缸容量在2.0升以上至2.5升（含2.5升）的：9%。

⑤气缸容量在2.5升以上至3.0升（含3.0升）的：12%。

⑥气缸容量在3.0升以上至4.0升（含4.0升）的：25%。

⑦气缸容量在4.0升以上的：40%。

（2）中轻型商用客车：5%。

（3）超豪华小轿车：10%。

9. 高尔夫球及球具：10%

10. 高档手表：20%

11. 游艇：10%

12. 木制一次性筷子：5%

13. 实木地板：5%

（四）消费税的纳税环节、纳税期限、纳税地点

1. 纳税环节

消费税的纳税环节，即纳税人发生纳税义务的环节。具体地说，存在下列情况时，就发生了纳税义务。

（1）纳税人销售应税消费品，纳税义务发生时间按不同的销售结算方式分为：

①采取赊销和分期收款结算方式的，为书面合同约定的收款日期的当天，书面合同没有约定收款日期或者无书面合同的，为发出应税消费品的当天；

②采取预收货款结算方式的，为发出应税消费品的当天；

③采取托收承付和委托银行收款方式的，为发出应税消费品并办妥托收手续的当天；

④采取其他结算方式的，为收讫销售款或者取得索取销售款凭据的当天。

（2）纳税人自产自用应税消费品的，为移送使用的当天。

（3）纳税人委托加工应税消费品的，为纳税人提货的当天。

（4）纳税人进口应税消费品的，为报关进口的当天。

2. 纳税期限

消费税的纳税期限和税款的缴纳期限，与增值税相同。

3. 纳税地点

国内消费税由税务机关征收，进口应税消费品的消费税由海关代征。个人携带或者邮寄进境的消费品所应纳的消费税，连同关税一并征收，具体征收办法由国务院关税税则委员会会同有关部门制定。

关于消费税的纳税地点，具体规定如下。

（1）纳税人销售的应税消费品，以及自产自用的应税消费品，除国务院财

政、税务主管部门另有规定外,应当向纳税人机构所在地或者居住地的主管税务机关申报纳税。

纳税人到外县(市)销售或者委托外县(市)代销自产应税消费品的,于应税消费品销售后,向机构所在地或者居住地主管税务机关申报纳税。

纳税人的总机构与分支机构不在同一县(市)的,应当分别向各自机构所在地的主管税务机关申报纳税;经财政部、国家税务总局或者其授权的财政、税务机关批准,可以由总机构汇总向总机构所在地的主管税务机关申报纳税。

(2)委托个人加工的应税消费品,由委托方向其机构所在地或者居住地主管税务机关申报纳税。

(3)进口的应税消费品,由进口人或者其代理人向报关地海关申报纳税。

6.3.2 消费税的计算

(一)销售额的确定

销售额为纳税人销售应税消费品向购买方收取的全部价款和价外费用。

销售额,不包括应向购货方收取的增值税税款。如果纳税人应税消费品的销售额中未扣除增值税税款或者因不得开具增值税专用发票而发生价款和增值税税款合并收取的,在计算消费税时,应当换算为不含增值税税款的销售额。

其换算公式如下。

$$应税销售额 = 含增值税的销售额 \div (1 + 增值税税率或者征收率)$$

价外费用,是指价外向购买方收取的手续费、补贴、基金、集资费、返还利润、奖励费、违约金、滞纳金、延期付款利息、赔偿金、代收款项、代垫款项、包装费、包装物租金、储备费、优质费、运输装卸费以及其他各种性质的价外收费。但下列项目不包括在内。

1. 同时符合以下条件的代垫运输费用

(1)承运部门的运输费用发票开具给购买方的。

(2)纳税人将该项发票转交给购买方的。

2. 同时符合以下条件代为收取的政府性基金或者行政事业性收费

(1)由国务院或者财政部批准设立的政府性基金,由国务院或者省级人民政府及其财政、价格主管部门批准设立的行政事业性收费。

(2)收取时开具省级以上财政部门印制的财政票据。

（3）所收款项全额上缴财政。

应税消费品连同包装物销售的，无论包装物是否单独计价以及在会计上如何核算，均应并入应税消费品的销售额中缴纳消费税。如果包装物不作价随同产品销售，而是收取押金，此项押金则不应并入应税消费品的销售额中征税。但对因逾期未收回的包装物不再退还的或者已收取的时间超过12个月的押金，应并入应税消费品的销售额，按照应税消费品的适用税率缴纳消费税。

对既作价随同应税消费品销售，又另外收取押金的包装物的押金，凡纳税人在规定的期限内没有退还的，均应并入应税消费品的销售额，按照应税消费品的适用税率缴纳消费税。

（二）销售数量的确定

销售数量是指应税消费品的数量。其含义包括：

（1）销售应税消费品的，为应税消费品的实际销售量；

（2）自产自用应税消费品的，为应税消费品的移送使用量；

（3）委托加工应税消费品的，为纳税人收回的应税消费品量；

（4）进口的应税消费品，为海关核定的应税消费品进口征税量。

（三）应纳税额的计算

1. 销售应税消费品应纳税额的计算

采用从价定率办法的应纳消费税税额 = 销售额 × 消费税税率

采用从量定额办法的应纳消费税税额 = 销售量 × 单位税额

复合计税应纳消费税税额 = 销售量 × 单位税额 + 销售额 × 消费税税率

在从量定额计税中，黄酒、啤酒以吨为税额单位，汽油、柴油以升为税额单位。为了规范不同产品的计量单位，准确计算应纳税额，税法对吨与升两个计量单位的换算标准规定如下。

黄酒1吨=962升；啤酒11吨=988升；汽油1吨=1 388升

柴油1吨=1 176升；石脑油1吨=1 385升；溶剂油1吨=1 282升

润滑油1吨=1 126升；燃料油1吨=1 015升；航空煤油1吨=1 246升

【例6-59】 2×20年某烟厂出售卷烟20个标准箱，每标准条调拨价格60元，共计300 000元，烟丝45 000元，不退包装物，采用托收承付结算方式，货已发出并办好托收手续。计算应纳消费税税额如下。

20×0.003×20×10×250+300 000×36%+45 000×30%=124 500（元）

【例6-60】2×20年某烟厂购买已税烟丝2 000千克,每千克30元,未扣增值税。加工成卷烟200个标准箱,每标准箱调拨价格7 500元,全部售出。计算应纳消费税税额如下。

烟丝不含增值税销售额 =2 000×30÷(1+13%)=53 097(元)

卷烟应纳消费税额 =200×0.003×20×10×250+200×7 500×36%-53 097×30%= 554 070.90(元)

2. 自产自用应税消费品应纳税额的计算

自产自用就是纳税人生产应税消费品后,不是用于直接对外销售,而是用于连续生产应税消费品或用于其他方面。

纳税人若是将应税消费品用于连续生产应税消费品(作为生产最终应税消费品的直接材料,并构成最终产品实体的应税消费品,如卷烟厂生产的烟丝,再用于本厂连续生产出最终产品——卷烟),根据税不重征的原则,不纳消费税。生产企业将自产石脑油用于本企业连续生产汽油等应税消费品的,不缴纳消费税;用于连续生产乙烯等非应税消费品或其他方面的,于移送使用时缴纳消费税。

纳税人若是将应税消费品用于其他方面,应于移送时缴纳消费税。"用于其他方面"是指纳税人将应税消费品用于生产非应税消费品和在建工程,以及用于馈赠、赞助、集资、广告、样品、职工福利、奖励等方面。

纳税人自产自用的应税消费品,不是用于连续生产应税消费品,而是用于其他方面,应按照纳税人生产同类消费品的销售价格为计税依据;若没有同类消费品的销售价格,则可按组成计税价格计算纳税。组成计税价格的计算公式如下。

组成计税价格 =(成本+利润)/(1-消费税税率)

其中:成本是应税消费品的产品生产成本;利润是按应税消费品的全国平均成本利润率计算的利润。

应税消费品的全国平均成本利润率如下:烟类消费品为10%、5%;酒类消费品,除粮食白酒为10%,其余为5%;高档化妆品、鞭炮、焰火等为5%;贵重首饰及珠宝玉石、摩托车、越野汽车为6%;乘用车为8%;高尔夫球及球具为10%;高档手表为20%;游艇为10%;木制一次性筷子为5%;实木地板为5%;中轻型商用客车为5%,电池为4%。

"同类消费品的销售价格"是指纳税人当月销售的同类消费品的销售价格。如果当月同类消费品各期销售价格不同,应按销售数量加权平均计算。但销售价格明显偏低又无正当理由或无销售价格的，不得列入加权平均计算。如果当月无销售或者当月未完结，应按照同类消费品上月或最近月份的销售价格计算纳税。

自产自用应税消费品应纳消费税税额的计算公式如下。

应纳消费税税额＝纳税人生产同类消费品销售额 × 消费税税率

或＝销售数量 × 单位税额

或＝组成计税价格 × 消费税税率

纳税人用于换取生产资料和消费资料、投资入股和抵偿债务等方面的应税消费品，应以纳税人同类应税消费品的最高售价作为计税依据。如果自产自用应税消费品是复合计税，则"组成计税价格"应在原计算公式的基础上，加"视同销售数量 × 单位税额"。

【例6-61】2×20年某汽车制造厂将自产乘用车（汽缸容量1.5升）一辆，转作自用（固定资产），该种汽车对外销售价格为180 000元。计算应纳消费税税额如下。

180 000×5%＝9 000（元）

如果该自用车没有同类消费品的销售价格，其生产成本为150 000元，则组成计税价格计算如下。

消费税组成计税价格＝150 000×（1+8%）÷（1-5%）＝170 526（元）

应交消费税税额＝170 526×5%＝8 526（元）

增值税组成计税价格＝150 000×（1+8%）+8 526＝170 526（元）

应交增值税税额＝170 526×13%＝22 168.38（元）

3. 委托加工应税消费品应纳税额的计算

委托加工应税消费品是指由委托方提供原料或主要材料，受托方只收取加工费和代垫部分辅助材料进行加工的应税消费品。

委托加工业务中，受托方必须严格履行代收代缴消费税义务，正确计算和按时代缴税款（若受托方为个体经营者，一律于委托方收回后，在委托方所在地缴纳消费税）。受托方在与委托方办理交货结算时，代收代缴消费税。

委托加工应税消费品，按照受托方的同类消费品的销售价格计算纳税。否则，按照组成计税价格计税。组成计税价格的计算公式如下。

组成计税价格＝（材料成本＋加工费）÷（1－消费税税率）

"同类消费品的销售价格"是指受托方（代收代缴义务人）当月销售的同

类消费品的销售价格。如果当月同类消费品各期销售价格高低不同，应按销售数量加权平均计算。但当销售价格明显偏低又无正当理由或无销售价格的，不能列入加权平均计算。如果当月无销售或当月未完结，应按照同类消费品上月或最近月份的销售价格计算纳税。

组成计税价格中的"材料成本"，是指委托方所提供加工的材料实际成本。凡未提供材料成本或所在地主管税务机关认为不合理，税务机关有权重新核定材料成本。"加工费"是受托方加工应税消费品向委托方收取的全部费用（包括代垫的辅助材料实际成本）。

委托加工的卷烟，按照受托方同牌号规格卷烟的销售（计税）价格确定征税类别和适用税率，没有同牌号规格卷烟销售（计税）价格的，按照组成计税价格依50%的税率计算纳税。组成计税价格的计算公式如下。

组成计税价格＝（材料成本＋加工费）÷（1-50%）

委托加工应税消费品应纳税额的计算公式如下。

应纳消费税税额＝按受托方同类消费品的销售价格计算的销售额 × 消费税税率

或＝销售额 × 单位税额

或＝组成计税价格 × 消费税税率

【例6-62】 2×20年A企业受托加工一批应税消费品，委托方提供的材料成本为9 500元，双方协商加工费为1 200元，消费税税率为10%，计算A企业应代收代缴的消费税税额如下。

组成计税价格＝（9 500+1 200）÷（1-10%）=11 889（元）

应纳消费税税额＝11 889×10%=1 189（元）

委托方在向A企业付款时，除了按合同规定支付1 200元加工费外，还应向其支付1 189元的消费税税额。

4. 外购和委托加工收回的应税消费品连续生产应税消费品应纳税额的计算

（1）外购或委托加工收回下列应税消费品，用于连续生产应税消费品的，对外购应税消费品已缴纳的消费税税款或者委托加工的应税消费品（原料），由受托方代收代缴的消费税税款，准予从应纳消费税税额中抵扣。

①以外购或委托加工收回的已税烟丝为原料生产的卷烟。

②以委托加工收回的已税酒为原料生产的酒。包括以外购已税白酒加浆降度，用外购已税的不同品种的白酒勾兑的白酒，用曲香、香精对外购已税白酒进

行调香、调味以及外购散装白酒装瓶出售等。

③以外购或委托加工收回的已税高档化妆品为原料生产的高档化妆品。

④以外购或委托加工收回已税珠宝玉石为原料生产的贵重首饰及珠宝玉石。

⑤以外购或委托加工收回已税鞭炮、焰火为原料生产的鞭炮、焰火。

⑥以外购或委托加工收回已税摩托车生产的摩托车。

⑦以外购或委托加工收回的已税杆头、杆身和握把为原料生产的高尔夫球杆。

⑧以外购或委托加工收回的已税木制一次性筷子为原料生产的木制一次性筷子。

⑨以外购或委托加工收回的已税实木地板为原料生产的实木地板。

当期准予扣除外购或委托加工的应税消费品的已纳消费税税款，应按当期生产领用数量计算。

（2）外购、委托加工和进口的应税消费品，用于连续生产应税消费品的，准予从消费税应纳税额中扣除原料已纳消费税税款，按照不同行为分别规定如下。

①外购应税消费品（从价定率）连续生产应税消费品，其计算公式如下。

当期准予扣除外购应税消费品已纳税款 = 当期准予扣除外购应税消费品买价 × 外购应税消费品适用税率

当期准予扣除外购应税消费品买价 = 期初库存外购应税消费品买价 + 当期购进的外购应税消费品买价 - 期末库存的外购应税消费品买价

②外购应税消费品（从量定额）连续生产应税消费品，其计算公式如下。

当期准予扣除外购应税消费品已纳税款 = 当期准予扣除外购应税消费品数量 × 外购应税消费品单位税额 × 适用税率

当期准予扣除外购应税消费品数量 = 期初库存外购应税消费品数量 + 当期购进的外购应税消费品数量 - 期末库存的外购应税消费品数量

③委托加工收回应税消费品连续生产应税消费品，其计算公式如下。

当期准予扣除的委托加工应税消费品已纳税款 = 期初库存的委托加工应税消费品已纳税款 + 当期收回的委托加工应税消费品已纳税款 - 期末库存的委托加工应税消费品已纳税款

④进口应税消费品连续生产的应税消费品，其计算公式如下。

当期准予扣除的进口应税消费品已纳税款 = 期初库存的进口应税消费品已纳税款 + 当期进口应税消费品已纳税款 - 期末库存的进口应税消费品已纳税款

【例6-63】 某日化厂2×20年9月委托甲厂加工高档化妆品A，收回时被代扣消费税4 000元，委托乙厂加工高档化妆品B，收回时被代扣消费税5 000元。该日化厂将两者继续加工生产高档化妆品M出售，当月销售额为440 000元。该日化厂期初库存的委托加工应税消费品已纳税款2 700元，期末库存的委托加工应税消费品已纳税款3 300元。消费税税款计算如下。

当月准予扣除的委托加工应税消费品已纳税款=2 700+4 000+5 000-3 300=8 400（元）

本月应纳消费税税款=440 000×15%-8 400=57 600（元）

【例6-64】 2×20年8月某卷烟厂外购烟丝价款100 000元，月初库存外购已税烟丝75 000元，月末库存外购已税烟丝36 000元；当月以外购烟丝生产卷烟的销售量为28个标准箱，每标准条调拨价格40元，共计280 000元。有关的计算公式如下。

当月准予扣除的外购应税消费品买价=75 000+100 000-36 000=139 000（元）

当月准予扣除的外购应税消费品已纳税款=139 000×30%=41 700（元）

当月应纳消费税税额=28×0.003×20×10×250+280 000×36%-41 700=105 000-41 700=63 300（元）

5. 进口应税消费品应纳税额的计算

进口的应税消费品，于报关进口时缴纳消费税，并由海关代征。

进口应税消费品有关的计算公式如下。

$$应纳消费税税额＝组成计税价格×消费税税率$$

$$组成计税价格＝（关税完税价格＋关税）/（1－消费税税率）$$

实行从量定额计税的应税消费品，应纳税额的计算公式如下。

$$应纳消费税税额＝应税消费品数量×单位税额$$

进口环节消费税，除国务院另有规定者外，一律不得给予减税、免税。

【例6-65】 2×20年某公司进口成套高档化妆品一批。该成套高档化妆品中，CIF价格为400 000元，设关税税率为40%，消费税税率为15%。有关的计算公式如下。

消费税组成计税价格=（400 000+400 000×40%）÷（1-15%）=658 823.53（元）

应纳消费税税额=658 823.53×15%=98 823.53（元）

增值税组成计税价格=400 000+400 000×40%+98 823.53=658 823.53（元）

应纳增值税税额=658 823.53×13%=85 647.06（元）

（四）纳税申报

纳税人无论当期有无销售，参照增值税申报规定，分1日、3日、5日、10日、15日、1个月或1个季度内填制"消费税纳税申报表"，并向主管税务机关进行纳税申报。纳税申报表一式两联：第一联为申报联，第二联为收执联。

6.3.3 消费税的会计处理

（一）会计账户的设置

纳税人应在"应交税费"账户下设置"应交消费税"明细账户进行会计处理。该明细账户采用三栏式账户记账，贷方核算企业按规定应缴纳的消费税，借方核算企业实际缴纳的消费税或待扣的消费税；期末贷方余额表示尚未缴纳的消费税，借方余额表示企业多交的消费税。

（二）销售应税消费品的会计处理

因消费税是价内税，企业销售应税消费品的售价包含消费税（但不包含增值税），所以，企业缴纳的消费税应记入"税金及附加"科目，由销售收入补偿。会计分录如下。

销售实现时。

借：税金及附加

  贷：应交税费——应交消费税

实际缴纳消费税时。

借：应交税费——应交消费税

  贷：银行存款

发生销货退回及退税时，编制相反的会计分录。企业出口应税消费品，如按规定不予免税或退税，应视同国内销售，按上述规定进行会计处理。其销售的会计处理与前述增值税的会计处理密切相关，也受销售方式、结算方式的影响，是在进行增值税会计处理的基础上，进行消费税的会计处理。

【例6-66】某企业2×20年9月销售乘用车15辆，汽缸容量为2.2升，出厂价为150 000元/辆，价外收取有关费用11 000元/辆。有关的计算公式如下。

应纳消费税税额 =（150 000+11 000）×9%×15=217 350（元）

应纳增值税税额 =（150 000+11 000）×13%×15=313 950（元）

根据上述有关凭证和数据，编制会计分录如下。

借：银行存款 2 728 950
　　贷：主营业务收入 2 415 000
　　　　应交税费——应交增值税（销项税额） 313 950
借：税金及附加 217 350
　　贷：应交税费——应交消费税 217 350

实际缴纳税款时，会计分录如下。

借：应交税费——应交增值税（已交税金） 313 950
　　　　　　——应交消费税 217 350
　　贷：银行存款 531 300

（三）应税消费品视同销售的会计处理

1. 企业以生产的应税消费品作为投资的会计处理

企业以生产的应税消费品作为投资，应视同销售缴纳消费税；但在会计处理上，投资不宜进行销售处理。投资与销售两者性质不同，投资作价与用于投资的应税消费品账面成本之间的差额应由整个投资期间的损益来承担，而不应仅由投资当期损益承担；但现行税法要求进行销售处理，主要是基于不影响所得税的计算。

企业在投资时，借记"长期股权投资"及"存货跌价准备"等科目，按该应税消费品的账面成本，贷记"库存商品"或"自制半成品"及"银行存款"（反映支付的相关税费）等科目，按合同作价与账面成本的差额，借记或贷记"资本公积"科目。税法规定，投入应税消费品，其金额要计入同期应纳税所得额。按投资应税消费品售价或组成计税价格计算的应交消费税，贷记"应交税费——应交消费税"科目。

【例6-67】某企业2×20年7月以20辆乘用车（2.0升）向市出租汽车公司投资。双方协议，税务机关认可的每辆汽车售价为150 000元，每辆车的实际成本为120 000元。有关的计算公式如下。

应交增值税税额=150 000×13%×20=390 000（元）

应交消费税税额=150 000×5%×20=150 000（元）

根据上述有关凭证和数据，编制会计分录如下。

借：长期股权投资 2 400 000
　　贷：库存商品 2 400 000

借：长期股权投资	540 000
贷：应交税费——应交增值税	390 000
——应交消费税	150 000

2. 企业以生产的应税消费品换取生产资料、消费资料或抵偿债务、支付代购手续费的会计处理

企业以生产的应税消费品换取生产资料、消费资料或抵偿债务、支付代购手续费等，应视同销售行为，在会计上进行销售处理。

以应税消费品换取生产资料和消费资料的，应按售价（若有不同售价，计算增值税时按加权平均售价，计算消费税时按最高售价）借记"材料采购"等科目，贷记"主营业务收入"科目；以应税消费品抵偿债务，按售价借记"应付账款"等科目，贷记"主营业务收入"科目；以应税消费品支付代购手续费，按售价借记"应付账款""材料采购"等科目，贷记"主营业务收入"科目。同时，按售价计算应交消费税，借记"税金及附加"科目，贷记"应交税费——应交增值税"科目，并结转销售成本。

【例6-68】 某白酒厂2×20年1月用粮食白酒10吨，抵偿胜利农场大米款50 000元。该粮食白酒每吨本月售价在4 800～5 200元浮动，平均销售价格为5 000元/吨。计算应交消费税税额并进行会计处理。

以物抵债属销售货物范畴。计算应纳增值税的销项税额如下。

5 000×10×13%=6 500（元）

纳税人用于换取生产资料和消费资料、投资入股和抵偿债务等方面的应税消费品，应当以纳税人同类应税消费品的最高销售价格作为计税依据计算消费税。该粮食白酒的最高销售价格为5 200元/吨。计算应纳消费税税额并进行会计处理。

10×1 000×1+5 200×10×20%=20 400（元）

借：应付账款——胜利农场	50 000
贷：主营业务收入	43 500
应交税费——应交增值税（销项税额）	6 500
借：税金及附加	20 400
贷：应交税费——应交消费税	20 400
借：应交税费——应交消费税	20 400
贷：银行存款	20 400

3. 企业将自产应税消费品用于在建工程、职工福利的会计处理

企业将自产的产品自用是一种内部结转关系,不存在销售行为,企业并没有因此而增加现金流量,因此,应按产品成本转账,并据其用途记入相应账户。但也有一种意见是,将其视为销售进行会计处理,这样会使企业凭空增加一部分利润,于企业不利。本书按前一种意见,当企业将应税消费品移送自用时,按其成本结转。即:借记"在建工程""营业外支出""销售费用"等科目,贷记"库存商品"或"自制半成品"科目。

按自用产品的销售价格或组成计税价格计算应交消费税时,则借记"在建工程""营业外支出""销售费用"等科目(不通过"税金及附加"科目),贷记"应交税费——应交消费税"科目。

【例6-69】2×20年某啤酒厂将自己生产的啤酒20吨发给职工作为福利,10吨用于广告宣传,让客户及顾客免费品尝。该啤酒每吨成本2 000元,出厂价格2 600元/吨。计算应交消费税、增值税税额并进行会计处理。

30×220=6 600(元)

2 600×30×13%=10 140(元)

结转税金及成本时。

借:应付职工薪酬——应付福利费	51 160	
销售费用	25 580	
贷:应交税费——应交消费税		6 600
——应交增值税(销项税额)		10 140
库存商品		60 000

实际缴纳消费税时。

借:应交税费——应交消费税	6 600	
贷:银行存款		6 600

实际缴纳增值税时。

借:应交税费——应交增值税	10 140	
贷:银行存款		10 140

(四)应税消费品包装物应交消费税的会计处理

实行从价定率计征消费税的消费品连同包装物销售的,无论包装物是否单独计价,均应并入应税消费品的销售额中缴纳消费税。对出租、出借包装物收取的押金和包装物已作价随同应税消费品销售,又另外加收的押金,因逾期未收回

包装物而没收的部分，也应并入应税消费品的销售额中缴纳消费税。

1. 包装物随同产品销售而不单独计价

因为其收入已包括在产品销售收入中，其应纳消费税与产品销售一并进行会计处理。

2. 包装物随同产品销售而单独计价

因为其收入记入"其他业务收入"科目，其应纳消费税则应记入"其他业务成本"科目。

【例6-70】2×20年某酒厂异地销售粮食白酒，包装物单独计价，收取包装费700元（不含税）。计算应纳消费税和增值税税额并进行会计处理。

包装物应交的消费税税额 =700×20%=140（元）

包装物应交的增值税税额 =700×13%=91（元）

借：应收账款	791	
贷：其他业务收入		700
应交税费——应交增值税（销项税额）		91
借：其他业务成本	140	
贷：应交税费——应交消费税		140

3. 出租、出借包装物逾期未收回而没收的押金

按因没收的押金而应交的税金，贷记"应交税费"科目，差额记入"营业外收入"科目。

【例6-71】2×20年某企业销售高档化妆品，出借包装物收取押金1 500元，包装物逾期未还，没收押金。计算应纳增值税和消费税税额并进行会计处理。

应纳增值税税额 =1 500÷（1+13%）×13%=172.57（元）

应纳消费税税额 =1 500÷（1+13%）×15%=199.12（元）

借：其他应付款	1 500.00	
贷：营业外收入		1 128.31
应交税费——应交增值税		172.57
——应交消费税		199.12

4. 包装物已作价随同产品销售，另外又加收押金，逾期未收回而没收的押金

为促使购货方将包装物退回，即使包装物已作价销售，还可以另外加收押金。若包装物逾期未回收，没收的押金应缴纳消费税，该项消费税可直接冲抵"其他应付款"，冲抵后的余额再转入"营业外收入"。

【例6-72】2×20年某企业销售木制一次性筷子一批，包装物不单独计价，在销售价款之外，另加收押金800元，包装物逾期未回收。计算应纳消费税和增值税税额并进行会计处理。

应交消费税税额 =800÷（1+13%）×5%=35.40（元）

应交增值税税额 =800÷（1+13%）×13%=92.04（元）

借：其他应付款	127.44
贷：应交税费——应交消费税	35.40
——应交增值税	92.04
借：其他应付款	672.56
贷：营业外收入	672.56

（五）委托加工应税消费品的会计处理

1. 委托方的会计处理

（1）收回后直接用于销售的。

委托加工的应税消费品收回后直接用于销售的，在销售时不再交消费税。因此，委托方应将受托方代收代缴的消费税随同应支付的加工费一并计入委托加工的应税消费品成本。

委托方根据受托方代收代缴的消费税、向受托方支付的加工费等有关凭证，借记"委托加工物资"或"生产成本""自制半成品"科目，贷记"应付账款"或"银行存款"科目。

【例6-73】2×20年某卷烟厂委托A厂加工烟丝，卷烟厂和A厂均为一般纳税人。卷烟厂提供烟叶55 000元，A厂收取加工费20 000元，增值税2 600元。计算A厂应代收代缴消费税并进行会计处理。

发出材料时。

借：委托加工物资	55 000
贷：原材料	55 000

支付加工费时。

借：委托加工物资	20 000
应交税费——应交增值税（进项税额）	2 600

贷：银行存款 22 600

支付代收代缴消费税时。

代收消费税税额＝（55 000+20 000）÷（1−30%）×30%=32 143（元）

借：委托加工物资 32 143

　　贷：银行存款 32 143

加工烟丝入库时。

借：库存商品 107 143

　　贷：委托加工物资 107 143

产品销售时，不再缴纳消费税。

（2）收回后连续生产应税消费品的。

委托加工的应税消费品收回后连续生产应税消费品时，已纳消费税款准予抵扣。因此，委托方应按受托方代收代缴的消费税，借记"应交税费——应交消费税"科目，待最终应税消费品销售时，允许从应缴纳的消费税中抵扣。

2. 受托方的会计处理

受托方可按本企业同类消费品的销售价格计算代收代缴消费税；若没有同类消费品销售价格，按照组成计税价格计算。

【例6-74】 接【例6-73】，按组成计税价格计算消费税，税率为30%，则受托方的会计处理如下。

组成计税价格＝（55 000+20 000）÷（1−30%）=107 143（元）

应代收消费税税额=107 143×30%=32 143（元）

收加工费时。

借：银行存款 22 600

　　贷：主营业务收入 20 000

　　　　应交税费——应交增值税（销项税额） 2 600

代收消费税时。

借：银行存款 32 143

　　贷：应交税费——代收消费税 32 143

缴纳消费税时。

借：应交税费——代收消费税 32 143

　　贷：银行存款 32 143

(六)进口应税消费品的会计处理

进口应税消费品时,进口单位缴纳的消费税应计入应税消费品成本。按进口成本与消费税税额,借记"固定资产""材料采购"等科目。进口货物涉及的税款由海关征收,与提货联系在一起,即交税后方能提货。为了简化核算,关税、消费税的核算可以不通过"应交税费"科目,直接贷记"银行存款"科目;特殊情况下,如先提货后交税时,可以通过"应交税费"科目核算。

【例6-75】2×20年某企业从国外购进高档化妆品一批,CIF价为USD40 000。关税税率假定为20%,增值税税率为13%;假定当日汇率为USD100=CNY800。

组成计税价格=(40 000+40 000×20%)÷(1-30%)×8=548 571(元人民币)

应纳关税=40 000×20%×8=64 000(元人民币)

应纳消费税=548 571×30%=164 571(元人民币)

应纳增值税=548 571×13%=71 314(元人民币)

会计分录如下。

借:材料采购　　　　　　　　　　　　　　　548 571
　　应交税费——应交增值税(进项税额)　　71 314
　　贷:应付账款——××供货商　　　　　　320 000
　　　　银行存款　　　　　　　　　　　　299 885

6.4 所得税会计

6.4.1 企业所得税概述

企业所得税,是以企业的生产经营所得和其他所得为计税依据而征收的一种所得税。企业所得税是各个国家普遍开征的重要税种,是国家参与企业利润分配、正确处理国家与企业分配关系的一个重要税种。

(一)企业所得税的纳税人

企业所得税的纳税人,是依据企业所得税法负有纳税义务的企业和其他取得收入的组织。在中国境内,企业和其他取得收入的组织(统称企业)为企业所得税纳税人,依照《中华人民共和国企业所得税法》(以下简称《企业所得税法》)的规定缴纳企业所得税。同时,考虑到个人独资企业、合伙企业属于自然人性质企业,没有法人资格,股东承担无限责任,《企业所得税法》及《中华人民共和国企业所得税法实施条例》规定:依照中国法律、行政法规成立的个人独资企业、合伙企业,不适用《企业所得税法》。企业所得税纳税人包括各类企业、事业单位、社会团体、民办非企业单位和从事经营活动的其他组织。

《企业所得税法》按照登记注册地标准和实际管理机构标准,把企业分为居民企业和非居民企业,分别确定不同的纳税义务。居民企业承担无限纳税义务,就来源于中国境内、境外的全部所得纳税;非居民企业承担有限纳税义务,一般只就来源于中国境内的所得纳税。

1. 居民企业

《企业所得税法》规定:居民企业,是指依法在中国境内成立,或者依照外国(地区)法律成立但实际管理机构在中国境内的企业。居民企业应当就其来源于中国境内、境外的所得缴纳企业所得税。

2. 非居民企业

《企业所得税法》规定:非居民企业,是指依照外国(地区)法律成立且实际管理机构不在中国境内,但在中国境内设立机构、场所的,或者在中国境内未设立机构、场所,但有来源于中国境内所得的企业。非居民企业在中国境内设立机构、场所的,应当就其所设机构、场所取得的来源于中国境内的所得,以及发生在中国境外但与其所设机构、场所有实际联系的所得,缴纳企业所得税。非居民企业在中国境内未设立机构、场所的,或者虽设立机构、场所但取得的所得与其所设机构、场所没有实际联系的,应当就其来源于中国境内的所得缴纳企业所得税。

(二)企业所得税的征收范围

企业所得税的征收范围,是符合《企业所得税法》规定的纳税人所取得的应纳税所得。所得,包括销售货物所得、提供劳务所得、转让财产所得、股息红利等权益性投资所得、利息所得、租金所得、特许权使用费所得、接受捐赠所得和其他所得。

（三）企业所得税的税率

1. 标准税率

居民企业以及在中国境内设立机构、场所且取得的所得与其所设机构、场所有实际联系的非居民企业，应当就其来源于中国境内、境外的所得缴纳企业所得税，适用税率为25%。

非居民企业在中国境内未设立机构、场所的，或者虽设立机构、场所但取得的所得与其所设机构、场所没有实际联系的，应当就其来源于中国境内的所得缴纳企业所得税，适用税率为20%。

2. 优惠税率

对于居民企业和在中国境内设立机构、场所且取得的所得与其所设机构、场所有实际联系的非居民企业，《企业所得税法》规定了20%和15%两档优惠税率；对于在中国境内未设立机构、场所的，或者虽设立机构、场所但取得的所得与其所设机构、场所没有实际联系的非居民企业，《企业所得税法》规定了10%的优惠税率。

（1）20%的优惠税率。

符合条件的小型微利企业，减按20%的税率征收企业所得税。

符合条件的小型微利企业，是指从事国家非限制和禁止行业，并同时符合年度应纳税所得额不超过300万元，从业人数不超过300人，资产总额不超过5 000万元三个条件的企业。

（2）15%的优惠税率。

国家需要重点扶持的高新技术企业，减按15%的税率征收企业所得税。

（3）10%的优惠税率。

①在中国境内未设立机构、场所的，或者虽设立机构、场所但取得的所得与其所设机构、场所没有实际联系的，应当就其来源于中国境内的所得，减按10%的税率征收企业所得税。

②国家规划布局内的重点软件企业和集成电路设计企业。

③合格境外机构投资者取得来源于中国境内的股息、红利和利息收入，应当按照企业所得税法规定缴纳10%的企业所得税。

6.4.2 所得税会计基础

（一）所得税会计概述

我国 1994 年的税制改革和从 1997 年起陆续颁布的具体会计准则，使会计与税法在确认收益、费用和损失方面的差异逐步扩大，为了真实反映企业的财务状况和经营成果，财政部发布了《财政部关于企业所得税会计处理的暂行规定》，规定中对所得税会计处理进行了以下调整。

（1）明确企业可以选择采用"应付税款法"或"纳税影响会计法"进行所得税会计核算。采用"纳税影响会计法"核算的企业，可以在递延法和债务法两种方法中选择其一。

（2）确认所得税作为一项费用，在利润表净利润前扣除。

（3）采用纳税影响会计法核算时，确认时间性差异对未来所得税的影响，并将其金额反映在资产负债表的递延借项或递延贷项项目内。

（二）永久性差异

永久性差异是指某一会计期间，由于会计准则和税法在计算收益、费用或损失时的口径不同、标准不同，所产生的税前会计利润与应税所得之间的差异。这种差异的特征是：它不影响其他会计报告期，也不会在其他期间得到弥补。

永久性差异有四种基本类型。

1. 可免税收入

有些项目的收入，财务会计确认为收益，但税法则不作为应纳税所得额。如企业购买国库券的利息收入，依税法免税，但财务会计同样将这种投资收益纳入利润总额。

2. 税法作为应税收益的非会计收益

有些项目，在财务会计上并非收入，但税法则作为收入征税。如企业与关联企业以不合理定价手段减少应纳税所得额，税法规定税务机关有权合理调整增加应纳税所得额。又如企业销售时，因误开发票作废，但由于冲转发票存根未予保留，在税法上仍按销售收入确认。再如销售退回与折让，如果未取得合法凭证，税法上也不予认定，仍按销售全额征税。

3. 不可扣除的费用或损失

有些支出在财务会计上列为费用或损失，但税法上不予认定，因而使应税利润高于会计利润，计算应税利润时，应将这些项目金额加到利润总额中一并计税。

4. 税法作为可扣除费用的非会计费用

财务会计未确认为费用或损失，但在计算应纳税所得额时，允许扣减。如我国为鼓励企业进行新产品、新技术、新工艺的技术开发，除技术开发费可以全额在税前扣除外，若当年比上年实际支出增长超过10%（含）时，加计扣除比例由75%提高至100%，加扣额就是财务会计未确认的费用，但允许在税前扣除。在发达国家，对自然资源开发企业，其"成本折耗"除可以据实在税前扣除外，政府为鼓励这类企业开发研制，允许企业加扣一定百分比的"成本折耗"。对加扣费用的会计处理，我国企业会计制度未涉及。国外一般有两种处理方法：①增记费用法，借记"管理费用"科目，贷记"盈余公积（××基金）"科目；②税前提取扣除法，借记"当年纳税调整"或"利润分配（增设专门二级科目）"科目，贷记"盈余公积"科目。

永久性差异不会在将来产生应税金额或可扣除金额，不存在跨期分摊问题。也就是说，永久性差异只影响当期的应税收益，不会影响以后各期收益，因而，永久性差异不必进行账务调整处理。

【例6-76】 2×20年某企业利润总额为10万元，该年度"财务费用"贷方列入企业购买国库券的利息收入为0.5万元；"财务费用"借方列入向非金融机构流动资金借款高于金融机构同类同期贷款利率计算的利息支出0.2万元；"管理费用"借方列入超过计税工资标准的工资0.8万元，列入超过计税工资总额基数而多提的职工工会经费0.016万元、职工福利费0.112万元、职工教育经费0.012万元；"营业外支出"借方中列入非公益性、救济性捐赠及赞助费1万元，列入罚款及滞纳金支出0.3万元，列入公益性捐赠支出5万元。计算该企业本年应纳税所得额如下。

（1）纳税调整前所得：年利润总额=10（万元）。

（2）公益性捐赠支出扣除限额=10×12%=1.2（万元）；

不得扣除的公益性捐赠支出=5-1.2=3.8（万元）。

（3）永久性差异额＋不允许免税费用－免税收入

=（0.2+0.8+0.016+0.112+0.012+1+0.3+3.8）-0.5=5.74（万元）。

（4）应纳税所得额=10+5.74=15.74（万元）。

(三）暂时性差异

暂时性差异亦称暂记性差异，是指企业税前会计收益和应税收益之间在本期产生的、将在未来纳税年度转回的差异。暂时性差异可分为时间性差异及其他暂时性差异两类。前者是因收入或费用在会计上确认的期间与税法规定申报的期间不同而产生的，后者则是因其他因素而使计税基础与账面价值不同而产生的。

1. 时间性差异

时间性差异按其对会计收益与应税收益的影响，可分为两种情况：未来会产生应税金额和未来会产生可扣除金额。

（1）未来会产生应税金额。

未来应税收益大于未来税前会计收益，在以后年度会产生应税金额。其产生原因主要有以下两个方面。

①一些收入和利得项目包括在税前会计收益中的期间，早于它们包括在应税收益中的期间。如股票投资采用权益法处理，当被投资企业有盈利时，投资企业必须按持股比例确认投资收益，但报税时则等到实际收到股利时再予确认，因而在以后期间会增加应税收益。

②一些费用和损失项目抵减应税收益的期间，早于减少税前会计收益的期间。如固定资产的折旧，在报税时采用加速折旧法，而在财务会计上则采用直线法，在固定资产使用的前半期，报税的折旧费用要大于会计上确认的折旧费用，因而会产生应税金额。

（2）未来会产生可扣除金额。

应税利润大于会计利润的时间性差异，在以后年度会产生可扣除金额。其产生原因主要有以下两个方面。

①一些收入和利得项目计入应税收益的期间，早于计入税前会计收益的期间。例如，提前收取的租金、利息、使用费，在收到时就计税，但财务会计要求在以后实际提供服务时才确认为收入。又如，出售回租利得在出售时就应纳税，但财务会计要求在租赁合同期满报告为收入。

②一些费用和损失项目抵减税前会计收益的期间，早于减少应税收益的期间。例如，预提产品质量保证费用，财务会计上应在销货时预提并计列为费用，而税法上则等实际发生时才作为费用扣除，因而产生可扣除金额。又如，股票投资采用权益法处理时，若被投资企业发生亏损，投资企业则按持股比例确认损

失,但税法上则不予确认。

时间性差异是税法规定与会计准则对收入、利得和费用、损失的确认时间不一致,而使本期应税利润与会计利润产生了暂时性差异,同时会使资产或负债的计税基础与账面价值之间产生暂时性差异。这种暂时性差异的特点是:①不仅影响本期和前期的税前会计收益和应税收益两者之一,而且还影响相关未来时期所报告的税前会计收益和应税收益;②随着时间的推移和影响事项的完结,这种差异会在以后期间转回,使税前会计收益和应税收益达到总量相等。

2. 其他暂时性差异

除了上述时间性差异外,还有其他因税法规定而使资产或负债的计税基础与账面价值不同而产生的暂时性差异。例如企业合并,采取购买法时,被合并企业的资产或负债在会计上按公允市价入账,而税法规定报税时按原账面价值计算,致使合并后的计税基础与账面价值之间产生差异。

6.4.3 所得税的会计处理

(一)会计账户的设置

由于企业选择所得税的分摊方法不同,在所得税会计中,则有应付税款法与纳税影响会计法之分。企业可选择其一。

企业在选择应付税款法时,应设置"所得税费用"和"应交税费——应交所得税"账户。

企业在选择纳税影响会计法时,应设置"所得税费用""递延所得税"和"应交税费——应交所得税"账户。

"所得税费用"账户是损益类账户,借方发生额反映企业计入本期损益的所得税税额,贷方发生额反映转入"本年利润"账户的所得税税额,期末转本年利润后,"所得税费用"账户无余额。

"递延所得税"账户核算企业暂时性差异造成的税前会计利润与纳税所得之间的差额所产生的影响纳税的金额,以及以后各期转销的金额。贷方发生额反映企业本期税前会计利润大于纳税所得产生的暂时性差异影响纳税的金额,及本期转销已确认的暂时性差异对纳税影响的借方金额;借方发生额反映企业本期税前会计利润小于纳税所得产生的暂时性差异影响纳税的金额,以及本期转销已确认的暂时性差异对纳税影响的贷方金额;期末贷方(或借方)余额反映尚未转销的暂时性差异影响纳税的金额。采用债务法时,"递延所得税"账户的贷方或借方发生额还反映税率变动的递延所得税金额。"递延所得税"账户的期末贷方(或借方)余额,反映尚未转回的暂时性差异影响所得税的金额。

企业接受捐赠的非现金资产未来应交的所得税,应贷记"递延所得税"科目;企业使用、摊销或处置接受捐赠的非现金资产时,按规定应交的所得税,借记"递延所得税"科目。企业接受捐赠的非现金资产,应在弥补当年亏损后,以其余额计算缴纳所得税,一般不再递延纳税。

"应交税费——应交所得税"账户的贷方登记当期应交的所得税,借方登记实际缴纳的所得税,期末贷方或借方余额,反映尚未缴纳或多缴纳的所得税。

(二)所得税会计处理的基本方法

1. 预缴所得税的会计处理

期末计算应预缴的所得税时。

借:所得税费用

  贷:应交税费——应交所得税

预缴所得税时。

借:应交税费——应交所得税

  贷:银行存款

2. 汇算清缴所得税的会计处理

(1)采用应付税款法。

计提应补缴的所得税时。

借:所得税费用

  贷:应交税费——应交所得税

实际缴纳税款时。

借:应交税费——应交所得税

  贷:银行存款

(2)采用纳税影响会计法。

计提应补缴的所得税时(需减去或加上本期发生的递延所得税)。

借:所得税费用

  递延所得税(或贷记)

  贷:应交税费——应交所得税

实际缴纳税款时。

借：应交税费——应交所得税

　　贷：银行存款

（三）应付税款法的会计处理

应付税款法是企业不确认暂时性差异对所得税的影响金额，以定期计算的应交所得税金额作为所得税费用的方法。根据应交的所得税，借记"所得税费用"科目，贷记"应交税费"科目。

在应付税款法下，本期发生的暂时性差异不单独处理，与本期发生的永久性差异同样处理。将全部税前会计利润差异调整为应税所得，再按应税所得计算应交所得税，并作为本期所得税费用，即本期所得税费用等于本期应交所得税。暂时性差异产生的影响所得税的金额，在会计报表中不反映为一项负债或一项资产，仅在会计报表附注中说明其影响。

【例6-77】2×20年某企业实现税前账面利润20万元，在"财务费用"贷方列入国库券利息收入1万元，在借方列入高于金融机构同类同期贷款利率计算的非金融机构流动资金借款利息费0.5万元；在"管理费用"借方列入超过计税工资标准的工资2万元，列入超过计税工资总额基数多提的职工工会经费0.04万元、职工福利费0.28万元、职工教育经费0.03万元；在"营业外支出"借方列入非公益性、救济性捐赠及赞助费2.5万元，列入各种罚款及滞纳金支出0.5万元，列入超过当年利润额12%的公益性、救济性捐赠支出0.6万元。该企业所得税税率为25%。会计分录如下。

（1）计算应交税费时。

永久性差异＋不允许免税的费用－免税的收入

＝（0.5+2+0.04+0.28+0.03+2.5+0.5+0.6）－1

＝5.45（万元）

应纳税所得额＝税前账面利润＋永久性差异＝20+5.45=25.45（万元）

应纳所得税＝应纳税所得额×所得税税率＝25.45×25%=6.362 5（万元）

借：所得税费用　　　　　　　　　　　　　　　　　　63 625

　　贷：应交税费——应交所得税　　　　　　　　　　　63 625

（2）期末结转所得税费用时。

借：本年利润　　　　　　　　　　　　　　　　　　　63 625

　　贷：所得税费用　　　　　　　　　　　　　　　　63 625

（四）纳税影响会计法的会计处理

纳税影响会计法是将本期暂时性差异的所得税影响金额，递延和分配到以后各期，即将本期产生的暂时性差异对所得税的影响采取跨期分摊的办法。采用纳税影响会计法，所得税被视为企业在获得收益时发生的一种费用，应随同有关的收入和费用计入同一期间，以达到收入和费用的配比。时间性差异影响的所得税金额包括在利润表的所得税费用项目内，以及资产负债表中的递延所得税余额里。

1. 在时间性差异影响期内，所得税税基、税率没有发生变化

在采用纳税影响会计法进行所得税会计处理时，如果预计时间性差异的影响期内所得税税基、税率不变，则本期发生的时间性差异对未来所得税的影响额，表明今后转回时间性差异时应付或可抵减的所得税税额。

与应付税款法相比，纳税影响会计法有三个特点：①需要在每期确认时间性差异对未来所得税的影响金额，并作为本期所得税费用的组成部分；②虽然两种所得税会计处理方法对永久性差异的处理方法一致，但两者的核算基础不同，应付税款法是在收付实现制的基础上进行会计处理，纳税影响会计法是在应计制的基础上进行会计处理；③采用纳税影响会计法时，若不存在永久性差异和其他特殊情况，则本期的所得税费用等于按税前利润总额乘以所得税税率计算的所得税费用。如某企业本期税前利润总额为10万元，本期发生的应纳税时间性差异为1万元，没有永久性差异，税率为30%，则本期应交所得税为2.7（9×30%）万元，本期递延所得税贷方发生额为0.3（1×30%）万元，本期所得税费用为3（2.7+0.3）万元，说明本期所得税费用反映现行所得税税率为30%（3÷10×100%）。

【例6-78】 2×20年某企业某项设备按照税法规定使用十年，按照会计规定使用五年，按五年提取折旧。该项固定资产原价为1 000万元（不考虑净残值的因素）。假设该企业每年实现税前会计利润2 500万元，第六年起由于该项固定资产折旧期限已满，不再提取折旧。在其他因素不变的情况下，该企业后五年每年实现税前会计利润应为2 700万元。该企业所得税税率为25%。根据上述业务，企业会计处理如下。

（1）按十年提取折旧每年应折旧额 =1 000÷10=100（万元）

（2）按五年提取折旧每年应提折旧额 =1 000÷5=200（万元）

（3）由于折旧年限不同每年影响利润 =200-100=100（万元）

（4）按照税前会计利润计算的所得税费用 =2 500×25%=625（万元）

（5）按照税法规定计算的应交所得税=（2 500+100）×25%=650（万元）

（6）暂时性差异对所得税的影响=100×25%=25（万元）

（7）第一年账务处理如下。

借：所得税费用　　　　　　　　　　　　　　　　6 250 000

　　递延所得税　　　　　　　　　　　　　　　　　250 000

　　贷：应交税费——应交所得税　　　　　　　　　　　　6 500 000

第二、第三、第四、第五年账务处理，与第一年相同。

（8）第六年账务处理如下。

按照税前会计利润计算的所得税费用=2 700×25%=675（万元）

按照税法规定计算的应交所得税=（2 700−100）×25%=650（万元）

借：所得税费用　　　　　　　　　　　　　　　　6 750 000

　　贷：递延所得税　　　　　　　　　　　　　　　　　250 000

　　　　应交税费——应交所得税　　　　　　　　　　　6 500 000

第七、第八、第九、第十年的账务处理，与第六年相同。

2. 在时间性差异影响期内，所得税税基、税率发生变化

（1）递延法。

递延法是将本期时间性差异产生的影响所得税的金额，递延和分配到以后各期，并同时转回原已确认的时间性差异对本期所得税的影响金额。递延法的特点如下。一是在递延法下，资产负债表反映的递延所得税余额并不代表全部收款的权利或付款的义务。采用递延法进行会计处理时，递延所得税的账面余额是按照产生时间性差异的时期所适用的所得税税率计算确认，而不是用现行税率计算的，在税率变动时，对递延所得税的账面余额不进行调整。即递延所得税账面余额不符合负债和资产的定义，不能完全反映为企业的一项负债或一项资产。二是本期发生的时间性差异影响所得税的金额，用现行税率计算，以前发生而在本期转回的各项时间性差异影响所得税的金额，一般用当初的税率计算。

采用递延法时，一定时期的所得税费用包括本期应交所得税与本期发生或转回的时间性差异所产生的递延所得税贷项或借项金额。本期应交所得税是按照应税所得和现行所得税税率计算的；本期发生或转回的时间性差异所产生的递延所得税贷项或借项金额是本期发生的时间性差异用现行所得税税率计算的未来应交所得税和未来可抵减的所得税金额，以及本期转回原确认的递延所得税借项或贷项金额。按本期所得税费用的构成内容，其计算公式如下。

本期所得税费用＝本期应交所得税＋本期发生的时间性差异所产生的递延所得税贷项金额－本期发生的时间性差异所产生的递延所得税借项金额＋本期转回的前期确认的递延所得税借项金额－本期转回的前期确认的递延所得税贷项金额

本期发生的时间性差异所产生的递延所得税贷项金额＝本期发生的应纳税时间性差异×现行所得税税率

本期发生的时间性差异所产生的递延所得税借项金额＝本期发生的可抵减时间性差异×现行所得税税率

本期转回的前期确认的递延所得税借项金额＝本期转回的可抵减本期应纳税所得额的时间性差异（即前期确认本期转回的可抵减时间性差异）×前期确认递延所得税时的所得税税率

本期转回的前期确认的递延所得税贷项金额＝本期转回的增加本期应纳税所得额的时间性差异（即前期确认本期转回的应纳税时间性差异）×前期确认递延所得税时的所得税税率

【例6-79】 2×20年某企业发生固定资产改良支出12万元，税法规定可在不短于五年期限内分期摊销。该企业决定在计算税前账面利润时，按六年摊销，每年摊销2万元；而在申报所得税，计算应纳税所得额时，仍按五年摊销，每年摊销2.4万元。假定该企业每年税前账面利润为10万元，所得税税率为33%，从第三年起所得税税率改为25%，该企业采用递延法处理时间性差异。会计处理如下。

按五年摊销，每年摊销2.4万元；按六年摊销，每年摊销2万元。这样，每年时间性差额为0.4万元。

（1）第一年。

所得税费用＝税前利润×所得税税率＝10×33%＝3.3（万元）

应交所得税＝（税前利润－时间性差异）×所得税税率＝（10-0.4）×33%＝3.168（万元）

递延所得税＝所得税费用－应交所得税＝3.3-3.168＝0.132（万元）

或＝每年时间性差额×所得税税率＝0.4×33%＝0.132（万元）

借：所得税费用	33 000
贷：应交税费——应交所得税	31 680
递延所得税	1 320

（2）第二年。

会计处理同第一年。

（3）第三年。

所得税税率变为25%。

所得税费用 =10×25%=2.5（万元）

应交所得税 =（10-0.4）×25%=2.4（万元）

递延所得税 =2.5-2.4=0.1（万元）

借：所得税费用　　　　　　　　　　　　　　　25 000

　　贷：应交税费——应交所得税　　　　　　　　24 000

　　　　递延所得税　　　　　　　　　　　　　　1 000

（4）第四年和第五年。

会计处理同第三年。

（5）第六年。

转销递延所得税余额 =0.132+0.132+0.1+0.1+0.1=0.564（万元）

应交所得税 =（税前利润 + 时间性差异）× 现行税率 =（10+2）×25%=3（万元）

所得税费用 = 应交所得税 - 应转销递延所得税余额 =3-0.564=2.436（万元）

借：所得税费用　　　　　　　　　　　　　　　24 360

　　递延所得税　　　　　　　　　　　　　　　　5 640

　　贷：应交税费——应交所得税　　　　　　　　30 000

（2）债务法。

债务法亦称负债法，它又进一步分为利润表债务法与资产负债表债务法。

①利润表债务法。

利润表债务法是将时间性差额对未来所得税的影响看作对本期所得税费用的调整，其特点是当预期税率或税基发生变动时，必须对已发生的递延所得税按现行税率进行调整。这种方法下的所得税费用计算过程为：首先计算当期所得税费用，然后再计算当期应交税额，最后倒挤出本期发生的递延所得税资产（负债），故而本期所得税费用等于本期应交所得税加（或减）本期发生的递延所得税负债（资产），加（或减）由于税率变动或税基变动时，以前各期确认的递延所得税负债（资产）账面余额的调整数。其基本公式表示如下。

本期所得税费用 = 本期应交所得税 + 本期发生的时间性差异所产生的递延所得税负债 - 本期发生的时间性差异所产生的递延所得税资产 + 本期转回的前期确认的递延

所得税资产－本期转回的前期确认的递延所得税负债＋本期因所得税税率变动调减的递延所得税资产或调增的递延所得税负债－本期因所得税税率变动调增的递延所得税资产或调减的递延所得税负债

本期因税率变动调增或调减递延所得税资产或递延所得税负债＝累计应纳税时间性差异或累计可抵减时间性差异×(现行所得税税率－前期确认应纳税时间性差异或可抵减时间性差异时适用的所得税税率)

或者＝递延所得税账面余额－已经确认递延所得税金额的累计时间性差异×现行所得税税率

在利润表债务法下，本期所得税费用（或利益），通常应在同一期间的利润表净利润（或亏损）前列示。在资产负债表中，递延所得税贷项和递延所得税借项，应按其流动性与长期性分别列示。"递延所得税"账户的贷方发生额，反映企业本期税前会计利润大于应纳税所得额产生的时间性差异影响纳税的金额，以及本期转销已确认的时间性差异对纳税影响的贷方数额；期末贷方（或借方）余额，反映尚未转销的时间性差异影响纳税的金额。采用负债法时，"递延所得税"账户的借方或贷方发生额，还反映因税率变动调整的递延所得税金额。

企业应在"递延所得税"账户下，按照时间性差异的性质、时间分类进行明细核算。此外，企业还应设置"递延所得税备查登记簿"，详细记录发生的时间性差额的原因、金额、预计转销期限、已转销数额等。

②资产负债表债务法。

资产负债表债务法是从暂时性差异产生的本质出发，分析暂时性差异产生的原因及其对期末资产、负债的影响。

资产负债表债务法是以估计转销年度的所得税税率为依据，计算递延所得税的一种所得税会计处理方法。在资产负债表债务法下，从暂时性差异产生的本质出发，分析暂时性差异产生的原因及其对期末资产、负债的影响。确认所有的递延所得税资产和递延所得税负债，其目的在于使资产负债表上"递延所得税"项目金额更有实际意义。相对而言，利润表债务法只确认暂时性差异所引起的递延所得税借项和贷项。资产负债表债务法和利润表债务法，两者计算的结果一般是相同的，只是分析方法有所不同。

在资产负债表债务法下，应先按照本期应纳税所得额和适用税率确认应交所得税费用（或利益）；再根据期末暂时性差异及结转以后年度的本期弥补亏损与所得税抵减，计算递延所得税负债（或资产）的期末余额，并将递延所得税负债（或资产）的期末余额与期初余额的差额，作为递延所得税费用（或利益）；最后将应交所得税费用（或利益）加上递延所得税费用（或利益），作为所得税费用（或利益），其公式表示如下。

本期所得税费用（或利益）＝本期应交所得税＋（期末递延所得税负债－期初递延所得税负债）－（期末递延所得税资产－期初递延所得税资产）

＝（应纳税所得额－本期弥补的亏损）×适用税率－所得税抵减

递延所得税费用＝（递延所得税负债期末余额－递延所得税负债期初余额）＋[递延所得税资产（扣除备抵）期初余额－递延所得税资产（扣除备抵）期末余额]

所得税费用（或利益）＝应交所得税费用（或利益）＋递延所得税费用（或利益）

资产负债表债务法适用于对所有暂时性差异的处理，处理时应遵循以下步骤：①确定一项资产或负债的税基；②分析、计算暂时性差异；③确认暂时性差异造成的递延所得税负债（或资产）；④将递延所得税负债（或资产）及相应的所得税费用或收益在报表中予以列示。

（五）减免所得税的会计处理

纳税人申请减免税，应在年度终了后两个月内向主管税务机关提供以下书面资料。

（1）减免税申请报告。

"报告"内容主要包括减免税依据、范围、年限、金额、企业的基本情况等。

（2）财务会计报表。

（3）工商营业执照的复印件。

（4）根据不同减免税项目，税务机关要求提供的其他材料。

1. 先计后退的会计处理

（1）计提所得税时。

借：所得税费用

　　贷：应交税费——应交所得税

（2）减免所得税时。

借：应交税费——应交所得税

　　贷：所得税费用

2. 先缴后退的会计处理

（1）计提所得税时。

借：所得税费用

　　贷：应交税费——应交所得税

（2）缴纳所得税时。

借：应交税费——应交所得税

　　贷：银行存款

（3）收到退税款时。

借：银行存款

　　贷：所得税费用

3. 法定直接减免

不进行会计处理。

（六）资产捐赠的所得税会计处理

1. 企业对外捐赠的涉税处理

按照税法规定，企业将自产、委托加工的库存商品和外购的商品、原材料、固定资产、无形资产和有价证券等用于捐赠，应分解为按公允价值视同对外销售和捐赠两项业务进行所得税处理，即税法规定企业对外捐赠资产应视同销售计算缴纳流转税及所得税。纳税人通过指定非营利机构进行的公益救济性捐赠，按税法规定在税前全额或部分扣除。

【例6-80】甲公司2×20年8月将部分原材料通过国家指定的非营利组织向受灾害地区捐赠，该部分捐出原材料的实际成本为100万元，在公开市场上的销售价格为120万元。假定甲公司为增值税一般纳税人，适用的增值税税率是13%。甲公司对该批捐出原材料未提跌价准备。甲公司当年按照会计制度确定的利润总额为1 000万元。会计处理如下。

应纳销项税额=120×13%=15.6（万元）

当年应纳税所得额=1 000+120-100+115.6-1 000×12%=1 015.6（万元）

当年应交所得税=1 015.6×25%=253.9（万元）

借：营业外支出	1 156 000
贷：原材料	1 000 000
应交税费——应交增值税（销项税额）	156 000

借：所得税费用　　　　　　　　　　　　　　　　2 539 000
　　贷：应交税费——应交所得税　　　　　　　　　　　　2 539 000

2. 企业接受捐赠的涉税处理

（1）接受货币性资产捐赠的会计处理。

企业接受现金资产捐赠时，应借记"银行存款"科目，贷记"待转资产价值——接受捐赠货币性资产价值"科目；期末计算应交所得税时，借记"待转资产价值——接受捐赠货币性资产价值"科目，按接受金额与适用所得税税率计算的应交所得税，贷记"应交税费——应交所得税"科目，按两者的差额，贷记"资本公积——其他资本公积"科目。

（2）接受非货币性资产捐赠的会计处理。

企业接受捐赠的非货币性资产，须按接受捐赠时资产的入账价值确认捐赠收入，并计入应纳税所得额，依法计算缴纳企业所得税。如接受捐赠的为存货等，捐出方代为支付的增值税税额，也应包括在当期应纳税所得额中。

企业接受捐赠资产按税法规定确定的入账价值在扣除应交所得税后，计入资本公积，不确认收入、不计入接受捐赠当期的利润总额。企业接受捐赠的存货，在经营中使用或将来销售处置时，可按税法规定结转存货销售成本。

【例6-81】 AD公司于2×20年取得B公司捐赠的原材料一批，根据B公司提供的有关凭证，该批接受捐赠原材料的市场价格为100万元，B公司同时为AD公司开具了增值税专用发票，注明的增值税税额为13万元，AD公司并未单独支付增值税。双方均为增值税一般纳税人，适用的增值税税率为13%，AD公司将取得的商品作为原材料核算。AD公司2×20年度利润总额为1 000万元。AD公司会计处理如下。

借：原材料　　　　　　　　　　　　　　　　　　1 000 000
　　应交税费——应交增值税（进项税额）　　　　　　130 000
　　贷：营业外收入　　　　　　　　　　　　　　　　　1 130 000

公司当期由于接受捐赠产生的纳税调整金额为113万元，包括接受捐赠取得的非货币性资产本身的价值以及捐出方代为支付的增值税进项税额。

AD公司2×20年度应纳税所得额=1 000+113=1 113（万元）

AD公司2×20年度应交所得税=1 113×25%=278.25（万元）

（七）资产减值准备的所得税会计处理

根据会计准则、制度的规定，企业在符合条件时应计提资产减值准备（坏账准备、存货跌价准备、长期投资减值准备、固定资产减值准备、无形资产减值准备、在建工程减值准备、委托贷款减值准备），现行税法只允许企业在年末应收账款余额的 5% 内提取的坏账准备在税前扣除，超过该比例以及其他几项减值准备一律不得在税前扣除。因此，形成了一项所得税差异，企业应正确进行会计处理。

1. 坏账准备的所得税处理

按税法规定，企业发生的坏账损失，原则上应按其实际发生额据实扣除（当然要符合税法规定的条件）。如果企业采用直接转销法确认坏账损失，只要符合税法规定的坏账损失条件，其实际发生额是允许在税前扣除的，因此，若企业采用备抵法计提坏账准备，其超过税法规定比例的部分，实质上是一项时间性差异，其转回时间应是符合税法规定的确认条件时，即坏账损失实际发生时。按此理解，其会计处理如下。

（1）期末计提坏账准备时。

"坏账准备"为借方余额或虽是贷方余额但小于年末应收账款余额的 5‰ 时，应调整的递延税款如下。

递延税款 =[本期坏账准备应计提额 + 坏账准备贷方余额 − 坏账准备借方余额 − 年末应收账款余额 ×5‰]× 所得税税率

如果"坏账准备"为贷方余额且大于应收账款余额的 5‰ 时，应调整的递延税款如下。

递延所得税借项 = 本期应计提额 × 所得税税率

借：递延所得税（递延所得税借项）
　　贷：应交税费——应交所得税

（2）期末冲回多提坏账准备时。

递延所得税贷项 = 本期冲回额 × 所得税税率

借：应交税费——应交所得税
　　贷：递延所得税（递延所得税贷项）

（3）转回差异时。

转回的递延所得税 = 坏账实际发生时冲销的坏账准备 × 所得税税率

借：应交税费——应交所得税
　　贷：递延所得税（转回的递延所得税）

2. 其他减值准备的所得税处理

(1)计提减值准备的纳税调整及其会计处理。

企业按会计制度及相关准则规定计提的资产减值准备不符合税法的"真实发生的据实扣除原则",因此,企业计提各项资产减值准备期间与税法规定允许在计算应纳税所得额时扣除的各项资产损失期间不同而产生差异额,这种差异作为可抵减时间性差异。在计算当期应纳税所得额时,企业应在财务会计计算的利润总额的基础上,加上按税法规定不允许从当期应纳税所得额中扣除的同期计提的各项资产减值准备金额,调整为当期应纳税所得额。

企业按当期应纳税所得额和适用所得税税率计算的金额即为当期的应交所得税额,但在确认同期所得税费用时,应视企业采用的所得税会计方法而有别:如果企业采用应付税款法,应按当期应交所得税额确认同期的所得税费用,借记"所得税费用"科目,贷记"应交税费——应交所得税"科目;如果企业采用纳税影响会计法(不论递延法还是债务法,下同),应按当期因计提各项资产减值准备而产生的可抵减时间性差异与适用所得税税率计算的金额,借记"递延所得税"科目,按当期应交所得税,贷记"应交税费——应交所得税"科目,按两者的差额,借记"所得税费用"科目。

(2)计提减值准备后资产的折旧或摊销差异的会计处理。

对固定资产、无形资产而言,计提减值准备后,应按计提减值准备后的账面价值及尚可使用寿命或尚可使用年限(含预计净残值等的变更)重新计算每期的折旧率、折旧额或摊销额,重新计算的金额与可在应纳税所得额中抵扣的折旧额、摊销额的差额,应从当期利润总额中减去后,计算出企业当期的应纳税所得额。

企业按当期应纳税所得额和适用所得税税率计算的金额即为当期的应交所得税额。在确认同期所得税费用时,应视企业采用的所得税会计方法而有别:如果企业采用应付税款法,应按当期应交所得税额确认同期的所得税费用,借记"所得税费用"科目,贷记"应交税费——应交所得税"科目;如果企业采用纳税影响会计法,按当期因计提各项资产减值准备后计入当期利润总额的折旧额、摊销额与按税法规定在计算应纳税所得额时可抵扣的折旧额、摊销额之间的时间性差异的所得税影响金额,贷记或借记"递延所得税"科目,按当期应交所得税,贷记"应交税费——应交所得税"科目,按两者的差额,借记"所得税费用"科目。

（3）已计提减值准备的资产处置的会计处理。

当企业处置已计提减值准备的资产时，应按会计制度及相关准则规定确定处置资产损益，其计算公式如下。

处置资产计入利润总额的金额＝处置收入－[按会计规定确定的资产成本（或原价）－按会计规定计提的累计折旧（或累计摊销额）－处置资产已计提的减值准备余额]－处置过程中发生的按会计规定计入损益的相关税费（不含所得税）

在前述三个环节已按税法规定进行过纳税调整的基础上，再按税法规定计算处置资产应计入应纳税所得额的金额，其计算公式如下。

处置资产计入应纳税所得额的金额＝处置收入－[按税法规定确定的资产成本（或原价）－按税法规定计提的累计折旧（或累计摊销额）]－处置过程中发生的按税法规定可扣除的相关税费（不含所得税）

在进行上述计算后，即可确定处置资产的纳税调整金额，计算公式如下。

因处置已计提减值准备的资产而产生的纳税调整金额＝处置资产计入应纳税所得额的金额－处置资产计入利润总额的金额

企业所得税会计采用应付税款法时，应在利润总额的基础上，加上"因处置已计提减值准备的资产而产生的纳税调整金额"，如果处置的是固定资产或无形资产，还应加上（或减去）处置当期按会计制度确定的折旧额或摊销额等影响当期利润总额的金额与按税法规定确定的折旧额或摊销额等的差额，计算出当期应纳税所得额，再乘以所得税税率，计算出当期应交所得税，借记"所得税费用"科目，贷记"应交税费——应交所得税"科目。

如果企业采用纳税影响会计法，应在利润总额的基础上，加上"因处置已计提减值准备的资产而产生的纳税调整金额"，如果处置的是固定资产或无形资产，还应加上（或减去）处置当期按会计制度确定的折旧额或摊销额等影响当期利润总额的金额与按税法规定确定的折旧额或摊销额等的差额，计算出当期应纳税所得额，再乘以所得税税率，计算出当期应交所得税。按当期应交所得税，加上（或减去）因处置有关资产而转回的递延所得税，借记"所得税费用"科目，按当期因处置的有关资产而转回的递延所得税金额，贷记或借记"递延所得税"科目，按当期应交的所得税，贷记"应交税费——应交所得税"科目。

（八）长期股权投资的所得税会计处理

企业以经营的非货币性资产对外投资，应在投资交易发生时，将其分解为按公允价值销售有关非货币性资产和投资两项经济业务进行所得税处理，并按规定计算确认资产转让所得或损失。

企业因取得另一企业的股权支付的全部代价，属股权投资支出，不得计入投资企业的当期费用，不论长期股权投资支出大于或小于应享有被投资单位所有者权益份额之间的差额，均不得通过折旧或摊销方式分期计入投资企业的费用或收益，即税法规定不确认任何由于长期股权投资的公允价值与按持股比例计算的占被投资单位所有者权益份额不同而产生的股权投资差额。按权益法核算的长期股权投资，其投资成本小于应享有被投资单位所有者权益份额之间的差额，也不计入应纳税所得额。

不论企业财务会计中对投资采取何种方法核算（成本法、权益法），只有被投资企业财务会计实际做利润分配处理（包括以盈余公积和未分配利润转增资本）时，投资企业才应确认投资所得的实现、计算缴纳企业所得税。

【例6-82】2×17年1月1日，AB公司以其持有的一项土地使用权（账面价值为2 000万元，未提取任何减值准备）和一台机器设备（原取得成本为600万元，已计提累计折旧200万元，未计提任何减值准备）对M公司进行长期投资。AB公司的投资占M公司的股权比例为30%，具有重大影响，AB公司与M公司签订的投资合同中约定对投出资产及取得的长期股权投资的作价为3 100万元。假定M公司2×17年1月1日所有者权益的账面金额为9 100万元。AB公司确定的股权投资差额按10年摊销。

（1）AB公司取得的长期股权投资占对方的股权比例为30%，对被投资企业具有重大影响，因此，应按权益法核算。以非货币性交易取得的长期股权投资，应以换出资产的账面价值及应缴纳的相关税费作为取得的长期股权投资的初始投资成本。

AB公司确定长期股权投资的入账价值，会计分录如下。

借：固定资产清理 4 000 000
　　累计折旧 2 000 000
　　贷：固定资产 6 000 000
借：长期股权投资——成本 24 000 000
　　贷：固定资产清理 4 000 000
　　　　无形资产——土地使用权 20 000 000

（2）企业对取得的长期股权投资按权益法核算时，对于长期股权投资的初始投资成本大于应享有被投资单位所有者权益份额之间的差额，应作为股权投资差额处理，并按一定的期间摊销计入损益。对于长期股权投资的初始投资成本小于应享有被投资单位所有者权益份额的差额，应按其差额，借记"长期股权投资"科目，贷记"营业外收入"科目。会计分录如下。

借：长期股权投资——投资成本　　　　　　　　　　　　3 300 000

　　贷：营业外收入　　　　　　　（9 100×30%-2 400）3 300 000

本例中，AB 公司取得的长期股权投资在调整长期股权投资成本时，因长期股权投资的初始投资成本小于按持股比例计算的占对方所有者权益的份额已计入资本公积，无须在未来期间内摊销计入损益。如果企业在调整长期股权投资的投资成本时，计算的股权投资差额为借方金额，需要在未来期间内分期摊销计入投资收益。企业在处置该类长期股权投资时，除按上述规定计算在处置长期股权投资当期的纳税调整金额以外，在确认当期所得税费用和应交所得税时，还应相应结转因以前期间其他权益变动的摊销所产生的时间性差异的所得税影响额。

（3）2×17 年 M 公司实现净利润 600 万元，2×18 年 M 公司实现净利润 800 万元，但至 2×19 年 1 月 1 日止尚未实际分配，AB 公司在税务会计中对被投资单位 M 公司实现的损益仅作为持有收益，双方适用的企业所得税税率均为 25%。根据被投资单位实现的损益，AB 公司按其所占的份额，确认投资收益，会计分录如下。

借：长期股权投资——损益调整　　　　　　　　　　　　1 800 000

　　贷：投资收益——股权投资收益　　　　　　　　　　1 800 000

借：长期股权投资——损益调整　　　　　　　　　　　　2 400 000

　　贷：投资收益——股权投资收益　　　　　　　　　　2 400 000

（4）2×19 年 1 月 1 日，AB 公司将上述长期股权投资对外转让，取得转让价款 3 500 万元。处置该项长期股权投资时的账面价值如下。

2 400+330+180+240=3 150（万元）

长期股权投资转让收益如下。

3 500-3 150=350（万元）

会计分录如下。

借：银行存款　　　　　　　　　　　　　　　　　　　　1 340 000

　　贷：长期股权投资——成本　　　　　　　　　　　　2 400 000

　　　　　　　　　　——损益调整　　　　　　　　　　4 200 000

　　　　　　　　　　——投资成本　　　　　　　　　　3 300 000

　　　　投资收益——股权处置收益　　　　　　　　　　3 500 000

（5）所得税的纳税调整。AB公司取得的该项长期股权投资按税法规定确定的投资成本为3 100万元，其后其投资成本按税法规定未进行调整，因此，在处置该项长期股权投资时，应计入应纳税所得额如下。

3 500−3 100=400（万元）

如果不考虑其他因素的影响，AB公司在2×19年确认应交所得税时，应在当年利润总额的基础上加或减当期的纳税调整金额，本例中的纳税调整增加额如下。

400−350=50（万元）

（九）纳税调整的会计处理

企业的纳税调整一般有两种情况：一是有关法规规定（或要求）不同，使财务会计与税务会计计算不一致；二是纳税人计算差错或违规、违法。由于企业采用的核算方法不同，其纳税调整的会计处理也不相同。

1. 平时使用应付税款法进行的纳税调整

在应付税款法下，当期税前会计利润与应纳税所得额之间的差异造成的影响纳税的金额直接计入当期损益，而不递延到以后各期，使当期的应交所得税与所得税费用金额相等。因此，对调整的差异本身无须进行会计处理。假如当期会计利润为1 000万元，而同期有超过计税工资标准的工资额10万元（即企业实发工资额超过计税工资额10万元），在计算应纳税所得额时，应加上10万元，即按1 010万元计算应交所得税，而对这10万元差异无须再进行会计处理。

2. 年终汇算清缴的纳税调整

对企业本年度发生的以前年度损益调整事项，应通过"以前年度损益调整"账户调整本年利润，由此影响企业缴纳所得税的，可视为当年损益，进行所得税会计调整。

企业在年终所得税申报纳税前发生的资产负债表日后事项，所涉及的应纳所得税调整，应作为会计报告年度的纳税调整；企业在年终所得税申报纳税后发生的资产负债表日后事项，所涉及的应纳所得税调整，应作为本年度的纳税调整。

调整增加以前年度利润或调整减少以前年度亏损，借记有关科目，贷记"以前年度损益调整"科目；调整减少以前年度利润或调整增加以前年度亏损，借记"以前年度损益调整"科目，贷记有关科目。

由于调整增加以前年度利润或调整减少以前年度亏损而相应增加的所得税,借记"以前年度损益调整"科目,贷记"应交税费——应交所得税"科目;由于调整减少以前年度利润或调整增加以前年度亏损而相应减少的所得税,编制相反会计分录。

经上述调整后,应同时将"以前年度损益调整"科目的余额转入"利润分配——未分配利润"科目。本科目如为贷方余额,借记本科目,贷记"利润分配——未分配利润"科目;如为借方余额,编制相反会计分录。结转后本科目无余额。

【例6-83】某化妆品股份有限公司为增值税一般纳税人,适用消费税税率15%、所得税税率25%。税务机关对上一年纳税情况检查时,发现以下问题。

(1) 用生产的高档化妆品与小规模纳税人换取原材料,产品成本价3万元,不含税售价5万元。企业所编制会计分录如下。

借:原材料   56 500
　　贷:库存商品   56 500

(2) 用生产的高档化妆品顶职工工资,不含税售价10万元,成本6万元。企业所编制会计分录如下。

借:应付职工薪酬   60 000
　　贷:库存商品   60 000

(3) 没收一批逾期包装物押金2.26万元。企业所编制会计分录如下。

借:其他应付款   22 600
　　贷:其他业务收入   22 600

根据上述资料,对查出的问题进行以下账务处理。

(1) 用生产的高档化妆品换取原材料,应视同销售。

应纳增值税 =56 500÷(1+13%)×13%=6 500(元)

应纳消费税 =56 500÷(1+13%)×15%=7 500(元)

实现利润 =56 500÷(1+13%)−30 000−7 500=12 500(元)

根据上述资料,应编制调整分录如下。

借:库存商品   26 500
　　贷:应交税费——增值税检查调整   6 500
　　　　　　——应交消费税   7 500
　　　　以前年度损益调整   12 500

(2)用生产的高档化妆品顶职工工资,应视同销售。

应纳增值税 =100 000×13%=13 000(元)

应纳消费税 =100 000×15%=15 000(元)

实现利润 =100 000-60 000-15 000=25 000(元)

根据上述资料,应编制调整分录如下。

借:以前年度损益调整	28 000
贷:应交税费——增值税检查调整	13 000
——应交消费税	15 000

(3)没收包装物押金应征税。

应纳增值税 =22 600÷(1+13%)×13%=2 600(元)

应纳消费税 =22 600÷(1+13%)×15%=3 000(元)

应调减上年利润 =2 600+3 000=5 600(元)

根据上述资料,应编制调整分录如下。

借:以前年度损益调整	5 600
贷:应交税费——增值税检查调整	2 600
——应交消费税	3 000

根据上述调整分录,登记"以前年度损益调整"账户,得出其借方余额如下。

5 600+28 000-12 500=21 100(元)

因为以生产的高档化妆品顶工工资而产生的 28 000 元为永久性差异,不得在税前扣除,其计税收益应是 10 000 元,因此:

应补所得税 =(12 500+10 000-5 600)×25%=16 900×25%=4 225(元)

根据上述资料,应编制会计分录如下。

借:以前年度损益调整	4 225
贷:应交税费——应交所得税	4 225

同时将以前年度损益调整账户余额转入"利润分配——未分配利润"账户。

根据上述资料,应编制会计分录如下。

借:利润分配——未分配利润	25 325
贷:以前年度损益调整	25 325

(十)中期财务报告的所得税会计处理

中期财务报告的编制有两种做法:一是独立观,即将每一中期(短于一个完整的会计年度)视为一个独立的会计期间,采用的会计原则、方法、程序与年度财务报告一致；二是一体观（整体观），即将每一中期视为年度会计期间的组成部分，采用的会计原则、方法、程序，必须考虑全年将要发生的情况，年度成本、费用要根据年度预测的销售量、收入额等，进行估计，并适当分配给各个"中期"。两种做法各有利弊。由于我国企业所得税除基本税率外，还有两档优惠税率，因此，采用独立观与采用一体观计算的中期应交所得税额不等。目前，我国企业大都采用"一体观"，即按预计全年应税所得确定适用税率；"独立观"则是按本期应纳税所得额确定适用税率。

（十一）预提所得税和代扣代缴所得税的会计处理

外国企业在中国境内未设立机构、场所，而有来源于中国境内的利润（股息）、利息、租金、特许权使用费和其他所得，按规定其所得税应由支付人在每次支付的款额中扣除，并在五天内缴入国库。

扣缴时的会计分录如下。

借：其他应付款（应付利息等）

  贷：银行存款

对外国企业在中国境内从事建筑、安装、装配、勘探等工程作业和提供咨询、管理、培训等劳务活动的所得，税务机关可以指定工程价款或劳务费的支付人为所得税扣缴义务人，税款在支付的款额中扣缴。

扣缴时的会计分录如下。

借：其他应付款（××单位）

  贷：银行存款

（十二）事业单位所得税的会计处理

按现行规定，事业单位也应缴纳企业所得税。事业单位应设置"经营结余"科目。期末，将"经营收入"科目余额转入"经营结余"科目，借记"经营收入"科目，贷记"经营结余"科目。将经营业务支出类科目余额转入"经营结余"科目，借记"经营结余"科目，贷记"经营支出""销售税金"科目。进行上述会计处理后，若"经营结余"科目为贷方余额，则为应纳税所得额，按25%的比例税率计算应交所得税。

计提应交所得税时的会计分录如下。

借：结余分配——应交所得税

  贷：应交税费——应交所得税

年终,将"经营结余"科目余额全部转入"结余分配"科目,借记"经营结余"科目,贷记"结余分配"科目;如果当年发生经营亏损,则不予结转。

6.5 土地增值税会计

6.5.1 土地增值税概述

(一)土地增值税的纳税人

凡是有偿转让我国国有土地使用权、地上建筑物及其附着物(以下简称"转让房地产")产权,并且取得收入的单位和个人,为土地增值税的纳税义务人。

纳税义务人具体包括:国有企业、集体企业、私营企业、外商投资企业和外国企业;机关、团体、部队、事业单位、个体工商户及其他单位和个人;外国机构、华侨及外国公民。

(二)土地增值税的纳税范围

土地增值税的纳税范围是:转让国有土地使用权;地上的建筑物及其附着物连同国有土地使用权一并转让。

所谓"转让",是指以出售或其他方式的有偿转让,不包括以继承、赠与方式的无偿转让。出租房地产行为、受托代建工程,由于产权没有转移,不属土地增值税的纳税范围。

(三)土地增值税纳税范围的具体界定

1. 以出售方式转让国有土地使用权、地上建筑物及其附着物

以出售方式转让国有土地使用权、地上建筑物及其附着物分以下三种情况。

(1)出售国有土地使用权,是指土地使用者通过出让方式,向政府交纳土地出让金、有偿受让土地使用权后,仅对土地进行通水、通电、通路和平整地面等土地开发,不进行房产开发,然后直接将空地出售。

（2）取得国有土地使用权后进行房屋开发建造，然后予以出售，即通常所说的房地产开发。

（3）存量房地产的买卖，是指已经建成并已投入使用的房地产，其房屋产权和土地使用权一并转让给其他单位和个人。

以上三种情况，均应计算缴纳土地增值税。

2. 以继承、赠与方式转让房地产

这种情况，因只发生房地产产权的转让，没有取得相应的收入，属于无偿转让房地产的行为，不缴纳土地增值税。

3. 房地产出租

房地产出租，出租人虽取得了收入，但没有发生房产产权、土地使用权的转让，不缴纳土地增值税。

4. 房地产抵押

房地产抵押，房地产在抵押期间未发生权属的变更，不缴纳土地增值税；抵押期满后，发生房地产权属转让的，缴纳土地增值税。

5. 房地产交换

房地产交换，即发生了房产产权、土地使用权的转移，交换双方取得了实物形态的收入，应缴纳土地增值税。

6. 以房地产投资入股进行合资或联营

以房地产投资入股进行合资或联营，因收入以股息、红利等形式体现，是否缴纳土地增值税，由财政部门、国家税务总局另行规定。

7. 房地产的联建

房地产的联建是以转让部分土地使用权来换取新建成房屋部分产权的行为，是否缴纳土地增值税，由财政部门、国家税务总局另行规定。

8. 房地产的代建房行为

房地产的代建房行为，因其未发生房地产权属的转移，不缴纳土地增值税。

9. 房地产的重新评估

房地产的重新评估，对房地产重新评估后升值的，因未发生房地产权属的转移，土地使用人也未取得收入，不缴纳土地增值税。

（四）土地增值税的税率

土地增值税实行的是四级超率累进税率，即以纳税对象数额的相对率为累进依据，按超率累进方式计算应纳税额的税率。采用超率累进税率，需要确定几项因素。一是纳税对象数额的相对率，土地增值税的增值额与扣除项目金额的比即为相对率。二是把纳税对象的相对率从低到高划分为若干个级次。土地增值税按增值额与扣除项目金额的比率从低到高划分为四个级次，即：增值额未超过扣除项目金额50%的部分；增值额超过扣除项目金额50%、未超过100%的部分；增值额超过扣除项目金额100%、未超过200%的部分；增值额超过扣除项目金额200%的部分。三是按各级次分别规定不同的税率。土地增值税的税率有30%、40%、50%、60%。

6.5.2 土地增值税的计算

（一）房地产转让收入的确定

转让房地产的收入是指房产的产权所有人、土地的使用人将房屋的产权、土地使用权转移给他人而取得的货币收入、实物收入、其他收入等全部价款及有关的经济收益。转让房地产收入的类型如下。

1. 货币收入

货币收入是指纳税人转让国有土地使用权、地上建筑物及其附着物产权而取得的现金、银行存款、支票、银行本票、汇票等各种信用票据和国库券、金融债券、企业债券、股票等有价证券。

2. 实物收入

实物收入是指纳税人转让国有土地使用权、地上建筑物及其附着物产权而取得的各种实物形态的收入，如钢材、建材、房屋、土地等。

3. 其他收入

其他收入是指纳税人转让国有土地使用权、地上建筑物及其附着物而取得的无形资产收入或具有财产价值的权利，如专利权、商标权等。

纳税人隐瞒、虚报房地产成交价格的，转让房地产的成交价格低于房地产评估价格又无正当理由的，应由评估机构参照同类房地产的市场交易价格进行评估，税务机关根据或参照评估价格确定纳税人转让房地产的收入。

（二）扣除项目金额的确定

1. 新建房地产扣除项目金额

（1）取得土地使用权所支付的金额。

取得土地使用权所支付的金额指纳税人为取得土地使用权所支付的地价款或出让金，以及按国家统一规定缴纳的有关费用。

（2）开发土地和新建房及配套设施的成本。

纳税人房地产开发项目实际发生的成本（房地产开发成本），包括土地征用及拆迁补偿费、前期工程费、建筑安装工程费、基础设施费、公共配套设施费、开发间接费。其中，土地征用及拆迁补偿费包括土地征用费、耕地占用税、劳动力安置费及有关地上、地下附着物拆迁补偿的净支出、安置动迁用房支出等；开发间接费是指直接组织、管理开发项目发生的费用，包括工资、福利费、折旧费、修理费、办公费、水电费、劳动保护费、周转房摊销等。

（3）开发土地和新建房及配套设施的费用。

此项费用亦称房地产开发费用。它是指与房地产开发项目有关的销售费用、管理费用、财务费用。财务费用中的利息支出，在最高不超过按商业银行同类同期贷款利率计算的金额前提下，允许据实扣除；管理费用、销售费用，则按上述（1）（2）项计算的金额之和的5%以内计算扣除（具体比例由省级政府规定）。凡不能按转让房地产项目计算分摊利息支出以及不能提供金融机构证明的房地产开发费用，按上述（1）（2）项计算的金额之和的10%以内计算扣除（具体比例由省级政府规定）。

（4）与转让房地产有关的税金。

与转让房地产有关的税金指在转让房地产时缴纳的增值税、城市维护建设税、印花税以及教育费附加。

（5）财政部规定的其他扣除项目。

根据财政部的现行规定，对从事房地产开发的企业，可按上述（1）（2）项金额之和，加计20%扣除。这主要是考虑投资的合理回报和通货膨胀等因素。房地产是高风险、高收益的产业，凡开征土地增值税的国家和地区，一般在计征时，按官方公布的通货膨胀率给予扣除（或折扣），以对投资增值给予照顾，鼓励投资房地产开发的积极性，保护开发者的正当权益。我国由于没有官方公布的通货膨胀率，为了便于计算和操作，在计算扣除项目金额时，规定加计20%的扣除额。

2. 旧房及建筑物扣除项目金额

旧房及建筑物扣除项目金额一般用评估价格，即在转让已使用的房屋及建筑物时，由政府批准设立的房地产评估机构评定的重置成本乘以成新度折扣率后的价格。评估价格应经税务机关确认。

（三）土地增值额的计算

转让房地产所取得的收入额减去按规定计算的扣除项目金额后的余额，即为计算土地增值税的增值额。

（四）应纳土地增值税的计算

土地增值税是采用超率累进税率计算的。只有先计算出增值率，即增值额占扣除项目金额的比例后，才能确定适用税率，并计算应纳税额。其计算公式如下。

$$增值率 = 增值额 / 扣除项目金额 \times 100\%$$

$$应纳税额 = \sum（每级距的土地增值额 \times 适用税率）$$

这种计算方法比较烦琐，要分段计算，汇总合计。因此，在实际工作中，一般采用速算扣除法计算。

$$应纳税额 = 土地增值额 \times 适用税率 - 扣除项目金额 \times 速算扣除率$$

【例6-84】 2×20年某房地产开发公司转让一块已开发的土地使用权，取得转让收入1 400万元，为取得土地使用权所支付金额320万元，开发土地成本65万元，开发土地的费用21万元，应纳有关税费77.7万元。计算应纳土地增值税如下。

开发费用21万元，未超过前两项成本之和的10%，可据实扣除。

扣除项目金额 =（320+65）×（1+20%）+21+77.7=560.7（万元）

增值额 =1 400-560.7=839.3（万元）

增值率 =839.3÷560.7×100%=149.69%

应纳税额 =839.3×50%-560.7×15%=335.545（万元）

【例6-85】 2×20年某房地产开发公司转让高级公寓一栋，获得货币收入7 500万元，获得购买方原准备盖楼的钢材2 100吨（每吨2 500元）。公司为取得土地使用权支付1 450万元，开发土地、建房及配套设施等支出2 110万元，支付开发费用480万元（其中：利息支出295万元，未超过承认标准），支付转让房地产有关的税金47万元。计算应纳税额如下。

收入额 =7 500+2 100×0.25=8 025（万元）

其他开发费用实际支出比例＝（480-295）÷（1 450+2 110）×100%=185÷3 560×100%=5.2%

超过5%的限额，按5%计算如下。

（1 450+2 110）×5%=178（万元）

扣除项目金额＝（1 450+2 110）×（1+20%）+295+178+47=4 792（万元）

增值额＝8 025-4 792=3 233（万元）

增值率＝3 233÷4 792×100%=67.5%

应纳税额＝3 233×40%-4 792×5%=1 053.6（万元）

（五）土地增值税的纳税申报

土地增值税的纳税申报分从事房地产开发（专营与兼营）的纳税人（即房地产开发公司）和其他纳税人进行，两类纳税人的纳税申报要求有所不同。

6.5.3 土地增值税的会计处理

（一）预缴土地增值税的会计处理

纳税人在项目全部竣工前转让房地产取得的收入，由于涉及成本计算及其他原因，而无法据以计算土地增值税，可以预缴土地增值税；待项目全部竣工、办理结算后，再进行清算，多退少补。计算预缴土地增值税时，其扣除项目金额的计算方法，由省、自治区、直辖市税务机关根据当地情况制定。

预缴土地增值税的会计处理与缴纳土地增值税相同，借记"应交税费——应交土地增值税"科目，贷记"银行存款"科目。

待房地产营业收入实现时，再按应交的土地增值税，借记"税金及附加"科目，贷记"应交税费——应交土地增值税"科目。

这样进行会计处理，在企业未实现营业收入（未进行结算）前，使"应交税费——应交土地增值税"科目出现借方余额，本是预缴的土地增值税，但可能会使财务会计报表的阅读者误认为企业"多缴了税款"。为此，企业可以增设"递延所得税"科目（该科目不仅可用于核算企业所得税，还可用于核算土地增值税）。

【例6-86】2×20年某房地产开发公司在某项目竣工前，预先售出部分房地产而取得收入200万元，假设应预缴土地增值税20万元；项目竣工后，工程全部收入500万元。按税法的规定，该项目应交土地增值税80万元。会计分录如下。

收到预收款时。

借：银行存款		2 000 000
贷：预收账款——××买主		2 000 000

按税务机关核定比例，预提应交土地增值税时。

借：递延所得税——土地增值税		200 000
贷：应交税费——应交土地增值税		200 000

预缴土地增值税时。

借：应交税费——应交土地增值税		200 000
贷：银行存款		200 000

实现收入、办理结算时。

借：预收账款——××买主		2 000 000
银行存款		3 600 000
贷：主营业务收入		5 000 000
应交税费——应交土地增值税		600 000

按土地增值税的规定，计算整个工程项目收入应交土地增值税时。

借：税金及附加		800 000
贷：应交税费——应交土地增值税		600 000
递延所得税——土地增值税		200 000

缴清应交土地增值税时。

借：应交税费——应交土地增值		600 000
贷：银行存款		600 000

（二）扣除项目的会计处理

计算土地增值税税额，关键是正确计算和确定扣除项目金额。由于转让房地产的情况千差万别，扣除项目金额的计算方法也有所不同。

1. 房地产开发企业

房地产开发企业应按照企业会计制度的要求，正确确定成本核算对象，正确归集分配费用，正确计算产品成本（总成本、单位成本）。此外，应设置备查簿，详细登记与计算土地增值税有关的各项资料，如取得土地使用权所付的金额、开发土地和建新房及配套设施的成本、费用等。

2. 非房地产开发企业

非房地产开发企业，包括外商投资房地产企业、从事房地产业务的股份制试点企业、对外经济合作企业以及兼营房地产业务的各类企业和单位。

按照税法规定，非房地产开发企业计算土地增值税过程中可扣除项包括：①含契税的土地使用权金额；②开发成本；③开发费用；④转让过程中的税费。

3. 转让的房地产

转让的房地产，指原来在企业"固定资产"账户进行核算和反映的房地产，这说明其是旧的或使用过的。对其扣除项目金额，不能以账面价值或净值计算，应以政府批准设立的房地产评估机构评定的重置成本乘以成新度折扣率后的价格计算。

（三）主营房地产业务的企业土地增值税的会计处理

主营房地产业务的企业，是指在企业的经营业务中，房地产业务是企业的主要经营业务，其经营收入在企业的经营收入中占有较大比重，并且直接影响企业的经济效益。

由于土地增值税是在转让房地产的流转环节纳税，并且是为了取得当期营业收入而支付的费用，因此，确认土地增值税应借记"税金及附加"等科目，贷记"应交税费——应交土地增值税"科目。实际缴纳土地增值税时，借记"应交税费——应交土地增值税"科目，贷记"银行存款"科目等。

1. 现货房地产销售

在现货房地产销售情况下，采用一次性收款、房地产移交使用、发票账单提交买主、钱货两清的，应于房地产已经移交和发票结算账单提交买主时作为销售实现，借记"银行存款"等科目，贷记"主营业务收入"等科目。同时，计算应由实现的营业收入负担的土地增值税，借记"税金及附加"等科目，贷记"应交税费——应交土地增值税"科目。

在现货房地产销售情况下，采用赊销、分期收款方式销售房地产的，应以合同规定的收款时间作为销售实现，分次结转收入。销售实现时，借记"银行存款"或"应收账款"科目，贷记"主营业务收入"等科目；同时，计算应由实现的营业收入负担的土地增值税，借记"税金及附加"等科目，贷记"应交税费——应交土地增值税"科目。

【例 6-87】 取得销售收入 75 000 000 元，会计分录如下。

收入实现时。

借：银行存款 75 000 000

贷：主营业务收入		75 000 000
借：原材料		5 250 000
贷：主营业务收入		5 250 000

确认应交土地增值税时。

借：税金及附加		10 536 000
贷：应交税费——应交土地增值税		10 536 000

2. 商品房预售

按照《中华人民共和国城市房地产管理法》的规定，商品房可以预售，但应符合下列条件：已交付全部土地使用权出让金，取得土地使用权证书；持有建设工程规划许可证；按提供预售的商品房计算，投入开发建设的资金达到总投资的 25% 以上，并已经确定工程进度和竣工交付日期；向县级以上人民政府房产管理部门办理预售登记，取得商品房预售许可证明。

商品房预售人应当按照国家有关规定，将预售合同报县级以上人民政府房产管理部门和土地管理部门登记备案。

在商品房预售的情况下，商品房交付使用前采取一次性收款或分次收款的，收到购房款时，借记"银行存款"科目，贷记"预收账款"科目；按规定预缴土地增值税时，借记"应交税费——应交土地增值税"科目，贷记"银行存款"等科目；待该商品房交付使用后，开出发票结算账单交给买主时，作为收入实现，借记"应收账款"科目，贷记"主营业务收入"科目；同时，将"预收账款"转入"应收账款"，并计算由实现的营业收入负担的土地增值税，借记"税金及附加"等科目，贷记"应交税费——应交土地增值税"科目。按照税法的规定，该项目全部竣工、办理决算后进行清算，企业收到退回多交的土地增值税时，借记"银行存款"等科目，贷记"应交税费——应交土地增值税"科目。补缴土地增值税时，则编制相反的会计分录。

（四）兼营房地产业务的企业土地增值税的会计处理

兼营房地产业务的企业，是指虽然经营房地产业务，但不是以此为主，而是兼营或附带经营房地产业务的企业。

兼营房地产业务的企业，转让房地产取得的收入，计算应由当期营业收入负担的土地增值税时，应记入"其他业务成本"科目。企业按规定计算出应交土地增值税时，借记"其他业务成本"科目，贷记"应交税费——应交土地增值税"科目。兼营房地产业务的企业如果没有设置"其他业务成本"科目，计算转让房地产应交土地增值税时，应记入相关科目。

企业实际缴纳土地增值税时，借记"应交税费——应交土地增值税"科目，贷记"银行存款"等科目。

【例 6-88】 兼营房地产业务的某金融公司，2×20 年按 5 000 元/平方米的价格购入一栋两层楼房，共计 2 000 平方米，支付价款 10 000 000 元。后来，该公司没有经过任何开发，以 9 000 元/平方米的价格出售楼房，取得转让收入 18 000 000 元，缴纳流转税 990 000 元。该公司既不能按转让房地产项目计算分摊利息支出，也不能提供金融机构证明。

（1）计算土地增值税税额。

第一步：确定扣除项目金额。

扣除项目金额 =10 000 000+10 000 000×10%+990 000=11 990 000（元）

第二步：计算增值额。

增值额 =18 000 000-11 990 000=6 010 000（元）

第三步：计算增值率。

增值率 =6 010 000÷11 990 000×100%=50.125%

第四步：计算土地增值税税额。

土地增值税税额 =6 010 000×40%-11 990 000×5%

=2 404 000-599 500=1 804 500（元）

（2）土地增值税的会计处理。

计提土地增值税时。

借：其他业务成本   1 804 500

  贷：应交税费——应交土地增值   1 804 500

实际缴纳土地增值税时。

借：应交税费——应交土地增值税   1 804 500

  贷：银行存款   1 804 500

（五）转让房地产的会计处理

企业转让国有土地使用权连同地上建筑物及其附着物，通过"固定资产清理"科目核算。按转让房地产取得的收入，借记"银行存款"等科目，贷记"固定资产清理"科目；按应交土地增值税，借记"固定资产清理"科目，贷记"应交税费——应交土地增值税"科目。

企业实际缴纳土地增值税时,借记"应交税费——应交土地增值税"科目,贷记"银行存款"等科目。

【例6-89】某非主营房地产的企业买进土地及建筑物,价值4 200 000元。三年后,该企业将土地使用权和地上建筑物一并转让给A企业,取得转让收入5 500 000元,应交流转税300 000元,转让时建筑物累计折旧400 000元。会计分录如下。

买进时。

借:固定资产	4 200 000
贷:银行存款	4 200 000

转让时。

借:固定资产清理	3 800 000
累计折旧	400 000
贷:固定资产	4 200 000

收到A企业的转让收入时。

借:银行存款	5 500 000
贷:固定资产清理	5 500 000

计算应纳土地增值税如下。

第一步:计算增值额。

5 500 000－4 200 000－300 000＝1 000 000(元)

第二步:计算增值率。

1 000 000÷4 500 000×100%＝22.22%

第三步:计算应纳税额。

1 000 000×30%＝300 000(元)

计提土地增值税时。

借:固定资产清理	300 000
贷:应交税费——应交土地增值税	300 000

缴纳税金时。

借:应交税费——应交土地增值税	300 000
贷:银行存款	300 000

转让以行政划拨方式取得的国有土地使用权,如仅转让国有土地使用权,转让时按应交土地增值税,借记"其他业务成本"等科目,贷记"应交税费——应交土地增值税"科目;如国有土地使用权连同地上建筑物及其附着物一并转让,计提应纳土地增值税时,借记"固定资产清理"科目,贷记"应交税费——应交土地增值税"科目。

【例6-90】2×20年某非主营房地产业务的企业转让以行政划拨方式取得的土地使用权,转让土地应补缴土地出让金50 000元,取得土地使用权转让收入200 000元,应支付有关税金10 000元。计算应纳土地增值税并编制会计分录如下。

补缴土地出让金,计入无形资产时。

借:无形资产 50 000
　　贷:银行存款 50 000

取得转让收入时。

借:银行存款 200 000
　　贷:其他业务收入 200 000

应交有关税金时。

借:其他业务成本 10 000
　　贷:应交税费——应交增值税等 10 000

计算应纳土地增值税如下。

增值额=200 000-50 000-10 000=140 000(元)

增值率=140 000÷60 000×100%=233%

应纳税额=140 000×60%-60 000×35%

　　　　=84 000-21 000=63 000(元)

计提土地增值税时。

借:其他业务成本 63 000
　　贷:应交税费——应交土地增值税 63 000

结转无形资产成本时。

借:其他业务成本 50 000
　　贷:无形资产 50 000

缴纳土地增值税及有关税金时。

借:应交税费——应交土地增值税 63 000

——应交增值税等	10 000
贷：银行存款	73 000

结转成本时。

借：本年利润	123 000
贷：其他业务成本	123 000

结转收入时。

借：其他业务收入	200 000
贷：本年利润	200 000

6.6 其他税会计

6.6.1 城市维护建设税会计

（一）城市维护建设税概述

城市维护建设税的计税依据是纳税人实际缴纳的增值税、消费税税额。城市维护建设税以增值税、消费税税额为计税依据，指仅对增值税、消费税征税，不包括税务机关对纳税人加收的滞纳金和罚款等非税款项。

城市维护建设税的纳税环节为纳税人缴纳增值税、消费税的环节。商品从生产到消费流转过程中，只要发生增值税、消费税的纳税行为，就要在缴纳增值税、消费税的同一环节分别计算缴纳城市维护建设税。

城市维护建设税税率按纳税人所在地，分别规定为：市区7%，县城和镇5%，不在市区、县城或者镇的1%。

城市维护建设税的适用税率，应当按纳税人所在地的规定税率执行。但是，对下列两种情况，可按缴纳增值税、消费税所在地的规定税率就地缴纳城市维护建设税：一是由受托方代征代扣增值税、消费税的单位和个人，其代征代扣的城市维护建设税按受托方所在地适用的税率缴纳；二是流动经营及无固定纳税地点的单位和个人,在经营地缴纳增值税、消费税,其城市维护建设税按经营地适用税率缴纳。

纳税人违反增值税、消费税法律法规而加收的滞纳金和罚款,不能作为城市维护建设税的计税依据,但纳税人在被查补增值税、消费税和被处以罚款时,应同时对其偷逃的城市维护建设税进行补征和罚款。

对出口货物按规定应退还的增值税、消费税,不能退还已缴纳的城市维护建设税。同时,对进口货物海关代征的增值税、消费税,也不代征城市维护建设税。

因减免增值税、消费税而发生退税,也要同时免征或减征城市维护建设税。

(二)城市维护建设税的会计处理

企业核算应缴纳城市维护建设税时,应设置"应交税费——应交城市维护建设税"科目。

【例 6-91】 某汽车厂所在地为省会,当月实际已纳增值税 300 万元、消费税 400 万元,计算应纳城市维护建设税并编制会计分录如下。

计提税金时。

借:税金及附加	490 000
贷:应交税费——应交城市维护建设税	490 000

缴纳税款时。

借:应交税费——应交城市维护建设税	490 000
贷:银行存款	490 000

6.6.2 印花税会计

(一)印花税的性质和意义

印花税是对经济活动和经济交往中书立、领受具有法律效力的凭证的行为征收的一种税。它属于行为课税。因其采用在凭证上粘贴印花税票的方法征税,故名印花税。

1624 年,荷兰率先开征印花税。中华人民共和国成立前,我国就有此税种。1950 年政务院公布了《印花税暂行条例》;1958 年税制改革时,将印花税并入工商统一税。随着改革开放日益扩大,商品经济迅速发展,国内和国际间经济交往更趋频繁。为了使国民经济健康稳定地发展,保护经营者合法权益,客观上要求建立社会主义市场经济的新秩序。在这种形势下,国家先后颁布了一系列经济法规,在经济活动中依法书立各种凭证已成为客观需要。因此,国务院于1988年8月正式颁布了《中华人民共和国印花税暂行条例》,决定从1988年10月1日起恢复征收印花税。

2021年6月10日,第十三届全国人民代表大会常务委员会第二十九次会议通过《中华人民共和国印花税法》,自2022年7月1日施行。

在我国现阶段征收印花税具有多方面的意义,具体内容如图6-11所示。

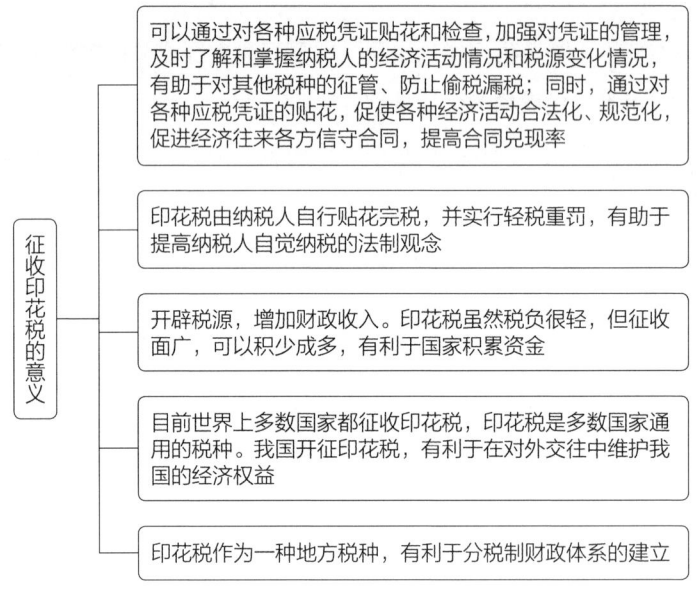

图6-11 征收印花税的意义

(二)印花税的纳税范围和纳税人

印花税法所称应税凭证,是指本法所附《印花税税目税率表》列明的合同、产权转移书据和营业账簿。具体包括13个税目,包括的10类经济合同:购销合同、加工承揽合同、建设工程勘察设计合同、建筑安装工程承包合同、财产租赁合同、货物运输合同、仓储保管合同、借款合同、财产保险合同、技术合同。除合同之外的征税项目还包括产权转移书据,营业账簿,权利、许可证照。

在中华人民共和国境内书立应税凭证、进行证券交易的单位和个人,为印花税的纳税人,应当依照印花税法规定缴纳印花税。在中华人民共和国境外书立在境内使用的应税凭证的单位和个人,应当依照印花税法规定缴纳印花税。

根据书立、领受应纳税凭证的不同,纳税人可以分为立合同人、立账簿人、立据人和领受人。同一应税凭证载有两个以上税目事项并分别列明金额的，按照各自适用的税目税率分别计算应纳税额；未分别列明金额的，从高适用税率。同一应税凭证由两方以上当事人书立的，按照各自涉及的金额分别计算应纳税额。

（三）印花税的税目、税率

1. 税目

《中华人民共和国印花税暂行条例》将印花税的税目分为五类，即：合同或具有合同性质的凭证；产权转移书据；营业账簿；权利许可证照；经财政部确定征税的其他凭证。

2. 税率

印花税采用比例税率和定额税率两种税率。

（1）比例税率。

印花税的比例税率共有四个档次，即：1‰、0.5‰、0.3‰、0.05‰。按比例税率征税的有：各类经济合同及合同性质的凭证，记载有金额的账簿，产权转移书据等。这些凭证一般都记有金额，按比例纳税，金额多的多缴纳，金额少的少缴纳，既能保证财政收入，又能体现合理负担的征税原则对营业账簿科目采取特殊税收优惠政策，即按实收资本（股本）、资本公积合计金额的万分之二点五计税。

（2）定额税率。

印花税的定额税率是按件定额贴花，每件5元。定额税率主要适用于其他账簿、权利许可证照等。因为这些凭证不属资金账或没有金额记载，规定按件定额纳税，可以方便纳税和简化征管。

（四）印花税应纳税额的计算

1. 按比例税率计算

先确定计税金额。各种凭证的计税依据在《印花税税目税率表》中都有明确规定。例如，购销合同的计税依据是购销金额，加工承揽合同的计税依据是加工或承揽收入。如果凭证只记载数量，没有记载金额，应按物价部门规定的价格计算确定计税金额；如果物价部门没有确定价格的，应按凭证书立时的市场价格计算确定计税金额。按比例税率计算税额的计算公式如下。

$$应纳税额 = 应税金额 \times 适用税率$$

印花税最低税额为 0.10 元。按适用税率计算出的应纳税额不足 0.10 元的凭证，免贴印花税。应纳税额在 0.10 元以上的，按四舍五入规则，其尾数不满 0.05 元的不计，满 0.05 元的按 0.10 元计算。财产租赁合同纳税起点为 1 元，即税额超过 0.10 元，但不足 1 元的，按 1 元纳税。

2. 按定额税率计算

$$应纳税额 = 应税凭证件数 \times 适用单位税额$$

【例 6-92】 2×20 年甲企业向乙企业购买钢材，双方签订购销合同，总价值为 300 000 元，合同书一式两份，计算应纳印花税。

因甲企业和乙企业都是签订合同的当事人，故均为纳税人。购销合同的税率为 0.3‰，双方各应纳税额如下。

300 000×0.3‰ =90（元）

甲、乙两企业各自应购买印花税票 90 元，贴在各自留存的合同上，并在每枚税票骑缝处盖戳注销或划销。

【例 6-93】 2×20 年 1 月 1 日某企业新启用"实收资本"和"资本公积"账簿，期初余额分别为 2 400 000 元和 800 000 元。计算该企业"实收资本"和"资本公积"账簿应纳印花税额如下。

应纳税额 =（2 400 000+800 000）×0.25‰ =800（元）

（五）贴花和免税规定

1. 纳税人贴花必须遵守的规定

（1）纳税人在应纳税凭证书立或领受时即行贴花完税，不得延至凭证生效日期贴花。

（2）印花税票应贴在应纳税凭证上，并由纳税人在每枚税票的骑缝处盖戳注销或划销，严禁揭下重用。

（3）已贴花的凭证，凡修改后所载金额增加的部分，应补贴印花。

（4）对已贴花的各类应纳税凭证，纳税人应按规定期限保管，不得私自销毁，以备纳税检查。

（5）合同在签订时无法确定计税金额的，采取两次纳税方法。签订合同时，先按每件合同定额贴花 5 元；结算时，再按实际金额和适用税率计税，补贴印花。

（6）不论合同是否兑现或是否按期兑现，已贴印花不得撕下重用，已缴纳的印花税款不得退税。

（7）未贴或少贴印花税票，除补贴印花税票外，应处以应补印花税票金额50%以上5倍以下罚款；已粘贴的印花税票，未注销或未划销的，税务机关可处以未注销、未划销印花税票金额50%以上5倍以下罚款；已贴用的印花税票揭下重用的，税务机关可处以重用印花税票金额50%以上5倍以下罚款。

2. 下列凭证免纳印花税

（1）已缴纳印花税的凭证的副本或抄本。

（2）财产所有人将财产赠给政府、社会福利单位、学校所立的书据。

（3）经财政部批准的其他凭证。

（六）印花税的会计处理

企业缴纳印花税，一般是自行计算、购买、贴花、注销，不会形成税款债务，为了简化会计处理，可以不通过"应交税费"科目核算，在缴纳时直接贷记"银行存款"科目。由于印花税的适用范围较广，其应记入科目应视业务的具体情况予以确定：若是固定资产、无形资产购销、转让、租赁，作为购买方或承受方、承租方，其支付的印花税应借记"固定资产""无形资产""管理费用"等科目；作为销售方或转让方、出租方，其支付的印花税应借记"固定资产清理""其他业务成本"等科目。在其他情况下，企业支付的印花税，应通过"税金及附加"核算。

【例6-94】 某建筑安装公司2×20年1月承包某工厂建筑工程一项，工程造价为6 000万元，按照经济合同法，双方签订建筑工程合同。订立建筑工程合同，应按合同金额的0.3‰贴花。计算应纳印花税并编制会计分录如下。

应纳税额 =60 000 000×0.3‰ =18 000（元）

缴纳印花税时。

借：税金及附加　　　　　　　　　　　　　　　　　　　　18 000
　　贷：银行存款　　　　　　　　　　　　　　　　　　　　18 000

按规定，各种合同应于合同正式签订时贴花。建筑公司应在自己的合同正本上贴花18 000元，由于该份合同应纳税额超过500元，所以该公司应向税务机关申请填写缴款书或完税凭证，将其中一联粘贴在合同上或由税务机关在合同上加注完税标记。

【例6-95】某公司于2×18年6月开业,领受房屋产权证、工商营业执照、商标注册证、土地使用证各一件。公司营业账簿中,生产经营账册中实收资本为300万元、资本公积为80万元,其他账簿8本。计算应纳印花税并编制会计分录如下。

领取权利许可证照,应按件贴花5元。公司的生产经营账簿应按所载资本总额的0.5‰贴花,其他账簿应按件贴花5元。

应纳税额=(3 000 000+800 000)×0.25‰+(8×5)+(4×5)

=950+40+20=1 010(元)

缴纳印花税时。

借:税金及附加　　　　　　　　　　　　　　　　　1 010

　　贷:银行存款　　　　　　　　　　　　　　　　　　1 010

6.6.3　耕地占用税会计

(一)耕地占用税的特点及其征收意义

耕地占用税是国家向占用耕地建房或从事其他非农业生产建设的单位和个人征收的一种税。

耕地占用税是1987年4月1日开征的,它是农村税收的一部分。耕地占用税的主要特点如下。首先,税收负担的一次性。耕地占用税以单位和个人实际占用的耕地面积计税,按照规定的税额标准一次性征收。其次,征收对象的特定性。耕地占用税是对特定的行为征税,即只对占用耕地建房或从事其他非农业生产建设的单位和个人征税。再次,税收用途的补偿性。国家将征收的耕地占用税设立土地开发基金,全部用于开发农用耕地资源上,而不得用于其他方面,也不存在参与预算平衡并对资金再分配的问题。最后,征收标准有很大的灵活性。国家只规定每平方米的最高和最低限额,各地可根据本地人均占地面积和经济发展水平,确定当地的具体适用税额标准。不过,在减免权上实行高度集中,除中央有明文规定的范围外,地方无权减免。

国家征收耕地占用税的作用和意义如下。

第一,运用行政和经济手段,加强土地管理,防止乱占滥用耕地,鼓励各种建设尽量不占用耕地或少占用耕地,起到保护耕地的作用。

第二,筹集资金,为大规模的农业综合开发提供必要的资金来源。

（二）耕地占用税的纳税人

凡是占用耕地建房或从事其他非农业生产建设的单位和个人，都是耕地占用税的纳税人。具体包括：国家机关、国有企业、事业单位；城乡集体企业、事业和行政单位；城乡居民个人和其他公民。

（三）耕地占用税的纳税范围和纳税对象

耕地占用税的纳税范围：种植粮食作物、经济作物和油料作物的土地，包括粮田、棉田、烟田、蔗田等；菜地，包括种植各种蔬菜的土地；园地，包括苗圃、花圃、茶园、桑园、果园和其他种植经济林木的土地；鱼塘；其他农用土地，指已经开发从事种植、养殖的滩涂、草场、水面和林地等。

耕地占用税的纳税对象，是指以占用农用耕地建房或者从事其他非农业生产建设的行为。

（四）耕地占用税的计税依据和税率

耕地占用税的计税依据是实际占用耕地的面积。以平方米为单位，采用定额税率，一次征收，并以县为单位，根据人均占用耕地的多少，规定有幅度的税率。一般来说，人口稠密、人均耕地较少、经济比较发达、非农业占地问题比较突出、土地质量较好的地方，税率就高些；反之，税率就低些。农民新建自用住宅，则从轻征税。具体规定如下。

（1）以县为单位，人均耕地在1亩以下（含1亩）的地区，10～50元/平方米。

（2）人均耕地在1～2亩（含2亩）的地区，8～40元/平方米；人均耕地在2～3亩（含3亩）的地区，6～30元/平方米；人均耕地在3亩以上的地区，5～25元/平方米；农村居民占用耕地新建住宅，按上述规定税额减半征收；经济特区、经济技术开发区和经济发达、人均耕地特别少的地区，适用税额可以适当提高，但是最高不得超过上述规定税额的50%。

为协调税收政策，避免毗邻地区税额悬殊，以利于组织开展征收管理工作，保证耕地占用税的顺利实施，财政部对各省、自治区、直辖市统一核定的每平方米平均税额为：上海为45元，北京为40元，天津为35元，浙江、福建、江苏、广东为30元，湖北、湖南、辽宁为25元，河北、山东、江西、安徽、河南、四川、重庆为22.5元，广西、陕西、贵州、云南、海南为20元，山西、黑龙江、吉林为17.5元，甘肃、宁夏、青海、新疆、内蒙古、西藏为12.5元。

各省、自治区、直辖市对所属县（市）的适用税额，可根据不同情况，有差别地核定，但平均数不得低于上述核定的平均税额。

（五）耕地占用税的减免

1. 优惠减免规定

（1）外国投资者在我国境内举办的中外合资经营企业、中外合作经营企业、外商独资企业占用耕地，给予免税。

（2）农村居民（指农业户口居民，包括渔民和牧民）占用耕地建设自用的住宅，按规定税额减半征收。

（3）直接为农业生产服务的农田水利设施占用耕地，可给予免税。

2. 政策性减免规定

（1）部队军事设施占用耕地给予免税。

（2）铁路线路占用耕地给予免税（指国家和地方修建的铁路线路以及按规定两侧留地和沿线的车站、装卸用货场、仓库等占用耕地）。

（3）民用机场占用耕地免税（指飞机跑道、停机坪、机场内必要的空地，以及候机楼、指挥塔、雷达设施占用的耕地）。

（4）炸药库占用耕地免税（指国家物资储备部门炸药专用库房，以及为保证安全所必须占用的耕地）。

3. 社会性减免规定

（1）学校占用耕地可免税（指全日制的大、中、小学校以及部门、企业办的学校的教学用房、实验室、操场、图书馆、办公室及师生或员工食堂、宿舍用地）。

（2）医院占用耕地可免税（包括部队、部门、企业职工医院、卫生院、医疗站、诊所占用的耕地）。

（3）幼儿园、敬老院、殡仪馆、火葬场占用耕地，给予免税。

（4）水库移民、灾民、难民建住宅占用耕地，给予免税。

（5）农村烈士家属、残疾军人、鳏寡孤独以及革命老根据地、少数民族聚居区和边远贫困山区生活困难的农村居民，在规定用地标准内新建住宅缴纳耕地占用税确有困难的，经所在地乡（镇）人民政府审核，报经县级人民政府批准的，可给予减税或免税。

（6）公路建设占用耕地的耕地占用税，可在耕地占用税法规定税额范围内，按最低税额征收。

（六）耕地占用税的纳税环节和纳税期限

1. 纳税环节

耕地占用税的纳税环节，按占用耕地的时间，分为用地前纳税和用地后纳税。用地前纳税，又可分为用地批准前纳税和批准后、划拨用地前纳税。

2. 纳税期限

纳税人必须在土地管理部门批准占用耕地之日起三十日内缴纳耕地占用税。但由于纳税的环节不同，纳税期限也有不同：实行用地批准前纳税的，只要求在申请用地至报批前纳税；实行用地批准后，划拨用地前纳税的，应以用地单位接到土地管理部门的批准用地通知或财政部门下达纳税通知书之日算起三十日内缴纳耕地占用税；实行用地后纳税的，要求纳税人从占用耕地之日算起三十日内向征收机关申报纳税。

（七）耕地占用税的计算

耕地占用税的计税依据是实际占用耕地的面积。

耕地占用税实行的是定额税制，采取差别税率，即按各地区人均耕地面积，确定每平方米适用的税额。

耕地占用税的税额，以县为单位，按人均占用耕地的多少，并参考经济发展情况确定。

【例6-96】 2×20年江西省某县一食品加工厂征用一块面积为15 000平方米的菜地进行食品加工生产，江西省规定耕地占用税的单位税额执行国家核定的标准，即22.5元/平方米。占用耕地满一年后，则按2元/平方米缴纳城镇土地使用税。计算应纳耕田占用税和城镇土地使用税如下。

应纳耕地占用税税额 =15 000×22.5=337 500（元）

应纳城镇土地使用税税额 =15 000×2=30 000（元）

（八）耕地占用税的会计处理

由于耕地占用税于占用耕地时一次性缴纳，建设单位可将其记入"长期待摊费用"科目。计算出应交耕地占用税后，借记"长期待摊费用"科目，贷记"应交税费——应交耕地占用税"科目。持续经营中的企业因占用耕地而应交耕地占用税时，借记"在建工程"科目，贷记"应交税费——应交耕地占用税"科目或直接贷记"银行存款"科目。

【例6-97】2×20年某新建服装厂征用一块面积为1万平方米的耕地建厂，当地核定的耕地占用税单位税额是4元/平方米。计算该厂应纳耕地占用税并编制会计分录如下。

应纳税额 =10 000×4=40 000（元）

在筹建期间计提税金时。

借：长期待摊费用——开办费　　　　　　　　　　40 000
　　贷：应交税费——应交耕地占用税　　　　　　　　　40 000

开始生产经营当月。

借：管理费用　　　　　　　　　　　　　　　　　40 000
　　贷：长期待摊费用——开办费　　　　　　　　　　　40 000

若该厂不作为建设单位而作为生产企业，计提税金时。

借：在建工程　　　　　　　　　　　　　　　　　40 000
　　贷：应交税费——应交耕地占用税　　　　　　　　　40 000

缴纳税款时。

借：应交税费——应交耕地占用税　　　　　　　　40 000
　　贷：银行存款　　　　　　　　　　　　　　　　　　40 000

6.6.4　城镇土地使用税会计

（一）城镇土地使用税的纳税人

城镇土地使用税的纳税人是在我国境内使用土地的单位和个人。

拥有土地使用权的纳税人不在土地所在地的，该土地的代管人或实际使用人承担纳税义务；土地使用权未确定或权属纠纷未解决的，由实际使用人纳税；土地使用权为多方共有的，由共有各方分别纳税。

（二）城镇土地使用税的纳税范围和计税依据

城镇土地使用税在城市、县城、建制镇、工矿区开征，凡是在纳税范围内的土地（农业用地除外），不论国家或集体，不论单位或个人，只要是非农业用地，都应照章缴纳城镇土地使用税。目前，尚未对农村非农业用地计征城镇土地使用税。

城市是指经国务院批准设立的市，其纳税范围为市区和郊区。郊区是指设立街道办事处和居民委员会的地区，不包括农村。

县城是指县人民政府所在地,其纳税范围是县政府所在地的城镇。

建制镇是指经省、自治区、直辖市人民政府批准设立的建制镇,其纳税范围是镇政府所在地,不包括所辖的其他村。

工矿区是指工商业比较发达,人口比较集中,符合国务院规定的建制镇标准,但尚未设立建制镇的大中型工矿企业所在地。工矿区必须经省、自治区、直辖市人民政府批准。

城镇土地使用税以纳税人实际占用的土地面积为计税依据。土地占用面积的组织测量工作,由省、自治区、直辖市人民政府根据实际情况确定。税务机关根据纳税人实际使用的土地面积,按照规定的税额计算应纳税额。

由于土地测量工作技术性强、工作量大,凡纳税人持有政府部门核发的土地使用证书,以证书确认的土地使用面积为准;尚未核发土地使用证书的,由纳税人据实申报土地面积,待土地面积测定后,按测定面积进行调整。

(三)城镇土地使用税的税率

城镇土地使用税采用定额税率。城镇土地使用税定额税率是根据我国经济发展状况,参考城市主要经济指标,结合不同地区收取土地占用费的金额标准测算确定的。

大、中、小城市以公安部门登记在册的非农业正式户口人数为依据,按照国务院颁布的《城市规划条例》中规定的标准划分。人数在50万以上者为大城市,人数在20万～50万者为中等城市,人数在20万以下者为小城市。

各省、自治区和直辖市人民政府可根据市政建设情况和经济繁荣程度在规定税额幅度内,确定所辖地区的适用税额幅度。

我国现行的城镇土地使用税税率:大城市1.5～30元;中等城市1.2～24元;小城市0.9～18元;县城、建制镇、工矿区0.6～12元。

(四)城镇土地使用税的免税

以下用地免征城镇土地使用税。

(1)国家机关、人民团体、军队自用的土地(仅指这些单位的办公用地和公务用地)。

(2)由国家财政部门拨付事业经费的单位自用的土地。

(3)宗教寺庙、公园、名胜古迹自用的土地(公园、名胜古迹中附设的营业单位、影剧院、饮食部、茶社、照相馆等均应按规定缴纳土地使用税)。

(4)市政街道、广场、绿化地带等公用土地。

（5）直接用于农、林、牧、渔业的生产用地。

（6）经批准开山填海整治的土地和改造的废弃土地，从使用月份起免缴城镇土地使用税5～10年。

（7）火电厂厂区围墙外的灰场、输灰管、输油（气）管、铁路专用线占地。

（8）水电站的除发电厂房、生产、生活、办公用地外的其他用地。

（9）供电部门的输电线路用地，变电站用地。

（10）水利设施及其管护用地。

（11）生产核系列产品的厂矿（生活区、办公室用地除外）。

（12）开航机场的机场飞行区用地，场内外通信导航设施用地、飞行区四周排水防洪设施用地和机场场外道路用地。

（13）企业办的学校、医院、托儿所、幼儿园的自用土地。

（14）由财政部、税务机关另行规定的能源、交通、水利设施用地及其他用地。

（15）农民自用住宅地。

（五）城镇土地使用税的纳税期限

城镇土地使用税按年计算，分期缴纳。缴纳期限由省、自治区、直辖市人民政府确定。

新征用的土地，如属于耕地，自批准征用之日起满一年时开始缴纳城镇土地使用税；如属于非耕地，则自批准征用次月起缴纳城镇土地使用税。

（六）城镇土地使用税的计算

城镇土地使用税以纳税人实际使用的土地面积为依据，依照规定的税额，按年计算，分期缴纳。城镇土地使用税的计算公式如下。

$$应纳税额 = 应税土地的实际使用面积 \times 适用单位税额$$

【例6-98】 2×20年某厂实际占用土地40 000平方米，其中企业自己办的托儿所占地200平方米，企业自己办的医院占地2 000平方米。该厂位于中等城市，当地人民政府核定该企业的城镇土地使用税单位税额为9元/平方米。计算该厂年度应纳城镇土地使用税税额。

按照规定，企业自办的托儿所、医院占用的土地，可以免征城镇土地使用税，因而该厂年度应纳城镇土地使用税如下。

应纳税额=（40 000-200-2 000）×9=340 200（元）

（七）城镇土地使用税的会计处理

缴纳城镇土地使用税的单位，应于会计年度终了时预计应交税费数额，记入当期的"管理费用""销售费用""长期待摊费用"等科目；年终后，再与税务机关结算。

计提税金时。

借：税金及附加
　　贷：应交税费——应交城镇土地使用税

结算并缴纳时。

借：应交税费——应交城镇土地使用税
　　贷：银行存款

【例6-99】2×20年某工业企业占用土地4 000平方米，该企业位于中等城市，当地人民政府核定该企业的城镇土地使用税单位税额为9元/平方米。计算该企业应纳城镇土地使用税并编制会计分录如下。

应纳税额 =4 000×9=36 000（元）

计提税金时。

借：税金及附加	36 000
贷：应交税费——应交城镇土地使用税	36 000

缴纳时。

借：应交税费——应交城镇土地使用税	36 000
贷：银行存款	36 000

6.6.5　房产税会计

（一）房产税的纳税人

凡在中华人民共和国境内拥有房屋产权的单位和个人均为房产税的纳税义务人。其中，产权属于全民所有的，其经营管理的单位和个人为纳税义务人；产权出典的，承典人为纳税义务人；产权所有人、承典人不在房产所在地，或者产权未确定或租典纠纷未解决的，房产代管人或者使用人为纳税义务人。

（二）房产税的纳税范围和计税依据

房产税的纳税对象是我国境内的房屋（房产）。房产税的纳税范围为城市、县城、工矿区、建制镇。

房产税以房产余值或租金为计税依据。房产评估值是指房产在评估时的市场价值。房产评估值由省、自治区、直辖市人民政府认定的专门资产评估机构进行评估。房产评估值由评估机构每3～5年评估一次，具体时间由省、自治区、直辖市人民政府确定。

（三）房产税的税率

自用房产，税率为1.2%；出租房产，税率为12%；个人出租住房的，税率为4%。

（四）房产税的减免

按《中华人民共和国房产税暂行条例》的规定，下列房产免征房产税：国家机关、人民团体、军队自用的房产；由国家财政部门拨付事业经费的单位自用的房产；宗教寺庙、公园、名胜古迹自用的房产；个人所有非营业用的房产。房地产开发企业建造的商品房，在售出前，免缴房产税；但在售出前本企业已使用或出租、出借的商品房，应按规定缴纳房产税。

（五）房产税应纳税额的计算和缴纳

实际操作时，可按以下两种方法计算房产税。

第一种方法。按房产原值一次减除10%～30%后的余值计算。其计算公式如下。

年应纳税额 = 房产账面原值 ×[1 − 扣除比例（10%～30%）]× 1.2%

第二种方法。按租金收入计算，其计算公式如下。

年应纳税额 = 年租金收入 × 适用税率（12%）

房产税按年计算，分期（月、季、半年）缴纳。购置新建商品房、存量房、出租、出借房产，房地产开发企业自用、出租、出借自建商品房，自交付使用或办理权属转移之次月起，计缴房产税和城镇土地使用税。具体缴纳期限，由省、自治区、直辖市人民政府规定。

（六）房产税的会计处理

企业按规定缴纳的房产税，应在"税金及附加"等账户中按实列支。

预提税金时。

借：税金及附加
　　贷：应交税费——应交房产税

缴纳税金时。

借：应交税费——应交房产税
　　贷：银行存款

【例 6-100】某企业 2×20 年拥有房产原值 660 万元，其中有一部分房产为企业办幼儿园使用，原值 100 万元。当地政府规定，按原值一次减除 20% 后的余值缴纳房产税。按年计算，分月缴纳。房产税税率为 1.2%，计算该企业应纳房产税并编制会计分录如下。

年应纳税额 =（660-100）×（1-20%）×1.2%=5.376（万元）

月应纳税额 =53 760÷12=4 480（元）

每月预提税金时。

借：税金及附加　　　　　　　　　　　　　　　　　　4 480
　　贷：应交税费——应交房产税　　　　　　　　　　4 480

每月缴纳税金时。

借：应交税费——应交房产税　　　　　　　　　　　　4 480
　　贷：银行存款　　　　　　　　　　　　　　　　　4 480

6.6.6　车船税会计

（一）车船税的纳税人

车船税的纳税人是指在中华人民共和国境内拥有车船的单位和个人。

所谓"拥有"，是指拥有车船的产权。只要拥有车船的所有权，不论其是否使用，均需照章纳税。如有租赁关系，所有权人与使用人不一致时，应由租赁双方协商确定纳税人，租赁双方未商定的，使用人为纳税人。

（二）车船税的纳税范围和计税依据

车船税的纳税对象是税法规定的车辆和船舶。纳税范围包括机动车、非机动车和船舶。机动车包括乘人车、载货车、二轮摩托车、三轮摩托车，非机动车包括畜力车、人力车、自行车等，船舶包括机动船、非机动船。

车船税对各类车船分别以辆、净吨位和载重吨位为计税依据。除载货车以外的各种车辆，不论是机动车还是非机动车，均按辆计征；载货车和机动船按净吨位计征；非机动船按载重吨位计征。

（三）车船税的税率

车船税的船舶税额表和车辆税额表如表 6-1 所示。

表 6-1 车船税的船舶税额表和车辆税额表

税目		计税单位	年基准税额	备注
乘用车按发动机汽缸容量（排气量分档）	1.0 升（含）以下的	每辆	60~360 元	核定载客人数 9 人（含）以下
	1.0 升以上至 1.6 升（含）的		300~540 元	
	1.6 升以上至 2.0 升（含）的		360~660 元	
	2.0 升以上至 2.5 升（含）的		660~1 200 元	
	2.5 升以上至 3.0 升（含）的		1 200~2 400 元	
	3.0 升以上至 4.0 升（含）的		2 400~3 600 元	
	4.0 升以上的		3 600~5 400 元	
商用车	客车	每辆	480~1 440 元	核定载客人数 9 人以上，包括电车
	货车	整备质量每吨	16~120 元	包括半挂牵引车、三轮汽车和低速载货汽车等
其他车辆	专用作业车	整备质量每吨	16~120 元	不包括拖拉机
	轮式专用机械车		16~120 元	
摩托车		每辆	36~180 元	
船舶	机动船舶	净吨位每吨	3~6 元	拖船、非机动驳船分别按照机动船舶税额的 50% 计算；游艇的税额另行规定
	游艇	艇身长度每米	600~2 000 元	

（四）车船税的免税

根据《车船税法》规定，下列车船免征车船税：国家机关、人民团体、军队自用的车船（用于生活、经营的除外）；由国家财政部门拨付事业经费的单位自用的车船（用于生活、经营的除外）；载重量不超过一吨的渔船；专供上下客货及存货用的趸船、浮桥用船；各地消防车船、洒水车、囚车、警用车船、防疫车船、救护车船、垃圾车船、港作车船、工程船；按有关规定缴纳船舶吨税的船。

此外，个人自有自用的自行车和其他非营业用的非机动车船，征收或免征车船税，由省、自治区、直辖市人民政府确定。

（五）车船税应纳税额的计算和缴纳

车船税应纳税额的计算公式如下。

$$应纳税额 = 计税标准 \times 年税额$$

各类不同车船的应纳税额具体计算公式如下。

$$机动车（不包括载货车）和非机动车应纳税额 = 车辆数 \times 适用单位税额$$

$$机动船和载货车应纳税额 = 净吨位数 \times 适用单位税额$$

$$非机动船应纳税额 = 载重吨位数 \times 适用单位税额$$

车船税实行按年征收、分期缴纳，纳税期限由省、自治区、直辖市人民政府确定。

（六）车船税的会计处理

企业按规定缴纳的车船税，应在"税金及附加"账户中列支，并作会计分录如下。

预提税金时。

借：税金及附加
　　贷：应交税费——应交车船税

缴纳税金时。

借：应交税费——应交车船税
　　贷：银行存款

【例6-101】 2×20年某公司拥有乘用车2辆，年单位税额400元；货车1辆，载重120吨，年单位税额60元。按季预缴车船税。计算应纳车船税并编制会计分录如下。

年应纳税额 =2×400+120×60=8 000（元）

季应缴税额 =8 000÷4=2 000（元）

每季预提税金时。

借：税金及附加	2 000
贷：应交税费——应交车船税	2 000

每季缴纳税金时。

借：应交税费——应交车船税	2 000
贷：银行存款	2 000

6.6.7 契税会计

(一)契税的纳税人

在我国境内转移土地、房屋权属,承受的单位和个人为契税的纳税人。

契税的纳税人为房屋的产权承受人,包括购买人、承典人、赠与承受人。以房屋抵债的买卖行为,以债权人为纳税人。承典人转典房,新的承典人为纳税人。契税的纳税人具体包括:城镇、乡村的居民个人;私营组织和个体工商户;外资企业、外国人。

转移土地、房屋权属是指下列行为。

(1)国有土地使用权出让。

(2)土地使用权转让,包括出售、赠与和交换,不包括农村集体土地承包经营权的转移。

(3)房屋买卖。

(4)房屋赠与。

(5)房屋交换。

(二)契税的计税依据

契税的计税依据如下。

(1)国有土地使用权出让、土地使用权出售、房屋买卖,为成交价格。

(2)土地使用权赠与、房屋赠与,由征收机关参照土地使用权出售、房屋买卖的市场价格核定。

(3)土地使用权交换、房屋交换,为所交换的土地使用权、房屋的价格的差额。

成交价格明显低于市场价格并且无正当理由的,或者所交换土地使用权、房屋的价格的差额明显不合理并且无正当理由的,由征收机关参照市场价格核定。

(三)契税的税率

契税的计税依据如下:

(1)国有土地使用权出让、土地使用权出售、房屋买卖,为成交价格;

(2)土地使用权赠与、房屋赠与,由征收机关参照土地使用权出售、房屋买卖的市场价格核定;

(3)土地使用权交换、房屋交换,为所交换的土地使用权、房屋的价格的差额。

成交价格明显低于市场价格并且无正当理由的,或者所交换土地使用权、房屋的价格的差额明显不合理并且无正当理由的,由征收机关参照市场价格核定。

(四)契税的减免

有下列情形之一的,减征或者免征契税。

(1)国家机关、事业单位、社会团体、军事单位承受土地、房屋用于办公、教学、医疗、科研和军事设施的,免征契税。

(2)城镇职工按规定第一次购买公有住房的,免征契税。

(3)因不可抗力灭失住房而重新购买住房的,酌情准予减征或者免征契税。

(4)土地、房屋被县级以上人民政府征用、占用后,重新承受土地、房屋权属的,是否减征或者免征契税,由省、自治区、直辖市人民政府确定。

(5)纳税人承受荒山、荒沟、荒丘、荒滩土地使用权,用于农、林、牧、渔业生产的,免征契税。

(6)依照我国有关法律规定以及我国缔结或参加的双边和多边条约或协定的规定应当予以免税的外国驻华使馆、领事馆、联合国驻华机构及其外交代表、领事官员和其他外交人员承受土地、房屋权属的,经外交部确认,可以免征契税。

经批准减征、免征契税的纳税人,改变有关土地、房屋的用途的,就不再属于减征、免征契税范围,并且应当补缴已经减征、免征的税款。

(五)契税的税收优惠

有下列情形之一的,减征或者免征契税:

(1)国家机关、事业单位、社会团体、军事单位承受土地、房屋用于办公、教学、医疗、科研和军事设施的,免征契税;

(2)城镇职工按规定第一次购买公有住房的,免征契税;

(3)因不可抗力灭失住房而重新购买住房的,酌情准予减征或者免征契税;

(4)土地、房屋被县级以上人民政府征用、占用后,重新承受土地、房屋权属的,是否减征或者免征契税,由省、自治区、直辖市人民政府确定;

(5)纳税人承受荒山、荒沟、荒丘、荒滩土地使用权,用于农、林、牧、渔业生产的,免征契税;

(6)依照我国有关法律规定以及我国缔结或参加的双边和多边条约或协定

的规定应当予以免税的外国驻华使馆、领事馆、联合国驻华机构及其外交代表、领事官员和其他外交人员承受土地、房屋权属的，经外交部确认，可以免征契税。

经批准减征、免征契税的纳税人，改变有关土地、房屋的用途的，就不再属于减征、免征契税范围，并且应当补缴已经减征、免征的税款。

（六）契税的计算

契税应纳税额的计算公式如下。

$$应纳税额 = 计税依据 \times 税率$$

应纳税额以人民币计算。转移土地、房屋权属以外汇结算的，按照纳税义务发生之日中国人民银行公布的人民币市场汇率中间价折合成人民币计算。

（七）契税的会计处理

企业取得房屋、土地使用权后，计算应交契税时。

借：固定资产、无形资产

  贷：应交税费——应交契税

企业缴纳税金时。

借：应交税费——应交契税

  贷：银行存款

企业也可以不通过"应交税费——应交契税"科目核算应交契税。当实际缴纳契税时，借记"固定资产""无形资产"科目，贷记"银行存款"科目。

【例6-102】 2×20年某企业以980万元购得一块土地的使用权，当地规定契税税率为3%，计算应纳契税并编制会计分录如下。

应纳税额 =980×3%=29.4（万元）

借：无形资产——土地使用权   294 000

  贷：银行存款   294 000

6.6.8 车辆购置税会计

（一）车辆购置税的纳税人

在我国境内购置应税车辆的单位和个人为车辆购置税的纳税人。"单位"指各类企业和事业单位、社会团体、国家机关、部队等，"个人"指个体工商户及其他个人。"购置"包括购买、进口、自产、受赠、获奖或以其他方式取得并自用应税车辆的行为。

（二）车辆购置税的纳税范围和计税依据

车辆购置税的纳税范围包括各类汽车、各类摩托车、电车（有轨、无轨）、挂车（全挂、半挂）、农用运输车（三轮、四轮）。

根据不同情况确认车辆购置税的计税依据。

（1）纳税人购买自用的应税车辆的计税依据，为购买应税车辆而支付给销售者的全部价款和价外费用，不包括增值税税款。

（2）纳税人进口自用的应税车辆的计税依据按下式计算。

$$组成计税价格 = 关税完税价格 + 关税 + 消费税$$

（3）纳税人自产、受赠、获奖或以其他方式取得并自用的应税车辆的计税依据，由主管税务机关按国家税务总局规定的不同类型应税车辆的最低计税价格（市场平均交易价格）确认。纳税人购买自用或进口自用应税车辆，若申报的计税价格低于同类型应税车辆的最低计税价格，又无正当理由的，按最低计税价格计缴车辆购置税。

（三）车辆购置税的税率和应纳税额的计算

车辆购置税实行从价定率计算方法，税率为10%。

$$应纳税额 = 计税价格 \times 10\%$$

【例6-103】 某公司2×20年1月以97 000元（含税）购买汽车一辆，该车型汽车最低计税价格为119 980元；4月又以同样价格购买同样车型汽车一辆，这时的最低计税价格为97 000元。应交车辆购置税计算如下。

1月：119 980÷（1+13%）×10%=10 618（元）

4月：97 000÷（1+13%）×10%=8 584（元）

（四）车辆购置税的免税

免税对象：①外国驻华使馆、领事馆和国际组织驻华机构及外交人员的车辆；②军队的车辆；③设有固定装置的非运输车辆；④国务院规定的其他减免税车辆。

减免税车辆因转让、改变用途等不再属于减免税车辆时，应在办理过户手续前或办理变更注册登记手续前缴纳车辆购置税，车辆购置税的应纳税额按照应税车辆的计税价格乘以税率计算。

（五）车辆购置税的缴纳

纳税人购置应税车辆，应向车辆登记注册地的主管税务机关申报纳税；购置不需要办理车辆登记注册手续的车辆，应向纳税人所在地的主管税务机关申报纳税。

纳税人应自购买、进口、受赠、获奖等取得日起，六十天内进行纳税申报。

车辆购置税为一次征收制，纳税人应一次缴清。纳税人应在向公安机关车辆管理机构办理车辆登记注册前，缴纳车辆购置税。缴税后，主管税务机关应给纳税人开具车辆购置税完税证明，纳税人需持车辆购置税完税证明，到公安机关办理车辆登记注册手续；完税证明每车一证，随车携带，以备检查。

（六）车辆购置税的会计处理

企业购买、进口、自产、受赠、获奖以及以其他方式取得并自用的应税车辆应交车辆购置税，或者当初购置的属于减免税的车辆在转让或改变用途后，按规定应补交车辆购置税，在按规定期限缴纳车辆购置税后，会计根据有关凭证，借记"固定资产"等科目，贷记"银行存款"科目（也可以通过"应交税费"科目核算）。

【例6-104】2×20年6月某公司购进一辆小汽车，增值税专用发票所列价款为22万元，增值税税额为2.86万元，7月到主管税务机关缴纳车辆购置税。

6月会计分录如下。

应交车辆购置税 =220 000×10%=22 000（元）

借：固定资产——车辆	270 600	
贷：银行存款、应付账款等		248 600
应交税费——应交车辆购置税		22 000

7月会计分录如下。

借：应交税费——应交车辆购置税	22 000	
贷：银行存款		22 000

第 7 章
薪酬福利会计实务操作

7.1 薪酬福利会计概述

企业是市场竞争的主体。在市场竞争日益激烈的今天，企业所生产产品成本的高低、质量好坏、在市场上是否有竞争力是其能否生存和发展的关键所在。而人工成本是企业在生产经营过程中发生的各种耗费支出的主要组成部分，直接关系到产品成本和产品价格，直接影响企业生产经营的成果。科学合理地确定企业使用各种人力资源所付出的全部代价，以及产品成本中人工成本所占比重，对于企业有效监督和控制生产经营过程中的人工费用支出、节约成本、降低产品价格、改善费用支出结构、提高企业的市场竞争力有关键性作用。

从本质上看，人工成本是企业在生产产品或提供劳务活动中所发生的各种直接和间接人工费用的总和，主要包括劳动报酬、社会保险、福利、劳动保护、教育、住房公积金和其他人工费用等。长期以来，我国没有建立比较广义的人工成本概念，劳动力成本、职工薪酬在范围和内涵上相对狭窄，使我国企业人工成本在会计角度偏低，不能真实反映企业实际水平的人工成本，容易使企业在国际贸易中处于不利的地位。

本书从广义的角度，根据构成完整人工成本的各类薪酬，从人工成本的理念出发，将职工薪酬界定为"企业为获得职工提供的服务而给予各种形式的报酬以及其他相关支出"。也就是说，职工薪酬由企业为获得职工提供的服务给予或付出的各种形式的对价构成，倘若这种对价作为一种耗费构成人工成本，则应将其与这些服务产生的经济利益相匹配。与此同时，企业与职工之间因职工提供服务形成的关系，大多数构成企业的现时义务，将导致企业未来经济利益的流出，从而形成企业的一项负债。

具体而言，薪酬福利会计的岗位职责主要包括以下几个方面。

（1）根据上级批准的年度工资总额，会同人事部门，严格按照规定掌握工资总额的执行情况。对违反工资政策、超过工资总额现象，要予以制止，同时要向领导或有关部门报告。

（2）严格审核工资计算的有关凭证，对人事部门报来的当月工资变动情况表和各部门上报的各种代扣款项的通知单，都要严格审核，确认无误后，正确地编制出当月人员工资发放表。同时备份好工资数据、办理好工资转存手续，每月按时发放工资。

（3）工资发放后，及时向有关部门上缴养老金、住房公积金、社会保险金等。

（4）负责职工工资事宜的查询和解释。

（5）负责办理人事转来的离退休人员的有关工资手续。

（6）每月临时工工资发放后，负责办理临时人员的养老金、失业保险金。

（7）按照会计准则规定，设置"应付职工薪酬"账户，对职工薪酬的计提（分配）和结算进行明细核算，并及时编制有关报表。

7.2 常见应付职工薪酬项目及其会计核算

7.2.1 职工工资及其会计核算

企业应当在职工为其提供服务的会计期间，将应付的职工薪酬确认为负债，除因解除与职工的劳动关系给予的补偿外，应当根据职工提供服务的受益对象，分别下列情况处理。

生产人员的职工薪酬，借记"生产成本""制造费用""劳务成本"等科目，贷记"应付职工薪酬"科目。

管理部门人员的职工薪酬，借记"管理费用"科目，贷记"应付职工薪酬"科目。

销售人员的职工薪酬，借记"销售费用"科目，贷记"应付职工薪酬"科目。

应由在建工程、研发支出负担的职工薪酬，借记"在建工程""研发支出"科目，贷记"应付职工薪酬"科目。

外商投资企业按规定从净利润中提取的职工奖励及福利基金，借记"利润分配——提取的职工奖励及福利基金"科目，贷记"应付职工薪酬"科目。

【例7-1】 2×20年甲企业应付工资总额为617 000元，工资费用分配汇总表中列示的产品生产人员工资为450 000元，甲企业的有关会计分录如下。

借：生产成本——基本生产成本　　　　　　　　　　　450 000
　　贷：应付职工薪酬——工资　　　　　　　　　　　　　　450 000

本例中，产品生产人员工资属于直接人工费用，可以直接确定受益对象，因此直接将450 000元应记入"生产成本——基本生产成本"科目借方，贷记"应付职工薪酬——工资"。

【例7-2】 承【例7-1】，工资费用分配汇总表中列示的车间管理人员工资为65 000元，甲企业的有关会计分录如下。

借：制造费用　　　　　　　　　　　　　　　　　　　65 000
　　贷：应付职工薪酬——工资　　　　　　　　　　　　　　65 000

本例中，车间管理人员工资属于间接费用，不能直接确定其受益对象，应先将其计入制造费用，再按一定的标准分配给各个产品。因此将65 000元记入"制造费用"科目借方，贷记"应付职工薪酬——工资"。

【例7-3】 承【例7-1】，工资费用分配汇总表中列示的企业行政管理人员工资为80 400元，甲企业的有关会计分录如下。

借：管理费用　　　　　　　　　　　　　　　　　　　80 400
　　贷：应付职工薪酬——工资　　　　　　　　　　　　　　80 400

本例中，企业行政管理人员工资属于管理费用，应将80 400元记入"管理费用"科目借方，贷记"应付职工薪酬——工资"。

【例7-4】承【例7-1】,工资费用分配汇总表中列示的销售人员工资为21 600元,甲企业的有关会计分录如下。

借:销售费用　　　　　　　　　　　　　　　　　　21 600
　　贷:应付职工薪酬——工资　　　　　　　　　　　　　　21 600

本例中,企业销售人员的工资属于销售费用,应将21 600元记入"销售费用"科目借方,贷记"应付职工薪酬——工资"。

【例7-5】2×20年乙企业工资费用分配汇总表上列示建造厂房人员工资370 000元,乙企业的有关会计分录如下。

借:在建工程　　　　　　　　　　　　　　　　　　370 000
　　贷:应付职工薪酬——工资　　　　　　　　　　　　　　370 000

本例中,企业建造厂房人员工资属于应由在建工程负担的职工薪酬,应将370 000元记入"在建工程"科目借方,贷记"应付职工薪酬——工资"。

【例7-6】2×20年乙企业工资费用分配汇总表上列示内部开发存货管理系统人员工资67 000元,乙企业的有关会计分录如下。

借:研发支出——资本化支出　　　　　　　　　　　67 000
　　贷:应付职工薪酬——工资　　　　　　　　　　　　　　67 000

本例中,符合资本化条件的无形资产开发人员工资应予以资本化,应将67 000元记入"研发支出——资本化支出"科目借方,贷记"应付职工薪酬——工资"。

7.2.2　其他常见应付职工薪酬项目及其会计核算

(一)职工福利费

职工福利费,主要包括职工因公负伤赴外地就医路费、职工生活困难补助、未实行医疗统筹企业职工医疗费用,以及按规定发生的其他职工福利支出。

对于职工福利费的计提,企业应当根据历史经验数据和当期福利计划,预计当期应计入职工薪酬的福利费金额;每一资产负债表日,企业应当对实际发生的福利费金额和预计金额进行调整。

【例7-7】2×20年甲企业应发工资2 000万元,其中:生产部门直接生产人员工资800万元,生产部门管理人员工资400万元,公司管理部门人员工资500万元;公司专设产品销售机构人员工资300万元。

根据实际发生的职工福利费情况,公司预计应承担的职工福利费金额为职工工资总额的 2%，职工福利的受益对象为上述所有人员。

计算甲企业各受益对象应负担的福利费。

应计入生产成本的福利费金额：800×2%=16（万元）

应计入制造费用的福利费金额：400×2%=8（万元）

应计入管理费用的福利费金额：500×2%=10（万元）

应计入销售费用的福利费金额：300×2%=6（万元）

甲企业的有关会计分录如下。

借：生产成本	160 000
制造费用	80 000
管理费用	100 000
销售费用	60 000
贷：应付职工薪酬——职工福利	400 000

（二）住房公积金

住房公积金，是指企业按照国家规定的基准和比例计算，向住房公积金管理机构缴存的住房公积金。

关于公积金的缴纳额度，每个地区的规定都不同，以工资总额为基数，具体比例要咨询当地的劳动部门。

【例 7-8】 承【例 7-7】，根据所在地政府规定，企业按照工资总额的 7% 计提住房公积金。

计算各受益单位应负担的住房公积金数额。

应计入生产成本的住房公积金金额：800×7%=56（万元）

应计入制造费用的住房公积金金额：400×7%=28（万元）

应计入管理费用的住房公积金金额：500×7%=35（万元）

应计入销售费用的住房公积金金额：300×7%=21（万元）

甲企业的有关会计分录如下。

借：生产成本	560 000
制造费用	280 000
管理费用	350 000
销售费用	210 000
贷：应付职工薪酬——住房公积金	1 400 000

(三)工会经费和职工教育经费

工会经费和职工教育经费,是指企业为了改善职工文化生活、为职工学习先进技术和提高文化水平及业务素质,用于开展工会活动和职工教育及职业技能培训等相关支出。

企业应当按照财务规则等相关规定,分别按照职工工资总额的2%和1.5%为上限的计提标准,计量应付职工薪酬(工会经费、职工教育经费)义务金额和应相应计入成本费用的薪酬金额;从业人员技术要求高、培训任务重、经济效益好的企业,可根据国家相关规定,按照职工工资总额的8%计量应计入成本费用的职工教育经费。按照明确标准计算确定应承担的职工薪酬义务后,再根据受益对象计入相关资产的成本或当期费用。

【例7-9】承【例7-7】,根据公司规定,公司分别按照职工工资总额的2%和1.5%计提工会经费和职工教育经费。

计算各受益单位应负担的工会经费数额。

应计入生产成本的工会经费金额:800×2%=16(万元)

应计入制造费用的工会经费金额:400×2%=8(万元)

应计入管理费用的工会经费金额:500×2%=10(万元)

应计入销售费用的工会经费金额:300×2%=6(万元)

甲企业的有关会计分录如下。

借:生产成本	160 000
制造费用	80 000
管理费用	100 000
销售费用	60 000
贷:应付职工薪酬——工会经费	400 000

计算各受益单位应负担的职工教育经费数额。

应计入生产成本的职工教育经费金额:800×1.5%=12(万元)

应计入制造费用的职工教育经费金额:400×1.5%=6(万元)

应计入管理费用的职工教育经费金额:500×1.5%=7.5(万元)

应计入销售费用的职工教育经费金额:300×1.5%=4.5(万元)

甲企业的有关会计分录如下。

借:生产成本	120 000

制造费用	60 000
管理费用	75 000
销售费用	45 000
贷：应付职工薪酬——职工教育经费	300 000

7.2.3 职工保险费及其会计核算

（一）职工保险费的内容

企业为职工计提缴纳的职工保险费是指企业按照国务院、各地方政府或企业年金计划规定的基准和比例计算，向社会保险经办机构缴纳的医疗保险费、养老保险费、失业保险费、工伤保险费和生育保险费，以及以购买商业保险形式提供给职工的各种保险待遇。企业为职工购买的保险属于职工薪酬，应当按照《企业会计准则第9号——职工薪酬》进行确认、计量和披露。

1. 养老保险

养老保险是社会保障制度的重要组成部分，是社会保险五大险种中重要的险种之一。所谓养老保险（或养老保险制度）是国家和社会根据一定的法律和法规，为解决劳动者在达到国家规定的解除劳动义务的劳动年龄界限，或因年老丧失劳动能力退出劳动岗位后的基本生活而建立的一种社会保险制度。

我国养老保险主要分为三个层次：第一层次是社会统筹与职工个人账户相结合的基本养老保险；第二层次是企业补充养老保险；第三层次是个人储蓄性养老保险，属于职工个人的行为，与企业无关，不属于《企业会计准则第9号——职工薪酬》规范的范畴。

（1）基本养老保险制度。

根据我国养老保险制度相关规定，企业为职工缴纳基本养老保险费的比例，一般不得超过职工工资总额的20%（包括划入个人账户的部分），具体比例由各省、自治区、直辖市人民政府确定。

按照我国企业现行的养老保险制度，职工退休后享受的养老保险待遇和企业为职工缴纳的基本养老保险金额是不一致的，也就是说两者的计算方法存在差异，职工养老保险的受益水平与职工在职期间企业的缴费水平并不直接挂钩。社会保险经办机构负责养老保险的收缴、发放和保值增值。企业仅承担按照规定标准提存金额的义务，属于国际财务报告准则中所称的设定提存计划。

设定提存计划是指企业向一个独立主体（通常是基金）支付固定提存金，如果该基金不能拥有足够资产以支付与当期和以前期间职工服务相关的所有职工福利，企业不再负有进一步支付提存金的法定义务和推定义务。在这种计划下，企业的法定或推定义务仅限于企业同意或必须向基金提存的金额，职工所收到的离职后福利金额取决于企业（和职工本人）向离职后福利计划（基金）或保险公司支付的提存金金额，以及提存金所产生的投资回报。在设定提存计划下，企业在每一期间的义务取决于企业在该期间提存的金额，由于提存额一般都是在职工提供服务期末12个月以内到期支付的，计量该类义务一般不需要折现。

（2）补充养老保险制度。

为更好地保障企业职工退休后的生活，建立多层次的养老保险制度，具有相应的经济负担能力并已建立集体协商机制的企业可以选择在依法参加基本养老保险并履行缴费义务的基础上，经有关部门批准，申请建立企业年金。企业年金是企业及其职工在依法参加基本养老保险的基础上，自愿建立的补充养老保险制度。根据国家有关规定，企业建立年金所需资金由企业和职工个人共同缴纳，其中，企业缴费每年不超过本企业上年度职工工资总额的1/12，企业和职工个人缴费合计一般不超过本企业上年度职工工资总额的1/6。

从我国已建立企业年金计划的部分地区年金计划的条款规定来看，我国以年金形式建立的补充养老保险制度属于企业"缴费确定型"，不是职工养老"待遇承诺型"。所谓缴费确定型，就是企业根据缴费的情况确定企业职工退休后领取养老金的待遇模式，企业缴费是由参加计划职工的工资、级别、工龄等因素决定的，在计划中明确规定；待遇承诺型则是指在参保时就承诺将来的退休待遇水平的养老金模式，即承诺职工退休后享有固定金额的福利，以此为基础确定每一期间企业缴费，每期期末企业要根据物价变动、职工流动调整企业缴费。因此，我国企业为职工缴纳的补充养老保险费，也属于设定提存计划。

依照我国现行的基本养老保险和补充养老保险制度，企业对职工的义务仅限于按照省、自治区、直辖市、地（市）政府或企业年金计划规定缴费的部分，没有进一步的支付义务，这与国际准则中设定提存计划的处理原则相同。因此，《企业会计准则第9号——职工薪酬》规定，无论是支付给社会保险经办机构的基本养老保险费，还是支付给企业年金基金相关管理人的补充养老保险费，企业都应当在职工提供服务的会计期间按照规定标准计提，根据受益对象进行分配，计入相关资产成本或当期损益。

由于基本养老保险费和补充养老保险费一般应在 12 个月内支付完毕，属于流动负债，因此，计量由基本养老保险缴费和补充养老保险缴费产生的职工薪酬义务不需要折现。

考虑到物价变动、职工生活所需费用等因素，社会保险经办机构在年度开始时有时会调整企业缴费的比例，调整后的缴费水平影响该期或以后期间企业应确认为负债的社会保险费金额，但企业不需要调整前期已确认薪酬义务金额和已计入成本费用的社会保险费金额。

2. 失业保险

失业保险是指国家通过立法强制实行的，由社会集中建立基金，对因失业而暂时中断生活来源的劳动者提供物质帮助的制度。它是社会保障体系的重要组成部分，是社会保险的主要项目之一。

企业提取的失业保险费是失业保险基金的一项重要组成部分。失业保险费是指参加失业保险的用人单位和职工个人按时依照失业保险缴费比例缴纳的费用。

国务院颁布的《失业保险条例》规定：城镇企业事业单位按照本单位工资总额的 2% 缴纳失业保险费。城镇企业事业单位职工按照本人工资的 1% 缴纳失业保险费。城镇企业事业单位招用的农民合同制工人本人不缴纳失业保险费。

企业在核算应缴纳的失业保险费数额时，应考虑以下两个因素。一是缴费基数，即明确缴费的范围。如企业所得税的基数是企业所得额。从国外有关规定看，失业保险费的缴费基数一般为工资，对单位来说为工资总额，对个人来说为本人工资。二是费率，即缴费义务人按照规定的缴费基数缴纳失业保险费的比例。定率征收失业保险费是我国失业保险制度建立以来一直采用的做法，也是国际通行做法。

失业保险的缴费基数在《失业保险条例》有明确的规定：城镇企业事业单位的缴费基数为本单位工资总额，个人缴费基数为本人工资。单位工资总额按照国家有关工资政策予以认定其构成和计算方式，它是指单位在一定时期内直接支付给本单位全部职工的劳动报酬总额，包括计时工资、计件工资、奖金、津贴和补贴、加班加点工资以及特殊情况下支付的工资。本人工资是指由单位支付的劳动报酬，包括计时工资或计件工资、奖金、津贴和补贴、加班加点工资等，不包括其他来源的收入。

在确定缴费基数时，各地可以根据实际情况统一规定以哪一个时期的工资总额和工资额作为缴费基数。如：可以上一年度单位工资总额为基数，平摊到本年度各个月份，每月按相同数额征收；可以上月单位工资总额为基数，按实际发生数确定征收数额；若企业的工资总额不易认定，可由负责征缴的机构根据该单位生产经营状况和当地工资水平核定缴费基数。个人缴费基数的确定方法应与单位相一致。

上述工资总额，包括了单位招用的农民合同制工人的工资部分，但根据规定，农民合同制工人个人不需缴纳失业保险费，合同期满不再续订或提前解除劳动合同的，支付一次性生活补助。这样规定，主要考虑农民合同制工人流动性较强，且离开原单位后可以回乡务农，有一定生活保障，应与城镇失业人员有所区别，采取支付一次性生活补助的办法较为可行。对农民合同制工人采取不同办法，既维护了他们的合法权益，也与目前尚不具备城乡一体、待遇统一的现实相适应，这是失业保险制度的一项重要政策。

3. 医疗保险

医疗保险是为补偿疾病所带来的医疗费用的一种保险。职工因疾病、负伤、生育时，由社会或企业提供必要的医疗服务或物质帮助的社会保险。如我国的公费医疗、劳保医疗。我国职工的医疗费用由国家、单位和个人共同负担，以减轻企业负担，避免浪费。

4. 工伤保险

工伤保险，又称职业伤害保险。工伤保险是通过社会统筹的办法，集中用人单位缴纳的工伤保险费，建立工伤保险基金，对劳动者在生产经营活动中遭受意外伤害或职业病，并由此造成死亡、暂时或永久丧失劳动能力时，给予劳动者实用性法定的医疗救治以及必要的经济补偿的一种社会保障制度。这种补偿既包括医疗、康复所需费用，也包括保障基本生活的费用。

工伤保险的适用费率由各地劳动保障部门根据国务院的规定制定，各行业因出现工伤的概率不同，比例也不同，各地的实际情况也存在差异。

5. 生育保险

生育保险是国家通过立法，在怀孕和分娩的妇女劳动者暂时中断劳动时，由国家和社会提供医疗服务、生育津贴和产假的一种社会保险制度国家或社会对生育的职工给予必要的经济补偿和医疗保健的社会保险制度。

我国生育保险的现状是两种制度并存。

第一种是由女职工所在单位负担生育女职工的产假工资和生育医疗费。根据《劳动部关于女职工生育待遇若干问题的通知》，女职工怀孕期间的检查费、接生费、手术费、住院费和药费由所在单位负担。产假期间工资照发。

第二种是生育社会保险。根据《企业职工生育保险试行办法》规定，参加生育保险社会统筹的用人单位，应向当地社会保险经办机构缴纳生育保险费；生育保险费的缴费比例由当地人民政府根据计划内生育女职工的生育津贴、生育医疗费支出情况等确定，最高不得超过工资总额的1%，生育保险费的缴费基数是在职职工缴纳基本养老保险费的数额，按缴费比例与缴费基数计算出应缴金额，由用人单位按月清缴，职工个人不缴费。参保单位女职工生育或流产后，其生育津贴和生育医疗费由生育保险基金支付。生育津贴按照本企业上年度职工月平均工资计发；生育医疗费包括女职工生育或流产的检查费、接生费、手术费、住院费和药费（超出规定的医疗服务费和药费由职工个人负担）以及女职工生育出院后，因生育引起疾病的医疗费。

生育保险费由地方税务部门依法征缴。

（二）职工保险费数额的确定

1. 有关计费依据的规定

（1）企业保险费计费依据。

2000年7月—2001年6月，企业以上月实际工资总额为缴费基数；职工个人以本人月工资收入为计费依据。缴费基数由社会保险经办机构核定。

2001年7月—2004年3月，企业以上月列入成本和费用的全部工资总额为计费依据；职工、城镇个体工商户业主及其从业人员、自由职业人员，以本人月工资收入为缴费基数，由社会保险经办机构核定。

2004年4月至今，企业基本养老保险费社会统筹部分、企业失业保险费、基本医疗保险费单位缴费部分、工伤保险费和生育保险费以上月工资总额作为缴费基数。企业基本养老保险费个人部分和基本医疗保险费个人缴费以上年职工月平均工资作为缴费基数，由社会保险经办机构负责核定。

（2）事业单位养老保险费计费依据。

职工以本人上月应发基本工资为缴费基数，单位以全部职工个人缴费之和作为缴费基数。由经办机构核定，照核定单征费。

2. 工资总额的有关规定

工资总额是指各单位在一定时期内直接支付给本单位全部职工的劳动报酬总额，包括计时工资、计件工资、奖金、津贴和补贴、加班加点工资及特殊工资等六部分。

计时工资：指按计时工资标准（包括地区生活费补贴）和工作时间支付给个人的劳动报酬。具体包括：①对已做工作按计时工资标准支付的工资；②实行结构工资制的单位支付给职工的基础工资和职务（岗位）工资；③新参加工作职工的见习工资（学徒的生活费）；④运动员体育津贴。

计件工资：指对已做工作按计件单位支付的劳动报酬。具体包括：①实行超额累进计件、直接无限计件、限额计件、超定额计件等工资制，按劳动部门或主管部门批准的定额和计件单价支付给个人的工资；②按工作任务包干方法支付给个人的工资；③按营业额提成或利润提成办法支付给个人的工资。

奖金：指支付给职工的超额劳动报酬和增收节支的劳动报酬。具体包括：生产奖、节约奖、机关事业单位的奖励工资、劳动竞赛奖及其他奖金。

津贴和补贴：指为了补偿职工特殊或额外的劳动消耗和因其他特殊因素支付给职工的津贴，以及为了保证职工工资水平不受物价影响支付给职工的物价补贴。津贴包括补偿职工特殊或额外劳动消耗的津贴，保健性津贴、技术性津贴、年功性津贴及其他津贴。物价补贴包括为保证职工工资水平不受物价上涨或变动影响而支付的各种补贴，如价格补贴、粮价补贴、副食补贴、水电补贴、住房补贴等。

加班加点工资：指按规定支付的加班工资和加点工资。

特殊工资：指根据国家法律、法规和政策规定，因病、工伤、产假、计划生育假、事假、婚丧假、定期休假、探亲假、停工学习、执行国家或社会义务等原因按计时工资标准或计时工资标准的一定比例支付的工资。

3. 工资总额不包括的项目

①根据国务院发布的有关规定颁发的奖金。②有关劳动保险和职工福利方面的各项费用。③有关离休、退休、退职人员待遇的各项支出。④劳动保护的各项支出。⑤出差伙食补助费、误餐补助、调动工作的旅费和安家费。⑥稿费、讲课费及其他专门工作报酬。⑦对自带工具、牲畜来企业工作的职工所支付的工具、牲畜等的补偿费用。⑧实行租赁经营单位的承租人的风险性补偿收入。⑨对

购买本企业股票和债券的职工所支付的股息（包括股票分红）和利息。⑩因录用临时工而在工资以外向提供劳动力单位支付的手续费或管理费。⑪劳动合同制职工解除劳动合同时由企业支付的医疗补助费、生活补助费等。⑫支付给家庭工人的加工费和按加工订货办法支付给承包单位的发包费用。⑬计划生育独生子女补贴。⑭支付给参加企业劳动的在校学生的补贴。

（三）职工保险费的会计处理

对于职工保险费，国家和地方政府明确规定了养老保险、失业保险、医疗保险、工伤保险、生育保险的缴费比例和缴费基数。企业需按相关规定确定应提取的职工保险费的金额，计量应付职工薪酬义务和应相应计入成本费用的薪酬金额。按照明确标准计算确定应承担的职工薪酬义务后，根据受益对象计入相关资产的成本或当期费用。缴纳的生产部门工人的保险费，应记入"生产成本"科目；缴纳的生产部门管理人员的保险费，应记入"制造费用"科目；缴纳的企业管理部门人员的保险费，应记入"管理费用"科目；缴纳的企业专设销售机构人员的保险费，应记入"销售费用"科目。

【例7-10】 2×20年甲企业7月应发工资2 000万元，其中：生产部门直接生产人员工资800万元，生产部门管理人员工资400万元，公司管理部门人员工资500万元，公司专设产品销售机构人员工资300万元。

根据所在地政府的规定，公司分别按照职工工资总额的10%、2%和12%计提医疗保险费、失业保险费和养老保险费，缴纳给当地社会保险经办机构。

计算甲企业各受益对象应负担的职工保险费。

应计入生产成本的职工保险费金额：800×（10%+2%+12%）=192（万元）

应计入制造费用的职工保险费金额：400×（10%+2%+12%）=96（万元）

应计入管理费用的职工保险费金额：500×（10%+2%+12%）=120（万元）

应计入销售费用的职工保险费金额：300×（10%+2%+12%）=72（万元）

甲企业的有关会计分录如下。

借：生产成本   1 920 000

     制造费用   960 000

     管理费用   1 200 000

     销售费用   720 000

       贷：应付职工薪酬——社会保险费   4 800 000

7.3 股份支付及其会计处理

7.3.1 股份支付概述

现代企业有时不以现金资产向职工发放职工薪酬，也不以实物资产发放职工报酬，而是采取支付股份形式，如向职工支付期权等作为薪酬或激励措施，这就属于企业股份支付的范畴。

股份支付，是"以股份为基础的支付"的简称，是指企业为获取职工和其他方提供服务而授予权益工具或者承担以权益工具为基础确定的负债的交易。

以薪酬性股票期权为例，典型的股份支付通常涉及授予、可行权、行权和出售四个主要环节，如图 7-1 所示。

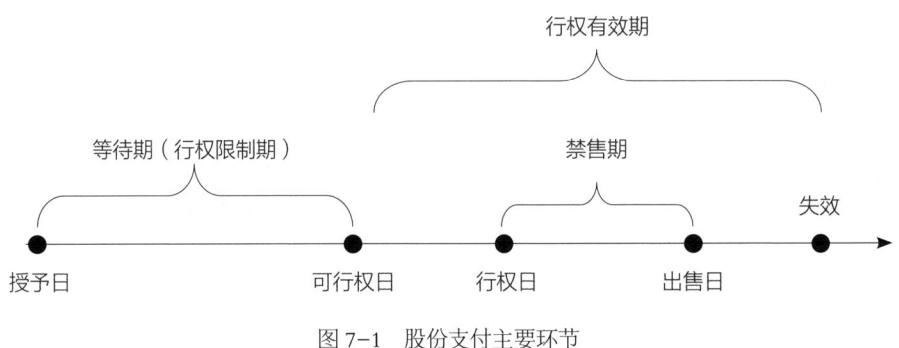

图 7-1　股份支付主要环节

授予日是指股份支付协议获得批准的日期，具体地讲，就是企业与职工或其他方对该计划或协议内容充分形成一致理解的基础上，均接受其条款和条件，该协议获得股东大会或类似机构批准的日期。如果按照相关法规的规定，在将股份支付协议提交股东大会或类似机构之前存在必要程序或要求，则应履行该程序或满足该要求。

可行权日是指可行权条件得到满足、职工或其他方具有从企业取得权益工具或现金权利的日期。有的股份支付协议是分批可行权的，有的则是一次性可行权的。只有已经可行权的股票期权，才是职工真正拥有的"财产"，才能择机行权。从授予日至可行权日的时段，是可行权条件得到满足的期间，这段时间不可以行权，因此称为"等待期"，又称"行权限制期"。

行权日是指职工和其他方行使权利、获取现金或权益工具的日期。例如，持有股票期权的职工行使了以特定价格购买一定数量本公司股票的权利,该日期即为行权日。被赋予期权权利的职工可在可行权日之后至期权到期日之前这段时期内选择行权,行权是按期权的约定价格实际购买股票。

出售日是指股票的持有人将行使期权所取得的期权股票出售的日期。根据我国法规规定,用于期权激励的股份支付协议,应在行权日与出售日之间设立禁售期,其中国有控股上市公司的禁售期不得低于两年。

7.3.2 股份支付工具的主要类型

按照股份支付的方式和工具类型,股份支付主要可划分为两大类。

(一)以权益结算的股份支付

以权益结算的股份支付,是指企业为获取服务而以股份或其他权益工具作为对价进行结算的交易。以权益结算的股份支付常用的工具有两类:限制性股票和股票期权。

限制性股票是指职工或其他方按照股份支付协议规定的条款和条件,从企业获得一定数量的本企业股票。企业授予职工一定数量的股票,在一个确定的等待期内或在满足特定业绩指标之前,职工出售股票要受到持续服务期限条款或业绩条件的限制。

股票期权是指企业授予职工或其他方在未来一定期限内以预先确定的价格和条件购买本企业一定数量股票的权利。

(二)以现金结算的股份支付

以现金结算的股份支付,是指企业为获取服务而承担的以股份或其他权益工具为基础计算的交付现金或其他资产的义务的交易。以现金结算的股份支付常用的工具有两类:现金股票增值权和模拟股票。

现金股票增值权和模拟股票是与股票挂钩,但用现金支付的股权激励机制。现金股票增值权、模拟股票与股票期权都是一种增值权形式的与股票价值挂钩的薪酬工具,除不需实际行权和持有股票之外,其运作原理是一样的。除不需实际授予股票和持有股票之外,模拟股票的运作原理与限制性股票是一样的。

7.3.3 股份支付的会计处理

（一）股份支付的确认和计量原则

1. 以权益结算的股份支付的确认和计量原则

对于以权益结算的换取职工服务的股份支付，企业应当以股份支付所授予的权益工具的公允价值计量。企业应在等待期内的每个资产负债表日，以对可行权权益工具数量的最佳估计为基础，按照权益工具在授予日的公允价值，将当期取得的服务计入相关资产成本或当期费用，同时计入资本公积中的其他资本公积。

对于授予后立即可行权的换取职工提供服务的以权益结算的股份支付（例如授予限制性股票的股份支付），应在授予日按照权益工具的公允价值，将取得的服务计入相关资产成本或当期费用，同时计入资本公积中的股本溢价。

对于以权益结算的换取其他方服务的股份支付，企业应当以股份支付所换取的服务的公允价值计量。企业应当按照其他方服务在取得日的公允价值，将取得的服务计入相关资产成本或当期费用。如果其他方服务的公允价值不能可靠计量，但权益工具的公允价值能够可靠计量，企业应当按照服务取得日权益工具的公允价值，将取得的服务计入相关资产成本或当期费用。

在极少数情况下，授予权益工具的公允价值无法可靠计量，企业应在获取服务的时点、后续的每个资产负债表日和结算日，将权益工具的价值以内在价值计量，并将内在价值的变动计入当期损益。同时，取得服务的金额应以最终可行权或实际行权的权益工具数量为基础进行计量。内在价值是指交易对方有权认购或取得的股份的公允价值，与其按照股份支付协议应当支付的价格间的差额。

企业结算以内在价值计量的已授予权益工具，应当遵循以下要求。

（1）结算发生在等待期内的，企业应当将结算作为加速可行权处理，即立即确认本应于剩余等待期内确认的服务金额；

（2）结算时支付的款项应当作为回购该权益工具处理，即减少所有者权益。结算支付的款项高于该权益工具在回购日内在价值的部分，计入当期损益。

2. 以现金结算的股份支付的确认和计量原则

企业应当在等待期内的每个资产负债表日，以对可行权情况的最佳估计为基础，将当期取得的服务形成的负债的公允价值计入相关资产成本或当期费用，同时计入应付职工薪酬，并在结算前的每个资产负债表日和结算日对负债的公允价值重新计量，将其变动计入损益。

对于授予后立即可行权的现金结算的股份支付（例如授予虚拟股票或业绩股票的股份支付），企业应当在授予日按照企业承担负债的公允价值计入应付职工薪酬，同时计入相关资产成本或当期费用，并在结算前的每个资产负债表日和结算日对负债的公允价值重新计量，将其变动计入损益。

（二）可行权条件的种类和相应的处理

1. 可行权条件的种类

可行权条件是指能够确定企业是否得到职工或其他方提供的服务，且该服务使职工或其他方具有获取股份支付协议规定的权益工具或现金等权利的条件。反之，为非可行权条件。在满足这些条件之前，职工或其他方无法获得股份。

业绩条件是指职工或其他方完成规定服务期限且企业已达到特定业绩目标才可行权的条件，具体包括市场条件和非市场条件。

市场条件是指行权价格、行权可能性以及可行权条件与权益工具的市场价格相关的业绩条件，如股份支付协议规定股价上升到一定程度，支付员工或其他方一定水平的股份。企业在确定权益工具在授予日的公允价值时，应考虑市场条件的影响，而企业对预计可行权情况的估计不受市场条件的影响。

非市场条件是指除市场条件之外的其他业绩条件，如股份支付协议中关于达到最低盈利目标或销售目标才可行权的规定。这些条件与市场无关，不取决于市场因素的影响，而只与企业自身相关。对于可行权条件为业绩条件的股份支付，在确定权益工具的公允价值时，应考虑市场条件的影响。只要职工满足了其他所有非市场条件，企业就应当确认已取得的服务。

2. 相应的处理

【例7-11】为奖励并激励高管，上市公司甲公司2×20年与其管理层成员签署股份支付协议，规定如果管理层成员在其后3年中都在公司中任职服务，并且公司股价每年均提高10%以上，管理层成员即可以低于市价的价格购买一定数量的本公司股票。

同时作为协议的补充，公司把全体管理层成员的年薪提高了50 000元，但公司将这部分年薪按月存入公司专门建立的内部基金，3年后，管理层成员可用属于其个人的部分抵减未来行权时支付的购买股票款项。如果管理层成员决定退出这项基金，可随时全额提取。甲公司以期权定价模型估计授予的此项期权在授予日的公允价值为 9 000 000 元。

在授予日,甲公司估计 3 年内管理层离职的比例为每年 10%;第二年年末,甲公司调整其估计离职率为 8%;到第三年年末,甲公司实际离职率为 12%。

第一年,甲公司股价提高了 10.5%,第二年提高了 11%,第三年提高了 6%。甲公司在第一年、第二年年末均预计下年能实现当年股价增长 10% 以上的目标。

请问此例中涉及哪些条款和条件?甲公司应如何处理?

分析:如果不同时满足服务 3 年和公司股价年每增长 10% 以上的要求,管理层成员就无权行使其股票期权,因此两者都属于可行权条件,其中服务满 3 年是一项服务期限条件,10% 的股价增长率要求是一项市场业绩条件。虽然公司要求管理层成员将部分薪金存入统一账户保管,但不影响其可行权,因此统一账户条款是非可行权条件。

按照《企业会计准则第 11 号——股份支付》的规定,第一年年末确认的服务费用如下。

9 000 000×1/3×90%=2 700 000(元)

第二年年末累计确认的服务费用如下。

9 000 000×2/3×92%=5 520 000(元)

第三年年末累计应确认的服务费用如下。

9 000 000×88%=7 920 000(元)

由此,第二年应确认的费用如下。

5 520 000−2 700 000=2 820 000(元)

第三年应确认的费用如下。

7 920 000−5 520 000=2 400 000(元)

最后,88% 的管理层成员满足了市场条件之外的全部可行权条件。尽管股价年增长 10% 以上的非市场条件未得到满足,甲公司在 3 年的年末也均确认了收到的管理层提供的服务,并相应确认了费用。

(三)权益工具公允价值的确定

权益工具公允价值的确定应以市场价值为基础。如股份、期权没有可靠的市场价值,则应考虑采取估值技术。

对于企业支付给职工的股份,应按市场价值确定其公允价值。对于未公开上市没有市场价值的股份,应结合其条件和条款确定其公允价值。比如,若股份支付协议规定股票期权有禁售期,则会影响投资者愿意为期权支付的价格,从而对期权市场价值的估计产生影响。

对于授予职工的股票期权，其通常受到一些不同于交易期权的条款和条件的限制，因而在许多情况下难以获得其市场价格。如果不存在条款和条件相似的交易期权，就应通过期权定价模型来估计所授予的期权的公允价值。

此外，企业选择的期权定价模型还应考虑熟悉情况和自愿的市场参与者在确定期权价格时会考虑的其他因素，但不包括那些在确定期权公允价值时不考虑的可行权条件和再授予特征因素。确定授予职工的股票期权的公允价值，还需要考虑提早行权的可能性。

1. 期权定价模型中自变量的估计

在估计基础股份的预计波动率和股利时，目标是尽可能接近当前市场或协议交换价格所反映的价格预期。在估计各个自变量的值时，先对未来波动率、股利和行权行为的预期确定一个合理的区间，再将区间内的每项可能数额乘以其发生概率，加权计算上述自变量的期望值。

2. 预计提早行权

出于各种原因，职工经常在期权失效日之前提早行使股票期权。考虑预计提早行权对期权公允价值的影响，不同类型的期权定价模型的具体方法有所不同。但无论采用何种方法，估计提早行权时都要考虑以下因素：①等待期的长度；②以往发行在外的类似期权的平均存续时间；③基础股份的价格（有时根据历史经验，职工在股价超过行权价格达到特定水平时倾向于行使期权）；④职工在企业中所处的层级（有时根据历史经验，高层职工倾向于较晚行权）；⑤基础股份的预计波动率（一般而言，职工倾向于更早地行使高波动率的股份的期权）。

3. 预计波动率

预计波动率是对预期股份价格在一个期间内可能发生的波动金额的度量。期权定价模型中所用的波动率是指一段时间内股份的连续复利回报率的年度标准差。不管计算时使用的是何种时间跨度基础上的价格，如每日、每周或每月的价格，波动率通常要以年度表示。一个期间股份的回报率（可能是正值，也可能是负值）衡量了股东从价格涨跌和股份的股利中受益的多少。股份的预计年波动率是指一个范围（置信区间），连续复利年回报率预期处在这个范围内的概率大约为 2/3（置信水平）。

4. 预计股利

计量所授予的股份或期权的公允价值时是否应当考虑预计股利，取决于被授予方是否有权取得股利或股利等价物。

如果职工被授予期权，并且有权利取得在授予日与行权日股份的股利或股利等价物，该期权应像不支付股利的期权一样估价，即估价模型预计股利变量为零。如果期权对行权前的股利及其等价物没有要求权，则应考虑预计股利的因素估计期权或股份价值。一般来说，预计股利应以公开可获得的信息为基础。不支付股利且没有支付股利计划的企业应假设预计股利收益率为零。如果无股利支付历史的新企业被预期在其职工股票期权期限内开始支付股利，可使用其历史股利收益率（零）与大致可比的同类企业的股利收益率均值的平均数。

5. 无风险利率

无风险利率一般是指期权行权价格以该货币表示的、剩余期限等于被估价期权的预计期限（基于期权的剩余合同期限，并考虑预计提早行权的影响）的零息国债当前可获得的内含收益率。如果没有此类国债，或环境表明零息国债的内含收益率不能代表无风险利率，应使用适当的替代利率。

6. 资本结构的影响

通常情况下，交易期权是由第三方而不是企业签出的。当这些股票期权行权时，签出人将股份交付给期权持有者。这些股份是从现有股东手中取得的。因此，交易期权的行权不会有稀释效应。

如果股票期权是从企业签出的，在行权时需要增加已发行在外的股份数量（要么正式增发，要么使用先前回购的库存股）。假定股份将按行权价格而不是行权日的市场价格发行，这种现实或潜在的稀释效应可能会降低股价，因此期权持有者行权时，无法获得像行使其他方面类似但不稀释股价的交易期权一样多的利益。这一问题能否对企业授予股票期权的价值产生显著影响，取决于各种因素，包括行权时增加的股份数量（相对于已发行在外股份数量）。如果市场已预期企业将会授予期权，则可能已将潜在稀释效应体现在了授予日的股价中。企业应考虑所授予的股票期权未来行权的潜在稀释效应，判断是否可能对股票期权在授予日的公允价值构成影响。企业可修改期权定价模型，以将潜在稀释效应纳入考虑范围。

(四)股份支付的处理

企业应依据完整、有效的股份支付协议对股份支付进行会计处理。会计处理分为四个步骤进行。

1. 授予日

除了立即可行权的股份支付外,无论以权益结算的股份支付还是以现金结算的股份支付,企业在授予日均不做会计处理。

2. 等待期内每个资产负债表日

企业应当在等待期内的每个资产负债表日,将取得职工或其他方提供的服务确认所有者权益或负债,同时计入成本费用。对于附有市场条件的股份支付,只要职工满足了其他所有非市场条件,企业就应当确认已取得的服务。

在等待期内,业绩条件为非市场条件的,如果后续信息表明需要调整对可行权情况的估计的,应对前期估计进行修改。

在等待期内每个资产负债表日,企业应将取得的职工提供的服务计入成本费用,计入成本费用的金额应当按照权益工具的公允价值计量。

对于以权益结算的涉及职工的股份支付,应当按照授予日权益工具的公允价值计入资本公积(其他资本公积)和成本费用,不确认其后续公允价值变动;对于以现金结算的涉及职工的股份支付,应当按照每个资产负债表日权益工具的公允价值重新计量,确定应付职工薪酬和成本费用。

对于授予的存在活跃市场的期权等权益工具,应当按照活跃市场中的报价确定其公允价值。对于授予的不存在活跃市场的期权等权益工具,应当采用期权定价模型等估值技术确定其公允价值。

在等待期内每个资产负债表日,企业应当根据最新取得的可行权职工人数变动等后续信息做出最佳估计,修正预计可行权的权益工具数量。在可行权日,最终预计可行权权益工具的数量应当与实际可行权工具的数量一致。

根据上述预计可行权的权益工具数量和权益工具的公允价值,计算截至当期累计应确认的成本费用金额,再减去前期累计已确认金额,作为当期应确认的成本费用金额。

3. 可行权日之后

(1)对于以权益结算的股份支付,企业在可行权日之后不再对已确认的所有者权益和成本费用总额进行调整。企业应在行权日根据行权情况,确认股本和股本溢价，同时结转等待期内确认的资本公积（其他资本公积）。

（2）对于以现金结算的股份支付，企业在可行权日之后不再确认成本费用，负债（应付职工薪酬）公允价值的变动应当计入当期损益（公允价值变动损益）。

4. 回购股份进行职工期权激励

企业以回购股份形式奖励本企业职工的，属于以权益结算的股份支付。企业回购股份时，应按回购股份的全部支出作为库存股处理，同时进行备查登记。企业应当在等待期内每个资产负债表日按照权益工具在授予日的公允价值，将取得的职工服务计入成本费用，同时增加资本公积（其他资本公积）。在职工行权购买本企业股份时，企业应转销交付职工的库存股成本和等待期内资本公积（其他资本公积）累计金额，同时，按照其差额调整资本公积（股本溢价）。

（五）股份支付会计处理的举例

1. 附服务年限条件的以权益结算的股份支付

【例7-12】甲公司为一上市公司。2×20年1月1日，公司向其200名管理人员每人授予100股股票期权，这些职员从2×20年1月1日起在该公司连续服务3年，即可以5元每股购买100股甲公司股票，从而获益。公司估计该期权在授予日的公允价值为21元。行权价格为5元。

第一年有20名职员离开甲公司，甲公司估计3年中离开的职员的比例将达到25%；第二年又有10名职员离开公司，公司将估计的职员离开比例修正为18%；第三年又有15名职员离开。

（1）费用和资本公积计算过程如表7-1所示。

表7-1 费用和资本公积计算（1）

单位：元

年份	计算	当期费用	累计费用
2×20	200×100×（1-25%）×21×1/3	105 000	105 000
2×21	200×100×（1-18%）×21×2/3-105 000	124 600	229 600
2×22	155×100×21-229 600	95 900	325 500

（2）账务处理如下。

（1）2×20年1月1日。

授予日不进行账务处理。

（2）2×20年12月31日。

  借：管理费用   105 000

    贷：资本公积——其他资本公积   105 000

（3）2×21年12月31日。

  借：管理费用   124 600

    贷：资本公积——其他资本公积   124 600

（4）2×22年12月31日。

  借：管理费用   95 900

    贷：资本公积——其他资本公积   95 900

（5）假设全部155名职员都在2×22年12月31日行权，甲公司股份面值为1元。

  借：银行存款   77 500

    资本公积——其他资本公积   325 500

    贷：股本   15 500

      资本公积——股本溢价   387 500

2. 附非市场业绩条件的以权益结算的股份支付

【例7-13】 2×20年1月1日，甲公司为其100名管理人员每人授予100份股票期权：第一年年末的可行权条件为公司净利润增长率达到20%；第二年年末的可行权条件为公司净利润两年平均增长15%；第三年年末的可行权条件为公司净利润三年平均增长10%。预计每份期权在2×22年12月31日的公允价值为24元。行权价格为5元。

2×20年12月31日，公司净利润增长了18%，同时有8名管理人员离开，公司预计2×21年企业净利润将以同样速度增长，因此预计将于2×21年12月31日可行权。另外，公司预计2×21年12月31日又将有8名管理人员离开企业。

2×21年12月31日，公司净利润仅增长了10%，因此无法达到可行权状态。另外，实际有10名管理人员离开，预计第三年将有12名管理人员离开公司。

2×22年12月31日，公司净利润增长了，三年平均增长率为12%，因此达到可行权状态。当年有8名管理人员离开。

分析：

按照《企业会计准则第11号——股份支付》，本例中的可行权条件是一项非市场业绩条件。

第一年年末,虽然没能实现净利润增长20%的要求,但公司预计下年将以同样速度增长,因此能实现两年平均年增长15%的要求。所以公司将其预计等待期调整为2年。由于有8名管理人员离开,公司同时调整了期满(两年)后预计可行权期权的数量(100-8-8)。

第二年年末,虽然两年实现15%增长的目标再次落空,但公司仍然估计能够在第三年取得较理想的业绩,从而实现3年平均增长10%的目标。所以公司将其预计等待期调整为3年。第二年有10名管理人员离开,高于预计数字,因此公司相应调增了第三年预计离开的人数(100-8-10-12)。

第三年年末,目标实现,当年实际离开人数为8人。公司根据实际情况确定累计费用,并据此确认了第三年费用和进行了相关调整。

费用和资本公积计算过程如表7-2所示。

表7-2 费用和资本公积计算(2)

单位:元

年份	计算	当期费用	累计费用
2×20	(100-8-8)×100×24×1/2	100 800	100 800
2×21	(100-8-10-12)×100×24×2/3-100 800	11 200	112 000
2×22	(100-8-10-8)×100×24-112 000	65 600	177 600

账务处理如下。

(1)2×20年1月1日。

授予日不进行账务处理。

(2)2×20年12月31日。

借:管理费用　　　　　　　　　　　　　　　　　　100 800

　　贷:资本公积——其他资本公积　　　　　　　　100 800

(3)2×21年12月31日。

借:管理费用　　　　　　　　　　　　　　　　　　11 200

　　贷:资本公积——其他资本公积　　　　　　　　11 200

(4)2×22年12月31日。

借:管理费用　　　　　　　　　　　　　　　　　　65 600

　　贷:资本公积——其他资本公积　　　　　　　　65 600

(5)假设全部174名职员都在2×22年12月31日行权,甲公司股份面值为

1元。

借：银行存款		87 000
资本公积——其他资本公积		177 600
贷：股本		17 400
资本公积——股本溢价		247 200

3. 以现金结算的股份支付

【例7-14】2×17年年初，甲公司为其200名中层以上职员每人授予100份现金股票增值权，这些职员从2×17年1月1日起在该公司连续服务3年，即可按照当时股价的增长幅度行权获得现金，该现金股票增值权应在2×21年12月31日之前行使。公司估计，该增值权在负债结算之前的每一资产负债表日以及结算日的公允价值和可行权后的每份增值权现金支出额如表7-3所示。

表7-3　甲公司股份支付期间相关资料

单位：元

年份	公允价值	支付现金
2×17	14	
2×18	15	
2×19	18	16
2×20	21	20
2×21		25

第一年有20名职员离开公司，公司估计3年中还将有30名职员离开；第二年又有15名职员离开公司，公司估计还将有10名职员离开；第三年又有15名职员离开。第三年年末，有70人行使现金股票增值权取得了现金。第四年年末，有40人行使了现金股票增值权。第五年年末，剩余40人也行使了现金股票增值权。

（1）费用和资本公积计算过程如表7-4所示。

表7-4　甲公司股份支付的费用计算

单位：元

年份	负债计算（1）	支付现金计算（2）	负债（3）	支付现金（4）	当期费用（5）
2×17	（200−50）×100×14×1/3		70 000		70 000
2×18	（200−45）×100×15×2/3		155 000		85 000

续表

年份	负债计算（1）	支付现金计算（2）	负债（3）	支付现金（4）	当期费用（5）
2×19	（200-50-70）×100×18	70×100×16	144 000	112 000	101 000
2×20	（200-50-70-40）×100×21	40×100×20	84 000	80 000	20 000
2×21	0	40×100×25	0	100 000	16 000
总额				292 000	292 000

其中：（1）计算得（3），（2）计算得（4）；当期（3）－前一期（3）＋当期（4）＝当期（5）。

（2）账务处理如下。

① 2×17年12月31日。

借：管理费用　　　　　　　　　　　　　　　　　　　70 000
　　贷：应付职工薪酬——股份支付　　　　　　　　　　70 000

② 2×18年12月31日。

借：管理费用　　　　　　　　　　　　　　　　　　　85 000
　　贷：应付职工薪酬——股份支付　　　　　　　　　　85 000

③ 2×19年12月31日。

借：管理费用　　　　　　　　　　　　　　　　　　　101 000
　　贷：应付职工薪酬——股份支付　　　　　　　　　　101 000

借：应付职工薪酬——股份支付　　　　　　　　　　　112 000
　　贷：银行存款　　　　　　　　　　　　　　　　　　112 000

④ 2×20年12月31日。

借：公允价值变动损益　　　　　　　　　　　　　　　20 000
　　贷：应付职工薪酬——股份支付　　　　　　　　　　20 000

借：应付职工薪酬——股份支付　　　　　　　　　　　80 000
　　贷：银行存款　　　　　　　　　　　　　　　　　　80 000

⑤ 2×21年12月31日。

借：公允价值变动损益　　　　　　　　　　　　　　　16 000
　　贷：应付职工薪酬——股份支付　　　　　　　　　　16 000

借：应付职工薪酬——股份支付　　　　　　　　　　　100 000
　　贷：银行存款　　　　　　　　　　　　　　　　　　100 000

7.4 其他职工薪酬项目及其会计处理

7.4.1 非货币性福利

非货币性福利，包括企业以自产产品发放给职工作为福利、将企业拥有的资产无偿提供给职工使用、为职工无偿提供医疗保健服务等。

企业向职工提供的非货币性福利，应当分别情况处理。

（一）以自产产品或外购商品发放给职工作为福利

企业以其生产的产品作为非货币性福利提供给职工的，应当按照该产品的公允价值和相关税费，计量应计入成本费用的职工薪酬金额。相关收入及其成本的确认及计量和相关税费的处理，视同正常销售商品。

以外购商品作为非货币性福利提供给职工的，应当按照该商品的公允价值和相关税费，计量应计入成本费用的职工薪酬金额。

需要注意的是，在以自产产品或外购商品发放给职工作为福利的情况下，企业在进行账务处理时，应当先通过"应付职工薪酬"科目归集当期应计入成本费用的非货币性薪酬金额，以完整准确地确认企业人工成本金额。

【例7-15】某公司为一家生产笔记本电脑的公司，共有职工100名，2×20年2月，公司以其生产的成本为4 000元的笔记本电脑和外购的每台不含税价格为1 000元的跑步机作为春节福利发放给公司职工。该型号笔记本电脑的售价为每台6 000元，该公司适用的增值税税率为13%；公司购买跑步机开具了增值税专用发票，增值税税率为13%。假定100名职工中85名为直接参加生产的职工，15名为总部管理人员。

企业以自己生产的产品作为福利发放给职工，应计入成本费用的职工薪酬金额以公允价值计量，计入主营业务收入，产品按照成本结转，但要根据相关税收规定，视同销售计算增值税销项税额。

笔记本电脑的售价总额=6 000×85+6 000×15=510 000+90 000=600 000（元）

笔记本电脑的增值税销项税额=6 000×85×13%+6 000×15×13%
=66 300+11 700=78 000（元）

公司决定发放非货币性福利时，账务处理如下。

借：生产成本 576 300

管理费用	101 700
贷:应付职工薪酬——非货币性福利	678 000

实际发放非货币性福利时,账务处理如下。

借:应付职工薪酬——非货币性福利	678 000
贷:主营业务收入	600 000
应交税费——应交增值税(销项税额)	78 000
借:主营业务成本	400 000
贷:库存商品	400 000

跑步机的售价金额=1 000×85+1 000×15=85 000+15 000=100 000(元)

跑步机的进项税额=1 000×85×13%+1 000×15×13%=13 000(元)

公司决定发放非货币性福利时,账务处理如下。

借:生产成本	96 050
管理费用	16 950
贷:应付职工薪酬——非货币性福利	113 000

购买跑步机时,账务处理如下。

借:应付职工薪酬——非货币性福利	113 000
贷:银行存款	113 000

(二)将拥有的房屋等资产无偿提供给职工使用或租赁住房等资产供职工无偿使用

企业将拥有的房屋等资产无偿提供给职工使用的,应当根据受益对象,将住房每期应计提的折旧计入相关资产成本或费用,同时确认应付职工薪酬。租赁住房等资产供职工无偿使用的,应当根据受益对象,将每期应付的租金计入相关资产成本或费用,并确认应付职工薪酬。难以认定受益对象的,直接计入当期损益,并确认应付职工薪酬。

【例7-16】2×20年某公司为总部各部门经理级别以上职工提供汽车免费使用,同时为副总裁以上高级管理人员每人租赁一套住房。该公司总部共有部门经理以上职工25名,每人提供一辆汽车免费使用,假定每辆汽车每月计提折旧400元;该公司共有副总裁以上高级管理人员5名,公司为其每人租赁一套面积为100平方米带有家具和电器的公寓,月租金为每套6 000元。

该公司每月账务处理如下。

借：管理费用	40 000	
贷：应付职工薪酬——非货币性福利		40 000
借：应付职工薪酬——非货币性福利	40 000	
贷：累计折旧		10 000
其他应付款		30 000

（三）向职工提供企业支付了补贴的商品或服务

企业有时以低于其取得成本的价格向职工提供商品或服务，如以低于成本的价格向职工出售住房或提供医疗保健服务，其实质是企业向职工提供补贴。对此，企业应根据出售商品或服务合同条款的规定分别情况处理。

（1）如果合同规定职工在取得住房等商品或服务后至少应提供服务的年限，企业应将出售商品或服务的价格与其成本间的差额，作为长期待摊费用处理，在合同规定的服务年限内平均摊销，根据受益对象分别计入当期损益或相关资产成本。

（2）如果合同没有规定职工在取得住房等商品或服务后至少应提供服务的年限，企业应将出售商品或服务的价格与其成本间的差额，作为对职工过去提供服务的一种补偿，直接计入向职工出售商品或服务当期的损益。

【例7-17】 2×20年1月，某公司为留住人才，将以每套100万元的价格购买并按照固定资产入账的50套公寓，以每套60万元的价格出售给公司管理层和生产一线的优秀职工。其中，出售给公司管理层15套，出售给一线生产工人35套。出售合同规定，职工在取得住房后必须在公司服务10年，不考虑相关税费。

公司出售住房时，账务处理如下。

借：银行存款	30 000 000
长期待摊费用	20 000 000
贷：固定资产	50 000 000

出售住房后的十年内，公司应按照直线法摊销该项长期待摊费用，每年的账务处理如下。

借：生产成本	1 400 000
管理费用	600 000
贷：应付职工薪酬——非货币性福利	2 000 000
借：应付职工薪酬——非货币性福利	2 000 000
贷：长期待摊费用	2 000 000

7.4.2 辞退福利

（一）辞退福利的含义和内容

企业可能出现提前终止劳务合同、辞退员工的情况。根据劳动协议，企业需要提供一笔资金作为补偿，称为辞退福利。

辞退福利包括两方面的内容：一是在职工劳动合同尚未到期前，不论职工本人是否愿意，企业决定解除与职工的劳动关系而给予的补偿；二是在职工劳动合同尚未到期前，为鼓励职工自愿接受裁减而给予的补偿，职工有权利选择继续在职或接受补偿离职。辞退福利还包括当公司控制权发生变动时对辞退的管理层人员进行补偿的情况。

（二）辞退福利的补偿方式

辞退福利通常采取解除劳动关系时一次性支付补偿的方式，也有采取提高退休后养老金或其他离职后福利的标准，或者在职工不再为企业带来经济利益后，将职工工资部分支付到辞退后未来某一期间的方式。

（三）区分辞退福利应注意的问题

1. 辞退福利与正常退休养老金应当区分开来

辞退福利是在职工与企业签订的劳动合同到期前，企业根据法律、与职工本人或职工代表（工会）签订的协议，或者基于商业惯例，承诺当其提前终止对职工的雇佣关系时支付的补偿，引发补偿的事项是辞退。因此，企业应当在辞退时确认和计量辞退福利。

职工在正常退休时获得的养老金，是其与企业签订的劳动合同到期时，或者职工达到了国家规定的退休年龄时获得的退休后生活补偿金额，此种情况下给予补偿的事项是职工在职时提供的服务而不是退休本身。因此，企业应当在职工提供服务的会计期间确认和计量退休养老金。

职工虽然没有与企业解除劳动合同，但未来不再为企业提供服务，为此企业承诺提供实质上具有辞退福利性质的经济补偿，比照辞退福利处理。

2. 无论职工因何种因素离开都要支付的福利属于离职后福利，不是辞退福利

有些企业对职工本人提出的自愿辞退比企业提出的要求职工非自愿辞退情况下支付较少的补偿，在这种情况下，非自愿辞退提供的补偿与职工本人要求辞退提供的补偿之间的差额，才属于辞退福利。

（四）辞退福利的确认

企业在职工劳动合同到期之前解除与职工的劳动关系，或者为鼓励职工自愿接受裁减而提出给予补偿的建议，须满足确认条件，方能确认因解除与职工的劳动关系给予补偿而产生的预计负债，同时计入当期管理费用。

企业确认辞退福利，须同时满足以下条件。

（1）企业已经制定正式的解除劳动关系计划或提出自愿裁减建议，并即将实施。该计划或建议应当包括拟解除劳动关系或裁减的职工所在部门、职位及数量；拟解除劳动关系或裁减的时间，根据有关规定按工作类别或职位确定的解除劳动关系或裁减补偿金额。这里所称解除劳动关系计划和自愿裁减建议应当经过董事会或类似权力机构的批准；即将实施是指辞退工作一般应当在一年内实施完毕，但因付款程序等使部分付款推迟到一年后支付的，视为符合辞退福利预计负债确认条件。

（2）企业不能单方面撤回解除劳动关系计划或裁减建议。如果企业能够单方面撤回解除劳动关系计划或裁减建议，则表明未来经济利益不是很可能流出企业，因而不符合负债确认条件。

由于被辞退的职工不再为企业带来未来经济利益，因此，对于满足负债确认条件的所有辞退福利，均应当于辞退计划满足预计负债确认条件的当期计入费用，不计入资产成本。需要注意的是，在确认辞退福利时，对于分期或分阶段实施的解除劳动关系计划或自愿裁减建议，企业应当将整个计划看作由一个个单项解除劳动关系计划或自愿裁减建议组成的，在每期或每阶段计划符合预计负债确认条件时，将该期或该阶段计划中由提供辞退福利产生的预计负债予以确认，计入该部分计划满足预计负债确认条件的当期管理费用，不能等全部计划都符合确认条件时再予以确认。

对于企业实施的职工内部退休计划（以下简称"内退计划"），由于这部分职工不再为企业带来经济利益，企业应当比照辞退福利处理。在内退计划符合《企业会计准则第9号——职工薪酬》规定的确认条件时，按照内退规定，将自职工停止服务日至正常退休日期间，企业拟支付的内退人员工资和缴纳的社会保险费等确认为预计负债，一次计入当期管理费用。

（五）辞退福利的计量

企业应当严格按照辞退计划条款的规定，依据《企业会计准则第9号——职工薪酬》和《企业会计准则第13号——或有事项》规定，合理估计并确认辞退福利产生的负债。辞退福利的计量因辞退计划中职工有无选择权而有所不同。

（1）对于职工没有选择权的辞退计划，应当根据计划条款规定拟解除劳动关系的职工数量和每一职位的辞退补偿等计提应付职工薪酬（预计负债）。

（2）对于自愿接受裁减建议，因接受裁减的职工数量不确定，企业应当参照或有事项的规定，预计将会接受裁减建议的职工数量，根据预计的职工数量和每一职位的辞退补偿等计提应付职工薪酬（预计负债）。

（3）实质性辞退工作在一年内实施完毕，但补偿款项超过一年支付的辞退计划，企业应当选择恰当的折现率，将应支付的辞退福利金额折现，以折现后的金额计入当期管理费用，该项金额与实际应支付的辞退福利之间的差额，作为未确认融资费用，在以后实际支付辞退福利款项时，分期计入财务费用。账务处理上，确认因辞退福利产生的预计负债时，借记"管理费用""未确认融资费用"科目，贷记"应付职工薪酬——辞退福利"科目；各期支付辞退福利款项时，借记"应付职工薪酬——辞退福利"科目，贷记"银行存款"科目；同时，借记"财务费用"科目，贷记"未确认融资费用"科目。应付辞退福利款金额与其折现后金额相差不大的，也可不折现。

【例7-18】某公司为一家电视制造公司，2×20年9月，为了能够在下一年度顺利实施转产，该公司管理层制定了一项辞退计划，计划规定，从2×21年1月1日起，企业将以职工自愿方式，辞退其彩电车间的职工。辞退计划的详细内容，包括拟辞退的职工所在部门、数量、各级别职工能够获得的补偿以及计划大体实施的时间等，上述内容均已与职工沟通，并达成一致意见。辞退计划已于当年12月10日经董事会正式批准，辞退计划将于下一个年度内实施完毕。该项辞退计划的详细内容如表7-5所示。

表7-5 某公司2×21年辞退计划

金额单位：万元

所属部门	职位	辞退数量（人）	工龄（年）	每人补偿
彩电车间	车间主任、副主任	10	1～10	10
			10～20	20
			20～30	30

续表

所属部门	职位	辞退数量（人）	工龄（年）	每人补偿
彩电车间	高级技工	50	1~10	8
			10~20	18
			20~30	28
	一般技工	100	1~10	5
			10~20	15
			20~30	25
小计		160		

2×20年12月31日，公司预计各级别职工拟接受辞退职工数量的最佳估计数（最可能发生数）及其应支付的补偿如表7-6所示。

表7-6 预计接受辞退的职工数量和应支付的补偿估计

金额单位：万元

所属部门	职位	辞退数量（人）	工龄（年）	接受数量（人）	每人补偿额	补偿金额
彩电车间	车间主任、副主任	10	1~10	5	10	50
			10~20	2	20	40
			20~30	1	30	30
	高级技工	50	1~10	20	8	160
			10~20	10	18	180
			20~30	5	28	140
	一般技工	100	1~10	50	5	250
			10~20	20	15	300
			20~30	10	25	250
小计		160		123		1 400

按照或有事项有关计算最佳估计数的方法，预计接受辞退的职工数量可以根据最可能发生的数量确定，也可以按照各种发生数量及其发生概率计算确定。根据表7-6，愿意接受辞退职工的最可能数量为123名，预计补偿总额为1 400万元，则公司在2×20年（辞退计划2×20年12月10日由董事会批准）的账务处理如下。

借：管理费用　　　　　　　　　　　　　　　　　　14 000 000
　　贷：应付职工薪酬——辞退福利　　　　　　　　　14 000 000

以本例中彩电车间主任和副主任级别、工龄在1~10年的职工为例，假定接受辞退的职工数量及发生概率如表 7-7 所示。

表 7-7 接受辞退的职工数量和发生概率估计

接受辞退的职工数量（人）	发生概率	最佳估计数
0	0	0
1	3%	0.03
2	5%	0.1
3	5%	0.15
4	20%	0.8
5	15%	0.75
6	25%	1.5
7	8%	0.56
9	12%	1.08
10	7%	0.7
合计		5.67

由上述计算结果可知，彩电车间主任和副主任级别、工龄在 1~10 年的职工接受辞退计划的最佳估计数为 5.67 名，则应确认该职级的辞退福利金额为 56.7（5.67×10）万元，由于所有的辞退福利预计负债均应计入当期费用，因此，2×20 年（辞退计划 2×20 年 12 月 10 日由董事会批准）公司的账务处理如下。

借：管理费用　　　　　　　　　　　　　　　　　　567 000
　　贷：应付职工薪酬——辞退福利　　　　　　　　　　567 000

第 8 章
成本会计实务操作

8.1 成本概述

8.1.1 成本的概念

什么是成本?

马克思有关商品价值的著名公式如下。

$$W=C+V+M$$

可见,商品的价值由三个部分组成:①已耗费的生产资料转移的价值(C);②劳动者为自己劳动所创造的价值(V);③劳动者为社会劳动所创造的价值(M)。从理论上讲,上述的前两个部分,即$C+V$,是商品价值中的补偿部分,它构成商品的理论成本。

我们来看这个公式的含义。

如果我们从商品价值中减去剩余价值(M),那在商品中剩下的,只是一个在生产要素上耗费的资本价值($C+V$)的等价物或补偿价值。

这是补偿商品使资本家自身耗费的价值,通俗点说,就是生产资料本身的价值和劳动者获得的价值。所以对资本家来说,这就是商品的成本价格。

马克思认为,在社会主义市场经济中,企业作为自主经营、自负盈亏的商品生产者和经营者,其基本的经营目标就是向社会提供商品,满足社会的一定需要，同时要以商品的销售收入抵偿自己在商品的生产经营中所支出的各种劳动耗费，并取得盈利。所以，他将成本的经济实质概括为：生产经营过程中所耗费的生产资料转移的价值和劳动者为自己劳动所创造的价值的货币表现，也就是企业在生产经营中所耗费的资金的总和。

这是成本在经济学上的理论含义，但是在实际会计工作中，我们讲到的成本，却是有差别的。

首先，在实际工作中，成本的开支范围是由国家通过有关法规制度来加以界定的。为了促使企业加强经济核算，减少生产损失，国家通过法律法规规定了成本的范畴，这就与理论成本存在一定的差别。

比如，财产保险费，这是劳动者为社会劳动所创造的价值；再比如，工业企业的废品损失、季节性和修理期间的停工损失等，这些不形成产品价值，属于损失性支出。这些耗费如果不计入成本，对于企业减少生产损失是不利的，因此在会计中，也将其计入成本。当然，对于成本实际开支范围与成本经济实质的背离，必须严格限制，否则，成本的计算就失去了理论依据。

其次，在实际工作中，计算产品的全部成本，需要将其按一定的标准分类，部分计入产品成本，部分计入期间费用，这取决于成本核算制度。

如按照我国现行企业会计制度的规定，工业企业应采用制造成本法计算产品成本，从而企业生产经营中所发生的全部劳动耗费就相应地分为产品制造（生产）成本和期间费用两大部分。在这里，产品的制造成本是指为制造产品而发生的各种费用总和，包括原材料费用、生产工人工资及福利费用和全部制造费用。期间费用则包括管理费用、销售费用和财务费用，在制造成本法下，这些费用不计入产品成本，而是直接计入当期损益。

最后，在实际工作中为了加强企业的成本管理和正确地进行决策，涉及和应用的成本概念是多种多样的，其内涵的已经超出了商品或产品成本的范围，如可控成本、不可控成本、机会成本等。

可见，成本的归集不是那么简单的。那么，计算成本有什么意义呢？在经济管理工作中，计算成本具有十分重要的作用。

（一）成本是补偿生产耗费的"尺子"

比如我们开面馆，在取得销售收入后，必须把店面费、买面的钱、电费、人工费等相当于成本的数额划分出来，用以补偿生产经营中的资金耗费。

这样，成本就是一种补偿，用来补偿生产耗费。

成本也是划分生产经营耗费和企业纯收入的依据，在一定的销售收入中，成本越低，企业纯收入就越高。可见，成本是补偿生产耗费的"尺子"。

（二）知道成本才能制定产品价格

我们经常看到市场上的"价格战"。参与"价格战"的企业的产品功能差不多，品牌口碑也差不多，消费者往往根据价格来进行选择。

其实，产品的定价是一项复杂的工作，应考虑的因素很多，例如国家的价格政策及其他经济政策、各种产品的比价关系、产品在市场上的供求关系及市场竞争的态势等。但是这些都离不开一个前提，就是价格要高于产品成本。产品成本是制定产品价格的一项重要因素。

一件产品，直接说它有多大价值是不太能说服人的。人们不能直接计算产品的价值，而只能计算成本，通过成本间接地、相对地掌握产品的价值。因此，成本就成了制定产品价格的重要因素。

（三）成本反映企业工作质量

成本是非常量化的指标，企业经营管理中各方面工作的业绩，都可以直接或间接地在成本上反映出来。比如，产品设计的好坏、生产工艺的合理程度、固定资产的利用情况、原材料消耗节约与浪费、劳动生产率的高低、产品质量的高低、产品产量的增减以及供、产、销各环节的工作是否衔接协调等，都可以通过成本直接或间接地反映出来。

既然成本反映工作质量，我们就可以通过对成本的计划、控制、监督、考核和分析等来促使企业以及企业内各单位加强经济核算，努力改进管理，降低成本，提高经济效益。

（四）成本是企业进行决策的重要依据

企业的发展为了什么？归根结底是为了盈利。提高经济效益和提升市场竞争力是企业的目标。要实现这个目标，企业首先就要有正确的决策。决策不是凭空而来的，进行生产经营决策，需要考虑的因素很多，成本是其中应考虑的主要因素之一。在价格等因素一定的前提下，成本的高低直接影响着企业盈利的多少；而较低的成本，可以使企业在市场竞争中处于有利地位。

总之，成本作为一个价值范畴，在社会主义市场经济中是客观存在的。加强成本管理，努力降低成本，无论对提高企业经济效益，还是对提高整个国民经济的宏观经济效益，都是极为重要的。

8.1.2 成本会计核算内容

生产产品是为了什么？当然是为了出售，通过出售产品，企业获得收入。收入有两方面作用，一方面收回在生产过程中垫支的资金，另一方面在支付了各种其他费用后还应该有剩余，作为企业的盈利。企业是为了盈利才存在的，而产品的成本关系到企业的利润，所以企业要计算成本。

成本所包括的内容，也就是成本会计应该反映和监督的内容。成本核算主要计算产品成本，所有的工作都是围绕成本计算这个中心进行的。产品成本计算，说得简单一点就是费用的归集和分配。

为了更为详细、具体地了解成本会计的对象，还必须结合企业的具体生产经营过程和现行企业会计制度的有关规定来加以说明。

下面以工业企业为例，说明成本会计应反映和监督的内容。

（一）直接生产过程

在产品的直接生产过程中，即从原材料投入生产到产成品制成的产品制造过程中，一方面要制造出产品来，另一方面要发生各种各样的生产耗费。

房屋、机器设备等作为固定资产的劳动资料，在生产过程中，通过计提折旧的方式，将其价值逐渐地、部分地转移到所制造的产品中去，构成产品生产成本的一部分。原材料等劳动对象，在生产过程中或者被消耗掉，或者改变其实物形态，其价值也随之一次全部地转移到新产品中去，也构成产品生产成本的一部分。劳动者借助于劳动工具对劳动对象进行加工，制造产品。劳动者通过对劳动对象的加工，才能改变原有劳动对象的使用价值，并且创造出新的价值来。劳动者用自己劳动所创造的那部分价值，则以工资形式支付给劳动者，这部分工资也构成产品生产成本的一部分。

总之，在产品的制造过程中发生的各种生产耗费，主要包括原料及主要材料、辅助材料、燃料等的支出，生产单位（如分厂、车间）固定资产的折旧，直接生产人员及生产单位管理人员的工资以及其他一些货币支出等。所有这些支出，构成了企业在产品制造过程的全部生产费用，而为生产一定种类、一定数量产品而发生的各种生产费用支出的总和就构成了产品的生产成本。

（二）销售过程

在产品的销售过程中，企业为销售产品也会发生各种各样的费用支出。例如，应由企业负担的运输费、装卸费、包装费、保险费、展览费、差旅费、广告费,以及为销售本企业商品而专设销售机构的职工工资及福利费、类似工资性质的费用、业务费等。所有这些为销售本企业产品而发生的费用,构成了企业的销售费用。销售费用也是企业在生产经营过程中所发生的一项重要费用,它的支出及归集过程,也应该成为成本会计所反映和监督的内容。

(三) 管理过程

企业的行政管理部门为组织和管理生产经营活动,也会发生各种各样的费用。例如,企业行政管理部门人员的工资、固定资产折旧、工会经费、业务招待费、坏账损失等。这些费用可统称为管理费用。企业的管理费用,也是企业在生产经营过程中所发生的一项重要费用,其支出及归集过程,也应该成为成本会计所反映和监督的内容。

(四) 财务费用

企业为筹集生产经营所需资金等也会发生一些费用。例如,利息净支出、汇兑净损失、金融机构的手续费等。这些费用可统称为财务费用。财务费用亦是企业在生产经营过程中发生的费用,它的支出及归集过程也应该属于成本会计反映和监督的内容。

我们可以看出,上述的销售费用、管理费用和财务费用,与产品生产没有直接联系。无论企业是否生产产品,这些费用都是存在的,所以要按发生的期间归集,直接计入当期损益,它们构成了企业的期间费用。

综上所述,按照工业企业会计制度的有关规定,可以把工业企业成本会计的对象概括为:工业企业生产经营过程中发生的产品生产成本和期间费用。

除了工业企业之外,商品流通企业、交通运输企业、施工企业、农业企业等其他行业企业的生产经营过程虽然各有其特点,但按照现行企业会计制度的有关规定,从总体上看,它们在生产经营过程中所发生的各种费用,同样是部分形成企业的生产经营业务成本,部分作为期间费用直接计入当期损益。

从现行企业会计制度的有关规定出发,可以把成本会计的对象概括为:企业生产经营过程中发生的生产经营业务成本和期间费用。

8.1.3 成本会计的基础

成本核算就是按照国家有关的法规、制度和企业经营管理的要求,对生产经营过程中实际发生的各种劳动耗费进行计算,并进行相应的账务处理,提供真实、有用的成本信息。

由于成本核算涉及生产经营活动的方方面面，与一般财务会计就有所不同，在开展成本会计工作之前，为了充分发挥成本核算的作用，首先要明确以下成本会计的基础。

（一）以管理为目的

成本会计是一种管理会计。

为了有助于企业更好地进行管理，成本会计所提供的成本信息应当满足企业经营管理和决策的需要，做到算管结合，算为管用。

因此，成本核算不仅要对各项费用支出进行事后核算，即发生成本之后，核算事后的成本信息，而且必须以国家有关的法规、制度和企业成本计划和相应的消耗定额为依据，加强对各项费用支出的事前、事中的审核和控制，并及时进行信息反馈。

对于成本的使用，一定要合法、合理，有利于发展生产、提高经济效益，否则就要坚决加以抵制；已经无法制止的，要追究责任，采取措施，防止以后再次发生。对于各项费用的发生情况，以及费用脱离定额（或计划）的差异进行日常的计算和分析，及时进行反馈；对于定额或计划不符合实际情况发生的，要按规定程序予以修订。

（二）界限要分明

成本会计有其复杂性，需要划分不同的界限，避免混淆不同类别的费用。

1. 产品成本和期间费用的界限

多计成本，会减少企业利润和国家财政收入；少计成本，则会虚增利润，使企业成本得不到应有的补偿，从而影响企业生产经营活动的顺利进行。

工业企业的经济活动是多方面的，其支出的用途不尽相同。不同用途的支出，其列支的项目应该不同。

生产成本和期间费用与成本相关，不应多提或少提。企业应按照国家有关成本开支范围的有关规定，正确地核算产品成本和期间费用。

用于产品生产和销售、用于组织和管理生产经营活动，以及为筹集生产经营资金所发生的各种支出，即企业日常生产经营管理活动中的各种耗费，应计入产品成本或期间费用。

凡不属于企业日常生产经营方面的支出，均不得计入产品成本或期间费用，即不得乱计成本；凡属于企业日常生产经营方面的支出，均应全部计入产品成本或期间费用，不得遗漏。

2. 生产费用与期间费用的界限

混淆产品生产费用与期间费用的界限，借以调节各月产品成本和各月损益，这种做法是错误的。

工业企业日常生产经营中所发生的各项耗费，其用途和计入损益的时间是有所不同的。用于产品生产的费用形成产品成本，并在产品销售后作为产品销售成本计入企业损益；当月投产的产品不一定当月产成，当月产成的产品也不一定当月销售，因而当月的生产费用往往不是计入当月损益的产品销售成本。

本月发生的销售费用、管理费用和财务费用，则作为期间费用，直接计入当月损益。

因此，为了正确计算产品成本和期间费用，正确计算企业各月份的损益，必须正确地划分产品生产费用和各项期间费用的界限。

3. 各月份的费用界限

费用的界限是按照月份来划分的，本月发生的费用，都应在本月全部入账，不能将其一部分延至下月入账。

更进一步，应该贯彻权责发生制原则，正确地核算待摊费用和预提费用。本月支付，但属于本月及以后各月受益的费用，应计入待摊费用，在各月间合理分摊计入成本。本月虽未支付，但本月已经受益，应由本月负担的费用，应计入预提费用，预提计入本月的成本。为了简化核算工作，对于数额较小的应该跨期摊销和预提的费用，也可以将其全部计入支付月份的成本，而不作为待摊费用和预提费用处理。

正确划分各月份的费用界限，是保证成本核算正确的重要环节。应当防止利用待摊和预提的办法人为地调节各月成本，人为地调节各月损益的错误做法。

4. 各种产品的费用界限

比如有甲、乙两种产品，为了正确地计算各种产品的成本，正确地分析和考核各种产品成本计划或定额成本的执行情况，必须将应计入本月产品成本的生产费用在各种产品之间正确地进行划分。

凡属于某种产品单独发生、能够直接计入该种产品的费用，均应直接计入该种产品成本；凡属于几种产品共同发生、不能直接计入某种产品的费用，则应采用适当的分配方法，分配计入这几种产品的成本。

应该防止在盈利产品与亏损产品之间、可比产品与不可比产品之间任意转移生产费用，借以掩盖成本超支或以盈补亏的错误做法。

5. 完工产品与在产品的费用界限

在月末计算产品成本时，如果某种产品已全部完工，那么，这种产品的各项生产费用之和就是这种产品的完工产品成本。如果某种产品均未完工，那么，这种产品的各项生产费用之和，就是这种产品的月末在产品成本。如果某种产品既有完工产品，又有在产品，则应将这种产品的各项生产费用，采用适当的分配方法在完工产品与月末在产品之间进行分配，分别计算完工产品成本和月末在产品成本。

有关完工产品和在产品成本的分配方法，将在以后的章节中介绍。

（三）合理计价与结转

对于企业的固定资产消耗，合理的计价与折旧对于成本核算的准确性非常重要。

企业财产物资计价和价值结转方法主要包括以下项目的确定方法。

（1）固定资产原值的计算方法、折旧方法、折旧率的种类和高低。

（2）固定资产修理费用是否采用待摊或预提方法以及摊提期限的长短；固定资产与低值易耗品的划分标准。

（3）材料成本的组成内容、材料按实际成本进行核算时发出材料单位成本的计算方法、材料按计划成本进行核算时材料成本差异率的种类、采用分类差异率时材料类距的大小等。

（4）低值易耗品和包装物价值的摊销方法、摊销率的高低及摊销期限的长短等。

为了正确地计算成本，国家有统一规定的，应采用国家统一规定的方法。各种方法一经确定，应保持相对稳定，不能随意改变。

（四）搭建框架

为了加强成本审核、控制，正确、及时地计算成本，企业构建一个完备的成本核算框架非常重要，也非常基础。

1. 制定合理的定额

成本核算的一个重要标准，就是产品的各项消耗定额。

在计算产品成本时,往往要用产品的原材料和工时的定额消耗量或定额费用作为分配实际费用的标准。这个标准是企业制定的。

【例 8-1】 2×20 年某企业生产甲、乙两种产品,共同耗用原材料 6 000 千克,每千克 1.44 元,共计 8 640 元。生产甲产品 1 200 件,单件甲产品原材料消耗定额为 3 千克;生产乙产品 800 件,单件乙产品原材料消耗定额为 1.5 千克。原材料费用分配计算如下。

(1)甲产品原材料定额消耗量 =1 200×3=3 600(千克)

乙产品原材料定额消耗量 =800×1.5=1 200(千克)

(2)原材料消耗量分配率 = $\dfrac{6\,000}{3\,600+1\,200}$ =1.25

(3)甲产品应分配原材料数量 =3 600×1.25=4 500(千克)

乙产品应分配原材料数量 =1 200×1.25=1 500(千克)

(4)甲产品应分配原材料费用 =4 500×1.44=6 480(元)

乙产品应分配原材料费用 =1 500×1.44=2 160(元)

可见,定额的制定和修订,对于企业成本核算的正确性非常重要。因此,为了加强生产管理和成本管理,企业必须建立和健全定额管理制度。

凡是能够制定定额的各种消耗,都应该制定先进、合理、切实可行的消耗定额,并随着生产的发展、技术的进步、劳动生产率的提高,不断修订消耗定额,以充分发挥其应有的作用。

2. 健全原始记录

原始记录是反映生产经营活动的原始资料,是进行成本预测、编制成本计划、进行成本核算、分析消耗定额和成本计划执行情况的依据。

成本会计有关的原始记录主要包括以下内容。

(1)材料消耗的记录,如领料单、限额领料单、领料登记簿、材料退库单等。

(2)劳动消耗的原始记录,如职工考勤记录、产量记录、工时记录、停工记录、工资单等。

(3)反映在生产经营过程中发生的各种费用支出的原始记录,如各种支付费用的凭证、发票、账单等。

(4)其他原始记录。除上述原始记录以外的,反映与生产经营有关的其他费用支出记录，如设备维修记录、废品损失记录等。

原始记录是一切核算的基础，对成本核算更是如此。因此，原始记录必须真实正确、内容完整、手续齐全、要素完备，以便为成本计算、控制、预测和决策提供客观的依据。

3. 建立和健全库房材料物资的计量、收发、领退和盘点制度

健全材料物资等存货的入库计量、验收，材料物资等的领退以及进行定期和不定期的盘点制度，是进行成本控制的基本条件，是正确计算成本的重要前提。

为了进行成本管理，正确地计算成本，必须建立和健全材料物资的计量、收发、领退和盘点制度。

凡是材料物资的收发、领退，在产品、半成品的内部转移，以及产成品的入库等，均应填制相应的凭证，办理审批手续，并严格进行计量和验收。

库存的各种材料物资，车间的在产品、产成品均应按规定进行盘点。只有这样，才能保证账实相符，保证成本计算的正确性。

收料单如表 8-1 所示。

表 8-1 收料单

材料科目：材料　　　　　　　　　　　　　　　　编号：123
材料类别：原料及主要材料　　　　　　　　　　　收料仓库：1号仓库
供应单位：××公司　　2×20年3月1日　　　　　发票号码：03359649

材料编号	材料名称	规格	计量单位	数量		实际价格（元）			
				应收	实收	单价	发票金额	运费	合计
012341	甲材料		千克	2 000	2 000	39.8	79 600	2 000	81 600
备注									

采购员：　　　　　检验员：李×　　　　记账员：王×　　　　保管员：高×

4. 做好厂内计划价格的制定和修订工作

在计划管理基础较好的企业中，为了分清企业内部各单位的经济责任，便于分析和考核企业内部各单位成本计划的完成情况和管理业绩，以及加速和简化核算工作，应对原材料、半成品、厂内各车间相互提供的劳务（如修理、运输等）制定厂内计划价格，作为企业内部结算和考核的依据。

厂内计划价格要尽可能符合实际，保持相对稳定，一般在年度内不变。

（1）内部转移的材料物资等，应以当时的市场价格作为内部结算价格。

（2）材料物资、劳务等也可以以市场价格为基础，双方协商定价，即通常所说的"议价"，作为内部的结算价格。

（3）企业生产的零部件、半成品等在内部转移时，可以用标准成本或计划成本作为内部结算价格。

（4）在原有成本的基础上，加上合理的利润（即一定利润率计算）作为内部的价格。

在制定了厂内计划价格的企业中，各项原材料的耗用、半成品的转移，以及各车间与部门之间相互提供劳务等，都首先要按计划价格计算，这种按实际生产耗用量和计划价格计算的成本，称为计划价格成本。

月末计算产品实际成本时，再在计划价格成本的基础上，采用适当的方法计算各产品应负担的价格差异（如材料成本差异），将产品的计划价格成本调整为实际成本。这样，既可以加速和简化核算工作，又可以分清内部各单位的经济责任。

综上所述，计算产品成本是为了加强成本管理，企业只有按照产品生产特点和管理要求，选用适当的成本计算方法，才能正确、及时地计算产品成本，为成本管理提供有用的成本信息。

8.2 材料费用的计算与分配

8.2.1 材料费用的核算

要素费用，是对企业生产过程中发生的费用按经济内容所进行的分类，主要包括外购材料、外购燃料、外购动力、工资及福利、折旧、利息、税金及其他费用。

在成本核算中，使用产品成本明细账来记录和核算成本。

产品成本明细账（或产品成本计算单）是按产品品种等成本计算对象设置和登记的，账内按成本项目分设专栏或专行。

在发生各种要素费用，如材料、动力、工资等费用时，应进行以下处理。

（1）对于直接用于基本产品生产而且专设成本项目的直接生产费用，例如，构成产品实体的原材料费用、工艺用燃料或动力费用，应单独记入"基本生产成本"总账科目。

如果是某一种产品的直接计入费用，还应直接记入该种产品成本明细账的"原材料""燃料及动力""工资及福利费"等成本项目。

如果是生产几种产品的间接计入费用，则应采用适当的分配方法，分配以后分别记入各该种产品成本明细账的"原材料""燃料及动力""工资及福利费"成本项目。

（2）对于直接用于产品生产，但没有专设成本项目的各项费用，例如基本生产车间的机器设备的折旧费、修理费等，应先记入"制造费用"总账科目及与所属明细账有关的费用项目，然后通过一定的分配程序，转入或分配转入"基本生产成本"总账及所属明细账制造费用等成本项目。

材料是工业企业生产加工的劳动对象，是产品生产中必不可少的物质要素。本小节主要对材料的归集与分配进行介绍。

工业企业的材料品种繁多、规格复杂、收发频繁，为了便于管理与核算，相对准确地计算产品成本，必须对材料进行科学的分类。

（一）材料的分类

材料按其在生产经营过程中的作用不同，可分为以下几类。

1. 原料及主要材料

原料及主要材料指经过生产加工后构成产品实体或主要成分的各种原料和材料。如在加工企业中，炼铁用的铁矿石、纺纱用的原棉、炼油用的原油、制造机器用的钢材等；在化学工业中，经过化学变化后形成产品主要成分的各种原料和材料，如氯碱工业生产烧碱用的食盐，化肥工业生产合成氨用的煤、焦炭等。企业如有外购半成品，作为进一步加工用的，就其性质看与原材料一样，也是用来加工生产以构成产品实体或主要成分的劳动对象，因而也可列入本类。

2. 辅助材料

辅助材料指直接用于生产过程，有助于产品的形成或为产品生产创造正常劳动条件，但不构成产品主要实体的各种材料，如漂染用的漂白剂、染料，防腐用的油漆，化学反应中用的各种触媒、催化剂，维护机器用的润滑油、防锈剂，清洁用的扫帚、抹布，照明用的电灯泡等。

3. 包装物

包装物指为包装本企业产品，并准备随同产品一起出售的，或者在销售过程中租借给购货单位使用的各种包装用的物品，如桶、箱、坛、袋、瓶等。

4. 低值易耗品

低值易耗品指单位价值较低，容易耗损的各种工具、管理用具、玻璃器皿以及劳保用品等。从性质上看，低值易耗品并不是劳动对象，而是劳动资料，但它不具备固定资产的条件，因而把它列为材料一类。

需要注意的是，因为同一种材料在不同的企业中可能划分在不同的类别中，也存在一种材料兼有多种用途，这时应按其主要用途进行分类。

（二）材料的核算方法

划分了材料的类别，材料计价也是一个重要的方面，为了反映和监督材料物资的增减变动情况，原则上最终必须按实际成本对材料进行计价。

就每一种材料来说，在日常核算中，可以采用实际成本计价，也可以采用计划成本计价。

1. 按实际成本计价

按实际成本计价是指每一种材料的收发结存量，都按其在采购或委托加工、自制过程中所发生的实际成本进行计价。

优点：可以比较准确地核算产品成本中的材料费用和材料资金的实际占用额。缺点：会使材料日常收发的核算工作量增大，从而影响核算的及时性。因此，这种计价方法通常适用于材料品种较少、收发料次数不多的企业。

2. 按计划成本计价

按计划成本计价是指每一种材料的收发结存量，都按预先确定的计划成本计价，至于计划成本与实际成本之间的差额（即材料成本差异额），则另行按各类材料或全部材料综合核算，以便和计划成本重新结合，求得材料收发结存的实际成本。

优点：可以简化材料日常收发核算的工作量。缺点：计算出来的产品成本中的材料费用和各类材料资金的实际占用额不完全相等。因此，这种计价方法通常适用于材料实际成本变动不大、品种多、收发料频繁的企业。

8.2.2 材料采购及领用

（一）材料采购

由于材料来源不同，其成本构成的具体内容也是不同的。

1. 外购材料成本

外购材料成本包括：①买价，即销货单位开出的发票价格，进口材料则为材料物资的清单标价和进口加成费；②运杂费，即从销货单位运达企业仓库前所发生的包装费、运输费、装卸搬运费、保险费及仓储费等费用，进口材料包括国外运杂费、保险费、关税、工商税、银行手续费及国内运杂费等；③运输途中的合理损耗；④支付的各种税金；⑤入库前整理挑选费用，包括整理挑选过程中发生工、费支出和损耗扣除收回下脚料等价值后的支出；⑥大宗材料的市内交通费；⑦其他，即与采购材料有关的其他费用支出。

2. 委托加工材料成本

委托外单位加工本企业所需要的材料物资，其成本包括：加工中耗用材料物资的实际成本，支付的加工费用，为加工材料物资支付的往返运杂费等。

3. 自制材料成本

自制材料的成本，包括在制造过程中实际发生的直接材料费、直接人工费以及其他费用。

产品成本中材料费用的核算，在材料日常核算采用实际成本计价的情况下，以实际成本为计价原则，即发出材料的计价，要按照取得该种材料时的实际支出为标准。

外购材料成本由买价、运杂费、途中损耗、整理挑选等费用构成，当同时采购多种材料时，要注意各种材料采购成本的分配。

【例8-2】2×20年长江公司购入材料一批，收料仓库为1号仓库。其中甲材料6 000千克，买价为每千克100元；乙材料12 000千克，买价为每千克58元，共支付外地运费9 000元。

规定甲材料途中定额损耗为0.3%,实际损耗200千克;乙材料途中无损耗,但入库前必须经过整理挑选,整理后实际入库11 800千克,其中200千克为挑选整理损耗。

外地运杂费按材料重量分摊。假定甲材料计划单位成本为102元,乙材料计划单位成本为60元。

库房开具的收料单如表8-2所示。

表8-2 收料单

材料科目:材料　　　　　　　　　　　　　　　　编号:123
材料类别:原料及主要材料　　　　　　　　　　　收料仓库:1号仓库
供应单位:某供应商　　　　　2×20年3月1日　　发票号码:03359649

材料编号	材料名称	规格	计量单位	数量		实际价格(元)			
				应收	实收	单价	发票金额	运费	合计
1	甲材料		千克	6 000	5 800	100	600 000	3 000	603 000
2	乙材料		千克	12 000	11 800	58	696 000	6 000	702 000
	合计								1 305 000
	备注								

采购员:　　　检验员:李成　　　记账员:王伟　　　保管员:高华

(1)按实际成本计价计算材料的采购成本。

$$甲材料采购成本 = 6\,000 \times 100 + \left(9\,000 \times \frac{6\,000}{6\,000 + 12\,000}\right) = 603\,000\,(元)$$

$$甲材料单位成本 = \frac{603\,000}{5\,800} = 103.97\,(元)$$

$$乙材料采购成本 = 12\,000 \times 58 + \left(9\,000 \times \frac{12\,000}{6\,000 + 12\,000}\right) = 702\,000\,(元)$$

$$乙材料单位成本 = \frac{702\,000}{11\,800} = 59.49\,(元)$$

(2)按计划成本计价计算材料的采购成本。

材料计划成本 ± 差异 = 材料实际成本

计划成本法下,在分别计算出实际成本后,再计算材料成本差异,计算如下。

甲材料成本差异 = 603 000 - 5 800 × 102 = 11 400(元)(超支)

乙材料成本差异 = 702 000 - 11 800 × 60 = -6 000(元)(节约)

从【例 8-2】可以看出，对由几种材料共同负担的费用进行合理的分摊，为正确计算材料的采购成本和正确计算产品成本奠定了基础。

企业材料的日常核算采用计划成本计价的情况下，对材料采购的价款同样直接计入各种材料的采购成本，凡是几种材料共同耗用的运杂费等，可选择一定的分配标准按材料的类别或品种进行分配，计入各有关材料成本。

（二）材料计价

材料核算可以采用实际成本计价，也可以采用计划成本计价，不同计价方法下，领用材料的价格也有所不同。

1. 实际成本计价之先进先出法

先进先出法是指假定先购入的材料先发出，每批发出材料的成本，按材料中最先购入那批材料的单价计算。如果发出材料数量超过库存材料中最先购入那批材料的数量，超过部分依次按下一批购入材料的单价计算。采用这种计价方法时，要依次查明有关各批次购入材料的实际单价，有时发出一批数量较大的材料，要应用两种以上的单价进行计算。

这种方式的优点是，采用这种方法时，由于材料期末结存数按照后进的实际成本计算，从而期末材料价值接近现行（重置）成本。

这种方式的缺点是，进入产品成本的材料费，由于是按先进的实际成本计算的，将远离现行成本。如果各批材料取得的成本比较稳定，则对产品成本或库存材料价值的影响都不大，但如果材料的取得成本不断上涨，则已被生产耗用从而应由产品成本所补偿的价值就偏低，利润就会虚增。

以某企业材料明细账为例，说明先进先出法的使用，如表 8-3 所示。

表 8-3　企业材料明细账

名称：甲材料　规格：　　　计算单位：件　　　仓库号：1　　第 1 页　　　金额单位：元

2×12年 月	日	记账凭证号	进仓单号	出仓单号	摘要	借方（入库）数量	单价	金额	贷方（出库）数量	单价	金额	余额（结存）数量	单价	金额
1	1				期初结存							800	1.00	800.00
	5	120	58		收入	1 000	1.20	1 200.00				800 / 1 000	1.00 / 1.20	2 000.00
	10	150		40	发出				800 / 700	1.00 / 1.20	1 640.00	300	1.20	360.00
	15	161	74		收入	1 400	1.25	1 750.00				300 / 1 400	1.20 / 1.25	2 110.00
	20	174		56	发出				300 / 1 200	1.20 / 1.25	1 860.00	200	1.25	250.00
	28	179	81		收入	1 000	1.30	1 300.00				200 / 1 000	1.25 / 1.30	1 550.00
	31				本月发生额及月末余额	3 400		4 250.00	3 000		3 500.00	200 / 1 000	1.25 / 1.30	1 550.00

从 2×12 年 1 月 10 日的发出材料可以看到，在先进先出法下，发出 1 500 件甲材料时，先发出上月结存的 800 件，然后发出本月 5 日入库的 1 000 件中的 700 件。

800 件的单价为 1.00 元，金额 =800×1=800（元）

700 件的单价为 1.20 元，金额 =700×1.2=840（元）

故发出 1 500 件的金额 =800+840=1 640（元）

同理，之后的企业材料明细账也这样计算，在月末，剩余的 1 200 件甲材料，200 件的单价为 1.25 元，1 000 件的单价为 1.30 元。

2. 实际成本计价之月末一次加权平均法

月末一次加权平均法是指在月末，以某种材料期初结存数量和本月收入数量为权数，计算出该材料的平均单位成本的一种方法。

具体地说，这种方法用某材料的月初库存金额与本月购入的金额之和除以月初库存数量与本月购进数量之和，所求得的该种材料月末平均单价，即作为计算本月发出材料成本的单价。采用月末一次加权平均法核算的企业材料明细账如表 8-4 所示。

表 8-4 企业材料明细账

名称：乙材料　规格：　　　计算单位：千克　　仓库号：1　　第 1 页　　金额单位：元

2×20年		记账凭证号	进仓单号	出仓单号	摘要	借方（入库）			贷方（出库）			余额（结存）		
月	日					数量	单价	金额	数量	单价	金额	数量	单价	金额
1	1				月初结存							600	5.00	3 000.00
	10	101	46		收入	300	5.18	1 554.00				900		
	20	121		54	出售				500			400		
	25	124		67	出售				200			200		
	28	129	54		收入	400	5.19	2 076.00				600		
	31	131		75	出售				400			200		
	31				本月合计	700		3 630.00	1 100	5.10	5 610.00	200	5.10	1 020.00

在月底核算平均单价。

$$月末平均单价 = \frac{月初库存材料金额 + 本月购进的各批材料金额}{月初库存材料数量 + 本月购进的各批材料数量}$$

$$= \frac{3\,000+1\,554+2\,076}{600+700} = 5.10（元）$$

发出材料成本 = 发出材料数量 × 月末平均单价

所以，可以算出本月发出材料总金额 = 发出材料数量 × 月末平均单价 = 1 100 × 5.1 = 5 610（元）

月末一次加权平均法的优点是计算手续简便；缺点是，必须要到月末才能计算出全月的加权平均单价，并且按照月末加权平均单价计算的期末库存材料价值，与现行成本相比，有比较大的差异。当物价呈现上升趋势时，月末一次加权平均单价将低于现行成本；反之，当物价呈现下降趋势时，那么，月末一次加权平均单价又将高于现行成本。

3. 实际成本计价之移动加权平均法

移动加权平均法是指以每次购进材料数量和购进材料前库存材料数量为权数，来计算库存材料平均单位成本的一种方法。

在每次进货时，将本次购进材料的金额与本次购进材料前库存材料金额之和除以本次购进材料的数量与本次购进材料前库存材料数量之和，求得移动平均单价，作为本月计算某种材料每批次发出的单价。其计算公式如下。

$$移动平均单价 = \frac{本次进料金额 + 本次进料前库存材料金额}{本次进料数量 + 本次进料前库存材料数量}$$

$$发出材料成本 = 发出材料数量 × 移动平均单价$$

移动加权平均法的优点是能够随时计算平均单位成本，有利于及时进行成本计算；但缺点是计算工作量大，只能在那些进货次数少的材料中应用。

4. 计划成本计价

在我国，有的企业按计划成本对材料进行计价，也就是说，对每种材料的收发和结存都按照事先确定的计划单位成本进行计量和记录。

计划成本计价下，各种材料的总分类核算与明细分类核算均按计划成本进行；材料的实际成本以及实际成本与计划成本之间的差额（超支或节约），则要通过"材料采购"和"材料成本差异"等账户进行核算。

其计算公式如下。

发出材料实际成本＝发出材料计划成本 ± 发出材料应分配的差异额

发出材料应分配的差异额＝发出材料计划成本 × 材料成本差异率

$$材料成本差异率 = \frac{月初结存材料成本差异额 + 本月收入材料成本差异额}{月初结存材料计划成本 + 本月收入材料计划成本} \times 100\%$$

为了简化核算，便于及时计算自制材料和委托加工材料的实际成本，上述材料成本差异率计算公式可采用月初数进行计算。

$$材料成本差异率 = \frac{月初结存材料成本差异额}{月初结存材料计划成本} \times 100\%$$

（三）材料领用

工业企业仓库发出材料，主要是生产车间或管理部门领用。此外，还可能由于对外销售和委托加工等而发出材料。

为了正确计算发出材料的价值和产品成本中的材料费用，领发材料必须严格办理凭证手续，生产领用材料涉及的凭证一般有领料单，并且填写领料登记表等。

在企业中，凡领发那些没有消耗定额的材料和临时需用的材料，通常使用领料单这种领发料凭证，如表8-5所示。

表8-5 领料单

领料部门：车间1　　　　　　　　　　　　　　　　　　　　领料编号：123
领料用途：A2003　　　　　　2×20年5月5日　　　　　　领料仓库：1号仓库

材料类别	材料编号	材料名称	规格	计量单位	数量		材料成本（元）	
					请领	实发	单价（元）	金额（元）
原材料	1	甲材料		千克	100	100	15	1 500
合计								1 500

记账：　　　　发料：高×　　　　　审批：易×　　　　　领料：左×

在工业企业中，有些材料（如螺丝、螺帽、垫圈等）的领发，次数多、数量少、价值不高，为了简化手续，对这类材料平时领用时，可以不填制领料单，由领料人在领料登记表上登记领用数量并签章证明，据以办理发料，到月份终了，由仓库根据领料登记表（如表8-6所示）按领料单位和用途汇总填制领料单。

表 8-6　领料登记表

材料类别：辅助材料
材料编号：12342　　　　　　　　领料单位：车间 1
材料名称：方头螺母　　　　　　　领料仓库：1 号仓库
材料规格：4mm　　　　　　　　　计量单位：个

日期	领用数量		领料人签章	发料人签章	备注
	当日	累计			
2×20-5-3	23	89	王 ×	高 ×	
2×20-5-31	19	108	李 ×	高 ×	
2×20-5-31	−18	90	王 ×	高 ×	
材料单价（元）		0.2	合计金额（元）		18

在月末，凡已领但月末尚未耗用的材料，都应当办理退料手续，以便如实反映材料的实际消耗，正确计算产品成本中的材料费用。

如果余料下月不再继续使用，应填制退料单（或用红字填制领料单）连同材料退回仓库；如果余料下月需继续使用，则应办理假退料手续（即于本月底同时填制退料单和下月初的领料单），即材料不退回仓库，但退料单和领料单要送交仓库办理转账。

8.2.3　原材料费用的分配

原材料费用是工业企业成本核算的基础。

原材料费用是直接用于生产产品、构成产品实体的费用。原材料费用，在产品成本中一般占有较大的比重，直接用于生产。

在对生产产品耗用的材料进行归集和分配时，应遵循的原则如下。

凡属于某种产品或某种劳务耗用的直接材料费用，应直接计入"生产成本——基本生产成本（某产品或劳务）"科目，或记入"生产成本——辅助生产成本（某产品或劳务）"科目的直接材料费用项目。关于这部分直接材料费用，可以根据领料单按产品进行归集。

凡属于几种产品共同耗用的材料费用，在领用时无法确定每种产品耗用多少量，应当按照先在"制造费用"科目归集，再分配至各种产品之间的方式进行。

但对于车间、管理部门以及其他部门为组织和管理生产领用的材料，不能视为直接材料费用，对这部分费用应按照费用的发生地点和用途加以归集和分配。

对于多种产品共同耗用的材料费用，其可供选择的分配标准有很多，如定额耗用量比例、生产量比例、产品的体积、产品的重量等。企业应根据耗用材料的情况选择一定的标准进行分配。

（一）按原材料定额消耗量比例分配原材料费用

计算公式如下。

某种产品原材料定额消耗量 = 该种产品实际产量 × 单位产量原材料定额消耗量

$$原材料消耗量分配率 = \frac{原材料实际消耗总量}{各种产品原材料定额消耗量之和}$$

某种产品应分配的原材料实际消耗量 = 该种产品的原材料定额消耗量 × 原材料消耗量分配率

某种产品应分配的实际原材料费用 = 该种产品应分配的原材料实际消耗量 × 材料单价

【例 8–3】 2×20 年某企业生产甲、乙两种产品，共同耗用原材料 5 600 千克，每千克 1.2 元，共计 6 720 元。

生产甲产品 1 000 件，单件甲产品原材料消耗定额为 2 千克；生产乙产品 800 件，单件乙产品原材料消耗定额为 1 千克。

（1）计算各种产品原材料定额消耗量。

甲产品的定额消耗量 =1 000×2=2 000（千克）

乙产品的定额消耗量 =800×1=800（千克）

（2）计算单位原材料定额消耗量应分配原材料实际消耗量（即原材料消耗量分配率）。

$$原材料消耗量分配率 = \frac{5\,600}{2\,000+800} = 2$$

（3）计算出各种产品应分配的原材料实际消耗量。

甲产品应分配原材料数量 =2 000×2=4 000（千克）

乙产品应分配原材料数量 =800×2=1 600（千克）

（4）计算出各种产品应分配的原材料实际费用。

甲产品应分配原材料费用 =4 000×1.2=4 800（元）

乙产品应分配原材料费用 =1 600×1.2=1 920（元）

这种方式的优点是：可以考核原材料消耗定额的执行情况，有利于加强原材料消耗的实物管理；缺点是：分配计算的工作量较大。还可以采用以下方式计算两种产品应分配的原材料实际费用。

(1) 计算各种产品原材料定额消耗量。(同上)

(2) 计算单位原材料定额消耗量应分配的原材料费用(即原材料消耗量的费用分配率)。

$$原材料消耗量的费用分配率 = \frac{原材料实际费用总额}{各种产品原材料定额消耗量之和} = \frac{6\ 720}{2\ 000+800} = 2.4$$

(3) 计算各种产品应分配的原材料实际费用。

甲产品应分配原材料费用 =2 000×2.4=4 800(元)

乙产品应分配原材料费用 =800×2.4=1 920(元)

这种方式的优点是：分配计算的工作量较小；缺点是：不能提供各种产品原材料实际消耗量资料，不利于加强原材料消耗的实物管理。

(二)按原材料定额费用比例分配原材料费用

计算公式如下。

某种产品原材料定额费用 = 该种产品实际产量 × 单位产品原材料费用定额

$$原材料费用分配率 = \frac{各种产品原材料实际费用总额}{各种产品原材料定额费用总额}$$

某种产品应分配的实际原材料费用 = 该种产品原材料定额费用 × 原材料费用分配率

【例8-4】 2×20年某企业生产甲、乙两种产品，共同领用A、B两种主要材料，共计37 620元。本月投产甲产品150件，乙产品120件。甲产品材料消耗定额：A材料6千克，B材料8千克；乙产品材料消耗定额：A材料9千克，B材料5千克。A材料单价10元，B材料单价8元。计算分配如下。

(1) 计算各种产品原材料定额费用。

甲产品：

A 材料定额费用 =150×6×10=9 000(元)

B 材料定额费用 =150×8×8=9 600(元)

甲产品材料定额费用合计为 18 600 元。

乙产品：

A 材料定额费用 =120×9×10=10 800(元)

B 材料定额费用 =120×5×8=4 800(元)

乙产品材料定额费用合计为 15 600 元。

(2) 单位原材料定额费用应分配原材料实际费用(即原材料费用分配率)。

原材料费用分配率 = $\frac{37\,620}{18\,600+15\,600}$ = 1.1

（3）各种产品应分配的原材料实际费用。

甲产品应分配原材料实际费用 = 18 600×1.1 = 20 460（元）

乙产品应分配原材料实际费用 = 15 600×1.1 = 17 160（元）

（三）材料费用分配表

各种材料费用的分配是通过编制材料费用分配表进行的，材料费用分配表是按车间、部门和材料的类别，根据归类后的领退料凭证和其他有关资料编制的，如表 8-7 所示。

表 8-7 材料费用分配表

第一车间　　　　　　　　　　　　　　2×20 年 4 月

应借账户		成本项目 （费用项目）	直接计入（元）	间接计入			合计（元）
				定额消耗量（千克）	分配率	分配金额（元）	
生产成本	基本生产成本	A 产品 直接材料	10 000	1 000	5	5 000	15 000
		B 产品 直接材料	7 500	300		1 500	9 000
		小计	17 500	1 300		6 500	24 000
	辅助生产成本	供电 机物料	800				800
		修理 备品配件	1 500				1 500
		小计	2 300				2 300
制造费用		一般材料	600				600
管理费用		机物料	400				400
合计			20 800			6500	27 300

根据材料费用分配表编制会计分录，据以登记有关总账和明细账。编制会计分录如下。

借：基本生产成本——A 产品　　　　　　　　　　　15 000
　　　　　　　　——B 产品　　　　　　　　　　　 9 000
　　辅助生产成本　　　　　　　　　　　　　　　　 2 300
　　制造费用　　　　　　　　　　　　　　　　　　 600
　　管理费用　　　　　　　　　　　　　　　　　　 400
　　贷：原材料　　　　　　　　　　　　　　　　　27 300

需要注意的是，上列原材料费用是按实际成本进行核算分配的，如果原材料费用按计划成本进行核算分配，计入产品成本和期间费用的原材料费用是计划成本，还应该分配材料成本差异额。

8.2.4 包装物费用的分配

"包装物"与"包装材料"是有区别的。

各种包装材料，如纸、绳、铁皮、铁丝等，不是容器，属于原材料，在"原材料"科目中核算；用于储存和保管产品的材料，不对外出售、出租和出借的包装容器，按其单位价值的大小和使用年限长短，属于低值易耗品或固定资产，应分别在"低值易耗品"或"固定资产"科目中核算；计划中单独列为企业商品或产品的自行包装物，属于产成品，应在"产成品"科目中核算。

包装物是指为包装企业产品而储备，随同产品出售、出租或出借的各种包装容器，例如箱、瓶、桶、坛、袋等。

包装物按用途可分为：①生产过程中用于包装产品作为产品组成部分的包装物；②随同产品出售不单独计价的包装物；③随产品出售而单独计价的包装物；④出租或出借给购买单位使用的包装物。

这种分类与包装物发出和摊销的核算有关。一般应该设置"包装物"总账科目，进行包装物的总分类核算。

（一）发出包装物

发出用于生产过程包装产品的包装物，作为产品组成部分，属于直接用于产品生产、构成产品实体、专设成本项目的主要材料费用，应借记"基本生产成本"等总账科目，同时，直接记入或分配记入有关产品成本明细账的"原材料"成本项目。

发出用于销售过程随同产品出售不单独计价的包装物，属于产品销售费用，应借记"销售费用"科目。

发出用于销售过程随同产品出售需要单独计价的包装物，属于企业的其他经营业务费用，应借记"其他业务成本"科目。

按发出包装物的实际成本或计划成本总额，贷记"包装物"科目。如果是按计划成本进行包装物核算的企业，还要计算调整分配发出包装物的成本差异。

【例8-5】2×20年某工业企业包装物按计划成本进行日常核算。某月仓库发出包装物的计划成本共计10 300元,其中,用于生产过程包装甲产品的包装物6 000元,随同产品出售不单独计价的包装物2 000元,随同产品出售需要单独计价的包装物2 300元。该月包装物的成本差异率为超支1.5%。

根据包装物的发出凭证、发出凭证汇总表或包装物费用分配表,编制发出包装物的计划成本和调整分配成本差异的会计分录。

借:基本生产成本——甲产品　　　　　　　　　　　　　　　　6 000
　　销售费用　　　　　　　　　　　　　　　　　　　　　　　2 000
　　其他业务成本　　　　　　　　　　　　　　　　　　　　　2 300
　贷:包装物　　　　　　　　　　　　　　　　　　　　　　　10 300
借:基本生产成本——甲产品　　　　　　　　　　（6 000×1.5%）90
　　销售费用　　　　　　　　　　　　　　　　　（2 000×1.5%）30
　　其他业务成本　　　　　　　　　　　　　　（2 300×1.5%）34.5
　贷:材料成本差异　　　　　　　　　　　　　　　　　　　　154.5

(二)出借、出租包装物

出借、出租给购买单位使用的包装物,如同固定资产折旧一样,应该采用适当的方法进行摊销。

出借包装物是为产品销售提供必要条件,属于产品销售业务的一部分,因此,出借包装物的价值摊销和修理费用等,作为产品销售的费用处理,借记"销售费用"科目;出租包装物属于工业企业经营业务中的一种非主营业务,即其他销售业务,收取的租金作为其他业务收入。因此,出租包装物的价值摊销和修理费等,属于其他业务支出(或其他销售成本),借记"其他业务成本"科目,从其他业务收入中扣减,据以计算其他业务利润。

包装物价值的摊销,可以采用不同的摊销方法。摊销方法的选择应根据出借、出租包装物的业务是否频繁、数量的多少和金额的大小进行确定。

1. 一次转销法,即一次计入法或一次摊销法

这种方法,在第一次发出新的包装物时,就将其价值全部转销,计入当月有关的费用。发出出借、出租包装物时,应分别借记"销售费用"和"其他业务成本"科目,贷记"包装物"科目。如果一次出借、出租包装物的价值较大,也可以通过"待摊费用"科目合理地分几个月摊销:发出时借记"待摊费用"科目,贷记"包装物"科目;分月摊销时,借记"销售费用"或"其他业务成本"

科目,贷记"待摊费用"科目。

这种方法的优点是,核算工作简便;缺点是,各月费用负担不太合理,并且不容易对其进行价值监督,不利于加强实物管理。所以,这种方法一般适用于单位价值较低、使用期限较短或者容易破损的包装物。

2. 五五摊销法,即五成摊销法

这种方法,在包装物出借、出租的月份摊销其价值的一半;在包装物报废月份再摊销其价值的另一半,但应扣除报废包装物的残料价值。

采用这种摊销方法,除单独设立"包装物"总账科目,还要分设"库存未用包装物""库存已用包装物""出借包装物""出租包装物""包装物摊销"五个明细科目,分别核算库存未用、库存已用和出借、出租的包装物,以及包装物摊销。

出租库存未用过的包装物,借记"包装物——出租包装物"科目,贷记"包装物——库存未用包装物"科目。

摊销出租新包装物的一半价值,借记"其他业务成本"科目,贷记"包装物——包装物摊销"科目。

分配出租新包装物成本差异,借记"其他业务成本"科目,贷记"材料成本差异——包装物成本差异"科目。

收回出租包装物,借记"包装物——库存已用包装物"科目,贷记"包装物——出租包装物"科目。

出租包装物进行修理发生的修理费用,借记"其他业务科目"科目,贷记"银行存款""库存现金"等科目。

出租包装物报废时,摊销其另一半价值(扣除残料价值),借记"其他业务成本""原材料"等科目,贷记"包装物——包装物摊销"科目。

注销报废的出租包装物价值及其摊销额,借记"包装物——包装物摊销"科目,贷记"包装物——出租包装物"科目。

【例8-6】2×20年某企业按计划成本进行包装物日常核算,采用五五摊销法摊销出租、出借包装物价值。

3月1日出租给购买单位甲种新的包装物200个,计划单价25元。

3月5日从购买单位收回甲种包装物100个。

3月12日用现金支票支付出租包装物的修理费500元。

3月18日出借甲种旧的包装物300个。

3月29日出借的乙种包装物30个在本月报废,计划单价20元,残料作价40元入库。

2×20年3月的甲包装物成本差异率为节约2%。

编制有关会计分录如下。

(1) 3月1日,出租新的包装物。

借:包装物——出租包装物　　　　　　　　　　　　　50 000
　　贷:包装物——库存未用包装物　　　　　　　　　　　50 000

摊销出租新的包装物价值的50%。

借:其他业务成本　　　　　　　　　　　　　　　　　25 000
　　贷:包装物——包装物摊销　　　　　　　　　　　　　25 000

(2) 3月5日,收回出租的包装物。

借:包装物——库存已用包装物　　　　　　　　　　　25 000
　　贷:包装物——出租包装物　　　　　　　　　　　　　25 000

(3) 3月12日,用现金支票支付出租包装物的修理费用。

借:其他业务成本　　　　　　　　　　　　　　　　　500
　　贷:银行存款　　　　　　　　　　　　　　　　　　　500

(4) 3月18日出借旧的包装物(不摊销价值)。

借:包装物——出借包装物　　　　　　　　　　　　　7 500
　　贷:包装物——库存已用包装物　　　　　　　　　　　7 500

(5) 3月29日乙包装物报废,登记残值、摊销50%价值(扣除残值)。

借:原材料　　　　　　　　　　　　　　　　　　　　40
　　销售费用　　　　　　　　　　　　　　　　　　　260
　　贷:包装物——包装物摊销　　　　　　　　　　　　　300

注销已报废出借包装物的计划成本和累计摊销额。

借:包装物——包装物摊销　　　　　　　　　　　　　600
　　贷:包装物——出借包装物　　　　　　　　　　　　　600

(6) 3月31日,分配出租新包装物的成本差异。

成本差异为 =50 000×(-2%)=-1 000,在贷方。

借:材料成本差异——包装物成本差异　　　　　　　　1 000
　　贷:其他业务支出　　　　　　　　　　　　　　　　　1 000

五五摊销法的优点是，提高了各月费用负担的合理性，有利于实行价值监督和实物管理。这种方法适用于每月发出和报废包装物的数量比较均衡，各月费用负担相差不多的包装物。

8.2.5 低值易耗品的分配

低值易耗品是劳动手段中单位价值和使用年限在规定限额以下的物品，包括工具、管理用具、玻璃器皿，以及在经营过程中周转使用的包装容器等。

低值易耗品的收入、发出、摊销和结存的核算，是通过设立"低值易耗品"总账科目及按其类别、品种、规格设置明细账进行的。

低值易耗品摊销额在产品成本中所占比重较小，又没有专设成本项目，因此，用于生产应计入产品成本的低值易耗品摊销，应计入制造费用；用于组织和管理生产经营活动的低值易耗品摊销，应计入管理费用；用于其他经营业务的低值易耗品摊销，则应计入其他业务成本等。

低值易耗品的摊销方法有三种。

（一）一次摊销法

一次摊销法，是指领用低值易耗品时，将其价值全部一次转入产品成本的方法。

采用这种方法，领用时，将其全部价值一次计入当月（领用月份）产品成本、期间费用等，借记"制造费用""管理费用""其他业务成本"等科目，贷记"低值易耗品"科目。

报废时，报废的残料价值冲减有关的成本、费用，作为当月摊销的减少，借记"原材料"等科目，贷记"制造费用""管理费用""其他业务成本"等科目。

低值易耗品采用按计划成本进行日常核算时，领用低值易耗品应按计划成本编制会计分录。

在计划成本法下，月末，还要调整领用低值易耗品的成本差异，借记"制造费用""管理费用""其他业务成本"等科目，贷记"材料成本差异"科目（调整分配超支成本差异用蓝字，调整分配节约成本差异用红字）。

【例8-7】2×20年某工业企业基本生产车间领用的低值易耗品采用一次摊销法。某月该车间领用一批生产工具，计划成本为1 300元；以前月份领用的另一批生产工具在本月报废，计划成本为1 200元，残料验收入库计价100元。低值易耗品的成本差异率为节约5%。编制会计分录如下。

（1）领用生产工具。

借：制造费用　　　　　　　　　　　　　　　　　　　　　　　1 300
　　贷：低值易耗品　　　　　　　　　　　　　　　　　　　　　1 300

（2）报废生产工具残料入库。

借：原材料　　　　　　　　　　　　　　　　　　　　　　　　　100
　　贷：制造费用　　　　　　　　　　　　　　　　　　　　　　　100

（3）月末，调整分配本月所领生产工具的成本节约差异65（1 300×5%）元。

借：材料成本差异——低值易耗品成本差异　　　　　　　　　　　65
　　贷：制造费用　　　　　　　　　　　　　　　　　　　　　　　65

一次摊销法的优点是核算比较简便；缺点是采用这种方法会使各月成本、费用负担不太合理，还会产生账外财产，不便于实行价值监督。

这种方法适用于价值低、使用期限短，或易于破损的物品，如玻璃器皿等。

（二）分次摊销法

分期摊销法是根据领用低值易耗品的原值和预计使用期限计算的每月平均摊销额，将其价值分月摊入产品成本的方法。

分期摊销法适用于摊销期不超过一年，且单位价值较高，或一次领用数量较多的低值易耗品。

领用时，将其全部价值借记"长期待摊费用"科目，贷记"低值易耗品"科目。

分月摊销时，借记"制造费用""管理费用""其他业务成本"等科目，贷记"长期待摊费用"科目。

报废低值易耗品时，收回的残料价值作为当月低值易耗品摊销额的减少，冲减有关费用。

如果低值易耗品按计划成本进行日常核算，领用时按计划成本计价，月末调整分配所领低值易耗品的成本差异。

【例8-8】 2×20年某工业企业铸造车间领用专用模具一批，计划成本为36 000元，低值易耗品的成本差异率为超支2%，该批低值易耗品在一年半内每月平均摊销。编制会计分录如下。

(1)领用时。

借:长期待摊费用　　　　　　　　　　　　　　　36 000
　　贷:低值易耗品　　　　　　　　　　　　　　　　　36 000

(2)月末调整分配本月所领专用模具的成本超支差异720(36 000×2%)元时。

借:长期待摊费用　　　　　　　　　　　　　　　720
　　贷:材料成本差异——低值易耗品成本差异　　　　720

(3)本月摊销低值易耗品价值时。

每月摊销的低值易耗品价值 $=\dfrac{36\,000}{18}=2\,000$（元）

借:制造费用　　　　　　　　　　　　　　　　　2 000
　　贷:长期待摊费用　　　　　　　　　　　　　　　　2 000

存在超支差时　　　　　　　　　　存在节约差时
借:相关成本科目　　　　　　　　　借:材料成本差异
　　贷:材料成本差异　　　　　　　　　　贷:相关成本科目

分次摊销法的优点是,各月成本、费用负担的低值易耗品摊销额比较合理;缺点是核算工作量较大。这种方法一般适用于一些单位价值较高、使用期限较长、不易损坏或一次领用数量较多的低值易耗品,如反复使用的专用工具等。

(三)五五摊销法

五五摊销法,就是在低值易耗品领用时先摊销其价值的50%,报废时再摊销其价值的50%(扣除残值)的方法。

为了反映在库、在用低值易耗品的价值和低值易耗品的摊余价值,应在"低值易耗品"总账科目下分设"在库低值易耗品""在用低值易耗品""低值易耗品摊销"三个明细科目。

从仓库领用交使用部门时,借记"低值易耗品——在用低值易耗品"科目,贷记"低值易耗品——在库低值易耗品"科目;同时,按其价值的50%计算摊销额,借记"制造费用""管理费用""其他业务成本"等科目,贷记"低值易耗品——低值易耗品摊销"科目。

报废时如有残值,借记"原材料"等科目,贷记"低值易耗品——在用低值易耗品"科目,以示冲减。在进行低值易耗品报废摊销时,按报废低值易耗品价值的50%减去残值后的差额,借记"制造费用""管理费用""其他业务成本"等科目,贷记"低值易耗品——低值易耗品摊销"科目。此外,还应将报废低值易耗品的价值及其累计摊销额注销，借记"低值易耗品——低值易耗品摊销"科目，贷记"低值易耗品——在用低值易耗品"科目。

如果低值易耗品按计划成本进行日常核算，月末要调整分配所领低值易耗品的计划成本，分配成本差异。

【例 8-9】 2×20 年长城公司行政管理部门领用管理用具，其计划成本为 5 800 元；报废以前领用的另一批管理用具计划成本为 4 000 元，回收残料计价 200 元。本月低值易耗品成本差异率为节约 3%。

编制会计分录如下。

（1）领用时。

借：低值易耗品——在用低值易耗品　　　　　　　　　　　5 800
　　贷：低值易耗品——在库低值易耗品　　　　　　　　　　5 800

（2）摊销价值的 50%。

借：管理费用　　　　　　　　　　　　　　　　　　　　　2 900
　　贷：低值易耗品——低值易耗品摊销　　　　　　　　　　2 900

（3）报废以前领用低值易耗品（管理用具）的摊销额 2 000（4 000×50%）元。

借：原材料　　　　　　　　　　　　　　　　　　　　　　 200
　　管理费用　　　　　　　　　　　　　　　　　　　　　1 800
　　贷：低值易耗品——低值易耗品摊销　　　　　　　　　　2 000

（4）注销报废管理用具。

借：低值易耗品——低值易耗品摊销　　　　　　　　　　　4 000
　　贷：低值易耗品——在用低值易耗品　　　　　　　　　　4 000

（5）月末，调整分配本月所领管理用具的成本节约差异。

借：管理费用　　　　　　　　　　　　　　　　　　　　　 174
　　贷：材料成本差异——低值易耗品成本差异　　　　　　　 174

低值易耗品五五摊销法的优点是能够对在用低值易耗品实行价值监督，各月成本、费用负担低值易耗品的摊销额比较合理；缺点是核算工作量比较大。

该种方法适用于各月领用和报废低值易耗品的数量比较均衡，各月摊销额相差不多的低值易耗品。

总之，以上的方法各有利弊，也各自有独特的适用条件，如表 8-8 所示。

表 8-8　低值易耗品各种摊销方法利弊分析

方法	优点	缺点	适用条件
一次摊销法	核算比较简便	使各月成本、费用负担不太合理，还会产生账外财产，不便于实行价值监督	适用于价值低、使用期限短，或易于破损的物品，如玻璃器皿等
分次摊销法	各月成本、费用负担的低值易耗品摊销额比较合理	核算工作量较大	适用于一些单位价值较高、使用期限较长、不易损坏或一次领用数量较多的低值易耗品，如反复使用的专用工具等
五五摊销法	能够对在用低值易耗品实行价值监督，各月成本、费用负担低值易耗品的摊销额比较合理	核算工作量比较大	适用于各月领用和报废低值易耗品的数量比较均衡，各月摊销额相差不多的低值易耗品

8.3　其他费用的计算与分配

8.3.1　外购燃料及动力费用的核算

如今已经是一个技术时代，燃料和动力成为工业企业所必需的一种耗费。

（一）燃料的核算

直接用于产品生产的燃料费用，在只生产一种产品或者是按照产品品种分别领用燃料时，属于直接计入费用，可以直接记入各种产品成本明细账的"燃料和动力"成本项目。

如果燃料不能按产品品种分别领用，几种产品共同耗用的燃料费用，属于间接计入费用，则应采用适当的分配方法，在各种产品之间进行分配，然后再记入各种产品成本明细账的"燃料和动力"成本项目。

直接用于基本生产和辅助生产但没有专设成本项目的燃料费用，应记入"辅助生产成本""制造费用"总账科目的借方及其所属明细账有关项目。

用于产品销售,以及组织和管理生产经营活动的燃料费用,则应记入"销售费用""管理费用"总账科目的借方及所属明细账有关项目。

已领燃料总额,应记入"燃料"科目的贷方。不设"燃料"科目的,则记入"原材料"科目的贷方。

(二)动力的核算

动力主要有电力、热力、风力和蒸汽等。动力可分为自制与外购两种,自制部分通过辅助生产组织核算,这里主要介绍外购动力费用的核算。

在有计量仪器记录的情况下,动力费用直接根据仪器所示的耗用数量和单价计算;在没有计量仪器的情况下,动力费用要按照一定的标准在各种产品之间进行分配。

企业耗用动力的用途是多方面的,按照用途不同,其费用分配计入产品成本的方法也是有差别的。

(1)工艺用动力按成本计算对象及其耗用量的比例直接分配计入产品成本。分配的方法一般是根据各种产品或各个车间耗用动力数量及耗用动力单位成本计算分配。其分配公式如下。

$$耗用动力单位成本 = \frac{某种动力成本月份总额}{该种动力月份耗用总量}$$

某成本计算对象应分配的动力成本 = 该成本计算对象耗用动力数量 × 耗用动力单位成本

(2)传动用动力往往列入制造费用,或并入燃料与动力项目进行核算。

(3)管理用动力按发生地点计入有关综合费用项目,如制造费用和管理费用等。

总的来说,动力(以电力为例)费用分配的计算方式如下。

$$电力费用分配率 = \frac{电力费用总额}{各车间、部门动力和照明用电量之和}$$

某车间、部门照明用电费用 = 该车间、部门照明用电量 × 电力费用分配率

某车间电力费用 = 该车间用电量 × 电力费用分配率

$$某车间电力费用分配率 = \frac{该车间电力费用}{该车间各种产品生产工时之和}$$

某产品分配电力费用 = 该车间某产品生产工时 × 该车间电力费用分配率

【例 8-10】 2×20 年某工业企业某月耗电量合计 80 000 千瓦·时,金额

24 000元，电费为0.3元/（千瓦·时）。直接用于产品生产耗电57 000千瓦·时，金额17 100元。

该企业没有分产品安装电表，规定按机器工时比例分配动力费用。甲产品机器工时为50 000小时，乙产品机器工时为30 000小时。甲、乙产品动力费用分配计算如下。

$$动力费用分配率 = \frac{17\,100}{50\,000+30\,000} = 0.213\,75$$

甲产品分配动力费用 = 50 000×0.213 75 = 10 687.5（元）

乙产品分配动力费用 = 30 000×0.213 75 = 6 412.5（元）

该企业外购动力费用分配是通过编制外购动力（电力）费用分配表进行的，如表8-9所示。

表8-9 外购动力费用分配表

应借科目		成本或费用项目	生产工时（分配率：0.213 75）	耗电量（分配率：0.3）	金额（元）
基本生产成本	甲产品	燃料及动力	50 000		10 687.5
	乙产品	燃料及动力	30 000		6 412.5
	小计		80 000	57 000	17 100
辅助生产成本	供电	水电费		5 000	1 500
	供水	水电费		2 000	600
	小计			7 000	2 100
制造费用		水电费		7 500	2 250
管理费用		水电费		6 000	1 800
销售费用		水电费		2 500	750
合计				80 000	24 000

编制会计分录如下。

借：基本生产成本　　　　　　　　　　　　　　　17 100

　　辅助生产成本　　　　　　　　　　　　　　　 2 100

　　制造费用　　　　　　　　　　　　　　　　　 2 250

　　管理费用　　　　　　　　　　　　　　　　　 1 800

　　销售费用　　　　　　　　　　　　　　　　　 750

　贷：应付账款（或银行存款）　　　　　　　　　24 000

8.3.2 工资及福利费的核算

工资指各单位在一定时期内直接支付给本单位全部职工的全部劳动报酬总额。

（一）工资的组成

工资由以下几个部分组成：基本工资、经常性奖金、工资性质津贴和其他工资。

基本工资，指按照计时工资标准和工作时间支付给个人的劳动报酬，以及按照职工完成的符合质量要求的工作数量与计件单价计算支付的计件工资。它是工资的主要部分。

经常性奖金，指为了调动职工生产积极性，奖励在生产、工作中取得优异成绩的职工，在标准工资以外，支付给职工的超额劳动报酬和增收节支的劳动报酬，如超产奖、节约奖等。

工资性质津贴，指为了补偿职工额外劳动消耗或特殊劳动消耗，以及为了保证职工工资水平不受特殊条件影响，以津贴形式支付给职工的劳动报酬，如夜班津贴、高空作业津贴、井下作业津贴、物价补贴等。

其他工资，指根据国家规定，支付给职工非工作时间的工资，如病、伤、产假工资，探亲假工资，女职工哺乳期间的工资等。

另外，企业职工在产品生产经营过程中分工不同，服务对象不同，其工资结构及其计入费用的项目也是不同的。在企业职工中，有的是直接从事产品制造的工人，有的是为产品生产提供服务的工人，有的是为产品正常生产经营履行管理职能的管理人员，由于他们在生产中所处的岗位不同，作用不同，所以支付给不同人员的工资，在生产经营和成本计算中列支项目和层次也是不同的。

（二）工资的计算

正确地进行应付工资的计算，是工资费用核算的基础。由于各类企业实行的工资制度不同，具体计算的方法应根据企业的具体规定进行。

1. 计时工资制

实行计时工资制的企业，每月应付给职工的工资数是根据每一职工的工资等级、工资标准、出勤情况和其他有关规定进行计算的。具体计算方法有以下两种。

（1）月工资扣除缺勤工资，其计算公式如下。

应付工资＝月标准工资＋各种工资性津贴－（事假日数 × 日工资标准）－（病假日数 × 日工资标准 × 病假应扣工资比例）

（2）按出勤日数计算工资，其计算公式如下。

应付工资 =（出勤日数 × 日工资标准）+ 奖金 + 各种工资性津贴 +（病假日数 × 日工资标准 × 病假应发工资比例）

上列公式中的日工资标准的计算如下。

$$日工资标准 = \frac{月标准工资}{平均每月工作日数}$$

上式中平均每月工作日数有两种计算方法：一是按全年平均日历日数30（360÷12）天计算，二是按全年平均法定工作日数25.5（306÷12）天计算（现在全年平均法定工作日数应该是360天扣减法定的假日和节日即111天后，再除以12）。

目前我国实行八小时工作制，日工资除以8，就是小时工资标准，亦称小时工资率。这就是计时工资计算的过程。

2. 计件工资制

实行计件工资制的企业或车间，每月应付给职工的工资是根据产量凭证的记录中每一个工人制造完成的合格数量，乘以规定的计件单价计算的标准工资。

3. 浮动工资制

实行浮动工资制的企业，企业工资总额与经济效益挂钩浮动。企业在完成各项考核指标的前提下，只要企业本年上缴税利超过基期上缴税利数，就可以按照上缴税利增长率、基期工资总额和核定的工资浮动系数，从销售收入中提取工资增长基金作为企业工资增长的资金来源。

（三）工资的分配

直接进行产品生产的生产工人工资，应记入"基本生产成本"科目及所属明细账的"工资及福利费"成本项目。其中生产工人的计件工资，属于直接计入费用，根据工资结算凭证直接记入某种产品成本的"工资及福利费"成本项目。

生产工人的计时工资一般属于间接计入费用，但是在只生产一种产品时，属于直接计入费用，可以直接记入该种产品成本的"工资及福利费"成本项目；在生产多种产品时，则属于间接计入费用，应按照产品的生产工时比例等分配标准分配后再记入各种产品成本明细账"工资及福利费"成本项目。其比例分配计算公式如下。

$$工资费用分配率 = \frac{某车间生产工人计时工资总额}{该车间各种产品生产工时（实际或定额）总数}$$

某产品应分配计时工资＝该产品生产工时（实际或定额）× 工资费用分配率

【例8-11】2×20年某工业企业生产甲、乙两种产品，甲、乙产品计时工资共计8 400元。甲、乙产品生产工时分别为7 200小时、4 800小时。按生产工时比例分配工资费用。

$$\text{工资费用分配率} = \frac{8\,400}{7\,200+4\,800} = 0.7$$

甲产品分配工资费用 =7 200×0.7=5 040（元）

乙产品分配工资费用 =4 800×0.7=3 360（元）

大部分工资费用应计入产品成本和期间费用，但也有一些工资费用如生活福利部门人员的工资，则不计入产品成本和期间费用，计入应付福利费开支作为职工福利费的一部分。

生产车间管理人员和技术人员的工资，属于间接生产费用，记入"制造费用"科目；其他各部门人员的工资，不计入产品成本，分别记入"销售费用""管理费用""职工福利费"等科目。

该企业工资费用分配是通过编制工资费用分配表进行的，如表8-10所示。

表 8-10　工资费用分配表

应借科目		成本或费用项目	直接计入（元）	分配计入			合计（元）
				生产工时（小时）	分配率	分配金额（元）	
基本生产成本	甲产品	工资及福利费	1 960	7 200	0.7	5 040	7 000
	乙产品	工资及福利费	1 640	4 800	0.7	3 360	5 000
	小计		3 600	12 000		8 400	12 000
辅助生产成本	供电	工资及福利费	400				400
	供水	工资及福利费	200				200
	小计		600				600
制造费用		工资及福利费	800				800
管理费用		工资及福利费	1 200				1 200
销售费用		工资及福利费	500				500
应付职工薪酬——职工福利		工资及福利费	600				600
合计			7 300			8 400	15 700

根据表8-10，编制会计分录如下。

借：基本生产成本	12 000
辅助生产成本	600
制造费用	800
管理费用	1 200
销售费用	500
应付职工薪酬——职工福利	600
贷：应付职工薪酬——工资	15 700

（四）福利费的计提与分配

福利费，是按照职工工资总额和规定的比例计提的，应计入产品成本和期间费用。

用于职工福利方面的资金分为两部分：用于职工个人福利部分，从成本、费用中提取，从企业销售收入中取得补偿，在未支付分配给个人前，形成负债性基金，设置"应付职工薪酬——职工福利"科目核算，在资产负债表上列为流动负债；而福利费的另一部分即用于职工集体福利设施部分，从税后利润中提取，在"盈余公积"科目中设置"公益金"明细科目进行核算，在资产负债表上列为所有者权益。

按现行制度规定，列入成本费用的职工福利费应按职工工资总额扣除各种奖金后的14%从成本费用中提取（列支）。其计算公式如下。

$$应付福利费 = 计提福利费的工资总额 \times 规定的提取比例$$

需要指出的是，按医务及生活福利部门人员的工资额提取的职工福利费，作为管理费用列支，而不由应付福利费列支。

如果由应付福利费列支，一方面增加了应付福利费来源；另一方面又减少了应付福利费，其结果是这部分应付福利费等于没有提取。因此，按照生活福利部门人员工资比例提取的职工福利费时，借记"管理费用"科目，贷记"应付职工薪酬——职工福利"科目。

福利费的计提一般是通过编制应付福利费提取及分配表进行的，如表8-11所示。

表 8-11 职工福利费提取及分配表

应借科目		成本或费用项目	工资总额（元）	应付福利费（元，14%）
基本生产成本	甲产品	工资及福利费	7 000	980
	乙产品	工资及福利费	5 000	700
	小计		12 000	1 680
辅助生产成本	供电	工资及福利费	400	56
	供水	工资及福利费	200	28
	小计		600	84
制造费用		工资及福利费	800	112
管理费用		工资及福利费	1 800	252
销售费用		工资及福利费	500	70
合计			15 700	2 198

编制会计分录如下。

借：基本生产成本　　　　　　　　　　　　　1 680
　　辅助生产成本　　　　　　　　　　　　　　84
　　制造费用　　　　　　　　　　　　　　　112
　　管理费用　　　　　　　　　　　　　　　252
　　销售费用　　　　　　　　　　　　　　　 70
　贷：应付福利费　　　　　　　　　　　　　2 198

8.3.3 折旧费用的核算

固定资产在长期使用过程中保持实物形态不变，但其价值随着固定资产的损耗而逐渐减少，这部分由于损耗而减少的价值就是固定资产折旧，它应该以折旧费用计入产品成本和费用。

（一）折旧费的计算

一般来说，在用的固定资产应计提折旧，未使用和无需用的固定资产不应计提折旧。

应计提折旧的固定资产包括：房屋及建筑物（不论是否使用均应计提折旧），在用的机器设备、运输设备和工具器具等，季节性停用和修理停用的设备，以经营租赁方式租出的固定资产和以融资租赁方式租入的固定资产。

不应计提折旧的固定资产包括：除房屋及建筑物以外的未使用和无需用的

固定资产,以经营租赁方式租入的固定资产,建设工程交付使用前的固定资产,已提足折旧继续使用的固定资产,以及过去已经估价单独入账的土地等。

提前报废的固定资产不补提折旧,未提足折旧的净损失列为营业外支出。

月份内增加的固定资产当月不提折旧,月份内减少的固定资产当月照提折旧,这是因为折旧是按月计算的。

计算折旧的方法是多种多样的,采用不同方法,可能出现计算的某一会计期间的折旧费是不相等的,从而影响到该会计期间的产品成本。

在同一个企业里,由于固定资产用途不同、性能不同,可以选用不同的折旧方法。例如企业中经常使用的机械设备,采用年限平均法计提折旧,而对某些不经常使用的机械设备(如大型的刨床),可以采用工作量法等计提折旧。

1. 年限平均法

年限平均法,指按预计的使用年限平均分摊固定资产价值的一种方法。采用这种方法计提折旧,其折旧额的大小取决于固定资产原值、使用年限、报废清理过程的残料价值和清理费用。其折旧额和折旧率的计算公式如下。

$$某项固定资产年折旧额 = \frac{该项固定资产原值 - 该项固定资产预计残值 + 该项固定资产预计清理费用}{该项固定资产预计使用年限}$$

$$某项固定资产月折旧额 = \frac{该项固定资产年折旧额}{12}$$

$$某项固定资产月折旧率 = \frac{该项固定资产月折旧额}{该项固定资产原值} \times 100\%,或$$

$$= \frac{该项固定资产年折旧率}{12}$$

【**例 8-12**】2×20 年某塑料厂有铸塑机一台,原值为 80 200 元,预计使用 20 年,预计残值 5 600 元,清理费用为 600 元,按年限平均法的计提折旧,该铸塑机的折旧额和折旧率可计算确定如下。

$$年折旧额 = \frac{80\,200 - 5\,600 + 600}{20} = 3\,760(元)$$

$$月折旧额 = \frac{3\,760}{12} = 313.33(元)$$

$$年折旧率 = \frac{3\,760}{80\,200} \times 100\% = 4.7\%$$

$$月折旧率 = \frac{313.33}{80\,200} \times 100\% = 0.39\% \quad 或 = \frac{4.7\%}{12} = 0.39\%$$

2. 工作量法

工作量法，指按规定的总工作量计提固定资产折旧的一种方法。这种方法应用于某些价值很大，但又不经常使用或生产变化大，磨损又不均匀的生产专用设备和运输设备等的折旧计算。工作量法下，根据设备的用途和特点又可以分别按工作时间、工作台班或行驶里程等不同的方法计算折旧。计算公式如下。

（1）工作小时法。

$$某项固定资产单位工时折旧额 = \frac{固定资产原值 - 预计残值 + 预计清理费用}{固定资产预计总工作小时}$$

某项固定资产本月应计提折旧额 = 该项固定资产单位工时折旧额 × 该项固定资产本月实际工作小时

（2）工作台班法。

$$某项固定资产每台班折旧额 = \frac{固定资产原值 - 预计残值 + 预计清理费用}{固定资产预计总工作台班}$$

某项固定资产本月应计提折旧额 = 该项固定资产每台班折旧额 × 该项固定资产本月实际工作台班

（3）行驶里程法。

$$某项固定资产单位里程折旧额 = \frac{固定资产原值 - 预计残值 + 预计清理费用}{固定资产预计总行驶里程数}$$

某项固定资产本月应计提折旧额 = 该项固定资产单位里程折旧额 × 该项固定资产本月实际行驶里程数

按规定，企业的大型生产设备按工作小时法计提折旧，大型建筑施工机械按工作台班法计提折旧，交通运输企业和其他企业专业车队的客、货汽车则按行驶里程法计提折旧。

3. 年数总和法

年数字总和法，指将应计折旧总额乘以剩余可用年数（包括计算当年）与可使用年数所有数字总和之比，作为某年的折旧费用额的一种方法。

计算公式如下。

$$年折旧额 = （原值 - 预计净残值）\times \frac{尚可使用年数}{年数总和}$$

上式中，年数总和 $=1+2+\cdots+n=\dfrac{n(n+1)}{2}$，其中 n 为使用年限。

采用这种方法计提折旧，固定资产使用前期多提折旧，后期少提折旧，实质上加快了折旧的速度，因此，它是一种加速折旧法。

【例8-13】某项机器设备使用寿命为5年，原值为20 000元，预计净残值为2 000元，按照年数总和法计提折旧，其各年折旧额计算如表8-12所示。

年数总和 $=1+2+3+4+5=\dfrac{5(5+1)}{2}=15$

原值－预计净残值 $=20\,000-2\,000=18\,000$（元）

表8-12　年限数字总和法折旧

单位：元

年份	折旧计算	年折旧额	累计折旧	账面价值
第一年	$\dfrac{5}{15}\times 18\,000$	6 000	6 000	14 000
第二年	$\dfrac{4}{15}\times 18\,000$	4 800	10 800	9 200
第三年	$\dfrac{3}{15}\times 18\,000$	3 600	14 400	5 600
第四年	$\dfrac{2}{15}\times 18\,000$	2 400	16 800	3 200
第五年	$\dfrac{1}{15}\times 18\,000$	1 200	18 000	2 000

4. 双倍余额递减法

双倍余额递减法，指根据各年年初固定资产折余价值和双倍的不考虑残值的直线法折旧率计提各年折旧额的方法。

计算公式如下。

$$年折旧额 = 年初折余价值 \times \dfrac{2}{预计使用年限}$$

最后两年进行平均。

采用这种折旧方法，其各年折旧费用也逐年递减，故也是一种加速折旧法。

【例8-14】某机器设备使用年限为5年，原值为20 000元，使用双倍余额递减法进行折旧。

折旧率 = $\frac{2}{5}$ ×100%=40%

按双倍余额递减法，每年折旧额计算如表 8-13 所示。

表 8-13　双倍余额递减法折旧

单位：元

年份	折旧计算	年折旧额	累计折旧	账面价值
第一年	20 000×40%	8 000	8 000	12 000
第二年	12 000×40%	4 800	12 800	7 200
第三年	7 200×40%	2 880	15 680	4 320
第四年	4 320×40%	1 728	17 408	2 592
第五年	2 592×40%	1 036.8	18 444.8	1 555.2

采用双倍余额递减法计提折旧时，固定资产账面折余价值（即原值减累计折旧后的净值）将一直保留有余额，如果预计使用年限后还继续使用，其折旧还可继续提下去，直到最后报废的一年将折旧全部提完。

（二）折旧费的归集与分配

折旧费用是产品成本的组成部分，按照固定资产的使用车间、部门进行汇总，然后与生产单位（车间或分厂）、部门的其他费用一起分配计入产品成本和期间费用。

生产某种产品往往需要使用多种机器设备，而某种机器设备可能生产多种产品。因此，机器设备的折旧费用虽是直接用于产品生产的费用，但一般属于分配工作比较复杂的间接计入费用，与生产车间的其他固定资产折旧费用一起记入"制造费用"科目借方。

企业行政管理部门和其他经营业务部门的固定资产折旧费用，则分别记入"管理费用""销售费用""其他业务成本"等科目的借方，固定资产折旧总额，记入"累计折旧"科目的贷方。

折旧费用的分配过程是通过编制折旧费用分配表，并据此编制会计分录、登记有关总账及所属明细账实现的。折旧费用分配表如表 8-14 所示。

表 8-14　折旧费用分配表

单位：元

项目		折旧费
基本生产车间	甲车间	5 780
	乙车间	2 260
辅助生产车间	供电	2 780
	供水	1 480
行政管理部门		640
专设销售机构		560
租入		1 500
合计		15 000

根据表 8-14，编制会计分录如下。

借：制造费用——甲车间　　　　　　　　　　　　　　5 780
　　　　　　——乙车间　　　　　　　　　　　　　　2 260
　　辅助生产成本——供电　　　　　　　　　　　　　2 780
　　　　　　　——供水　　　　　　　　　　　　　　1 480
　　管理费用　　　　　　　　　　　　　　　　　　　　640
　　销售费用　　　　　　　　　　　　　　　　　　　　560
　　其他业务成本　　　　　　　　　　　　　　　　　1 500
　　贷：累计折旧　　　　　　　　　　　　　　　　　15 000

8.3.4　税金、利息费用及其他费用

（一）税金

要素费用中的税金，如印花税、房产税、车船税和城镇土地使用税等，不是产品成本的组成部分，而应计入税金及附加。

税金没有单独设立成本项目，而是在管理费用中设置税金费用项目。

对于上述税金中的印花税，如果购买印花税票金额较小，购买时可以直接借记"税金及附加"科目，贷记"银行存款"科目。

印花税税票是一次购买、分期使用，且金额较大，或者一次缴纳印花税税额较大需要分摊的，可以作为待摊费用处理。购买印花税票时，借记"预付账款"科目，贷记"银行存款"科目；分月摊销时，借记"税金及附加"科目，贷

记"预付账款"科目。

对于需要预先计算应交金额，然后缴纳的税金，如房产税、车船税和城镇土地使用税等，在计算出应交税金时，应借记"税金及附加"科目，贷记"应交税费——应交印花税"科目；在缴纳税金时，应借记"应交税费——应交印花税"科目，贷记"银行存款"等科目。

【例8-15】长江公司本月开出转账支票购买印花税票，共计200元。并计算应交房产税120元，城镇土地使用税130元，车船税150元，共计400元。

会计分录如下。

（1）购买印花税票。

借：税金及附加　　　　　　　　　　　　　　　　　　　　200
　　贷：银行存款　　　　　　　　　　　　　　　　　　　　200

（2）计提各种税金。

借：税金及附加　　　　　　　　　　　　　　　　　　　　400
　　贷：应交税费——应交印花税　　　　　　　　　　　　　400

（二）利息费用

要素费用中的利息费用，不是产品成本的组成部分，而是期间费用中财务费用的组成部分。

短期借款的利息一般按季结算支付。按照权责发生制原则，可以采用预提利息费用的办法分月按计划预提，季末实际支付时冲减预提费用，实际支付的利息费用与预提利息费用的差额，调整计入季末月份的财务费用。

每月预提利息费用时，借记"财务费用"科目，贷记"应付利息"科目；季末实际支付利息费用时，借记"应付利息"科目，贷记"银行存款"科目。

季末调整实际利息费用与按计划预提利息费用的差额。如果利息费用数额不大，为了简化核算也可以不采用预提利息费用的办法，而应将季末实际支付的利息全部计入当月的财务费用，借记"财务费用"科目，贷记"银行存款"科目。

长期借款利息费用一般每年计算一次应付利息，到期一次还本付息。每年计算结转应付利息时，借记"财务费用""在建工程"科目，贷记"长期借款"科目，到期还本付息时，借记"长期借款"科目，贷记"银行存款"等科目。

（三）其他费用

其他费用支出是指上述各项费用以外的费用支出，包括修理费、差旅费、邮电费、保险费、劳动保护费、运输费、办公费、水电费、技术转让费、业务招待费等。

这些费用发生时，根据有关的付款凭证，按照费用的用途进行归类，分别记入"制造费用""辅助生产成本""管理费用""销售费用"科目的借方，"银行存款"等科目的贷方。

【例8-16】2×20年企业以银行存款支付本月发生的办公费、运输费、业务招待费、手续费等，共计2 000元，其中，基本生产车间负担200元，辅助生产供电车间负担800元，辅助生产供水车间负担150元，销售部门负担340元，管理部门负担360元，财务费用150元（手续费）。

为了简化核算，根据付款凭证汇总的是全月的金额数，在实际工作中付款业务发生后应该逐笔记账。编制会计分录如下。

借：制造费用　　　　　　　　　　　　　　　200
　　辅助生产成本——供电　　　　　　　　　800
　　　　　　　　——供水　　　　　　　　　150
　　销售费用　　　　　　　　　　　　　　　340
　　管理费用　　　　　　　　　　　　　　　360
　　财务费用　　　　　　　　　　　　　　　150
　　贷：银行存款　　　　　　　　　　　　2 000

需要注意的是，通过上述各种要素费用的核算、分配，已经将这些费用按照用途分别计入有关总账科目的借方进行归集，其中记入"基本生产成本"科目借方的费用，同时也记入各所属明细账的"原材料""燃料及动力""工资及福利费"成本项目。

8.3.5　待摊费用和预提费用

企业在生产经营过程中所发生的某些费用，有时支付期和归属期会不一致。为了正确划分各月份的费用界限，本月支付应由本月和以后各月负担的费用，应当按一定标准分配摊销计入本月和以后各月。本月尚未支付但应由本月负担的费用，应当预提计入本月。

凡是受益期和支付期不一致的费用，应按照权责发生制原则分别采用待摊或预提的办法来处理。通过待摊费用和预提费用的核算，按照权责发生制原则和受益原则,正确划分各个月份的成本和费用界限。

(一)待摊费用的归集和分配

待摊费用是指本期已经发生(已经支付)的,但应由本期和以后各期共同负担的,摊销期限在一年以内的各项费用。如预付保险费、税金等。待摊费用的归集与分配是通过"待摊费用"科目进行核算的。

待摊费用应按费用的种类设置明细账,以便分别反映各项费用的发生和摊销情况。待摊费用的摊销(分配)应按照费用项目的受益对象、受益期限分期摊销,期限最长不得超过一年,但可以跨年度摊销。摊销期超过一年的归"递延资产"核算。

"待摊费用"科目的借方登记实际支付的各项待摊费用;贷方登记分期摊销的待摊费用;"待摊费用"科目的余额在借方,表示已经支付但尚未摊销的费用,属于生产经营过程中占有的资金。

发生各项待摊费用时,记入"待摊费用"科目的借方,同时记入"银行存款""低值易耗品""包装物""应交税费"等科目的贷方。

摊销的费用一般没有专设成本项目,按受益期摊销时,记入"待摊费用"科目的贷方,按车间部门和费用用途分别记入"制造费用""辅助生产成本""销售费用""管理费用"等科目的借方。

【例8-17】长江公司2×20年4月开出转账支票,预付第二季度保险费3 000元,分3个月摊销。摊销比例为:基本生产车间50%,辅助生产车间25%,行政管理部门15%,专设销售机构10%。

"待摊费用"明细账及分配如表8-15所示。

表8-15 待摊费用明细账

单位:元

费用种类:保险费			借方金额	贷方金额	余额	
2×20年		摘要			借或贷	金额
月	日					
4	5	预付第二季度保险费付款凭证××号	3 000		借	3 000
4	30	根据待摊费用分配表摊销		1 000	借	2 000
5	31	根据待摊费用分配表摊销		1 000	借	1 000
6	30	根据待摊费用分配表摊销		1 000		0

根据表8-15,编制会计分录如下。

4月预付保险费3 000元。

借：待摊费用   3 000

　　贷：银行存款   3 000

待摊费用分配表如表8-16所示。

表8-16 待摊费用分配表

2×20年4月（5月、6月同）   单位：元

费用种类	应借科目	金额
保险费	制造费用——基本生产车间	500
保险费	辅助生产成本——供电	130
保险费	辅助生产成本——供水	120
保险费	管理费用	150
保险费	销售费用	100

根据，表8-16摊销4月、5月、6月待摊费用。

借：制造费用   500

　　辅助生产成本   250

　　管理费用   150

　　销售费用   100

　　贷：待摊费用   1 000

（二）预提费用的归集和分配

预提费用是指按照规定预先分期计入成本、费用，但尚未实际支出的各项费用，如预提修理费、借款利息及其他预提费用等。

预提费用的归集与分配是通过设置"预提费用"账户来进行的。该种费用的特点是先计入成本、费用，后发生、支付费用。预提费用包括预提租金、借款利息、保险费、修理费用及其他预提费用等。这些费用都要预先提取，以保证各月生产费用的合理负担和正确计算产品成本。

"预提费用"科目的贷方登记预先计入成本的预提费用；借方登记实际支付的费用；期末，"预提费用"科目若为贷方余额，则其表示已经预提但尚未实际支付的费用，若为借方余额，则其表示实际支付费用数额大于已预提数额的差额，应视之为待摊费用。

企业根据估计的数额在受益对象和受益期限内预提各项费用时，应计入本期成本、费用，按费用的用途记入"财务费用""制造费用""管理费用""销

售费用"科目的借方和"预提费用"科目的贷方;实际支出时,记入"预提费用"科目的借方和"银行存款"等科目的贷方。

"预提费用"科目应按费用种类设置明细分类账,进行明细核算。

【例8-18】2×20年某企业预计第二季度末利息支出为4 500元,平均每月应付利息1 500元,6月实际支付利息4 600元。

预提费用明细账如表8-17所示。

表8-17 预提费用明细账

单位:元

2×20年		摘要	借方金额	贷方金额	余额	
月	日				借或贷	金额
4	30	根据预提费用分配表		1 500	贷	1 500
5	31	根据预提费用分配表		1 500	贷	3 000
6	25	根据付款凭证	4 600		借	1 600
6	30	根据预提费用分配表		1 600		0

4月、5月两月预提时会计分录如下。

借:财务费用 1 500
　　贷:预提费用 1 500

预提费用分配表如表8-18所示。

表8-18 预提费用分配表

2×20年6月　　　　　　　　　　　　　　　　单位:元

费用种类	应借科目	金额
利息支出	财务费用	1 600

6月预提及实际支付时。

借:财务费用 1 600
　　贷:预提费用 1 600
借:预提费用 4 600
　　贷:银行存款 4 600

需要注意的是,预提费用作为资产负债表的一项会计要素,它是应付未付费用,是负债项目;而作为一个会计科目,它是负债和资产双重性科目。因为该科目既可能有贷方余额,也可能有借方余额:其贷方余额为预提费用,属于负债;借方余额为待摊费用,属于资产。

8.3.6 辅助生产费用的归集和分配

辅助生产是指主要为基本生产车间、企业行政管理部门等单位服务而进行的产品生产和劳务供应，有时也对外销售和服务。

辅助生产产品和劳务成本的高低，影响到企业产品成本的水平，所以做好辅助生产费用的归集与分配对于企业节约费用、降低成本都有积极的作用。

（一）辅助生产费用的归集

辅助生产费用是通过设置"辅助生产成本"或"生产成本——辅助生产成本"科目来归集的。

归集辅助生产费用时，首先按车间类别进行归集，然后再按不同的产品或劳务并分成本项目进行归集，也就是说辅助生产费用应按车间并分产品、劳务设置明细账，账内再按成本项目设专栏。只生产一种产品或提供一种劳务的情况下，直接根据材料分配表和有关的凭证在有关项目内进行登记。

辅助生产车间发生的除直接材料、直接人工等以外的其他费用如果属于多种产品或多种劳务的间接费用，应先记入按车间设置的"制造费用——辅助生产车间"明细账，月终再按一定的标准分配记入本车间各产品或劳务的"生产成本——辅助生产成本"明细账。

辅助生产车间归集的生产费用，应比照基本生产车间的产品成本计算方法，对辅助生产车间的产品、劳务采用一定的方法计算它们的实际成本。

辅助生产完工的产品或劳务的成本，经过分配以后从"辅助生产成本"科目的贷方转出，期末如有借方余额则为辅助生产的在产品成本。

下面以修理车间为例，介绍辅助生产成本明细账和制造费用明细账格式。

1. 第一种格式，辅助生产成本明细账和制造费用明细账分开

"辅助生产成本"科目与"基本生产成本"科目一样，一般按车间以及产品和劳务设置明细账，账内按成本项目设立专栏或专行进行明细核算。辅助生产的制造费用，单独设置"制造费用"科目核算，先通过"制造费用"科目进行归集，然后转入"辅助生产成本"科目的借方，计入辅助生产产品或劳务的成本。辅助生产成本明细账、制造费用明细账分别如表8-19、表8-20所示。

表 8-19　辅助生产成本明细账

2×20 年 4 月　　　　　　　　　辅助生产车间：修理车间　　　　　　　　　单位：元

摘要	原材料	动力	工资及福利费	制造费用	合计	转出
材料费用分配表	4 200				4 200	
动力费用分配表		400			400	
工资及福利费分配表			3 200		3 200	
制造费用分配表				1 600	1 600	
辅助生产成本分配表						9 400
合计	4 200	400	3 200	1 600	9 400	9 400

表 8-20　制造费用明细账

2×20 年 4 月　　　　　　　　　辅助生产车间：修理车间　　　　　　　　　单位：元

摘要	原材料	动力	工资及福利费	折旧费	办公费	保险费	其他	合计	转出
原材料费用分配表	500							500	
动力费用分配表		50						50	
工资及福利费分配表			450					450	
折旧费用分配表				200				200	
办公费（付款凭证 × 号）					180			180	
保险费（付款凭证 × 号）						100		100	
其他（付款凭证 × 号）							120	120	
制造费用分配表									1 600
合计	500	50	450	200	180	100	120	1 600	1 600

2. 第二种格式，辅助生产成本明细账和制造费用明细账合一

有的企业辅助生产车间规模较小，发生的制造费用较少，辅助生产也不对外销售产品或提供劳务，不需要按照规定的成本项目计算辅助生产产品成本。这种情况下，辅助生产的制造费用不通过"制造费用"科目及其明细账单独核算，而是直接记入"辅助生产成本"科目。这时，"辅助生产成本"明细账按照成本项目与费用项目相结合设置专栏，而不是按成本项目设置专栏，如表 8-21 所示。

表 8-21 辅助生产成本明细账

2×20年4月　　　　　　辅助生产车间：修理车间　　　　　　单位：元

摘要	原材料	动力	工资及福利费	折旧费	办公费	保险费	其他	合计	转出
原材料费用分配表	4 700							4 700	
动力费用分配表		450						450	
工资及福利费分配表			3 650					3 650	
折旧费用分配表				200				200	
待摊费用分配表						100		100	
办公等费用支出（付款凭证×号）					180		120	300	
辅助生产成本分配表									9 400
合计	4 700	450	3 650	200	180	100	120	9 400	

（二）辅助生产费用的分配

经过之前的日常记账、汇总，将辅助生产车间发生的费用都归集于"生产成本——辅助生产成本"或"辅助生产成本"及其明细账的借方，然后进行分配。

这些费用的分配原则是：根据辅助生产车间所提供的产品和劳务数量，采用一定的分配标准和方法分配给各受益单位，即费用从"生产成本——辅助生产成本"或"辅助生产成本"科目的贷方分别转入各有关科目。

所提供的产品，如工具、模具和修理用备件等产品成本，应在产品完工时，从"辅助生产成本"科目的贷方分别转入"低值易耗品"和"原材料"科目的借方。

提供的劳务作业，如水、电、汽、修理和运输等所发生的费用，则要在各受益单位之间按照所耗数量或其他比例进行分配后，从"辅助生产成本"科目的贷方转入"基本生产成本""制造费用""管理费用""销售费用""在建工程"等科目的借方。

辅助生产费用的分配同样与分配其他费用一样要通过编制分配表的形式进行，但由于辅助生产车间所提供的产品或劳务的数量及其受益单位和程序等情况的不同，其分配方法也是多种多样的。

辅助生产费用的分配，通常采用的分配方法有直接分配法、顺序分配法、交互分配法、代数分配法和计划成本分配法。下面介绍其中常用的几种。

1. 直接分配法

直接分配法，是指各辅助生产车间发生的费用，直接分配给除辅助生产车间以外的各受益产品、单位，而不考虑各辅助生产车间之间相互提供产品或劳务的情况。

分配计算公式如下。

$$单位成本（分配率）=\frac{待分配辅助生产费用}{辅助生产劳务（产品）总量－其他辅助生产劳务（产品）耗用量}$$

某车间、部门（或产品）应分配的辅助生产费用＝该车间、部门（或产品）耗用劳务总量×单位成本（分配率）

【例 8-19】某企业有供水和供电两个辅助生产车间，主要为本企业基本生产车间和行政管理部门等服务。根据"辅助生产成本"明细账汇总的资料，供水车间本月发生费用为 2 065 元，供电车间本月发生费用 4 740 元，详细资料如表 8-22 所示。

表 8-22　各辅助生产车间供应产品或劳务数量

受益单位	耗水（立方米）	耗电（千瓦·时）
基本生产——丙产品		10 300
基本生产车间	20 500	8 000
辅助生产车间——供电	10 000	
辅助生产车间——供水		3 000
行政管理部门	8 000	1 200
专设销售机构	2 800	500
合计	41 300	23 000

按下列公式计算。

$$单位成本（分配率）=\frac{待分配辅助生产费用}{辅助生产劳务（产品）总量－其他辅助生产劳务（产品）耗用量}$$

$$水单位成本（分配率）=\frac{2\ 065}{41\ 300-10\ 000}=0.066（元/立方米）$$

$$电单位成本（分配率）=\frac{4\ 740}{23\ 000-3\ 000}=0.237（元/千瓦·时）$$

从而可以填写辅助生产费用分配表，如表 8-23 所示。

表8-23 直接分配法下的辅助生产费用分配表

项目		供水车间	供电车间	合计
待分配辅助生产费用（元）		2 065	4 740	6 805
供应辅助生产以外的劳务数量		31 300 立方米	20 000（千瓦·时）	—
单位成本（分配率）		0.066	0.237	—
基本生产——丙产品	耗用数量		10 300	—
	分配金额		2 441.1	2 441.1
基本生产车间	耗用数量	20 500	8 000	
	分配金额	1 353	1 896	3 249
行政管理部门	耗用数量	8 000	1 200	
	分配金额	528	284.4	812.4
专设销售机构	耗用数量	2 800	500	
	分配金额	184.8	118.5	302.5
合计		2 065.8	4 740	6 805

根据辅助生产费用分配表编制会计分录。

借：基本生产成本——丙产品　　　　　　　　　　2 441.1
　　制造费用　　　　　　　　　　　　　　　　　3 249
　　管理费用　　　　　　　　　　　　　　　　　812.4
　　销售费用　　　　　　　　　　　　　　　　　302.5
　贷：辅助生产成本——供水　　　　　　　　　　2 065
　　　　　　　　　　——供电　　　　　　　　　4 740

采用直接分配法，由于各辅助生产费用只是进行对外分配，分配一次，计算工作简便；但当辅助生产车间相互提供产品或劳务量差异较大时，分配结果往往与实际不符。

这种分配方法只适宜在辅助生产内部相互提供产品或劳务不多、不进行费用的交互分配对辅助生产成本和产品制造成本影响不大的情况下采用。

2. 交互分配法

交互分配法，是对各辅助生产车间的成本费用进行两次分配的方法。

首先，将各辅助生产车间互相提供的服务量按交互分配前的单位成本，在辅助生产车间之间进行第一次交互分配。

然后，再将各辅助生产车间交互分配后的费用（即原费用加上交互分配转入的费用,减去交互分配转出的费用),按其提供给基本生产车间和其他部门的服务量和交互分配后的单位成本,在辅助生产车间以外的各受益单位之间进行分配。

(1)交互分配计算公式如下。

$$交互分配前某项劳务单位成本 = \frac{某辅助生产车间交互分配前的费用总额}{该辅助生产车间提供的劳务数量总和}$$

某辅助生产车间应分配劳务费用 = 该辅助生产车间耗用的劳务数量 × 交互分配前该项劳务单位成本

(2)对辅助生产车间以外各受益单位分配的计算公式如下。

$$交互分配后某项劳务单位成本 = \frac{某辅助生产车间交互分配后的费用总额}{辅助生产车间以外的各受益单位耗用劳务数量总和}$$

辅助生产车间以外的受益单位应分配劳务费用 = 该车间(或部门)耗用劳务的数量 × 交互分配后该项劳务单位成本

【例8-20】2×20年某企业供电车间归集的费用共14 295元,供水车间归集的费用共9 288元。供电车间和供水车间提供的劳务量信息如表8-24所示。

表8-24 各辅助生产车间供应产品或劳务数量

提供劳务单位		供电车间(千瓦·时)	供水车间(立方米)
基本生产车间耗用的劳务量	A产品	50 000	4 000
	B产品	34 000	12 000
	车间一般消耗	1 000	2 000
辅助生产车间耗用劳务量	供电车间	—	6 500
	供水车间	4 500	—
厂部耗用的劳务量		8 500	4 000
合计		98 000	28 500

(1)计算交互分配分配率,并交互分配。

$$供电车间分配率 = \frac{供电车间交互分配前的费用总额}{供电车间提供的劳务数量总额} = \frac{14\ 295}{98\ 000} = 0.145\ 9[元/(千瓦·时)]$$

$$供水车间分配率 = \frac{供水车间交互分配前的费用总额}{供水车间提供的劳务数量总额} = \frac{9\ 288}{28\ 500} = 0.325\ 9(元/立方米)$$

供电车间分配的水费 = 0.325 9 × 6 500 = 2 118.35(元)

供水车间分配的电费 =0.145 9×4 500=656.55（元）

（2）计算对外分配率。

确定辅助生产车间对外分配费用的分配额。

供电车间 =14 295+2 118.35-656.55=15 756.8（元）

供水车间 =9 288+656.55-2 118.35=7 826.2（元）

$$供电车间分配率 = \frac{15\ 756.8}{98\ 000-4\ 500} = 0.168\ 5[元/（千瓦·时）]$$

$$供水车间分配率 = \frac{7\ 826.2}{28\ 500-6\ 500} = 0.355\ 7（元/立方米）$$

（3）对外分配额的核算。

具体分配过程如表 8-25 所示。

（4）交互分配分录。

供电车间的水费。

借：辅助生产成本——供电车间　　　　　　　　　　2 118.35
　　贷：辅助生产成本——供水车间　　　　　　　　　　　　2 118.35

供水车间的电费。

借：辅助生产成本——供水车间　　　　　　　　　　656.55
　　贷：辅助生产成本——供电车间　　　　　　　　　　　　656.55

表 8-25 交互分配法下的辅助生产费用分配表

项目		供电车间				供水车间			合计（元）
		数量(千瓦·时)	单位成本（费用分配率）	分配金额(元)	数量(立方米)	单位成本（费用分配率）	分配金额(元)		
待分配辅助生产费用		98 000	0.145 9	14 295	28 500	0.325 9	9 288		
交互分配	辅助生产——供水			2 118.35	6 500		-2 118.35		
	辅助生产——供电	4 500		-656.55			656.55		
对外分配辅助生产费用		93 500	0.168 5	15 756.8	22 000	0.355 7	7 826.2		23 583
对外分配	基本生产车间——A产品	50 000		8 425	4 000		1 422.8		9 847.8
	基本生产车间——B产品	34 000		5 729	12 000		4 268.4		9 997.4
	车间一般消耗	1 000		168.5	2 000		711.4		879.9
	厂部耗用	8 500		1 434.3	4 000		1 423.6		2 857.9
合计		93 500		15 756.8	22 000		7 826.2		23 583

其中，运算差额部分计入厂部消耗的"管理费用"中。

对外分配分录。

借：基本生产成本——A产品　　　　　　　　　　　9 847.8
　　　　　　　　——B产品　　　　　　　　　　　9 997.4
　　制造费用　　　　　　　　　　　　　　　　　　879.9
　　管理费用　　　　　　　　　　　　　　　　　　2 857.9
　贷：辅助生产成本——供电车间　　　　　　　　　15 756.8
　　　　　　　　——供水车间　　　　　　　　　　7 826.2

采用交互分配法，辅助生产内部相互提供产品或劳务全都进行了交互分配，从而提高了分配结果的正确性；但各辅助生产费用要计算两个单位成本（费用分配率），进行两次分配，因而增加了计算工作量。

3. 计划成本分配法

计划成本分配法，是指根据辅助生产车间提供的产品、劳务数量及其计划单位成本，计算为各车间、部门提供服务的产品和劳务数量应分配的费用的方法。

辅助生产车间为各受益单位（包括其他辅助生产车间）提供的产品或劳务，一律按产品或劳务的实际耗用量和计划单位成本进行分配；对辅助生产车间发生的实际成本与按计划成本计算的分配额之间的差额，为了简化核算，可不再按受益比例进行分摊，而直接增加或冲减制造费用或管理费用。

计划成本分配法计算公式如下。

受益单位应负担的（产品）劳务成本 = 耗用（产品）劳务的数量 × 该（产品）劳务计划单位成本

某辅助生产车间成本差异 = 该辅助生产车间实际总成本 − 该辅助生产车间计划总成本

【例8-21】2×20年7月长江公司设置供电、供水两个辅助生产车间，劳务供应情况如表8-26所示。

表8-26　劳务供应情况

辅助生产车间名称		供水车间	供电车间
辅助生产待分配费用（元）	"辅助生产成本"科目	7 800	3 900
	"制造费用"科目	1 600	900
	小计	9 400	4 800
供应劳务数量		18 800 立方米	16 000 千瓦·时
计划单位成本		0.52 元/立方米	0.28 元/(千瓦·时)

续表

辅助生产车间名称		供水车间	供电车间
耗用劳务数量	供水车间		1 000
	供电车间	800	
	基本生产车间	13 800	7 500
	行政管理部门	2 200	3 500
	销售部门	2 000	4 000

按计划成本分配法进行辅助生产费用的分配，如表 8-27 所示。

表 8-27　计划成本分配法下辅助生产费用分配表

辅助生产车间名称			供水车间	供电车间	合计
待分配辅助生产费用（元）	"辅助生产成本"科目发生额		7 800	3 900	11 700
	"制造费用"科目发生额		1 600	900	2 500
	小计		9 400	4 800	14 200
供应劳务数量			18 800 立方米	16 000 千瓦·时	
计划单位成本			0.52 元/立方米	0.28 元/(千瓦·时)	
制造费用	供水车间	耗用数量		1 000	
		分配金额		280	280
	供电车间	耗用数量	800		
		分配金额	416		416
	基本生产车间	耗用数量	13 800	7 500	
		分配金额	7 176	2 100	9 276
管理费用	行政管理部门	耗用数量	2 200	3 500	
		分配金额	1 144	980	2 124
销售费用	销售部门	耗用数量	2 000	4 000	
		分配金额	1 040	1 120	2 160
按计划成本分配合计			9 776	4 480	14 256
辅助生产实际成本			9 680	5 216	14 896
辅助生产成本差异			-96	+736	640

注意："辅助生产实际成本"的计算方法如下。

供水车间实际成本 =9 400+280=9 680（元）

供电车间实际成本 =4 800+416=5 216（元）

编制会计分录如下。

(1) 按计划成本分配辅助生产成本时。

借：制造费用——供水车间		280
——供电车间		416
——基本生产车间		9 276
管理费用		2 124
销售费用		2 160
贷：辅助生产成本——供水车间		9 776
——供电车间		4 480

(2) 结转辅助生产车间的制造费用。

其中，供水车间应结转的制造费用 =1 600+280=1 880（元）

供电车间应结转的制造费用 =900+416=1 316（元）

借：辅助生产成本——供水车间		1 880
——供电车间		1 316
贷：制造费用——供水车间		1 880
——供电车间		1 316

(3) 结转辅助生产成本差异，辅助生产成本差异记入"管理费用"科目。

借：管理费用		736
贷：辅助生产成本——供电车间		736

对于成本差异为负数的供水车间，用以下分录红字冲回。

借：管理费用		96
贷：辅助生产成本——供水车间		96

采用计划成本分配法，具有以下优点。

(1) 简化工作。辅助生产车间的产品或劳务的计划单位成本有现成资料，只要有各受益单位耗用辅助生产车间的产品或劳务量，便可进行分配。

(2) 便于考核。按照计划单位成本分配，排除了辅助生产实际费用的高低对各受益单位成本的影响，便于考核和分析各受益单位的经济责任。

(3) 反映差异。能够反映辅助生产车间产品或劳务的实际成本脱离计划成本的差异。

辅助生产费用的各种分配方法，分配的程序和具体计算方法不同，各分配方法的适用条件也不同，可以用表 8-28 来反映。

表 8-28 各辅助生产费用分配方法优劣

项目	适用的范围	优点	缺点	说明
直接分配法	辅助生产车间相互不提供劳务，或提供劳务较少	计算工作简单，简便易行	分配结果准确度不高	省略辅助生产车间之间分配工作
交互分配法	辅助生产车间相互提供劳务较多	计算结果较为准确	计算分配的手续较为复杂	先在辅助生产车间之间分配，然后再对外分配
计划成本分配法	有计划单价且比较符合实际	利于考核辅助生产车间经济利益	分配结果受计划单价影响较大	为简化核算也可将差异直接转入"管理费用"

8.3.7 制造费用的归集和分配

制造费用是指企业为生产产品和提供劳务而发生的各项间接费用。也就是说，制造费用是车间和厂部在组织和管理生产过程中发生的，不能直接归属到所制产品或不能直接归属到其他有收益的生产活动的各项费用。

制造费用的主要内容包括：企业各个生产单位（车间、分厂）为组织和管理生产所发生的生产单位管理人员的工资、职工福利费，生产单位房屋及建筑物、机器设备等的折旧费，原油储量有偿使用费、油田维护费、矿山维护费、租赁费（不包括融资租赁费）、修理费，机物料消耗、低值易耗品摊销，取暖费、水电费、办公费、差旅费、运输费、保险费、设计制图费、试验检验费、劳动保护费、季节性和修理期间的停工损失，以及其他制造费用。

正确地核算制造费用，对于正确计算产品的制造成本非常有必要。

（一）制造费用的归集

制造费用是通过"制造费用"总账科目进行归集和分配的。

"制造费用"科目应按车间（基本生产车间、辅助生产车间）、部门设置明细账，账内按照费用项目设专栏或专行，分别反映各车间、部门各项制造费用的支出情况。

基本生产车间所发生的制造费用一般应通过"制造费用"科目进行核算。

制造费用的归集按其记账依据不同可分为两种情况。一是一般费用发生时，根据付款凭证或据以编制的其他费用分配表，借记"制造费用"科目，贷记"银行存款"或其他有关科目。二是机物料消耗、外购动力费用、工资及福利费、折旧费、修理费等，在月末应根据转账凭证及汇总编制的各种费用分配表，借记"制造费用"科目，贷记"原材料""应付职工薪酬""累计折旧"等科目。

辅助生产车间所发生的制造费用一般可通过"制造费用"科目进行核算，也可不通过"制造费用"科目进行核算。

辅助生产车间发生的费用，如果辅助生产的制造费用通过"制造费用"科目单独核算，则应比照基本生产车间制造费用的核算。平时在发生制造费用时，应将发生的各种费用借记"制造费用"科目，贷记"原材料""材料成本差异""应付职工薪酬""累计折旧""银行存款"等科目。如果不设置"制造费用"科目，在发生制造费用有关费用内容时，可借记"辅助生产成本"科目，贷记有关的会计科目。

"制造费用"科目应按车间、部门设置明细账，账内按费用项目设立专栏或专户，分别反映各车间、部门各项制造费用的支出情况，便于进行成本的管理。

制造费用明细账的格式如表 8-29 所示。

（二）制造费用的分配

制造费用分配是指在期末将已经归集的制造费用按照科学的方法分配到各个成本核算对象的会计工作。为了正确计算产品的生产成本，必须合理地分配制造费用。

辅助生产车间单独核算其制造费用时，汇总在"制造费用——辅助生产车间"科目的数额：在只生产一种产品或提供一种劳务的辅助生产车间，直接计入该种辅助生产产品或劳务的成本；在生产多种产品或提供多种劳务的辅助生产车间，则应采用适当的分配方法，分配计入辅助生产产品或劳务成本，即记入"辅助生产成本"科目借方及其明细账的"制造费用"成本项目。

月终，将本月制造费用明细账中所归集的制造费用总额，按一定的分配标准，分配计入有关的成本计算对象。在只生产一种产品的车间、部门，发生的制造费用全部由该种产品负担，即制造费用直接记入该产品"基本生产成本"或"生产成本"明细账。在生产多种产品的车间、部门，其共同发生的制造费用，才会涉及分配问题。分配的计算公式如下。

$$制造费用分配率 = \frac{制造费用总额}{各种产品所用分配标准之和}$$

某种产品应分配的制造费用 = 该种产品所用分配标准 × 制造费用分配率

制造费用分配方法有生产工时比例法、生产工人工资比例法、机器工时比例法、年度计划分配率分配法等，分配方法一经确定，不应任意变更。

表 8-29 制造费用明细账

车间：第一车间
2×20年4月
单位：元

摘要	机物料消耗	外购动力	工资及福利费	折旧费	修理费	水电费	保险费	低值易耗品	其他	合计	转出
付款凭证第××号	1 200				2 000				230	2 230	
材料费用分配表	1 200									1 200	
低值易耗品摊销								570		570	
动力费用分配表		2 000								2 000	
工资及福利费分配表			380							380	
待摊费用分配表							300			300	
折旧费用分配表				3 789						3 789	
辅助生产费用分配表						3 450				3 450	
制造费用分配表											13 919
合计	1 200	2 000	380	3 789	2 000	3 450	300	570	230	13 919	13 919

1. 生产工时比例法

生产工时比例法是按照各种产品所用生产工人工时的比例分配制造费用的一种方法。计算公式如下。

$$制造费用分配率 = \frac{制造费用总额}{各种产品生产工时总数}$$

某种产品应负担的制造费用 = 该产品的生产工时数 × 制造费用分配率

按生产工时比例分配制造费用，可以按各种产品实际耗用的生产工时（实用工时）分配，如果产品的工时定额比较准确，也可以按定额工时的比例分配。计算公式如下。

$$制造费用分配率 = \frac{制造费用总额}{车间产品实用（定额）工时总额}$$

某种产品应分配的制造费用 = 该种产品实用（定额）工时 × 制造费用分配率

采用这种分配方法，前提条件是制造费用与直接工时关系密切，比如每增加一小时的人工，便增加若干制造费用，它把劳动生产率与产品负担的费用水平联系起来。

【例8-22】2×20年假设某基本生产车间发生的制造费用总额为35 000元，基本生产车间甲产品生产工时为12 000小时，乙产品生产工时为8 000小时。

制造费用计算分配如下。

$$制造费用分配率 = \frac{35\ 000}{12\ 000 + 8\ 000} = 1.75$$

甲产品制造费用 = 12 000 × 1.75 = 21 000（元）

乙产品制造费用 = 8 000 × 1.75 = 14 000（元）

按生产工时比例法编制制造费用分配表如表8-30所示。

表8-30 制造费用分配表

车间：基本生产车间

应借科目	生产工时（小时）	分配金额（单位：元；分配率：1.75）
基本生产成本——甲产品	12 000	21 000
基本生产成本——乙产品	8 000	14 000
合计	20 000	35 000

根据制造费用分配表，编制会计分录如下。

借：基本生产成本——甲产品　　　　　　　　　　　　　21 000

	——乙产品	14 000
	贷：制造费用	35 000

生产工时比例法是一种较为常用的制造费用分配方法，它能将劳动生产率的高低与产品负担费用的多少联系起来，分配结果比较合理。

2. 生产工人工资比例法

生产工人工资比例法，是指以直接计入各种产品成本的生产工人工资作为标准分配制造费用的一种方法。计算公式如下。

$$制造费用分配率 = \frac{制造费用总额}{各种产品生产工人工资总额}$$

某种产品应负担的制造费用 = 该产品的生产工人工资数 × 制造费用分配率

由于工资费用分配表中有现成的生产工人工资的资料，所以该种分配方法核算工作很简便。

采用这种方法的前提条件是制造费用与人工成本关系密切，因此，它与生产工时比例法相似，适用于各产品的生产机械化程度大致相同、生产工人的熟练程度相差不大的情况。

3. 机器工时比例法

机器工时比例法是指以各种产品的机器工时为标准分配制造费用的一种方法。计算公式如下。

$$制造费用分配率 = \frac{制造费用总额}{各种产品耗用机器工时之和}$$

某种产品应负担的制造费用 = 该产品的生产耗用机器工时数 × 制造费用分配率

这种方法适用于机械化程度较高的车间，因为在这种车间中，折旧费用、修理费用的大小与机器运转的时间有密切的联系。

采用这种方法，必须正确组织各种产品所耗用机器工时的记录工作，以保证工时的准确性。该方法的计算程序、原理与生产工时比例法基本相同。

为了使这种分配方法的结果相对准确，可以对不同机器设备按系数折合成标准工时进行分配，并可以对制造费用进行划分，分别按照机器工时和其他标准进行分配。

4. 年度计划分配率分配法

年度计划分配率分配法，是按照年度开始前确定的全年适用的计划分配率分配制造费用的方法。不管各月实际发生的制造费用多少,各月各种产品成本中的制造费用都按年度计划确定的计划分配率分配。计算公式如下。

$$年度计划分配率 = \frac{年度制造费用计划总数}{年度各产品计划产量的定额工时总数}$$

某月某产品应负担的制造费用 = 该月该种产品实际产量的定额工时数 × 年度计划分配率

在分配中如果发现年内分配的计划数与实际数差额较大,应及时调整年度计划分配率,以便使分配额相对准确。经年末调整后"制造费用"账户应无余额。

采用年度计划分配率分配法,优点是可随时结算已完工产品应负担的制造费用,简化分配手续,产品成本负担均衡。但采用这种方法,必须要有较高的计划管理水平,否则计划分配额与实际发生数差异过大,就会影响制造费用分配的准确性。

【例8-23】长江企业2×20年基本生产车间全年制造费用计划为234 000元,全年各种产品的计划产量为甲产品19 000件,乙产品6 000件,丙产品8 000件。

单件产品工时定额:甲产品5小时,乙产品7小时,丙产品7.25小时。

6月实际产量:甲产品1 800件,乙产品700件,丙产品500件。本月实际发生的制造费用为20 600元。

使用年度计划分配率分配法,计算如下。

(1)各种产品年度计划产量的定额工时。

甲产品年度计划产量定额工时 =19 000×5=95 000(小时)

乙产品年度计划产量定额工时 =6 000×7=42 000(小时)

丙产品年度计划产量定额工时 =8 000×7.25=58 000(小时)

(2)制造费用年度计划分配率。

$$制造费用年度计划分配率 = \frac{234\ 000}{95\ 000+42\ 000+58\ 000} = 1.2(元/小时)$$

(3)分配制造费用,如表8-31所示。

表8-31 制造费用分配表

第一车间　　　　　　　　　　　　　2×20年6月

产品名称	定额工时（小时）	实际产量（件）	应分配工时（小时）	分配率	分配额（元）
甲产品	5	1 800	9 000		10 800
乙产品	7	700	4 900	1.2	5 880
丙产品	7.25	500	3 625		4 350
合计					21 030

（4）编写会计分录。

借：生产成本——基本生产成本（甲产品）　　　　10 800

　　　　——基本生产成本（乙产品）　　　　5 880

　　　　——基本生产成本（丙产品）　　　　4 350

　　贷：制造费用　　　　21 030

科目记录示意如图8-1所示。

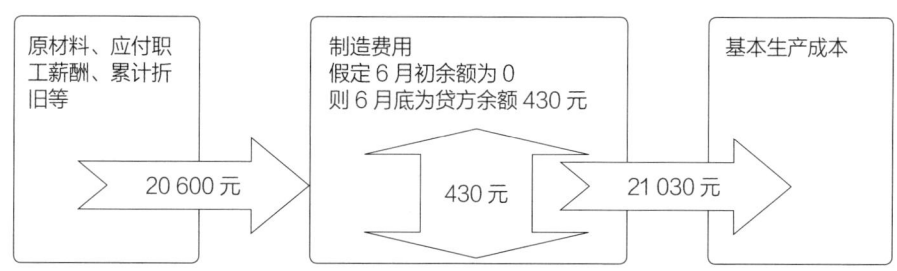

图8-1　科目记录示意

从图8-1可以看出，采用年度计划分配率分配法时，在每月月末，"制造费用"账户可能会有余额。

"制造费用"科目余额在借方，表示实际费用大于计划费用，本期实际发生的制造费用大于本期分配的计划费用；余额在贷方，表示实际费用小于计划费用，即本期实际发生的制造费用小于本期分配的计划费用。

"制造费用"科目如果还有年末余额，就是全年制造费用的实际发生额与计划分配额的差额，一般应在年末调整计入12月的产品成本。

实际发生额大于计划分配额，借记"基本生产成本"科目，贷记"制造费用"科目；实际发生额小于计划分配额，则用红字冲减，或者借记"制造费用"科目，贷记"基本生产成本"科目。

这种分配方法核算工作简便，特别适用于季节性生产的车间；但是，采用这种分配方法要求计划工作水平较高，否则会影响产品成本计算的正确性。

无论采用哪一种制造费用分配方法，都应根据分配计算的结果，编制制造费用分配表，据以进行制造费用的总分类核算和明细分类核算。制造费用的分配，除了采用年度计划分配率分配法的企业外，"制造费用"科目都没有月末余额。制造费用的分配方法的主要内容和适用条件如表8-32所示。

表8-32 制造费用分配方法总结

方法	分配标准	分配率	某产品应分配数	适用范围	特征
生产工时比例法	实际生产工时	制造费用总额÷各种产品实际生产工时之和	该产品实际生产工时 × 分配率	制造费用的发生与生产工时有密切关系	制造费用账户期末没有余额
生产工人工资比例法	生产工人工资	制造费用总额÷各种产品生产工人工资总额	该产品生产工人工资 × 分配率	制造费用的发生与工人工资有密切关系	制造费用账户期末没有余额
机器工时比例法	机器工时	制造费用总额÷各种产品机器工时之和	该产品实际机器工时 × 分配率	制造费用的发生与机器工时有密切关系	制造费用账户期末没有余额
年度计划分配率分配法	实际产量的定额工时	全年计划制造费用总额÷全年各种产品计划产量的定额工时总数	实际产量的定额工时 × 年度计划分配率	季节性生产企业	制造费用账户期末有余额

8.3.8 废品损失和停工损失的核算

如今质量问题已经成为整个国家所关注的大问题，很多企业为了降低成本，采用不严格的质检系统，甚至根本没有质检，直接将产品投放市场，造成了市场上伪劣产品过多的现象。

在成本会计中，废品是非常普遍的，废品当然要算作损失，从而增加了成本。废品损失的归集和分配，也是成本会计的一个重要方面。

损失性费用是指在生产过程中，原材料质量不符合要求或是生产工人不严格遵守技术操作规程等生产技术方面的问题，以及某些生产组织上的缺陷所造成的各种损失费用。

损失性费用主要包括废品损失费用和停工损失费用，如果它们在产品成本中所占的比重较大，可设置"废品损失""停工损失"项目，在产品成本的组成中单独列示。

（一）废品损失的归集和分配

凡质量不符合技术标准的规定，不能按照原定用途加以利用，或是只有通过加工修复后才能利用的产成品和半成品，不论它们是在生产中被发现的，还是在入库后被发现的，都是生产中的废品。

经质量检验部门鉴定不需要返修可以降价出售的不合格品，其降价损失不作为废品损失，在计算损益时体现；产品入库后由于保管不善等而损坏变质的损失，属于管理上问题，作为管理费用处理而不作为废品损失；实行包退、包修、包换（三包）的企业，在产品出售以后发现的废品所发生的一切损失，作为管理费用处理也不作为废品损失。

根据质量检验部门填制并审核后的废品损失通知单，作为进行废品损失核算的原始凭证。

为了核算生产过程中发生的废品损失，可在"基本生产成本"账户下设置"废品损失"明细账户组织核算。该账户借方登记不可修复废品的生产成本和可修复废品的修复费用，贷方登记应从废品成本中扣除的回收废料的价值。该账户借贷双方上述内容相抵后的差额，即为企业的全部废品净损失。

废品按其报损程度和修复价值，可分为可修复废品和不可修复废品。

可修复废品是指技术上、工艺上可以修复，而且所支付的修复费用在经济上合算的废品。

可修复废品损失，指废品在修复过程中所发生的各项修复费用。可修复废品返修以前发生的生产费用，在"基本生产成本"科目及有关的成本明细账中，不必转出，这是因为它不是废品损失。

返修时发生的修复费用，应根据原材料、工资及福利费、辅助生产费用和制造费用等分配表记入"废品损失"科目的借方，以及有关科目的贷方。

如有残值和应收赔款，根据废料交库凭证及其他有关结算凭证，从"废品损失"科目的贷方转入"原材料""其他应收款"等科目的借方。将废品净损失从"废品损失"科目的贷方转入"基本生产成本"科目的借方及其有关成本明细账的"废品损失"成本项目。

不单独核算废品损失的企业，不设"废品损失"会计科目和"废品损失"

成本项目,在回收废品残料时,记入"原材料"科目的借方和"基本生产成本"科目的贷方,并从所属有关产品成本明细账的"原材料"成本项目中扣除残料价值。辅助生产一般不单独核算废品损失。

不可修复废品是指技术上、工艺上不可修复,或者虽可修复,但所支付的修复费用在经济上不合算的废品。

不可修复废品损失,是废品损失的归集与分配过程中的关键部分,通常是从该种产品的实际生产费用中以废品成本计算确定的。

废品成本是指生产过程中截至报废时所耗费的一切费用,扣除废品的残值和应收赔款,算出废品损失,一般有两种方法:一是按废品所耗实际费用计算,二是按废品所耗定额费用计算。

1. 实际费用法的操作

在废品报废时,根据废品和合格品发生的全部实际费用,采用一定的分配方法,在合格品与废品之间进行分配,计算出废品的实际成本,从"基本生产成本"科目贷方转入"废品损失"科目的借方。

【例8-24】 长江公司第一车间2×20年4月生产甲产品2 000件,经验收入库发现不可修复废品200件,废品残料回收入库价值120元。

合格品生产工时为8 000小时,废品生产工时为2 000小时,全部生产工时为10 000小时。

甲产品成本计算单(即基本生产成本明细账)所列合格品和废品的全部生产费用为:原材料20 000元,燃料和动力13 200元,工资及福利费12 800元,制造费用3 000元。原材料在生产开工时一次投入。

原材料费用按合格品数量和废品数量的比例分配,其他费用按生产工时比例分配。

根据上列资料,可以编制废品损失计算表,如表8-33所示。

表8-33 不可修复废品损失计算表(甲产品)

车间名称:第一车间　　　　　　产品名称:甲产品
2×20年4月　　　　　　　　　　废品数量:200件　　　　　　金额单位:元

项目	数量(件)	原材料	生产工时(小时)	燃料和动力	工资及福利费	制造费用	成本合计
费用总额	2 000	20 000	10 000	13 200	12 800	3 000	49 000
费用分配率		10		1.32	1.28	0.3	

续表

项目	数量（件）	原材料	生产工时（小时）	燃料和动力	工资及福利费	制造费用	成本合计
废品成本	200	2 000	2 000	2 640	2 560	600	7 800
减：废品残料		120					120
废品损失		1 880		2 640	2 560	600	7 680

根据不可修复废品损失计算表，编制会计分录如下。

（1）结转废品成本。

借：废品损失——甲产品　　　　　　　　　　　　　　7 800
　　贷：基本生产成本——原材料　　　　　　　　　　2 000
　　　　　　　　　　　——燃料和动力　　　　　　　2 640
　　　　　　　　　　　——工资及福利费　　　　　　2 560
　　　　　　　　　　　——制造费用　　　　　　　　600

（2）回收废品残料入库。

借：原材料　　　　　　　　　　　　　　　　　　　　120
　　贷：废品损失——甲产品　　　　　　　　　　　　120

（3）废品损失转入该种合格产品成本。

借：基本生产成本——甲产品（废品损失）　　　　　　7 680
　　贷：废品损失——甲产品　　　　　　　　　　　　7 680

按废品的实际成本计算和分配废品损失，符合实际，但核算工作量较大。

2. 定额费用法的操作

定额费用法下，按不可修复废品的数量和各项费用定额计算废品的定额成本，再将废品的定额成本扣除废品残料回收价值，算出废品损失，而不考虑废品实际发生的费用。

【例8-25】某企业第一车间2×20年4月生产丙产品，验收入库时发现不可修复废品6件，按所耗定额费用计算废品的生产成本。原材料费用定额为200元，单件工时定额为20小时，每小时费用定额为：燃料和动力2.50元、工资及福利费2元、制造费用1.50元。回收废品残值200元。

编制不可修复废品损失计算表，如表8-34所示。

表 8-34 不可修复废品损失计算表（丙产品）

车间名称：第一车间　　　　　　　产品名称：丙产品
2×20 年 4 月　　　　　　　　　　废品数量：6 件　　　　　单位：元

项目	原材料	燃料和动力	工资及福利费	制造费用	成本合计
费用定额	200	50	40	30	320
废品定额成本	1 200	300	240	180	1 920
减：回收残值	200				200
废品损失	1 000	300	240	180	1 720

根据不可修复废品损失计算表，编制会计分录如下。

（1）结转废品成本。

借：废品损失——丙产品　　　　　　　　　　　　　　1 920
　　贷：基本生产成本——原材料　　　　　　　　　　1 200
　　　　　　　　——燃料和动力　　　　　　　　　　 300
　　　　　　　　——工资及福利费　　　　　　　　　 240
　　　　　　　　——制造费用　　　　　　　　　　　 180

（2）回收废品残料价值。

借：原材料　　　　　　　　　　　　　　　　　　　　 200
　　贷：废品损失——丙产品　　　　　　　　　　　　 200

（3）废品损失转入该种合格产品成本。

借：基本生产成本——丙产品（废品损失）　　　　　　1 720
　　贷：废品损失——丙产品　　　　　　　　　　　　1 720

采用按废品所耗定额费用计算废品成本和废品损失的方法，核算工作比较简便，有利于考核和分析废品损失和产品成本；但必须具备比较准确的定额成本资料，否则会影响成本计算的正确性。

（二）停工损失的归集和分配

停工损失是指企业或生产车间、班组在停工期间（非季节性停工期间）发生的各项费用，包括停工期内支付的生产工人的工资和提取的福利费、所耗燃料和动力费，以及应负担的制造费用等。

企业发生停工的原因是多种多样的，如停电、待料、机械故障、机器设备修理、发生非常灾害以及计划压缩产量等。

自然灾害引起的停工损失，应按规定转作营业外支出；其他停工损失，如原材料供应不足、机器设备发生故障，以及计划减产等原因引发的停工损失，应计入产品成本。

停工时车间应填列停工报告单，经有关部门审核后的停工报告单，作为停工损失核算的根据。

企业发生停工的时间有长有短，停工的原因多种多样，因此，对其发生的停工损失，应根据不同情况进行分配处理。

非常灾害造成的停工损失和计划压缩产量而使主要生产车间连续停产一个月以上的停工损失，则应借记"营业外支出"科目，贷记"基本生产成本——停工损失"科目。

对计划压缩产量而使主要生产车间连续停产不满一个月，而下个月准备连续停工的，其停工损失本月可以不予结转，留到下月根据实际情况进行结转。

应由当月产品负担的停工损失，应全部计入当月生产成本，并按一定的分配方法和分配标准分配计入各种产品成本中的"停工损失"项目。

辅助生产车间一般不单独核算停工损失。季节性生产企业的季节性停工，是生产经营过程中的正常现象，停工期间发生的各项费用不属于停工损失，不作为停工损失核算，而计入制造费用。

不单独核算停工损失的企业，不设"停工损失"会计科目和"停工损失"成本项目。停工期间发生的属于停工损失的各项费用，分别记入"制造费用"和"营业外支出"等科目。

8.3.9 期间费用的核算

期间费用，顾名思义，就是每月直接计入损益的费用。期间费用与成本无关，与利润有关，在计算成本时要分清楚各种期间费用。

期间费用是指企业在生产经营过程中发生的，与产品生产活动没有直接联系，属于某一时期发生的直接计入当期损益的费用。

期间费用的核算就是指销售费用的核算、管理费用的核算和财务费用的核算。

销售费用是指企业在产品销售过程中发生的各项费用，以及销售机构的经常费用；管理费用是指企业行政管理部门为组织和管理生产经营活动而发生的各项费用；财务费用是指企业为筹集生产经营活动所需的资金而发生的各项财务费用。

这些费用均不计入产品的生产成本，不参与产品成本计算，也不存在分配问题，而是作为期间费用直接计入当期损益。

这些费用应该按年、季、月和费用项目编制费用计划，进行核算和考核。

管理费用的归集和结转，是通过"管理费用"总账科目和所属明细科目进行的。管理费用应按费用项目设置明细账，用来反映和考核各项费用的支出情况。发生或支付各项管理费用时，记入"管理费用"科目的借方和有关科目的贷方。在发生材料产品盘盈时，抵减管理费用的金额，应记入有关科目的借方和"管理费用"总账科目的贷方，同时要在"管理费用"明细科目的"材料产品盘亏和毁损"专栏中用红字或负数登记。

销售费用的归集与结转，是通过"销售费用"总账科目和所属明细科目进行的。销售费用应按费用项目设置明细账，进行明细核算，用以反映和考核各项费用的支出情况。发生和支付各项产品销售费用时，记入"销售费用"科目的借方，"银行存款""库存现金""应付账款""应付职工薪酬""包装物"等科目的贷方。

财务费用的归集和结转，是通过"财务费用"总账科目和所属明细科目进行的。财务费用应按费用项目设置明细账，用以反映和考核各项费用的支出情况。发生或预提利息支出时，记入"财务费用"科目的借方和"应付利息"或"银行存款"科目的贷方。在发生利息收入和汇兑收益时，应记入"银行存款"等科目的借方和"财务费用"科目的贷方。这些抵减财务费用的金额，既要记入"财务费用"总账科目的贷方，又应在"财务费用"明细账借方"利息支出"和"汇兑损失"栏中用红字或负数登记。

月末，根据各种科目和所属明细科目借方归集的各项费用，将其实际发生额全部结转"本年利润"科目。结转以后，"销售费用""管理费用""财务费用"科目和所属明细科目均应无余额。

根据各种费用分配表和有关凭证，登记销售费用明细账、管理费用明细账和财务费用明细账，如表8-35、表8-36、表8-37所示。

表 8-35 销售费用明细账

2×20年6月

单位：元

摘要	消耗材料	工资及福利费	折旧费	修理费	水电费	办公费	运输费	包装费	广告费	保险费	其他	合计	转出	余额
付款凭证（货币支出）				400		47.5	50		80		40	617.5		
原材料费用分配表	180											180		
动力费用分配表					600							600		
包装物摊销								2 758				2 758		
工资及福利费分配表		570										570		
折旧费分配表			1 000									1 000		
待摊保险费										50		50		
辅助生产费用分配表					302.5							302.5		
转账凭证转出													6 078	
本月合计	180	570	1 000	400	902.5	47.5	50	2 758	80	50	40	6 078	6 078	0

表 8-36 管理费用明细账

2×20 年 6 月

单位：元

摘要	消耗材料	工资及福利费	折旧费	修理费	办公费	水电费	保险费	税金	低值易耗品	其他	合计	转出	余额
付款凭证（货币支出）				1 200	120			600		22.6	1 942.6		
材料费用分配表	200										200		
低值易耗品摊销									1 766		1 766		
动力费用分配表						1 800					1 800		
工资及福利费分配表		1 452									1 452		
折旧费分配表			3 000								3 000		
待摊费费用分配表（待摊保险费）							75				75		
辅助生产费用分配表（水、电）						812.4					812.4		
转账凭证转出												11 048	
本月合计	200	1 452	3 000	1 200	120	2 612.4	75	600	1 766	22.6	11 048	11 048	0

表 8-37 财务费用明细账

2×20 年 6 月　　　　　　　　　　　　　　　　　　　单位：元

摘要	利息支出	汇兑损失	手续费	其他	合计	转出	余额
利息收入	-100				-100		
预提利息支出	1 600				1 600		
支付手续费转出			150		150		
转账凭证转出						1 650	
本月合计	1 500		150		1 650	1 650	0

月末，根据表 8-35、表 8-36、表 8-37，将费用直接转入"本年利润"科目。编制会计分录如下。

　　借：本年利润　　　　　　　　　　　　　　　　　18 776
　　　　贷：销售费用　　　　　　　　　　　　　　　　6 078
　　　　　　管理费用　　　　　　　　　　　　　　　11 048
　　　　　　财务费用　　　　　　　　　　　　　　　 1 650

8.4　完工产品和在产品

8.4.1　在产品数量的核算

生产费用经过一系列的分配、汇总后，应计入本月产品成本的各项费用已归集在"基本生产成本"账户及其所属的明细账户中，并按成本项目予以反映。

某种产品在没有在产品的情况下，计入该种产品成本的全部生产费用，就是本期完工产品的成本；如果本月没有完工产品，计入该种产品的全部生产费用就是期末在产品成本；如果既有完工产品，又有在产品，那么该种产品本月发生的生产费用加月初在产品的生产费用，需要采用适当的分配方法，在本月完工产品和期末在产品之间进行分配，分别计算出完工产品成本和月末在产品成本。

分配在产品和完工产品成本的方法和标准是多种多样、可供选择的，但无论采用哪种方法进行分配，都离不开在产品的数量。取得在产品收、发和结存的数量资料，是正确计算完工产品成本的基础。

在产品数量的核算，其主要内容包括两方面：一是做好在产品收入、发出和结存的核算；二是做好在产品定期和不定期的清查盘点，落实数量，查明盈亏的原因和责任。

（一）在产品收入、发出和结存的日常核算

在产品是指没有完成全部生产过程、不能作为商品销售的产品，包括正在车间加工中的在产品、需要继续加工的半成品、等待验收入库的产品、正在返修和等待返修的废品等。

对外销售的自制半成品属于商品产品，虽已验收入库但不包括在在产品之内，不可修复废品也不包括在在产品之内。

对在产品的收入、发出和结存的日常核算，是通过设置"自制半成品"科目和在产品收发结存账进行的。

当自制半成品验收交库时，根据交库单借记"自制半成品"科目；领用时，根据出库单贷记"自制半成品"科目。

在产品通过设置"在产品收发结存账"组织核算，"在产品收发结存账"是按车间设立的，由车间核算人员进行登记，用来核算在产品数量的一种账簿。这种账簿应分车间，按产品品种和名称设置，登记各种在产品的收入、发出和结存数量，如表8-38所示。

表8-38 在产品收发结存账

零件名称：A零件
车间名称：NO.1

日期	摘要	收入		发出		结存	
		凭证号	数量	合格品	废品	完工	未完工
1月15日		5	60	56		40	16
2月15日		38	80	60	4	20	30
	合计		240	200	10	50	60

在产品明细账收入数量和发出数量是根据车间、班组工票、工序进程单以及班组的生产记录和内部转移单等原始凭证登记的。

（二）在产品清查的核算

在产品的管理与固定资产及其他存货一样，应该定期或不定期地进行清

查，达到在产品账实相符，保护在产品的安全完整。清查结果，如实记录，编制在产品清查报告表。

根据盘盈数借记"基本生产成本——××产品"科目，贷记"待处理财产损溢"科目。根据盘亏数借记"待处理财产损溢"科目，贷记"基本生产成本——××产品"科目。

毁损在产品的残值，记入"原材料""银行存款"等科目的借方，"待处理财产损溢"科目的贷方，冲减其损失。

盘盈或盘亏经批准转销时，应根据不同的原因和责任，分别予以处理。属于经营性损失的，应借记"管理费用"科目，贷记"待处理财产损溢"科目；属于非常损失的，则应借记"营业外支出——非常损失"科目，贷记"待处理财产损溢"科目；对于盘盈部分报批转销时，则应借记"待处理财产损溢"科目，贷记"管理费用"科目。

【例8-26】2×20年某工业企业基本生产车间在产品清查结果：甲产品的在产品盘盈15件，单位定额成本20元；乙产品的在产品盘亏8件，单位定额成本30元，其中过失人赔款20元；丙产品的在产品毁损250件，单位定额成本28元，残料入库作价150元，其中属于自然灾害损失2 000元，应由保险公司赔偿3 000元，其余损失计入产品成本。

以上都已经批准转账。

（1）对于甲产品盘盈的核算。

借：基本生产成本——甲产品　　　　　　　　　　　　　　300
　　贷：待处理财产损溢　　　　　　　　　　　　　　　　　　300
借：待处理财产损溢　　　　　　　　　　　　　　　　　　300
　　贷：制造费用　　　　　　　　　　　　　　　　　　　　　300

（2）对于乙产品盘亏的核算。

借：待处理财产损溢　　　　　　　　　　　　　　　　　　240
　　贷：基本生产成本——乙产品　　　　　　　　　　　　　240
借：其他应收款　　　　　　　　　　　　　　　　　　　　20
　　制造费用　　　　　　　　　　　　　　　　　　　　　220
　　贷：待处理财产损溢　　　　　　　　　　　　　　　　　240

（3）对于丙产品毁损的核算。

借：待处理财产损溢　　　　　　　　　　　　　　　　　7 000

贷：基本生产成本——丙产品	7 000
借：原材料	150
贷：待处理财产损溢	150
借：其他应收款	3 000
营业外支出	2 000
制造费用	1 850
贷：待处理财产损溢	6 850

8.4.2 完工产品和在产品成本分配的方法

企业应该根据在产品数量的多少、各月在产品数量变化的大小、各项费用比重的大小，以及定额管理基础的好坏等具体条件，选择既合理又较简便的完工产品和在产品成本分配方法。

（一）不计算在产品成本法

当企业、车间各月月末在产品数量很少，是否计算分配在产品成本对完工产品成本的影响很小，甚至无影响，为了简化成本核算工作，在这种情况下企业或车间可以不计算在产品成本，即某种产品生产所发生的全部费用，都归完工产品负担。

（二）按年初数固定计算在产品成本法

如果在产品数量各月份变化不大，月初、月末在产品成本的差额对完工产品成本影响不大，为了简化成本核算工作，各月在产品成本按年初数固定计算。

采用该种方法，某种产品本月发生的生产费用就是本月完工产品的成本。年终时，根据实际盘点的在产品数量，重新调整计算确定在产品成本，以免在产品成本与实际成本出入过大，影响成本计算的正确性。

（三）按所耗原材料费用计算在产品成本法

当企业或车间各月的在产品数量较大，而且各月份在产品数量又均衡，同时这种在产品的材料费用在成本中占有很大的比重。在这种情况下，可以只计算材料费用来代替在产品的全部费用。月末在产品只计算所耗用的原材料费用，不计算所耗用的工资及福利费等加工费用，在产品的加工费用全部计入完工产品成本。

【例8-27】A产品月初在产品材料费用6 000元，本月耗用材料费用94 000元，本月完工A产品1 500件，月末在产品500件，材料在生产开始时一次投入，材费用按完工产品产量和月末在产品实际数量作为分配标准进行分配。本月发生的加工费计 1 000 元。

具体分配计算如下。

材料费用分配率 = $\dfrac{6\,000+94\,000}{1\,500+500}$ = 50

月末在产品材料费用 = 500×50 = 25 000（元）

本月完工产品成本 =（6 000+94 000+1 000）-25 000 = 76 000（元）

（四）约当产量比例法

所谓约当产量，是指将月末在产品数量按其加工程度和投料程度折合为相当于完工产品的数量。

约当产量比例法，按照完工产品产量与在产品的约当产量的比例分配计算完工产品成本和月末在产品成本。

计算公式如下。

在产品约当产量 = 在产品数量 × 完工百分比（完工率）

某项费用分配率 = $\dfrac{期初在产品成本 + 本期生产费用}{完工产品产量 + 期末在产品约当产量}$

完工产品应负担的该项费用 = 完工产品数量 × 该项费用分配率

在产品应负担的该项费用 = 在产品约当产量 × 该项费用分配率

由于在产品在生产加工过程中，加工程度和投料情况的不同，必须分别成本项目计算在产品的约当产量，特别是材料费用的投入。

直接材料费用项目约当产量的确定，取决于产品生产过程中的投料情况。

如果原材料是在生产开始时一次投入的，在这种情况下，每件完工产品与每件月末在产品所耗用的直接材料费用成本是一样的。因此，不论在产品完工程度如何，其直接材料费用可按完工产品和在产品的数量平均分配。

如果原材料是在生产过程中陆续投入的，则需分别按其投料所在工序的加工程度计算约当产量。在产品加工费用取决于加工程度，不同加工程度的在产品所应承担的费用也不相同。

约当产量比例法适用于月末在产品数量较大，各月末在产品数量变化也较大，产品成本中原材料费用和工资及福利费等加工费用比重相差不多的产品。

【例 8-28】某企业生产 A 产品，月初在产品成本中直接材料费用为 8 250 元，直接人工费用为 4 800 元，制造费用为 2 855 元；本月发生的直接材料费用为 23 475

元,直接人工费用为 12 924 元,制造费用为 7 906 元。

本月完工产品共 525 件,月末在产品计 180 件,原材料在生产开始时一次投入,在产品的完工程度为 60%。

(1) 直接材料费用的分配。

在产品直接材料费用的约当产量 =180×100%=180(件)

单位产品的直接材料费用 = $\frac{8\ 250+23\ 475}{525+180}$ =45(元)

完工产品应负担的直接材料费用 =525×45=23 625(元)

在产品应负担的直接材料费用 =180×45=8 100(元)

(2) 直接人工费用的分配。

在产品人工费用的约当产量 =180×60%=108(件)

直接人工费用分配率 = $\frac{4\ 800+12\ 924}{525+108\times60\%}$ =28(元)

完工产品应负担的直接人工费用 =525×28=14 700(元)

在产品应负担的直接人工费用 =108×28=3 024(元)

(3) 制造费用的分配。

在产品制造费用的约当产量 =180×60%=108(件)

制造费用分配率 = $\frac{2\ 855+7906}{525+108}$ =17(元)

完工产品应负担的制造费用 =525×17=8 925(元)

在产品应负担的制造费用 =108×17=1 836(元)

(4) 汇总计算完工产品和在产品成本。

完工产品成本 =23 625+14 700+8 925=47 250(元)

月末在产品成本 =8 100+3 024+1 836=12 960(元)

可以看到,采用约当产量比例法,完工率的测定非常重要。测定在产品完工程度的方法一般有两种:一种是平均计算,另一种是按工序计算。

1. 平均计算的方法

平均计算指一律按 50% 作为各工序在产品的完工程度。

在不同工序加工时,在产品加工程度有的在 50% 以下,有的接近 100%,对一种产品来说既不以前面的完工程度来计算,也不以最后的完工程度来计算,而采用折中的办法,那就是以 50% 以后多加工部分去弥补 50% 以前少加工的部分。

2. 按工序计算的方法

为了提高成本计算的正确性,加速成本的计算工作,可以按照各工序的累计工时定额占完工产品工时定额的比率计算,事前确定各工序在产品的完工率。计算公式如下。

$$某道工序在产品完工率 = \frac{前面各工序工时定额之和 + 本工序工时定额 \times 50\%}{完工产品工时定额}$$

$$某道工序上的在产品投料程度 = \frac{到本工序为止的累计材料消耗定额}{完工产品材料消耗定额}$$

【例8-29】2×20年6月长江工厂A产品单位工时定额为40小时,经过三道工序制成。第一道工序工时定额为8小时,第二道工序工时定额为16小时,第三道工序工时定额为16小时。各道工序内各件在产品加工程度均按50%计算。

A产品本月完工200件。第一道工序在产品20件,第二道工序在产品40件,第三道工序在产品60件。

A产品月初加本月发生的生产费用为:原材料费用16 000元(原材料在生产开始时一次投料),工资及福利费7 980元,制造费用8 512元。

(1)计算各工序完工率。

$$第一道工序完工率 = \frac{8 \times 50\%}{40} \times 100\% = 10\%$$

$$第二道工序完工率 = \frac{8 + 16 \times 50\%}{40} \times 100\% = 40\%$$

$$第三道工序完工率 = \frac{8 + 16 + 16 \times 50\%}{40} \times 100\% = 80\%$$

(2)计算约当产量,如表8-39所示。

表8-39 约当产量计算

产品名称:A　　　　　　　　　　2×20年6月　　　　　　　　　　单位:件

在产品所在工序	完工率(%)	在产品数量		完工产品产量	产量合计
		结存量	约当产量		
1	10	20	2		
2	40	40	16		
3	80	60	48		
合计		120	66	200	266

(3)根据约当产量,分配完工产品与在产品的费用。

① 原材料，期初一次投入。

$$原材料费用分配率 = \frac{16\,000}{200+20+40+60} = 50$$

完工产品分配原材料费用 = 200×50 = 10 000（元）

月末在产品分配原材料费用 = 120×50 = 6 000（元）

② 工资及福利费按照约当产量分配。

$$工资及福利费分配率 = \frac{7\,980}{266} = 30$$

完工产品分配工资及福利费 = 200×30 = 6 000（元）

月末在产品分配工资及福利费 = 66×30 = 1 980（元）

③ 制造费用按照约当产量分配。

$$制造费用分配率 = \frac{8\,512}{266} = 32$$

完工产品分配制造费用 = 200×32 = 6 400（元）

月末在产品分配制造费用 = 66×32 = 2 112（元）

④ 汇总计算完工产品和在产品成本。

完工产品成本 = 10 000+6 000+6 400 = 22 400（元）

月末在产品成本 = 6 000+1 980+2 112 = 10 092（元）

需要注意的是，如果原材料不是在生产开始时一次投入，而是随着生产进度陆续投入，原材料费用也应该采用约当产量比例法分配。

（五）按完工产品成本计算在产品成本法

如果在产品已经接近完工，或者已经加工完毕，但尚未验收或包装入库，也算在产品。为简化核算工作，将这些在产品视同完工产品分配费用，即应由产品负担的费用按照完工产品的产量和月末在产品的实际数量作为分配标准进行分配。

这种方法适用于月末在产品已经接近完工，或者已经加工完毕，但尚未验收或包装入库。

【例8-30】A产品月初在产品费用和本月发生费用累计数为：原材料费用14 000元，工资及福利费8 000元，制造费用6 400元。完工产品600件，月末在产品200件，在产品已接近完工，月末在产品成本按完工产品成本计算。

（1）计算费用分配率。

$$完工产品费用分配率 = \frac{600}{600+200} \times 100\% = 75\%$$

在产品费用分配率 =1－75%=25%

（2）分配完工产品与月末在产品成本，如表 8-40 所示。

表 8-40 成本分配表

单位：元

成本项目	生产费用合计	完工产品	月末在产品
原材料	14 000	10 500	3 500
工资及福利费	8 000	6 000	2 000
制造费用	6 400	4 800	1 600
合计	28 400	21 300	7 100

（六）定额成本计价法

定额成本计价法，是按照预先制定的定额成本计算月末在产品成本的方法，即月末在产品成本按其数量和单位定额成本计算。公式如下。

月初在产品费用＋本月生产费用－月末在产品的定额成本＝完工产品成本

采用这种方法，月末在产品实际成本与定额成本的差异，全部由完工产品负担。

这种方法适用于在产品定额比较准确，定额管理比较健全，各月在产品数量变化比较均衡的企业。

【例 8-31】2×20 年 6 月，长江公司第一车间 S 产品月末在产品 300 件。材料属一次性投入，材料费用定额成本每件 60 元，在产品单件定额工时为 20 小时，每小时人工费用定额为 0.40 元，制造费用定额为 0.30 元。

月初在产品定额成本为 18 000 元，本月产品费用为 306 000 元。

根据上述定额资料，月末在产品定额成本的计算如表 8-41 所示。

表 8-41 月末在产品定额成本计算表

车间：No.1　　　　　　　　　　　　　　2×20 年 6 月

产品名称	A 产品
在产品数量（件）	300
原材料定额费用（元）	18 000（300×60）
人工定额费用（元）	2 400（300×20×0.4）
定额制造费用（元）	1 800（300×20×0.3）
定额成本合计（元）	22 200

本月完工产品成本 =18 000+306 000－22 200=301 800（元）

(七)定额比例法

定额比例法是以定额资料为标准,将应由产品负担的费用按照完工产品与月末在产品定额消耗量或定额成本的比例进行划分的方法。

定额比例法分配费用与在产品按定额成本计价的区别在于,在产品按定额成本计价,其实际成本与定额成本的差异全部由完工产品负担;而采用定额比例法分配的情况下,产品实际成本脱离定额成本的差异,则按完工产品和月末在产品的定额消耗量或定额成本的比例分摊。

定额比例法必须分别成本项目进行,原材料费用按照原材料定额消耗量或原材料定额费用比例分配;工资及福利费、制造费用等各项加工费,按定额工时的比例分配,也可以按定额费用比例分配。

定额比例法适用于定额管理基础较好,各项消耗定额比较稳定,各月末在产品数量变动较大的产品。

月初和月末在产品费用之间脱离定额的差异,要在完工产品与月末在产品之间按比例分配,从而提高了产品成本计算的准确性。

各成本项目费用分配率和分配额的计算公式如下。

$$费用分配率 = \frac{月初在产品费用 + 本月生产费用}{月初在产品定额消耗量或定额成本 + 本月投产产品定额消耗量或定额成本}$$

完工产品某项目实际成本 = 该项目费用分配率 × 完工产品该项目定额消耗量或定额成本

月末在产品某项目实际成本 = 该项目费用分配率 × 月末在产品该项目定额消耗量或定额成本

【例8-32】 长江公司2×20年6月A产品产量与成本资料如下。

本月完工产品为4 200件,单件产品材料消耗定额为2.4千克,单件产品工时消耗定额为1.5小时;月末在产品1 200件,单件在产品材料消耗定额为2.4千克,单件在产品工时消耗定额为1.2小时。

月初在产品实际成本为:直接材料1 440元、直接人工300元、制造费用492元。

本月生产费用:原材料8 280元、直接人工2 130元、制造费用2 748元。

(1)计算费用分配率。

$$直接材料费用分配率 = \frac{1\,440 + 8\,280}{4\,200 \times 2.4 + 1\,200 \times 2.4} = 0.75$$

$$\text{直接人工费用分配率} = \frac{300+2\,130}{4\,200\times1.5+1\,200\times1.2}=0.3$$

$$\text{制造费用分配率} = \frac{492+2\,748}{4\,200\times1.5+1\,200\times1.2}=0.4$$

（2）运用定额比例法划分完工产品与在产品成本，如表 8-42 所示。

表 8-42　定额比例法划分完工产品与在产品成本

单位：元

成本项目	月初在产品成本	本月生产费用	生产费用累计	费用分配率	完工产品成本		月末在产品成本	
					定额	实际	定额	实际
直接材料	1 440	8 280	9 720	0.75	10 080（千克）	7 560	2 880（千克）	2 160
直接人工	300	2 130	2 430	0.3	6 300（工时）	1 890	1 440（工时）	432
制造费用	492	2 748	3 240	0.4	6 300（工时）	2 520	1 440（工时）	576
合计	2 232	13 158	15 390	—	—	11 970	—	3 168

采用定额比例法分配完工产品与月末在产品费用，分配结果比较正确，同时还便于将实际费用与定额费用进行比较，考核和分析定额的执行情况。

8.4.3　完工产品成本的结转

对同种产品的生产费用在完工产品与月末在产品之间分配以后，分别计算出各种产品的总成本和单位成本，借以考核和分析各种产品成本计划的执行情况。

工业企业生产产品发生的各项生产费用，已在各种产品之间进行了分配，在此基础上又在同种产品的完工产品和月末在产品之间进行了分配，计算出各种完工产品的成本，从"基本生产成本"科目及所属明细账贷方转出，记入有关科目的借方。

完工入库产成品的成本，借记"库存商品"科目；完工的自制材料、工具、模具等的成本，分别借记"原材料""低值易耗品"等科目，转出合计的成本贷记"基本生产成本"科目。"基本生产成本"科目月末借方余额，就是基本生产在产品的成本，即占用在基本生产过程中的生产资金。

【例8-33】长江公司2×20年5月月末,根据各种费用分配表及有关凭证,登记"基本生产成本"A、B产品成本明细账,如表8-43、表8-44所示。

表8-43 产品成本明细账(A产品)

车间:基本生产车间　　　　　(基本生产成本明细账)　　　　　产量:200件
产品名称:A产品　　　　　　　2×20年5月　　　　　　　　　　单位:元

成本项目	月初在产品成本	本月费用	不可修复废品成本	生产费用净额	月末在产品成本	产成品成本	
						总成本	单位成本
原材料	200	5 000	127	5 327	480	4 847	24.235
燃料及动力	341	3 200	20	3 561	432	3 129	15.645
工资及福利费	356	2 349	478	3 183	306	2 877	14.385
制造费用	380	3 478	30	3 888	360	3 528	17.64
废品损失		1 160		1 160		1 160	5.8
合计	1 277	15 187	655	17 119	1 578	15 541	77.705

表8-44 产品成本明细账(B产品)

车间:基本生产车间　　　　　(基本生产成本明细账)　　　　　产量:120件
产品名称:B产品　　　　　　　2×20年5月　　　　　　　　　　单位:元

成本项目	月初在产品成本	本月费用	不可修复废品成本	生产费用净额	月末在产品成本	产成品成本	
						总成本	单位成本
原材料	560	2 900		3 460	448	3 012	25.1
燃料及动力	480	6 000		6 480	336	6 144	51.2
工资及福利费	331.6	5 700		6 031.6	238	5 793.6	48.28
制造费用	400	8 400		8 800	280	8 520	71
废品损失				0		0	0
合计	1 771.6	23 000	0	24 771.6	1 302	23 469.6	195.58

根据表8-43、表8-44,汇总A、B产品的成本,如表8-45所示。

表 8-45　产成品成本汇总

2×20年5月　　　　　　　　　　　　　　　　　　　　　　单位：元

产品名称	原材料	燃料及动力	工资及福利费	制造费用	废品损失	合计
A产品	4 847	3 129	2 877	3 528	1 160	15 541
B产品	3 012	6 144	5 793.6	8 520		23 469.6
合计	7 859	9 273	8 670.6	12 048	1 160	39 010.6

根据完工验收入库产成品的交库及产成品成本汇总表等，编制会计分录如下。

借：库存商品　　　　　　　　　　　　　39 010.6

　　贷：基本生产成本　　　　　　　　　　39 010.6

8.5　核算成本的方法

8.5.1　成本计算的方法综述

为了正确计算产品成本和期间费用，圆满地完成成本核算任务，成本核算要适应企业生产特点和管理要求，采用适当的产品成本计算方法。

产品成本是在生产过程中形成的，因此生产的特点在很大程度上影响着成本计算方法的确定。企业在确定产品成本计算方法时，必须从企业的具体情况出发，同时考虑企业的生产特点和进行成本管理的要求。

工业企业的生产，按其生产工艺过程的特点，可以分为单步骤生产和多步骤生产两种类型：单步骤生产，是指生产工艺过程不能间断、不可能或不需要划分为几个生产步骤的生产；多步骤生产，是指生产工艺过程由若干个可以间断的、分散在不同地点、分别在不同时间进行的生产步骤所组成的生产。

工业企业的生产，按其生产组织的特点，又可以分为大量生产、成批生产和单件生产三种类型：大量生产是指不断地重复生产相同产品的生产；成批生产是指按照事先规定的产品批别和数量进行的生产；单件生产，是指根据订货单位的要求，生产个别的、特殊的产品的生产。

生产类型不同，对成本进行管理的要求也不一样。

以产品生产工艺过程分类为例，单步骤生产的工艺过程不能间断，因而不可能，也不需要按照生产步骤计算产品成本，只能按照生产产品的品种计算成本。

在多步骤生产中，为了加强各个生产步骤的成本管理，往往不仅要求按照产品的品种或批别计算成本，而且还要求按照产品的生产步骤计算成本。如果企业的规模较小，管理上不要求按照生产步骤考核生产费用、计算产品成本，也可以不按照生产步骤计算成本，而只按照产品品种或批别计算成本。

一般来说，在考虑到生产类型特点和成本管理要求的基础上，有两类方法可以选择。

（一）产品成本计算的基本方法

为了适应不同类型生产特点和成本管理要求，在产品成本计算工作中有着三种不同的成本计算对象：产品品种、产品批别和产品生产步骤。因而，产品成本计算的基本方法有以下三种。

品种法，以产品品种为成本计算对象的产品成本计算方法。一般适用于单步骤的大量生产，如发电、采掘等；也可用于不需要分步骤计算成本的多步骤的大量、大批生产，如小型造纸厂、水泥厂等。

分批法，以产品批别为成本计算对象的产品成本计算方法。适用于单件、小批的单步骤生产或管理上不要求分步骤计算成本的多步骤生产，如修理作业、专用工具模具制造、重型机器制造、船舶制造等。

分步法，以产品生产步骤为成本计算对象的产品成本计算方法。适用于大量、大批的多步骤生产，如纺织、冶金、机械制造等。

这三种方法与不同生产类型的特点有着直接联系，而且涉及成本计算对象的确定，是计算产品实际成本必不可少的方法。

（二）产品成本计算的辅助方法

分类法，指在产品品种、规格繁多的工业企业中应用的一种简便的产品成本计算方法；定额法，指将符合定额的费用和脱离定额的差异分别核算的产品成本计算方法。

此外，在发达国家，为了向企业的决策人进行短期生产经营决策提供数据，还采用一种只计算产品的变动成本，而将固定成本直接计入当期损益的变动成本法；为了加强企业内部成本控制和分析，采用一种只计算产品的标准成本，而将实际成本与标准成本的差异直接计入当期损益的标准成本法；为了改变将间接计入费用分配到各种产品的标准，提高产品成本计算的准确性而采用作业成本法。

这些方法不受企业生产类型特点的制约，只要具备条件，任何企业都能应用，与分类法和定额法一样，从计算产品实际成本角度来说，都不是必不可少的。因此，这些方法也应归属于辅助方法。

产品成本的计算方法归类如图8-2所示。

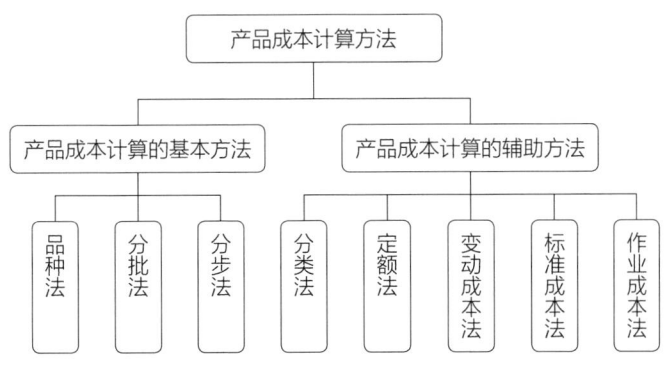

图8-2　产品成本计算方法归类

在工业企业中，确定不同的成本计算对象，采用不同的成本计算方法，主要是为了适应企业的生产特点和管理要求，正确提供成本核算资料以加强成本管理。

在实际工作中，一个企业可能有若干个车间，一个车间也可能生产若干种产品，这些车间或产品的生产类型和管理的要求并不一定相同，因而在一个企业或车间中，有可能同时应用几种不同的产品成本计算方法。

即使是一种产品，在该产品的各个生产步骤、各种半成品和各个成本项目之间，它们的生产类型或管理的要求也不一定相同，因而在一种产品的成本计算中，也有可能将几种成本计算方法结合起来应用。

在实际工作中，应根据企业不同的生产特点和管理的要求，并考虑到企业的规模和管理水平等具体条件，从实际出发，灵活运用各种成本计算方法。为此，我们列出了三种产品成本计算的基本方法的特点，如表8-46所示。

表 8-46 产品成本计算的基本方法的特点比较

方法	特点	适用条件	成本计算对象	成本计算期	费用在完工产品与在产品之间的分配
品种法	按照产品品种归集生产费用，计算产品成本	主要适用于大量、大批的单步骤生产，例如发电、采掘等生产。在大量、大批的多步骤生产中，如果企业或车间的规模较小，或者生产车间是封闭式的，也可以采用品种法计算产品成本。例如小型水泥厂、织布厂以及辅助生产的供水、供电、蒸汽车间等	产品品种	定期于每月月末进行	在单步骤生产中可以不计算在产品成本；在大量、大批的多步骤生产中，月末在产品数量较多，就需要将产品成本在完工产品与月末在产品之间明细账中归集的生产费用，选择适当的分配方法，在完工产品与月末在产品之间进行分配
分批法	按照产品的批别归集生产费用，计算产品成本	主要适用于单件、小批，管理上不要求分步骤计算成本的多步骤生产，例如船舶制造、精密工具仪器制造、重型机器制造，以及服装、印刷工业等	产品的批别（单件生产为件别）	完工产品成本计算是不定期的，其成本计算期与产品的生产周期基本一致，而与会计核算报告期不一致	在单件、小批生产下，一般不存在在完工产品与在产品之间分配费用的问题；批内产品跨月陆续完工情况下，应采用适当的方法，在完工产品与月末在产品之间分配费用
分步法	按照产品的生产步骤归集生产费用，计算产品成本	主要适用于大量、大批的多步骤生产。例如纺织企业生产可分为纺纱、织布等步骤，冶金企业生产可分为炼铁、炼钢、轧钢等步骤，机器制造企业生产可分为铸造、加工、装配等步骤	各种产品的生产步骤	成本计算一般都是按月、定期进行的，而与产品的生产周期不一致	月末将汇集在各种产品、各生产步骤成本明细账中的产品成本费用，在产品之间进行分配；在完工产品与各步骤成本，结转各步骤成本，也就是说，要按照产品品种、在各步骤之间还有成本结转问题

8.5.2 品种法实训

以产品品种为对象，计算各品种产品生产成本的品种法，主要运用于大量、大批、单步骤生产的企业。

品种法是产品成本计算方法中的基本方法，因而品种法的计算程序，体现着产品成本计算的一般程序。

【例 8-34】假定长江公司设有一个基本生产车间，生产甲、乙两种产品，其生产工艺过程属于大量、单步骤生产。根据生产特点和管理要求，确定采用品种法计算产品成本。

该公司不单独核算废品损失，产品成本包括"原材料""燃料及动力""工资及福利费""制造费用"四个成本项目。该公司设有供水和供气两个辅助生产车间，辅助生产车间的制造费用通过"制造费用"科目核算。

下面以长江公司 2×20 年 6 月各项费用资料为例，说明产品成本计算的程序和相应的账务处理。品种法下成本核算的流程如图 8-3 所示。

在成本核算中，根据各项费用的原始凭证和其他有关资料，编制各种费用分配表，分配各种要素费用。

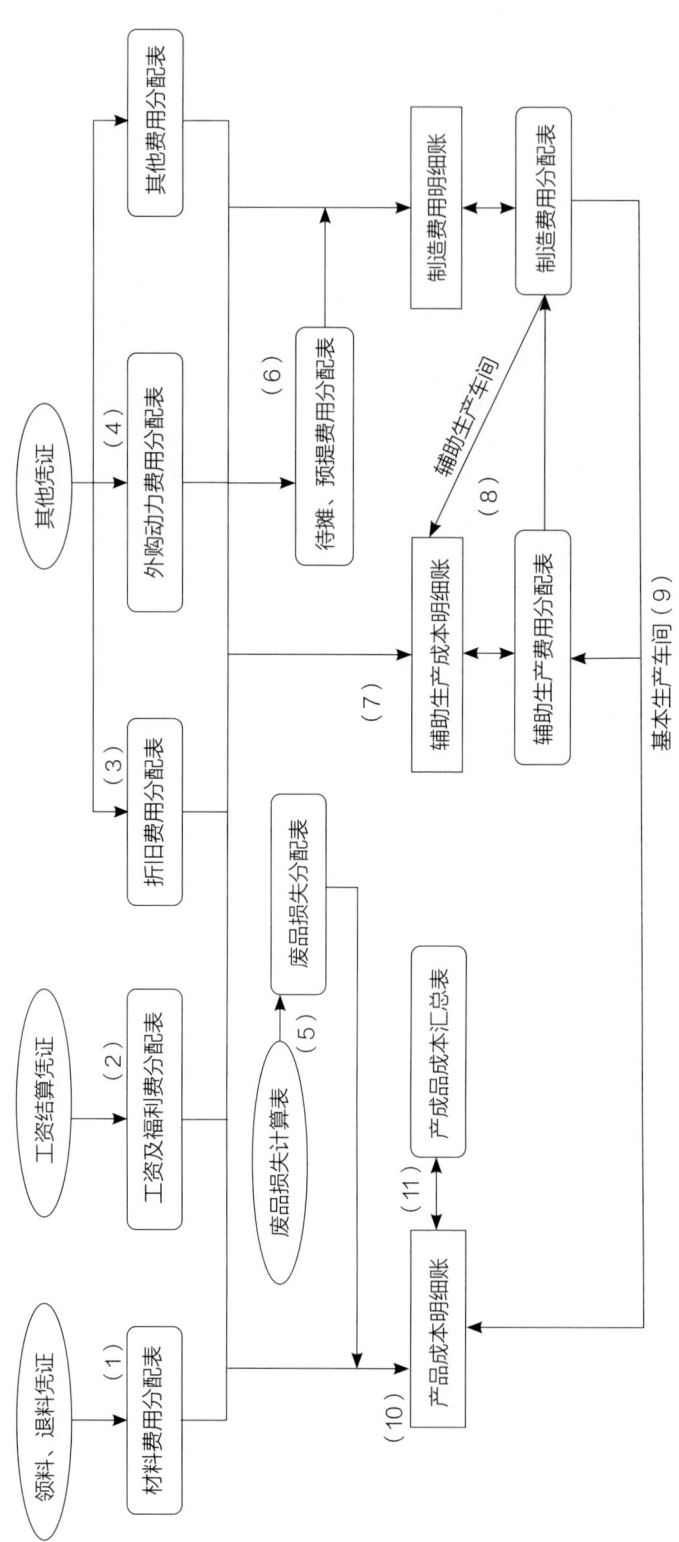

图 8-3 品种法下成本核算的流程

（1）按照流程图里的顺序，根据长江公司的领、退料凭证和有关的费用分配标准，编制原材料费用分配表，如表 8-47 所示。

表 8-47 原材料费用分配表

单位：元

应借科目			原材料及主要材料	其他材料	合计
总账科目	明细科目	成本或费用项目			
基本生产成本	甲产品	原材料	3 000	100	3 100
	乙产品	原材料	1 500	400	1 900
	小计		4 500	500	5 000
辅助生产成本	供水车间	原材料	180	60	240
	供气车间	原材料	150	30	180
	小计		330	90	420
制造费用	基本生产车间	机物料消耗		200	200
	供水车间	机物料消耗		70	70
	供气车间	机物料消耗		100	100
	小计			370	370
管理费用		物料消耗		158	158
合计			4 830	1 118	5 948

会计分录如下。

借：基本生产成本　　　　　　　　　　　　　　　　　5 000
　　辅助生产成本　　　　　　　　　　　　　　　　　420
　　制造费用　　　　　　　　　　　　　　　　　　　370
　　管理费用　　　　　　　　　　　　　　　　　　　158
　　贷：原材料　　　　　　　　　　　　　　　　　　5 948

（2）根据长江公司的各车间、部门的工资结算凭证和应付福利费的计提办法，编制工资及福利费分配表，如表 8-48 所示。

表 8-48 工资及福利费分配表

金额单位：元

应借科目		生产工时（小时）	应付职工薪酬——工资			应付职工薪酬——职工福利	合计
总账科目	明细科目		生产工人（分配率：1.5）	管理人员	小计	（工资总额的14%）	
基本生产成本	甲产品	3 000	4 500		4 500	630	5 130
	乙产品	2 400	3 600		3 600	504	4 104
	小计	5 400	8 100		8 100	1 134	9 234
辅助生产成本	供水车间		300		300	42	342
	供气车间		400		400	56	456
	小计		700		700	98	798
制造费用	基本生产车间			600	600	84	684
	供水车间			200	200	28	228
	供气车间			180	180	25.2	205.2
	小计			980	980	137.2	1 117.2
管理费用				940	940	131.6	1 071.6
合计			8 800	1 920	10 720	1 500.8	12 220.8

会计分录如下。

借：基本生产成本　　　　　　　　　　　　　　8 100

　　辅助生产成本　　　　　　　　　　　　　　700

　　制造费用　　　　　　　　　　　　　　　　980

　　管理费用　　　　　　　　　　　　　　　　940

　　贷：应付职工薪酬——工资　　　　　　　　10 720

借：基本生产成本　　　　　　　　　　　　　　1 134

　　辅助生产成本　　　　　　　　　　　　　　98

　　制造费用　　　　　　　　　　　　　　　　137.2

　　管理费用　　　　　　　　　　　　　　　　131.6

贷：应付职工薪酬——职工福利　　　　　　　　　　　　　　1 500.8

（3）根据长江公司本月应计折旧固定资产原价和月折旧率，计算本月应计提固定资产折旧，如表8-49所示。

表8-49　固定资产折旧费用分配表

单位：元

项目	基本生产车间	供水车间	供气车间	小计	企业管理部门	合计
折旧费用	1 060	300	200	1 560	680	2 240

会计分录如下。

借：制造费用　　　　　　　　　　　　　　　　　　　　　1 560
　　管理费用　　　　　　　　　　　　　　　　　　　　　　　680
　　贷：累计折旧　　　　　　　　　　　　　　　　　　　　2 240

（4）根据长江公司各车间、部门耗电数量、电价和有关的费用分配标准（各种产品耗用的生产工时）编制外购动力费分配表（见表8-50），以电费为例。设工时分配率为0.60元/小时，电费价格为0.4元/（千瓦·时）。

表8-50　外购动力费（电费）分配表

应借科目			数量		金额（元）
总账科目	明细科目	成本或费用项目	生产工时（小时）	耗电量（千瓦·时）	
基本生产成本	甲产品	燃料及动力	3 000		1 800
	乙产品	燃料及动力	2 400		1 440
	小计		5 400		3 240
辅助生产成本	供水车间	燃料及动力		620	248
	供气车间	燃料及动力		380	152
	小计			1 000	400
制造费用	基本生产车间	水电费		300	120
	供水车间	水电费		200	80
	供气车间	水电费		100	40
	小计			600	240
管理费用		水电费		240	96
合计			5 400	1 840	3 976

会计分录如下。

借：基本生产成本		3 240
辅助生产成本		400
制造费用		240
管理费用		96
贷：应付账款		3 976

（5）根据长江公司在产品盘存表和其他有关资料，计算在产品盘盈、盘亏或毁损价值，并从有关费用中冲减盘盈价值，将盘亏或毁损损失计入生产费用。

假设乙产品的在产品毁损10件，按定额成本计价。在产品的单位原材料费用定额为30元；毁损在产品的定额工时为10小时，每小时费用定额为：燃料及动力1.1元，工资及福利费1.5元，制造费用0.9元。乙产品损毁回收原材料价值为50元，向责任人索赔100元。可以列出在产品毁损损失计算表（见表8-51）。

表8-51　在产品盘亏毁损损失计算表

（按定额成本计算）

产品名称：乙
毁损数量：10件　　　　　　　　　　　　　　　　　　　　　单位：元

项目	原材料	燃料及动力	工资及福利费	制造费用	合计
单件（或小时）费用定额	30	1.1	1.5	0.9	
毁损在产品成本（10件）	300	110	150	90	650
减：回收残料价值	50				50
在产品毁损损失	250	110	150	90	600
向责任人索赔					100
基本生产车间在产品毁损净损失					500

发现损毁时。

借：待处理财产损溢		650
贷：基本生产成本		650

经审批，将净损失转入当月基本生产车间制造费用。

借：原材料		50
其他应收款		100
制造费用		500
贷：待处理财产损溢		650

（6）根据长江公司的待摊费用和预提费用明细账记录，编制费用分配表，分配该费用。

假设长江公司2×20年6月基本生产车间领用一批价值480元的工具，经审批，列作待摊费用，从本月起分3个月平均摊入产品成本。同时，短期银行借款利息采用按月预提、季末结算的办法核算。第二季度4月、5月各预提400元；季末接到银行通知：全季利息支出1 280元，已用银行存款支付。可做待摊费用明细账，如表8-52所示。

表8-52 待摊费用明细账

费用种类：低值易耗品摊销 单位：元

月	日	摘要	借方（费用发生额）	贷方（费用摊销额）	余额	
					借或贷	金额
6	1	根据低值易耗品领用单，待摊费用为基本生产车间480元，由6月、7月、8月分摊	480		借	480
6	30	根据分配表（6）		160	借	320

车间领用时。

借：待摊费用 480
　　贷：低值易耗品 480

每月确定费用时。

借：制造费用 160
　　贷：待摊费用 160

6月预提费用的计算，要考虑4月、5月两个月计提的预提费用。

2×20年6月应计提的预提费用 =1 280-400-400=480（元）

填列预提费用分配表，如表8-53所示。

表8-53 预提费用分配表

费用种类：短期借款利息支出 单位：元

费用种类	应借科目		应贷（预提）金额
	总账科目	明细科目	
利息支出	财务费用	利息支出	480

表现在预提费用账目上，如表8-54所示。

表 8-54　预提费用明细账

费用种类：短期借款利息支出　　　　　　　　　　　　　　　　　　　　　　单位：元

月	日	摘要	借方(费用发生额)	贷方(费用预提额)	余额	
					借或贷	金额
4	30	根据4月预提费用分配表		400	贷	400
5	31	根据5月预提费用分配表		400	贷	800
6	28	根据银行存款付款凭证	1 280		借	480
6	30	根据6月预提费用分配表		480		0

会计分录如下。

借：财务费用　　　　　　　　　　　　　　　480

　　贷：预提费用　　　　　　　　　　　　　　　480

（7）在根据长江公司各种日常账目单据等填写各种费用分配表后，就要归集和分配辅助生产费用。

长江公司采用直接分配法分配辅助生产费用。

本月供水车间提供水960立方米，其中为供气车间供水40立方米，为基本生产车间供水800立方米，为行政管理部门供水120立方米。供气车间提供动力3 600立方米，其中为供水车间供气400立方米，为基本生产车间供气3 000立方米，为行政管理部门供气200立方米。

根据辅助生产成本明细账（见表8-55、表8-56）、制造费用明细账（见表8-57、表8-58）计算待分配费用。

表 8-55　辅助生产成本明细账（供水车间）

车间名称：供水车间　　　　　　　　　　　　　　　　　　　　　　　　　　单位：元

月	日	摘要	原材料	燃料及动力	工资及福利费	制造费用	合计
6	30	根据原材料费用分配表	240				240
6	30	根据工资及福利费分配表			342		342
6	30	根据外购动力费（电费）分配表		248			248
6	30	待分配费用小计	240	248	342		830

表 8-56 辅助生产成本明细账（供气车间）

车间名称：供气车间　　　　　　　　　　　　　　　　　　　　　　　　　单位：元

月	日	摘要	原材料	燃料及动力	工资及福利费	制造费用	合计
6	30	根据原材料费用分配表	180				180
6	30	根据工资及福利费分配表			456		456
6	30	根据外购动力费（电费）分配表		152			152
6	30	待分配费用小计	180	152	456		788

表 8-57 辅助生产车间制造费用明细账（供水车间）

车间名称：供水车间　　　　　　　　　　　　　　　　　　　　　　　　　单位：元

月	日	摘要	工资及福利费	机物料消耗	水电费	折旧费	合计
6	30	根据原材料费用分配表		70			70
6	30	根据工资及福利费分配表	228				228
6	30	根据固定资产折旧费用分配表				300	300
6	30	根据外购动力费（电费）分配表			80		80
6	30	待分配费用小计	228	70	80	300	678

表 8-58 辅助生产车间制造费用明细账（供气车间）

车间名称：供气车间　　　　　　　　　　　　　　　　　　　　　　　　　单位：元

月	日	摘要	工资及福利费	机物料消耗	水电费	折旧费	合计
6	30	根据原材料费用分配表		100			100
6	30	根据工资及福利费分配表	205.2				205.2
6	30	根据固定资产折旧费用分配表				200	200
6	30	根据外购动力费（电费）分配表			40		40
6	30	待分配费用小计	205.2	100	40	200	545.2

（8）根据以上四个表格进行辅助生产费用的分配，如表 8-59 所示。

表 8-59 辅助生产费用分配表

（直接分配法）

单位：元

项目		供水车间	供气车间	合计
待分配费用	"辅助生产成本"科目发生额	830	788	1 618
	"制造费用"科目发生额	678	545.2	1 223.2
	小计	1 508	1 443.2	2 951.2
供应辅助生产以外单位的劳务数量（立方米）		920	3 200	
费用分配率		1.639 1	0.451	
基本生产车间所用记入"制造费用"	耗用数量	800	3 000	
	分配金额	1 311.3	1 353	2 664.3
行政管理部门所用记入"管理费用"	耗用数量	120	200	
	分配金额	196.7	90.2	286.9
合计		1 508	1 333.2	2 951.2

会计分录如下。

借：制造费用——基本生产车间　　　　　　　　　　　2 664.3

　　管理费用　　　　　　　　　　　　　　　　　　　286.9

　　贷：辅助生产成本　　　　　　　　　　　　　　　2 951.2

月末，将辅助生产费用分配表的各项分配数计入各有关明细账后，结算辅助生产车间制造费用明细账，并编制费用分配表，如表 8-60 所示，将各辅助生产车间的制造费用分配转入辅助生产成本明细账，归集辅助生产费用。

表 8-60 辅助生产车间制造费用分配表

单位：元

应借科目		供水车间	供气车间	合计
总账科目	明细科目	制造费用	制造费用	
辅助生产成本	供水车间	678		678
	供气车间		545.2	545.2
合计		678	545.2	1 223.2

会计分录如下。

借：辅助生产成本——供水车间　　　　　　　　　　　678

　　　　　　　　——供气车间　　　　　　　　　　　545.2

　　贷：制造费用——供水车间　　　　　　　　　　　678

　　　　　　　　——供气车间　　　　　　　　　　　545.2

根据辅助生产费用分配表，填列完整辅助生产成本明细账和辅助生产车间制造费用明细账，如表 8-61、表 8-62、表 8-63、表 8-64 所示。

表8-61 辅助生产成本明细账（供水车间）

车间名称：供水车间　　　　　　　　　　　　　　　　　　　　　　　　　　　　　单位：元

月	日	摘要	原材料	燃料及动力	工资及福利费	制造费用	合计	转出	余额
6	30	根据原材料费用分配表	240				240		
6	30	根据工资及福利费分配表			342		342		
6	30	根据外购动力费（电费）分配表		248			248		
6	30	根据辅助生产车间费用分配表				678	678		
6	30	合计					1 508	1 508	0

表8-62 辅助生产成本明细账（供气车间）

车间名称：供气车间　　　　　　　　　　　　　　　　　　　　　　　　　　　　　单位：元

月	日	摘要	原材料	燃料及动力	工资及福利费	制造费用	合计	转出	余额
6	30	根据原材料费用分配表	180				180		
6	30	根据工资及福利费分配表			456		456		
6	30	根据外购动力费（电费）分配表		152			152		
6	30	根据辅助生产车间制造费用分配表				655.2	655.2		
6	30	合计					1 443.2	1 443.2	0

表 8-63 制造费用明细账（供水车间）

车间名称：供水车间　　　　　　　　　　　　　　　　　　　　　　　　　　　　单位：元

月	日	摘要	工资及福利费	机物料消耗	水电费	折旧费	修理费	劳动保护费	办公费	其他	合计	转出	余额
6	30	根据原材料费用分配表		70							70		
6	30	根据工资及福利费分配表	228								228		
6	30	根据固定资产折旧费用分配表				300					300		
6	30	根据外购动力费（电费）分配表			80						80		
6	30	根据辅助生产车间制造费用分配表										678	
6	30	合计	228	70	80	300					678	678	0

表 8-64 制造费用明细账（供气车间）

车间名称：供气车间　　　　　　　　　　　　　　　　　　　　　　　　　　　　单位：元

月	日	摘要	工资及福利费	机物料消耗	水电费	折旧费	修理费	劳动保护费	办公费	其他	合计	转出	余额
6	30	根据原材料费用分配表		100							210		
6	30	根据工资及福利费分配表	205.2								205.2		
6	30	根据固定资产折旧费用分配表				200					200		
6	30	根据外购动力费（电费）分配表			40						40		
6	30	根据辅助生产车间制造费用分配表										655.2	
6	30	合计	205.2	100	40	200					655.2	655.2	0

（9）归集和分配基本生产车间的制造费用。根据上列各种费用分配表，登记基本生产车间制造费用明细账，如表8-65所示。

月末结转制造费用时。

借：基本生产成本　　　　　　　　　　　　　　　　　　　5 388.3

　　贷：制造费用——基本生产车间　　　　　　　　　　　　5 388.3

假设长江公司归集的制造费用按照甲、乙产品的生产工时进行分配。本月生产甲产品工时为3 000小时，乙产品工时为2 400小时，则在甲乙两种产品中分配制造费用。

$$制造费用分配率 = \frac{5\,388.3}{3\,000+2\,400} = 0.997\,83（元/小时）$$

甲产品应分配的制造费用为 $= 3\,000 \times 0.997\,83 = 2\,993.5$（元）

乙产品应分配的制造费用为 $= 2\,400 \times 0.997\,83 = 2\,394.8$（元）

表 8-65 制造费用明细账

车间名称：基本生产车间　　　　　　　　　　　　　　　　　　　　　　　　　　　　　单位：元

月	日	摘要	工资及福利费	机物料消耗	低值易耗品摊销	折旧费	修理费	水电费	办公费	劳动保护费	在产品盘亏	其他	合计	转出	余额
6	30	根据原材料费用分配表		200									200		
6	30	根据工资及福利费分配表	684										684		
6	30	根据固定资产折旧费用分配表				1 060							1 060		
6	30	根据外购动力费（电费）分配表						120					120		
6	30	根据在产品盘亏毁损损失计算表									500		500		
6	30	根据待摊费用分配表			160								160		
6	30	根据辅助生产费用分配表						2 664.3					2 664.3		
6	30	月末将制造费用转入基本生产成本												5 388.3	5 388.3
6	30	合计	684	200	160	1 060	0	2 784.3	0	0	500	0	5 388.3	5 388.3	0

（10）根据上列各种费用分配表和其他有关资料，登记产品成本明细账，分配计算甲、乙产品的完工产品成本和月末在产品成本。

假设长江公司本月生产甲产品100件，乙产品80件，两种产品月初月末的在产品定额如表8-66所示。

表8-66　定额成本法计算的月初月末在产品定额

单位：元

类别	摘要	原材料	燃料及动力	工资及福利费	制造费用	成本合计
甲产品	月初在产品成本	2 000	300	500	700	3 500
甲产品	月末在产品成本	1 200	180	300	420	2 100
乙产品	月初在产品成本	1 200	540	300	360	2 400
乙产品	月末在产品成本	1 600	720	400	480	3 200

根据以上的表格，可以登记产品成本明细账，如表8-67所示。

表8-67　产品成本明细账（甲）

产品名称：甲　　　　　　　　　　　　　　　　　　　　　　　　　单位：元
产量：100件

月	日	摘要	原材料	燃料及动力	工资及福利费	制造费用	成本合计
6	1	根据月初在产品定额成本	2 000	300	500	700	3 500
6	30	根据原材料费用分配表	3 100				3 100
6	30	根据工资及福利费分配表			5 130		5 130
6	30	根据外购动力费（电费）分配表		1 800			1 800
6	30	根据基本生产车间制造费用的分配				2 993.5	2 993.5
6	30	本月生产费用合计	3 100	1 800	5 130	2 993.5	13 023.5
6	30	生产费用累计	5 100	2 100	5 630	3 693.5	16 523.5
6	30	产成品总成本	3 900	1 920	5 330	3 273.5	14 423.5
6	30	产成品单位成本	39	19.2	53.3	32.735	144.235
6	30	根据月末在产品定额成本	1 200	180	300	420	2 100

表 8-68 产品成本明细账（乙）

产品名称：乙
产量：80 件
单位：元

月	日	摘要	原材料	燃料及动力	工资及福利费	制造费用	成本合计
6	1	根据月初在产品定额成本	1 200	540	300	360	2 400
6	30	根据原材料费用分配表	1 900				1 900
6	30	根据工资及福利费分配表			4 104		4 104
6	30	根据外购动力费（电费）分配表		1 440			1 440
6	30	根据基本生产车间制造费用的分配				2 394.8	2 394.8
6	30	本月生产费用合计	1 900	1 440	4 104	2 394.8	9 838.8
6	30	生产费用累计	3 100	1 980	4 404	2 754.8	12 238.8
6	30	根据在产品盘亏毁损损失计算表	300	110	150	90	650
6	30	生产费用净额	2 800	1 870	4 254	2 664.8	11 588.8
6	30	产成品总成本	1 200	1 150	3 854	2 184.8	8 388.8
6	30	产成品单位成本	15	14.375	48.175	27.31	104.86
6	30	根据月末在产品定额成本	1 600	720	400	480	3 200

（11）根据甲、乙产品成本明细账中的产成品总成本，汇编产成品成本汇总表，结转产成品的成本，如表 8-69 所示。

表 8-69 产成品成本汇总表

单位：元

产成品名称	单位	产品数量	原材料	燃料及动力	工资及福利费	制造费用	成本合计
甲产品	件	100	3 900	1 920	5 330	3 273.5	14 423.5
乙产品	件	80	1 200	1 150	3 854	2 184.8	8 388.8
合计			5 100	3 070	9 184	5 458.3	22 812.3

会计分录如下。

借：产成品 22 812.3
　　贷：基本生产成本 22 812.3

产品成本计算实际上就是会计核算中成本费用科目的明细核算。

正确地编制各种费用分配表和归集、分配各项费用的会计分录，对于正确的成本核算十分重要。

在将各种费用归集之后，将各种生产费用分配到基本生产成本科目及其所属的各种产品成本明细账中，计算各种产品的总成本和单位成本。

8.5.3 分批法实训

分批法是按照产品的批别来汇总生产费用并计算该批产品成本的一种成本计算方法。

品种法划分产品的品种规格，而分批法划分产品的批别，也就是说，不同批别投产的同一种产品，也要分别计算产品成本。

产品的批别在企业中是按照工作号确定的。计划部门按合同上的订单签发工作号，供应部门按工作号储备材料，生产管理部门按工作号安排生产流程，生产车间按工作号组织生产，会计部门同样也按工作号分别汇总每件或每批产品的生产费用，并计算各工作号的生产成本。

分批法的成本计算是，直接生产费用直接计入分步骤分批别设立的生产成本明细账，间接生产费用应先计入分步骤的制造费用明细账，再按工时、生产工人工资，或其他标准分配计入各批产品中。

分批法下产品成本核算流程如图 8-4 所示。

【例 8-35】黄河仪器公司根据购买单位订货单小批生产甲、乙两种仪器，采用分批法计算产品成本。2×20 年 6 月的生产情况和生产费用支出情况的资料如下。

1206 号甲仪器 5 台，5 月投产，本月全部完工。

1207 号乙仪器 10 台，6 月投产，本月完工 6 台，未完工 4 台。

月初在产品费用如表 8-70 所示。

表 8-70　月初在产品费用汇总表

单位：元

批号	原材料	工资及福利费	制造费用	合计
1206	3 230	348	680	4 258

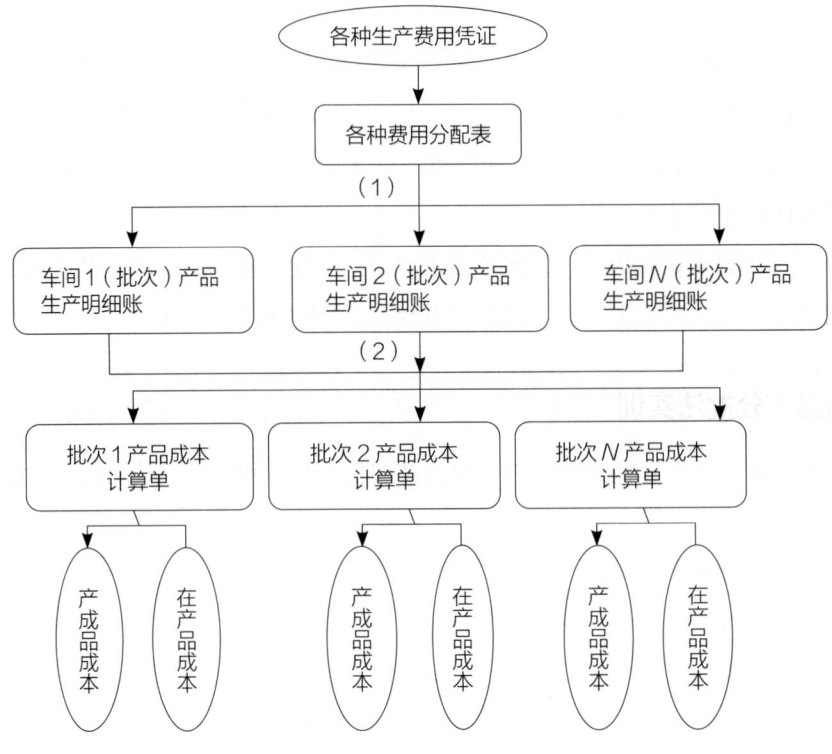

图 8-4 分批法下产品成本核算流程

(1)根据各种费用分配表,汇总各批产品本月发生的生产费用,填写车间生产成本明细账,如表 8-71、表 8-72 所示。

表 8-71 金工车间生产成本明细账

2×20 年 6 月　　　　　　　　　　　　　　　　　单位:元

成本项目	1206 批次	1207 批次
原材料	700	4 000
工资及福利费	320	1 600
制造费用	80	1 000
合计	1 100	6 600

表 8-72 装配车间生产成本明细账

2×20 年 6 月　　　　　　　　　　　　　　　　　单位:元

成本项目	1206 批次	1207 批次
原材料	500	5 500
工资及福利费	230	1 000

续表

成本项目	1206 批次	1207 批次
制造费用	70	800
合计	800	7 300

（2）按照产品的批次填写产品成本计算单，如表 8-73、表 8-74 所示。

表 8-73　产品成本计算单（1206）

批号：1206　　　　　　　　　2×20 年 6 月　　　　　　　　　单位：元

成本项目	5月生产成本	6月生产成本		生产成本合计	完工单位成本（5台）
		金工车间	装配车间		
原材料	3 230	700	500	4 430	886
工资及福利费	348	320	230	898	179.6
制造费用	680	80	70	830	166
合计	4 258	1 100	800	6 158	1 231.6

表 8-74　产品成本计算单（1207）

批号：1207　　　　　　　　　2×20 年 6 月　　　　　　　　　单位：元

成本项目	生产成本			分配率	完工成本（6台）	在产品成本（4台）
	金工车间	装配车间	合计			
原材料	4 000	5 500	9 500	950	5 700	3 800
工资及福利费	1 600	1 000	2 600	325	1 950	650
制造费用	1 000	800	1 800	225	1 350	450
合计	6 600	7 300	13 900		9 000	4 900

其中，在完工产品与在产品之间分配费用，假设 1207 批号乙仪器，原材料是在生产开始时一次投入的，其费用可以按照完工产品和在产品实际数量比例分配；其他费用采用约当产量比例法在完工产品与月末在产品之间进行分配，在产品完工程度为 50%。

根据上述各项资料，计算如下。

$$原材料费用分配率 = \frac{9\,500}{6+4} = 950（元/台）$$

$$工资及福利费分配率 = \frac{2\,600}{6+4 \times 50\%} = 325（元/台）$$

$$制造费用分配率 = \frac{1\,800}{6+4 \times 50\%} = 225（元/台）$$

以上是分批法的一般情况，但在实际小批、单件生产的企业或车间中，如果同一月份投产的产品批数很多，几十批甚至上百批，且月末未完工的批数也较多，将当月发生的间接计入费用全部分配给各批产品，费用分配的核算工作将非常繁重。

在此我们介绍一种简化的分批法，即仍按照产品批别设立产品成本明细账，但在各批产品完工之前，账内只需按月登记直接计入费用和生产工时。每月发生的间接计入费用，先将其在基本生产成本二级账中按成本项目分别累计，只有在有产品完工的那个月份，才对完工产品，按照其累计工时的比例，分配间接计入费用，计算完工产品成本。全部产品的在产品应负担的间接计入费用，则以总数反映在基本生产成本二级账中，不进行分配，不分批计算在产品成本。

对各批完工产品分配间接计入费用，其计算公式如下。

$$全部产品累计间接计入费用分配率 = \frac{全部产品累计间接计入费用}{全部产品累计工时}$$

$$某批完工产品应负担的间接计入费用 = 该批完工产品累计工时 \times 全部产品累计间接计入费用分配率$$

【例8-36】漓江企业小批生产多种产品，由于产品批数多，为了简化成本计算工作，采用简化的分批法——不分批计算在产品成本的分批法计算成本。该企业2×20年9月的产品批号如下。

12023号：甲产品6件，7月投产，本月完工。

12024号：甲产品8件，8月投产，尚未完工。

12025号：乙产品12件，8月投产，本月完工2件。

12026号：丙产品4件，9月投产，尚未完工。

该企业设立的基本生产成本二级账如表8-75所示。

表8-75 基本生产成本二级账

（各批产品总成本） 金额单位：元

月	日	摘要	原材料	生产工时（小时）	工资及福利费	制造费用	合计
8	31	在产品	30 120	62 000	23 850	36 060	90 030
9	30	本月发生	24 100	101 500	41 550	45 690	111 340
9	30	累计	54 220	163 500	65 400	81 750	201 370

续表

月	日	摘要	原材料	生产工时（小时）	工资及福利费	制造费用	合计
9	30	全部产品累计间接计入费用分配率			0.4	0.5	
9	30	本月完工产品转出	10 365	41 460	16 584	20 730	47 679
9	30	在产品	43 885	122 040	48 816	61 020	153 691

其中，全部产品累计间接计入费用分配率的计算如下。

$$工资及福利费累计分配率=\frac{65\,400}{163\,500}=0.4（元／小时）$$

$$制造费用累计分配率=\frac{81\,750}{163\,500}=0.5（元／小时）$$

本月完工转出产品的原材料费用和生产工时，应根据各批产品的产品成本明细账中完工产品的原材料费用和生产工时汇总登记；各项间接计入费用，可以根据账中完工产品工时分别乘以各项费用的累计分配率计算登记，也可以根据各批产品成本明细账中完工产品的各该费用分别汇总登记。

漓江企业的各批产品成本明细账如表8-76、表8-77、表8-78、表8-79所示。

表8-76　产品成本明细账（12023）

产品批号：12023　　　　　　　　购货单位：万里工厂　　　　　　　　投产日期：7月
产品名称：甲　　　　　　　　　　批量：6件　　　　　　　　　　　　完工日期：9月
　　　　　　　　　　　　　　　　　　　　　　　　　　　　　　　　　金额单位：元

月	日	摘要	原材料	生产工时（小时）	工资及福利费	制造费用	合计
7	31	本月发生	5 800	5 430			
8	31	本月发生	1 130	8 870			
9	30	本月发生	1 210	16 700			
9	30	累计数及累计间接计入费用分配率	8 140	31 000	0.4	0.5	
9	30	本月完工产品转出	8 140	31 000	12 400	15 500	36 040
9	30	完工产品单位成本	1 356.67		2 066.67	2 583.33	6 006.67

表 8-77　产品成本明细账（12024）

产品批号：12024　　　购货单位：鹏程工厂　　　投产日期：8月
产品名称：甲　　　　　批量：8件　　　　　　　完工日期：月

金额单位：元

月	日	摘要	原材料	生产工时（小时）	工资及福利费	制造费用	合计
8	31	本月发生	9 840	19 070			
9	30	本月发生	2 980	42 080			

表 8-78　产品成本明细账（12025）

产品批号：12025　　　购货单位：万方集团　　　投产日期：8月
产品名称：乙　　　　　批量：12件　　　　　　完工日期：9月完成2件

金额单位：元

月	日	摘要	原材料	生产工时（小时）	工资及福利费	制造费用	合计
8	31	本月发生	13 350	28 630			
9	30	本月发生		14 140			
9	30	累计数及累计间接计入费用分配率	13 350	42 770	0.4	0.5	
9	30	本月完工产品（2件）转出	2 225	10 460	4 184	5 230	11 639
9	30	完工产品单位成本	1 112.5		2 092	2 615	5 819.5
9	30	在产品	11 125	32 310			

表 8-79　产品成本明细账（12026）

产品批号：12026　　　购货单位：万方集团　　　投产日期：9月
产品名称：丙　　　　　批量：4件　　　　　　　完工日期：月

金额单位：元

月	日	摘要	原材料	生产工时（小时）	工资及福利费	制造费用	合计
9	30	本月发生	19 910	28 580			

在上列的各批产品成本明细账中，对于没有完工产品的月份，只登记原材料费用（直接计入费用）和生产工时，例如12024、12026两批产品；对于有完工产品的月份，包括批次产品全部完工或部分完工，除了登记本月发生的原材料费用和生产工时及其累计数外，还应根据基本生产成本二级账登记各项累计间接计入费用的分配率。

12023号产品，月末全部完工，因而其产品成本明细账中累计的原材料费用和生产工时，就是完工产品的原材料费用和生产工时，以其生产工时分别乘以各项累计间接计入费用分配率，即为完工产品应分配的各项间接计入费用。

12025号产品，月末部分完工、部分在产，因而还应在完工产品与在产品之间分配费用。

可见，简化的分批法是一般的分批法的一个实用的方式。采用简化的分批法必须设立基本生产成本二级账，每月发生的间接计入费用，不是按月在各批产品之间进行分配，而是先在基本生产成本二级账中累计。在有产品完工的月份，才按上列公式，将间接计入费用在各批完工产品之间进行分配，计算完工产品成本；对未完工的在产品则不分配间接计入费用，只以总数反映在二级账中，即不分批计算在产品成本。

显然，采用这种分批法，可以简化费用的分配和登记工作；月末未完工产品的批数越多，核算工作就越简化。

8.5.4 逐步结转分步法实训

在多步骤、复杂生产的企业中，必须考虑半成品在各步骤之间的流转。

在这类生产中，从原料投入到产品制成，中间要经过几个生产步骤的逐步加工，前面各步骤生产的都是半成品，只有最后步骤生产的才是产成品。

由于大批量生产，产品批别不易区分，无法采用分批法，必须按生产阶段分步骤计算产品成本。为了计算外售半成品成本，全面考核和分析其成本计划的执行情况，也要求计算这些半成品的成本。为此，可以采用逐步结转分步法。

逐步结转分步法是根据产品生产工艺流程，按顺序分步骤计算各步骤半成品成本并结转至下一步骤，最终计算完工产品生产成本的方法。

在这种分步法下，各步骤所耗用的上一步骤半成品的成本，要随着半成品实物的转移，从上一步骤的产品成本明细账转入下一步骤相同产品的产品成本明细账中，以便逐步计算各步骤的半成品成本和最后步骤的产成品成本。

逐步结转分步法下成本核算程序如图8-5所示。

逐步结转分步法每一个步骤都是一个品种法，逐步结转分步法实际上是品种法的多次连接应用。

逐步结转分步法按照结转的半成品成本在下一步骤产品成本明细账中的反

映方法,分为综合结转和分项结转两种方法。

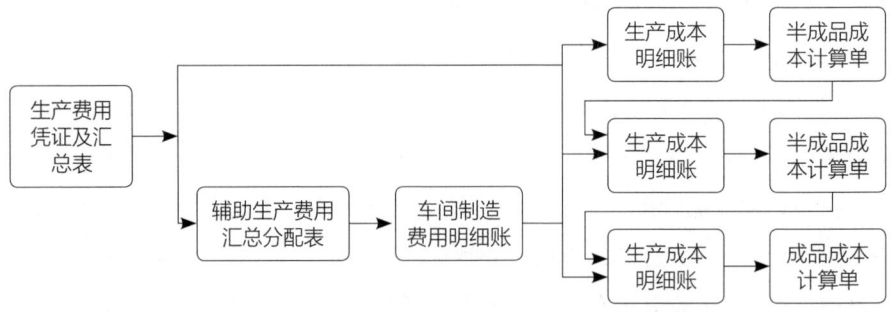

图 8-5　逐步结转分步法下成本核算程序

综合结转法的特点是将各步骤所耗用的上一步骤半成品成本,以"原材料"或专设的"半成品"项目,综合计入各该步骤的产品成本明细账中。

分项结转法的特点是将各步骤所耗用的上一步骤半成品成本,按照成本项目分项转入各该步骤产品成本明细账的各个成本项目中。如果半成品通过半成品库收发,在自制半成品明细账中登记半成品成本时,也要按照成本项目分别登记。

(一) 综合结转法

综合结转法下半成品成本累积示意如图 8-6 所示。

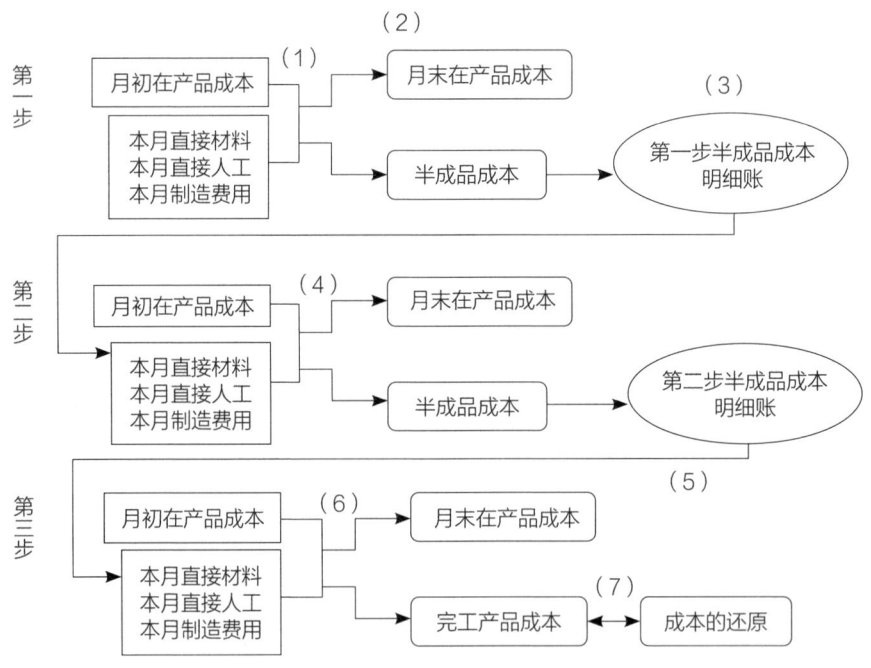

图 8-6　综合结转法下半成品成本累积示意

其中第一步完工半成品在验收入库时,应根据完工转出的半成品成本编制借记"自制半成品"科目,贷记"基本生产成本"科目的会计分录;第二步领用时,再编制相反的会计分录。如果半成品完工后不通过半成品库收发,而直接转入下一步骤,半成品成本应在各步骤的产品成本明细账之间直接结转,不编制上述分录。

综合结转法下,可以按照半成品的实际成本结转,也可以按照半成品的计划成本(或定额成本)结转。

半成品按实际成本综合结转,各步骤所耗上一步骤的半成品费用,应根据所耗半成品的实际数量乘以半成品的实际单位成本计算。有先进先出法、月末一次加权平均法、个别计价法和移动加权平均法等方法。

半成品按计划成本综合结转,半成品日常收发的明细核算均按计划成本计价;在半成品实际成本计算出来后,再计算半成品成本差异额和差异率,调整领用半成品的计划成本。半成品收发的总分类核算则按实际成本计价。

【例 8-37】昆仑服装厂设裁剪、缝合和成品三个基本生产车间生产高级成衣。裁剪车间裁剪好的布片转到缝合车间作为原材料,缝合车间的半成本成衣转到成品车间上商标包装后验收入库。为便于比较和考核,采用逐步结转分步法计算最终产品成衣的成本。

(1)根据各种单据,编制各车间制造费用明细账,如表 8-80 所示。

表 8-80 各车间制造费用明细账汇总

2×20 年 6 月   单位:元

车间	管理人员工资	折旧	水电费	其他	合计
裁剪车间	1 000	60 000	90 000	39 000	190 000
缝合车间	1 500	150 000	120 000	148 500	420 000
成品车间	600	40 000	50 000	7 400	98 000

(2)根据裁剪车间的各种单据及上月生产成本明细账,编制裁剪车间生产成本明细账及半成品裁剪成本计算单。假设本月裁剪车间投产裁剪 1 000 件,完工 800 件,月末在产品 200 件。在产品的直接材料已一次投入,完工程度为 50%。

对于原材料,产成品与在产品约当产量为 1 000 件;对于其他费用,产成品与在产品约当产量为 800+200×50%=900(件)。

$$月末在产品直接材料成本 = \frac{800\,000}{1\,000} \times 200 = 160\,000(元)$$

月末在产品直接人工成本 = $\frac{6\,000+30\,000}{900} \times 200 \times 50\% = 4\,000$（元）

月末在产品制造费用成本 = $\frac{80\,000+190\,000}{900} \times 200 \times 50\% = 30\,000$（元）

可列表8-81、表8-82。

表8-81　裁减车间各费用明细账汇总

2×20年6月　　　　　　　　　　　　　　　　　单位：元

成本项目	月初在产品	本月生产费用	月末在产品	半成品成本
直接材料	100 000	700 000	160 000	640 000
直接人工	6 000	30 000	4 000	32 000
制造费用	80 000	190 000	30 000	240 000
合计	186 000	920 000	194 000	912 000

表8-82　裁剪半成品成本计算单

2×20年6月　　　　　　　　　　　　　　　　　单位：元

成本项目	总成本（800件）	单位成本
直接材料	640 000	800
直接人工	32 000	40
制造费用	240 000	300
合计	912 000	1 140

（3）根据计价后的半成品交库单和第二步领用半成品的领用单，登记自制半成品明细账，登记第一步自制半成品明细账。

半成品可以按实际成本综合结转，也可以按照计划成本结转。实际成本方法有先进先出法、月末一次加权平均、个别计价法和移动加权平均法等方法。

设上月自制裁剪半成品无余额，且缝合车间本月领用裁剪半成品400件。

领用半成品金额 = 1 140×400 = 456 000（元）

自制裁剪半成品明细账如表8-83所示。

表8-83　自制裁剪半成品明细账

自制裁剪半成品　　　　　　　　　　　　　　　　　　　金额单位：元

月份	月初余额		本月增加		合计			本月减少	
	数量（件）	实际成本	数量（件）	实际成本	数量（件）	实际成本	单位成本	数量（件）	实际成本
6	0	0	800	912 000	800	912 000	1 140	400	456 000

根据缝合车间半成品领用单，编制以下会计分录。

借：基本生产成本　　　　　　　　　　　　　　　　456 000
　　贷：自制半成品　　　　　　　　　　　　　　　　　　456 000

（4）编制缝合车间生产成本明细账及裁剪半成品成本计算单。半成品与其他材料一起列入直接材料项目。本月生产半成品成衣 250 件，在产品 50 件，在产品已投入全部材料，完工程度为 60%。

原材料约当产量 =250+50×100%=300（件）

其他费用约当产量 =250+50×60%=280（件）

月末在产品直接材料成本 = $\dfrac{100\,000+530\,000}{300}$ ×50×100%=105 000（元）

注：为 14 000+91 000

月末在产品直接人工成本 = $\dfrac{2\,200+9\,000}{280}$ ×50×60%=1 200（元）

月末在产品制造费用成本 = $\dfrac{28\,000+420\,000}{280}$ ×50×60%=48 000（元）

根据各种生产费用分配表、半成品领用单、产成品交库单，以及缝合车间在产品定额成本资料，登记缝合车间生产成本明细账和成衣半成品成本计算单，如表 8-84、表 8-85 所示。

表 8-84　缝合车间生产成本明细账

2×20 年 6 月　　　　　　　　　　　　　　　　　　　　　　　　　　单位：元

成本项目		月初在产品	本月生产费用	月末在产品	半成品成本
直接材料	材料	91 000	74 000	14 000	70 000
	裁剪半成品	9 000	456 000	91 000	455 000
直接人工		2 200	9 000	1 200	10 000
制造费用		28 000	420 000	48 000	400 000
合计		130 200	959 000	154 200	935 000

表 8-85　成衣半成品成本计算单

2×20 年 6 月　　　　　　　　　　　　　　　　　　　　　　　　　　单位：元

成本项目		总成本（250 件）	单位成本（元 / 件）
直接材料	材料	70 000	280
	裁剪半成品	455 000	1 820
直接人工		10 000	40

续表

成本项目	总成本（250 件）	单位成本（元/件）
制造费用	400 000	1 600
合计	935 000	3 740

明细账中增设了"裁剪半成品"成本项目，其中本月生产费用就是缝合车间本月耗用裁剪车间半成品费用，是根据计价后的半成品领用单登记的，明显地反映出半成品费用综合结转的特点。

编制以下会计分录。

借：基本生产成本　　　　　　　　　　　　　935 000
　　贷：自制半成品　　　　　　　　　　　　　935 000

（5）与步骤（3）一样，根据计价后的半成品成衣交库单和领用半成品成衣的领用单，登记自制半成品明细账，登记自制半成品明细账。在此不赘述，明细账省略。

（6）编制成品车间生产成本明细账及产成品成本计算单，如表 8-86、表 8-87 所示。

表 8-86　成品车间生产成本明细账

2×20 年 6 月　　　　　　　　　　　　　　　　　　　单位：元

成本项目		月初在产品	本月生产费用	月末在产品	成品成本
直接材料	材料	300	80 500	20 200	60 600
	成衣半成品	29 700	748 000	194 425	583 275
直接人工		1 500	49 000	3 156.25	47 343.75
制造费用		3 000	98 000	6 312.5	94 687.5
合计		34 500	975 500	224 093.75	785 906.25

表 8-87　产成品成本计算单

2×20 年 6 月　　　　　　　　　　　　　　　　　　　单位：元

成本项目		成品总成本	单位成本（元/件）
直接材料	材料	60 600	404
	成衣半成品	583 275	3 888.5
直接人工		47 343.75	315.625
制造费用		94 687.5	631.25
合计		785 906.25	5 239.375

假设成品车间本月领用成衣半成品 200 件，计 748 000 元。本月生产成衣 150 件，月末在产品 50 件。月末在产品中直接材料一次性投入，其他完工程度是 20%。

原材料约当产量 =200（件）

其他费用约当产量 =150+50×20%=160（件）

月末在产品直接材料成本 = $\frac{858\,500}{200}$ ×50=214 625（元）

月末在产品直接人工成本 = $\frac{50\,500}{160}$ ×10=3 156.25（元）

月末在产品制造费用成本 = $\frac{101\,000}{160}$ ×10=6 312.5（元）

编制以下会计分录。

借：产成品　　　　　　　　　　　　　　　　　　　　785 906.25

　　贷：基本生产成本　　　　　　　　　　　　　　　　785 906.25

（7）产成品成本还原。缝合和成品车间都把领用上一车间的半成品作为本车间的材料，半成品成本直接加入材料项目，采用综合结转法结转成本。

采用计算还原分配率的办法，从最后一个车间开始还原，把所耗上一车间半成品的综合成本分解为上一车间的成本项目，上一车间再进行还原，如表8-88所示。

表 8-88　成品服装成本还原

单位：元

项目	本月成品服装成本明细	第一次成本还原 （还原率 62.382 4%）	第二次成本还原 （还原率 31.122 8%）	成本还原后
半成品	583 275	283 839.92		
原材料	60 600	43 667.68	199 185.92	303 453.6
直接人工	47 343.75	6 238.24	9 959.296	63 541.286
制造费用	94 687.5	249 529.6	74 694.72	418 911.82
合计	785 906.25			785 906.706

还原分配率 = $\frac{本月产成品所耗上一步骤半成品成本合计}{本月所产该种半成品成本合计}$ ×100%

其中：

第一次成本还原分配率 = $\frac{583\,275}{935\,000}$ ×100%=62.382 4%

第二次成本还原分配率 = $\frac{283\,839.92}{912\,000}$ ×100%=31.122 8%

可见，所谓成本还原，就是从最后一个步骤起，把本月产成品成本中所耗上一步骤半成品的综合成本还原成原材料、工资及福利费、制造费用等原始成本项目，从而求得按原始成本项目反映的产成品成本资料。

（二）分项结转法

分项结转法下，可以按照半成品的实际成本结转，也可以按照半成品的计划成本结转，然后按成本项目分项调整成本差异。由于后一种做法计算工作量较大，所以一般多采用按实际成本分项结转的方法。

采用分项结转法逐步结转半成品成本，可以直接、正确地提供按原始成本项目反映的产成品成本资料，便于从整个企业角度考核和分析产品成本计划的执行情况，不需要进行成本还原。

分项结转法下成本结转工作比较复杂，而且在各步骤完工产品成本中看不出所耗上一步骤半成品的费用和本步骤加工费用的水平，不便于进行完工产品成本分析。

分项结转法一般适用于管理上不要求分别提供各步骤完工产品所耗半成品费用和本步骤加工费用资料，但要求按原始成本项目反映产品成本的企业。

不论是综合结转还是分项结转，半成品成本都是随着半成品实物的转移而结转的，各生产步骤产品成本明细账中的生产费用余额，反映着留存在各个生产步骤的在产品成本，因而还能为在产品的实物管理和生产资金管理提供资料。

采用综合结转法结转半成品成本时，由于各生产步骤产品成本中包括所耗上一步骤半成品成本，从而能全面反映各步骤完工产品中所耗上一步骤半成品费用水平和本步骤加工费用水平，有利于各步骤的成本管理。

采用分项结转法结转半成品成本时，可以直接提供按原始成本项目反映的产品成本，满足企业分析和考核产品构成和水平的需要，而不必进行成本还原。

但是，我们也要看到逐步结转分步法的核算工作比较复杂，核算工作的及时性也较差的特点：如果采用综合结转法，需要进行成本还原；如果采用分项结转法，结转的核算工作量大。

8.5.5 平行结转分步法实训

为了简化和加速成本计算工作，在计算产品成本时，可以不计算各步骤所产半成品成本，也不计算各步骤所耗上一步骤的半成品成本（即各步骤之间不结转所耗半成品成本），而只计算本步骤所发生的各项生产费用以及这些费用中应计入产成品的份额。然后，将各步骤应计入同一产成品成本的份额平行结转、汇总，即可计算出该种产品的产成品成本。这种平行结转各步骤成本的方法，称为平行结转分步法。

分步骤计算本步骤的广义在产品和广义半成品成本是平行结转分步法的突出特点。各步骤生产费用分配和广义半成品成本平行计入最终产品成本的过程可用图 8-7 表示。

图 8-7　平行结转分步法下产品成本核算程序

如何正确确定各步骤生产费用中应计入产成品成本的份额，是这一方法的关键点。

在实际工作中，通常采用在产品按定额成本计价或定额比例法在完工产品和在产品之间分配费用。

【例 8-38】长城企业生产产品 MP3，生产费用在完工产品与在产品之间的分配采用定额比例法，其中原材料费用按定额原材料费用比例分配，其他各项费用均按定额工时比例分配。

有关 MP3 的定额资料如表 8-89 所示。

表 8-89　MP3 定额费用

车间份额	月初在产品		本月投入		本月产成品				
	定额原材料费用（元）	定额工时（小时）	定额原材料费用（元）	定额工时（小时）	单件定额			定额原材料费用（元）	定额工时（小时）
					原材料费用（元）	工时（小时）	产量（件）		
第一车间份额	10 560	4 880	6 400	2 800	50	30	200	10 000	6 000
第二车间份额		2 600		6 910		40	200		8 000
合计	10 560	7 480	6 400	9 710	50	70	400	10 000	14 000

（1）根据 MP3 的定额资料、各种生产费用分配表和产成品交库单，对第一车间和第二车间的登记如下。

①定额原材料费用和定额工时，根据 MP3 产品定额资料计算登记。

月末在产品定额资料，是根据月初在产品定额资料、本月投入产品定额资料和产成品定额资料，采用倒挤的方法计算求得的。

月末在产品定额原材料费用（定额工时）＝月初在产品定额原材料费用（定额工时）＋本月投入产品的定额原材料费用（定额工时）－本月完工产品定额原材料费用（定额工时）

以第一车间定额原材料费用和定额工时计算为例。

月末在产品定额原材料费用 =10 560+6 400-10 000=6 960（元）

月末在产品定额工时 =4 880+2 800-6 000=1 680（小时）

②本月生产费用即本月各步骤为生产 MP3 所发生的各项生产费用，应根据各种生产费用分配表登记。

由于原材料在生产开始时一次投入，采用平行结转分步法在各生产步骤间不结转半成品成本，所以，只有第一车间有原材料费用（定额和实际），第二车间则没有本月耗用的原材料费用。

根据以上数据，填写第一车间、第二车间的 MP3 产品成本明细账，如表 8-90、表 8-91 所示。

表 8-90 产品成本明细账（第一车间）

第一车间 MP3 产品　　　　　　　　　　　　　　　　　　　　金额单位：元

摘要	产成品产量(件)	原材料 定额	原材料 实际	定额工时（小时）	工资及福利费	制造费用	成本合计
月初在产品		10 560	11 210	4 880	5 020	9 810	26 040
本月生产费用		6 400	7 446	2 800	4 196	6 318	17 960
合计		16 960	18 656	7 680	9 216	16 128	44 000
费用分配率			1.1		1.2	2.1	
产成品成本中本步份额	200	10 000	11 000	6 000	7 200	12 600	30 800
月末在产品		6 960	7 656	1 680	2 016	3 528	13 200

表 8-91 产品成本明细账（第二车间）

第二车间 MP3 产品　　　　　　　　　　　　　　　　　　　　　　　　　金额单位：元

摘要	产成品 产量（件）	原材料 定额	原材料 实际	定额工时（小时）	工资及福利费	制造费用	成本合计
月初在产品				2 600	2 910	4 870	7 780
本月生产费用				6 910	7 551	7 493	15 044
合计				9 510	10 461	12 363	22 824
费用分配率					1.1	1.3	
产成品成本中本步份额	200			8 000	8 800	10 400	19 200
月末在产品				1 510	1 661	1 963	3 624

③其中费用分配率计算方法是，原材料费用按定额原材料费用比例分配，其他各项费用均按定额工时比例分配。

$$第一车间原材料费用分配率 = \frac{11\,210+7\,746}{10\,000+6\,960} = 1.1$$

$$第一车间工资及福利费分配率 = \frac{5\,020+4\,196}{6\,000+1\,680} = 1.2$$

$$第一车间制造费用分配率 = \frac{9\,810+6\,318}{6\,000+1\,680} = 2.1$$

同理可以计算第二车间各成本项目费用分配率，从而计算实际成本项目的费用分配。

（2）将第一、二车间产品成本明细账中应计入产成品成本的份额，平行结转、汇总计入 MP3 产品成本汇总表，如表 8-92 所示。

表 8-92 MP3 产品成本汇总表

金额单位：元

车间份额	产量（件）	原材料	工资及福利费	制造费用	成本合计
第一车间份额	200	11 000	7 200	12 600	30 800
第二车间份额	200		8 800	10 400	19 200
合计	200	11 000	16 000	23 000	50 000
单位成本	200	55	80	115	250

总之，采用平行结转分步法，各生产步骤不计算半成品成本，只计算本步骤所发生的生产费用。除第一步骤生产费用中包括所耗用的原材料和各项加工费

用外,其他各步骤只计算本步骤发生的各项加工费用。

各步骤之间不结转半成品成本。不论半成品实物是在各生产步骤之间直接转移,还是通过半成品库收发,都不进行总分类核算。也就是说,半成品成本不随半成品实物转移而结转。

为了计算各生产步骤发生的费用中应计入产成品成本的份额,必须将每一生产步骤发生的费用划分为用于产成品部分和尚未最后制成的在产品部分。

最后,将各步骤费用中应计入产成品的份额,平行结转、汇总计算该种产成品的总成本和单位成本。

平行结转分步法具有的优点:各步骤可以同时计算产品成本,不必逐步结转半成品成本,从而可以简化和加速成本计算工作;能够直接提供按原始成本项目反映的产成品成本资料,省去了大量烦琐的计算工作。但是,由于采用这一方法不能提供各步骤半成品成本资料及各步骤所耗上一步骤半成品费用资料,所以不能全面地反映各步骤生产耗费的水平,不利于各步骤的成本管理,不能为各步骤在产品的实物管理和资金管理提供资料。

在工业企业核算中,平行结转分步法只宜在半成品种类较多,逐步结转半成品成本工作量较大,管理上又不要求提供各步骤半成品成本资料的情况下采用。

8.5.6 分类法实训

产品成本计算的分类法,是按产品类别归集生产费用,计算产品成本的一种方法。

分类法首先根据产品所用原材料和工艺技术过程的不同,将产品划分为若干类,按照产品的类别开立产品成本明细账,按类归集产品的生产费用,计算各类产品的成本;然后选择合理的分配标准,分别将每类产品的成本,在类内的各种产品间进行分配,计算每类产品内各种产品的成本。

分类法下产品成本核算的一般程序如图 8-8 所示。

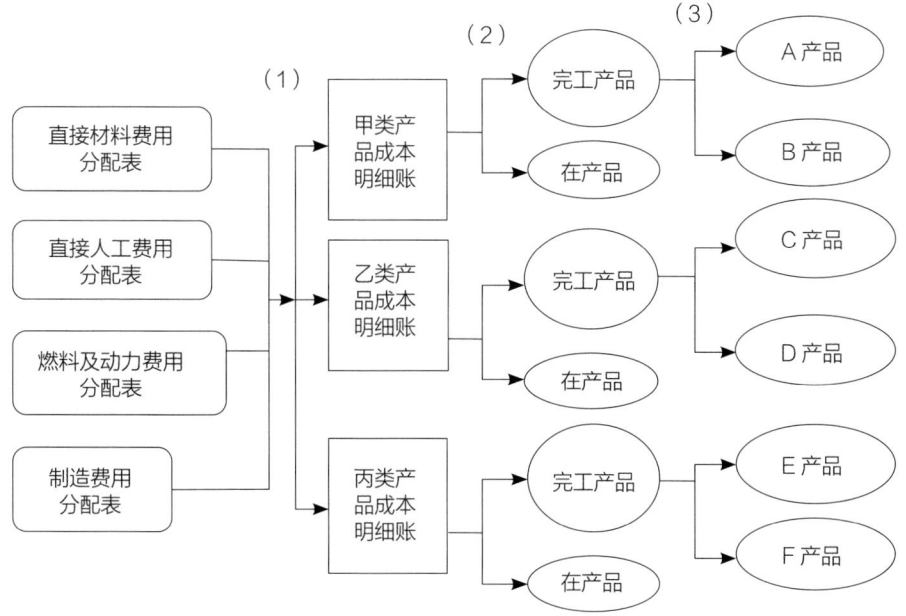

图 8-8 分类法下产品成本核算的一般程序

需要注意的是,第(3)步中,同类产品内各种产品之间分配费用的标准,一般有定额消耗量、定额费用、售价,以及产品的体积、长度和重量等。在选择费用的分配标准时,主要应考虑与产品生产耗费的关系,即应选择与产品各项耗费有密切联系的分配标准。

为了简化分配工作,可以将分配标准折算成相对固定的系数,按照固定的系数在类内各种产品之间分配费用,这种按照系数分配类内各种产品成本的方法,也叫系数法。

确定系数时,一般是在类内选择一种产量较大、生产比较稳定或规格折中的产品作为标准产品,将这种产品的系数定为"1";再用其他各种产品的分配标准额分别与标准产品的分配标准额相比较,计算出其他各种产品的分配标准额与标准产品的分配标准额的比率,即系数。

【例8-39】江河企业生产的A、B、C三种产品的结构、所用原材料和工艺过程基本相同,合并为甲类,采用分类法计算成本。

类内各种产品之间分配费用的标准为:原材料费用按各种产品的原材料费用系数分配,原材料费用系数按原材料费用定额确定;其他费用按定额工时比例分配。

2×20年5月,与A、B、C三种产品成本计算有关的数据以及成本计算过程如下。

（1）计算系数。根据耗费的原材料费用计算原材料费用的系数，如表8-93所示。

表8-93　原材料费用系数计算表

金额单位：元

产品名称	单位产品原材料费用				原材料费用系数
	原材料名称或编号	消耗定额（千克）	计划单价	费用定额	
A（标准产品）	11号材料	200	0.5	100	1
	21号材料	100	0.8	80	
	43号材料	170	1	170	
	小计			350	
B	11号材料	180	0.5	90	0.8
	21号材料	50	0.8	40	
	43号材料	150	1	150	
	小计			280	
C	11号材料	250	0.5	125	1.1
	21号材料	100	0.8	80	
	43号材料	180	1	180	
	小计			385	

其中，将A设为标准产品，则B、C产品的系数均通过计算得到。

B产品原材料费用系数 $= \dfrac{280}{350} \times 1 = 0.8$

C产品原材料费用系数 $= \dfrac{385}{350} \times 1 = 1.1$

（2）按产品类别甲类开设产品成本明细账，如表8-94所示。根据各项生产费用分配表登记产品成本明细账，计算该类产品成本。

表8-94　产品成本明细账

产品名称：甲类　　　　　　　　　　2×20年5月　　　　　　　　　　单位：元

摘要	原材料	工资及福利费	制造费用	成本合计
月初在产品成本	45 000	2 500	4 200	51 700
本月费用	793 600	49 500	67 500	910 600
生产费用合计	838 600	52 000	71 700	962 300
产成品成本	793 600	49 500	67 500	910 600
月末在产品成本	45 000	2 500	4 200	51 700

对于月末在产品，使用定额方法计算。

（3）根据各种产品的产量、原材料费用系数和工时消耗定额，分配计算甲类A、B、C三种产品的产成品成本，编制各种产成品成本计算表，如表8-95所示。

表8-95 各种产成品成本计算表

2×20年5月　　　　　　　　　　　　　　　　　　金额单位：元

项目	产量（件）	原材料费用系数	原材料费用总系数	工时消耗定额	定额工时（小时）	原材料	工资及福利费	制造费用	成本合计
分配率						320	1.1	1.5	
A产品	1 000	1	1 000	18	18 000	320 000	19 800	27 000	366 800
B产品	750	0.8	600	20	15 000	192 000	16 500	22 500	231 000
C产品	800	1.1	880	15	12 000	281 600	13 200	18 000	312 800
合计			2 480		45 000	793 600	49 500	67 500	910 600

原材料费用分配率，应根据原材料费用合计数除以原材料费用总系数的合计数计算填列；原材料费用分配率分别乘以各种产成品的原材料费用总系数，即可求得各种产成品的原材料费用。

工资及福利费、制造费用的分配率，则应根据各该项费用的合计数，分别除以定额工时的合计数计算填列；以各该项费用分配率，分别乘以各种产成品的定额工时，即可求得各该种产成品的各该项费用。

$$原材料费用分配率 = \frac{793\ 600}{2\ 480} = 320$$

$$工资及福利费分配率 = \frac{49\ 500}{45\ 000} = 1.1$$

$$制造费用分配率 = \frac{67\ 500}{45\ 000} = 1.5$$

分类法不仅能简化成本计算工作，而且能够在产品品种、规格繁多的情况下，分类掌握产品成本的情况。

但是，由于在类内各种产品成本的计算中，不论是间接计入费用还是可以直接计入的费用，都是按一定的分配标准按比例进行分配的，所以计算结果有一定的假定性，受到产品的分类和分配标准的选定影响较大。

8.5.7 定额法实训

定额法是以事先制定的产品定额成本为标准，为解决、及时反映和监督生产费用和产品成本脱离定额的差异,在生产费用发生时,就及时提供实际发生的费用脱离定额耗费的差异额,并且根据定额和差异额计算产品实际成本的一种成本计算和控制的方法。

在定额法下,产品实际成本以定额成本为基础,由定额成本、定额差异和定额变动三部分组成。

定额法下,需要事前制定产品的消耗定额、费用定额和定额成本作为降低成本的目标,并在月末,在定额成本的基础上,加减各种成本差异,计算产品的实际成本。

采用定额法进行成本计算时,在生产费用明细账和产品成本计算单中都要按成本项目分别汇总定额成本、定额差异和定额变动,并分配于完工产品(或半成品)与在产品。

定额法下产品成本核算程序如图8-9所示。

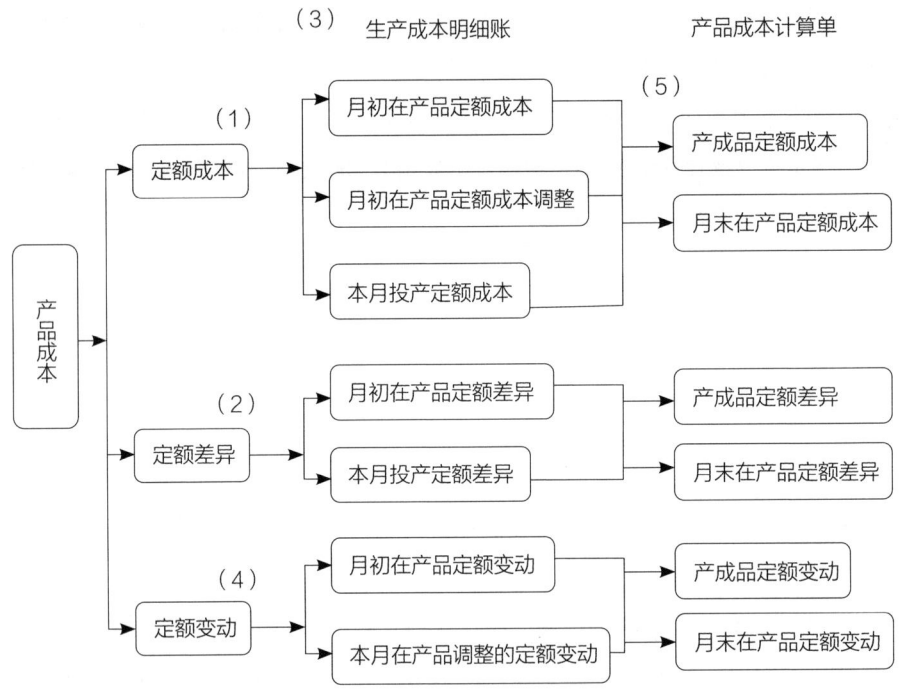

注:(3)为材料成本差异的分配,一般由厂部分配调整。

图8-9 定额法下产品成本核算程序

(一)定额成本的制定

定额成本是按现行消耗定额制定的成本标准。制定定额成本,可以使企业的成本控制和考核更加有效、更加符合实际，从而保证成本计划的完成。

产品的单位定额成本的制定，应包括零件、部件的定额成本和产成品的定额成本，通常由计划、会计等部门共同制定。

在确定定额成本时，一般分零部件分成本项目计算定额消耗量，再加以计划单价得出零部件的定额成本，汇总零部件的定额成本可算出产品的单位定额成本。

如果零部件繁多，计算每个零部件定额成本的工作量太大，则可按每单位产品直接汇总材料消耗量、工时定额再分别乘以材料计划单价、小时工资率、小时制造费用分配率，就可算出产品的定额成本。

定额费用可用以下公式核算。

$$原材料费用定额 = 生产原材料消耗定额 \times 原材料计划单价$$
$$生产工资费用定额 = 产品生产工时定额 \times 生产工资计划单价$$
$$制造费用定额 = 产品生产工时定额 \times 制造费用计划单价$$

定额法所依据的消耗定额是现行的定额，是企业在当时生产技术条件下，在各项消耗上应达到的标准，它应随着生产技术的进步、劳动生产率的提高不断修订。这也是定额法区别于计划成本法的一个特点。

此外，计算计划成本所依据的原材料等的计划单价，在计划期内通常也是不变的；计算定额成本所依据的生产工资和制造费用的计划单价，则可能变动。

需要指出的是，编制定额成本计算表时，所采用的成本项目和成本计算方法，应与编制计划成本、计算实际成本时所采用的成本项目和成本计算方法一致，以便于成本考核和成本分析工作的进行。399零件定额卡如表8-96所示。

表8-96　零件定额卡

零件编号：399　　　　　　　　　　2×20年 $\times$ 月

材料编号	计量单位	材料消耗定额
1203	千克	4
工序编号	工时定额	累计工时定额
1	2	2
2	4	6

利用上述零件399装配的部件103的定额成本计算卡如表8-97所示。

表 8-97 定额成本计算卡

部件编号：103　　　　　　　　　　2×20年 × 月

所需零件编号	材料定额						金额合计	工时定额
	材料名称：1203			材料名称：				
	数量	计划单价	金额	数量	计划单价	金额		
399	4	5	20				20	6
装配								2
合计			20				20	8

定额成本项目						定额成本合计
原材料	工资福利费			制造费用		
	计划工资率	金额		计划费用率	金额	
20	0.8	6.4		1.1	8.8	35.2

（二）定额差异的计算

定额差异是实际生产费用与定额成本的差额，超支与节约分别表现为正、负差异。正确地核算和分析定额差异，及时控制生产费用支出，是定额法的核心。

脱离定额的差异，是指生产过程中，各项生产费用的实际支出脱离现行定额或预算的数额。

脱离定额差异的核算，就是在发生生产费用时，为符合定额的费用和脱离定额的差异，分别编制定额凭证和差异凭证，并在有关的费用分配表和明细分类账中分别予以登记。

为了防止生产费用的超支，避免浪费和损失，填制差异凭证以后，还必须按照规定办理审批手续。

1. 原材料的定额差异

在各成本项目中，原材料费用一般占有较大比重，是定额法控制的重点。原材料费用属于直接计入费用，因而更有必要和可能在费用发生的当时就按产品核算定额费用和脱离定额的差异，并以不同的凭证予以反映。

原材料脱离定额差异的核算方法，一般有限制领料的计算、切割的计算和盘存的计算三种方法。

（1）限制领料的计算。

在定额法下，企业生产管理部门根据生产任务签发限额领料单，一般一单一料，符合定额的原材料应根据限额领料单等定额凭证领发。

生产任务临时变更时，应及时变更限额领料单的限额。全部限额领料单的金额合计应与本月直接材料的定额成本相符。

在差异凭证中，应填写差异的数量、金额以及产生差异的原因。差异凭证的签发，须经过一定的审批手续，其中采用代用材料、利用废料和材料质量低劣等引起的脱离定额差异，通常由技术部门审批。

如果领用代用材料、下脚料和质量低的材料代替原限额用料，则应由技术部门鉴定、折算为正品材料的数量计算。

在每批生产任务完成以后，应根据车间余料编制退料手续，退料单也是一种差异凭证。退料单中的原材料数额和限额领料单中的原材料余额，都是原材料脱离定额的节约差异。

特别要注意的是，原材料脱离定额差异是产品生产中实际用料脱离现行定额而形成的成本差异，而限额法并不能完全控制用料，因为投产的产品数量不一定等于规定的产品数量，所领原材料的数量也不一定等于原材料的实际消耗量。

只有投产产品数量等于规定的产品数量，且车间期初、期末均无余料或期初、期末余数量相等时，领料（或发料）差异才是用料脱离定额的差异。

限额领料单如表 8-98 所示。

表 8-98 限额领料单

领料部门：

材料类别	材料编号	材料名称及规格	计量单位	领用限额	实际领用	单价（元）	金额（元）	备注
日期	数量		领料人签章	发料人签章	退料数量	退料人签章	收料人签章	限额结余
	请领	实发						
合计								

计划部门负责人：　　　　　供应部门负责人：　　　　　仓库负责人：

【例 8-40】2×20 年 5 月长江公司元器件编号 1201 的限额领料单规定的产品数量为 1 000 件，每件产品的原材料消耗定额为 5 千克，则领料限额为 5 000 千克；本月实际领料 4 800 千克，领料差异为少领 200 千克。

如果本期投产产品数量为 900 件，车间期初余料为 100 千克，期末余料为 120 千克。

原材料定额消耗量 =900×5=4 500（千克）

原材料实际消耗量 =4 800+100-120=4 780（千克）

原材料脱离定额差异 =4 780-4 500=280（千克）（超支）

（2）切割的计算。

如果购入的原材料不能直接投入生产，要经过切割才能使用，材料切割的差异应与生产耗料的差异区分开来计算。

材料切割如果是由仓库进行的，材料切割单反映的差异应列为采购部门考核的内容。

如果材料切割由生产车间进行，应根据材料切割单计算材料切割差异，根据切割后的材料计算实际耗用量，再与定额耗用对比计算耗料差异，两项差异分别登入生产费用明细账，以便分清责任。

在表8-99所示的材料切割核算单中，材料定额消耗量、脱离定额的差异，以及发生差异的原因均应填入单中，并由主管人员签证。

表8-99 材料切割核算单

材料编号或名称：201　　　材料计量单位：千克　　　材料计划单价：7.5元
产品名称：甲　　　　　　零件编号或名称：205　　　图纸号：609
切割工人工号：23　　　　机床编号：312
发交切割日期：2×20年4月10日　　　完工日期：2×20年4月20日

发料数量	退回余料数量		材料实际消耗量		废料回收数量
150	19		131		13.5
单件消耗定额	单件回收废料定额	应割成的毛坯数量	实际割成的毛坯数量	材料定额消耗量	废料定额回收量
10	0.5	13	12	120	6
材料脱离定额差异		废料脱离定额差异		差异原因	责任者
数量	金额	数量	单价	金额	新手上路，因而对于操作不熟练，多费了工料	切割工人
11	82.5	-7.5	1.2	-9		

（3）盘存的计算。

大量生产中，除了要使用限额领料单等定额凭证和超额领料单等差异凭证，以便控制日常材料的实际消耗外，还应该根据月末在产品盘点单上的期末在产品数量减月初在产品数量加本月完工产品数量计算本月投产产品数量，据以计算本月投产产品的材料定额成本。

其中投产产品数量的计算公式如下。

本期投产产品数量＝本期完工产品数量＋期末在产品数量－期初在产品数量

同时，根据限额领料单、超额领料单、退料单等材料凭证以及车间余料的盘存数量，计算原材料实际消耗量。

最后将原材料实际消耗量与定额消耗量进行比较，进而确定原材料脱离定额的差异。

【例8-41】 长江公司生产甲产品耗用1204号材料。甲产品期初在产品为50件，本期完工产品为1 000件，期末在产品为150件。

生产甲产品用原材料在生产开始时一次投入，甲产品的原材料消耗定额为每件2千克，原材料的计划单价为每千克10元。

限额领料单中载明的本期已实际领料数量为2 100千克。车间期初余料为50千克，期末余料为20千克。

有关计算如下。

投产产品数量＝1 000+150-50=1 100（件）

原材料定额消耗量＝1 100×2=2 200（千克）

原材料实际消耗量＝2 100+50-20=2 130（千克）

原材料脱离定额差异（数量）＝2 130-2 200=-70（千克）（节约）

原材料脱离定额差异（金额）＝-70×10=-700（元）（节约）

最后，对于原材料的定额消耗量和脱离定额的差异，应分批或定期地按照成本计算对象进行汇总，编制原材料定额费用和脱离定额差异汇总表。

【例8-42】 沧海工厂生产1230型号电视机，其2×20年5月原材料定额费用和脱离定额差异汇总表如表8-100所示。

表8-100　原材料定额费用和脱离定额差异汇总表

产品名称：1230型号电视机　　　　　2×20年5月　　　　　　金额单位：元

原材料类别	材料编号	单位	计划单位成本	定额费用		计划价格费用		脱离定额差异		差异原因
				数量	金额	数量	金额	数量	金额	
原料	1203	千克	5	6 000	30 000	6 200	31 000	200	1 000	略
主要材料	2304	千克	4	5 000	20 000	4 500	18 000	-500	-2 000	略
辅助材料	3202	千克	4	1 750	7 000	1 800	7 200	50	200	略
合计					57 000		56 200		-800	

2. 工资的定额差异

工资费用有计件工资和计时工资两种情况。

在计件工资形式下,生产工资属于直接计入费用,某种产品的生产工资脱离定额差异可按下式计算。

某种产品生产工资脱离定额的差异 = 该产品实际生产工资费用 −（该产品实际产量 × 该产品生产工资费用定额）

在计时工资形式下,实际工资总额到月终才能确定,因此,生产工资脱离定额的差异不能在平时按照产品直接计算,只有在月末实际生产工资总额确定以后,才能计算。产品的生产工资脱离定额差异应该按照下列公式计算。

$$某车间的计划单位小时工资 = \frac{某车间计划产量的定额生产工资}{该车间计划产量的定额生产工时}$$

$$某车间的实际单位小时工资 = \frac{该车间实际生产工资总额}{该车间实际生产工时总额}$$

产品的定额生产工资 = 该产品实际产量的定额生产工时 × 计划单位小时工资

产品的实际生产工资 = 该产品实际产量的实际生产工时 × 实际单位小时工资

产品的生产工资脱离定额的差异 = 该产品实际生产工资 − 该产品定额生产工资

【例8-43】 沧海工厂A车间（该车间生产1230型号电视机和其他产品）2×20年5月计划产量的定额生产工资费用为14 800元,计划产量的定额生产工时为2 960小时。本月实际生产工人工资费用为16 500元,实际生产工时为3 000小时；本月1230型号电视机定额工时为1 808小时,实际生产工时为1 700小时。

对于1230型号电视机的工人工资计算如下。

$$A车间计划单位小时工资 = \frac{14\,800}{2\,960} = 5$$

$$A车间实际单位小时工资 = \frac{16\,500}{3\,000} = 5.5$$

1230型号电视机的定额生产工资 = 1 808 × 5 = 9 040（元）

1230型号电视机的实际生产工资 = 1700 × 5.5 = 9 350（元）

1230型号电视机生产工资脱离定额的差异 = 9 350 − 9 040 = 310（元）（超支）

在定额法下,对于工资费用应根据上述核算资料,按照成本计算对象汇总编制定额生产工资和脱离定额差异汇总表。该表中,汇总反映产品的定额工资、实际工资、工资脱离定额的差异及其产生的原因等资料。

3. 制造费用的定额差异

制造费用一般为间接计入费用,各种产品应负担的制造费用脱离定额的差异，只有到月末将实际费用分配给各种产品以后，才能以其实际费用与定额费用相比较加以确定。其有关计算公式如下。

$$某车间计划单位小时制造费用率 = \frac{某车间计划制造费用总额}{该车间计划产量的定额生产工时总数}$$

$$某车间实际单位小时制造费用率 = \frac{某车间实际制造费用总额}{该车间各种产品实际生产工时总数}$$

产品的实际制造费用 = 该产品实际生产工时 × 实际单位小时制造费用率

产品的定额制造费用 = 该产品实际产量的定额工时 × 计划单位小时制造费用率

产品的制造费用脱离定额差异 = 该产品实际制造费用 − 该产品定额制造费用

在日常核算中，材料费用也可以采用限额领料单、超额领料单等定额凭证和差异凭证进行控制；生产工具、零星费用，则可采用领用手册、费用定额卡等凭证进行控制。对于超计划领用，也要经过一定的审批手续。

【例8-44】沧海工厂A车间（该车间生产1230型号电视机和其他产品）2×20年5月计划制造费用总额为20 720元，计划产量的定额生产工时总额为2 960小时；实际生产工时为3 000小时，实际发生制造费用为20 700元。

本月1230型号电视机的定额生产工时为1 808小时，实际生产工时为1 700小时。

计算如下。

$$A车间计划单位小时制造费用率 = \frac{20\ 720}{2\ 960} = 7$$

$$A车间实际单位小时制造费用率 = \frac{20\ 700}{3\ 000} = 6.9$$

1230型号电视机的定额制造费用 = 1 808×7 = 12 656（元）

1230型号电视机的实际制造费用 = 1700×6.9 = 11 730（元）

1230型号电视机制造费用脱离定额的差异 = 11 730−12 656 = −926（元）（节约）

在进行了以上的步骤之后，分别计算出定额费用和脱离定额差异的部分，则可以计算产品的实际成本，公式如下。

产品实际成本 = 产品定额成本 ± 脱离定额差异

之后，应在完工产品和月末在产品之间进行分配，在实际核算中，大多采用定额比例法进行。如果各月在产品的数量比较稳定，也可以采用按定额成本计算在产品成本的方法，将全部差异计入完工产品成本，月末在产品不负担差异。

(三)材料成本差异的分配

在定额法中,使用计划成本进行日常核算。因此,日常所发生的原材料费用,包括原材料定额费用和原材料脱离定额的差异,都是按照原材料的计划单位成本计算的,存在材料成本差异。

在月末计算产品的实际原材料费用时,必须考虑所耗原材料应负担的成本差异问题,即所耗原材料的价差。其计算公式如下。

产品应分配的原材料成本差异=(该产品原材料定额费用 ± 原材料脱离定额差异)× 原材料成本差异分配率

产品实际成本 = 按现行定额计算的产品定额成本 ± 脱离现行定额差异 ± 原材料或半成品成本差异

【例8-45】2×20年6月沧海工厂1230型号电视机所耗原材料定额费用为57 000元,脱离定额差异为节约800元,原材料的成本差异率为节约1%。

该产品应分配的材料成本差异计算如下。

(57 000-800)×(-1%)=-562(元)

各种产品应分配的材料成本差异,一般均由各该产品的完工产品负担,月末在产品不再负担。

在定额法下,为了便于考核和分析各生产步骤的产品成本,简化成本计算工作,各步骤所耗原材料和半成品的成本差异应尽量由厂部分配调整,不计入各生产步骤产品的成本。

(四)定额变动差异的核算

定额变动差异,是指因修订消耗定额或生产耗费的计划价格而产生的新旧定额之间的差额。

定额成本是根据计划期间的预计生产条件制定的,生产条件变动,定额成本也需要修订。

一般在年初修订定额成本,年度内实在有必要,也尽可能在月初进行。

定额成本修订后,本月即按新的定额成本计算,但月初在产品是按旧定额计算的,必须按新定额进行调整。

月初在产品定额变动差异,可以根据定额发生变动的在产品盘存数量或在产品账面结存数量和修订前后的消耗定额,计算出月初在产品消耗定额修订前和修订后的定额消耗量,进而确定定额变动差异。但是,在构成产品的零部件种类较多的情况下，采用这种方法按照零部件和工序进行计算，工作量就会很大。

为了简化计算工作，可以按照单位产品费用的折算系数进行计算。即将按新旧定额所计算出的单位产品费用进行对比，求出系数，然后根据系数，进行计算。

其计算公式如下。

$$系数 = \frac{按新定额计算的单位产品费用}{按旧定额计算的单位产品费用}$$

月初在产品定额变动差异＝按旧定额计算的月初在产品费用×（1－系数）

【例8-46】 沧海工厂1230型号电视机的一些零件从2×20年5月1日起实行新的原材料消耗定额，单位产品旧的原材料费用定额为12元，新的原材料费用定额为11.4元。该产品月初在产品按旧定额计算的原材料定额费用为12 000元。月初在产品定额变动差异计算如下。

$$系数 = \frac{11.4}{12} = 0.95$$

月初在产品定额变动差异＝12 000×（1－0.95）＝600（元）

各种消耗定额的变动，一般表现为不断下降的趋势，因而月初在产品定额变动差异，通常表现为月初在产品定额成本的降低。

同时，产品实际成本的计算公式应补充如下。

产品实际成本＝按现行定额计算的产品定额成本 ± 脱离现行定额的差异 ± 原材料或半成品成本差异 ± 月初在产品定额变动差异

定额变动差异一般应按照定额成本比例，在完工产品和月末在产品之间进行分配。因为这种差异不是当月工作的结果，不应全部计入当月完工产品成本。

（五）填写生产成本明细账

在定额法下，产品实际成本的计算，也应在产品成本明细账中按照成本项目分别进行。

产品成本明细账，是在对生产耗费脱离定额差异进行日常核算和控制的基础上，根据有关资料登记的。

【例8-47】 根据沧海工厂的资料，采用定额法计算产品成本，填写明细账，如表8-101所示。

表 8-101　产品成本明细账

产品名称：1230型号电视机　　　　　2×20年5月　　　　　单位：元　　　产量：5 000件

成本项目	月初在产品成本		月初在产品定额变动		本月生产费用				生产费用累计		
	定额成本	脱离定额差异	定额成本调整	定额变动差异	定额成本	脱离定额差异	材料成本差异		定额成本	脱离定额差异	材料成本差异	定额变动差异
原材料	12 000	−560	−600	600	57 000	−800	−562	68 400	−1 360	−562	600
工资及福利费	900	40			9 040	310		9 940	350		
制造费用	1 800	−80			12 656	−926		14 456	−1 006		
成本合计	14 700	−600	−600	600	78 696	−1 416	−562	92 796	−2 016	−562	600

月初在产品成本资料,根据上月末在产品成本资料登记。

月初在产品定额变动资料,根据企业月初在产品定额变动差异的计算资料登记。

定额成本调整数,是用来调整按旧定额计算的月初在产品定额成本的(定额降低时为负数,定额提高时为正数)。

定额变动差异数,是应该由本月产品成本负担的月初在产品定额变动的差异(定额降低时为正数,定额提高时为负数)。

本月生产费用中的定额成本和脱离定额差异,是根据前列的原材料定额费用和脱离定额差异汇总表和其他有关汇总表、分配表进行登记的。

材料成本差异,是根据前列原材料成本差异分配计算资料登记的。

(六)完工产品的定额成本

将定额成本、脱离定额差异在完工产品和月末在产品之间按照定额成本比例进行分配后,把本月完工产品的定额成本、定额差异和定额变动汇总计算本月完工产品成本。

要完成这个步骤,首先要计算脱离定额差异分配率,并据以计算登记完工产品和月末在产品应负担的差异额。

【例 8-48】根据沧海工厂的资料,采用定额法计算产品成本。该企业规定,该产品的定额变动差异和材料成本差异由完工产品负担;脱离定额差异按定额成本比例,在完工产品与月末在产品之间进行分配。

完工产品与在产品之间费用的分配如表 8-102 所示。

其中,脱离定额差异 = $\dfrac{\text{生产费用累计脱离定额差异}}{\text{生产费用累计定额成本}}$

表 8-102 产成品和在产品费用分配计算单

产品名称:1230 型号电视机　　　　单位:元　　　　　　产量:5 000 件

成本项目	差异率	本月产成品成本					月末在产品成本	
	脱离定额差异	定额成本	脱离定额差异	材料成本差异	定额变动差异	实际成本	定额成本	脱离定额差异
原材料	-1.99%	57 000	-1 134.3	-562	600	55 905.64	11 400	-226.67
工资及福利费	3.52%	9 000	316.8			9 316.8	940	33.0

续表

成本项目	差异率 脱离定额差异	本月产成品成本					月末在产品成本	
		定额成本	脱离定额差异	材料成本差异	定额变动差异	实际成本	定额成本	脱离定额差异
制造费用	−2.29%	10 000	−229			9 770.36	4 456	−102.19
成本合计		89 440	−1 383.03	−562	600	88 096.71	11 440	−206.64

本月产成品成本根据产成品入库单列示的产成品数量和单位定额成本计算登记。

月末在产品的定额成本，可以根据该种产品各工序各种在产品的盘存数量或账面结存数量，乘以各该新的费用定额计算登记，也可以根据定额成本累计数减去本月产成品定额成本，即按倒挤的方法计算登记，两者计算的结果应相等。

定额法是将产品成本的计划工作、核算工作和分析工作有机结合起来，将事前、事中、事后反映和监督融为一体的一种产品成本计算方法和成本管理制度。

定额法的主要优点是能够在生产耗费发生的当时反映和监督脱离定额的差异，从而有利于加强成本控制，有利于进一步挖掘降低成本的潜力，还有利于提高成本的定额管理和计划管理工作的水平。

但是，采用定额法计算产品成本要比采用其他方法核算工作量大。因为采用定额法必须制定定额成本，单独核算脱离定额差异，在定额变动时还必须修订定额成本，计算定额变动差异。

8.5.8 变动成本法实训

变动成本法，是在计算产品成本时，不计算固定制造费用，而只计算生产过程中产品所消耗的直接材料、直接人工和变动制造费用的一种方法。

在变动成本法下，把固定制造费用视为期间成本全额计入当期损益。

变动成本法与完全成本法具有很大的不同，它们的原理如图 8-10、图 8-11 所示。

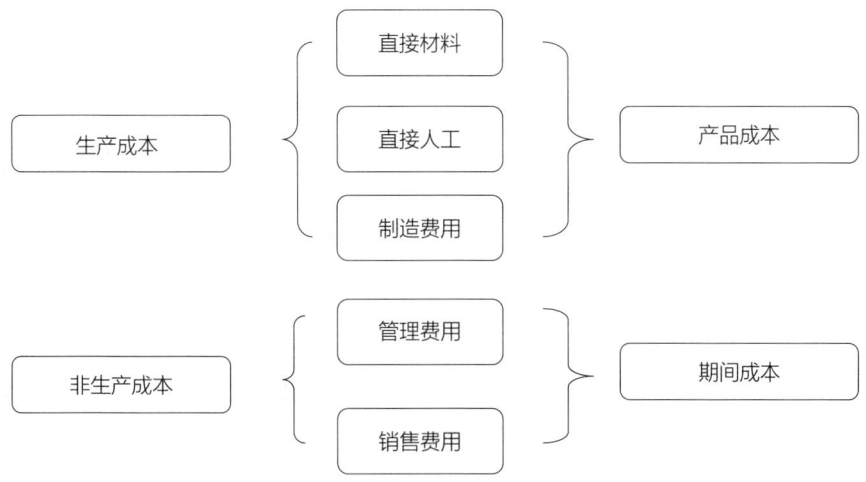

图 8-10　完全成本法的原理

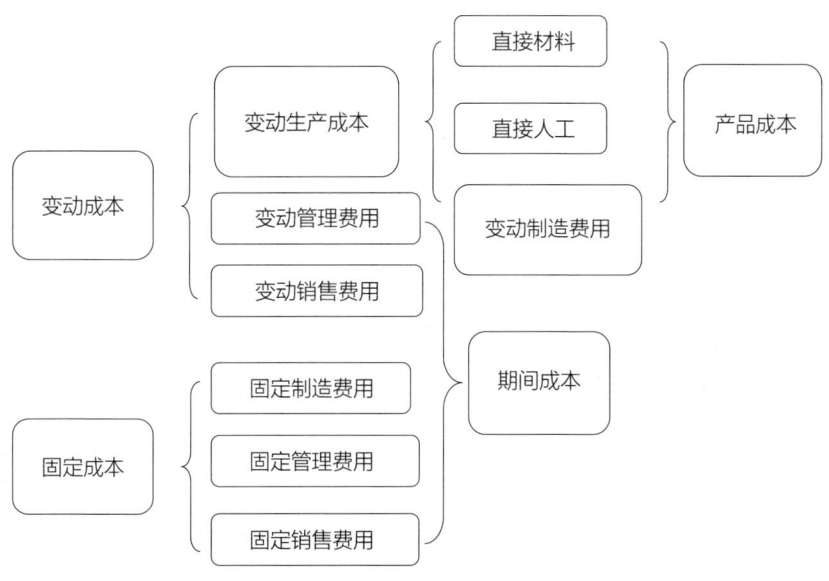

图 8-11　变动成本法的原理

在变动成本法下,根据成本习性把企业的全部成本区分为变动成本与固定成本两大类,只将变动生产成本的直接材料、直接人工和变动制造费用计入产品成本。

(一)变动成本法的基本思想

变动成本法以成本按其习性的分类为基础,成本习性是指成本与业务量之间的依存关系。成本按其与业务量之间的依存关系,可以分为固定成本与变动成本两大类。

固定成本是指其总额在一定时期和一定业务量范围内，不受业务量增减变动影响而保持不变的成本。其成本习性如图8-12所示。

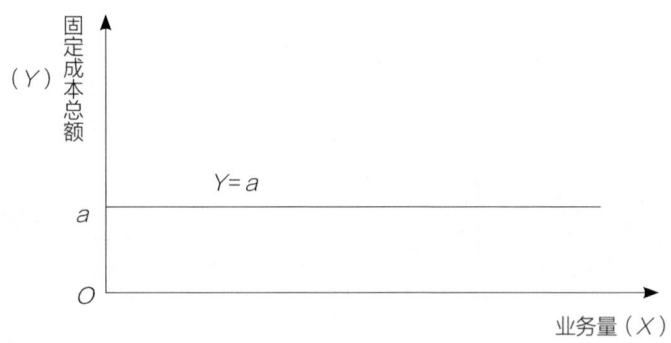

图8-12　固定成本与业务量的关系

可见，由于固定成本总额在一定时期和一定业务量范围内保持不变，那么随着业务量在一定范围内的增加或减少，单位业务量所分摊的固定成本，就会相应地减少或增加，即从单位固定成本看，它与业务量的增减成反比例变动。

值得注意的是，固定成本总额只是在一定时期和一定业务量范围内才是固定的。这里所说的一定范围，通常称为相关范围。如果业务量超过了相关范围，固定成本也会发生变动。所以，所谓固定成本，必须和一定时期、一定业务量相联系。

变动成本是指其总额随着业务量的变动而成正比例变动的成本。其成本习性如图8-13所示。

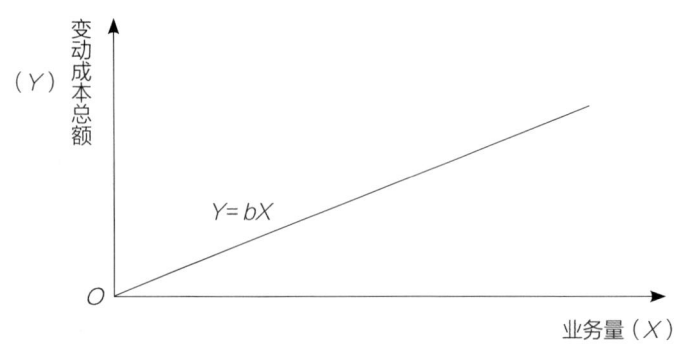

图8-13　变动成本与业务量的关系

应当指出的是，变动成本也存在着相关范围问题。也就是说，在相关范围之内，变动成本总额与业务量之间保持着完全的线性关系，在相关范围之外，它们之间的关系，可能是非线性的。

根据固定成本和变动成本，就可以核算出总成本。

总成本的计算公式如下。

总成本 = 固定成本总额 + 变动成本总额

= 固定成本总额 + 单位变动成本 × 业务量

$Y=a+bX$

其中 Y 代表总成本，a 代表固定成本总额，b 代表单位变动成本，X 代表业务量。

总成本与业务量的关系如图 8-14 所示。

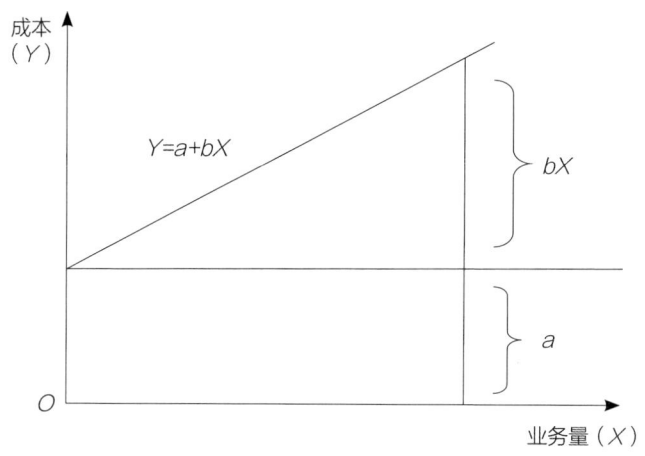

图 8-14　总成本与业务量的关系

（二）混合成本及其分解

在实际中，有些成本兼具变动成本和固定成本的特点，比如有的成本明细项目虽然也随业务量的变动而变动，但不是正比例变动，同时兼有固定成本和变动成本两种不同的性质，这类成本称为混合成本。

混合成本主要有半变动成本和半固定成本两类。

半变动成本，通常有一个初始量，类似于固定成本，在此基础上，随着业务量的增加而相应增加。半变动成本与业务量的关系如图 8-15 所示。

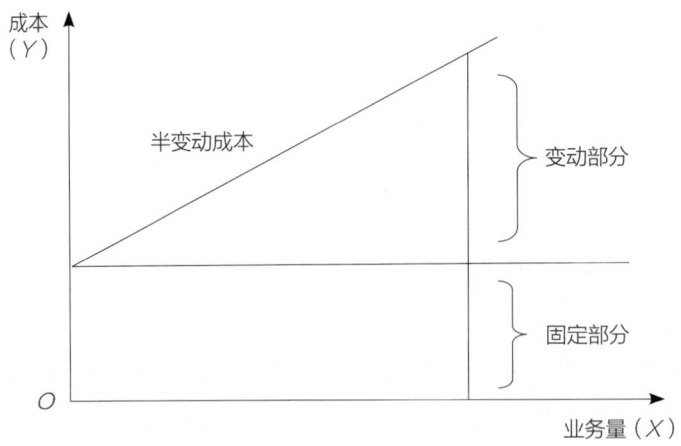

图 8-15 半变动成本与业务量的关系

半固定成本,也叫阶梯式成本,是指业务量在一定范围内增长,其发生额固定不变;当业务量增长超过一定限度,其发生额会突然跳跃到一个新的水平,然后在业务量增长的一定限额内保持不变。半固定成本与业务量的关系如图 8-16 所示。

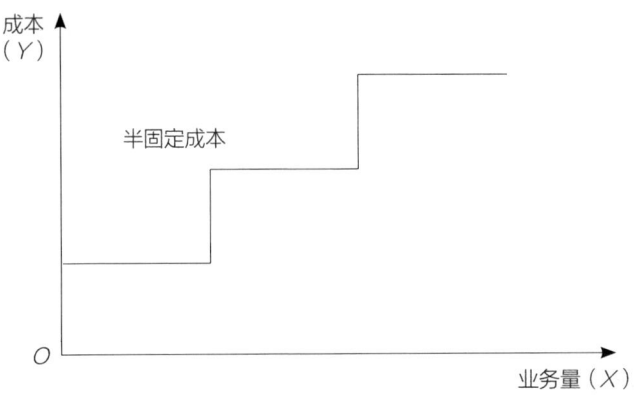

图 8-16 半固定成本与业务量的关系

我们可以看到,对于混合成本,在核算中必须进行分解,将其分为固定成本部分和变动成本部分。混合成本的分解,常用的有三种方法。

根据与其他单位签订的合同中关于支付费用的具体规定,来确认成本的固定部分和变动部分的混合成本分解方法,叫作合同确认法。

根据生产过程中消耗量的技术测定和计算来划分成本的变动部分和固定部分的混合成本分解方法,叫作技术测定法。

根据以往若干期的业务量与成本的资料,采用适当的数学方法来分析成本的固定部分和变动部分的混合成本分解方法,叫作历史成本分析法。

在本书中,着重介绍历史成本分析法。

1. 散布图法

散布图法是根据若干期的业务量、成本资料,在坐标图中标出所有各期的成本点,再用目测的方法画出一条能够反映成本变动的平均趋势的直线,并在图上确定直线的截距即固定成本,然后据以计算单位变动成本的一种混合成本分解方法。

散布图法较为简便、容易理解,但由于通过目测画线,往往因人而异,很难十分准确。

2. 高低点法

高低点法是根据一定期间内的最高业务量及其成本和最低业务量及其成本,来推算成本中的固定成本部分和变动成本部分的一种混合成本分解方法。

高低点法使用的基本公式如下。

$$单位变动成本 = \frac{业务量最高期的混合成本 - 业务量最低期的混合成本}{最高业务量 - 最低业务量}$$

$$固定成本 = 业务量最高期混合成本 - 最高业务量 \times 单位变动成本$$

高低点法是非常简便的方法,但这种方法没有利用所占有的全部数据,只利用最高点和最低点的数据,因此,如果最高点、最低点业务量的成本有畸高或畸低现象,则计算结果就不会准确。

【例8-49】长城公司2×20年机器设备工作小时和维修费用如表8-103所示。

表8-103 机器设备工作小时和维修费用

月份	业务量(机器工作小时,X)	维修费用(元,Y)
1	1 000	825
2	1 100	870
3	1 300	970
4	1 050	840
5	1 400	1 020
6	900	780
7	1 200	920

续表

月份	业务量（机器工作小时，X）	维修费用（元，Y）
8	1 150	890
9	1 450	1 030
10	1 500	1 050
11	1 350	990
12	1 250	950

使用高低点法，选择表中机器工作小时最高、最低的两点进行比较，如表8-104所示。

表8-104　高低点比较

项目	高点（10月）	低点（6月）	差异
业务量（机器工作小时，X）	1 500	900	600
维修费（元，Y）	1 050	780	270

单位变动成本（b）$=\dfrac{270}{600}=0.45$（元/小时）

固定成本（a）$=1\,050-0.45\times 1\,500=375$（元）

从而可得维修成本的一般方程式为：

$Y=375+0.45X$

3. 回归直线法

回归直线法是根据若干历史时期的业务量和成本资料，运用最小二乘法的原理，计算出最能代表业务量和成本关系的回归直线，据以确定成本的固定部分和变动部分的一种混合成本分解方法。

回归直线法利用了离差平方和最小的原理，计算结果非常准确；但计算工作量较大，随着计算机的推广与普及，这种方法将会得到广泛的应用。

【例8-50】沿用【例8-49】的资料，在使用回归直线法时，按下列二元一次方程组求回归直线的截距（固定成本，a）和斜率（单位变动成本，b）：

$$\begin{cases}\sum y_i = na + b\sum x_i \\ \sum x_i y_i = a\sum x_i + b\sum x_i^2\end{cases}$$

对此，可以将数据做以下处理，如表8-105所示。

表 8-105　数据处理

月份(n)	业务量（机器工作小时，x_i）	维修费用（元，y_i）	$x_i y_i$	x_i^2
1	1 000	825	825 000	1 000 000
2	1 100	870	957 000	1 210 000
3	1 300	970	1 261 000	1 690 000
4	1 050	840	882 000	1 102 500
5	1 400	1 020	1 428 000	1 960 000
6	900	780	702 000	810 000
7	1 200	920	1 104 000	1 440 000
8	1 150	890	1 023 500	1 322 500
9	1 450	1 030	1 493 500	2 102 500
10	1 500	1 050	1 575 000	2 250 000
11	1 350	990	1 336 500	1 822 500
12	1 250	950	1 187 500	1 562 500
n=12	$\sum x_i$ =14 650	$\sum y_i$ =11 135	$\sum x_i y_i$ =13 775 000	$\sum x_i^2$ =18 272 500

将所得数据代入方程式。

$$\begin{cases} 11\ 135=12\times a+b\times 14\ 650 \\ 13\ 775\ 000=a\times 14650+b\times 18\ 272\ 500 \end{cases}$$

可得：

$$\begin{cases} a=357.29 \\ b=0.467\ 4 \end{cases}$$

所以维修成本的一般方程式为：

$y=357.29+0.467\ 4x$

（三）变动成本法的实际操作

1. 变动成本法的单位成本

【例 8-51】长城公司 2×20 年 2 月生产甲产品 1 000 件，销售 900 件，其成本资料如表 8-106 所示。

表 8-106 长城公司成本资料

单位：元

生产成本项目	单位成本	成本
直接材料	10	10 000
直接人工	9	9 000
变动制造费用	5	5 000
固定制造费用		6 000
合计		30 000
变动非生产成本	2	1 800
固定非生产成本		3 000
非生产成本合计		4 800
总计		34 800

在完全成本法中，固定制造费用的 6 000 元归入产品成本，而在变动成本法中，固定制造费用的 6 000 元归入期间成本。

$$完全成本法下的单位产品成本 = \frac{24\,000 + 6\,000}{1\,000} = 30（元/件）$$

$$变动成本法下的单位产品成本 = \frac{24\,000}{1\,000} = 24（元/件）$$

所以完全成本法比变动成本法计算出来的单位产品成本高，但其期间成本低。

2. 变动成本法的产品存货估价

在完全成本法下，将全部生产成本计入产品成本，生产成本在已销产品、库存产成品和在产品之间进行分配，所以期末产成品和在产品存货是按全部生产成本计价的。

但在变动成本法下，只将变动生产成本计入产品成本，从而也只有变动生产成本才随着产品的流动在已销产品、库存产成品和在产品之间进行分配，所以期末产成品和在产品存货是按变动生产成本计价的，而不含固定制造费用，其金额必然低于采用完全成本法计算的金额。

【例 8-52】沿用【例 8-51】的数据，假设期末没有在产品存货，期初没有产成品存货，生产 1 000 件甲产品，但只销售了 900 件。

完全成本法下存货 100 件的单位产品成本 = 30（元/件）

存货的总成本 = 3 000（元）

变动成本法下的存货100件的单位产品成本=24(元/件)

存货的总成本=24 000(元)

3. 变动成本法的盈亏计算

在变动成本法下,核算利润时,首先从销售收入中扣减由变动生产成本构成的销售成本,其差额叫生产创利额;其次,用生产创利额减去变动非生产成本,其差额称为创利额;最后,将固定成本(包括生产的和非生产的固定成本)全数从创利额中扣减,剩下的就是营业净利。

这与完全成本法不同,所以在计算损益上,二者也存在很大的差别。

【例8-53】沿用【例8-51】的数据,假设长城公司2×20年1月生产甲产品1 000件,同时也销售出1 000件;2月生产甲产品1 000件,只销售出900件;3月生产甲产品1 000件,销售出1 100件。

甲产品每件销售价格为50元。假设1月初没有产成品存货,各月月初、月末均无在产品存货。

各月损益计算如表8-107所示。

表8-107 各月损益计算两种方法的比较

单位:元

项目	1月	2月	3月
完全成本法:			
销售收入	50 000	45 000	55 000
减:销售成本	30 000	27 000	33 000
销售毛利	20 000	18 000	22 000
非生产成本			
变动非生产成本	2 000	1 800	2 200
固定非生产成本	3 000	3 000	3 000
营业净利	15 000	13 200	16 800
变动成本法:			
销售收入	50 000	45 000	55 000
减:销售成本	24 000	21 600	26 400
生产创利额	26 000	23 400	28 600
减:变动非生产成本	2 000	1 800	2 200
创利额	24 000	21 600	26 400

续表

项目	1月	2月	3月
固定成本：			
固定生产成本	6 000	6 000	6 000
固定非生产成本	3 000	3 000	3 000
营业净利	15 000	12 600	17 400

为了更直观地表示两种成本方法所确定的各月损益的差别，可列出表8-108。

表8-108 两种方法的损益比较

月份	生产量与销售量（件）	按完全成本法计算确定的营业净利（元）	按变动成本法计算确定的营业净利（元）
1	1 000=1 000	15 000	15 000
2	1 000＞900	13 200	12 600
3	1 000＜1 100	16 800	17 400

可以看出，在各期生产量、单位变动成本和固定制造费用相同的条件下：

在生产量等于销售量时，两种成本法下确定的营业净利相等；

在生产量大于销售量时，采用完全成本法确定的营业净利大于采用变动成本法确定的营业净利；

在生产量小于销售量时，采用完全成本法确定的营业净利小于采用变动成本法确定的营业净利。

总之，变动成本法的优点是有利于进行短期决策，短期决策一般不涉及生产能力的变动问题，固定成本相对稳定，从而使之成为一种与决策无关的成本，也只有在采用变动成本法的情况下，才便于提供决策参与。变动成本法有利于加强成本控制和科学地进行成本分析，便于成本责任的归属和业绩的评价；也能促使管理部门注重销售，防止盲目生产。

但是，变动成本法不符合传统成本概念的要求，不能适应长期决策的需要，不便于价格决策。

当由完全成本法改为变动成本法时，一般要降低期末存货的计价，因而也就会减少企业的当期利润，从而会暂时减少国家的所得税收入和投资者的股利收益，影响有关方面及时取得收益。同时，如何界定变动成本与固定成本也是变动成本法的一个重要难点。

8.5.9 标准成本法实训

标准成本法是把事前计划、事中控制和事后计算和分析有机结合起来的一种成本计算方法，它并不单纯是一种成本计算方法，而是一种将成本计算和成本控制相结合的方法。

标准成本法下的产品成本，不是产品的实际成本，而是产品的标准成本。因此，标准成本法更重要的是被用来加强成本控制，在本质上它是一种成本管理方法。

事前要根据本企业生产某一种产品的工艺技术过程和内外业务条件，为材料、人工、制造费用每一成本项目制定标准成本。

事中控制和事后计算的基准就是标准成本。实际发生的历史成本汇总后要分解为与标准成本重合的标准部分和与标准成本偏离的差异部分，并进一步分析差异的原因，为管理决策提供有用的差别成本信息。

标准成本法的关键在于标准成本的制定，要制定符合企业实际情况、有利于提高企业效益的标准成本，需要合理的计划安排、健全的管理制度、高水平的技术人员和高素质的成本核算人员。因此，采用标准成本法对企业管理有很高的要求。

总的来说，标准成本法下产品成本核算程序如图 8-17 所示。

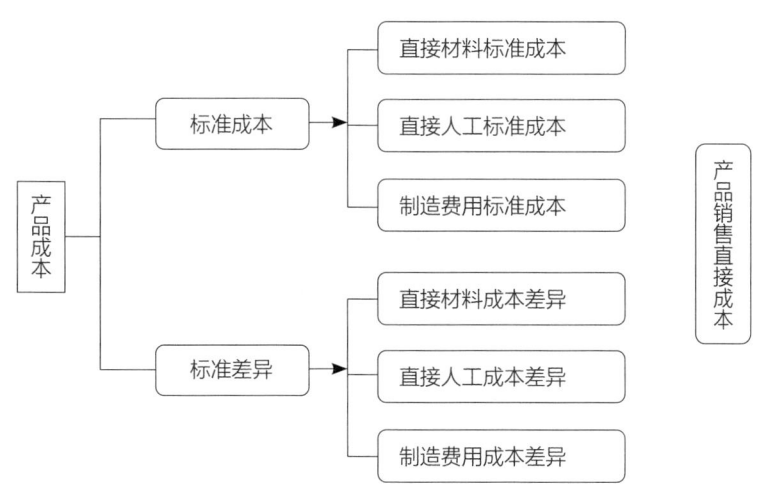

图 8-17 标准成本法下产品成本核算程序

（一）标准成本

所谓标准成本，就是经过认真调查、分析和技术测定而制定的，在有效经营条件下应当发生的,因而可以作为控制成本开支、评价实际成本、衡量工作效率的依据和尺度的一种目标成本。

标准成本是有效地进行成本控制的依据。成本控制的标准有两类:一类是以历史成本为准,一类是以应该发生的成本为准。采用标准成本,有利于责任会计的推行,可以简化成本核算的账务处理工作。

一般来说,标准成本可分为理想标准成本、正常标准成本和现实标准成本三种。

理想标准成本是以现有生产经营条件处于最优状态为基础确定的最低水平的成本;正常标准成本是根据正常的耗用水平、正常的价格和正常的生产经营能力利用程度制定的标准成本;现实标准成本,是在现有生产技术条件下进行有效经营的基础上,根据下一期最可能发生的各种生产要素的耗用量、预计价格和预计的生产经营能力利用程度而制定的标准成本。

制定标准成本的原则主要有先进标准原则、考虑未来原则和多方参与原则。即标准成本应该制定在比较先进的水平上,应预测经济情况的变动,且应让标准成本的执行者,即生产第一线直接控制成本的人员参与。

在确定标准成本后,应就不同种类、不同规格的产品,编制标准成本卡。

标准成本卡应分车间、分项目反映单位产品标准成本及其所依据的材料、工时的用量标准和标准的价格、工资率(每工时的工资)、制造费用分配率(每工时应负担的制造费用)等。

表 8-109 是一个标准成本卡的举例。

表 8-109 标准成本卡

产品名称:甲产品
计量单位:件　　　　编制日期:2×20 年 1 月 1 日

项目	数量	单价	金额
直接材料	甲材料 30 千克	5 元/千克	150 元
	乙材料 20 千克	10 元/千克	200 元
直接人工	12 小时	2 元/小时	24 元
变动性制造费用	12 小时	4.20/小时	50.4 元
单位产品标准变动成本			424.4 元
固定制造费用	12 小时	7.50 元/小时	90 元
单位产品标准成本			514.4 元

（二）成本差异的计算和分析

成本差异是指实际成本与标准成本之间的差额。实际成本超过标准成本所形成的差异叫作不利差异、逆差或超支，实际成本低于标准成本所形成的差异叫作有利差异、顺差或节约。

标准成本要按照成本的三个项目——直接材料、直接人工和制造费用分别制定。每个项目都要确定标准数量和标准价格，再把它们的乘积作为该项目的标准成本。而成本差异，也分为这三部分。

1. 直接材料成本差异

直接材料成本差异，是指一定产品产量的直接材料实际成本与直接材料标准成本之间的差额。它是由直接材料价格差异和直接材料用量差异两部分构成的。

直接材料价格差异 =（实际价格 × 实际用量）-（标准价格 × 实际用量）=（实际价格 - 标准价格）× 实际用量

直接材料用量差异 =（标准价格 × 实际用量）-（标准价格 × 标准用量）=（实际用量 - 标准用量）× 标准价格

直接材料成本差异 =（实际价格 × 实际用量）-（标准价格 × 标准用量）= 直接材料价格差异 + 直接材料用量差异

对上面的公式可进行归纳，如图 8-18 所示。

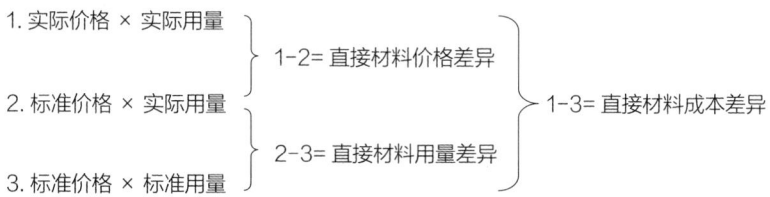

图 8-18　直接材料成本差异算法

【例 8-54】2×20 年长河公司制造 A 产品需用甲、乙两种直接材料，标准价格分别为 12 元 / 千克、10 元 / 千克，单位产品的标准用量分别为 40 千克 / 件、20 千克 / 件。

本期共生产 A 产品 400 件，实际耗用甲材料 15 000 千克、乙材料 9 000 千克，甲、乙两种材料的实际价格分别为 11.5 元 / 千克、11 元 / 千克。

直接材料成本差异计算分析如下。

甲材料价格差异=（实际价格－标准价格）×实际用量=（11.5-12）×15 000=-7 500（元）

乙材料价格差异=（11-10）×9 000=9 000（元）

A产品直接材料价格差异=-7 500+9 000=1 500（元）

甲材料用量差异=标准价格×（实际用量－标准用量）=12×（15 000-400×40）=-12 000（元）

乙材料用量差异=10×（9 000-400×20）=10 000（元）

A产品直接材料用量差异=-12 000+10 000=-2 000（元）

A产品直接材料成本差异=1 500-2 000=-500（元）

在计算出差异的基础上，应该进一步分析原因，落实责任。

一般来说，直接材料价格差异应由采购部门负责，直接材料用量差异应由控制用料的生产部门负责。但是，由于影响因素的多样性，还要综合考虑材料价格的变动和材料耗用量的变动，在进行直接材料成本差异分析时，应从实际出发，认真分析产生差异的具体原因，以便有针对性地采取改进措施。

2. 直接人工成本差异

直接人工成本差异，是指一定产品产量的直接人工实际成本与直接人工标准成本之间的差额，由直接人工工资率差异和直接人工效率差异两部分构成。

直接人工工资率差异=（实际工资率×实际工时）－（标准工资率×实际工时）

=（实际工资率－标准工资率）×实际工时

直接人工效率差异=（标准工资率×实际工时）－（标准工资率×标准工时）

=（实际工时－标准工时）×标准工资率

直接人工成本差异=（实际工资率×实际工时）－（标准工资率×标准工时）

=直接人工工资率差异+直接人工效率差异

对上面的公式可进行归纳，如图8-19所示。

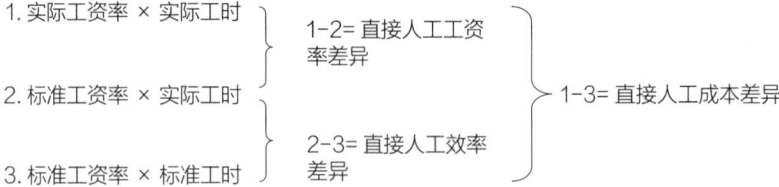

图8-19　直接人工成本差异算法

【例8-55】2×20年长河公司生产甲产品400件,实际耗用5 000工时,实际工资为9 000元;标准工资率为2元,单位产品的工时耗用标准为12工时。

直接人工成本差异计算分析如下。

标准工时=12×400=4 800(工时)

直接人工实际工资率=9 000÷5 000=1.8(元)

直接人工工资率差异=(1.80-2)×5 000=-1 000(元)

直接人工效率差异=(5 000-4 800)×2=400(元)

直接人工成本差异=-1 000+400=-600(元)

直接人工工资率差异一般应由劳动人事部门或生产部门负责,直接人工效率差异基本上应由生产部门负责。但是,由于影响因素的多样性,还要综合考虑,从实际出发,分析差异的原因。

3. 变动制造费用差异

变动制造费用差异,是指一定产品产量的实际变动制造费用与标准变动制造费用之间的差额,由变动制造费用开支差异和变动制造费用效率差异两部分组成。

变动制造费用开支差异类似于直接材料价格差异和直接人工工资率差异,变动制造费用效率差异类似于直接材料用量差异和直接人工效率差异。

变动制造费用开支差异=(实际分配率 × 实际工时)-(标准分配率 × 实际工时)
=(实际分配率 - 标准分配率)× 实际工时

变动制造费用效率差异=(标准分配率 × 实际工时)-(标准分配率 × 标准工时)
=(实际工时 - 标准工时)× 标准分配率

变动制造费用差异=(实际分配率 × 实际工时)-(标准分配率 × 标准工时)=变动制造费用开支差异 + 变动制造费用效率差异

对上面的公式可进行归纳,如图8-20所示。

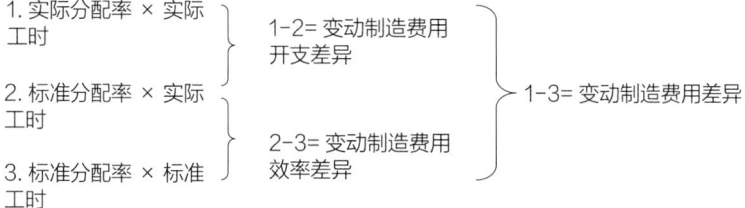

图8-20 变动制造费用差异算法

【例8-56】2×20年长河公司生产甲产品400件,实际耗用人工工时5 000工时,实际发生变动制造费用20 000元,单位产品的工时耗用标准为12工时,变动制造费用标准分配率为每一直接人工工时4.2元。对变动制造费用差异分析如下。

标准工时 =400×12=4 800(工时)

变动制造费用实际分配率 =20 000÷5 000=4(元/工时)

变动制造费用开支差异 =(4-4.2)×5 000=-1 000(元)

变动制造费用效率差异 =(5 000-4 800)×4.2=840(元)

变动制造费用差异 =-1 000+840=-160(元)

变动制造费用是一个综合性费用项目,在实际工作中,通常根据变动制造费用的弹性预算的明细项目,结合同类项目的实际发生数,进行对比分析,从而找出差异的原因及责任归属。

4. 固定制造费用差异

固定制造费用差异,是指一定期间的实际固定制造费用与标准固定制造费用之间的差额。

固定制造费用差异的划分方法,主要有三分法和两分法两种,这里主要介绍三分法。

所谓三分法,就是把固定制造费用差异分为固定制造费用开支差异、能力差异和效率差异三部分。

固定制造费用开支差异 =(实际分配率 × 实际工时)-(标准分配率 × 预算工时)
= 实际固定制造费用 - 预算固定制造费用

固定制造费用能力差异 =(标准分配率 × 预算工时)-(标准分配率 × 实际工时)
= 标准分配率 ×(预算工时 - 实际工时)= 预算固定制造费用 -(标准分配率 × 实际工时)

固定制造费用效率差异 =(标准分配率 × 实际工时)-(标准分配率 × 标准工时)
= 标准分配率 ×(实际工时 - 标准工时)

固定制造费用差异 =(实际分配率 × 实际工时)-(标准分配率 × 标准工时)
= 固定制造费用开支差异 + 固定制造费用能力差异 + 固定制造费用效率差异

对上面的公式可进行归纳,如图8-21所示。

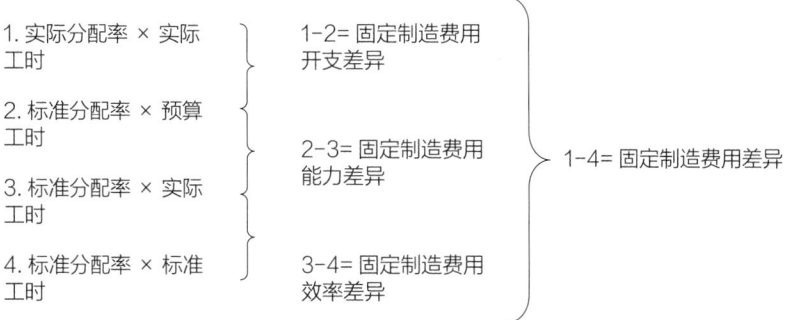

图 8-21　固定制造费用差异算法

需要注意的是，制造费用中除了与产量变动明显相关的变动制造费用、与一定范围内的产量变动不相关的固定制造费用外，还有半变动制造费用，要采用一定的办法，把半变动费用分解为变动费用和固定费用。

【例 8-57】沿用【例 8-56】的资料，长河公司 2×20 年预算固定制造费用为 42 000 元，预算工时为 5 600 工时，实际固定制造费用为 45 000 元。其他情况同【例 8-56】。固定制造费用差异计算分析如下。

固定制造费用标准分配率 =42 000÷5 600=7.5（元 / 工时）

固定制造费用实际分配率 =45 000÷5 000=9（元 / 工时）

固定制造费用开支差异 =45 000−42 000=3 000（元）

固定制造费用能力差异 =7.5×（5 600−5 000）=4 500（元）

固定制造费用效率差异 =7.5×（5 000−4 800）=1 500（元）

固定制造费用差异 =3 000+4 500+1 500=9 000（元）

固定制造费用也是一个综合性的费用项目，因此，为了较为准确地查明差异产生的原因，必须按固定制造费用各项目的预算数与其实际发生数进行对比，以便逐项分析原因和责任。

固定制造费用开支差异的出现有外部原因，但大多数是内部原因，如临时购置固定资产，超计划雇用管理人员及辅助生产人员，研究开发费、培训费的增加等。

固定制造费用能力差异出现主要是产销数量变化引起的。如经济萧条、产品定价过高，造成销路不好和开工不足，或原材料、能源供应不足造成生产能力利用不充分。

固定制造费用效率差异的形成原因与直接人工效率差异的形成原因相同，

主要应由人事部门和人工管理部门负责。

(三) 标准成本法的账务处理

标准成本法的账务处理要注意以下几点。

1. "在产品""产成品"账户的处理

在标准成本法下，这些账户只登记标准成本，同时设置各种成本差异账户，分别核算各种差异。

"在产品""产成品"账户，无论是借方还是贷方均登记实际产量的标准成本。

2. 各种差异的处理

对于直接材料成本差异，应设置"材料价格差异"和"材料用量差异"两个账户；对于直接人工成本差异，应设置"直接人工工资率差异"和"直接人工效率差异"两个账户；对于变动制造费用差异，应设置"变动制造费用开支差异"和"变动制造费用效率差异"两个账户；对于固定制造费用差异，应设置"固定制造费用开支差异""固定制造费用能力差异"和"固定制造费用效率差异"三个账户。

各种不利差异，应分别记入有关差异账户的借方；各种有利差异，应分别记入有关差异账户的贷方。

3. 会计期末的处理

期末成本差异的处理方法有以下两种。

第一种方法是将本期的各种成本差异，按标准成本的比例分配给期末在产品、期末库存产成品和本期已售产品。

第二种方法是将本期发生的各种成本差异全部计入当期损益。在这种处理方法下，资产负债表中的"存货"项目只反映标准成本。

在【例8-58】中，我们采用第二种方法进行账务处理。

【例8-58】沿用【例8-54】—【例8-57】的资料，并假设长河公司"在产品"和"产成品"账户均无期初余额。

本期投产的400件A产品均已全部完工，并已全部出售，每件售价为1000元。

（1）领用材料的会计分录。根据【例8-54】，投产400件A产品的直接材料的有关数据如下。

直接材料标准成本：（12×40+10×20）×400=272 000（元）

直接材料实际成本：11.5×15 000+11×9 000=271 500（元）

直接材料价格差异：1 500 元

直接材料用量差异：-2 000 元

根据以上数据编制会计分录如下。

借：在产品		272 000
材料价格差异		1 500
贷：原材料		271 500
材料用量差异		2 000

（2）将直接人工工资计入产品成本的分录。根据【例 8-55】，投产 400 件 A 产品的直接人工工资的有关数据如下。

直接人工标准成本：2×12×400=9 600（元）

直接人工实际成本：9 000 元

直接人工工资率差异：-1 000 元

直接人工效率差异：400 元

根据以上数据编制会计分录如下。

借：在产品		9 600
直接人工效率差异		400
贷：应付职工薪酬		9 000
直接人工工资率差异		1 000

（3）将变动制造费用计入产品成本的会计分录。根据【例 8-56】，可将变动制造费用有关数据列示如下。

标准变动制造费用：4.2×12×400=20 160（元）

实际变动制造费用：20 000 元

变动制造费用开支差异：-1 000 元

变动制造费用效率差异：840 元

根据以上数据编制会计分录如下。

借：在产品		20 160
变动制造费用效率差异		840
贷：变动制造费用		20 000
变动制造费用开支差异		1 000

（4）将固定制造费用计入产品成本的会计分录。根据【例8-57】，可将固定制造费用的有关数据列示如下。

标准固定制造费用：7.5×12×400=36 000（元）

实际固定制造费用：45 000元

固定制造费用开支差异：3 000元

固定制造费用能力差异：4 500元

固定制造费用效率差异：1 500元

根据以上数据，编制会计分录如下。

借：在产品	36 000
固定制造费用开支差异	3 000
固定制造费用能力差异	4 500
固定制造费用效率差异	1 500
贷：固定制造费用	45 000

（5）结转完工入库产品标准成本的会计分录。完工入库400件A产品的标准成本如下。

直接材料：272 000元

直接人工：9 600元

变动制造费用：20 160元

固定制造费用：36 000元

产品成本总额=337 760元

会计分录如下。

借：产成品	337 760
贷：在产品	337 760

（6）销售产品的会计分录如下。

借：应收账款	400 000
贷：主营业务收入	400 000

（7）结转已售产品标准成本。

借：主营业务成本	337 760
贷：产成品	337 760

（8）结转本期各项成本差异。本期各项成本差异的汇总结果详见表8-110。

表 8-110 成本差异汇总

单位：元

账户名称	不利差异	有利差异
材料价格差异	1 500	
材料用量差异		2 000
直接人工工资率差异		1 000
直接人工效率差异	400	
变动制造费用开支差异		1 000
变动制造费用效率差异	840	
固定制造费用开支差异	3 000	
固定制造费用能力差异	4 500	
固定制造费用效率差异	1 500	
合计	11 740	4 000
差异净额	7 740	

编制会计分录如下。

借：主营业务成本	7 740
材料用量差异	2 000
直接人工工资率差异	1 000
变动制造费用开支差异	1 000
贷：材料价格差异	1 500
直接人工效率差异	400
变动制造费用效率差异	840
固定制造费用开支差异	3 000
固定制造费用能力差异	4 500
固定制造费用效率差异	1 500

最后，以上分录的登账流程可总结为图 8-22。

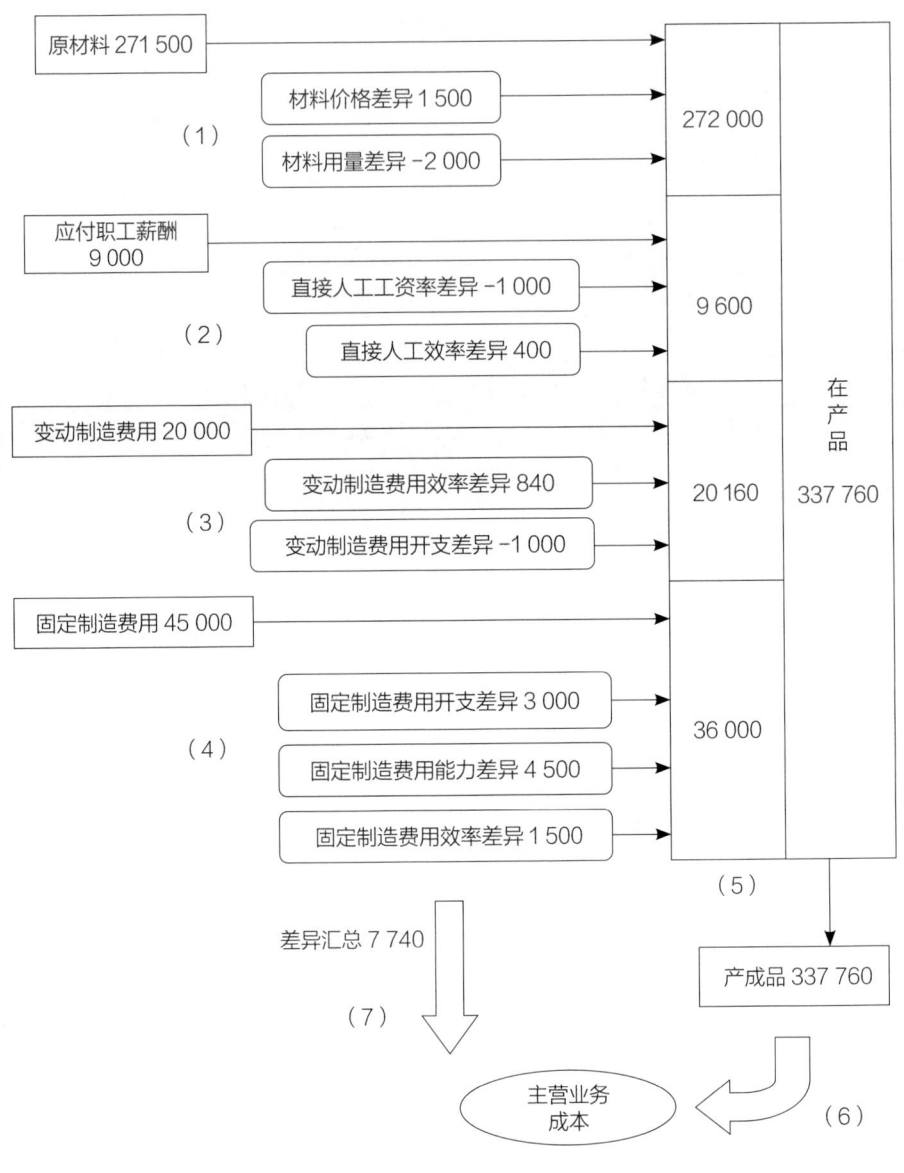

图 8-22 登账流程

总之,标准成本法是西方企业所采用的一种将成本计算与成本控制结合在一起,由制定标准成本、计算和分析成本差异,以及处理成本差异三个环节所组成的完整系统。

在标准成本法下,一般只计算产品的标准成本,不计算产品的实际成本,并将各种成本差异全部计入当期损益。

8.5.10 作业成本法实训

作业成本法是以企业制造产品过程中的"作业"为对象分配制造费用，进而计算产品生产成本的一种计算方法。作业成本法的原理是：作业消耗资源，产品消耗作业，作业导致成本。

"作业"是与制造费用形成直接相关的活动、方法、步骤或服务，它可能是一个车间，更经常的情况则可能是一个车间内与生产有关的"活动"。

通过对作业成本的计算和有效控制，来克服传统的以交易或数量为基础的成本系统中间接费用责任不清的缺陷，使以前的许多不可控间接费用变成可控的费用。

常见的作业可以分为单位作业、批别作业、产品作业和维持性作业四类。

把成本分配到各产品中去，必须要了解成本行为，识别恰当的成本动因。成本动因是发生某项制造费用的直接原因，整个车间发生的制造费用按成本动因细分，就分到每个作业中心。

其中，成本动因通常可分为资源动因和作业动因两类。

资源动因，是资源被各种作业消耗的方式和原因，它反映作业中心对资源的消耗情况，是资源成本分配到作业中心的标准；作业动因，通俗地讲，就是各项作业被最终产品或劳务消耗的方式和原因，它反映产品消耗作业的情况，是作业中心的成本分配到产品中的标准。

在作业成本法下，首先将制造费用由全厂统一或按部门归集和分配，改为由若干个成本库分别进行归集和分配；其次，由单一标准分配改为按引起制造费用发生的多种"成本动因"进行分配。

以一个车间为例，采用作业成本法，除要汇总直接材料、直接人工外，制造费用汇总后要细分到各个作业中心。

首先，在作业分析的基础上，确认作业、主要作业，划分作业中心。

其次，与各作业中心相关的制造费用直接分到各作业中心，与各作业中心都相关的共同制造费用也必须采用一定的标准分配后计入各作业中心。

再次，各作业中心把归集的制造费用按成本动因分配到半成品和产成品中，如有零部件则要先计入零部件成本中。

最后，将各作业成本库归集的成本分配计入最终产品或劳务，计算出产品或劳务的成本。

作业成本法下产品成本核算程序如图8-23所示。

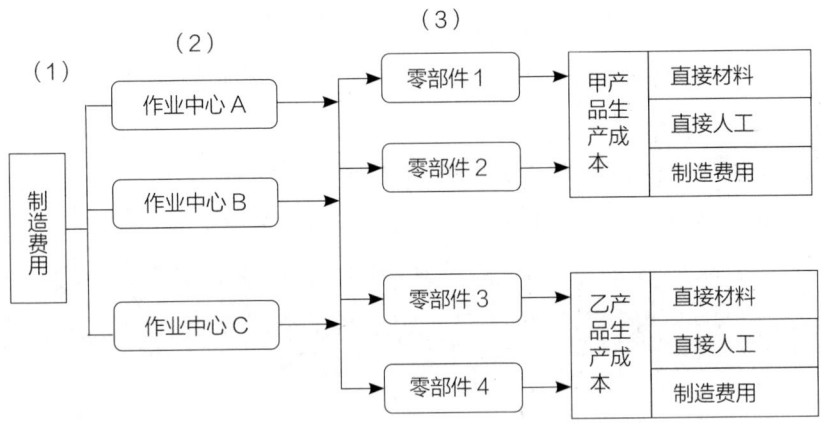

图8-23 作业成本法下产品成本核算程序

【例8-59】黄岛机械厂金工车间加工甲、乙两种半成品。2×20年5月,甲半成品由零件A和B组成,生产1 000件;乙半成品由零件C和D组成,生产100件。

两种半成品的作业方式和应负担的制造费用有较大差距,采用作业成本法分摊制造费用。为简化计算,假定甲、乙半成品均为本月投入、本月完工。用作业成本法计算如下。

(1)汇总金工车间制造费用,如表8-111所示。

表8-111 金工车间制造费用明细账

2×20年5月 单位:元

期间	管理人员工资	折旧费	水电费	修理费	设备调整费	质量检验费	其他	合计
调整前	5 000	16 667	15 667	4 500	4 400	16 000	6 446	68 680
调整后(注1)		20 000	18 800	5 400	5 280	19 200		68 680

注1:调整后的费用由将共同制造费用按比例分摊计入有直接成本动因的项目中获得。

$$分配率 = \frac{5\,000+6\,446}{16\,667+15\,667+4\,500+4\,400+16\,000} \times 100\% = 20\%$$

折旧费应分摊的共同制造费用 =16 667×20%=3 333(元)

水电费应分摊的共同制造费用 =15 667×20%=3 133(元)

修理费应分摊的共同制造费用 =4 500×20%=900(元)

设备调整费应分摊的共同制造费用 =4 400×20%=880（元）

质量检验费应分摊的共同制造费用 =16 000×20%=3 200（元）

（2）按成本动因分配制造费用，编制各作业中心制造费用明细账，如表8-112、表8-113所示。

表8-112　5月制造费用明细

单位：元

项目	设备折旧	水电费	设备修理	设备调整	质量检验	合计
制造费用	20 000	18 800	5 400	5 280	19 200	68 680

表8-113　5月制造费用按成本动因分配

作业中心 成本动因	折旧标准 机器工时	水电费工时	设备修理 工时	设备调整 工时	检验次数与 数量（次）
零件A	2 000	2 000	50	6	15
零件B	2 100	2 100	30	20	17
零件C	10 800	3 600	10	60	66
零件D	5 100	1 700	18	90	94
合计	20 000	9 400	108	176	192
制造费用 分配率	1	2	50	30	100

其中，某项目制造费用分配率 $=\dfrac{该项目制造费用}{该项目工时合计}$

某零件某项目应分摊制造费用 = 制造费用分配率 × 该零件该项目工时

例如，设备折旧制造费用分配率 $=\dfrac{设备折旧制造费用}{折旧标准机器工时合计}=\dfrac{20\,000}{20\,000}=1$

零件A设备折旧应分摊制造费用 = 制造费用分配率 × 该零件该项目工时
=1×2 000=2 000（元）

由此方法，可以计算出对于每个零件的各种制造费用，如表8-114所示。

表8-114　5月作业中心制造费用明细

单位：元

作业中心	零件A	零件B	零件C	零件D	合计
设备折旧	2 000	2 100	10 800	5 100	20 000
水电费	4 000	4 200	7 200	3 400	18 800
设备修理	2 500	1 500	500	900	5 400
设备调整	180	600	1 800	2 700	5 280

续表

作业中心	零件 A	零件 B	零件 C	零件 D	合计
质量检验	1 500	1 700	6 600	9 400	19 200
合计	10 180	10 100	26 900	21 500	68 680

（3）根据已知的情况，可以计算零部件制造费用。

甲半成品的制造费用 = 零件 A 的制造费用 + 零件 B 的制造费用

=10 180+10 100=20 280（元）

乙半成品的制造费用 = 零件 C 的制造费用 + 零件 D 的制造费用

=26 900+21 500=48 400（元）

（4）假设甲、乙半成品领用直接材料分别为 40 500 元和 102 300 元，直接人工分别为 22 220 元和 15 300 元。2×20 年 5 月生产甲半成品 1 000 件、乙半成品 200 件。编制半成品成本计算单如表 8-115、表 8-116 所示。

表 8-115　甲半成品成本计算单

成本项目	总成本（元）	单位成本（元/件）
直接材料	40 500	40.5
直接人工	22 220	22.22
制造费用	20 280	20.28
合计	83 000	83

表 8-116　乙半成品成本计算单

成本项目	总成本（元）	单位成本（元/件）
直接材料	102 300	511.5
直接人工	15 300	76.5
制造费用	48 400	242
合计	166 000	830

在实际运用中，作业成本法正确地反映了制造费用与半成品或产成品的关系，提供较为准确的半成品和产成品成本的信息；同时，作业中心的划分有助于详细分析制造费用的增减变动原因，有利于管理决策考核，拓宽了责任会计的运用。

作业成本信息有助于有效地改进企业战略决策，便于调动各部门挖掘盈利潜力的积极性，有利于企业杜绝浪费，提高经济效益。

但是作业成本法还存在着许多方面的局限性。比如成本动因的选择上有一定的主观性、实施作业成本计算的费用较高等，在实践中，应合理应用该法。

8.5.11 联产品、副产品和等级品

联产品是以同种原料在同一生产过程中生产出两种或两种以上的主要产品。联产品都是企业的主要产品，销售价格较高，对企业收入有较大贡献。

副产品是在生产主要产品过程中附带生产出的非主要产品。它是企业的次要产品，销售收入大大低于主产品，在企业总销售收入中的比重很小。

主副产品的区分并不是绝对的，甚至可以相互转化。原来的副产品，由于新的用途而提高售价，就可能从副产品上升为主产品。

需要注意的是，尽管上述联产品有明显的特点，但它与副产品的区分实际上并无确定的界限。

等级品是指企业在同一生产过程中，以相同的材料生产出品种相同，但质量不同的产品。按照产品的不同质量，在产品检验时要分为不同等级，制定不同的售价。等级品的成本可能不同，也可能相同。

（一）联产品的成本计算

联产品计算的关键部分是分离时的分离点，它是联合生产过程的结束。在分离点就必须采用可行的分配办法，将联合成本分配于各联产品。

联产品分离后，不需进一步加工即可销售或结转的联产品，其成本就是分配的联产品成本。联产品分离后如需进一步加工，继续加工费用为直接费用的，可直接计入成本，为间接费用的，应在相关的产品间分配计入成本。联合成本加上继续加工成本为该产品的销售成本。

联合成本分配的各种方法，企业可根据实际情况选用。

【例 8-60】 2×20 年飞星企业在同一生产过程生产出联产品 A、B 和 C，联产品 A 与 B 可直接销售，联产品 C 要追加 260 000 元继续加工费用后销售。联产品的资料如表 8-117 所示。

表 8-117 联合产品资料

产品	计划产量（吨）	实际产量（吨）	销价（元/吨）	耗料系数
A	13	15	20 000	1.4
B	30	30	7 000	1
C	48	45	30 000	0.8
合计	91	90		

共发生联合成本 1 000 000 元，其分配如下。

（1）按照理论产量进行分配，如表8-118所示。

$$\text{分配率} = \frac{1\,000\,000}{100} = 10\,000$$

表8-118　联合成本按理论产量分配

产品	理论产量（吨）	联合成本分配（元）	单位成本（元/吨）
A	20	200 000	10 000
B	30	300 000	10 000
C	50	500 000	10 000
合计	100	1 000 000	

（2）按照实际产量进行分配，如表8-119所示。

$$\text{分配率} = \frac{1\,000\,000}{90} = 11\,111.11$$

表8-119　联合成本按实际产量分配

产品	实际产量（吨）	联合成本分配（元）	单位成本（元/吨）
A	15	166 667	11 111.11
B	30	333 333	11 111.11
C	45	500 000	11 111.11
合计	90	1 000 000	

（3）按照净收入进行分配，如表8-120所示。

表8-120　联合成本按销价分配

产品	实际产量（吨）	销价（元/吨）	销售收入（元）	继续加工成本（元）	净收入（元）	联合成本分配（元）	单位成本（元/吨）
A	15	20 000	300 000		300 000	187 500	12 500
B	30	7 000	210 000		210 000	131 250	4 375
C	45	30 000	1 350 000	260 000	1 090 000	681 250	15 139
合计	90				1 600 000	1 000 000	

$$\text{分配率} = \frac{1\,000\,000}{1\,600\,000} = 0.625$$

（4）如果A、B、C产品为不同等级产品，且混合原料中优质的部分可生产高级产品优价出售，劣质部分只能产出低级产品低价出售，可以用耗料系数进行分配，如表8-121所示。

表 8-121 联合成本按耗料系数分配

产品	实际产量(吨)	耗料系数	标准产量(吨)	联合成本分配（元）	单位成本（元/吨）
A	15	1.4	21	241 379	16 092
B	30	1	30	344 828	11 494
C	45	0.8	36	413 793	9 195
合计	90		87	1 000 000	

分配率 $= \dfrac{1\,000\,000}{87} = 11\,494.25$

（二）副产品的成本计算

副产品成本计算的关键是副产品的计价。

一般可采用以下几个做法：当副产品价值极微时，副产品的扣除成本为 0；副产品只负担继续加工成本的方法；副产品作价扣除的方法；当副产品在企业销售中占据一定的比例，那就可以按照联产品分配的办法来分配联合成本。

副产品与主产品分离后，还需要单独进行加工的，应根据副产品加工生产的特点和管理的要求单独计算成本。

【例 8-61】2×20 年红星企业在生产主产品（甲产品）的过程中，还生产出副产品（乙产品）的原料。甲、乙产品都是单步骤的大量生产，在同一车间进行。

乙产品的原料按固定单价每千克 0.5 元计价，甲、乙产品月初、月末在产品均按原料的定额费用计价。

原料和辅助材料为直接计入费用，直接计入各产品成本明细账。工资及福利费、制造费用按生产工时比例在甲、乙两种产品之间分配。

甲、乙产品的核算如下。

（1）分配各种生产费用，如表 8-122 所示。

表 8-122 工资及福利费、制造费用分配表

金额单位：元

项目	工时（小时）	工资及福利费	制造费用
本月发生额	15 000	9 000	12 000
分配率		0.6	0.8
甲产品	14 500	8 700	11 600
乙产品	500	300	400
合计	15 000	9 000	12 000

（2）根据有关费用分配表、产品产量月报表，以及在产品定额资料，登记甲产品成本明细账，如表8-123所示。

表8-123 产品成本明细账

产品名称：甲产品（主产品）　　　　2×20年5月　　　　金额单位：元

摘要	产量（千克）	原料	辅助材料	工资及福利费	制造费用	成本合计
月初在产品（定额成本）		24 000				24 000
本月生产费用		485 000	3 000	8 700	11 600	508 300
扣减副产品原料12 000千克		−6 000				−6 000
合计		503 000	3 000	8 700	11 600	526 300
产成品	20 000	478 000	3 000	8 700	11 600	501 300
单位成本		23.9	0.15	0.44	0.58	25.07
月末在产品（定额成本）		25 000				25 000

（3）根据甲产品成本明细账有关费用分配表、产品产量月报，以及在产品定额资料，登记乙产品的原料的成本明细账。

表8-124 产品成本明细账

产品名称：乙产品的原料（副产品）　　　　2×20年5月　　　　单位：元

摘要	产量（千克）	原料	辅助材料	工资及福利费	制造费用	成本合计
月初在产品（定额成本）		800				800
本月生产费用		6 000	400	300	400	7 100
合计		6 800	400	300	400	7 900
产成品	2 000	6 200	400	300	400	7 300
单位成本		3.1	0.2	0.15	0.2	3.65
月末在产品（定额成本）		600				600

另外，有些工业企业，除生产主要产品外，有时还为其他单位提供少量加工、修理等作业。当作业费用的比重很小时，也可以将其与主要产品合并归集，然后将这些作业按照固定价格计价，从总的生产费用中扣除。

（三）等级品的成本计算

在产品检验时，产品常被分为不同等级，从而制定不同的售价。等级品的成本可能不同,也可能相同。

如果不同的等级品是运用相同的材料,经过相同的生产过程而制造出来的,是生产和管理的原因造成了不同等级,那么它们应负担相同的成本,就可按实际产量直接把总成本分到每一种等级品中,各种等级品的单位成本相同。

如果等级品是原料的质量、工艺技术条件不同引起的,难以控制产品的质量,那么不同的等级品应负担不同的成本。

不同的成本在各等级品中进行分配时,可以按售价制定系数,也可以根据含量等其他工艺参数制定。

【例8-62】2×20年晋江煤矿生产一级、二级、三级煤,共花费生产费用372 000元,按系数分配生产费用于等级品中,分配表如表8-125所示。

表8-125 等级品生产费用分配

产品	产量（吨）	含碳量（%）	单价（元/吨）	按售价分配			按含量分配		
				按照售价分配的系数	标准产量（吨）	生产费用分配（元）	按照含量分配的系数	标准产量（吨）	生产费用分配（元）
一级	1 000	90	120	1.2	1 200	96 000	1.13	1 130	92 999
二级	1 500	85	110	1.1	1 650	132 000	1.06	1 590	130 857
三级	1 800	80	100	1	1 800	144 000	1	1 800	148 144
合计	4 300				4 650	372 000		4 520	372 000

8.6 成本计划、控制与报表编制分析

8.6.1 成本计划与控制

成本计划是企业生产经营管理的重要组成部分。

企业通过对成本的计划与控制,分析实际成本与计划成本之间的差异,指出有待加强控制和改进的领域,达到评价有关部门的业绩,增产节约,从而促进

企业发展的目的。

成本计划分两类，一类是费用预算，另一类是反映计划期各种产品的预计成本水平的产品成本计划。

费用预算按生产费用要素以及生产费用用途反映企业生产耗费，是控制生产费用支出、核定生产资金定额的重要依据。

企业通过费用预算可以使成本计划同企业综合经营计划的其他部分直接联系起来，便于从价值形态检查其他计划是否正确执行，对费用预算的各费用项目进行分析，可以了解企业生产费用主要发生情况。

产品成本计划主要包括主要产品单位成本计划和全部商品产品成本计划。

主要产品单位成本计划，按照主要商品产品目录，一种产品编制一张计划表，并按成本项目分别反映；全部商品产品计划是用来确定包括可比产品和不可比产品在内的全部商品产品成本的。

企业的整体预算按照以下的流程进行，如图 8-24 所示。

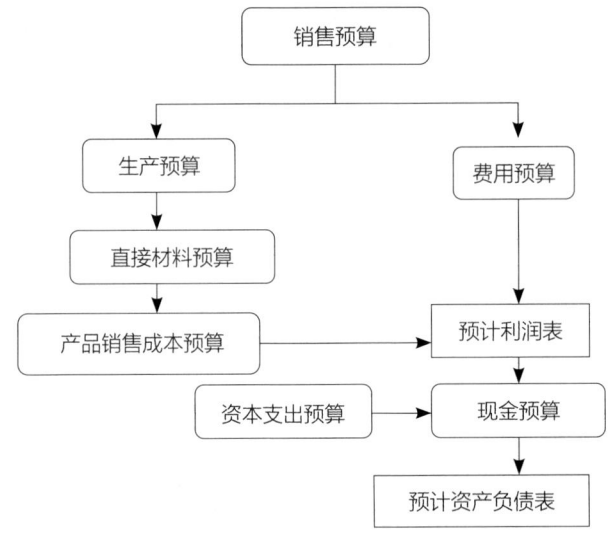

图 8-24　成本预算流程

（一）预算编制

预测销售量是费用预算编制的基础，然后根据产品库存，由调度部门提出生产任务，由生产部门编制生产计划。

编制费用预算主要有固定预算法、弹性预算法、滚动预算法、零基预算法等。

1. 固定预算法

固定预算法是按照预算期内可能实现的经营活动水平确定相应的固定预算数来编制预算的方法。

材料费用预算以生产计划、单位产品消耗定额和材料计划单价为基础加以计算。

企业工资预算在计件工资制度下，可按生产预算需要的工时数和小时工资率直接编制；在月工资制度下，只能依靠职工在册人数、出勤率、平均日工资额等数据来编制。

制造费用预算分两部分来计算，一是辅助生产车间分配过来的制造费用，二是基本生产车间本身发生的制造费用。

总之，有消耗定额的，可根据计划业务量、单位产品消耗定额和计划单价计算；有规定费用开支标准的，按标准计算；没有消耗定额和开支标准的费用项目，可根据上期预计实际数和计划期节约费用的要求确定。

【例 8-63】长兴企业年度生产计划及工时计划如表 8-126 所示。

表 8-126 生产计划及工时计划

产品名称	预测销量（件）	期初库存（件）	预计期末库存（件）	计划产量（件）	单位产品工时定额（小时）	计划产量总工时（小时）
甲产品	580	100	20	500	60	30 000
乙产品	2 100	250	150	2 000	80	160 000

编制的各种费用预算如下。

（1）材料费用预算。

材料费用预算如表 8-127 所示。

表 8-127 材料费用预算

项目		A 材料	B 材料	辅料	合计
单价（元）		8	3		
甲产品（计划 500 件）	消耗定额（件）	3	6		
	费用定额（元）	24	18	1.2	43.2
	定额耗用量（件）	1 500	3 000		
	定额费用（元）	12 000	9 000	600	21 600

续表

项目		A材料	B材料	辅料	合计
乙产品 （计划2 000件）	消耗定额（件）	5	8		
	费用定额（元）	40	24	2	66
	定额耗用量（件）	10 000	16 000		
	定额费用（元）	80 000	48 000	4 000	132 000
基本车间一般耗费（元）				1 000	1 000
修理车间耗费（元）				4 600	4 600
合计		92 000	57 000	10 200	159 200

（2）工资预算。

工资预算如表8-128所示。

表8-128 工资预算

项目		年度计划产量总工时（小时）	小时工资率（元/小时）	年度计划工资总额（元）	提取福利费（元）（14%）	合计（元）
基本车间	生产工人	190 000	2	380 000	53 200	433 200
	管理人员			5 000	700	5 700
修理车间人员				8 000	1 120	9 120
行政管理部门人员				15 000	2 100	17 100
合计				408 000	57 120	465 120

基本车间工资分配率 = $\dfrac{433\,200}{190\,000}$ = 2.28（元/小时）

甲产品应分配额 = 30 000 × 2.28 = 68 400（元）

乙产品应分配额 = 160 000 × 2.28 = 364 800（元）

（3）制造费用预算。

辅助生产车间费用预算如表8-129所示。

表8-129 辅助生产车间费用预算

项目	金额
材料（元）	4 600
工资（元）	9 120
制造费用（水电费、折旧费、办公费，元）	11 280
合计（元）	25 000
修理总工时（小时）	5 000
分配率（元/小时）	5

基本生产车间制造费用预算包括两部分：一是辅助生产车间分配过来的制造费用。二是基本生产车间本身发生的制造费用，这两部分合起来再按一定的标准（一般按计划工时或生产工人工资比例）分配给各产品。

基本生产车间应分配额 = 受益工时 × 分配率 =4 000×5=20 000（元）

行政管理部门分配率 = 受益工时 × 分配率 =1 000×5=5 000（元）

可知基本生产车间费用预算如表 8-130 所示。

表 8-130 基本生产车间费用预算

单位：元

项目	金额
工资	5 700
办公费	10 000
折旧费	39 000
机物料消耗	1 000
修理费	20 000
水电费	5 000
劳动保护费	3 060
低值易耗品摊销	1 200
其他	540
合计	85 500

工资费用分配率 = $\dfrac{85\,500}{190\,000}$ =0.45

甲产品应分配费用 =30 000×0.45=13 500（元）

乙产品应分配费用 =160 000×0.45=72 000（元）

在计划和实际变化不大的情况下，可以采用固定预算法，固定预算法适用于编制相对稳定的预算。

2. 弹性预算法

弹性预算法是根据不同的预计业务量，分别进行预算的方法，可以反映不同业务量水平下应发生的费用开支数，对于业务量变化较大的企业非常适用。

弹性预算的编制一般有列表法和公式法两种。

列表法，即按照生产能力利用程度的不同而编制多种活动水平的预算。弹性预算法下，一般在正常生产能力的 70%~110% 范围内，按一定的间距编制不同水平的预算，然后加以汇总，编成弹性预算。

公式法是假设产量与预算之间具有线性的关系，利用 $y=a+bx$ 的公式，计算各种生产经营活动水平下的费用预算。

3. 滚动预算法

滚动预算法，是指在整个预算期中，逐期往后滚动，整个预算始终保持一定的期限进行调整和延续的一种预算方法。

由于滚动预算的连续性，可以用动态方式指导企业未来的工作，充分发挥了预算的指导和控制作用，但其工作量较大。滚动预算示意如图 8-25 所示。

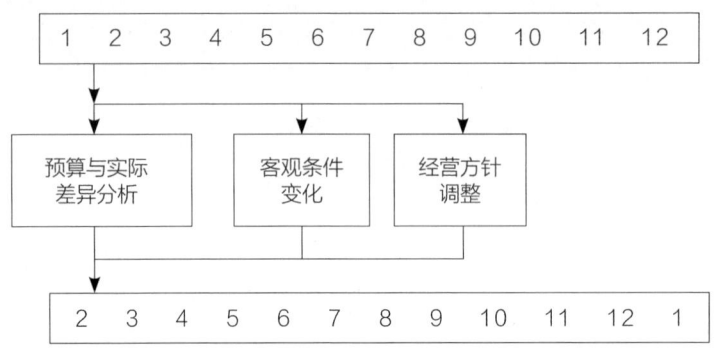

图 8-25　滚动预算示意

4. 零基预算法

零基预算法是指在编制成本费用预算时，不考虑以往会计期间所发生的费用项目或费用数额，而是以所有的预算支出为零作为出发点，一切从实际需要与可能出发，逐项审议预算期内各项费用的内容及其开支标准是否合理，在综合平衡的基础上编制费用预算的一种方法。

使用零基预算法时，需以外推法将过去的支出趋势（或上年支出额）延伸至下一年度，再将数额酌情予以增加，以适应工资提高和物价上涨引起的人工成本和原材料成本的提高，最后将数额再予提高，以满足修改原计划和修改原设计方案所需追加的预算支出，通常这方面达到原预算的 30% 或更多。

（二）产品成本计划的编制

产品成本计划分为直接材料计划、直接人工计划、制造费用计划和废品损失计划几类。

直接材料包括用于产品生产的原材料、辅助材料、外购半成品、燃料、动力、包装物等，一般应根据单位产品消耗定额和计划单价，并考虑实现各项措施所降低的节约额加以计算。

直接人工包括生产工人的工资、奖金、津贴以及职工福利费等，其计算方法与制造费用中的工资预算的编制方法基本相同。

制造费用包括车间管理人员的工资及福利费、折旧费、修理费、机物料消耗、水电费、办公费、差旅费、运输费、劳动保护费等，其数额按一定的标准分配计入各种产品成本。

废品损失只有在工艺上发生不可避免的废品损失才可编制，其数额应根据工艺部门确定的废品率和劳动部门确定的废品工时率，并结合降低废品率的措施计算。

成本计划编制方式有统一编制和分级编制。统一编制以企业财会部门为核心，在其他有关部门的配合下，根据综合经营计划的要求，编出产品成本计划，主要适合于中小型企业或产品品种较少的企业。分级编制采用自下而上的方法，高层管理下达成本控制指标，下级单位根据这一指标，按成本计划的要求，通过同级间、上级与下级间的沟通、协调，最后形成总体成本计划。这一方式适合于企业集团和产品品种较多的企业。

编制成本计划首先要收集资料，这是成本计划的基础工作。主要收集的资料有：各项成本降低指标及有关的各项规定；计划期企业的生产、物料供应、劳动工资和技术组织措施等计划；计划期各种直接材料、直接人工的消耗定额和工时定额；材料计划价格、各部门费用预算以及劳动工资率；上期产品成本资料和费用开支标准及有关规定等。

收集资料后，要预计和分析上年成本计划完成情况，确定生产和销售预算，这是整个预算的基础，生产和销售预算会对成本计划的编制产生重大的影响。

在对上期成本计划完成情况分析的基础上，达到成本指标的试算平衡之后，就可以正式编制企业的成本计划了。

【例8-64】某企业甲、乙两种产品的单位成本计划如表8-131、表8-132所示。

表 8-131　甲产品单位成本计划

计划产量：500 件　　　　　2×20 年 5 月

成本项目	计量单位	单价（元）	单位成本	
			消耗定额	金额（元）
直接材料				
A 材料	千克	8	3	24
B 材料	千克	3	6	18
辅料				1.2
直接人工	工时	2.28	60	136.8
制造费用	工时	0.45	60	27
合计				207

表 8-132　乙产品单位成本计划

计划产量：2 000 件　　　　　2×20 年 5 月

成本项目	计量单位	单价（元）	单位成本	
			消耗定额	金额（元）
直接材料				
A 材料	千克	8	5	40
B 材料	千克	3	8	24
辅料				2
直接人工	工时	2.28	80	182.4
制造费用	工时	0.45	80	36
合计				284.4

其中：直接材料，可直接取自材料费用预算；直接人工，可根据工资费用预算确定。

甲产品单位产品分配额 =60×2.28=136.8（元）

乙产品单位产品分配额 =80×2.28=182.4（元）

制造费用，可根据制造费用预算确定。

甲产品单位产品制造费用 =60×0.45=27（元）

乙产品单位产品制造费用 =80×0.45=36（元）

需要注意的是，以上甲、乙产品单位成本计划是主要单位产品成本计划，反映的是主要产品单位成本计划所应达到的成本水平。在实际中，为了反映企业在计划期生产的全部产品整体的成本水平，还应编制全部产品成本计划对成本进行反映。

(三)成本控制

本书所讲的成本控制,是指在企业形成过程中,根据事先制定的成本目标,按照一定的原则,对实际发生的各项成本和费用进行计量、监督、指导和调节,以保证原定目标得以实现的管理活动。

狭义的成本控制仅指生产过程中产品成本的控制,即在产品成本形成过程中按照现定的成本目标,将实际成本与计划成本进行比较,及时揭示差异,并采取有效措施,纠正不利差异,发展有利差异,使产品实际成本控制在预定的目标范围之内;广义的成本控制,囊括成本管理系统的职能,包括成本预测、成本决策、成本计划、成本核算、成本日常控制、成本分析与考核等环节。这里我们主要介绍狭义的成本控制。

成本控制包括产品成本形成的全过程,分为两部分内容:投产前的成本控制和投产后的成本控制。前者分为目标成本控制和设计成本控制,在生产前对成本进行预测和计划;而后者分为生产成本控制、销售成本控制和使用成本控制等,对生产料工费、销售各种费用进行严格的控制,计算差异,发现和解决问题。

成本费用的日常控制按产品形成过程可分为产品设计开发成本控制,材料采购成本、储存成本的控制,产品销售费用、储存成本的控制,以及其他管理部门的费用(如管理费用、财务费用等)控制。日常成本控制的流程如图8-26所示。

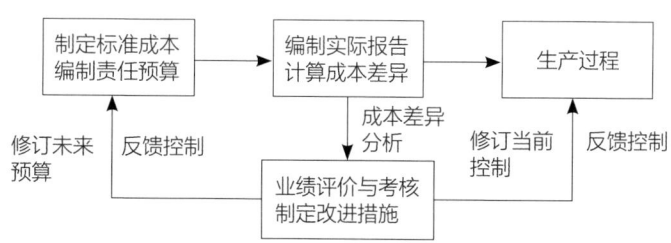

图8-26 日常成本控制的流程

8.6.2 成本报表概述

成本是综合反映企业生产技术和经营、管理工作水平的一项重要质量指标。

成本是反映企业生产经营活动的综合性指标,企业资源消耗、劳动效率、技术水平、管理效能等各方面的工作质量,以及企业外部环境或因素的影响,都会直接或间接地在成本中表现出来。

成本指标的特点决定了成本管理的全面性，就是说，要降低产品成本，节约各项费用支出，必须加强成本管理。

成本报表是用以反映企业生产费用与产品成本的构成及其升降变动情况，以考核各项费用与生产成本计划执行结果的会计报表，是会计报表体系的重要组成部分。

企业编制成本报表，是为了反映、监督和考核企业产品成本计划的执行及其结果，使日常成本核算取得的各种资料得到充分有效的利用。

成本报表可以综合反映报告期内的产品成本，有助于评价和考核各成本环节成本管理的业绩，也有助于利用成本资料进行成本分析；同时，管理部门可根据成本报表资料来对未来时期的成本进行预测，为企业制定正确的经营决策和加强成本控制与管理提供必要的依据。

成本报表属于内部报表，主要是为满足企业内部经营管理的需要而编制的，不对外公开。因此，成本报表的种类、格式、项目、指标的设计和编制方法、编报日期、具体报送对象，国家都不做统一规定，而由企业自行决定。

一般来说，成本报表按其所反映的内容可分为反映产品成本情况的报表和反映各种费用支出的报表等。

根据会计核算一般原则的要求，会计部门除了定期编报上述报表外，为了加强成本的日常管理，对于成本耗费的主要指标，也可以报表的形式按旬、按周、按日，甚至按班编报，及时提供给有关部门负责人和值班人员，促使其及时地、有针对性地采取措施，解决生产经营中的问题，发挥成本核算及时指导生产的作用。

编制成本报表的一般要求是数字真实、可靠，内容完整，指标齐全，编报及时，发挥效用。编制成本报表的主要依据：一是报告期的成本账簿资料，二是本期成本计划及费用预算等资料，三是以前年度的会计报表资料，四是企业有关的统计资料和其他资料等。

（一）成本报表的分类与特点

成本报表是企业内部成本管理的报表。企业编报成本报表的目的主要是服务于内部，满足企业管理者、成本责任者对成本信息的需求，有利于观察、分析、考核成本的动态，有利于控制计划成本目标的实现，也有利于预测工作。

内部成本报表的内容灵活。依据反映的具体内容，成本报表的格式是可以自己设计的,不同内容可以有不同格式,同一内容在不同时期也可以有不同格式。总之,成本报表的格式有利于为企业成本管理服务,可以拟订不同报表格式进行反映和服务。

成本报表可以根据内部管理的需要适时地、不定期地编制,使成本报表及时地反映和反馈成本信息,揭示存在的问题,促使有关部门和人员及时采取措施,改进工作,提高服务效率,控制费用的发生,达到节约的目的。

成本报表根据企业生产经营组织体系逐级上报,或者为解决某一特定问题在权责范围内进行传递,使有关部门和成本责任者及时掌握成本计划目标执行的情况,揭示差异,查找原因和责任,评价内部环节和人员的业绩。

成本报表的特点可以总结如下:编制的目的主要是满足企业内部经营管理者的需要,因而内容更具有针对性;成本报表的种类、内容和格式由企业自行决定,更具有灵活性;成本报表作为对内报表更注重时效,可采用日报、周报或旬报的形式,定期和不定期地向有关部门和人员编报不同内容的成本报表。

就分类来说,成本报表可以依照不同的标准进行分类。

1. 按报送对象划分

按报送对象划分,成本报表可以分为对外成本报表和对内成本报表两类。

对外成本报表是指企业向外部单位,如上级主管部门和联营主管单位等报送的成本报表。

对内报表是指为了企业本单位内部经营管理需要而编制的各种报表。这种报表,其内容、种类、格式、编制方法和程序、编制时间和报送对象,均由企业根据自己生产经营和管理的需要来确定。

2. 按反映内容划分

按反映内容划分,成本报表可分为反映费用情况的报表和反映成本情况的报表两类。

反映费用情况的报表有制造费用明细表、销售费用明细表、管理费用明细表等。通过它们可以了解到企业在一定期间内费用支出总额及其构成,并可以了解费用支出合理性,以及支出变动的趋势,这有利于企业和主管部门正确制定费用预算,控制费用支出。

反映成本情况的报表有产品生产成本表或产品生产成本及销售成本表、主要产品生产成本表、责任成本表、质量成本表等。这类报表是通过分析比较编制的，可为决策者找出差距，明确薄弱环节，进一步采取有效措施，挖掘降低成本的内部潜力提供有效的资料。

3. 按编报时间划分

按编报时间划分，成本报表可分为年报、季报、月报。

成本报表根据管理上的要求一般可按月、按季、按年编报。但对内部管理的特殊需要，也可以按旬、按周、按日甚至按工作班来编报，目的在于满足日常、临时、特殊任务的需要，使成本报表资料及时服务于生产经营的全过程。

（二）成本报表分析

成本分析是成本核算工作的继续，是成本会计的重要组成部分。

成本分析是指利用成本核算资料及其他有关资料，全面分析成本水平及其构成的变动情况，研究影响成本升降的各个因素及其变动的原因，寻找降低成本的规律和潜力。

成本分析的主要目的，是改进生产经营管理，节约生产耗费，不断降低成本，提高经济效益。因此，成本分析必须适应生产经营管理的需要，不仅要分析实际成本升降的原因，了解成本工作的现状，还要预测未来成本，提出降低成本的目标和途径。

成本分析的内容，包括事前成本分析、事中成本控制分析和事后成本分析。

事前成本分析，是指事前预计和测算有关因素对成本的影响程度；事中成本控制分析，指以计划、定额成本为依据，通过分析实际成本与计划成本或定额成本差异，对成本进行分析控制；事后成本分析，是指对产品生产过程中发生的实际成本与计划成本的比较，对产生的差异进行分析，找出成本升降原因。

成本报表分析属于事后成本分析，它以成本报表所提供的的资料为依据，通过分析各项指标的变动以及指标之间的相互关系，评价企业成本计划的完成情况。它的一般程序如图 8-27 所示。

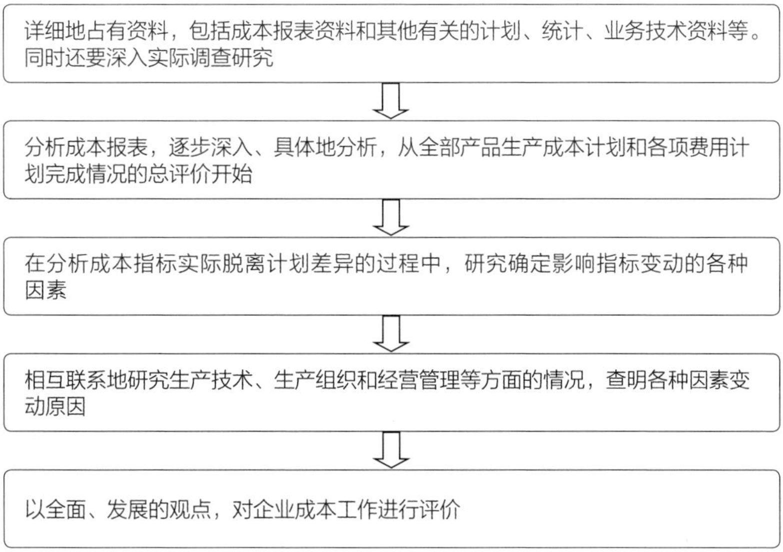

```
┌─────────────────────────────────────────────────────────┐
│ 详细地占有资料，包括成本报表资料和其他有关的计划、统计、业务技术资料等。│
│ 同时还要深入实际调查研究                                    │
└─────────────────────────────────────────────────────────┘
                            ⇩
┌─────────────────────────────────────────────────────────┐
│ 分析成本报表，逐步深入、具体地分析，从全部产品生产成本计划和各项费用计│
│ 划完成情况的总评价开始                                      │
└─────────────────────────────────────────────────────────┘
                            ⇩
┌─────────────────────────────────────────────────────────┐
│ 在分析成本指标实际脱离计划差异的过程中，研究确定影响指标变动的各种│
│ 因素                                                       │
└─────────────────────────────────────────────────────────┘
                            ⇩
┌─────────────────────────────────────────────────────────┐
│ 相互联系地研究生产技术、生产组织和经营管理等方面的情况，查明各种因素变│
│ 动原因                                                     │
└─────────────────────────────────────────────────────────┘
                            ⇩
┌─────────────────────────────────────────────────────────┐
│ 以全面、发展的观点，对企业成本工作进行评价                        │
└─────────────────────────────────────────────────────────┘
```

图 8-27 成本报表分析的一般程序

从图 8-27 中可以看出，成本报表分析的过程实际上是成本指标的分解和综合相结合的过程。进行指标分解可以使分析不断深入，进行综合分析才能获得对企业成本工作全面、本质的认识。

在对成本报表进行分析的过程中，还要应用数量分析方法，常用的有以下几种。

1. 比较分析法

比较分析法是指通过指标对比，来确定数量差异的一种方法。通过对比，揭露矛盾，发现问题，寻找差距，分析原因，为进一步降低成本指明方向。

实际工作中通常有以下几种形式。

实际指标与计划指标对比法。将实际成本与计划成本进行比较，通过对比，了解计划完成的程度，为进一步分析指明方向。

本期实际指标与前期实际指标对比法。将本期成本与前期成本比较，了解企业成本动态和变化趋势，有助于吸取历史经验，改进成本工作。

本期实际指标与同行业先进水平对比法。将本期成本与同行业先进企业成本比较，了解本企业与同行业先进企业的差距，以便扬长避短，努力挖掘降低成本的潜力，不断提高企业的经济效益。

采用对比分析法时，应注意对比指标的可比性，即对比指标采用的计量单位、计价标准、时间单位、指标内容和前后采用的计算方法等都应具有可比的基础和条件。

2. 比率分析法

比率分析法是指对比经济比率的一种方法。首先把对比的数值变成相对数，求出比率，然后再进行对比分析。

例如构成比率分析方法，构成比率是指某项经济指标的各个组成部分占总体的比重。

将构成产品成本的各个成本项目同产品成本总额相比，计算其占成本的比重，确定成本的构成比率；然后将不同时期的成本构成比率相比较，通过观察产品成本构成的变动，掌握经济活动情况，了解企业改进生产技术和经营管理对产品成本的影响。

$$原材料费用比率 = \frac{原材料费用}{产品成本} \times 100\%$$

$$工资费用比率 = \frac{工资及福利费}{产品成本} \times 100\%$$

$$制造费用比率 = \frac{制造费用}{产品成本} \times 100\%$$

比率分析法也是经济分析中广泛应用的一种分析方法。

3. 差额计算法

差额计算法下，先确定各因素实际数与计划数之间的差异，然后按照各因素的排列顺序，依次求出各因素变动的影响程度。

【例 8-65】某企业产量计划等指标如表 8-133 所示。

表 8-133　某企业资料

指标	单位	计划数	实际数	差异
产品产量	件	20	21	1
单位产品材料消耗量	千克	18	17	-1
材料单价	元	10	12	2
材料费用总额	元	3 600	4 284	684

以差额计算法测定各因素影响程度如下。

总差额：684 元

其中，产量变动影响 =1×18×10=180（元）

单位产品材料消耗量变动影响 =21×（-1）×10=-210（元）

材料单价变动影响 =21×17×2=714（元）

差额计算法由于计算简便，所以应用比较广泛，特别是在影响因素只有两个时更为适用。

4. 因素分析法

因素分析法是将某一综合指标分解为若干个相互联系的因素，并分别计算、分析每个因素影响程度的一种方法。

首先确定分析指标由几个因素组成，然后确定各个因素与指标的关系，再采用适当方法，把指标分解成各个因素，最后确定每个因素对指标变动的影响方向与程度。

假设成本指标 N 由 A、B、C 三因素乘积所组成，其计划成本指标与实际成本指标分别列示如下。

$$计划成本\ N_1=A_1\times B_1\times C_1$$

$$实际成本\ N_2=A_2\times B_2\times C_2$$

$$差异额\ G=N_2-N_1$$

计算程序如下。

第一次替换：$A_2\times B_1\times C_1=N_3$；$N_3-N_1$ 为 A 变动的影响。

第二次替换：$A_2\times B_2\times C_1=N_4$；$N_4-N_3$ 为 B 变动的影响。

第三次替换：$A_2\times B_2\times C_2=N_2$；$N_2-N_4$ 为 C 变动的影响。

以上三个因素变动影响的总和如下。

$(N_3-N_1)+(N_4-N_3)+(N_2-N_4)=N_2-N_1=G$

因素分析法确定了各个因素对成本升降的影响程度，并可以确定各个因素所占差异的比重，为制定降低成本方案提出可靠的依据。

总之，本小节给出了几种数量分析方法，在实际应用中，还可以根据分析的目的和要求，采用分组法、指数法、图表法等其他数量分析方法。

8.6.3　生产成本报表的编制和分析

产品生产成本表是反映企业在一定时期内生产产品而发生的全部生产费用的报表。它按产品分别设置，分成本项目反映各种产品总成本和单位成本。

企业根据管理的需要可以编制按可比产品和不可比产品分类反映的全部商

品产品成本表，也可以编制按成本项目反映的产品生产成本表，还可以编制按成本性态反映的产品生产成本表以及按主要产品和非主要产品反映的全部产品的生产成本报表。

本书对主要产品生产成本表的编制和分析进行讲述，便于读者学习。

（一）主要产品单位成本表

主要产品是指企业经常生产，在企业全部产品中所占比重较大，能概括反映企业生产经营面貌的那些产品。

主要产品单位成本表是反映企业在一定时期内（月份、季度、年度）生产的各种主要产品单位成本的构成和各项主要经济指标执行情况的成本报表。

主要产品单位成本表的主要特点是，按产品成本项目，分别反映产品单位成本及各成本项目的历史先进水平、上年实际平均、本年计划、本月实际和本年实际平均的成本资料。

编制主要产品生产成本表，依据的资料主要有：上年和本年生产费用资料，有关产量统计资料，在产品和自制半成品等期末存货盘存资料，有关产品的计划和定额成本资料以及有关经济技术资料等。

经过整理、加工和分析计算对单位成本、总成本的各栏，分别按成本项目别、成本性态别、产品品种别进行填列。

主要产品单位成本表格式如表 8-134 所示。

表 8-134　主要产品单位成本表

2×20 年度　　　　　　　　　　　　　　　　　金额单位：千元

产品名称	A	本月实际产量		（略）	
规格	HP	本年累计实际产量		168	
计量单位	台	销售单价		10	
成本项目	历史先进水平	上年实际平均	本年计划	本月实际	本年实际平均
直接材料	4.8	5	5.2		4.9
直接人工	1	2.2	2.1	（略）	1
制造费用	2	2.8	2.7		2.1
产品生产成本	7.8	10	10		8
主要技术经济指标	耗用量	耗用量	耗用量	耗用量	耗用量

续表

1. 原材料					
2. 主要材料	25千克	26千克	28千克	（略）	29千克
3. 燃料					
4. 动力					

表中各项数字填列方法如下。

本月及本年累计实际产量应根据产品成本明细账或产成品成本汇总表填列。

销售单价应根据产品定价表填列。

历史先进水平，应根据历史上该种产品成本最低年度的实际平均单位成本填列。

上年实际平均，应根据上年度主要产品单位成本表累计实际平均单位成本填列。

本年计划，应根据本年度成本计划填列。

本月实际，应根据产品成本明细账或产成品成本汇总表填列。

本年实际平均，应根据该种产品成本明细账所记自年初至报告期末完工入库产品实际总成本除以累计实际产量计算填列。

主要技术经济指标，指该种产品主要原材料的耗用量，应根据业务技术核算资料填列。

填列完成后，就要对主要产品单位成本进行分析，从而揭示各种产品单位成本及其各个成本项目的变动情况，尤其是各项消耗定额的执行情况；确定产品结构、工艺和操作方法的改变，以及有关技术经济指标变动对产品单位成本的影响，查明产品单位成本升降的具体原因。

主要产品单位成本变动情况分析，即对本月实际单位成本比本年计划、比上年实际平均、比全年实际平均单位成本的变化进行分析。

主要成本项目分析，紧密结合企业技术经济方面的资料，查明成本升降的具体原因，是进行产品单位成本各个成本项目分析的特点。

下面以原材料费用、工资及福利费和制造费用几个主要成本项目为例，说明分析的一般方法。

1. 原材料费用的分析

原材料费用的变动主要受单位产品原材料消耗数量和原材料价格两个因素

的变动影响。其变动影响可用差额计算法计算如下。

原材料消耗数量变动的影响 =（实际单位耗用量 − 计划单位耗用量）× 原材料计划单价

原材料价格变动的影响 =（原材料实际单价 − 原材料计划单价）× 单位产品原材料实际耗用量

其中，影响价格变动的因素由原材料价格市场决定，而影响单位产品原材料消耗数量变动的原因很多，主要有以下几点。

第一，产品或产品零部件结构的变化。在保证产品质量的前提下，改进产品设计，使产品结构合理，体积缩小，重量减轻，就能减少原材料消耗，降低原材料费用。

第二，材料质量的变化。比如，实际耗用的原材料质量高于计划规定，可能会提高产品质量，或者节约材料消耗，但材料费用会升高。

第三，原材料代用或配料比例的变化。在保证产品质量的前提下，采用廉价的代用材料，选用经济合理的技术配方，就会节约原材料消耗或降低原材料费用。

第四，生产中产生废料数量和废料回收利用情况的变化。

此外，生产工人的劳动态度、技术操作水平、机械设备性能以及材料节约奖励制度的实施等，都会影响原材料消耗数量的增减。

【例 8-66】长城公司乙产品的有关资料如表 8-135 所示。

表 8-135　乙产品原材料费用分析表

原材料名称	计量单位	耗用量		单价		原材料费用		差异	
		计划	实际	计划	实际	计划	实际	数量	金额
A	千克	20	18	13.5	14	270	252	−2	−18
B		32	30	8.75	9	280	270	−2	−10
合计						550	522		−28
减：废料回收价值	元					70	47		−23
合计						480	475		−5

乙产品原材料费用实际比计划降低 28 元，其中：

A 材料耗用量变动 =−2×13.5=−27（元）

B 材料耗用量变动 =−2×8.75=−17.5（元）

合计耗用量变动 =-44.5（元）

A 材料价格变动 =（14-13.5）×18=9（元）

B 材料价格变动 =（9-8.75）×30=7.5（元）

合计价格变动 =16.5（元）

两因素变动使乙产品原材料费用降低 28（-44.50+16.50）元。

在上述两因素中，原材料价格变动原因多属外界因素，需结合市场供求和材料价格变动情况具体分析。这里重点分析原材料消耗数量的变动情况和变动原因。计算表明，由于原材料消耗数量变动，乙产品单位产品原材料费用降低 44.5 元。

2. 工资及福利费的分析

分析产品单位成本中的工资费用，必须按照不同的工资制度和工资费用计入成本的方法来进行。

在计件工资制度下，计件单价不变，单位成本中的工资费用一般也不变，除非生产工艺或劳动组织方面有所改变，或者出现了问题。

在计时工资制度下，如果企业生产多种产品，产品成本中的工资费用一般是按生产工时比例分配计入的。这时产品单位成本中工资费用的多少，取决于生产单位产品的工时消耗和每小时工资两个因素。

生产单位产品消耗的工时越少，成本中分摊的工资费用也越少；而每小时工资的变动则受计时工资总额和生产工时总数的影响，其变动原因需从这两个因素的总体去查明。

基于这种原因，分析单位成本中的工资费用，应结合生产技术、工艺和劳动组织等方面的情况，重点查明单位产品生产工时和每小时工资变动的原因。

【例 8-67】 假定某企业 A 产品每件所耗工时数和每小时工资的计划数和实际数如表 8-136 所示。

表 8-136　A 产品工资及福利费分析表

项目	单位产品所耗工时（小时）	每小时工资（元）	单位产品成本中的工资及福利费（元）
本年计划	2	41	82
本月实际	1.5	50	75
工资及福利费差异	-0.5	9	-7

A 产品单位成本中工资及福利费本月实际比本年计划降低 7 元。采用差额计算

法分析各因素影响程度如下：

单位产品所耗工时变动影响 =-0.5×41=-20.5（元）

每小时工资变动影响 =9×1.5=13.5（元）

故两因素影响程度合计 =-20.5+13.5=-7（元）

以上分析计算表明，A产品单位成本中工资及福利费节约7元，完全是工时消耗大幅度节约的结果，而每小时工资则是超支的。

3. 制造费用的分析

制造费用在生产两种以上产品的企业是间接计入费用，与生产工人计时工资一样，一般是根据生产工时等分配标准分配计入产品成本的。

产品单位成本中制造费用的分析与计时工资制度下的工资及福利费分析相类似，先分析单位产品所耗工时和每小时制造费用两因素变动的影响，然后查明这两个因素变动的原因。

（二）各种费用报表的编制和分析

各种费用是指企业在生产经营过程中，各个车间、部门为进行产品生产、组织和管理生产经营活动所发生的制造费用、销售费用、管理费用和财务费用。

企业可以利用制造费用明细表的各费用项目进行对比分析，考核其费用计划执行情况，并可以发现哪些费用项目超支或节约及其原因，从而寻求降低产品费用的途径；同时还可以通过对比分析制造费用的构成及其增减变动的情况，为编制制造费用计划和预测未来的费用水平提供依据。

利用销售费用明细表和管理费用明细表考核企业销售费用及管理费用的构成和变动情况，分析、评价计划、预算执行的情况，以便找出发生差异的原因和责任，为编制下期费用计划、预算提供依据。

1. 制造费用明细表的结构和编制方法

制造费用明细表是反映工业企业在一定时期内发生的各项制造费用及其构成情况的成本报表。

制造费用明细表中的各明细项目，应包括企业各个生产单位为组织和管理生产所发生的各项费用。在制造费用明细表中所归集的费用，如果各生产单位有生产制造外售产品、自制半成品或有对外提供工业性劳务，其制造费用必须按一定标准分配一部分费用给外售的产品、半成品、劳务去负担。而企业的自制材料、自制工具、自制设备也同样要按标准分配制造费用。因此，会出现制造费用明细表上的合计数与产品生产成本表中的"制造费用"项目的数字不相等的情况。

制造费用明细表是按制造费用项目设置的,并分栏反映各费用的本年计划数、上年同期实际数、本月实际数、本年累计实际数。

某企业 2×20 年 5 月的制造费用明细表如表 8-137 所示。

表 8-137 制造费用明细表

2×20 年 5 月　　　　　　　　　　　　　　单位:元

项目	本年计划数	上年同期实际数	本月实际数	本年累计实际数
工资	(略,下同)	(略,下同)	(略,下同)	40 255
职工福利费				5 635
折旧费				76 242
修理费				34 240
办公费				8 614
取暖费				11 430
水电费				27 003
机物料消耗				17 920
低值易耗品摊销				6 381
劳动保护费				7 566
租赁费				1 200
运输费				5 238
保险费				34 770
设计制图费				6 887
试验检验费				4 986
在产品盘亏和毁损(减盘盈)				2 573
其他				60
制造费用合计				291 000

其中,本年计划数应根据成本计划中的制造费用计划填列,上年同期实际数应根据上年同期制造费用明细表的累计实际数填列,本月实际数应根据"制造费用"总账科目所属各基本生产车间制造费用明细账的本月合计数汇总计算填列,本年累计实际数应根据这些车间制造费用明细账的本月累计数汇总计算填列。

2. 销售费用明细表的结构和编制方法

销售费用明细表中的各明细项目，是用来反映企业在产品销售过程中发生的各项费用的。某企业2×20年5月的销售费用明细表如表8-138所示。

表8-138 销售费用明细表

2×20年5月　　　　　　　　　　　　　　　　　　　　　　单位：元

项目	本年计划数	上年同期实际数	本月实际数	本年累计实际数
工资	（略，下同）	（略，下同）	（略，下同）	11 232
职工福利费				1 572
业务费				4 120
运输费				15 480
装卸费				8 360
包装费				14 680
保险费				3 584
展览费				0
广告费				16 480
差旅费				5 120
租赁费				0
低值易耗品摊销				2 160
销售部门办公费				3 184
委托代销手续费				0
销售服务费				0
折旧费				3 662
其他				0
合计				89 634

其中，本年计划数应根据企业本年的财务成本计划资料填列，上年同期实际数应根据上年报表资料填列，本月实际数应根据销售费用明细账的本月合计数填列。本年累计实际数应根据销售费用明细账的本月末的累计数填列。

3. 管理费用明细表的结构和编制方法

管理费用明细表中的各明细项目，反映企业除制造费用以外的为组织、管理而发生的各项费用。

某企业2×20年5月的管理费用明细表如表8-139所示。

表 8-139　管理费用明细表

2×20 年 5 月　　　　　　　　　　　　　　　　　单位：元

项目	本年计划数	上年同期实际数	本月实际数	本年累计实际数
工资	（略，下同）	（略，下同）	（略，下同）	29 400
职工福利费				4 116
折旧费				10 280
办公费				4 524
差旅费				7 385
运输费				9 763
保险费				7 920
租赁费				8 670
修理费				0
咨询费				0
诉讼费				7 120
排污费				3 245
绿化费				4 180
物料消耗				2 875
低值易耗品摊销				2 400
无形资产摊销				1 880
递延费用摊销				1 600
坏账损失				540
研究开发费				0
技术转让费				7 890
业务招待费				6 940
工会经费				8 200
职工教育经费				0
待业保险费				3 508
劳动保险费				8 912
税金				1 290
材料、产成品盘亏和毁损（减盘盈）				0
其他				0
合计				142 638

此表按管理费用项目分别反映各费用的本年计划数、上年同期实际数、本月实际数和本年累计实际数。其中，本年计划数应根据公司（总厂）或企业行政管理部门的管理费用计划填列，上年同期实际数应根据上年同期管理费用明细表的累计实际数填列，本月实际数应根据管理费用明细账的本月合计数填列，本年累计实际数应根据管理费用明细账的本月末的累计数填列。

4. 各种费用明细表的分析

向企业领导层和各有关部门、车间编报费用报表，分析这些费用的支出情况，不仅是促进节约各项费用支出，杜绝一切铺张浪费，不断降低成本和增加盈利的重要途径；同时也是推动企业改进生产经营管理工作，提高工作效率的重要措施。

在列示出各项费用明细表之后，为了深入地研究制造费用、销售费用和管理费用变动的原因，评价费用支出的合理性，寻求降低各种费用支出的途径和方法，应该对各种费用明细表进行分析。

可按费用的用途及影响费用变动的因素，将各种费用项目分成几类进行分析。

生产性费用。如制造费用中的折旧费、修理费、机物料消耗等，这些费用的变动与企业生产规模、生产组织、设备利用程度等有直接联系。

管理性费用。如行政管理部门人员的工资、办公费、业务招待费等。管理性费用的多少主要取决于企业行政管理系统的设置和运行情况以及各项开支标准的执行情况。

发展性费用。如职工教育经费、设计制图费、试验检验费、研究开发费等。这些费用与企业的发展相关，实际上是对企业未来的投资。

防护性费用。如劳动保护费、保险费等。这类费用的变动直接与劳动条件的改善、安全生产等相关。

非生产性费用。主要指材料、在产品、产成品的盘亏和毁损。分析这类费用发生的原因，必须从检查企业生产工作质量、各项管理制度是否健全以及库存材料、在产品和产成品的保管情况入手，并把分析与推行和加强经济责任制结合起来。

对上述各种费用进行分析，首先应根据表中资料以本年实际数与本年计划数相比较，确定实际脱离计划差异；然后分析产生差异的原因。

由于各种费用所包括的费用项目具有不同的经济性质和用途,各项费用的变动又分别受不同因素变动影响。因此,在确定费用实际支出脱离计划支出的差异时,应按各种费用组成项目分别进行,而不能只检查各种费用总额计划的完成情况,不能用其中一些费用项目的节约来抵补其他费用项目的超支。

同时,要注意不同费用项目支出的特点,不能简单地把任何超过计划的费用支出都看作不合理;同样,对某些费用项目支出的减少也要做具体分析:有的可能是企业工作成绩,有的则可能是企业工作中的问题。

总之,在进行费用分析时,不能孤立地看费用是超支了还是节约了,而应结合其他有关情况,结合各项技术组织措施效果来分析,结合各项费用支出的经济效益进行评价。

第 9 章 总账会计实务操作

9.1 财务成果的核算

财务成果的核算内容包括收入的核算、营业外收支的核算、利润及利润分配的核算。

9.1.1 收入

企业在确认和计量收入时,应遵循的基本原则是:确认收入的方式应当反映其向客户转让商品或提供服务的模式,收入的金额应当反映企业因转让商品或提供服务而预期有权收取的对价金额。确认和计量收入能进一步如实地反映企业的生产经营成果,准确核算企业实现的损益。

为了核算企业与客户之间的合同产生的收入及相关的成本费用,一般需要设置"主营业务收入""其他业务收入""主营业务成本""其他业务成本""合同取得成本""合同履约成本""合同资产""合同负债"等科目。

9.1.2 营业外收支

营业外收入是指企业确认的与其日常活动无直接关系的各项利得。营业外收入并不是企业经营资金耗费所产生的,实际上是经济利益的净流入,不需要与有关的费用进行配比。营业外收入主要包括非流动资产毁损报废收益、与企业日常活动无关的政府补助、盘盈利得、捐赠利得、债务重组利得等。企业应通过"营业外收入"科目，核算营业外收入的取得及结转情况。该科目贷方登记企业确认的各项营业外收入，借方登记期末结转入"本年利润"的营业外收入，结转后该科目无余额。该科目应按照营业外收入的项目进行明细核算。

营业外支出是指企业发生的与其日常活动无直接关系的各项损失，主要包括非流动资产毁损报废损失、捐赠支出、盘亏损失、非常损失、罚款支出、债务重组损失等。企业应通过"营业外支出"科目，核算营业外支出的发生及结转情况。该科目借方登记企业发生的各项营业外支出，贷方登记期末结转入"本年利润"的营业外支出，结转后该科目无余额。该科目应按照营业外支出的项目进行明细核算。企业发生营业外支出时，借记"营业外支出"科目，贷记"固定资产清理""银行存款""库存现金""待处理财产损溢"等科目。期末，应将"营业外支出"科目余额转入"本年利润"科目，借记"本年利润"科目，贷记"营业外支出"科目。

9.1.3 利润

利润是企业在一定会计期间的经营成果。利润包括收入减去费用后的净额、直接计入当期利润的利得和损失等。未计入当期利润的利得和损失扣除所得税影响后的净额计入其他综合收益项目。净利润与其他综合收益的合计金额为综合收益总额。

9.1.4 利润分配

利润分配是指企业根据国家有关规定和企业章程、投资协议等，对企业当年可供分配的利润所进行的分配。

可供分配的利润 = 当年实现的净利润 + 年初未分配利润（或 − 年初未弥补亏损）+ 其他转入。

9.2 资产负债表

9.2.1 资产负债表概述

资产负债表是指反映企业在某一特定日期的财务状况的报表。资产负债表主要反映资产、负债和所有者权益三方面的内容,并满足"资产=负债+所有者权益"这一平衡公式,依照一定的分类标准和一定的次序,将某一特定日期的资产、负债、所有者权益的具体项目予以适当的排列编制而成。

9.2.2 资产负债表的结构

我国企业的资产负债表采用账户式结构。账户式资产负债表分左右两方:左方为资产项目,大体按资产的流动性大小排列,流动性大的资产如"货币资金""交易性金融资产"等排在前面,流动性小的资产如"长期股权投资""固定资产"等排在后面;右方为负债及所有者权益项目,一般按要求清偿时间的先后顺序排列,"短期借款""应付票据""应付账款"等需要在一年以内或者长于一年的一个正常营业周期内偿还的流动负债排在前面,"长期借款"等在一年以上才需偿还的非流动负债排在中间,在企业清算之前不需要偿还的所有者权益项目排在后面。

账户式资产负债表中的资产各项目的合计等于负债和所有者权益各项目的合计,即资产负债表左方和右方平衡。因此,账户式资产负债表可以反映资产、负债、所有者权益之间的内在关系,即"资产=负债+所有者权益"。

现行资产负债表的格式见表 9-1。

9.2.3 资产负债表的编制

(一)资产负债表项目的填列方法

资产负债表各项目均需填列"上年年末余额"和"期末余额"两栏。其中"上年年末余额"栏内各项数字,应根据上年末资产负债表的"期末余额"栏内所列数字填列。"期末余额"栏主要有以下几种填列方法。

(1)根据总账科目余额填列。如"交易性金融资产""短期借款""应付票据""应付职工薪酬"等项目,根据"交易性金融资产""短期借款""应付票据""应付职工薪酬"各总账科目的余额直接填列;有些项目则需根据几个总账科目的期末余额计算填列,如"货币资金"项目,需根据"库存现金""银行存款""其他货币资金"三个总账科目的期末余额的合计数填列。

(2)根据明细账科目余额计算填列。如"应付账款"项目,需要根据"应付账款"和"预付账款"两个科目所属的相关明细科目的期末贷方余额计算填列;"应收账款"项目,需要根据"应收账款"和"预收账款"两个科目所属的相关明细科目的期末借方余额减去"坏账准备"余额计算填列。

(3)根据总账科目和明细账科目余额分析计算填列。如"长期借款"项目,需要根据"长期借款"总账科目余额扣除"长期借款"科目所属的明细账科目中将在一年内到期且企业不能自主地将清偿义务展期的长期借款后的金额计算填列。

(4)根据有关科目余额减去其备抵科目余额后的净额填列。如资产负债表中"应收票据""长期股权投资""在建工程"等项目,应当根据"应收票据""长期股权投资""在建工程"等科目的期末余额减去"坏账准备""长期股权投资减值准备""在建工程减值准备"等科目余额后的净额填列。"投资性房地产""固定资产"项目,应当根据"投资性房地产""固定资产"科目的期末余额减去"投资性房地产累计折旧""累计折旧""投资性房地产减值准备""固定资产减值准备"备抵科目余额后的净额填列。"无形资产"项目,应当根据"无形资产"科目的期末余额,减去"累计摊销""无形资产减值准备"备抵科目余额后的净额填列。

(5)综合运用上述填列方法分析填列。如资产负债表中的"存货"项目,需要根据"原材料""委托加工物资""周转材料""材料采购""在途物资""发出商品""材料成本差异"等总账科目期末余额的分析汇总数,再减去"存货跌价准备"科目余额后的净额填列。

(二)资产负债表项目的填列说明

(1)"货币资金"项目,反映企业库存现金、银行结算户存款、外埠存款、银行汇票存款、银行本票存款、信用卡存款、信用证保证金存款等的合计数。本项目应根据"库存现金""银行存款""其他货币资金"科目期末余额的合计数填列。

(2)"交易性金融资产"项目,反映资产负债表日企业分类为以公允价值计量且其变动计入当期损益的金融资产,以及企业持有的指定为以公允价值计量且其变动计入当期损益的金融资产的期末账面价值。该项目应根据"交易性金融资产"科目的相关明细科目的期末余额分析填列。自资产负债表日起超过一年到期且预期持有超过一年的以公允价值计量且其变动计入当期损益的非流动金融资产的期末账面价值，在"其他非流动金融资产"项目反映。

（3）"应收票据"项目，反映资产负债表日以摊余成本计量的、企业因销售商品、提供服务等收到的商业汇票，包括银行承兑汇票和商业承兑汇票。该项目应根据"应收票据"科目的期末余额，减去"坏账准备"科目中相关坏账准备期末余额后的金额分析填列。

（4）"应收账款"项目，反映资产负债表日以摊余成本计量的、企业因销售商品、提供服务等经营活动应收取的款项。该项目应根据"应收账款"和预收账款科目的期末余额，减去"坏账准备"科目中相关坏账准备期末余额后的金额分析填列。

（5）"应收款项融资"项目，反映资产负债表日以公允价值计量且其变动计入其他综合收益的应收票据和应收账款等。

（6）"预付款项"项目，反映企业按照购货合同规定预付给供应单位的款项等。本项目应根据"预付账款"和"应付账款"科目所属各明细科目的期末借方余额合计数，减去"坏账准备"科目中有关预付款项计提的坏账准备期末余额后的金额填列。如"预付账款"科目所属明细科目期末有贷方余额的，应在资产负债表"应付账款"项目内填列。

（7）"其他应收款"项目，应根据"应收利息""应收股利""其他应收款"科目的期末余额合计数，减去"坏账准备"科目中相关坏账准备期末余额后的金额填列。其中的"应收利息"仅反映相关金融工具已到期可收取但于资产负债表日尚未收到的利息。基于实际利率法计提的金融工具的利息应包含在相应金融工具的账面余额中。

（8）"存货"项目，反映企业期末各种存货的可变现净值。房地产开发企业的存货是指企业在日常活动中持有的以备出售的开发产品，处在开发过程中的在建开发产品、在开发过程或提供劳务过程中耗用的材料、物资、设备等。房地产开发企业的存货主要包括各类材料、库存设备、低值易耗品、委托加工物资、在建开发产品、已完工待售开发产品、周围房等。存货属于企业的流动资产。

（9）"持有待售资产"项目，反映资产负债表日划分为持有待售类别的非流动资产及划分为持有待售类别的处置组中的流动资产和非流动资产的期末账面价值。该项目应根据"持有待售资产"科目的期末余额,减去"持有待售资产减值准备"科目的期末余额后的金额填列。

(10)"一年内到期的非流动资产"项目,通常反映预计自资产负债表日起一年内变现的非流动资产。对于按照相关会计准则采用折旧(或摊销、折耗)方法进行后续计量的固定资产、使用权资产、无形资产和长期待摊费用等非流动资产,折旧(或摊销、折耗)年限(或期限)只剩一年或不足一年的,或预计在一年内(含一年)进行折旧(或摊销、折耗)的部分,不得归类为流动资产,仍在各该非流动资产项目中填列,不转入"一年内到期的非流动资产"项目。

(11)"债权投资"项目,反映资产负债表日企业以摊余成本计量的长期债权投资的期末账面价值。该项目应根据"债权投资"科目的相关明细科目期末余额,减去"债权投资减值准备"科目中相关减值准备的期末余额后的金额分析填列。自资产负债表日起一年内到期的长期债权投资的期末账面价值,在"一年内到期的非流动资产"项目反映。企业购入的以摊余成本计量的一年内到期的债权投资的期末账面价值,在"其他流动资产"项目反映。

(12)"其他债权投资"项目,反映资产负债表日企业分类为以公允价值计量且其变动计入其他综合收益的长期债权投资的期末账面价值。该项目应根据"其他债权投资"科目的相关明细科目的期末余额分析填列。自资产负债表日起一年内到期的长期债权投资的期末账面价值,在"一年内到期的非流动资产"项目反映。企业购入的以公允价值计量且其变动计入其他综合收益的一年内到期的债权投资的期末账面价值,在"其他流动资产"项目反映。

(13)"长期股权投资"项目,反映企业持有的对子公司、联营企业和合营企业的长期股权投资。本项目应根据"长期股权投资"科目的期末余额,减去"长期股权投资减值准备"科目的期末余额后的金额填列。

(14)"其他权益工具投资"项目,反映资产负债表日企业指定为以公允价值计量且其变动计入其他综合收益的非交易性权益工具投资的期末账面价值。该项目应根据"其他权益工具投资"科目的期末余额填列

(15)"固定资产"项目,反映资产负债表日企业固定资产的期末账面价值和企业尚未清理完毕的固定资产清理净损益。该项目应根据"固定资产"科目的期末余额,减去"累计折旧"和"固定资产减值准备"科目的期末余额后的金额,以及"固定资产清理"科目的期末余额填列。

(16)"在建工程"项目,反映资产负债表日企业尚未达到预定可使用状

态的在建工程的期末账面价值和企业为在建工程准备的各种物资的期末账面价值。该项目应根据"在建工程"科目的期末余额，减去"在建工程减值准备"科目的期末余额后的金额，以及"工程物资"科目的期末余额，减去"工程物资减值准备"科目的期末余额后的金额填列。

（17）"使用权资产"项目，反映资产负债表日承租人企业持有的使用权资产的期末账面价值。该项目应根据"使用权资产"科目的期末余额，减去"使用权资产累计折旧"和"使用权资产减值准备"科目的期末余额后的金额填列。

（18）"无形资产"项目，反映企业持有的无形资产，包括专利权、非专利技术、商标权、著作权、土地使用权等。本项目应根据"无形资产"科目的期末余额，减去"累计摊销"和"无形资产减值准备"科目期末余额后的金额填列。

（19）"开发支出"项目，反映企业开发无形资产过程中能够资本化形成无形资产成本的支出部分。本项目应当根据"研发支出"科目中所属的"资本化支出"明细科目期末余额填列。

（20）"长期待摊费用"项目，反映企业已经发生但应由本期和以后各期负担的分摊期限在一年以上的各项费用。长期待摊费用中在一年内（含一年）摊销的部分，在资产负债表"一年内到期的非流动资产"项目填列。本项目应根据"长期待摊费用"科目的期末余额减去将于一年内（含一年）摊销的数额后的金额填列。

（21）"其他非流动资产"项目，反映企业除长期股权投资、固定资产、在建工程、工程物资、无形资产等以外的其他非流动资产。本项目应根据有关科目的期末余额填列。

（22）"短期借款"项目，反映企业向银行或其他金融机构等借入的期限在一年以下（含一年）的各种借款。本项目应根据"短期借款"科目的期末余额填列。

（23）"交易性金融负债"项目，反映资产负债表日企业承担的交易性金融负债，以及企业持有的指定为以公允价值计量且其变动计入当期损益的金融负债的期末账面价值。该项目应根据"交易性金融负债"科目的相关明细科目的期末余额填列。

（24）"应付票据"项目，反映资产负债表日以摊余成本计量的、企业因购买材料、商品和接受服务等开出、承兑的商业汇票，包括银行承兑汇票和商业承兑汇票。该项目应根据"应付票据"科目的期末余额填列。

（25）"应付账款"项目，反映资产负债表日以摊余成本计量的、企业因购买材料、商品和接受服务等经营活动应支付的款项。该项目应根据"应付账款"和"预付账款"科目所属的相关明细科目的期末贷方余额合计数填列。

（26）"预收款项"项目，反映企业按照合同规定或交易双方之约定，而向购买单位或接受劳务的单位在未发出商品或提供劳务时预收的款项。本项目应根据"预收账款"和"应收账款"科目所属各明细科目的期末贷方余额合计数填列。如"预收账款"科目所属明细科目期末有借方余额，应在资产负债表"应收账款"项目内填列。

（27）"应付职工薪酬"项目，反映企业根据有关规定应付给职工的工资、职工福利、社会保险费、住房公积金、工会经费、职工教育经费、非货币性福利、辞退福利等各种薪酬。外商投资企业按规定从净利润中提取的职工奖励及福利基金，也在本项目列示。

（28）"应交税费"项目，反映企业按照税法规定计算应缴纳的各种税费，包括增值税、消费税、所得税、资源税、土地增值税、城市维护建设税、房产税、土地使用税、车船税、教育费附加、矿产资源补偿费等。企业代扣代缴的个人所得税，也通过本项目列示。企业所缴纳的税金不需要预计应交数的，如印花税、耕地占用税等，不在本项目列示。本项目应根据"应交税费"科目的期末贷方余额填列；如"应交税费"科目期末为借方余额，应以"-"号填列。

（29）"其他应付款"项目，应根据"应付利息""应付股利""其他应付款"科目的期末余额合计数填列。其中的"应付利息"仅反映相关金融工具已到期应支付但于资产负债表日尚未支付的利息。基于实际利率法计提的金融工具的利息应包含在相应金融工具的账面余额中。

（30）"持有待售负债"项目，反映资产负债表日处置组中与划分为持有待售类别的资产直接相关的负债的期末账面价值。该项目应根据"持有待售负债"科目的期末余额填列。

（31）"一年内到期的非流动负债"项目，反映企业非流动负债中将于资产负债表日后一年内到期部分的金额，如将于一年内偿还的长期借款。本项目应根据有关科目的期末余额填列。

（32）"长期借款"项目，反映企业向银行或其他金融机构借入的期限在一年以上（不含一年）的各项借款。本项目应根据"长期借款"科目的期末余额填列。

（33）"应付债券"项目，反映企业为筹集长期资金而发行的债券本金和利息。本项目应根据"应付债券"科目的期末余额填列。

（34）"租赁负债"项目，反映资产负债表日承租人企业尚未支付的租赁付款额的期末账面价值。该项目应根据"租赁负债"科目的期末余额填列。自资产负债表日起一年内到期应予以清偿的租赁负债的期末账面价值，在"一年内到期的非流动负债"项目反映。

（35）"长期应付款"项目，反映资产负债表日企业除长期借款和应付债券以外的其他各种长期应付款项的期末账面价值。该项目应根据"长期应付款"科目的期末余额，减去相关的"未确认融资费用"科目的期末余额后的金额，以及"专项应付款"科目的期末余额填列。

（36）"递延收益"项目中摊销期限只剩一年或不足一年的，或预计在一年内（含一年）进行摊销的部分，不得归类为流动负债，仍在该项目中填列，不转入"一年内到期的非流动负债"项目。

（37）"其他非流动负债"项目，反映企业除长期借款、应付债券等项目以外的其他非流动负债。本项目应根据有关科目的期末余额填列。其他非流动负债项目应根据有关科目期末余额减去将于一年内（含一年）到期偿还数后的余额填列。非流动负债各项目中将于一年内（含一年）到期的非流动负债，应在"一年内到期的非流动负债"项目内单独反映。

（38）"合同资产"和"合同负债"项目。企业应按照《企业会计准则第14号——收入》（财会〔2017〕22号）的相关规定根据本企业履行履约义务与客户付款之间的关系在资产负债表中列示合同资产或合同负债。"合同资产"项目、"合同负债"项目，应分别根据"合同资产"科目、"合同负债"科目的相关明细科目的期末余额分析填列，同一合同下的合同资产和合同负债应当以净额列示，其中净额为借方余额的，应当根据其流动性在"合同资产"或"其他非流动资产"项目中填列，已计提减值准备的，还应减去"合同资产减值准备"科目中相关的期末余额后的金额填列；其中净额为贷方余额的，应当根据其流动性在"合同负债"或"其他非流动负债"项目中填列。

由于同一合同下的合同资产和合同负债应当以净额列示，企业也可以设置"合同结算"科目（或其他类似科目），以核算同一合同下属于在某一时段内履行履约义务涉及与客户结算对价的合同资产或合同负债，并在此科目下设置"合同结算——价款结算"科目反映定期与客户进行结算的金额,设置"合同结算——收入结转"科目反映按履约进度结转的收入金额。资产负债表日,"合同结算"科目的期末余额在借方的,根据其流动性在"合同资产"或"其他非流动资产"项目中填列;期末余额在贷方的,根据其流动性在"合同负债"或"其他非流动负债"项目中填列。

(39)按照《企业会计准则第14号——收入》(财会〔2017〕22号)的相关规定确认为资产的合同取得成本,应当根据"合同取得成本"科目的明细科目初始确认时摊销期限是否超过一年或一个正常营业周期,在"其他流动资产"或"其他非流动资产"项目中填列,已计提减值准备的,还应按减去"合同取得成本减值准备"科目中相关的期末余额后的金额填列。

(40)按照《企业会计准则第14号——收入》(财会〔2017〕22号)的相关规定确认为资产的合同履约成本,应当根据"合同履约成本"科目的明细科目初始确认时摊销期限是否超过一年或一个正常营业周期,在"存货"或"其他非流动资产"项目中填列,已计提减值准备的,还应按减去"合同履约成本减值准备"科目中相关的期末余额后的金额填列。

(41)按照《企业会计准则第14号——收入》(财会〔2017〕22号)的相关规定确认为资产的应收退货成本,应当根据"应收退货成本"科目是否在一年或一个正常营业周期内出售,在"其他流动资产"或"其他非流动资产"项目中填列。

(42)按照《企业会计准则第14号——收入》(财会〔2017〕22号)的相关规定确认为预计负债的应付退货款,应当根据"预计负债"科目下的"应付退货款"明细科目是否在一年或一个正常营业周期内清偿,在"其他流动负债"或"预计负债"项目中填列。

(43)企业按照《企业会计准则第22号——金融工具确认和计量》(财会〔2017〕7号)的相关规定对贷款承诺、财务担保合同等项目计提的损失准备,应当在"预计负债"项目中填列。

(44)"实收资本(或股本)"项目,反映企业各投资者实际投入的资本(或股本)总额。本项目应根据"实收资本(或股本)"科目的期末余额填列。

(45)"其他权益工具"项目,反映资产负债表日企业发行在外的除普通股以外分类为权益工具的金融工具的期末账面价值。对于资产负债表日企业发行的金融工具,分类为金融负债的,应在"应付债券"项目填列,对于优先股和永续债，还应在"应付债券"项目下的"优先股"项目和"永续债"项目分别填列；分类为权益工具的，应在"其他权益工具"项目填列，对于优先股和永续债，还应在"其他权益工具"项目下的"优先股"项目和"永续债"项目分别填列。

（46）"资本公积"项目，反映企业资本公积的期末余额。本项目应根据"资本公积"科目的期末余额填列。

（47）"专项储备"项目，反映高危行业企业按国家规定提取的安全生产费的期末账面价值。该项目应根据"专项储备"科目的期末余额填列。

（48）"盈余公积"项目，反映企业盈余公积的期末余额。本项目应根据"盈余公积"科目的期末余额填列。

（49）"未分配利润"项目，反映企业尚未分配的利润。本项目应根据"本年利润"科目和"利润分配"科目的余额计算填列。未弥补的亏损在本项目内以"-"号填列。

【例9-1】资产负债表的编制。

文正股份公司2×19年12月31日的资产负债表（上年年末余额略）及2×20年12月31日的科目余额表分别见表9-1和表9-2。假设该公司2×20年度除计提固定资产减值准备导致固定资产账面价值与其计税基础存在可抵扣暂时性差异外，其他资产和负债项目的账面价值均等于其计税基础。

表9-1 资产负债表

会企01表

编制单位：文正股份公司　　　　2×19年12月31日　　　　　　　　单位：元

资产	期末余额	上年年末余额	负债和所有者权益（或股东权益）	期末余额	上年年末余额
流动资产：			流动负债：		
货币资金	1 406 300		短期借款	300 000	
交易性金融资产	15 000		交易性金融负债	0	
衍生金融资产	0		衍生金融负债	0	
应收票据	246 000		应付票据	200 000	
应收账款	299 100		应付账款	953 800	
应收款项融资	0		预收款项	500 000	
预付款项	100 000		合同负债	0	
其他应收款	5 000		应付职工薪酬	110 000	

续表

资产	期末余额	上年年末余额	负债和所有者权益（或股东权益）	期末余额	上年年末余额
存货	2 580 000		应交税费	36 600	
合同资产	0		其他应付款	500 000	
持有待售资产	0		持有待售负债	0	
一年内到期的非流动资产	0		一年内到期的非流动负债	51 000	
其他流动资产	100 000		其他流动负债	0	
流动资产合计	4 751 400		流动负债合计	2 651 400	
非流动资产：			非流动负债：		
债权投资	0		长期借款	600 000	
其他债权投资	0		应付债券	0	
长期应收款	0		其中：优先股	0	
长期股权投资	250 000		永续债	0	
其他权益工具投资	0		租赁负债	0	
其他非流动金融资产	0		长期应付款	0	
投资性房地产	0		预计负债	0	
固定资产	1 100 000		递延收益	0	
在建工程	1 500 000		递延所得税负债		
生产性生物资产	0		其他非流动负债	0	
油气资产	0		非流动负债合计	600 000	
使用权资产	0		负债合计	3 251 400	
无形资产	600 000		所有者权益（或股东权益）：		
开发支出	0		实收资本（或股本）	5 000 000	
商誉	0		其他权益工具	0	
长期待摊费用	0		其中：优先股	0	
递延所得税资产	0		永续债	0	
其他非流动资产	200 000		资本公积	0	
非流动资产合计	3 650 000		减：库存股	0	
			其他综合收益	0	
			专项储备	0	
			盈余公积	100 000	

续表

资产	期末余额	上年年末余额	负债和所有者权益（或股东权益）	期末余额	上年年末余额
			未分配利润	50 000	
			所有者权益（或股东权益）合计	5 150 000	
资产总计	8 401 400		负债和股东权益总计	8 401 400	

表 9-2　科目余额表

单位：元

科目名称	借方余额	科目名称	贷方余额
库存现金	126 566.75	短期借款	50 000
银行存款	344 943.25	应付票据	100 000
其他货币资金	240 690	应付账款	603 800
交易性金融资产	0	应付股利	100 000
应收票据	46 000	预收账款	350 000
应收账款	600 100	其他应付款	50 000
坏账准备	−1 600	应付职工薪酬	180 000
预付账款	100 000	应交税费	100 000
其他应收款	5 000	应付利息	0
材料采购	305 000	应付股利	0
原材料	732 000	一年内到期的长期负债	0
周转材料	230 000	长期借款	1 160 000
库存商品	1 287 700	股本	5 000 000
材料成本差异	20 000	盈余公积	166 621.1
其他流动资产	7 125	利润分配（未分配利润）	108 037.15
长期股权投资	250 000		
固定资产	2 401 000		
累计折旧	−140 000		
固定资产减值准备	−30 000		
工程物资	100 000		
在建工程	603 933.25		
无形资产	600 000		

续表

科目名称	借方余额	科目名称	贷方余额
累计摊销	-30 000		
递延所得税资产	7 500		
其他非流动资产	162 500		
合计	7 968 458.25	合计	7 968 458.25

假定该公司未来很可能获得足够的应纳税所得额用来抵扣可抵扣暂时性差异，适用的所得税税率为25%。根据上述资料编制该公司2×20年12月31日的资产负债表，如表9-3所示。

表9-3 资产负债表

会企01表

编制单位：文正股份公司　　　　　　2×20年12月31日　　　　　　单位：元

资产	期末余额	上年年末余额	负债和所有者权益(或股东权益)	期末余额	上年年末余额
流动资产：			流动负债：		
货币资金	712 200	1 406 300	短期借款	50 000	300 000
交易性金融资产	0	15 000	交易性金融负债	0	0
衍生金融资产	0	0	衍生金融负债	0	0
应收票据	46 000	246 000	应付票据	100 000	200 000
应收账款	598 500	299 100	应付账款	603 800	953 800
应收款项融资	0	0	预收款项	350 000	500 000
预付款项	100 000	100 000	合同负债	0	0
其他应收款	5 000	5 000	应付职工薪酬	180 000	110 000
存货	2 574 700	2 580 000	应交税费	100 000	36 600
合同资产	0	0	其他应付款	150 000	50 000
持有待售资产	0	0	持有待售负债	0	0
一年内到期的非流动资产	0	0	一年内到期的非流动负债	0	501 000
其他流动资产	7 125	100 000	其他流动负债	0	0
流动资产合计	4 043 525	4 751 400	流动负债合计	1 533 800	2 651 400
非流动资产：			非流动负债：		
债权投资	0	0	长期借款	1 160 000	600 000
其他债权投资	0	0	应付债券	0	0

续表

资产	期末余额	上年年末余额	负债和所有者权益（或股东权益）	期末余额	上年年末余额
长期应收款	0	0	其中：优先股	0	0
长期股权投资	250 000	250 000	永续债	0	0
其他权益工具投资	0	0	租赁负债	0	0
其他非流动金融资产	0	0	长期应付款	0	0
投资性房地产	0	0	预计负债	0	0
固定资产	2 231 000	1 100 000	递延收益	0	0
在建工程	703 933.25	1 500 000	递延所得税负债	0	0
生产性生物资产	0	0	其他非流动负债	0	0
油气资产	0	0	非流动负债合计	1 160 000	600 000
使用权资产	0	0	负债合计	2 693 800	3 251 400
无形资产	570 000	600 000	所有者权益（或股东权益）：		
开发支出	0	0	实收资本（或股本）	5 000 000	5 000 000
商誉	0	0	其他权益工具	0	0
长期待摊费用	0	0	其中：优先股	0	0
递延所得税资产	7 500	0	永续债	0	0
其他非流动资产	162 500	200 000	资本公积	0	0
非流动资产合计	3 924 933.25	3 650 000	减：库存股	0	0
			其他综合收益	0	0
			专项储备	0	0
			盈余公积	166 621.1	100 000
			未分配利润	108 037.15	50 000
			所有者权益（或股东权益）合计	5 274 658.25	5 150 000
资产总计	7 968 458.25	8 401 400	负债和股东权益总计	7 968 458.25	8 401 400

9.3 利润表

9.3.1 利润表的概念和作用

利润表是指反映企业在一定会计期间的经营成果的报表。利润表可以反映企业在一定会计期间收入、费用、利润（或亏损）的数额、构成情况，帮助财务报表使用者全面了解企业的经营成果，分析企业的获利能力及盈利增长趋势，从而为其做出经济决策提供依据。

9.3.2 利润表的格式及内容

我国企业利润表采用多步式格式，如表 9-4 所示。

表 9-4 利润表

会企 02 表

编制单位：　　　　　　　　　　年　月　　　　　　　　　　单位：元

项目	本期金额	上期金额
一、营业收入		
减：营业成本		
税金及附加		
销售费用		
管理费用		
研发费用		
财务费用		
其中：利息费用		
利息收入		
加：其他收益		
投资收益（损失以"-"号填列）		
其中：对联营企业和合营企业的投资收益		
以摊余成本计量的金融资产终止确认收益(损失以"-"号填列）		
净敞口套期收益（损失以"-"号填列）		
公允价值变动收益（损失以"-"号填列）		
信用减值损失（损失以"-"号填列）		

续表

项目	本期金额	上期金额
资产减值损失（损失以"-"号填列）		
资产处置收益（损失以"-"号填列）		
二、营业利润（亏损以"-"号填列）		
加：营业外收入		
减：营业外支出		
三、利润总额（亏损总额以"-"号填列）		
减：所得税费用		
四、净利润（净亏损以"-"号填列）		
（一）持续经营净利润（净损失以"-"号填列）		
（二）终止经营净利润（净损失以"-"号填列）		
五、其他综合收益的税后净额		
（一）不能重分类进损益的其他综合收益		
1.重新计量设定受益计划变动额		
2.权益法下不能转损益的其他综合收益		
3.其他权益工具投资公允价值变动		
4.企业自身信用风险公允价值变动		
……		
（二）将重分类进损益的其他综合收益		
1.权益法下可转损益的其他综合收益		
2.其他债权投资公允价值变动		
3.金融资产重分类计入其他综合收益的金额		
4.其他债权投资信用减值准备		
5.现金流量套期储备		
6.外币财务报表折算差额		
……		
六、综合收益总额		
七、每股收益		
（一）基本每股收益		
（二）稀释每股收益		

9.3.3 利润表的编制

1. 利润表项目的填列

利润表各项目均需填列"本期金额"和"上期金额"两栏。在编制中期利润表时,"本期金额"栏应分为"本期金额"和"年初至本期末累计发生额"两栏,分别填列各项目本中期(月、季或半年)实际发生额,以及自年初起至本中期(月、季或半年)末止的累计实际发生额;"上期金额"栏应分为"上年可比本中期金额"和"上年初至可比本中期末累计发生额"两栏,根据上年可比中期利润表"本期金额"下对应的两栏数字分别填列。上年度利润表与本年度利润表的项目名称和内容不一致的,应对上年度利润表项目的名称和数字按本年度的规定进行调整。年终结账时,由于全年的收入和支出已全部转入"本年利润"科目,并且通过收支对比结出本年净利润的数额,所以,应将年度利润表中的"净利润"数字,与"本年利润"科目结转到"利润分配——未分配利润"科目的数字相核对,检查账簿记录和报表编制的正确性。

利润表"本期金额""上期金额"栏内各项数字,除"其他收益"项目外,应当按照相关科目发生额分析填列。

2. 利润表项目的填列说明(见表9-5)

表 9-5 利润表项目的填列说明

利润表项目	反映内容	填列说明
"营业收入"	反映企业经营主要业务和其他业务所确认的收入总额	据"主营业务收入"和"其他业务收入"科目的发生额分析填列
"营业成本"	反映企业经营主要业务和其他业务所发生的成本总额	据"主营业务成本"和"其他业务成本"科目的发生额分析填列
"税金及附加"	反映企业经营业务应负担的消费税、城市建设维护税、资源税、土地增值税和教育费附加等	据"税金及附加"科目的发生额分析填列
"销售费用"	反映企业在销售商品过程中发生的包装费、广告费等费用和为销售本企业商品而专设的销售机构的职工薪酬、业务费等经营费用	据"销售费用"科目的发生额分析填列

续表

利润表项目	反映内容	填列说明
"管理费用"	反映企业为组织和管理生产经营发生的管理费用	据"管理费用"的发生额分析填列
"研发费用"	反映企业进行研究与开发过程中发生的费用化支出,以及计入管理费用的自行开发无形资产的摊销	据"管理费用"科目下的"研究费用"和"无形资产摊销"明细科目的发生额分析填列
"财务费用"	反映企业筹集生产经营所需资金等而发生的筹资费用	据"财务费用"科目的发生额分析填列
"利息费用"	反映企业为筹集生产经营所需资金等而发生的应予费用化的利息支出	据"财务费用"科目的相关明细科目的发生额分析填列
"利息收入"	反映企业按照相关会计准则确认的应冲减财务费用的利息收入	据"财务费用"科目的相关明细科目的发生额分析填列
"其他收益"	反映与企业日常活动相关的但不在营业收入项目核算的经济利益流入	据"其他收益"科目的发生额分析填列
"投资收益"	反映企业以各种方式对外投资所取得的收益	据"投资收益"科目的发生额分析填列;如为投资损失,本项目以"-"号填列
"以摊余成本计量的金融资产终止确认收益"	反映企业因转让等情形导致终止确认以摊余成本计量的金融资产而产生的利得或损失	据"投资收益"科目的相关明细科目的发生额分析填列;如为损失,以"-"号填列
"净敞口套期收益"	反映净敞口套期下被套期项目累计公允价值变动转入当期损益的金额或现金流量套期储备转入当期损益的金额	据"净敞口套期损益"科目的发生额分析填列;如为套期损失,以"-"号填列
"公允价值变动收益"	反映企业应当计入当期损益的资产或负债公允价值变动收益	据"公允价值变动损益"科目的发生额分析填列;如为净损失,以"-"号填列
"信用减值损失"	反映企业按照《企业会计准则第22号——金融工具确认和计量》(财会〔2017〕7号)的要求计提的各项金融工具信用减值准备所确认的信用损失	据"信用减值损失"科目的发生额分析填列

续表

利润表项目	反映内容	填列说明
"资产减值损失"	反映企业各项资产发生的减值损失	据"资产减值损失"科目的发生额分析填列
"资产处置收益"	反映企业出售划分为持有待售的非流动资产（金融工具、长期股权投资和投资性房地产除外）或处置组（子公司和业务除外）时确认的处置利得或损失，以及处置未划分为持有待售的固定资产、在建工程、生产性生物资产及无形资产而产生的处置利得或损失	据"资产处置损益"科目的发生额分析填列；如为处置损失，以"-"号填列
"营业利润"	反映企业实现的营业利润	如为亏损，本项目以"-"号填列
"营业外收入"	反映企业发生的除营业利润以外的收益	据"营业外收入"科目的发生额分析填列
"营业外支出"	反映企业发生的除营业利润以外的支出	据"营业外支出"科目的发生额分析填列
"利润总额"	反映企业实现的利润	如为亏损，本项目以"-"号填列
"所得税费用"	反映企业应从当期利润总额中扣除的所得税费用	据"所得税费用"科目的发生额分析填列
"净利润"	反映企业实现的净利润	如为亏损，本项目以"-"号填列
"持续经营净利润"	反映净利润中与持续经营相关的净利润	按照《企业会计准则第42号——持有待售的非流动资产、处置组和终止经营》的相关规定列报
"终止经营净利润"	反映净利润中与终止经营相关的净利润	按照《企业会计准则第42号——持有待售的非流动资产、处置组和终止经营》的相关规定列报
"其他权益工具投资公允价值变动"	反映企业指定为以公允价值计量且其变动计入其他综合收益的非交易性权益工具投资发生的公允价值变动	据"其他综合收益"科目的相关明细科目的发生额分析填列
"企业自身信用风险公允价值变动"	反映企业指定为以公允价值计量且其变动计入当期损益的金融负债，由企业自身信用风险变动引起的公允价值变动而计入其他综合收益的金额	据"其他综合收益"科目的相关明细科目的发生额分析填列

续表

利润表项目	反映内容	填列说明
"其他债权投资公允价值变动"	反映企业分类为以公允价值计量且其变动计入其他综合收益的债权投资发生的公允价值变动	据"其他综合收益"科目下的相关明细科目的发生额分析填列
"金融资产重分类计入其他综合收益的金额"	反映企业将一项以摊余成本计量的金融资产重分类为以公允价值计量且其变动计入其他综合收益的金融资产时,计入其他综合收益的原账面价值与公允价值之间的差额	据"其他综合收益"科目下的相关明细科目的发生额分析填列
"其他债权投资信用减值准备"	反映企业按照《企业会计准则第22号——金融工具确认和计量》(财会〔2017〕7号)第十八条分类为以公允价值计量且其变动计入其他综合收益的金融资产的损失准备	据"其他综合收益"科目下的"信用减值准备"明细科目的发生额分析填列
"现金流量套期储备"	反映企业套期工具产生的利得或损失中属于套期有效的部分	据"其他综合收益"科目下的"套期储备"明细科目的发生额分析填列

【例9-2】利润表的编制。

文正股份公司2×20年度有关损益类科目本年累计发生净额如表9-6所示。

表9-6 损益类科目2×20年度累计发生净额

科目名称	借方发生额	贷方发生额
主营业务收入		2 470 000
主营业务成本	732 000	
税金及附加	20 000	
销售费用	180 000	
管理费用	153 100	
财务费用	40 500	
资产减值损失	30 800	
投资收益		95 000
营业外收入		150 000
营业外支出	18 500	
所得税费用	205 000	

根据上述资料,编制该公司2×20年度利润表,如表9-7所示。

表 9-7 利润表

编制单位：文正股份公司　　　　2×20 年 12 月　　　　　　　　会企 02 表
　　　　　　　　　　　　　　　　　　　　　　　　　　　　　　单位：元

项目	本期金额	上期金额
一、营业收入	2 470 000	
减：营业成本	732 000	
税金及附加	20 000	
销售费用	180 000	
管理费用	153 100	
研发费用		
财务费用	40 500	
其中：利息费用		
利息收入		
加：其他收益		
投资收益（损失以"-"号填列）	95 000	
其中：对联营企业和合营企业的投资收益	0	
以摊余成本计量的金融资产终止确认收益（损失以"-"号填列）		
净敞口套期收益（损失以"-"号填列）		
公允价值变动收益（损失以"-"号填列）	0	
信用减值损失（损失以"-"号填列）		
资产减值损失（损失以"-"号填列）	-30 800	
资产处置收益（损失以"-"号填列）		
二、营业利润（亏损以"-"号填列）	1 408 600	
加：营业外收入	150 000	
减：营业外支出	18 500	
三、利润总额（亏损总额以"-"号填列）	1 540 100	
减：所得税费用	205 000	
四、净利润（净亏损以"-"号填列）	133 510	
（一）持续经营净利润（净损失以"-"号填列）		
（二）终止经营净利润（净损失以"-"号填列）		
五、其他综合收益的税后净额		
（一）不能重分类进损益的其他综合收益		
1.重新计量设定受益计划变动额		

续表

项目	本期金额	上期金额
2.权益法下不能转损益的其他综合收益		
3.其他权益工具投资公允价值变动		
4.企业自身信用风险公允价值变动		
……		
（二）将重分类进损益的其他综合收益		
1.权益法下可转损益的其他综合收益		
2.其他债权投资公允价值变动		
3.金融资产重分类计入其他综合收益的金额		
4.其他债权投资信用减值准备		
5.现金流量套期储备		
6.外币财务报表折算差额		
……		
六、综合收益总额		
七、每股收益		
（一）基本每股收益		
（二）稀释每股收益		

9.4 现金流量表

9.4.1 现金流量表的概念和作用

现金流量表是反映企业在一定会计期间现金和现金等价物流入和流出的报表。

现金流量表可以为报表使用者提供企业一定会计期间内现金和现金等价物流入和流出的信息，便于使用者了解和评价企业获取现金和现金等价物的能力，据以预测企业未来现金流量。

9.4.2 现金流量及其分类

现金流量的相关概念介绍见表 9-8，现金流量的分类及产生见表 9-9。

表 9-8 现金流量的相关概念

概念	具体含义	相关说明
现金流量	一定会计期间内企业现金和现金等价物的流入和流出	企业从银行提取现金、用现金购买短期到期的国库券等现金和现金等价物之间的转换不属于现金流量
现金	企业库存现金以及可以随时用于支付的存款，包括库存现金、银行存款和其他货币资金（如外埠存款、银行汇票存款、银行本票存款等）等	不能随时用于支付的存款不属于现金
现金等价物	企业持有的期限短、流动性强、易于转换为已知金额现金、价值变动风险很小的投资。期限短，一般是指从购买日起三个月内到期	通常包括三个月内到期的债券投资等。权益性投资变现的金额通常不确定，因而不属于现金等价物。企业应当根据具体情况，确定现金等价物的范围，一经确定不得随意变更

表 9-9 现金流量的分类及产生

现金流量的分类	相关活动的概念	现金流量的产生途径
经营活动产生的现金流量	经营活动：企业投资活动和筹资活动以外的所有交易和事项	销售商品或提供劳务、购买商品、接受劳务、支付工资和缴纳税款等流入和流出的现金和现金等价物
投资活动产生的现金流量	投资活动：企业长期资产的购建和不包括在现金等价物范围内的投资及其处置活动	购建固定资产、处置子公司及其他营业单位等流入和流出的现金和现金等价物
筹资活动产生的现金流量	筹资活动：导致企业资本及债务规模和构成发生变化的活动	吸收投资、发行股票、分配利润、发行债券、偿还债务等流入和流出的现金和现金等价物。偿付应付账款、应付票据等商业应付款等属于经营活动，不属于筹资活动

9.4.3 现金流量表的结构和内容

我国企业现金流量表采用报告式结构，分类反映经营活动产生的现金流量、投资活动产生的现金流量和筹资活动产生的现金流量，最后汇总反映企业某一期间现金及现金等价物的净增加额。我国企业现金流量表的格式如表9-10所示。

表9-10 现金流量表

会企03表

编制单位：　　　　　　　　　　　年 月　　　　　　　　　　　单位：元

项目	本期金额	上期金额
一、经营活动产生的现金流量：		
销售商品、提供劳务收到的现金		
收到的税费返还		
收到其他与经营活动有关的现金		
经营活动现金流入小计		
购买商品、接受劳务支付的现金		
支付给职工以及为职工支付的现金		
支付的各项税费		
支付其他与经营活动有关的现金		
经营活动现金流出小计		
经营活动产生的现金流量净额		
二、投资活动产生的现金流量：		
收回投资收到的现金		
取得投资收益收到的现金		
处置固定资产、无形资产和其他长期资产收回的现金净额		
处置子公司及其他营业单位收到的现金净额		
收到其他与投资活动有关的现金		
投资活动现金流入小计		
购建固定资产、无形资产和其他长期资产支付的现金		
投资支付的现金		
取得子公司及其他营业单位支付的现金净额		
支付其他与投资活动有关的现金		
投资活动现金流出小计		
投资活动产生的现金流量净额		
三、筹资活动产生的现金流量：		
吸收投资收到的现金		
取得借款收到的现金		

续表

项目	本期金额	上期金额
收到其他与筹资活动有关的现金		
筹资活动现金流入小计		
偿还债务支付的现金		
分配股利、利润或偿付利息支付的现金		
支付其他与筹资活动有关的现金		
筹资活动现金流出小计		
筹资活动产生的现金流量净额		
四、汇率变动对现金及现金等价物的影响		
五、现金及现金等价物净增加额		
加：期初现金及现金等价物余额		
六、期末现金及现金等价物余额		

9.4.4 现金流量表的编制

企业应当采用直接法列示经营活动产生的现金流量。直接法，是指通过现金收入和现金支出的主要类别列示经营活动的现金流量。采用直接法编制经营活动的现金流量时，一般以利润表中的营业收入为起算点，调整与经营活动有关的项目的增减变动，然后计算出经营活动的现金流量。采用直接法具体编制现金流量表时，可以采用工作底稿法或 T 型账户法，也可以根据有关科目记录分析填列。经营活动产生的现金流量的内容见表 9-11，投资活动产生的现金流量的内容见表 9-12，筹资活动产生的现金流量的内容见表 9-13。

表 9-11 经营活动产生的现金流量

项目	内容
"销售商品、提供劳务收到的现金"	反映企业本年销售商品、提供劳务收到的现金，以及以前年度销售商品、提供劳务本年收到的现金（包括应向购买者收取的增值税销项税额）和本年预收的款项，减去本年销售本年退回商品和以前年度销售本年退回商品支付的现金。企业销售材料和代购代销业务收到的现金，也在本项目反映
"收到的税费返还"	反映企业收到返还的所得税、增值税、消费税、关税和教育费附加等各种税费返还款
"收到其他与经营活动有关的现金"	反映企业经营租赁收到的租金等其他与经营活动有关的现金流入，金额较大的应当单独列示

续表

项目	内容
"购买商品、接受劳务支付的现金"	反映企业本年购买商品、接受劳务实际支付的现金（包括增值税进项税额），以及本年支付以前年度购买商品、接受劳务的未付款项和本年预付款项，减去本年发生的购货退回收到的现金。企业购买材料和代购代销业务支付的现金，也在本项目反映
"支付给职工以及为职工支付的现金"	反映企业本年实际支付给职工的工资、奖金、各种津贴和补贴等职工薪酬（包括代扣代缴的职工个人所得税）
"支付的各项税费"	反映企业本年发生并支付、以前各年发生本年支付以及预交的各项税费，包括所得税、增值税、消费税、印花税、房产税、土地增值税、车船税、教育费附加等
"支付其他与经营活动有关的现金"	反映企业经营租赁支付的租金、支付的差旅费、业务招待费、保险费、罚款支出等其他与经营活动有关的现金流出，金额较大的应当单独列示

表9-12 投资活动产生的现金流量

项目	内容
"收回投资收到的现金"	反映企业出售、转让或到期收回除现金等价物以外的对其他企业长期股权投资而收到的现金，但处置子公司及其他营业单应收到的现金净额除外
"取得投资收益收到的现金"	反映企业除现金等价物以外的对其他企业的长期股权投资等分回的现金股利和利息等
"处置固定资产、无形资产和其他长期资产收回的现金净额"	反映企业出售、报废固定资产、无形资产和其他长期资产所取得的现金（包括因资产毁损而收到的保险赔偿收入），减去为处置这些资产而支付的有关费用后的净额
"处置子公司及其他营业单位收到的现金净额"	反映企业处置子公司及其他营业单位所取得的现金，减去相关处置费用以及子公司及其他营业单位持有的现金和现金等价物后的净额
"购建固定资产、无形资产和其他长期资产支付的现金"	反映企业购买、建造固定资产、取得无形资产和其他长期资产所支付的现金（含增值税税款等），以及用现金支付的应由在建工程和无形资产负担的职工薪酬
"投资支付的现金"	反映企业取得除现金等价物以外的对其他企业的长期股权投资所支付的现金以及支付的佣金、手续费等附加费用，但取得子公司及其他营业单位支付的现金净额除外
"取得子公司及其他营业单位支付的现金净额"	反映企业购买子公司及其他营业单位购买出价中以现金支付的部分，减去子公司及其他营业单位持有的现金和现金等价物后的净额

续表

项目	内容
"收到其他与投资活动有关的现金" "支付其他与投资活动有关的现金"	反映企业除上述项目外收到或支付的其他与投资活动有关的现金，金额较大的应当单独列示

表 9-13 筹资活动产生的现金流量

项目	内容
"吸收投资收到的现金"	反映企业以发行股票、债券等方式筹集资金实际收到的款项，减去直接支付的佣金、手续费、宣传费、咨询费、印刷费等发行费用后的净额
"取得借款收到的现金"	反映企业举借各种短期、长期借款而收到的现金
"偿还债务支付的现金"	反映企业为偿还债务本金而支付的现金
"分配股利、利润或偿付利息支付的现金"	反映企业实际支付的现金股利、支付给其他投资单位的利润或用现金支付的借款利息、债券利息
"收到其他与筹资活动有关的现金" "支付其他与筹资活动有关的现金"	反映企业除上述项目外收到或支付的其他与筹资活动有关的现金，金额较大的应当单独列示

"汇率变动对现金及现金等价物的影响"项目，反映下列项目之间的差额：

（1）企业外币现金流量折算为记账本位币时，采用现金流量发生日的即期汇率或即期汇率近似的汇率折算的金额（编制合并现金流量表时折算境外子公司的现金流量，应当比照处理）；

（2）企业外币现金及现金等价物净增加额按年末汇率折算的金额。

【例 9-3】现金流量表的编制。

沿用【例 9-1】和【例 9-2】的资料，文正股份公司其他相关资料如下。

（1）2×20 年度利润表有关项目的明细资料如下。

①管理费用的组成：职工薪酬 80 000 元，无形资产摊销 30 000 元，折旧费 20 000 元，支付其他费用 23 100 元。

②财务费用的组成：计提借款利息 10 500 元，支付应收票据（银行承兑汇票）贴现利息 30 000 元。

③资产减值损失的组成：计提坏账准备 800 元，计提固定资产减值准备 30 000 元。上年年末坏账准备余额为 800 元。

④投资收益的组成：收到股息收入 90 500 元，与本金一起收回的交易性股票投

资收益500元，自公允价值变动损益结转投资收益4 000元。

⑤营业外收入的组成：处置固定资产净收益150 000元（其所处置固定资产原价为400 000元，累计折旧为250 000元。收到处置收入300 000元）。假定不考虑与固定资产处置有关的税费。

⑥营业外支出的组成：报废固定资产净损失18 500元（其所报废固定资产原价为200 000元，累计折旧为180 000元，支付清理费用300元，收到残值收入1 800元）。

⑦所得税费用的组成：当期所得税费用212 500元，递延所得税收益7 500元。

除上述项目外，利润表中的销售费用180 000元至期末已经支付。

（2）资产负债表有关项目的明细资料如下。

①本期收回交易性股票投资本金15 000元、公允价值变动4 000元，同时实现投资收益500元。

②存货中生产成本、制造费用的组成：职工薪酬353 800元，折旧费90 000元。

③应交税费的组成：本期增值税进项税额165 512元，增值税销项税额207 536元，已交增值税100 000元；应交所得税期末余额为21 376元，应交所得税期初余额为0；应交税费期末数中应由在建工程负担的部分为100 000元。

④应付职工薪酬的期初数无应付在建工程人员的部分，本期支付在建工程人员职工薪酬200 000元。应付职工薪酬的期末数中应付在建工程人员的部分为25 000元。

⑤应付利息均为短期借款利息，其中本期计提利息10 500元，支付利息10 500元。

⑥本期用现金购买固定资产1 200 000元，工程物资100 000元。

⑦本期用现金偿还短期借款250 000元，偿还一年内到期的长期借款501 000元；借入长期借款560 000元。

根据以上资料，采用分析填列的方法，编制文正股份公司2×20年度的现金流量表。

（1）文正股份公司2×20年度现金流量表各项目金额，分析确定如下。

①销售商品、提供劳务收到的现金

=主营业务收入+应交税费（应交增值税——销项税额）+（应收账款年初余额-应收账款期末余额）+（应收票据年初余额-应收票据期末余额）-当期计提的坏账准备-票据贴现的利息+（预收账款期末余额-预收账款年初余额）

=2 470 000+207 536+（299 100-598 500）+（246 000-46 000）-800-30 000+（350 000-500 000）=2 397 336（元）

②购买商品、接受劳务支付的现金

＝主营业务成本＋应交税费（应交增值税——进项税额）－（存货年初余额－存货期末余额）＋（应付账款年初余额－应付账款期末余额）＋（应付票据年初余额－应付票据期末余额）＋（预付账款期末余额－预付账款年初余额）－当期列入生产成本、制造费用的职工薪酬－当期列入生产成本、制造费用的折旧费和固定资产修理费

＝732 000＋165 512－（2 580 000－2 574 700）＋（953 800－603 800）＋（200 000－100 000）＋（100 000－100 000）－353 800－90 000

＝898 412（元）

③支付给职工以及为职工支付的现金

＝生产成本、制造费用、管理费用中职工薪酬＋（应付职工薪酬年初余额－应付职工薪酬期末余额）－[应付职工薪酬（在建工程）年初余额－应付职工薪酬（在建工程）期末余额]

＝353 800＋80 000＋（110 000－180 000）－（0－25 000）

＝388 800（元）

④支付的各项税费

＝当期所得税费用＋税金及附加＋应交税费（应交增值税——已交税金）－（应交所得税期末余额－应交所得税期初余额）

＝212 500＋20 000＋100 000－（21 376－0）

＝311 124（元）

⑤支付其他与经营活动有关的现金＝其他管理费用＋销售费用

＝23 100＋180 000

＝203 100（元）

⑥收回投资收到的现金

＝交易性金融资产贷方发生额＋与交易性金融资产一起收回的投资收益

＝（15 000＋4 000）＋500

＝19 500（元）

⑦取得投资收益收到的现金

＝收到的股息收入

＝90 500（元）

⑧处置固定资产收回的现金净额

＝300 000＋（1 800－300）

=301 500（元）

⑨购建固定资产支付的现金

=用现金购买的固定资产、工程物资＋支付给在建工程人员的薪酬

=1 200 000+100 000+200 000

=1 500 000（元）

⑩取得借款收到的现金 =560 000（元）

⑪偿还债务支付的现金

=250 000+501 000

=751 000（元）

⑫偿还利息支付的现金 =10 500（元）

（2）根据上述数据，编制现金流量表（见表9-14）。

表9-14 现金流量表

会企03表

编制单位：文正股份公司　　　　　　2×20年　　　　　　单位：元

项目	本期金额	上期金额
一、经营活动产生的现金流量：		略
销售商品、提供劳务收到的现金	2 397 336	
收到的税费返还	0	
收到其他与经营活动有关的现金	0	
经营活动现金流入小计	2 397 336	
购买商品、接受劳务支付的现金	898 412	
支付给职工以及为职工支付的现金	388 800	
支付的各项税费	311 124	
支付其他与经营活动有关的现金	203 100	
经营活动现金流出小计	1 801 436	
经营活动产生的现金流量净额	595 900	
二、投资活动产生的现金流量：		
收回投资收到的现金	19 500	
取得投资收益收到的现金	90 500	
处置固定资产、无形资产和其他长期资产收回的现金净额	301 500	
处置子公司及其他营业单位收到的现金净额	0	
收到其他与投资活动有关的现金	0	

续表

项目	本期金额	上期金额
投资活动现金流入小计	411 500	
购建固定资产、无形资产和其他长期资产支付的现金	1 500 000	
投资支付的现金	0	
取得子公司及其他营业单位支付的现金净额	0	
支付其他与投资活动有关的现金	0	
投资活动现金流出小计	1 500 000	
投资活动产生的现金流量净额	−1 088 500	
三、筹资活动产生的现金流量：		
吸收投资收到的现金	0	
取得借款收到的现金	560 000	
收到其他与筹资活动有关的现金	0	
筹资活动现金流入小计	560 000	
偿还债务支付的现金	751 000	
分配股利、利润或偿付利息支付的现金	10 500	
支付其他与筹资活动有关的现金	0	
筹资活动现金流出小计	761 500	
筹资活动产生的现金流量净额	−201 500	
四、汇率变动对现金及现金等价物的影响	0	
五、现金及现金等价物净增加额	−694 100	
加：期初现金及现金等价物余额	1 406 300	
六、期末现金及现金等价物余额	712 200	

9.5 所有者权益变动表

9.5.1 所有者权益变动表的内容及结构

所有者权益变动表是反映构成所有者权益各组成部分当期增减变动情况的

报表。所有者权益变动表的结构与提供的主要信息如表 9-15 所示。

表 9-15 所有者权益变动表的内容及结构

结构	内容
所有者权益来源	所有者投入的资本（包括实收资本和资本公积）、其他综合收益、留存收益（包括盈余公积和未分配利润等）
所有者权益变动的交易或事项	按所有者权益变动的来源对一定时期所有者权益变动情况进行全面反映
相关交易或事项对所有者权益的影响	按照所有者权益各组成部分（包括实收资本、资本公积、其他综合收益、盈余公积、未分配利润、库存股等）及其总额列示相关交易或事项对所有者权益的影响

所有者权益变动表的格式如表 9-16 所示。

表 9-16 所有者权益变动表

编制单位：　　　　　　　　　　　　　　年度　　　　　　　　　　　　　　　　　　　　　　　　　　　　会企 04
单位：元

项目	本年金额										上年金额									
	实收资本（或股本）	其他权益工具			资本公积	减：库存股	其他综合收益	专项储备	盈余公积	未分配利润	所有者权益合计	实收资本（或股本）	其他权益工具			资本公积	减：库存股	其他综合收益	专项储备	盈余公积	未分配利润	所有者权益合计
		优先股	永续债	其他									优先股	永续债	其他							
一、上年年末余额																						
加：会计政策变更																						
前期差错更正																						
其他																						
二、本年年初余额																						
三、本年增减变动金额（减少以"-"号填列）																						
（一）综合收益总额																						
（二）所有者投入和减少资本																						
1.所有者投入的普通股																						

续表

项目	本年金额										上年金额									
	实收资本（或股本）	其他权益工具			资本公积	减：库存股	其他综合收益	专项储备	盈余公积	未分配利润	所有者权益合计	实收资本（或股本）	其他权益工具			资本公积	减：库存股	其他综合收益	专项储备	盈余公积	未分配利润	所有者权益合计
		优先股	永续债	其他									优先股	永续债	其他							
2.其他权益工具持有者投入资本																						
3.股份支付计入所有者权益的金额																						
4.其他																						
（三）利润分配																						
1.提取盈余公积																						
2.对所有者（或股东）的分配																						
3.其他																						
（四）所有者权益内部结转																						
1.资本公积转增资本（或股本）																						

续表

项目	本年金额										上年金额									
	实收资本（或股本）	其他权益工具		资本公积	减:库存股	其他综合收益	专项储备	盈余公积	未分配利润	所有者权益合计	实收资本（或股本）	其他权益工具		资本公积	减:库存股	其他综合收益	专项储备	盈余公积	未分配利润	所有者权益合计
		优先股	永续债 其他									优先股	永续债 其他							
2.盈余公积转增资本（或股本）																				
3.盈余公积弥补亏损																				
4.设定受益计划变动额结转留存收益																				
5.其他综合收益结转留存收益																				
6.其他																				
四、本年年末余额																				

9.5.2 所有者权益变动表的编制

(1)"上年年末余额"项目,反映企业上年资产负债表中实收资本(或股本)、资本公积、库存股、盈余公积、未分配利润的年末余额。

(2)"会计政策变更""前期差错更正"项目,分别反映企业采用追溯调整法处理的会计政策变更的累积影响金额和采用追溯重述法处理的会计差错更正的累积影响金额。

(3)"本年增减变动金额"项目(见表9-17)。

表9-17 "本年增减变动金额"项目

项目	概念	具体内容	
"净利润"		反映企业当年实现的净利润(或净亏损)金额,并对应列在"未分配利润"栏	
"其他综合收益"		反映企业当年根据企业会计准则规定未在损益中确认的各项利得和损失扣除所得税后的净额,并对应列在"资本公积"栏	
"所有者投入和减少资本"	反映企业当年所有者投入的资本和减少的资本	"所有者投入的普通股":反映企业接受投资者投入形成的实收资本(或股本)和资本溢价或股本溢价,并对应列在"实收资本"和"资本公积"栏	
		"股份支付计入所有者权益的金额":反映企业处于等待期中的权益结算的股份支付当年资本公积的金额,并对应列在"资本公积"栏	
"利润分配"	反映企业当年的利润分配金额	"提取盈余公积":反映企业按照规定提取的盈余公积,并对应列在"盈余公积"栏	
		"对所有者(或股东)的分配":反映对所有者(或股东)分配的利润(或股利)金额,并对应列在"未分配利润"栏	
"所有者权益内部结转"	反映企业构成所有者权益的组成部分之间的增减变动情况	"资本公积转增资本(或股本)":反映企业以资本公积转增资本或股本的金额	
		"盈余公积转增资本(或股本)":反映企业以盈余公积转增资本或股本的金额	
		"盈余公积弥补亏损":反映企业以盈余公积弥补亏损的金额	

【例9-4】沿用【例9-1】、【例9-2】和【例9-3】的资料,文正股份公司其他相关资料为:提取盈余公积66 621.1元,向投资者分配现金股利1 210 341.75元。

根据上述资料,文正股份公司编制2×20年度的所有者权益变动表,如表9-18所示。

表 9-18 所有者权益变动表

2×20 年度

编制单位：文正股份公司　　　　　　　　　　　　　　　　　　　　　　　会企 04 表　单位：元

项目	本年金额							上年金额（略）
	实收资本（或股本）	资本公积	减:库存股	其他综合收益	盈余公积	未分配利润	所有者权益合计	
一、上年末余额	5 000 000	0	0	0	100 000	50 000	5 150 000	
加：会计政策变更								
前期差错更正								
二、本年初余额	5 000 000	0	0	0	100 000	50 000	5 150 000	
三、本年增减变动金额（减少以"—"号填列）						1 335 000	1 335 000	
（一）综合收益总额								
（二）所有者投入和减少资本								
1.所有者投入的资本								
2.股份支付计入所有者权益的金额								

续表

项目	本年金额							上年金额（略）
	实收资本（或股本）	资本公积	减：库存股	其他综合收益	盈余公积	未分配利润	所有者权益合计	
3. 其他								
（三）利润分配					66 621.1	−1 276 962.85		
1. 提取盈余公积					66 621.1	−66 621.1		
2. 对所有者（或股东）的分配						−1 210 341.75	−1 210 341.75	
3. 其他								
（四）所有者权益内部结转							0	
1. 资本公积转增资本（或股本）								
2. 盈余公积转增资本（或股本）								
3. 盈余公积弥补亏损								
4. 其他								
四、本年年末余额	5 000 000	0	0	0	166 621.1	108 037.15	5 274 658.25	

第 10 章 主管会计实务操作

10.1 会计主管概述

10.1.1 会计主管的含义

会计主管首先是"主管"。被称为"主管人的主管"的莫里斯·洛代克对何为"主管"阐释得较为准确、完整,即"在任何结构、形态和产业的一切机构里,一个拥有自己所辖的下属,同时向更高一级管理者负责,并通过贯彻、传达、计划和实施调动、指导和控制员工来完成整个组织目标的管理者就是主管",它概括出主管承上启下的地位,管理、组织的职能以及实现其职能的方式、手段。对于主管的普遍要求便是对于会计主管的基本要求。

由于现实生活的多样性,不同的企业(或其他经济实体)其"会计主管"一职有不同的表现形式,但总体而言,"会计主管"指的是单位(企业或其他经济实体)会计、财务工作的组织者、管理者,既包括一般意义上作为各单位会计、财务工作的具体领导者和组织者的会计机构负责人(会计主管人员)及会计主管,也包括具有更高会计与财务管理职权的总会计师及财务总监。

(一)会计机构负责人(会计主管人员)

会计机构负责人(会计主管人员)是在一个单位内具体负责会计工作的中层领导人员,其在单位负责人的领导下,具体组织、管理本单位的会计工作并对所有会计工作负责。在中小型企事业单位中，会计核算与财务管理一般不分为两个职能部门，而是以会计活动为中心来划分内部职责。此时，会计机构负责人兼有"会计主管"之职权，既是"账房先生"，又是"理财专家"。

（二）会计主管

一些大中型企事业单位将会计核算与财务管理职能分离，分别设置会计机构与财务机构：会计机构负责人主要负责指导、开展会计机构中的会计核算工作，为内外部会计信息使用者提供合法、公允的会计信息；财务部门则专司筹资、投资、利润分配，组织资金运作等理财之职，而财务主管便主要负责监管资本的运作，包括资本的获取、运营和支配，履行理财之职。

（三）总会计师

总会计师是全面主管本单位财务会计工作的行政副职，不是一种专业技术职务，而是一种行政职务，在单位负责人领导下，主管经济核算和财务会计工作。《中华人民共和国会计法》（以下简称《会计法》）第36条规定："国有的和国有资产占控股地位或者主导地位的大中型企业必须设置总会计师。总会计师的任职资格、任免程序、职责权限由国务院规定。"根据《总会计师条例》有关规定，总会计师协助单位主要行政领导全面负责财务会计管理和经济核算，参与单位的重大经营活动，直接对单位主要行政领导负责。凡是设置总会计师的单位，不应当再设置与总会计师职责重叠的行政副职。

（四）财务总监

财务总监制度起源于西方，在所有者与经营者分离的企业制度下，企业所有者从维护自身利益的需要出发，由董事会聘任财务总监，代表所有者对企业经营者的行为实施必要的监督制约。因此，财务总监是由企业的所有者决定，体现所有者意志的，并负责对企业的财务、会计活动进行全面监督与管理的高级管理人员。

实践中，财务总监有两种具体形式：委派制中的财务总监和现代企业中的财务总监。前者指政府（或集团公司）以资产所有者的身份，由政府部门（或集团公司）委派，对委派单位负责；后者则指由董事会聘任财务总监。在我国，由财政部代表中央政府对中直企业派出财务总监，各省财政厅代表省级政府向所属大中型企业派出财务总监，行使对国有企业财务活动的监督职能，就属于委派制。

10.1.2 会计机构负责人、总会计师与财务总监三者的关系

在一个小规模的企业里只设置会计机构负责人可能已能满足工作需要；而在一些股份有限公司，除设置会计机构负责人之外，通常要设置更高级别的财会管理人员，如财务总监；而为确保国有资本保值增值，加强对财务工作的领导，国家立法要求大型的国有企业必须设置总会计师，同时国有资产管理部门也可向其派出财务总监。那么，这三者之间究竟是什么关系呢？

总体来说，总会计师是会计管理系统的总负责人，会计机构负责人则是会计管理系统中核心部位的负责人，财务总监主要代表所有者对会计机构负责人所开展的以及总会计师所领导的财会工作进行监督。总会计师、财务总监较之会计机构负责人，具有行政级别更高、工作内容更多、管辖范围更广等特点，三者之间的基本关系如图 10-1 所示。

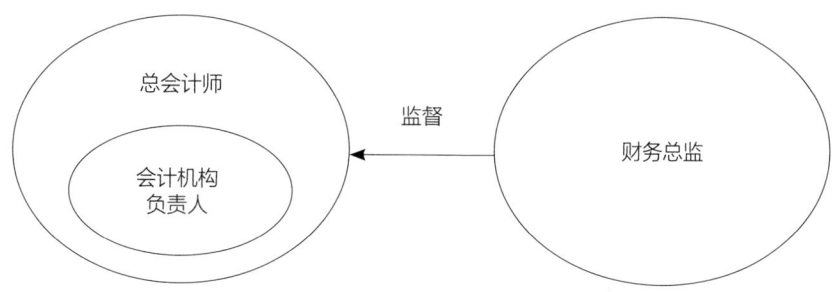

图 10-1　会计机构负责人、总会计师、财务总监的基本关系

10.1.3 会计主管应具备的基本素质

要成为一个成功的、优秀的会计主管需要具备良好的素质，只有在日常生活中注重自我提升、自我修炼的人，才可能胜任这一职位。会计主管应具备以下的基本素质。

（一）政治素质

会计主管并不仅仅是会计工作人员，良好的政治素质是其在工作中、生活中明辨是非，并在需要时做出正确决定或抉择的思想保障。会计主管政治素质的总要求是：坚持真理、实事求是、富有正义感和爱国精神、树立正确的人生观和价值观等。

（二）道德品质

道德是一个人得以安身立命的根本，会计主管在从业生涯中需要具备高度

的职业良心、廉洁自律、诚实守信、坚持原则、秉公办事，做到"心底无私天地宽"。

（三）知识素质

合理的知识结构体系是优秀会计主管必须具备的一项基本素质，保证其正确理解、判断并卓有成效地组织工作。会计主管必须牢牢掌握三方面的知识：一是包括法律在内的较为均衡的文化知识，二是比较丰富、先进的现代管理科学、决策科学和领导科学的方法体系。从根本上说，会计主管要有善于学习的基本素质。

（四）业务素质

财务会计工作是企业管理的核心，具有很强的专业技术性，而且会计理论、会计知识都在不断快速更新，为了适应会计工作发展的需要和做好本职工作的要求，会计主管应具备更高的专业知识、技术水平和业务素质。现代企业的会计主管往往是协助公司最高管理当局运筹帷幄的重要智囊和理财专家，扎实的专业知识是制定科学有效的工作方案、提供正确财务建议、出色完成工作所必须具备的最基本、最必要的素质。因此，会计主管应熟练掌握财务会计、财务管理等相关知识，主动更新专业知识，跟踪本学科发展，并具有丰富的工作经验和学识，还要熟悉各项财经法纪，遵纪守法。

（五）有悟性、有理性、有韧性

悟性就是要求会计主管有迅速接收信息并做出正确判断的能力，要能从纷繁复杂的现象、数据资料中把握本质，迅速做出正确判断。

理性就是做结论要建立在对事物客观全面的判断的基础之上，实事求是。会计主管在工作中应做到尊重客观规律，保持清醒的头脑，切忌主观臆断。

韧性是在任何工作中做出成绩所必不可少的素质。会计主管面临诸多复杂的问题需要处理，只有具备坚强的意志、稳定的情绪和坚韧的毅力，才能在经营管理中克服困难，避免失误。

10.1.4　会计主管应具备的基本工作能力

会计主管在以相对完美的素质打底子的基础上，还要培养较强的工作能力，否则，只能做漂亮的"观赏植物"，而不能发挥实际的作用。

（一）协调沟通能力

企业的财会部门是掌握企业资金流向的重要部门，其管理活动涉及企业内部的各个方面、各个部门，是各方利益的根本所在，因而也易于成为企业管理中矛盾的焦点。会计主管往往处于矛盾交织的环境中，工作并不轻松，既要满足各方的正当利益需要，又要恰当地行使自己应有的财务监督权。因此，会计主管需具备良好的协调沟通能力，善于组织、善于沟通、善于处理各方利益冲突。

（二）管理能力

会计主管在公司等单位中同时扮演管理者和被管理者两种角色，因而，锻炼自己的管理能力便成为会计主管的必修课，例如掌握适当的管理方法，提高管理水平，加强人力资源管理等。

（三）表达能力

正确地表达自己的想法，是正确处理好工作中不论是专业问题还是涉及人际关系方面的问题所必须具备的能力。良好的语言表达能力有助于会计主管树立自身的优秀形象，正确解决纷争，提升部门凝聚力。会计主管尤其要注意提高自己面对一个群体时，从容不迫、充分表达自己观点和展示才能的能力。

（四）分析能力

良好的财务分析能够为企业正确决策提供依据，从而保证企业增加盈利。会计主管要真正发挥参与决策的作用，成为企业的高级理财专家，必须具备较强的分析能力，特别是财务报表分析能力及对各种经济信息的分析能力。前者指将大量的报表数据转换成对特定决策有用的信息，以减少决策的不确定性的能力；后者指详细调查和研究经济、行业等各种相关信息的能力。因此，会计主管必须具备全面分析能力，在占有详尽、全面的信息的基础上，借助敏锐的洞察力和较强的逻辑思维能力，对信息做出综合、可靠的分析。

10.1.5　会计主管任职条件的法律规定

我国法律对于成为会计主管设定了必要的门槛，《会计法》第38条规定：担任单位会计机构负责人（会计主管人员）的，应当具备会计师以上专业技术职务资格或者从事会计工作三年以上经历。这里所说的"会计主管人员"不等同于本书所指的"会计主管"，而是指较小规模的企事业单位中没有设立独立的会计机构，而专门配备的负责组织管理会计事务、行使会计机构负责人职权的管理人员。

此外，我国现行有关法规对完善会计机构负责人（会计主管人员）任职资格和条件有相对具体的要求，如 1996 年财政部制定发布的《会计基础工作规范》（根据 2019 年 3 月 14 日《财政部关于修改〈代理记账管理办法〉等 2 部部门规章的决定》修改）第 7 条规定：会计机构负责人、会计主管人员应当具备下列基本条件。

（1）坚持原则，廉洁奉公。

（2）具备会计师以上专业技术职务资格或者从事会计工作不少于三年。

（3）熟悉国家财经法律、法规、规章和方针、政策，掌握本行业业务管理的有关知识。

（4）有较强的组织能力。

（5）身体状况能够适应本职工作的要求。

10.2　会计主管的职能与责任

10.2.1　会计主管的职责

财会机构是一个单位内组织领导和从事财会事务的职能部门，会计主管作为该部门的负责人，其主要职责就是全面组织和领导本部门人员从事各项财会工作，组织日常的会计核算和监督及处理各项财务活动。会计主管的职责，一般由单位根据有关的法律、法规和自身的具体情况确定。各单位具体机构的设计不同，为会计主管设定的职责也不尽相同，但基于会计和财务活动的特点，会计主管的职责都不会偏离以下几个方面，其日常管理活动也围绕这几方面展开。

（1）组织会计核算、会计监督。

（2）制定并贯彻落实企业内部财会规章制度、会计岗位责任制。认真贯彻执行国家统一的财务、会计准则及制度，并从本企业实际出发，会同有关职能部门制定企业内部办理会计事务和财产物资的各项规章制度，同有关方面共同贯彻执行；结合本企业会计运作情况和经营管理的需要，制定各岗位分工合理，既明确职责范围,又能够密切协作的工作规划,并坚持严格考核,不断提高工作质量和运作效率。

(3)组织财务预测,参与经营决策,督促生产经营。搞好市场预测、成本预测、利润预测、资金预测等多项财务预测,充分运用会计信息和资料,向企业决策者提供生产决策、短期经营决策、长期投资决策的依据,参与经营决策;定期组织有关岗位编制财务收支预算、成本计划和期间费用计划,并按经济责任范围下达给各责任单位,定期检查,针对存在的问题,提出建议和措施。

(4)筹集资金。按照有关规定,积极从不同渠道、采取不同方式筹集资金,编制集资的长期规划和短期计划,并办理集资申报、注册和验证等手续,力促其实现。

(5)组织管理企业日常财务会计活动。按期编制各种长短期负债的偿债计划,开展全面预算管理,严格控制财务收支,建立现金和各种银行存款的内部控制制度,经常检查货币资金收支和管理情况;按国家有关规定严格审查应交税金、应交利润和其他应交款项,督促有关岗位办理转交手续;定期或不定期地向企业和董事会、监事会汇报企业财务状况和经营成果,提交企业财务状况评价及时向有关方面报送会计报表,认真审查对外报出的会计报表和其他会计资料等。

(6)组织财产清查。按有关规定,建立财产清查制度,定期组织有关部门共同进行财产清查工作,并促使有关部门不断完善管理制度,改进管理方法。

(7)协调各种财务关系。为企业理顺与政府、所有者、往来单位、企业内部各部门等各种重要的财务关系,营造团结、融洽的良好经营氛围。

(8)负责财会部门人力资源管理。如组织企业会计工作人员学习政治理论、业务技术、企业财务制度、会计制度、现代工业会计的理论和方法,学习现代经济管理知识,不断提高会计工作人员的素质,以适应市场经济发展的需要。

10.2.2 会计主管的岗位权限

权利和责任往往相辅相成,只有拥有相应的权利才能更好地履行职责。具体来说,会计主管的基本权限主要有:

(1)有权检查各级人员执行财务纪律情况,并制止违纪行为,对违纪行为提出意见;

(2)对违反财经纪律的收支,有权拒收、拒签、拒付,并有权向有关部门举报;

（3）有权对指使、强令编造、篡改财务会计报告的行为加以制止和纠正。制止和纠正无效的，有权向有关部门报告，请求处理；

（4）有权对财产物资保管状况、现金管理和各种账册进行检查；

（5）有权对本部门人员选配和奖惩提出建议；

（6）有权参加有关的生产经营会议，并提出相应的建议、方案；

（7）有权参与生产定额、资金定额的制订、修改，并提出建议。

除此之外，随着我国与国际的接轨，我国对于会计主管权限的设置有了一些新的发展，比如有的单位其会计主管对公司各财务部门有稽核权，有权审核国内公司各项费用和开支的合理、合法性等。

10.2.3 会计监督和检查

会计监督是会计主管的主要工作内容和职责所在，《会计法》第5条规定："会计机构、会计人员依照本法规定进行会计核算，实行会计监督。"要更好地履行这一职责，需从以下几个重点方面和关键环节对会计工作把好关。

（一）对银行存款的监督检查

针对银行存款使用和管理中存在的丢失和逾期收不回支票、签发空头或远期支票、未达账项长期得不到消除及各种票据存款不及时结账等问题，采取以下措施。

首先，应监督检查本单位支票及各种票据领用登记簿是否建立完备，记载事项是否齐全（支票填写日期、号码、金额、用途、领用部门及领用人签字、付款报销或退回后注销登记、作废的支票与原存根粘在一起装订）。

其次，应每日向出纳员了解银行存款余额，掌握资金动态，监督出纳员做到日清月结，以此控制签发空头支票的行为；每月末应检查银行存款余额调节表，对于未达账项要问明原因并查看原始单据，对于连续在银行存款余额调节表上出现的未达账项要重点追查。

最后，对于外埠存款、银行本票存款、银行汇票存款、其他货币资金等，应亲自签字后办理，防止贪污、营私舞弊等现象发生。

（二）对库存现金的监督检查

对于混淆现金、银行存款的使用范围，超库存现金限额保存现金，坐支现金等违反规定的现象，应定期或不定期地抽查出纳办理后的有关现金收付款业务的凭证，检查是否有超过现金结算起点的支出，是否有将当日的现金收入用于当日现金支出的坐支问题，由出纳员登记的现金日记账是否做到日清日结，是否有超库存现金限额现象；核对现金日记账余额与现金是否相符。对检查结果做出处理记录，每月不少于两次，对屡次违纪的出纳员应将其调离会计岗位。

（三）对往来结算的监督检查

会计主管对往来结算的监督检查，不仅包括上下级之间的经费结算，还包括债权、债务结算，资金往来结算，以及有关税费的解缴等。会计主管应从以下几方面进行监督检查：①不定期地监督检查有关往来、债权债务和解缴税金等有关会计事项的记账凭证，并审核原始凭证；②定期（如季末、年末）检查债权债务辅助账及有关的记账凭证和原始凭证，检查本单位人员各项预支款和借款的清理情况；③监督检查应收票据登记簿记载事项是否详细、完整，需要办理贴现或背书转让业务的票据办理是否及时，每张票据是否按期办理收款业务等。

（四）对固定资产核算的监督检查

会计主管对固定资产的监督检查应从以下几方面进行：①对固定资产动态变动的监督检查，即从购建、出售、报废、封存、使用、出租等方面进行全方位监督；②对固定资产计提折旧的监督检查；③对固定资产清查盘点的监督检查。

（五）对材料物资核算的监督检查

会计主管对材料物资核算的监督检查包括材料物资的收入、支出、采购成本差异结转、分摊的正确性，材料物资的账、卡、物相符性，材料物资库存结构合理性等。

（六）对凭证的监督检查

对凭证的监督检查有事前的监督，也有事后的查账，均是检查会计所记录的经济业务的合法性，检查已发生的经济业务是否符合有关的政策、法规、制度和计划的规定，有无违反财政纪律的行为。凭证的检查除了检查经济业务的合法性外，还要检查凭证填制的真实性和准确性，所列单位或姓名、数字是否准确，有关人员签章是否齐全。如果产生疑问，可向有关部门直接查询，也可连同有联系的其他凭证进行相互对照检查。各种可以收取现金的凭证，包括各种支票、发票、收据等都应建立领发和使用手续及保管责任制度，彻底消灭各种类型的"小钱柜"。

（七）对账簿的监督检查

对账簿的监督检查可根据从会计报表中已经发现或者需要进一步检查的问题，审阅有关账簿记载的内容，并可以通过账户对应关系，相互联系地审阅有关账簿的记载、有关明细账，看支出是否符合财务制度。如发现问题，必须进一步检查凭证。检查账簿的记载内容必须核对记账凭证是否过入总分类账和有关的明细分类账，核对借、贷方余额是否平衡，核对会计报表上有关的项目数字是否与账簿一致等。要及时全面地核对银行往来账，看是否有采取代收代支等手段进行贪污的行为。

（八）对报表的监督检查

会计报表是定期综合反映计划和预算执行情况的指标体系，通过对报表的监督检查，可以考核和分析企业各项财务计划的执行过程及其结果，评价企业经营管理工作，必要时要针对实际情况和问题抽查账簿和有关凭证，进行深入细致的检查。

（九）会计主管工作交接的法律规定及作用

《会计法》第41条规定："会计人员调动工作或者离职，必须与接管人员办清交接手续。一般会计人员办理交接手续，由会计机构负责人（会计主管人员）监交；会计机构负责人（会计主管人员）办理交接手续，由单位负责人监交，必要时主管单位可以派人会同监交。"这是对会计人员工作交接问题做出的法律规定。

10.3 信息化时代与会计主管的职能

10.3.1 信息化时代会计主管面临的挑战

信息时代的全面到来在社会各个方面均引起了深刻的变革，给各行各业的从业者提供新机遇的同时也带来了挑战，会计业务也是如此。计算机会计信息系统将当代电子技术和信息技术应用到会计业务中，用电子计算机代替人工记账、算账、报账并对会计信息进行部分处理、分析和判断，为会计业务带来了极大的便利并且拓展了其发挥作用的空间。一方面，它极大地提高了会计系统的运行效率，为投资人、债权人、政府各部门、企事业管理者及时提供财务信息、分析信息和决策信息,为经营和决策提供帮助;另一方面,在管理信息化下,会计系统已不单是一个信息核算反映系统,而更多的是一个更高级的信息控制管理系统,会计信息与企业内其他信息一起构成一个完整、顺畅的信息流。计算机会计信息系统环境下,企业通过网络采集数据的范围扩展到企业外部,如银行、客户、供应商等,数据采集过程与业务同步,保证数据正确有效;数据经过在线及时处理后,生成报表,通过企业内部局域网在企业内部各管理部门间实现信息共享。

例如,在会计服务提供商(Accounting Service Provider,ASP)的支持下,网络财务不仅能够实现桌面财务软件的所有功能,而且能够实现数据的远程处理,远程报表、远程查账、远程审计及财务监控的同步运作,指挥、调节、监督和控制着企业内部的物流和资金流的流动,帮助企业实现集中管理模式,整合企业的财务资源,克服了传统会计系统的控制职能只能表现为事后分析和会计监督的局限。

信息化在奋力拓展会计职能空间的同时,对传统会计核算提出了诸多挑战,企业必须适时地做出调整。传统会计核算与信息化会计核算的区别如表10-1所示。

表10-1 传统会计核算与信息化会计核算的区别

项目	传统会计核算	信息化会计核算
权责发生制原则和现收现付制原则	权责发生制也称应收应付制,以权利和责任的发生来决定收入和费用的归属,凡当期已实现的收入和已发生或应负担的费用,不论款项是否收付,都应作为当期的收入和费用来处理	在网络财务中,会计期间等同于交易期间,不存在跨期分摊收入和费用的问题,现收现付制原则更适合于网络财务系统的应用
财务会计报告体系:定期财务报告系统和动态实时报告系统	以定期财务报告为主的形式披露会计信息,难以满足会计信息使用者对时效的要求,该会计信息:一是可能因时滞而贬值失效;二是缺乏完整性,不利于信息使用者做出正确的决策	以时点为基础的实时报告系统,用时点数及动态延续、前后比较来反映财富的增减。信息技术的发展,已经为建立动态实时报告系统提供了充分的技术支持
会计分期假设	会计主体在持续经营过程中截取一定的时间段来考核其经营成果。我国采用的是日历年度,会计年度末,必须办理年度决算,并编制财务会计报告	在网络财务系统中,借用高科技通信技术及计算机网络,完全能够实时反映交易状况,人为划分会计期间已无实际意义

续表

项目	传统会计核算	信息化会计核算
会计核算的重心和内容		在信息时代，无形资产在企业的资产总额中所占的比重越来越大，正日益决定企业未来市场的价值，是现金流的主要动力，尤其在高新技术领域，衡量企业价值的主要标志不以物质资源为主，而以无形资产为主。鉴于此，企业核算时应以无形资产核算为重心，详细反映其构成、取得、使用和摊销，建立无形资产会计，以适应知识经济对会计核算的要求

信息化时代对会计主管和会计人员提出挑战，它要求会计主管和会计人员深入研究信息化发展对企业会计工作带来的种种深刻影响，尽可能快地调整各种思路和工作方法，尽可能地发挥会计信息化的优势，把握时代的脉搏，同时充分认识到提升自身各方面能力的必要性。以对无形资产的会计处理为例，由于无形资产的特殊性，对其进行会计处理会比传统会计更加复杂和多样化，留给会计主管和会计人员选择和判断的问题会很多，因而要求会计主管和会计人员具有较强的职业判断、分析与抉择的能力。

10.3.2　信息化时代会计主管应树立的新观念

观念往往左右行动，在快速运转的信息化时代，会计主管必须树立相应的新观念，以此来指导自己的工作和学习，以适应时代的发展。

（一）树立终身学习观念

古语云："活到老，学到老。"这句话在技术飞速进步和知识快速更新的信息时代尤其适用。如前文所述，信息化使会计业务得到前所未有的机遇和挑战，要更好地发挥其职能和作用，会计主管必须树立终身学习观念，增强自我学习的能力，不断地接受新知识、新技术。

首先，关注信息化对会计工作带来的种种影响，了解国际上会计行业的最新动态及与职业相关的新知识和新技术，掌握相关工具的发展与运用。其次，要掌握现代化的会计核算工具和网络信息技术，如熟练使用会计电算化软件，提升通过有效方式搜集、获取、提炼和利用信息并解决实际问题的能力，掌握通过网络传递信息和与他人合作的方法等。最后，要培养组织、协调和沟通能力。在知识经济中，专业分工将越来越细，同时对协作的要求也越来越高，这就要求会计主管具有更强的组织、协调和沟通能力，具有驾驭全局的管理能力。

（二）树立竞争观念

"物竞天择，适者生存"，市场经济中，竞争无所不在，它为企业带来活力，创造机遇，同时使企业时时面临威胁。一名优秀的会计主管要帮助企业在激烈竞争中取胜，自身必须具有强烈的竞争意识，对种种冲击做好充分的应对思想准备，提升应变能力，强化企业财务管理，保证对资金的筹集、投放、运营及收益分配的管理决策发挥积极作用，使企业在激烈的市场竞争中站稳脚跟，进而脱颖而出。

（三）树立经济效益观念

在市场经济中，经济效益是企业的命脉所在，企业作为一个自主经营、自负盈亏、自我约束、自我发展的经济实体，只有取得并不断提高经济效益才能得生存求发展。因此，企业会计主管必须牢固树立经济效益观念，在筹资、投资以及资本运营等各种财务活动中都必须讲求"投入产出比"，在日常财务管理中则应"开源"与"节流"同时并举，努力降低成本，提高资金使用效率，更好地实现企业财务管理目标。

（四）树立时间（价值）观念

信息时代，各种信息能在瞬间传播，各种交易能在瞬间完成，这对财务会计工作的时效性也提出了更高的要求。同时，资金的时间价值（即一定量的货币在不同的时点上其价值量的不同，而两者之间的差额便是利息）也要求现代企业会计主管在运用筹资、融资及投资理财等管理手段时必须树立时间观念及时间价值观念，真正把好财务关，从而实现企业财富最大化。

（五）树立防范财务风险观念

电子信息网络化、金融资产证券化及会计核算电算化的出现及发展，使现代企业运行中充满了各种各样的财务风险，各种不确定因素及突发性因素增多，将使企业的实际财务收益与预期财务收益发生偏差，从而导致企业蒙受经济损失的可能性增大。现代企业会计主管对此应有充分的认识，应提高防范风险意识，在风险和收益之间权衡利弊，有效地规避财务风险，增加企业收益。

10.3.3 信息化时代会计主管的职能

信息时代的会计管理对企业会计主管提出了更高的要求，其职责由过去提供数据、被动服从企业生产过程，转变到进行数据分析、财务预测，提出决策方案，主动驾驭企业生产过程，最大限度满足资金增值的需要，提高资本利用效率,使整个企业的管理活动适应社会主义市场经济的需要。与此相适应,信息化时代会计主管的职能突出表现为以下几个方面。

(一)正确筹划现金流

现金流同企业生产经营上的重大决策、财务上的重大决策等均有直接的联系,许多企业之所以破产,并不是因为缺乏资本,而是因为现金流出现了问题。因此,会计主管应当组织财务人员和其他部门有关人员综合分析企业经济信息,对各生产经营方案进行预测和判断,编制生产经营各个环节的预算,准确预测企业未来的融资需求,提前安排融资计划,促使企业最为经济有效地用好用活资金,避免企业出现资金短缺和其他问题。

(二)参与企业重大决策,包括经营决策、筹资决策、投资决策和分配决策等

参与经营决策,是指会计主管从资金调度、成本利润分析等角度对企业生产经营状况提出建议;参与筹资决策,是指会计主管领导财务人员认真预测企业资金需求量,确定最佳筹资结构,选择最合适的筹资方式;参与投资决策或分配决策,是指会计主管根据企业的经营成果,结合企业资金状况提出投资或利润分配方案。

(三)建立和完善企业内部各项财务制度

网络财务的出现,使得企业实现了财务与业务的协同,数据和物流同步被录入网络,同时实行动态在线核算,运用电子单据和电子货币等进行网上交易和核算。会计主管应抓好建立和完善企业内部各项财务制度这项工作,从源头上保证财务数据的真实性和资金的安全性。

(四)诊断财务状况,整合财务资源

会计主管应密切注意那些可能导致企业财务状况恶化的早期信号,及早发现可能存在的问题,并采取相应的措施,把问题消灭在萌芽状态;同时,应利用网络系统,对企业各分支机构的财务实现集中统一管理,整合企业的财务资源,提高企业竞争力。

总之,信息时代对会计主管的职能具有更高的要求和不同于传统的侧重点,这就要求会计主管首先要有扎实的会计基本功和良好的职业道德,其次要能熟练地操作计算机,通晓网络财务电算化技能,更重要的是,会计主管还应成为一名理财高手,具备准确的财务预测、决策能力,善于诊断企业内部财务问题,保证企业资金流、信息流和物资流循环畅通,为企业发展提供有力支持。

10.4　会计机构的设置和会计人员配备

10.4.1　会计机构的设置

（一）设置会计机构的基本规定

会计机构是各单位办理会计事务的职能部门，会计人员是直接完成各项会计工作的人员。建立会计机构，配备具有一定职业道德、技术素质的会计人员，是做好会计工作，充分发挥会计职能的基础。但是不同的企业，会计核算的任务大小不同，所能承受的会计业务的行政成本也不相同，因此，我国会计法规并没有"一刀切"地要求所有企事业单位都必须设立会计机构，而是因地制宜地按照企业规模和核算要求区分为三种情况加以规定。

《会计法》第36条规定："各单位应当根据会计业务的需要，设置会计机构，或者在有关机构中设置会计人员并指定会计主管人员；不具备设置条件的，应当委托经批准设立从事会计代理记账业务的中介机构代理记账。国有的和国有资产占控股地位或者主导地位的大、中型企业必须设置总会计师。总会计师的任职资格、任免程序、职责权限由国务院规定。"

《会计基础工作规范》第6条规定："各单位应当根据会计业务的需要设置会计机构；不具备单独设置会计机构条件的，应当在有关机构中配备专职会计人员。……设置会计机构，应当配备会计机构负责人；在有关机构中配备专职会计人员，应当在专职会计人员中指定会计主管人员。"

从以上的规定我们可以知道，企业应该根据自身业务规模的大小、会计核算工作量的多少分以下的三种情况解决企业的会计核算问题。

（1）设立单独的会计机构，划分相应的职责与岗位进行会计核算。

（2）不设立会计部门，在有关机构中设置会计人员，并指定会计主管人员。

（3）会计核算量较少，可以不设置专职的会计人员，委托具有合法资质的代理记账机构代理记账。

（二）设置会计机构的基本要求

根据《会计法》第36条和《会计基础工作规范》第6条的规定，是否单独设置会计机构由各单位根据自身会计业务的需要自主决定。一般而言，一个单位是否单独设置会计机构，往往取决于下列各因素。

（1）单位规模的大小。一个单位的规模，往往决定了其内部职能部门的设置，也决定了会计机构的设置与否。一般来说，大中型企业和具有一定规模的事业行政单位，以及财务收支数额较大、会计业务较多的社会团体和其他经济组织，都应单独设置会计机构，如会计部、财务部、计划财务部等，以便及时组织本单位各项经济活动和财务收支的核算，实行有效的会计监督。

（2）经济业务和财务收支的繁简。有些企事业单位尽管经济业务较少，但其业务的会计核算比较复杂，专业性很强，例如金融行业，有必要单独设置会计机构，以保证会计工作的效率和会计信息的质量。

（3）国家法规的具体要求。对于有些行业的企业，国家的相关法规给出过明确的要求，例如，证券经纪行业，国家明确要求必须设立独立的财务会计机构。

（4）经营管理的要求。有效的经营管理是以信息的及时、准确、全面系统为前提的。一个单位在经营管理上的要求越高，对会计信息的需求也相应增加，对会计信息系统的要求也越高，从而决定了该单位设置会计机构的必要。

（三）不设置会计机构，只配备会计人员的要求

《会计基础工作规范》第6条规定："不具备单独设置会计机构条件的，应当在有关机构中配备专职会计人员。"这是设置会计机构的又一原则性要求。对于不具备单独设置会计机构的单位，如财务收支数额不大、会计业务比较简单的企业、机关、团体、事业单位和个体工商户等，为了适合这些单位的内部客观需要和组织结构特点，允许其在有关机构中配备专职会计人员。"有关机构"一般应是单位内部与财务会计工作接近的机构，如计划、统计或经营管理部门，或者是有利于发挥会计职能作用的内部综合部门，如办公室等。只配备专职会计人员的单位也必须具有健全的财务会计制度和严格的财务手续，其专职会计人员的专业职能不能被其他职能替代。

（四）不配备会计人员，实行代理记账的要求

《会计基础工作规范》第8条规定："没有设置会计机构和配备会计人员的单位，应当根据《代理记账管理办法》的规定，委托会计师事务所或者持有代理记账许可证书的代理记账机构进行代理记账。"此项规定的目的，是适应不具备设置会计机构、配备会计人员的小型经济组织解决记账、算账、报账问题的要求。代理记账，是指由社会中介机构即会计咨询、服务机构代替独立核算单位办理记账、算账、报账业务。这是随着我国经济发展出现的一种新的社会性会计服

务活动。

10.4.2 会计工作岗位的设置及职责划分

（一）设置会计工作岗位的原则

会计工作岗位，是对一个单位的会计工作进行具体分工而设置的各个职能岗位。在会计机构内部设置会计工作岗位，建立岗位责任制，有利于明确分工和合理划分各个岗位的职责；有利于会计人员精通会计业务，提高工作效率和质量；有利于加强会计工作的程序化和规范化，加强会计基础工作；有利于强化会计管理职能，提高会计工作的作用。同时，设置会计工作岗位也是合理配备会计人员的客观依据之一，因为会计人员的配备数量，同单位的大小、业务的多寡、资产的规模、经营管理的要求、核算的组织形式以及采用什么样的核算手段等，都有密切的关系，这具体体现在会计工作岗位的设置上。

《会计基础工作规范》对会计工作岗位的设置规定了基本原则，提出了示范性的要求。

1. 根据本单位会计业务的需要设置

《会计基础工作规范》第11条规定："各单位应当根据会计业务需要设置会计工作岗位。"由于各单位所属行业的性质、自身的规模、业务内容和数量以及会计核算与管理的要求等不同，会计工作岗位的设置条件和要求也不相同。在设置会计工作岗位时，必须结合单位的实际情况，有的分设、有的合并、有的不设，以满足会计业务需要为原则。

2. 符合内部牵制制度的要求

《会计基础工作规范》第12条规定："会计工作岗位，可以一人一岗、一人多岗或者一岗多人。但出纳人员不得兼管稽核、会计档案保管和收入、费用、债权债务账目的登记工作。"从近几年审计和会计工作秩序整顿中暴露出来的问题看，不少单位在会计工作岗位设置上存在岗位职责不清、人浮于事、手续混乱等问题；在一些小型经济组织中，会计、出纳一人兼任，或者出纳与财物保管一人兼任，为徇私舞弊或贪污挪用等违法乱纪行为留下了可乘之机，隐患甚大，造成损失的也已不在少数，这是很值得各单位重视和引以为戒的。

3. 有利于会计人员全面熟悉业务，不断提高业务素质

《会计基础工作规范》第13条规定："会计人员的工作岗位应当有计划地

进行轮换。"把轮岗列入会计工作岗位设置的原则要求是《会计基础工作规范》的一个创新，这样做不仅可以激励会计人员不断进取，改进工作，而且也在一定程度上有助于防止违法乱纪，保护会计人员。

4. 有利于建立岗位责任制

《会计基础工作规范》第 11 条还示范性地提出了会计工作岗位的设置方案，即"会计工作岗位一般可分为：会计机构负责人或者会计主管人员，出纳，财产物资核算，工资核算，成本费用核算，财务成果核算，资金核算，往来结算，总账报表，稽核，档案管理等。"这种设置方法，基本上包括了会计业务的主要内容和主要方面，为建立岗位责任制提供了比较完整的基础，是单位具体制定会计工作岗位设置方案比较理想的参考方案。

（二）设置会计工作岗位

细致划分会计工作岗位并明确各自的具体职责，有助于明确分工，各司其职，保证工作的良性运行。会计工作岗位一般可分为：

（1）会计主管；

（2）出纳；

（3）资金管理；

（4）预算管理；

（5）固定资产核算；

（6）存货核算；

（7）成本核算；

（8）工资核算；

（9）往来结算；

（10）收入利润核算；

（11）税务会计；

（12）总账报表；

（13）稽核；

（14）会计电算化管理；

（15）档案管理等。

这些岗位可以一人一岗、一人多岗或一岗多人，各单位可以根据本单位的会计业务量和会计人员配备的实际情况具体确定。需要注意的是，为贯彻内部会计控制中的"账、钱、物分管"的原则，出纳人员不得兼管稽核、会计档案保管及收入、费用、债权债务账目的登记工作。对于企业的会计人员，应有计划地进行岗位轮换，以便会计人员能够比较全面地了解和熟悉各项会计工作，提高业务水平。会计人员调动工作或因故离职离岗，要将其经管的会计账目、款项和未了事项向接办人员移交清楚，并由其上级主管人员负责监交。

（三）各个会计岗位的具体职责

各个会计岗位的具体职责如表10-2所示。

表10-2 各个会计岗位的具体职责

岗位	具体岗位职责
会计主管	（1）按照会计制度及有关规定，结合本单位的具体情况，主持起草本单位具体会计制度及实施办法，科学地组织会计工作，并领导、督促会计人员贯彻执行 （2）参与经营决策，主持制定和考核财务预算 （3）经常研究工作，总结经验，不断改进和完善会计工作 （4）组织本单位会计人员学习业务知识，提高会计人员的素质，考核会计人员的能力，合理调配会计人员的工作
出纳	（1）严格按照本单位的《货币资金内部会计控制实施办法》的规定，对原始凭证进行复核，办理款项收付 （2）办理银行结算，规范使用支票 （3）认真登记日记账，保证日清月结，及时查询未达账项 （4）保管库存现金和有关印章，登记注销支票 （5）审核收入凭证，及时办理销售款项的结算，督促有关部门催收销售货款
资金管理	（1）反映资金预算的执行及控制状况 （2）筹措及调度资金 （3）办理借贷款事项及其清偿 （4）办理投资业务 （5）记录、保管各种有价证券 （6）与财务调度有关的其他事项
预算管理	（1）编制各期资金预算 （2）编制及考核生产预算 （3）编制及控制成本费用预算 （4）编制及分析销售预算 （5）编制及执行资本预算 （6）处理其他与预算有关事项

续表

岗位	具体岗位职责
固定资产核算	（1）会同有关部门拟订固定资产管理与核算、实施办法 （2）参与核定固定资产需用量，参与编制固定资产更新改造和大修理计划 （3）计算提取固定资产折旧、预提修理费用 （4）参与固定资产的清查盘点与报废 （5）分析固定资产的使用效果
存货核算	（1）会同有关部门拟订材料物资管理与核算实施办法 （2）审查采购计划，控制采购成本，防止盲目采购 （3）负责存货明细核算。对已验收入库尚未付款的材料，月终要估价入账 （4）配合有关部门确定材料消耗定额，编制材料计划成本目录 （5）参与库存盘点，处理清查账务 （6）分析储备情况，防止呆滞积压。对于超过正常储备和长期呆滞积压的存货，要分析原因，提出处理意见和建议，督促有关部门处理
成本核算	（1）核对各项原材料、物品、产成品、在产品入库领用事项及收付金额 （2）编制材料领用转账凭证 （3）审核委托及受托外单位加工事项 （4）计算生产与销售成本及各项费用 （5）进行成本、费用的分配及账目之间调整 （6）分析比较销售成本，做好成本日常控制 （7）进行内部成本核算及业绩考核 （8）编制公司有关成本报表 （9）其他与成本核算、分析、控制有关的事项
工资核算	（1）审核有关工资的原始单据，办理代扣款项（包括计算个人所得税、住房公基金、劳保基金、失业保险金等） （2）按照人事部门提供工资分配表，填制记账凭证 （3）协助出纳人员发放工资。工资发放完毕后，要及时将工资和奖金计算明细表附在记账凭证后或单独装订成册，并注明记账凭证编号，妥善保管 （4）计提应付福利费和工会经费，并进行账务处理
往来结算	（1）执行往来结算清算办法，防止坏账损失。对购销业务以外的暂收、暂付、应收、应付、备用金等债权债务及往来款项，要严格清算手续，加强管理，及时清算 （2）办理往来款项的结算业务。对购销业务以外的各种应收、暂付款项要及时催收结算；应付、暂收款项要抓紧清偿。对确实无法收回／支付的应收／应付账款，应查明原因，按规定报经批准后处理。实行备用金制度的公司，要核定备用金定额，及时办理领用和报销手续，加强管理。对预借的差旅费，要督促及时办理报销手续，收回余额，不得拖欠，不准挪用 （3）负责往来结算的明细核算。对购销业务以外的各项往来款项，要按照单位和个人分户设置明细账，根据审核后的记账凭证逐笔登记，并经常核对余额。年终要抄列清单，并向领导或有关部门报告

续表

岗位	具体岗位职责
收入利润核算	（1）负责销售核算，核实销售往来。根据销货发票等有关凭证，正确计算销售收入以及劳务等其他各项收入，按照国家有关规定计算税金。经常核对库存商品的账面余额和实际库存数，核对销货往来明细账，做到账实相符、账账相符 （2）计算与分析利润计划的完成情况，督促实现目标 （3）建立投资台账，按期计算收益 （4）结转收入、成本与费用，严格审查营业外支出，正确核算利润。对公司所得税有影响的项目，应注意调整应纳税所得额 （5）按规定计算利润和利润分配额，计算应交所得税 （6）结账时的调整业务处理 （7）编制利润报表，分析盈亏原因
税务会计	（1）办理公司税款缴纳、查对、复核等事项 （2）办理有关的免税申请及退税冲账等事项 （3）办理税务登记及变更等有关事项 （4）编制有关的税务报表及相关分析报告 （5）办理其他与税务有关的事项
总账报表	（1）负责保管总账和明细账，年底按会计档案的要求整理与装订总账及明细账 （2）编制会计报表并进行分析，写出综合分析报告 （3）其他与账务处理有关事项
稽核	（1）审查财务收支。根据财务收支计划和财务会计制度，逐笔审核各项收支，对计划外或不符合规定的收支，应提出意见，并向领导汇报，采取措施，进行处理 （2）复核各种记账凭证。复核凭证是否合法，内容是否真实，手续是否完备，数字是否正确，记账分录是否符合制度规定 （3）对账簿记录进行抽查，看其是否符合要求。将计算机中的数据与会计凭证进行核对 （4）复核各种会计报表是否符合制度规定的编报要求。复核中发现问题和差错，应通知有关人员查明、更正和处理。稽核人员要对审核签署的凭证、账簿和报表负责
会计电算化管理	（1）负责协调计算机及会计软件系统的运行工作 （2）掌握计算机的性能和财务软件的特点，负责财务软件的升级与开发 （3）对计算机的文件进行日常整理，对财务数据盘进行备份，妥善保管 （4）监督计算机及会计软件系统的运行，防止利用计算机进行舞弊 （5）经常进行杀病毒工作，保证计算机的正常使用
档案管理	依据《会计档案管理办法》的规定，建立会计档案的立卷、归档、保管、查阅和销毁等管理制度，保证会计档案妥善保管、有序存放、方便查阅、严防毁损、散失和泄密

(四) 会计人员回避制度

回避制度是指为了保证执法或者执业的公正性，对由于某种因素可能影响其公正执法或者执业的人员实行任职回避和业务回避的一种制度。亲属关系是指因婚姻、血缘或收养而产生的社会关系。亲属关系是一种基本的社会关系，在一般事情上亲属比他人更易于紧密地合作，在工作和个人事业上，亲属往往相互提携、相互支持，这就容易滋生用人唯亲、相互利用甚至为追求一己私利而违反法律的弊端。会计行业主要与金钱等打交道，在会计人员中实行回避制度，其必要性十分明显。

《会计基础工作规范》规定："国家机关、国有企业、事业单位任用会计人员应当实行回避制度。单位领导人的直系亲属不得担任本单位的会计机构负责人、会计主管人员。会计机构负责人、会计主管人员的直系亲属不得在本单位会计机构中担任出纳工作。"至于其他单位是否实行会计人员回避制度，《会计基础工作规范》没有明确规定。但是，鉴于会计人员回避制度在防范上的积极作用，其他单位有必要对会计人员实行必要的回避制度或参照《会计基础工作规范》的有关规定执行。

10.5 财务人员的选拔与任用

10.5.1 会计人员的基本要求

会计人员是从事会计工作、处理会计业务、完成会计任务的人员。企业、事业单位、行政机关等单位，都应根据实际需要配备一定数量的会计人员。会计人员的职责，概括起来就是及时提供真实可靠的会计信息，认真贯彻执行和维护国家财经制度和财经纪律，积极参与经营管理，提高经济效益。具体而言，会计人员的主要职责如下。

（1）进行会计核算。进行会计核算，及时地提供真实可靠的、能满足各方需要的会计信息，是会计人员基本的职责。会计人员要以实际发生的经济业务为依据，记账、算账、报账，做到手续完备，内容真实，数字准确，账目清楚，日清月结，按期报账，如实反映财务状况、经营成果和财务收支情况。

（2）实行会计监督。会计人员对不真实、不合法的原始凭证，不予受理；对记载不准确、不完整的原始凭证，予以退回，要求更正补充；发现账簿记录与实物、款项不符的时候，应当按照有关规定进行处理；无权自行处理的，应当立即向本单位行政领导人报告，请求查明原因，做出处理；对违反国家统一的财政制度、财务制度规定的收支，不予办理。

（3）拟订本单位办理会计事务的具体办法。

（4）参与编制经济计划、业务计划，考核、分析预算、财务计划的执行情况。

（5）办理其他会计事务。

10.5.2　会计人员的工作交接

（一）会计工作交接的范围

会计人员工作交接是会计工作中的一项重要内容。《会计法》第41条规定："会计人员调动工作或者离职，必须与接管人员办清交接手续。一般会计人员办理交接手续，由会计机构负责人（会计主管人员）监交；会计机构负责人（会计主管人员）办理交接手续，由单位负责人监交，必要时主管单位可以派人会同监交。"这是与会计人员工作交接问题有关的法律规定。做好会计交接工作，可以使会计工作前后衔接，保证会计工作连续进行；做好会计交接工作，可以防止因会计人员的更换出现账目不清、财务混乱等现象；做好会计交接工作，也是分清移交人员和接管人员责任的有效措施。

除《会计法》规定的"会计人员在调动工作或离职时必须办理会计工作交接"的情形之外，会计人员在临时离职或其他原因导致暂时不能工作时，也应办理会计工作交接，《会计基础工作规范》对此有进一步的规定。

（1）临时离职或因病不能工作、需要接替或代理的，会计机构负责人（会计主管人员）或单位负责人必须指定专人接替或者代理，并办理会计工作交接手续。

（2）临时离职或因病不能工作的会计人员恢复工作时，应当与接替或代理人员办理交接手续。

（3）移交人员因病或其他特殊原因不能亲自办理移交手续的，经单位负责人批准，可由移交人委托他人代办交接，但委托人应当对所移交的会计凭证、会计账簿、财务会计报告和其他有关资料的真实性、完整性，承担法律责任。

（二）办理会计工作交接的基本程序

办理会计工作交接的基本程序如下。

1. 提出交接申请

为便于会计机构早做准备，安排其他接替人员，会计人员在向单位或者有关机关提出调动工作或离职的同时提出交接申请。交接申请的内容通常包括申请人姓名，申请调动工作或离职的缘由、时间，会计交接的具体安排，有无重大报告事项或者建议等。

2. 交接前的准备工作

会计人员在办理会计工作交接前，必须做好以下准备工作。

（1）已经受理的经济业务尚未填制会计凭证的应当填制完毕。

（2）尚未登记的账目应当登记完毕，结出余额，并在最后一笔余额后加盖经办人印章。

（3）整理好应该移交的各项资料，对未了事项和遗留问题要写出书面说明材料。

（4）编制移交清册，列明应该移交的会计凭证、会计账簿、财务会计报告、公章、现金、有价证券、支票簿、发票、文件、其他会计资料和物品等内容；实行会计电算化的单位，从事该项工作的移交人员应在移交清册上列明会计软件及密码、会计软件数据盘、磁带等内容。

（5）会计机构负责人（会计主管人员）移交时，应将财务会计工作、重大财务收支问题和会计人员的情况等向接替人员介绍清楚。

3. 移交点收

移交人员离职前，必须将本人经管的会计工作，在规定的期限内，全部向接管人员移交清楚。接管人员应认真按照移交清册逐项点收。

具体要求如下。

（1）现金要根据会计账簿记录余额进行当面点交，不得短缺，接替人员发现不一致或"白条抵库"现象时，移交人员在规定期限内负责查清处理。

（2）有价证券的数量要与会计账簿记录一致，有价证券面额与发行价不一致时，按照会计账簿余额交接。

（3）会计凭证、会计账簿、财务会计报告和其他会计资料必须完整无缺，不得遗漏。如有短缺，必须查清原因，并在移交清册中加以说明，由移交人负责。

（4）银行存款账户余额要与银行对账单核对相符，如有未达账项，应编制银行存款余额调节表调节相符；各种财产物资和债权债务的明细账户余额，要与总账有关账户的余额核对相符；对重要实物要实地盘点，对余额较大的往来账户要与往来单位、个人核对。

（5）公章、收据、空白支票、发票、科目印章以及其他物品等必须交接清楚。

（6）实行会计电算化的单位，交接双方应在电子计算机上对有关数据进行实际操作，确认有关数字正确无误后，方可交接。

4. 专人负责监交

为了明确责任，会计人员办理工作交接时，必须有专人负责监交，以此起到督促依法交接的作用，保证会计工作不因人员变动而受影响，并保证交接双方处在平等的法律地位上享有权利和承担义务，不允许出现以非法手段进行威胁等违法行为。移交清册应当经过监交人员审查和签名、盖章，作为交接双方明确责任的证件。

对监交的具体要求是：

（1）一般会计人员办理交接手续，由会计机构负责人（会计主管人员）监交；

（2）会计机构负责人（会计主管人员）办理交接手续，由单位负责人监交，必要时主管单位可以派人会同监交。

（三）会计工作交接后的有关事宜

（1）会计工作交接完毕后，交接双方和监交人在移交清册上签名或盖章，并应在移交清册上注明：单位名称，交接日期，交接双方和监交人的职务、姓名，移交清册页数，以及需要说明的问题和意见等。

（2）接管人员应继续使用移交前的账簿，不得擅自另立账簿，以保证会计记录前后衔接，内容完整。

（3）移交清册一般应填制一式三份，交接双方各执一份，存档一份。

(四)会计工作交接人员的责任承担

《会计基础工作规范》第35条规定:"移交人员对所移交的会计凭证、会计账簿、会计报表和其他会计资料的合法性、真实性承担法律责任。"这就是说,如果移交人员所移交的会计资料是在其经办会计工作期间内发生的,那么他就应当对这些会计资料的合法性、真实性负责,即使接替人员在交接时因疏忽没有发现所接会计资料在合法性、真实性方面的问题,如事后发现,也应由原移交人员负责,原移交人员不应以会计资料已经交接而推卸责任;如果所发现的会计资料真实性、合法性方面的问题不在原移交人员的经办期间发生,而是在其后,则不应由原移交人员承担责任,而应由接管人员承担责任。

会计交接不仅涉及会计工作的准确性、连续性,而且关系到有关法律责任的承担,因此交接双方和监交人员以及其他相关人员,必须认真对待,不得马虎大意,敷衍了事。

10.5.3 会计人员的法律责任

(一)违反会计制度规定应当承担法律责任的行为

根据《会计法》第42条的规定,违反会计制度规定应承担法律责任的行为如下。

(1)不依法设置会计账簿的行为。即依法应当设置会计账簿的单位和个人,违反法律、行政法规的规定,不设置会计账簿、设置虚假会计账簿或者设置不符合规定的会计账簿及设置多套会计账簿的行为。

(2)私设会计账簿的行为。即依法应当建账的单位和个人,违反法律、行政法规的规定,在法定的会计账簿之外私自设置会计账簿的行为。这是对第一种违法行为的补充,俗称设"两本账""账外账"。

(3)未按照规定填制、取得原始凭证或者填制、取得的原始凭证不符合规定的行为。即出具或取得原始凭证的单位、个人违反法律、行政法规的规定,出具或取得的原始凭证不合法。根据有关会计制度规定,办理经济业务事项,必须取得或者填制原始凭证,并及时送交会计机构以保证会计核算工作得以顺利进行;同时为了保证原始凭证记录的真实性,对原始凭证不能涂改、挖补,如果发现原始凭证有错误,应当由出具单位重开或者更正,更正处应当加盖出具单位的印章。原始凭证金额有错误的应由出具单位重开,不得在原始凭证上更改。

（4）以未经审核的会计凭证为依据登记会计账簿或者登记会计账簿不符合规定的行为。

（5）随意变更会计处理方法的行为。

（6）向不同的会计资料使用者提供的财务会计报告编制依据不一致的行为。

（7）未按照规定使用会计记录文字或者记账本位币的行为。

（8）未按照规定保管会计资料，致使会计资料毁损、灭失的行为。

（9）未按照规定建立并实施单位内部会计监督制度，或者拒绝依法实施的监督，或者不如实提供有关会计资料及有关情况的行为。

（10）任用会计人员不符合本法规定的行为。

（二）违反会计制度规定行为应当承担的法律责任

根据《会计法》第42条的规定，上述违反会计制度规定的行为应承担以下法律责任。

（1）责令限期改正。即要求违法行为人在一定期限内停止违法行为并将其违法行为恢复到合法状态。违法单位或个人应当按照县级以上人民政府财政部门的责令限期改正决定的要求，停止违法行为，纠正错误。

（2）罚款。县级以上人民政府财政部门根据上述所列行为的性质、情节及危害程度，在责令限期改正的同时，可以对单位并处3 000元以上5万元以下的罚款，对其直接负责的主管人员和其他直接责任人员，可以处2 000元以上2万元以下的罚款。

（3）给予行政处分。对上述所列行为直接负责的主管人员和其他直接责任人员中的国家工作人员，视情节轻重，还应当由其所在单位或者其上级单位或者行政监察部门给予警告、记过、记大过、降级、撤职、开除等行政处分。

（4）依法追究刑事责任。《中华人民共和国刑法》没有对上述行为明确规定为犯罪，但是如果以这些行为作为手段来偷逃税款、骗取出口退税、贪污、挪用公款等构成犯罪的，则应依照《中华人民共和国刑法》规定的相应犯罪予以定罪处罚。

（三）其他违反会计法律制度规定的行为及其应当承担的法律责任

具体内容如表10-3所示。

表 10-3 其他违反会计法律制度规定的行为及其应当承担的法律责任

违法行为	行政责任	刑事责任
伪造、变造会计凭证、会计账簿，编制虚假财务会计报告。伪造是以一虚假事物为前提采用作假手段制作另一虚假事物；变造是利用涂改、拼接、挖补等方法，改变原事物的真实内容	尚不构成犯罪的，由县级以上人民政府财政部门予以通报，可以对单位并处 5 000 元以上 10 万元以下的罚款，对其直接负责的主管人员和其他直接责任人员，可以处 3 000 元以上 5 万元以下的罚款；属于国家工作人员的，应当由其所在单位或有关单位依法给予撤职直至开除的行政处分	如果行为人为偷税、向公众提供虚假财务会计报告、虚假评估、虚报注册资本、虚假出资、抽逃出资、贪污、挪用公款、侵占企业财产、私分国有资产、私分罚没财物，实施本类行为触犯刑法的，应当按有关罪名定罪量刑
隐匿或者故意销毁依法应当保存的会计凭证、会计账簿、财务会计报告。隐匿指故意转移、隐藏应当保存的会计报告的行为；销毁指故意毁坏、消灭应保存的会计报告的行为	尚不构成犯罪的，由县级以上人民政府财政部门予以通报，可对单位并处 5 000 元以上 10 万元以下的罚款；对其直接负责的主管人员和其他直接责任人员，可处 3 000 元以上 5 万元以下的罚款；属于国家工作人员的，还应由其所在单位或有关单位依法给予撤职直至开除的行政处分	对此类违法行为《中华人民共和国刑法》未将其作为单独犯罪加以规定，而是作为犯罪的情节、手段，按照不同的罪名定罪处罚的
授意、指使、强令会计机构、会计人员及其他人员伪造、变造会计凭证、会计账簿，编制虚假财务会计报告或者隐匿、故意销毁依法应保存的会计凭证、会计账簿、财务会计报告	县级以上人民政府财政部门可以视违法行为的情节轻重，对违法行为人处以 5 000 元以上 5 万元以下的罚款。对违法行为中的国家工作人员，还应当由其所在单位或者其上级单位或者行政监察部门给予降级、撤职或者开除的行政处分	有此类行为的，以被授意、指使、强令的行为人所实施的犯罪行为的共同犯罪定罪处罚，对情节严重的，处 5 年以下有期徒刑或者拘役，并处或者单处 2 万元以上 20 万元以下罚金
单位负责人对会计人员进行打击报复，即单位负责人对依法履行职责、抵制违反《会计法》规定行为的会计人员，通过各种方式进行打击报复	不构成犯罪的，由其所在单位或其上级单位和行政监察部门依法给予行政处分。对被打击报复的会计人员应依法采取必要的补救措施。（1）恢复名誉。所在单位或其上级单位等部门应要求打击报复者向会计人员赔礼道歉，并澄清事实，消除影响，恢复名誉。（2）恢复原有职位、级别	企业、事业单位、机关、团体的领导人对依法履行职责、抵制违反《会计法》规定行为的会计人员实行打击报复，情节恶劣的，构成打击报复会计人员罪。对犯打击报复会计人员罪的，处 3 年以下有期徒刑或者拘役

续表

违法行为	行政责任	刑事责任
财政部门和有关行政部门的工作人员在依法实施监督管理的过程中,滥用职权、玩忽职守、徇私舞弊、泄露国家秘密或商业秘密	不构成犯罪的,可以由其所在单位或者其上级单位或者行政监察部门视情节轻重,给予相应的行政处分	此类行为可能构成以下犯罪:(1)滥用职权罪和玩忽职守罪;(2)泄露国家秘密罪
将检举人姓名和检举材料转给被检举单位和被检举人个人的	由所在单位或者有关单位对其直接负责的主管人员和其他直接责任人员视情节轻重,给予相应的行政处分	
违反《会计法》规定同时违反其他法律规定的行为	由有关部门在各自职权范围内依法进行处罚。对同一违法当事人的同一违法行为,不得给予二次以上罚款的行政处罚	